# 刘大年全集

四

美国侵华简史
美国侵华史
台湾历史概述
中国近代史讲稿

国家出版基金项目
NATIONAL PUBLICATION FOUNDATION

长江出版传媒
湖北人民出版社

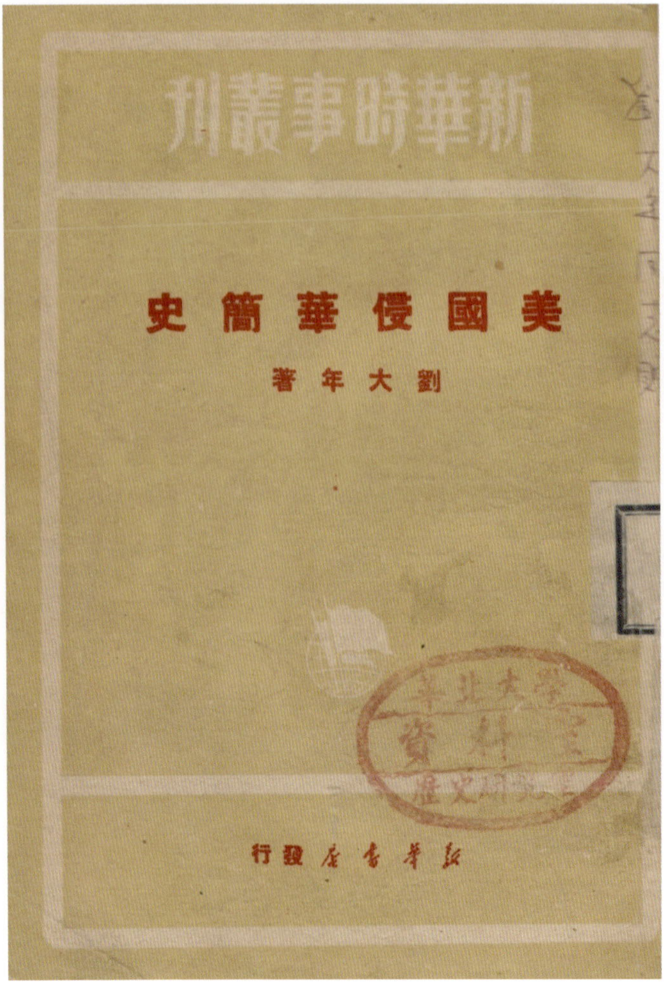


《美国侵华简史》新华书店 1949 年版书影

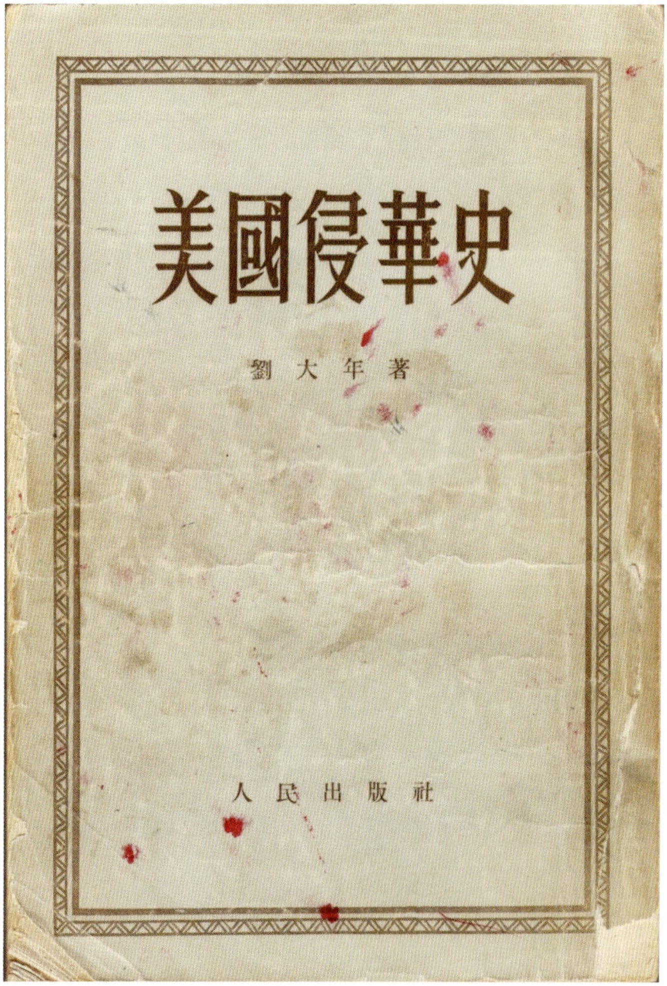


《美国侵华史》人民出版社 1954 年版书影

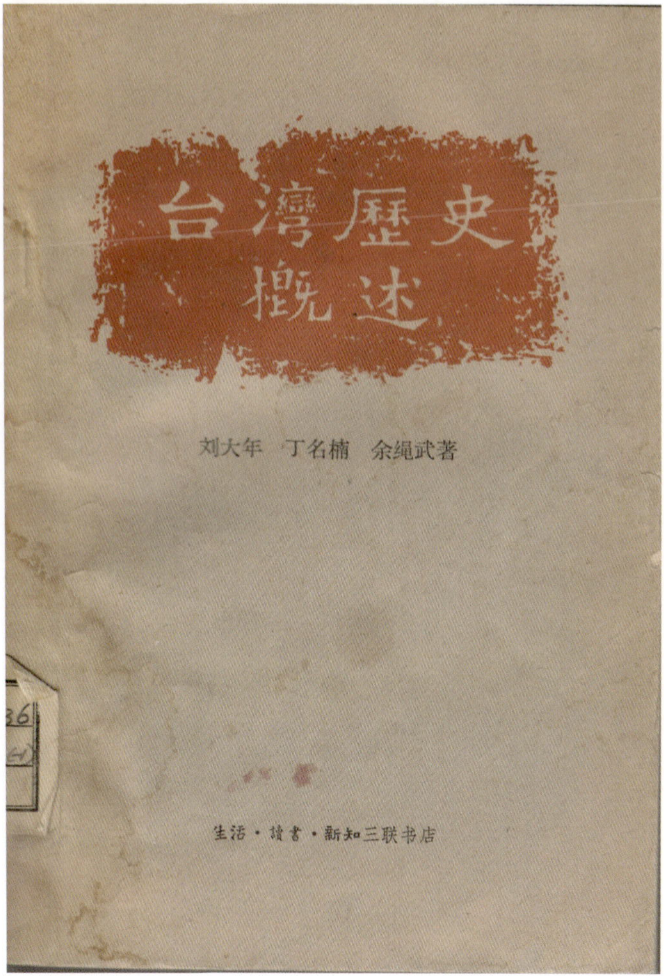


《台湾历史概述》生活·读书·新知三联书店 1962 年版书影

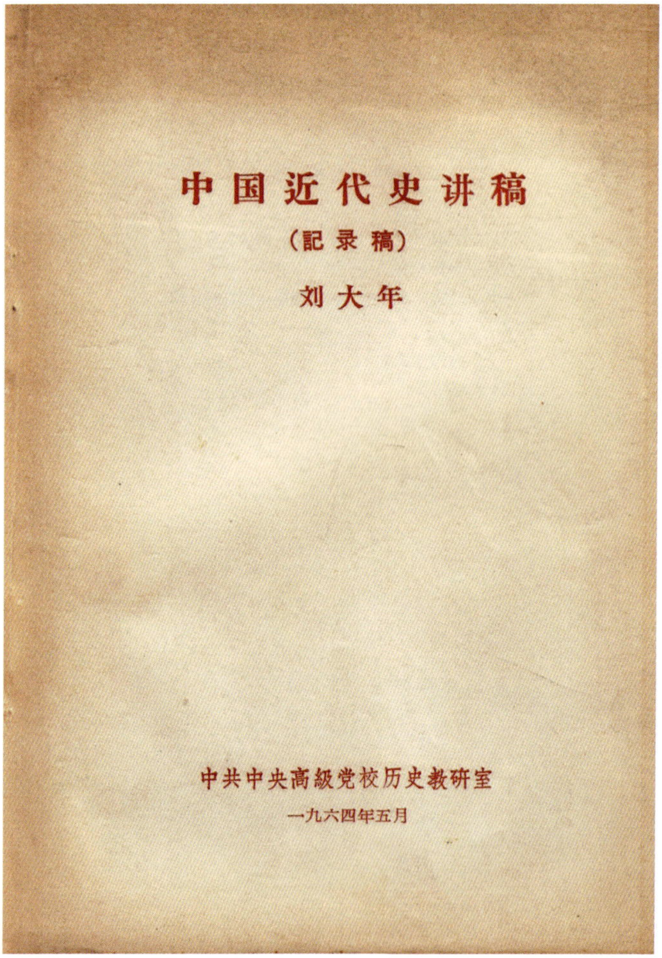


《中国近代史讲稿》中共中央高级党校 1964 年印本书影

# 编者说明

《刘大年全集》第4—7卷，是刘大年学术著作的汇编。本卷编入著述四种。

《美国侵华简史》，先后于1949年8月、11月由华北大学、新华书店出版。《人民日报》自1949年8月26日至10月6日，分31次全文连载了此书的内容，连载时题作《美国侵华史》。现据1949年11月新华书店版刊印。

《美国侵华史》，人民出版社1951年8月第1版，1954年12月第2版。现据第2版刊印，并附录了1951年8月第1版的《修改说明》。

《台湾历史概述》，署为刘大年、丁名楠、余绳武著，生活·读书·新知三联书店1956年5月第1版，1962年12月第2版。现据第2版刊印。

《中国近代史讲稿》，是作者1962年12月给中共中央高级党校1962年班讲课记录的整理稿，中共中央高级党校历史教研室1964年5月内部印行。现据此印行本刊印。

本卷所引马克思主义经典著作，引文及注释均保持原貌；所引《毛泽东选集》，改用1991年第2版，注释页码也作了相应的变动。

《刘大年全集》第4—7卷，由中国社会科学院近代史研究所研究员姜涛负责编辑校订。

# 目　录

## 美国侵华简史

## 美国侵华史

## 台湾历史概述



## 中国近代史讲稿

# 美国侵华简史

# 说　明

一、这个小册子，是在范文澜同志赞助下写出来的，后经过其他同志阅正，但由于写作时许多需用的书籍，难以觅到，直接史料一时更无法搜集，加以作者个人能力薄弱，以致观点、取材、措词等方面的错误，在所难免，敬希指教。

二、为行文便利，书中多简称美国，乃是指美国侵略者或美帝国主义，与美国爱好和平人民，和中国人民的国际友人，全无牵涉。

三、中美各次不平等条约，及一些经济侵略史实，叙述起来很枯燥，又占篇幅，除把重要的尽量收入外，余均从略；又有些材料虽重要，但因时间出处等暂不能考证，为慎重起见，概归入附注内。

四、本书材料，收至一九四八年九月截止。

作者于华北大学历史研究室

一九四八年十一月

# 前 记

本书原稿曾请几位同志审阅，得到很多指正，我们最近看到原稿，依据指正，逐条修改。此外，我们按着自己的意见，对原稿也有些更动，有些地方，因大年同志卧病在正定，不能和他商量，仍保持其原来文句，希望大年同志恢复健康后，再行从容修改。

范文澜　荣孟源　王　南　刘桂五

一九四九年五月十日

# 毛主席为美国对华军事援助事声明[①]

（一九四六年六月二十二日）

美国国务院于本月十四日提付国会审议的继续对华军事援助法案，对中国的和平安定与独立民主有极为不利的影响，因此中国共产党坚决反对此项法案。中共此种意见，并为中国广大民主人士所支持。在抗日战争中，美国对于中国实施军事援助，并派遣美军在中国领土上协同作战，其目的是击败中美的共同敌人日本帝国主义。但就在那时，由于美国错误地仅仅援助国民党军阀，这种援助也并未有效地加强中国的抵抗，相反地是被国民党军阀用以加强其对于积极抗日的中国共产党与中国解放区的进攻与封锁。在日本投降以后，美国没有停止反而极大地加强了对于中国国民党政府的各种军事援助，并在此实际目的下派遣庞大的军队驻在中国的领土与领海之上，这种行动已经证明是中国大规模内战爆发与继续扩大的根本原因。仅仅在美国政府宣布履行一九四五年十二月莫斯科三国外长会议公报关于中国问题的约束，与中国国民党宣布停止内战，并宣布履行中国政治协商会议关于国家民主化的决议的前提之下，中国共产党才曾经不反对美国对于中国的某种军事援助。但是现在这些前提都已被严重破坏，因此美国实行所谓军事援助，实际上只是武装干涉中国内政，只是以强力支持国民党独裁政府继续陷中国于内战、分裂、混乱、恐怖和贫困，只是使中国不能实现整军复员和履行其对于联合国的义务，只是危害中国国家安全独立与领土主权完整，只是破坏中美两大民族的光荣友谊与中美贸易的发展前途。中国人民今天所急需的并不是美国的枪炮及美军留驻中国领土，相反，中国人民痛感美国运来中国的军火已经太多，

① 毛泽东的这一声明，已收入《毛泽东文集》第4卷（中共中央文献研究室编，人民出版社1996年8月版，第123—124页），题为《反对美国对蒋军事援助法案的声明》，并有如下题解说明文字："这是中国共产党中央委员会主席毛泽东发表的声明。同日，毛泽东起草了中共中央给当时在南京谈判的周恩来的电报，电报说：'今日用中共中央主席名义发表声明，抗议美国军事援华法案；你收到后请即正式具函送交马歇尔，请其转达美国政府。'"——编者注

美国在中国的军队已经驻得太久，他们已经构成中国的和平和安定与中国人民的生存和自由之严重巨大威胁。在此种现实情况之下，中国共产党不得不坚决反对美国政府继续以出售、交换、租借、赠送或让渡等方式将军火交给中国的国民党独裁政府，坚决反对美国派遣军事使团来华，并坚决要求美国立即停止与收回对华的一切所谓军事援助，和立即撤回在华的美国军队。

（根据一九四六年六月二十六日《人民日报》）①

---

①《毛泽东文集》第4卷作："根据一九四六年六月二十三日《解放日报》刊印。"本文已据收入《毛泽东文集》第4卷的原文作了校订。——编者注

美国在世界资本主义国家中，是比较后起的一个国家。它又是一个资源丰富得天独厚的国家，首先着重在国内的经营，然后才加强其对海外的扩张。这两个因素，规定了美国侵略中国的过程：起先是追随或通过别国向中国侵略，其次是逐渐独立地侵略中国，再其次是争夺中国霸权，最后则进行独占中国。在这全部过程中，美国的侵略行为与邻近中国的日本，尤有特别紧密的关系。

# 一　追随或通过别国向中国侵略

## （一八四〇——一九〇五即从鸦片战争到日俄战争）

### 鸦片战争前的中美关系

美国对中国的通商与外交，早在美国建国初期，华盛顿任总统时，即已开始。一七八四年（乾隆四十九年）二月，美船“中国皇后号”从纽约来华，六个月后取得中国丝茶满载而归；同年八月，首任美国驻广州领事梅耶·萧（Major Shaw）来中国。一八三二年（道光十二年）美总统甲克逊（Andrew Jackson）派船业商人罗伯子为远东外交代表，于一八三二年乘“孔雀号”至广州靠岸。清政府当局发现美船是一个兵舰时，下命令叫它立即离开，罗伯子置之不理，逗留了六个星期然后去安南。这是第一次表示了美国外交代表对中国主权的蔑视。[①]

## 鸦片战争时美是英侵华的帮凶

英国向中国输入鸦片，一开始美国就通过英国参加，一八三九年（道光十九年）清政府派林则徐为钦差大臣往广州查禁，其时清廷纸老虎还没有被戳穿，美国人听到“特派查办”的消息，把满载鸦片的美国船开往别处，等到林则徐行抵广州，剩下的多为英国船只，这使林则徐懂得了美国的“诡谲异常”[②]，后来有些美国船还想偷着把鸦片送进来，也被林则徐发觉，只好纷纷退去[③]。林所缴获的鸦片，也有不少是出自美国人手中。英国不久对清政府开战，美国在背后支持英国，由美海军统领基尔尼率领一个海军舰队驻在中国海面，为英军声援[④]，却不直接出面，使广州人民的反抗目标，都集中到英国人身上。英国通商被迫停止，美国又出来替英国活动，询问清政府：“英商情亦急迫，可否一体贸易？”[⑤]一八四一年十一月美前总统亚当昆西（J. Quincy Adams）向一个历史学会演说，认为“英国宣战是完全有理由的”[⑥]。清政府战败后，基尔尼又压迫广州当局赔偿美国“损失”数十万两之多。一八四二年《中英江宁条约》成立，美国会于一八四三年三月通过提出美金四万元交给总统，作为美发展对华事业活动费，同时由政府出面向中国要求享受“最惠国”待遇，美国务卿韦卜斯给来华订约全权公使顾兴这样一个训令：

> 中国所施于他国人民商业上之便宜与各种特权而不及于美国时，美国政府不能与中国维持友好关系。[⑦]

---

①〔美〕莱丹著，王造时译：《美国外交政策史》，《万有文库》版，第4册，45页。

② 林则徐：《恭报抵粤日期折》，《林文忠公政书》。

③ 林则徐：《会奏夷船互市情形并空趸开行只数折》，同上书。

④ 王译前书，4册，459页。

⑤《东华录》，道光四十三。

⑥ 王译前书。

⑦ 转见万异《一八九四——一九〇〇美国在华之政策》，《外交月报》2卷3期。

## 中美不平等条约的开始

在美国威胁下，清政府于一八四四年（道光二十四年）与美国订立《中美望厦条约》，规定“如另有利益及于各国，合众国民人应一体均沾”。而外人享受中国治外法权，也由美国第一次在这里开其端。[①]这是中美不平等条约的开始，也是美国侵略中国取得所谓条约“根据”逐步进逼的开始。

## 英法联军之役美乘机掠夺权利

一八五七年，英法组织联军侵略中国，联军发动前，英国在华盛顿的代表纳皮尔提议美国参与共同行动，美政府表示是“公平的，便利的”[②]。但布卡南（James Buchanan）总统因国内政局不稳，便采用了表面与清政府保持“友谊”，秘密协助英法的政策，先让英法出兵，美国然后出为交战国的调人，美国务卿喀斯命令新任驻中国公使雷德：“可与英法公使自由来往，并且向中国人民说明总统相信同盟国的目的是正当的。”[③]侵华军事行动开始，美军接受英国供给一个月的军饷，将美国在中国海面的舰队随同英法军舰集中黄浦江。[④]一八五八年（咸丰八年）联军北上进攻天津，美国在英法军到达天津之前，与满清政府订立《中美天津条约》，英法迫满清在签订《天津条约》之后，美国要求利益均沾，又将《中美天津条约》续增八条。在这些条约中，美国除了扩大领事裁判权外，又取得海关协定、内河航行、内地游历、自由传教等权利。[⑤]

一八五九年六月，英法因换约改道问题组织第二次联军，美舰亦同英法军舰驶入大沽，遭遇清军抵抗，英军受到严重损失，英国舰队长贺布也受了

① 《中美五口通商贸易章程》,《中外条约汇编》，商务本，124—125页。

② 王译前书，4册，70页。

③ 同上书。

④ 薛福成：《书汉阳叶相广州之变》,《庸盦全集》。

⑤ 《中美和好条约》十一款以下,《中外条约汇编》，127页。

重伤，只剩下三个英国人能继续作战，美[①]舰队长达特罗尔便接上去开炮向清军攻击，又派美国汽船协同英国小火轮进入战线，并高声呐喊："同种的关系总比外人密！"[②]其对清政府一面，却竭力装出"调人"面孔。一八五八年春间，美舰三艘，同英法舰队云集白河，清政府派直隶总督谭廷襄等去议和，英法代表说他"不足当全权之任"，不予接洽，美国人独与通来往[③]，后来换约时，清政府要各国使臣改由北塘行走，英法皆"抗不遵行"，美使华若翰独遵照改走北塘，使清政府落入它的圈套，不是说"米国恭顺"[④]就说"米使……词意恭敬，出于至诚"[⑤]。但清政府中也有人看破了美国的两面手段，到北塘与美国换约的钦差大臣桂良在他的奏折中就这样说："臣按，美人初亦与英法合从内犯，特其国在大西洋，距中国逾远，不敢轻举。当其请换约，非不欲效英俄之肆志，及见英俄已受大创，诸国皆不得逞，即思居间排解……"[⑥]这正是说明了美国的侵略行动全与英法一致，所不同的，是英法正面用武力侵略，取得利益，美国避免正面的武力侵略，而是追随在英法之后，取得同样的利益。

## 美国帮助满清镇压太平革命运动

其时太平天国运动早已蓬勃兴起，在内外夹击下，满清政府的统治很有崩溃危险，美国侵略者深知为了自己利益，有扶持这个卖国政府的必要，迅速把它的政策转而为帮助清廷镇压太平运动。还在一八五三年（咸丰三年）太平天国势力普及长江流域一带时，美驻华领事咸弗列 · 马歇尔对国务卿麦西的报告上就说：美国最高利益，是要支持清政府，"而不是看着中国变成普遍无政府状态的戏场"[⑦]。太平天国虽然曾经派人和美国公使办理交涉，却没

---

① 原文误作"英"，今改。——编者注

② 王译前书，4 册，76 页。

③ 萧一山：《清代通史》，北平文治学院讲稿，卷下之二，259 页。

④《东华录》，咸丰七十八，23 页。

⑤ 同上书，咸丰八十七，6—7 页。

⑥《通商始末记》，转见蒋恭晟《中美关系纪要》，64 页。

⑦ 王译前书，4 册，466 页。

有得到任何结果。[1]一八六〇年联军与清政府的和议刚刚成立，美国便要从海道运漕米到天津接济清政府。[2]一八六二年（同治元年）初，更经过上海美领事同意，由在上海的江浙财阀吴煦、杨坊等，勾结美国流氓华尔组织“常胜军”。“常胜军”在性质上是欧美资产阶级联合镇压中国革命运动的工具，最初由英美等国掺入华人组成，以华尔为中心，他既握有新式武器，打仗又很凶悍，成为太平军在南京下游的劲敌，使清政府江苏巡抚、汉奸刽子手曾国藩的徒弟李鸿章不得不“以全神笼络”[3]。一八六二年七八月间，英国和法国都没有打算深入内地协同清军作战，而华尔独坚决要求参加对太平天国首都南京的攻略，一面发展其政治势力，同时借此从中国人民身上掳得一批财物。李鸿章为此写信给曾国藩说：“华尔今日见过，谆求鸿章札调协剿金陵，谓三日到，三日扎炮台，三日攻打，定可克城，克后，城中财物与官兵均分！”[4]仅因曾国藩为独占南京财富而坚决反对没有实行。后来华尔在慈溪被太平军击毙，满清的反动统治者们非常悼惜，说什么“似此忠勇成性，例以中华骁将，洵已出色当行，得之外国逋臣，尤属难能可贵”[5]云云。华尔死后，“常胜军”复由美国人白齐文（H. A. Burgevine）统率，美政府更经驻华美使蒲安臣（Anson Burlinggame）与奕䜣（清恭亲王）协议，将“常胜军”改为“中央军”，脱离江苏地方政府的关系，作为清政府将来新军的基础[6]，这个计划因遭到英国争夺“常胜军”领导权与李鸿章争夺兵权的坚决反对而流产，白齐文亦“滋事斥革”[7]，“常胜军”的领导权落到了英国人戈登手里。但对“常胜军”的经费，美国始终经由它在上海的洋行供给，后来清政府对这一笔债款要求“减让”，美国坚持“全还”，拖了将近二十年才算解决。[8]

① 郭廷以：《太平天国史事日志》，上册，319—321页。

② 曾国藩：《复陈洋人助剿及采米运津折》。

③ 李鸿章：同治元年八月十五日《上曾相》，《李文忠公全书·朋僚函稿》。

④ 李鸿章：同治元年七月十九日《上曾相》，同上书。

⑤ 李鸿章：《华尔阵亡请恤折》，同前书，《奏稿》。

⑥ 毛以亨：《李鸿章与戈登关于苏州杀降之冲突》，《东方杂志》32卷14号。

⑦ 萧一山：《戈登文书·李鸿章饬戈登札二》。

⑧ 李鸿章：《议结常胜军旧欠洋债折》，李鸿章前书，《奏稿》。

## 美国通过日本侵华

一八六一—一六五年的美国南北战争，北部取得胜利，奴隶制度被废除，资本主义猛烈向前发展，需要国外市场更加迫切。日本亦于一八六八年（同治七年）经过改良主义的“明治维新”走上资本主义道路。从此美国更采取了通过日本向中国侵略的政策。因为日本此时既能容纳美国资本，且愿在向中国发展时借重美国政治势力，美国正好迎合日本要求把它作为一个侵略中国的跳板。早在一八五四年，美国海军统领皮雷（Perry）巡行到日本，便发现了“日本对于美国在中国的政策有重要的影响”[①]，一八六二年，美舰炮击马关，取得日本的妥协，一八六六年美国开始提议与日本联合冲破朝鲜门户，至一八六八年先后由皮雷与哈利斯（Townsend Harris）帮助日本开辟商务和策划维新运动[②]，自此以后，美国便又通过日本向中国进行一连串的侵略，首先是进攻朝鲜。

## 向朝鲜和台湾侵略

一八七二年美国乘日本取得派员驻扎朝鲜权利的机会，派军舰至朝鲜强迫与美国订立通商条约。其时朝鲜积极排外，对美国要求坚决拒绝。美遂以水军沿汉江进攻。朝鲜为中国藩属，落后情形与中国内地相同，士兵还身穿铁甲和头戴竹盔，使用戈矛箭戟一类武器作战。但在朝鲜人民坚持下，美军终归失败，其野心不得逞。于是，与日本商议，从美国供给日本大量军火，由日本于一八七三年向朝鲜出兵。中国得到从美国寄来的密信：“日本在美国定购林明敦后门枪子八千万，在纽约地方装兵船二只，云与高丽构兵，并宣言中国助高丽。”[③] 清政府毫无对策，只是消极等待事情变化。恰逢日人岩仓、大久保等新从外国归去，主张先修明内政，其议乃息。美国通过日本侵略朝

---

① 王译前书，4 册，68 页。

②〔美〕苏考勒斯基著，赵公皎译：《美国远东政策》，《外交月报》3 卷 3 期。

③ 李鸿章：《筹办日本换约并美国优待学生事》，李前书，《译署函稿》。

鲜的计划，只得暂时搁起，而把它的注意力转向于进攻台湾。

当皮雷在远东游历时，即认为美国有在东方保持一个海军根据地的必要，向政府建议以占领波宁群岛、琉球群岛及台湾为第一步[①]。美国人派伯驾（Mr. Peter Parker）于一八五五年到中国任代表，打算实现这个计划。恰遇一八五七年有两个美国商人在台湾经营樟脑业，和台湾地方发生纠纷，美国驻香港海军舰队司令亚门司龙（Commodore Armstrong）遂予以支持，在台湾竖起美国国旗，准备建立一个“独立国”，但当时美国在华的海军力量尚薄弱，不便轻举，只好宣称“商业的发展属私人企业的范围”[②]，暂时作罢！至一八七三年（同治十二年）美国前驻福建领事李仙得（一名李让礼）竟率领美军向台湾进攻，台湾人民坚决抵抗，美国又不得手。清政府负责办理此项交涉的李鸿章给他朋友的信有“（台湾）生番地方险峻，美人屡攻不得手，李仙得虽曾去过，无奈伊何”[③]。但美国侵占台湾的野心，并不因此稍息。第二年，李仙得到了日本，以一八七一年台番杀害琉球难民，琉球曾有人到日本诉冤，因之须对台湾加以“惩罚”为理由，怂恿日本进攻台湾。一八七四年（同治十三年），美日联合向台湾大举出兵。中国方面四月间得上海探信：“日本派柄川宫总督其事，李仙得参议……外国新报一万五千人，究竟兵数，不知实在，花旗公司船名‘牛也克’装三千人，言为日本雇装兵丁前往……”[④]美国除了陆军参加外，又加入兵船，由美国水师官带领，这时清政府很清楚日本的行动是为美国驱使，日美已成一党，想用外交手段加以牵制。一八七四年五月李鸿章给“总理衙门”的条陈里有：“现日本船带兵头目多用美国武官，宜先解散其党，否则中国兵船内亦可暂用英法人以相抵制。”[⑤]又同年九月给“总理衙门”的信上说：“冯道面称，英美实暗助日本，冀他日得利分肥，惟德国甚嫉之，而不与其党，若就斯议，似宜引德阴持各国……”[⑥]军事吃紧时，清政府令福建布政使潘霨往台湾帮办防务，潘霨过上海会见日本驻华代表柳原前光，经再三说服，柳原承认日本出兵是被美国利用，表示后悔。福州将军文煜等

① 同王译前书。

② 储玉坤：《美国远东政策剖视》，《东方杂志》32卷11号。

③ 李鸿章：同治十二年四月二十日《复孙竹堂观察》，李前书，《函稿》。

④ 同上。

⑤ 李鸿章：同治十三年四月十七日《条复三事》，李前书，《译署函稿》。

⑥ 李鸿章：同治十三年八月二十日《采集台事众议》，同前书。

奏“日军扰台之情形”时说：“该酋始则一味推诿，继忽自承追悔，为西人所卖，商允退兵，有手书可据……”[①]后值日军台湾瘟疫大作，清政府又有派福建巡抚王凯泰将兵二万援台湾的拟议，日本大为气馁，派大久保利通来中国议和。美国看到情势不妙，美驻华副领事毕得格与总领事艾忻敏遂相继出面从事所谓“调停”。一八七四年八月（清七月二十四日）毕得格告诉清政府，台湾的事“我可从中转圜！”[②]同年十月艾忻敏更匆匆从美国转道日本来见李鸿章，称日本政府不愿因生番事件与中国失和，但望通融结办，并说“中美条约第一款载明，他国有何不公轻藐之事，必须相助从中调处，美国与日本和约内亦有此语，是调处乃我分内所应为……”[③]，后又加上英使威妥玛的活动，清政府本无抵抗决心，乐得有人调停，便辟台湾为商埠，赔款五十万两了事。美国利用日本达到了插足台湾，开辟市场的目的。

## 通过英国取得宜昌等口岸通商权利

一八七六年，美国参加所谓“马嘉理案”的“调处”，通过英国取得宜昌芜湖等口岸通商权利。

## 帮助日本侵占琉球

此后不久，美国又有袒护日本侵占琉球的一幕。琉球从十四世纪以后（明洪武以后），一直为中国属邦，一八七二年起日本即逐步并吞，至一八七九年（光绪五年）实行改琉球为冲绳县。清政府对此本不积极，说是不要“务虚名而勤远略”，琉球国王几次派人秘密到中国求救，情词异常凄惨迫切，清政府才认为性质严重，不得不争。适值美前总统格兰忒来华游历，并将赴日本，清政府的直隶总督李鸿章就想请格兰忒调处，李本人明知“日本实奉美国为

---

① 王芸生：《六十年来中国与日本》，《大公报》版，1卷，64页。

② 李鸿章：《述美国副领毕得格面议节略》，李前书，《译署函稿》。

③ 李鸿章：《与美使艾忻敏问答节略》，同前书。

护符”，但偏以为格兰忒是“众望所归”[①]的公正人物，幻想由其调处得到效果，其昏庸媚外，至于此极！格兰忒与李见面，说了些最怕各国失和，甚愿秉公持议一类空话。他到日本之后，即一面由其随从副将杨越翰对李鸿章来信加以威吓说，“在日本人眼中每视中国弱，自家强，所为无不遂者……据日本人以为不但琉球可并，即台湾及各属地动兵侵占，中国亦不过以笔墨口舌支吾而已”[②]，并假惺惺地以为中国只有“自强”，才能免被外人欺侮。一面要求清政府撤换驻日公使，并向李鸿章推荐美驻日公使平安，说他是最可靠的好人。因清廷驻日公使何如璋在交涉琉球问题中，对日态度强硬，且与英驻日使巴礼夏接近，美国深恐英使泄露日美勾结秘密。李鸿章后来倒也看破了美国人的阴私，在与“总理衙门”密论何如璋问题时，说美国“此事用意深远”[③]，琉球问题归宿，终究因为美国的袒日，清政府的无能，几次照会来往之后，就如泥牛入海了。

## 通过日本干涉朝鲜内政

当一八七六年时，日韩已缔结《江华条约》，日本在朝鲜势力日渐膨胀。至一八八〇年，美政府以为有机可乘，但鉴于过去对朝鲜的武力政策没有收到效果，乃改变方式，使水师提督薛斐尔再与日本商议，请向朝鲜介绍，准许美国通商[④]，日本正继续对朝鲜进逼，急欲引用外援，很快同意。朝鲜却以未得清政府允许，仍然拒绝，美国即派薛斐尔来中国活动，得李鸿章介绍于一八八二年（光绪八年）春订立《美韩条约》。开始交涉时，清政府要于约内载明“朝鲜为中国属邦”字样，美政府要使朝鲜脱离中国，对此坚决反对，薛斐尔所拟向清政府提出的照会说：

> 今按朝鲜原拟第一款，朝鲜系中国属邦，而内政外交向来得以自主，是在美国固可与朝鲜订约，不必认朝鲜为中国属邦……如引

① 李鸿章：《接待美总统》，同前书，《译署函稿》。

② 杨越翰：《致李鸿章书》，载李前书，《译署函稿》。

③ 李鸿章：《密论何子峨》，同前书。

④ 蒋恭晟前书，95页。

用中国字样，与本旨既不相涉，而复易滋疑义，殊非美国慎重邦交之意。①

清政府不从，美国以破裂谈判相威胁，李鸿章向载湉（清光绪帝）上“筹办朝美议约折”时说：美使“于第一款声明朝鲜为中国属邦，坚不允从，意甚决绝……”②。美国之所以要使朝鲜脱离中国，固然为了对朝鲜通商方便，但其主要目的，还在通过日本去干涉朝鲜内政。

一八八四年，法国进攻安南，挑起中法战争，美国企图通过法国从中取利。当法军还未集中以前，美国由水师提督以“调处”方式替法国行使缓兵之计。及法将孤拔把清军大败于马尾，美国又出面向清政府多方要挟，说“法国国主有谕旨给孤拔尽力从事”，如中国不给“八十兆弗朗”的赔偿，就要“另给别项”利益。同年，美国又协同日本乘机向朝鲜进迫，嗾使亲日（美）派挟制韩王脱离中国，实行自主。清廷驻朝鲜帮办袁世凯见形势不利，先向政府上一个密禀，告以“竹添进一郎（日驻朝公使）带兵换防，八九日必到，薛斐尔（美代表）已在东洋，闻将偕至……”③。清政府事实上已无能为力，竹添等兵到之后，亲日（美）派首领金玉均、朴泳孝等即布置发难，以“鸿门宴”方式屠杀大臣多人，劫持韩王夺取政权。袁世凯等出兵与日本冲突，乱党又败退，朴泳孝等亡命，由美国予以收留。事后一年，袁世凯电告清廷：“顷朝鲜内署来信，去冬倡乱之朴泳孝、徐光范、徐载弼三贼，先逃日本，旋往美国。”④满清卖国政府当局，对美国侵略者的狰狞面目，自然不会有正确认识，他们还以为美国人是“性气和平”，朝鲜亲美是对的。一八八五年（光绪十一年）李鸿章与伊滕博文订立《天津条约》后给朝鲜政府一信，替它策划今后，有云：“闻贵国已托人在美延订教习，美国人向无占据土地兵权之意，性气和平（！？），雇价亦廉，最为相宜”⑤，可谓至死不悟！此后三年——一八八七年，美国人福久更以美驻韩使节地位，主持朝鲜卖国贼“开化党”的活动，煽惑造谣，势力极为嚣张。到一八九〇年，美国通过日本夺取朝鲜内政达到一

① 薛斐尔所拟《致清政府照会》，载李前书。

② 李前书，《奏稿》。

③ 袁世凯对李鸿章《密禀》，王前书，1卷，216页。

④ 袁世凯光绪十年十一月二十日《致李鸿章电》，载李前书。

⑤ 载王芸生前书，1卷，266页。

个高潮。

## 企图支配满清“新政”

就在此时，美国对中国内地也制定了一个庞大的包办清政府“新政”计划。中法战争，中国败北后，清政府中一部分受外国资本主义影响的分子如李鸿章之流，想用某些改良办法来挽救满清统治阶级的危机，一八八九年前后开始提倡改行“新政”，创办海军。美国便乘机而入，由在天津的美国商人与李鸿章幕客马相伯接洽，规定中美借款二千五百万两，先开设银行，作经济“总枢”，各项“新政”经费皆由此行出纳，总行设天津、上海，各省设分行，查账权由中美双方分享。[①] 议成后，美政府更热烈欢迎马相伯到美国作最后决定，又增加了二千五百万两的款额，共五千万两，作为正式借款，另外还有三万万两的存款，预备随时支出。如果这个借款成功，美国便可取得清政府全部“新政”支配权，包括海军支配权在内，对于今后与日本合力向中国进攻，更为便利。但将要实现时，李鸿章往美国去了一个电报，是“朝议大哗，舆论沸腾，万难照准”[②]，马相伯只好往英国溜之大吉。

## 美在朝鲜取得特权利益

在朝鲜方面，这时由于美日步步进逼，朝鲜对中国的离心力日益增强，大批美国人先后由日本密荐，掌握了朝鲜的内政、外交、军事等大权，又以贷款作钓饵，取得朝鲜的开矿与海关的特别利益。一八九〇年（光绪十六年）三月至第二年一月，清政府驻朝鲜代办袁世凯的告急电报，雪片飞来，重要的有：

三月六日（清二月十六日）：“美前总兵薛斐尔曾谤华，韩前延用李仙得曾导日兵攻台湾，韩又欲延用……”

---

① 马相伯：《一日一谈》，新城书局版，65—67 页。

② 同上书。

三月十日（清二月二十日）：“韩赏李仙得二品衔，充内署协办。”

三月十二日（清二月二十二日）：“禧在明来谈，李仙得曾领日兵攻台，而韩昨授以官，必由日廷密荐。闻将贷款二百万，以海关作抵押，并拟派李充总税司。”

六月十一日（清四月二十四日）：“王近派小人闵周镐等梭往美馆，语议极密……至美兵船调兵五十来汉城，前已电禀，近仍在美馆逐日操练，王派员供给甚备，意在随时调卫。”

六月十四日（清四月二十七日）：“顷韩近臣密告，德尼（美前驻朝鲜领事）叠嘱幸臣韩圭契求王留用，并云：如留德，可制华……韩近臣又云：韩王叠拟调美兵在附宫门外之韩营内，诸老成力谏，乃止……韩廷臣颇讥王而憾美人。”

七月一日（清五月十五日）：“李仙得今谓美银行许贷款百万元，须韩准租开煤矿。”

八月三十一日（清七月十七日）：“有美巨富名葛累好士，曾充美驻横滨总领事，昨由日来韩，闻系李仙得所招，韩廷拟派充外署协办，兼办矿务，或以葛开矿起家，颇谙练。”

一八九一年一月四日（清十一月二十四日）：“韩王派美国人葛累好士为内务协办，兼办外国法律事，韩译其名为具礼云。”①

## 朝鲜人民反日美侵略的运动

美国这样大规模对朝鲜侵略，产生两种新的形势：一是美国准备在日本之先与中国进入正面军事冲突，这可算美国应有的一种打算，一八九一年秋间中国接到伦敦来信，“美国特派水师一军前往中国，以备闹事之用”②，后因缺少有利机会，没有发动。另一是在外国侵略者和朝鲜统治阶级合力压榨之下，激起朝鲜人民又一次反美日侵略的革命运动——“东学党”运动，“东学党”在一八九三年，一开始就揭出了“讨倭（日）斥夷（美）”的鲜明旗子

① 以上各电，均载《李文忠公全书 · 电稿》。

② 李鸿章：光绪十七年七月十四日《寄译署》，同前书。

（后来其纲领中也有“逐灭夷倭，澄清圣道”）以回答美日侵略者。清驻韩商务总办袁世凯报告政府：“……‘邪匪’（？）数万，终必成事，断非谕说所能解，汉京士民多怨政府，思乱者十居八九……该‘匪’旗号有‘讨倭斥夷’等字样”[①]，清政府的政策，不是援助这个革命运动，使朝鲜人民从美日压迫下解放出来，而是照例地诬人民为“匪”（这是反动统治者对革命人民千篇一律的称呼），进行反革命镇压。结果，因清廷与美日的矛盾，引起由美国支持、日本出面的中日战争。

## 甲午战争时，美国是日本积极的帮凶

一八九四年（光绪二十年）六月，清政府照会日本：“应朝鲜之请派援兵戡定内乱”[②]，日本则以“帝国政府从未承认朝鲜为中国之属邦”为理由，照会清政府出兵。当时美国很担心日本没有胜利把握，美驻中国公使田贝（Charles Denby）给本国的报告说：“日本全国有兵不过十二万，而又参差不齐，中国李鸿章一人即有精兵五万”[③]，言外之意，恐日本难于获胜。美政府于七月九日令其驻东京公使谭安（Mr. Dun）对日政府作一劝告，在没有十分把握时不要轻举，其措词则异常冠冕堂皇：

> 美国政府对日本及朝鲜两国笃抱友谊，故希望日本尊重朝鲜之独立并主权，若日本兴无名之师，使微弱不能防御之邻国化为兵火修罗场，则合众国大总统当为惋惜。[④]

日本对这个劝告没有同意。八月一日中日两国同时宣战，美国遂搬出它惯用的伪装面孔，宣布所谓“中立”，实际已把全部希望寄托在日本的胜利上。战争才开始，日本还没有着手改革朝鲜内政时，美驻朝鲜公使向美政府报告

---

① 载李前书。

② 总理衙门《复日本照会》，载王芸生前书，2卷，21页。

③ 转见万异前文。

④ 陆奥宗光：《蹇蹇录》，岩波文库版，98—99页。

中着重申述日本对朝鲜的"好意"及"一举而消灭中国之宗主权"[1]对美国的作用。日人窪田文三的《支那外交通史》上说：当时"美人认为日本人的成功，不啻美国人弟子的成功"[2]，美国对中日战争真实态度，由此可见。同年九月十六、十七两日（清光绪二十年八月十七、十八）清军于平壤、黄海大败亏输，北京"总理衙门"即一面与北京各国公使接洽，一面电驻各国中国公使分访各国政府，请出为调停。而在九月十八日美国不愿调停的消息传遍世界[3]，因为这时美国以为日本还没有取得"全局胜利"，调停只是于中国有利，对日本方面则尚非其时，故加以拒绝。清政府遑迫无计，向英国求救[4]，英愿与美法德俄等国共同调处，十月六日英国驻美大使高川送达美国务院一件照会，希望在朝鲜独立及中国赔偿日本战费条件下，与美国共同调停中日战争。美国对于这样的议和条件，当然替日本不满，而且美国本身在这个战争中所处特别地位，也不愿在调停时与英法等国为伍，同月十二日美国务卿葛利歇穆（Gresham）答复英使："甚愿中日两国于有利双方（？）无损高丽条件下，公平讲和，但不能如所请各国共同调停也。"[5]十月初，中国驻美公使杨儒又数度请求美国调停，依然遭到拒绝后向"总理衙门"报告说：

> 外务（美国务卿）云，此时言和恐为人藐视，欧洲各国，伺隙者多，均有利中韩土地之心，中国须获一大胜，议和方得体。[6]

这完全是袒护日本，戏弄中国的一片鬼话！

战争继续到十一月，中国军队节节失利，辽东、山东同时告警，清政府大为震动，不得已，再请美国单独调停。这时日本可谓已获"全局胜利"，美国政府考虑到一种新的情况可能发生，即如果日本继续前进，必然引起国际干涉，将对日本不利——亦即对美国通过日本向中国侵略不利，在一个历史性文

① 载万异前文。

② 同上文。

③ 蒋廷黻：《中国近时外交史资料辑要》，转见万前文。

④《满夷猾夏始末记·祸乱相寻记》载《让台记》一则，谓清政府曾以台湾让给英国，请英出来主持和议，其时间似在此略后。

⑤ 载万异前文。

⑥ 王彦威：《清季外交史料》，99卷。

件上记载着这时葛利歇穆对日本驻美公使所讲的话："日本应当停战，假使再继续下去，把中国打得落花流水，英、法、德、俄等国，一定要瓜分它……"[①]有了这层原因，美政府一面对清廷的请求有条件接受，谓必须中日两国同意，换句话说必须日本同意，因中国是请求国，自无不同意之理，这是美国乘中国之危，以自高身价并抬高日本的手法；一面给日本政府一个公开照会，照例是冠冕堂皇的文句：

> 令人痛叹的中日两国战争，毫未危及美国亚洲之政略，美国对两交战国之意向，在不偏不党重视友谊，守中立之义。若战斗延长无法制止日本海陆进攻时，与东方局面有利害关系之欧洲强国，或将对日本提出不利要求以促战争之终局。本国大总统从来对日本怀有深笃好意，倘对东方和平出而执劳，不损及中日两国任何一方名誉之仲裁，欲问日本政府是否承诺之？[②]

日本虽明知对它最有利的"调停"人，没有比美国再好的了[③]，但顾虑到另一层，即假如日美对中国所演双簧，一旦把戏露底，同样有引起国际干涉的危险，因此美日之间，还有避免嫌疑必要，于是公开答复美国：中国没有直接向日本请和，日本还不须友国帮助。日外相陆奥宗光则秘密对美驻日公使谭安说："日本政府现在若公然请美国政府为中日间之仲裁者，或不免招致其他第三国之干涉，故不能不避免此事，异日若由中国开讲和之端绪时，美国居间交换彼此之意见，则我政府当深倚赖美国政府之厚谊。"[④]后来清政府经过美驻北京公使田贝向日本直接请和，再加上天津海关税务司英人德璀琳赴日活动，几经曲折，中国历史上最耻辱一页的《马关条约》，终于一八九五年（光绪二十一年）四月十七日签订。

有人以为在甲午战争中"启议和之端绪且始终居间者，厥为美国"[⑤]，这是完全违反事实的。至于最后日本宣布停战，实际上美国不是起的一种调停

---

① 戈里歇穆夫人：《戈里歇穆传记》，转见万异前文。

② 陆奥宗光前书，177 页。

③ 同前书，178 页。

④ 同前书，179 页。

⑤ 王芸生，前书，2 卷，226 页。

作用，而是为了美日共同利益，对战争前途精心策划的结果。

马关谈判中，美国经过中国议和代表李鸿章的顾问美国人福世德，支持日本对中国多方威胁，除“中国认明朝鲜国确为完全无缺之独立国”外，将中国澎湖群岛、台湾与辽东半岛永远割让给日本。

《马关条约》签字后的第六日——一八九五年四月二十三日，俄、法、德三国干涉突然发作，日本顿时很狼狈，一面决定对三国纵令最后不能不完全让步，而对中国则采取一步不让的方针，一面请求美、英、意等国出来作反干涉。美国生怕因俄、法、德的行动引起中国方面翻悔，不批准《马关条约》，甚至利用三国军事外援组织对日反攻，则日本和美国都前功尽弃。所以英、意对日本请求加以拒绝时，美国仍单独对清政府施以压力，进行反干涉活动，日驻美公使栗野奉日外务省训令与美政府接洽后复陆奥宗光电云：

> 美国务卿承诺在不与局外中立（？）之主旨相矛盾范围内，与日本协力，而对批准讲和条件之事，已训令在北京美国公使劝告中国政府加速实行云。①

三国干涉初起，日本还在讨价还价，俄、法、德准备以武力作外交后盾，组织了一个大规模的东洋联合舰队，俄国更秘密往中国边境调兵，美政府经它在俄国的特务工作得到此种情报后，立即密告栗野，栗野急电告日政府②，使日本迅速完全让步，避免了它难于对抗的战争。三国干涉，依照美日的愿望结束，《马关条约》被肯定下来。中国走向殖民地的过程，从此更大踏步前进。

就在这一年，英、法、美借口成都、古田两起教案，向清政府大开交涉，除三国军舰开至长江以内示威，要求赔款，及撤惩中国大小官吏十余人外，驻华美使田贝更强迫清廷接受一个“防止排外草案”，取得传教、居住、购买土地等充分权利。

---

① 陆奥宗光前书，260—261 页。

② 陆奥宗光前书，279—280 页。

## 美侵华的加紧——“门户开放”政策的提出

此后不久，德国首先于一八九七年十一月向清政府索取报酬，武力占领胶州湾，于是俄占旅顺、大连，法租广州湾，英国乘机索得威海卫，日本又划福建为已有，意大利也要租借三门湾，滨海地区完全成为列强的“势力范围”。而美国则正在这时（一八九八年）从事与西班牙争夺菲律宾的战争，对中国无暇兼顾，战争终了，发现中国实际上已被列强分割净尽，感到很大失望。美总统麦金莱（William Mckinley）对国会提出的意见书有云：“中国沿海土地有落入外人手中者，此种重要变局吾美不能袖手旁观……苟欲不受占有中国土地之强国的排挤，非参预华事不可。”[①]充分表现了这种失望情绪和急谋补救的企图。但美国此时已没有再从中国取得势力范围的可能，乃采用英人希贝斯莱的建议[②]，由国务卿海约翰（John Hay）于一八九九年（光绪二十五年）九月提出有名的所谓“门户开放”政策，其要点为：

（一）各国在中国任何所谓“势力范围”或租借地内之通商口岸或投资事业，彼此不得加以干涉。

（二）中国之现行关税率，对于一切“势力范围”内之口岸装卸之一切货物，无论属于何国均为适用。

（三）此种“势力范围”内之任何口岸，对他国船舶，不得课以较对本国船舶为高之码头税，又在此种“势力范围”内敷设管理或经营之铁路，运输属于他国之货物，所有运费，不得较其本国为高。[③]

同年十一月二十三日，海约翰训令美国驻东京公使巴克（Buck），要他“速将上述建议提出于日本政府促其考虑，表明我国政府切望该国政府接受本案，予以援助”[④]。巴克照办后，得到日本外相青木同意的答复，美国的“门户开放”政策，不久便宣告生效。

---

① 穆尔：《国际法文编》，转见《东方杂志·太平洋会议专号》，谢桂芳《门户开放主义》。

②〔美〕邓爱特著：《海约翰传》，杨历樵译其中关于“门户开放”部分，载《国闻周报》11卷17期。

③ 王芸生前书，3卷，284页。

④ 同前书，297—299页。

## “门户开放”政策的实质

这个政策在以后很长时间内，一直成为美国侵华的“座右铭”，并不是偶然的，因为所谓“门户开放”，丝毫没有什么“保障中国领土完整和主权独立”的意味，恰恰相反，这只是直接反对任何一个强国或一群强国不顾其他各国，而想获得独占特权的口号，这正是一种帝国主义侵略的同盟，与殖民地半殖民地人民的利益是背道而驰的。所以“门户开放”的提出，是表示美国对中国进攻的加紧，不是表示其他各国对中国进攻的缓和。而且这个口号在美国说来还另有一层妙用，即一经打破“势力范围”，便处处皆其势力范围，这是美国侵略者比其他列强尤为“高明”（毒辣）的一点。

## 义和团运动时，美乘机扩大在华权利

这些帝国主义者联盟向中国进攻，又一次激起中国人民大规模的反抗，这就是一九〇〇年（光绪二十六年）的“义和团”运动。“义和团”是带有浓厚迷信色彩的人民反帝运动，所以一开始，便遭到帝国主义者联合镇压，美国借口“尽保护中国各地美国人民生命财产之手段……防止乱事扩张至中国他处，并防止其再生（！）”[①]向中国出兵，参加“八国联军”。联军侵入北京后，美军统领查飞（Chaffee）首先支持瓦德西所组织的“管理北京委员会”[②]。在天津的外人统治机关“都统衙门”，则由美国传教师丁加利（Charles. D. Tenney）为“总文案”执行一切。[③]在联军对中国人民的大屠杀抢掠中，美国军人也表现了这方面的“精明巧识”。[④]

联军一占领北京，各帝国主义争夺中国地盘的矛盾就迅速尖锐起来，竟公开讨论如何瓜分中国，这对美国的所谓“门户开放”正是致命打击，因为

---

① 美政府《通牒》，载陶汇曾著《对华门户开放主义》，《万有文库》本，16页。

② 王光祈译：《瓦德西拳乱笔记》，中华本，108页。

③ 华学澜：《辛丑日记》，商务本，陶孟和序。

④《瓦德西拳乱笔记》：29、52、7各页。

这将使它在中国没有立锥之地，于是它又采取了坚决扶助满清政府的政策，一则以此彻底镇压中国人民革命，再则不使别国瓜分中国的政策实行（自然，中国未被分掉，主要是中国人民自己的力量）。同年七月二十二日（清六月二十六日），美政府照会各国“保全中国疆土（按：保持美国掠夺疆土）”[①]，紧接着又向清廷表示扶助政府镇压革命的决心，七月二十三日美总统复清政府国书：

美国派兵在中国登岸原为援卫使馆……知中国“乱匪”骚扰，并非贵国朝廷袒纵……敝国乐为贵国效劳。[②]

对中国反动统治者表示多么亲切！对中国人民却是又如何的仇恨！

美国也和日本一样，于清政府卖国集团中所最看得上的卖国能手，是大地主大买办兼军阀的李鸿章（中日战争议和时，日本曾拒绝张荫桓、邵友濂而欢迎李鸿章），想把李鸿章在清政府中的地位特别提高，来从他身上取彩。先由国务院电告查飞，要他于“职权范围内”（！？）帮助李鸿章“削平暴乱”[③]。接着又以美国官方报纸名义，直接给李鸿章一个电报，问他说：

此间意思，均欲洋兵退出中国，并认中堂（李官位称呼）为政府议和大臣，中堂能重整太平，保护洋人，剿办“团匪”否？[④]

李鸿章虽然给以同意答复，无如他已被沙俄收买在先（一八九八年俄租旅顺大连时李已收受沙俄五十万卢布的“礼物”，清政府把这叫作“李鸿章向与俄习”），沙俄正欲乘此发挥李鸿章的特殊作用，经过他与清政府订一个密约，取得全部东北利益。美国于此不仅面子很难堪，而且使它通过日本插足朝鲜后继续侵入东北的计划，完全不能实现，遂又翻过脸来，一面通过英国在中国运动两江总督兼南洋大臣刘坤一及湖北总督张之洞，出面反对李鸿

① 伍廷芳：《光绪二十六年六月二十六日电》，载《李文忠公全书·电稿》。

② 载李前书，《电稿》。

③ 载万异前文。

④《纽约达里表晤报致李鸿章电》，载李前书，《电稿》。

签订俄约，说李鸿章的作法是要把中国“驯至瓜分而后已”[①]；一面又从外交上施以压力。一九〇一年二月，美国务院送一个照会给清驻美公使伍廷芳，表示“此次东三省一事，日本劝告中国各节，美国主亦以为然”[②]，又另交一个节略直接威胁李鸿章，说如果与别国订密约，或让地，或借款，“恐有大碍，蹈危机”[③]。李鸿章曾要伍廷芳秘密许给美国通商、矿路利益，请他在沙俄问题上予以“维持”[④]，美国坚持对东北不肯让步，结果俄约停划，美国政策大致成功。《辛丑和约》的签订，美国与其他各国同样取得由北京到海岸的驻兵权[⑤]，又分得赔款三千二百九十余万两。

至一九〇四年，美国又单独成立一个“排华律”修正案，把一八六八年蒲安臣条约中，美国要求清廷允许中国人民往来美国“听其自便，不得禁阻”[⑥]的内容以及一八九四年“中美会订限禁来美华工保护寓美华人条款”，全部推翻，使二十余年来，美国加于旅美中国人民的侮辱、虐待、殴打、驱逐、屠杀等排华暴行，变成了完全合法，而后来美国长期行使的“移民律”，也就在这个基础上成立起来。

---

① 刘坤一、张之洞:《致西安电》，载李前书，光绪二十七年正月二十七日《盛宗承转西安来电》。又《瓦德西拳乱笔记》139 页有“余尝从总税务司赫德处，得以证实英国方面，确有接济长江两位督抚多量金钱之举”。

② 伍廷芳：光绪二十七年正月初七日《致清政府电》，载李前书。

③ 伍廷芳：光绪二十七年正月初四日《致李鸿章电》，见同前。

④ 伍廷芳：光绪二十七年二月初七日，电见同前。

⑤《辛丑和约》，第七款。

⑥ 见《中外条约汇编》。

## 二　逐渐走上独立侵略中国

（一九〇五——九一七即从日俄战争到第一次世界大战）

### 美侵华政策的新发展

二十世纪初期，世界资本主义已经变成了帝国主义。美国著名的煤油托辣斯（即美孚油公司）是一九〇〇年成立的。美国钢业托辣斯在一九〇二年（光绪二十八年）时产生了九百万吨的钢。[①] 美国这种资本主义发展使它在世界的地位提高，增强了对外帝国主义侵略政策的独立性，以日俄战争结束为契机，美国由通过别国向中国侵略的历史，变成逐渐单独地侵略中国的历史。

### 日俄战争时，美利用日本侵略满洲

原来美国利用日本向朝鲜插足，并不是它的主要目的（如它把在朝鲜经营的铁路让与日本），它只是想经过此步骤来实现侵入满洲。因此，排除俄国在东北的势力，已成美国既定政策，八国联军中既已表现此点，及一九〇四年二月，日俄两国争夺东三省的强盗战争爆发，美国遂想继续利用日本，达到驱逐俄国取得满洲的目的。日俄战争中，日本财政异常困难，美国先后供给日本战费达四万万五千万美金之多[②]，日本财政几全部仰给于美国。当时法俄有同盟关系，德国也与俄国接近，法德有干涉日本可能，美国则由刚上台

---

① 列宁著，吴清友译：《帝国主义论》，增订本，32 及 37 页。

②〔美〕苏考勒斯基著，赵公皎译：《美国远东政策》，《外交月报》3 卷 3 期；又日人田中九一《列强在满洲之经济争霸》一文所载为一万万六千万元。兹据前文。

不久的老罗斯福（Theodore Roosevelt）出来警告法德：如果它们有一个出来帮助俄国，美就要出来帮助日本。[①]及战事在日本方面获得重大胜利，但其力量已经衰竭，而俄国则正重新动员的时候，罗斯福又出来作对日本有利的“调停”，并邀请日俄两国代表于一九〇五年（光绪三十一年）八月会于美国的朴茨茅斯商订和约。凡此种种，都是美国进攻中国的一种手段，即帮助日本打败俄国后，从而与日本最少平分东北利益。

战争期间，美国对日本既如此大力帮助，自使日美方面胜利得有相当把握，美国与日本于此又谈判一个秘密协定，由日本承认美国吞并菲律宾，美国则以承认日本吞并朝鲜为交换条件。[②]协定在一九〇五年日俄停战前成立，这是美国侵略中国过程中尤为无可狡饰的罪恶勾当，朝鲜灭亡，此时已被规定，不等待一九一〇年八月二十二日（宣统二年七月十八日）《日韩合邦条约》的形式才实行；美国侵略者不得不把这个协定保持了很长时间的秘密，只有在罗斯福死去以后，才第一次从他的私人记载中公开出来。

## 美日在满洲的冲突及美国的屡次失败

一九〇五年九月五日《朴茨茅斯和约》签订，美日关系亦从此迅速变化。是年八月底美国大资本家铁路大王哈利满（E. H. Harriman）以游历为名赴日本，讨论美日在击败俄国后对满洲分赃的计划，日本首相桂太郎出面与哈利满商谈，由美国组织一个银团，收买日本从俄国手中夺得的中国南满铁路，并于十月间成立一草合同，规定有：

> 中日或日俄交战时，该铁路随时受日本政府之命令，运输军队及军用品，日政府对该路之服务应予报偿，并随时保护该铁路不受他国侵略。[③]

---

①〔美〕莱丹著，王造时译：《美国外交政策史》，7册，775页。

②〔美〕芝加哥大学教授根西·莱特（Guincy Wright）在英国皇家国际学会的演辞，原文名 An American veiw of the Far Eastern problem，刊登于一九三五年十二月份之《国际事件》（International Affairs），马志振译，载《东方杂志》32卷17号。

③《桂哈草合同》，全文载王芸生《六十年来中国与日本》，5卷，19页。

这个合同生效之日，即美国夺取东北目的实现之时。但事情并不如此顺利，当日本政府重新考虑到如果让美国取得南满路，则今后日本以满洲为基地，向中国内地进攻的地位将会被美国所代替时，马上推翻前约，哈利满心满意足回抵旧金山一上岸，就接到日本领事一个公函，说“日本政府于一九〇五年十月十二日之草合同发现有更加慎重调查与研究之必要”，要他“认该合同为未决事件”[①]，其后更由订合同时，日本方面的中间人添田寿一（日本兴业银行总裁）电告哈利满前约干脆作废。美国用尽心机，至此完全失败，对日本大起反感，以后数十年的“日美交恶”就从此始。

日本方面于拒绝美国资本后，转向英国用“募集社债”方式，先后吸引英资一万万四千万元[②]，经营日本侵略中国大本营——南满洲铁路株式会社，成就以后的“满铁王国”与一帆风顺的全部侵华事业。美国则一面对日本施以报复，排斥日本移民，不准日本赴欧美儿童入学的学校读书[③]，并由国务院寻找理由警告日本政府，说日本在满洲的行动，其他外国将没有通商余地，“深望日本政府鉴于俄国在该地欲为实利的独占而失败，切加反省”[④]。一面又向中国方面活动，哈利满打算于南满路外别筑一新线，以与日本对抗。这时美国人司戴德（Willard Straight）为美驻奉天总领事（原为路透社驻朝鲜访员，以侵华活动有功累升至此），大为哈利满所赏识，于司戴德赴奉天之前告以上述计划，司抵任后即联合驻东三省各地美国领事大肆活动，恰好第二年——一九〇七年（光绪三十三年），清政府以美国耶鲁大学毕业生唐绍仪为奉天巡抚。司戴德即向唐绍仪提出他的计划，于京奉路筑一支线，自新民屯至法库门，准备发展至齐齐哈尔与瑷珲，进而至西伯利亚；并建议以哈利满为主的美国资本二千万美金，设立一东三省银行，为东三省的经济中心，除筑路以外兴办实业，改革币制等，都归这个银行经理。一九〇七年八月七日，司戴德与唐绍仪成立备忘录一件[⑤]，从此即出现所谓新法铁路问题。但立即遭到日本严重抗议，表示“帝国政府断难承认”[⑥]，又巧遇有名的美国金融大风潮爆

---

① 载王芸生前书，20—21 页。

② 田中九一前文。

③ 王译前书，7 册，778 页。

④ 陶汇曾：《对华门户开放主义》，28 页。

⑤ 王芸生前书，5 卷，92 页。

⑥《外交部档案·铁路档》，载王前书，93 页。

发，致哈利满一时力不从心，把这件事“展期考虑”，结果新法铁路合同落到英法资本家荷包里去了。这是美国夺取东三省的第二次失败。

司戴德任奉天领事二年，新法铁路不成后，他又与东三省总督徐世昌及唐绍仪屡次接洽，以美国资本开发满洲。一九〇八年九月司戴德回国，携带有与东三省当局订立的美国投资草合同一件。司回国后，被任为国务院代理远东司长，转使清政府方面由唐绍仪以致谢美国政府于是年退还庚子赔款为名，往美国作进一步接洽。唐绍仪抵美不久，满清朝廷黑暗统治的最后权威者——那拉氏（西太后）和载湉（光绪帝）突然同时死去，这对美国的计划又是个不小打击，因为美国这次活动是间接以内阁大臣袁世凯为对手，唐绍仪赴美尤为袁所直接推荐，那拉氏死后，隆裕后（载湉妻）以袁世凯在戊戌变法时曾出卖载湉，对袁世凯很不满，一九〇九年（宣统元年）一月，袁被迫辞职，借款交涉又不得不中止。这是美国夺取东三省第三次失败。

## 美对华的文化侵略

上面已提到的美国在此以前曾退还庚子赔款（即美国镇压义和团运动所得报酬）一部，是美国为了加强它在中国独立作战的基础，既要培养一批为美国侵略事业忠实服务的中国“人材”，又须广泛收买中国人心，退还一部庚款，并规定用于教育事业，正可以收到这两方面的效果：是美国侵略者“一箭双雕”的得意之作，绝非它对中国人民有何“友谊”，到一九二三年，各国争着“退还”庚子赔款，向美国学习的时候，美国《密勒氏评论报》曾把这一点“天机”泄露出来。①

①《东方杂志》12卷5号，译《密勒氏评论报》对各国退还庚子赔款评论有：“近来每一星期中几必有一国宣布其欲退还拳乱赔款……综此以观，可知以后一切对华侵略皆将以教育形式出之，各国皆以教育中国青年男女为竞争……假令罗斯福而犹生存者，见彼所发起之退款兴学计划数年前犹为侵略中国者非难，今实际上已为参加各国一致赞同，则其欣慰为何如乎。”

## 美日互相谅解，共同侵华的《罗脱高平协定》

从一九〇五年到一九〇八年期间，美日两国的关系一直很紧张，美国大西洋舰队曾“访问”日本，美日战争风声传播一时。但美国此时在中国的活动究竟还不能完全脱离日本，日本也不利于与美国失和，一九〇八年（光绪三十四年）十一月底，两国以“换文”方式成立一个在对中国侵略中互相谅解的《罗脱高平协定》，表面上宣称：

> 两国政府之政策，不含任何侵略的倾向……并决意依其权限内之一切和平手段维持中国之独立及领土完整，及该国内列强工商业之机会均等主义，以保列强在该国之共同利益……

这类隐蔽曲折的外交辞令，是要从反面去读的，译成普通语言，意思很简单：美日两国对中国不妨有任何侵略行为，但须减少双方摩擦，才能维持榨取中国人民的共同利益，至于中国人民的被牺牲，那是不必顾虑的。此种协定，自然没有任何约束双方对华侵略的意义，只是美国在逐渐走上单独侵略中国这一过渡时期应有的产物。

## 美重整旗鼓侵略满洲

就在司戴德与唐绍仪进行交涉及美日“换文”谈判的同时，美国侵略者们正起草着另外一个进攻东三省的计划。这时俄国有出售中东路消息，使美国收买南满路野心复活，他们以为买得中东路，便可压迫日本出售南满路。取得这两条铁路，是美国侵略者在日俄战争以来最理想的事业，哈利满的公司——坤洛公司经理斯奇夫（Jacob H. Schiff）问日本当局，说美国准备收买中东路，日本是否愿意重新谈判出售南满路问题？一九〇九年一月斯奇夫得到日本正金银行总裁高桥的答复：“日本无出售南满路之意，并请将来亦勿作此类活动。”与唐绍仪的谈判这时也已停止，美国遂干脆组织一个大规模财团，来与日本及其他强国在中国竞争，财团包括美国最大的金融组织摩根公司、坤洛公司、第一国家银行、花旗银行等，以司戴德为代表重赴中国，进行大举投资交涉，总统塔虎脱（William H. Taft）与国务卿诺克斯（Knox）更以种种外交手段推行这个计划。

满清政府此时对东三省情势已不敢乐观，觉得“东省介居两强，势成逼处，积薪厝火，隐患日深”。因此他们的卖国政策是：“广开商埠俾外人麇集，隐杜垄断之谋，厚集洋债俾外款内输，阴作牵制之计。”[①] 东三省财政监理官熊希龄更主张把东北变成当时的巴尔干半岛，付之列国会议。[②] 司戴德一到北京就乘机而入，很快与清政府商定了一个方案，由美国资本结合英国保龄公司建筑从锦州到瑷珲的铁路。一九〇九年十月东三省总督锡良，奉天巡抚程德全与司戴德签订一个“锦瑷路”借款草合同，第六条中规定“该公司应由中美英三国之人联络而成”[③]，完全置中国主权于不问。但又遭日俄两国反对，清政府内部也出来一部分人指责这个合同“为举世诟病”，且说东三省为清政府发祥之地，不宜出卖。[④] 锦瑷路问题便一时迁延不决。

美国几次希望日本出售南满路，但几次都不成功，如是在锦瑷路还没有定局时，诺克斯提出一个更加毒辣的国际共管满洲铁路的计划——所谓“诺克斯计划”（Knox Plan），并一反过去手段，完全抛开日本，采取与英国合作的方针。一九〇九年十一月，美国务院训令驻伦敦美国大使李德（Reid），要他请英政府对美国的计划予以“嘉纳”，又于十二月由驻北京美国代办费莱齐送一个节略给清政府外务部，说中国如果愿保存三省主权，便须先把那里铁路事权统归一律，“此等办法须认中国为地主，亦当允数国备办需用之款”[⑤]。

诺克斯这个计划的真实用意，并不是简单地要把东三省铁路由日俄两国所有，变为更多数的侵略者所有，它是想用此办法把东三省完全抓到自己手里！在费莱齐催促外务部迅速确定锦瑷路问题时说：“美政府重视此事，以为将来统并铁路之办法，有最切要之关系，若锦瑷之局既成，则按此约，可令该

①《外交部档案·东三省总督锡良奉天巡抚程德全致外务部电》，载王芸生前书，5卷，292—293页。

② 熊希龄：《上度支部尚书载泽条陈》，《熊秉三先生存稿》。

③《外交部档案》，载王前书，5卷，293—296页。

④《外交部档案·外度邮三部为东三省借款筑路事奏摺》，载王前书，299—301页。

⑤《外交部档案》，载王前书，311页。

公司出头，集各国之资，而筑各处之路。”[①] 这里所谓“该公司”，是指前述合同所载中国没有主权，英国仅占次要地位的美国锦瑷路公司，如果做到了由美国来“集各国之资，筑各处之路”，自是不折不扣将东三省的事权“统归”到美国侵略者手中去了，所以诺克斯的满洲铁路“国际化”或“中立化”，实际上是美国化的代名词。

清政府以为按照美国的办法则日本和沙俄固无从争雄，英美也不致于就能垄断[②]，表示赞成。但美国所寄予希望的英国政府不仅不嘉纳它的建议，反而劝它与日本商量行事。接着日俄两国也坚决反对。一九一〇年一月，日本外相小村寿太郎告诉驻东京美国公使欧卜伦（O. Brien），“帝国政府不信以国际组织代替国家经营为优胜或有益”[③]，俄国致清政府的节略措词更有“殊不解因何要故，必须有美政府之提议事项”[④]。司戴德于一九一〇年四月离开北京，打算到欧洲作最后努力，帝国主义间的矛盾，使他到处遭受嘲笑与奚落，至此，美国侵略者的锦瑷铁路与满洲中立计划，又不得不同时宣告幻灭。这是美国争夺东三省第四次和第五次失败。

美国侵略者在进攻中国中确实表现很“勇敢”；每次失败后面都是再接再厉，从不失望与灰心。司戴德从欧洲扫兴归去后，又与诺克斯商议，以为美国与唐绍仪接洽的计划原来是两部分，一是修筑锦瑷路，一是美国借款成立东三省银行，筑路虽难实现，借款却仍可进行。但日本既多方挠阻，英国又以英日同盟的别种利益不肯相助，要减少日本阻力，必须联络更多与国，考虑由美国发起一国际性的银行团，以此银行团作为美国新的进攻中国手段。恰好这时有美、英、法、德四国湖广铁路借款的妥协，美国便以此作为进行基础。

## 美攫取湖广铁路的敷设权

早在一八九六年（光绪二十二年），美国曾取得湖广铁路建筑权。当中日

①《外务部档案》，宣统元年十二月初二日，《外务部致度支邮传部秘函》，载王前书，315 页。

② 同上函。

③ 王前书，322 页。

④ 同前书，325 页。

战争结束不久，美驻华公使田贝接到美政府指示，要他向清廷要求各种企业投资权，理由是：虽然美国不向中国索取调停中日战争的报酬，但中国不应该健忘，清政府遂把粤汉路的敷设权作为礼物，奉送给美国拓殖公司（又称合兴公司或启兴公司）。一九〇五年前拓殖公司曾以取得经纪人的利益，将铁道底股三分之二，售与俄国作主、法国投资、比国出面的比利时公司。俄法势力向长江及其以南伸展，最为英国所嫉视，于一九〇五年，由充当英国走狗的湖广总督张之洞提出把粤汉路从美国人手中赎回"商办"。这时美国一方面由摩根公司把已经出售给比利时的股票用重价收回，切实掌握粤汉路已得权利，一面由美政府"屡饬其驻京使臣柔克义，向外务部干涉，声言美政府断不允废此约"，经过长时间往返折冲，才算达成赎回协议，张之洞在办完这场交涉后所上奏折中总结地说："深知合兴根蒂深固，消息灵通，中国官场袒助者多，不易措手……磋磨一载有余，其间波澜叠起，枝节横生，机甫圆而旋翻，议垂成而忽变……"[①]最后使他认识到了美国侵略者的"至狡至毒，蔑以加矣"。但张之洞所付给美国的赎款，是从英国汇丰银行借来的，约定此后再筑川汉、粤汉路时，要尽先向英国借款，至一九〇九年再建粤汉路借款问题发生，英国自恃财力雄厚，开出条件异常苛刻，德国资本家乘机而入，由德华银行出面与清政府交涉，愿以"优待"办法出借六千万马克。而东方汇理银行所代表的比、法资本家，则以一九〇五年曾因建筑四川铁路组成英法银公司，现在却不能相让。英、法、德三国经过种种斗争最后组成一个三国银行团，对粤汉路共同投资。这一来，把美国侵略者关在粤汉路大门外面了，它马上提出抗议，司戴德此时已来华作锦瑷路活动，又同时与三国磋商对粤汉路如何分赃，塔虎脱并以大总统资格亲自致电载沣（清摄政王），坚持美国必须加入。[②]一九一〇年（宣统二年）五月，美、德、英、法四国代表在巴黎妥协，共同以英金六百万镑借给清政府[③]，美国侵略者是如何兴高采烈！塔虎脱在送致国会的咨文上极端表示："资本人之政府赞成。"[④]

---

① 张之洞：《奏粤汉路收回自办详细情形折》，《光绪乙巳年交涉要览》，下篇，卷三。

② 参看《银行周报：论五国银团之由来及未来财政监督》，《东方杂志》14卷9号，及张忠绂《中华民国诞生之初期外交》，《外交月报》5卷5期。

③ 此系据张忠绂前文。又按王芸生前书，5卷，383页载，此协定系1910年11月11日成于伦敦。

④《东方杂志》8卷1号。

一九一一年（宣统三年）五月，清政府与美、英、德、法四国的粤汉路借款合同成立，至此，诺克斯与司戴德的计划就开始实行，由美国向其他三国提议，以这个银行团作为基础，组织一个永久性的四国侵略中国联合办事机关，除铁路借款外，四国对清政府又投入一千万镑的币制借款。① 美国此次作法，也和“诺克斯计划”一样，是完全脱离日本力量进行，且引欧洲强援，实行与日本对抗。

## 美帝在中国的夺路和满清卖路，成了辛亥革命的导火线

美国所加入并策划的四国银行团与清政府间借款交易成立，在美国是通过中国黑暗统治者把中国人民进一步置于它的奴役与压榨之下，在清政府是想经此卖身投靠方法，抵抗从中国人民方面袭来的革命暴风雨。但它们没有料想到恰恰就是这次罪恶交易，成了中国人民发动辛亥革命的导火线。美国以借款方式重新侵占粤汉路时，湘、鄂、川、粤各地人民正积极筹款商办，对美国侵略者的夺路与清政府卖路坚决反对。广东旅美华侨致书粤汉路公司，提出十大理由，表示“泰山可移，商办之局断难摇撼”②。这时美国与英国联合起来，既嗾使清政府提出滑稽的“铁路国有”政策③，以与商办要求相对抗，又令清政府以美国人克林孙为粤汉路总工程师，杜利为宜夔路总工程师④，直接掌握路权。如是，由于各省争路风潮的发展，爆发了辛亥革命。

## 辛亥革命时，美压迫中国的革命势力，支持反革命的袁世凯

当时中国有两种公开对立的政治势力，一是以孙中山为代表的资产阶级

---

① 币制借款原为美国单独进行，为迁就银行团成立亦改为四国共同借款，中美两方草合同于一九一〇年十月二十七日成立，三国加入于一九一一年四月十五日改订新约。

②《满夷猾夏始末记》，六编，48 页。

③ 此策初为湘人杨度向邮传大臣盛宣怀所献，杨为与英美有勾结的袁世凯死党。

④《满夷猾夏始末记》，六编，56 页。

小资产阶级反满的革命势力，另一是以袁世凯为代表的地主阶级买办阶级继承满清的反革命势力。帝国主义者各企图在两者之间，选择一个合乎自己需要的对象，用为继续榨取中国人民的工具。武昌起义不久，美国曾表示过它对南京临时政府的“同情”[①]。但被日本捷足先登，一九一一年十一月便由三井洋行借给南京政府筹备经费三十万元[②]，一九一二年正月南京政府成立，孙中山即“特许”日人阪谷芳郎设立“中华国立中央银行”的特权[③]，此后日本更通过南京政府相继取得苏州铁路及汉冶萍公司的合办权等[④]。当然，美国是很不满意的，南京临时政府的外交总长王宠惠两次向美政府请求承认，两次碰壁。美国报纸既指责孙中山的理想为“荒谬绝伦”，又和英国制造一种“非袁则亡”，“非袁则不承认”的空气[⑤]，对孙中山施以外交压力，使南京阵营迅速分化，孙中山被迫辞去临时大总统，由袁世凯在北京继任。美国上下两院于二月二十九日通过一个议案，“庆贺”中国“共和政府”成立[⑥]，国务院也表示欢迎袁世凯“强有力的统治”[⑦]。此后美国侵略者对袁世凯这个窃国大盗及其徒子徒孙们一直都是积极支持的。

袁世凯的政治活动，主要依靠英国，对美国也有一定的关系，一九一二年（民国元年）八九月间，孙中山与袁世凯在北京见面，有一幕秘密谈话，当时有位名记者报导这个谈话内容说：“孙君遂问袁君以联美历史（美利用袁的历史），袁乃告之如此如此，孙君即席嗟叹，谓为远谋（美利用袁的远谋）。”[⑧]由此可以知道美国利用袁世凯是历史悠久而又有“远谋”的。身为国民党领袖的孙中山则“向主联日”[⑨]，在此时期内，帝国主义者争夺中国的斗争，主要是英日的斗争，美国一般是赞助英国的。英美与日本利用中国的政策有不

---

①《孙中山自传》，载《中山全书》；邹鲁：《国民党史稿》，4 卷；又《满夷猾夏始末记 · 外编 · 通论下》，18 页。

② 张孝若：《南通张季直先生传记》，中华版，170—171 页。

③《远生遗著》，商务版，3 卷，113 页。

④ 张孝若前书，170—177 页。

⑤ 蔡和森：《武力统一与联省自治，军阀专政与军阀割据》，1922 年 9 月 20 日，《向导》第 2 期。

⑥ 张忠绂前文，《外交月报》6 卷 1 期。

⑦〔美〕特拉斯著：《中国与美国》。

⑧ 黄远庸：《记者眼中之孙中山》，《远生遗著》，2 卷，119 页。

⑨ 孙中山亲在《陈英士致黄克强书》中所加按语，载《中山全书》，《能知必能行》附录，上海中山书局版，2 册，67 页。

相同之处，日本是制造中国纷乱，从中取利，因之对各种对立势力常同时操纵；英美则常扶持中国一个最反动的代表人物及其政府。

## 美在“善后大借款”中的阴谋

南京政府瓦解后，南方许多上层人物还在与袁世凯从事激烈的争权夺利斗争，袁世凯不得不要大批“善后”费用来排除异己势力，美国也正想从袁世凯手中取得新的利益，如是老经纪人唐绍仪（这时为袁政府的“国务总理”）又出来与原由美国发起的四国银行团接洽一笔借款。但鉴于以往的失败，使美国不能不顾虑此种明目张胆的“政治”借款，没有日本和俄国加入，将难实现，因此由四国共同邀请日俄两国也加入这个银行团。日俄提出“满蒙除外”条件后，相继参加，美国所发起组织的四国银行团遂一变而为六国团了。经过许多出奇的花样，终于一九一三年春天，一个二千五百万英镑的巨额借款——中国近代史上有名的“善后大借款”，得到了协议。帝国主义者们所要的条件主要有：（一）由六国银团派代表监督借款用途，这种代表称为“协理洋员”；（二）担保借款的盐税，由六国银团设立特别税务机关执行；（三）中国在此借款期间，不许向六国以外的任何银行团借款。[①]它们并准备以武力为执行这些条件的后盾，一九一三年六国驻北京公使举行关于大借款的会议，其决议中有一项是：“大借款条件所言监督权，如中国不能实行，则六国须以国力干涉。”[②]六国银行团的成立，是一群外国侵略者在中国某种程度的暂时妥协。美日两国又各有其特殊用意，美国是玩弄利用别国故智，取得现实利益；日本是抓紧机会争取袁世凯，作更大规模向中国进攻的准备。

六国银行团对中国所发生的政治作用是如此黑暗，在经济方面也是同样。合同上写着的借款额虽是二千五百万镑，首先经过银行家和债权人扣除百分之十六的利益，只剩下百分之八十四——二千一百万镑了，又再由付款国扣除各种名义的到期赔款、垫款等等一千二百七十余万镑，袁世凯最后所得到的数字是八百二十万镑，即百分之三十三。[③]这个二千五百万英镑实数却要经

①《善后借款合同》，载《东方杂志》9卷12号。

②《远生遗著》，1卷，27页。

③《时代》，第6年29期。

过袁世凯的手，用各种残酷方法从中国人民身上敲榨出来，送到以美国为首的外国资本家钱袋里去！

但事情又发生了波折。一九一三年三月四日六国最后所表决的财政监督官中，没有美日两国名额——日本迅速请各国帮助在袁世凯其他机关中获得一席“顾问”作补偿，只有美国是最后落空了。这完全与它发起银行团的初愿相反，而又是一个有决定性的问题，因为美国失掉监督官，就是失掉了对中国的控制权，这不仅难以达到当初援引列强深入侵略中国的目的，反因此给了别国更优越的位置，对美国这是如何不利的形势！要转变此种形势，就只有把由它自己一手组织起来的银行团，再由它去一手破坏才有可能，美国政府乘威尔逊（Woodrow Wilson）新上台的机会，于三月二十日又宣告退出六国银行团，宣言中所列举的理由，当然不是说美国侵略中国的计划又失败了，而是堂哉皇哉地声明：

> 该借款近于干涉中国行政之独立……有背吾美立国主义，本政府不愿负此责任。①

这套十足的鬼话，竟还希望中国人民去相信它！但是由于美日的矛盾，使日本人不客气地来揭露了美国帝国主义的诡计。日本《外交时报》对此评论说：“美国对中国之政策，向以左手执正义之剑，右手操利害关系之键为要诀”，“彼等呼号正义，悬挂人道牌号之处，必伏有利益……”。② 正好把这鬼话揭穿。

美国从银行团退出，并未使其他五国拆散，它又进一步由驻北京美国公使劝告袁世凯放弃大借款计划，多作小借款，说是“中国以采用此法为最宜”③，想这样来达到破坏银行团的目的。这时袁世凯既不属美国单独支配，劝告自然没有效果。至是，美国的银行团计划，从头至尾，又完全败北。

---

①《东方杂志》9 卷 12 号。

② 同上，9 卷 11 号。

③《远生遗著》，2 卷，50 页。

## 美对日本亡华的“二十一条”，采取合作态度

日本正好乘此机会加紧扩张它在中国的势力，尤其一九一四年欧洲大战爆发，西方列强已无暇东顾，日本乃于一九一五年一月十八日向袁世凯提出独占中国的“二十一条”。这对美国是个很大打击，美国深知它本身还没有力量阻止日本这样的大举进攻，遂放弃从“诺克斯计划”以来与日本正面冲突的作法，返回到和日本合作的老路上去。美驻北京公使芮恩斯（Paul S. Reinsch）曾请总统威尔逊对日本施与袁世凯的压力加以“注意”，二月八日威尔逊给芮恩斯一函说：“余感觉对于现在之交涉，予中国以任何直接劝告，或任何直接干涉，均属害多益少，且将惹起日方之猜忌及敌意……”[①]这告诉他美国的立场是要站在日本一边的。日袁谈判中，美国既联合英国劝告日本把“二十一条”中的“第五号”（即聘用日本军、政、财顾问，中日合办警察、军械所等）放弃，让袁世凯在中国继续统治得下去[②]，又劝告袁世凯“相忍相让”[③]，这都是与日本合作的行动。

及五月九日，日本向袁世凯提出最后通牒，美国务院赶紧于同月十五日向中日两国发出一个相同的照会，郑重宣称：

> 美国政府兹特声明，现在交涉中之条约，其中任何条款经中国政府承认，而对在华外人之地位有所变更者，在最惠国待遇之下，美国政府亦将享有其利益。[④]

美国于此取得了与日本合作的代价。因依此声明作用，美国不但完全避免了日本的打击，且进一步利用日本要求，完全从中国人民身上取得了相同

---

① 王芸生前书，6卷，330页。

② 杨历樵译《美教士班煦福回忆录》有：“余闻日本为友谊计，已从美英联名请求，将‘二十一条’一部分要求放弃矣！”又前书英记者道纳云，“二十一条”系由日本公使日置益亲交袁世凯，并恫吓袁云：倘泄露要求内容，即将引起中国革命，将他推翻。载王前书，6卷，382—383页。

③ 王前书，330页。

④ 王前书，331页。

利益。

## 支持袁世凯称帝

袁世凯一度装腔作势之后，整套接受了日美两国的要求。这增强了他反革命反人民的信心，打定主意要做“皇帝”了。一九一五年五月办完卖国交涉，“筹安会”便于八月间出现。日本一面在提出“二十一条”时即“希望贵总统高升”，一面又扶助反袁世凯的云南起义。美国则百分之百地支持袁世凯称帝，对袁世凯作大量借款，除直接用于帝制的三次共一万万三千六百万之多（？）外，还有同一用途，别立名目——如修浚运河、振兴实业、整顿经济、修筑铁路等借款，又达三千三百万，且大部分都是反帝制运动爆发后成立的；其中还有刚付款一部袁便死去，又“鉴于中国时局之不靖”停付的。[①] 美国人古德诺（Frank J. Goodnow）又以袁世凯“宪法顾问”的资格，发表一篇著名的君主与共和论，说中国如果改用君主制比共和制好，那是丝毫没有疑问的，理由是：“民智低下之国！其人民平日未尝与知政事，绝无政治之智慧（！），则率行共和制，断无善果……否则外人之干涉恐将不免也。”[②] 这个著名的“理论”及大批借款，既鼓励了袁世凯，又对反袁世凯的人民施以恫吓。袁世凯虽然依靠这些外援做了皇帝，但是在中国人民的打击下很快滚到坟墓中去了。

## 美日在华的矛盾，制造中国内部不断的纠纷

袁世凯的死，使美日侵略者失去能够继续作为总工具的中心人物。日本很快利用了“北洋正统”派的段祺瑞。美国则以继承总统位子的黎元洪为对象。在一个短时间，美国和日本在中国的斗争，又表现为黎元洪与段祺瑞的斗争，所有张勋“复辟”及中国加入第一次世界大战，都是这个斗争的产物。

---

① 参看许指严编《民国十周年纪事本末》，下册；《外交月报》5 卷 1 期；《东方杂志》13 卷 11 号。

② 〔美〕古德诺：《共和与君主论》，《东方杂志》12 卷 10 号。

大战开始不久，日本以德国占据青岛为借口，攻略山东，美国即怂恿袁世凯向日本提议限制战区，大为日本所反对。[①]后英法等又示意中国参战，日本仍多方拦阻，它怕中国因参战而掺入国际活动影响它的侵略。美国乘机大做军火生意，直至一九一七年二月才宣布加入这个强盗战争，并通知北京政府，“如他中立各国能仿美国政府之举动者，实于世界和平将有裨益”[②]，希望把中国人民卷入这个大屠杀的血泊之中，使中国反动统治者取得在战后发言权的代价，作为帮同美国抵抗日本的助手。这虽在作法上与日本完全相反，而动机则完全相同。但这时日本方面的情况已有变化，它既于一九一五年取得“二十一条”的特别利益，又于一九一七年二三月间成立与英、法、意、俄四国的秘密谅解，由四国帮助日本非法取得山东权利，日本则以压迫中国对德宣战为交换条件，所以美国对中国提出上述希望时，日本完全赞成。这时段祺瑞是黎元洪手下的“国务总理”，他正好借此机会取得日本援助来扫荡异己，巩固北洋势力，对“参战”进行不遗余力。美国这才发现中国加入作战止是恰好被日本所利用，于是，掉过身来，又主张中国暂时不要对德宣战，免得引起对外纠纷美国不能援救。[③]一九一七年三月，段祺瑞为对德绝交问题，拟具电稿训令驻日公使章宗祥秘密通知日本政府，请黎元洪签名盖印时，被黎拒绝，发生所谓“府院之争（总统府与国务院）”。段祺瑞运用了“公民团”请愿，“国会”讨论及其他种种手法，尚无确定结果，日本便乘段系“督军”哗变，由日人佃信夫出面活动辫军头子张勋与段祺瑞合作实行“复辟”，驱逐作为美国工具的黎元洪，同时又给段祺瑞日金一百万作军费，背弃与张勋的盟约，迅速将辫子军打散，以便段祺瑞取得更多权力。在此扰攘期间，黎元洪由他的外交总长老亲美派伍廷芳，请美国发表公开声明，表示赞成黎元洪为中国大总统，美国侵略者也觉有此需要，六月四日美政府对中国发出这样一个劝告：

中国是否对德作战，为次要问题……美国所以关心中国政体及行政人物者，仅中美友谊之关系（！），美国不得不助中国（按：

---

①《驻日使馆档案·外交部致陆宗舆电》，载王芸生前书，6卷，47页。

②1917年2月4日，驻北京美国公使致外交部照会。

③张忠绂：《民六中国参战之外交》，载《东方杂志》23卷1号。

黎元洪）。[1]

同一天，美国务院又训令驻英、法、日三国美使，要他们请三国政府与美国采同一行动，向中国各方劝告，英法两国婉言回复。日本则认为这种劝告是干涉中国“内政”，亦即干涉段祺瑞，对美国的要请当然拒绝。美国所作单独劝告也深为日本所不满。[2] 结果黎元洪被迫下台，美国的活动又决定失败。

## 从美日俄关系的变化来看美侵华多次失败的原因

这里必须清楚，美国这个时期对中国侵略多次失败的原因，并不是美国所使用的力量不够，或政策和缓，而是它面对着的竞争敌人力量太强大——新兴的日本又联合了一个老大的沙俄。日俄两国在战争结束不久，即由敌人变为朋友，由于美国对中国进攻愈趋愈紧，日俄关系也就愈演愈密，从一九〇七年到一九一六年十月之间，日俄连续订了三个公开协定、四个秘密协定，一九一六年六月日俄第四次密约上更明确规定两国以军事合作来保障双方重要利益，“须要中国不落在任何第三国政治势力之下”[3]。所谓“第三国”在日俄心目中是美国的代名词，有了这样强大而有决心的敌人，美国侵略者不能在中国逞其大欲，就无怪其然了。

① 《东方杂志》14 卷 7 号。

② 以上参看张忠绂前文，78、95、100 等注。

③ 全文载王芸生前书，7 卷，43—44 页。

# 三　争夺中国霸权

## （一九一七——一九四五即第一次世界大战到第二次大战结束）

### 从第一次世界大战时起，美具备力量在中国与列强争霸

帝国主义争夺殖民地的第一次世界大战，到一九一七年达到最高峰。欧洲向美国借债的至十三国之多，仅英、法、俄、意等几个大国即欠美国战债将达一百万万美元。美国国际地位进一步提高，具备了与列强在中国争霸的力量。而原来在中国有重要势力的英国，因被战争削弱，退居次要地位，其投资与债权等方面由维持原状递减至战后，成为第二位。德国失败。法国受伤。美国在经济上虽列第三①，但其政治势力则在英国之上，足与在大战期间迅速膨胀，政治经济都占首席地位的日本并驾齐驱。尤其重要的俄国社会主义十月革命成功，划分了世界历史的新阶段，给后来一切世界事件注入了新的因素，而对于美国侵略中国所发生的直接影响，为沙俄崩溃，日本失去一个在中国与美国竞争的有力同盟者，美国面前的敌人较为单纯。这一切，使美帝国主义侵略中国的进程，在一九一七年达到一个与列强主要是与日本争夺中国霸权的新时期，是年十一月的《蓝辛石井协定》，是美国在这个新时期与日本交锋的第一个回合。②

---

①《东方杂志》19卷13号、30卷16号、31卷5号。

②《蓝辛石井协定》11月2日成立，在十月（11月7日）革命前数日。所谓新时期，是着重协定新的意义上，且帝俄所代表的侵略势力，二月革命已大部推翻。

## 美日平分中国霸权的协议

前此美国在中国的施为，屡遭日本挠阻，美日关系更加恶劣。一九一七年九月，日本前外相石井菊次郎赴美讨论战后中国问题，并调整美日关系，美总统威尔逊即表示日本排斥美国向中国侵略，是没有遵守“门户开放”原则，“殊为遗憾”[①]。美国务卿蓝辛（Robert Lansing）开始与石井谈判一个协定，由日本保证美国的“门户开放”，美国则保证日本的“特殊利益”，十一月二日蓝辛送致这样一个照会给石井：

> 合众国及日本国政府，均承认凡领土接近之国家间，有特殊之关系，故合众国承认日本国于中国有特殊之利益，而于日本所属接壤地方尤为其然……且声明两国政府常于中国维持所谓门户开放或对工商业机会均等之主义。[②]

同日，石井以同样内容照复蓝辛，美日协定便宣告成立。美国这时重提“门户开放”，表示两种新的意义：一，一八九九年这个口号的作用是反对英、法、德、俄等一群强国，现在主要是反对日本，那一群强国已开始被它挤下去，这表示出美国侵略中国所达到的深刻程度；二，美国以“门户开放”（或“机会均等”）对日本的“特殊利益”，与日本平分中国，是日美开始以对等地位处理中国问题，日本原来独有的优势又被它挤下去，这表示美日在中国已势均力敌。从此美国以日本作主要对手，经拉锯式过程，进行争夺中国霸权的斗争。[③]

但纸面上获得平分中国协议，绝不可能使美国与日本在中国和平共居。这时北京政府由北洋军阀另一个派系——直系头子之一的冯国璋以原来“国会”所“选”的副总统资格继承黎元洪，段祺瑞仍为“国务总理”。冯国璋曾兼江

---

① 王芸生：《六十年来中国与日本》，7 卷，118 页。

② 《外交部公表文》，载王前书，121—122 页。

③ 后来华盛顿会议宣布《蓝辛石井协定》取消，但石井在他的《外交余录》一书中说此精神并未消灭云云。

苏督军，在长江流域有相当实力，美国又结合英国暗地以直系作走狗与日本的段祺瑞皖系（亦称安福系）相对抗。

## 反苏与侵华必然紧密结合的实例——所谓《中日共同防敌军事协定》

一九一八年二月，列宁领导的苏联政府与德国单独媾和。美日所在的“协约国”东方战线发生破绽。日本便以“共同防敌”为理由，通过段祺瑞与北京政府订立所谓《中日共同防敌军事协定》，规定中国为“军事行动区域”①。日本用意是一面强拉中国加入反苏，另一面则进一步操纵段祺瑞扫荡反日势力。美国看破日本阴谋，也迅速向西伯利亚出兵，除一面与日本反苏完全相同外，另一面则与日本针锋相对，即牵制日本在中国的军事行动，以巩固直系反日力量②，使它好争得中国。这是美帝国主义反苏与侵略中国紧密结合典型例子的第一个，后来这样的例子还多得很。

由于段祺瑞对日本十分忠实，仅一九一七年八月至一九一八年九月，日本对北京政府的借款即在五万万元以上，逼使冯国璋以“任期已满”辞职，而由皖系所掌握的徐世昌接替总统。这使美国不得不急起直追。在中国国内除仍积极培植直系而外，一九一九年，美国的银行家与政客又一度由美国人林百克怂恿孙中山到美国去活动，说那里“有巨额的金钱，可供他办所要办的事”，孙中山以另有困难未能实行。又用外交手段在国际上抵抗日本，展开同年巴黎和会上美日争夺中国的斗争。

## “巴黎和会”上美日展开中国霸权的争夺战

这所谓“和会”，原是帝国主义重分殖民地的会议。美国计划在“和会”上成就两件事：一是组织世界资本主义的反苏指挥部——“国际联盟”，以包围社会主义苏联；一是争取中国代表为工具，抵制日本对中国的要求。北

①《外交部红皮书》，载王前书，227—237 页。

② 此点为后来美苏复交时，苏代表李维诺夫阅读美国务院档案所知。

京政府派陆徵祥等前往出席，恰好让美国达到这个目的。本来北京政府在日本影响下所决定的与会方针，是关于东方的事，中日两国代表互相协商，采同一步调，即惟日本之命是听的亲日方针，后来美总统威尔逊打起十足“正义”的幌子亲自赴会，经过中国代表团中顾维钧等亲美派的活动，又有中国留欧学生向代表团提出废除“二十一条”，收回山东权利等要求，陆徵祥等态度，遂一变而为反日亲美。中国代表在和会中所提出的废除“二十一条”，收回山东权利等项，还算符合中国人民的利益，美国就利用中国与日本的争执，来打击日本。因为日本一旦把这些权利放弃，则美国在“门户开放”口号下，可以在中国获得很大的权利。威尔逊在美、英、法三头最高会议中，对中国的要求曾再三坚持，但英法与日本先有密约，不肯同意，后来日本更以不得山东，便不参加国联，并另组德俄集团相威胁，美国只得让步。四月三十日晚，美全权委员处新闻股长告诉中国代表：威总统“以大局可虑……而最后究不能不稍迁就”①。就在同日白天美、英、法三国会议已决定《凡尔赛和约》中的山东条款三条（第一百五十六、七、八条），规定德国所强占的胶州领土、铁路、矿山及其他一切特权，不归中国而由日本继承。消息传来，激起中国广大人民的愤怒，爆发了“五四运动”。“五四运动”严重打击了卖国的北洋政府，使陆徵祥等不敢在和约上签字。美国这时一面觉得中国人民力量的不可侮，也由国务卿蓝辛指使陆徵祥等拒绝在和约上签字②，给美国留一回旋余地；一面在国内展开激烈反日，国会中有人提出“与日本宣战亦所不惜”③，向日本直接警告。八月初，又以威尔逊名义发表一驳日本外相内田康哉声明，进一步否认“二十一条”。八月中旬更由上院通过一议案：“保留美国对中国与日本因此条件所引起争端之完全自由行动权。”④作为后来对日反攻的张本。

---

①《陆代表密电》，载王前书，7 卷，232 页。

②陆代表密电：“美外交总长口气，似于保留一层办不到时，当然不能签字。”载王前书，352 页。

③《东方杂志》16 卷 8 号。

④王前书，7 卷，474—475 页，《东方杂志》17 卷 11 号载此案为 11 月 15 日通过，王书为 8 月 16 日，兹从王书。

## 发动直皖战争，美取到侵华的争霸战之第一个胜利

第二年——一九二〇年，美国的反攻即开始进行。首先是发动直皖战争。这时直系依靠英美支援以曹锟、吴佩孚为首取得河北、河南、江苏、江西、湖北等省重要地盘，因此皖系不得不允许直系参加北京政府，直系靳云鹏遂取得国务总理兼陆军总长的地位。直皖两系斗争，又各秘密联合孙中山以削弱对方。美国通过直系乘中国人民反日反段的高涨情绪，使战争于七月间打响，曹锟先发制人，致书北京公使团，说日本“有协助安福系军队之事，不但协济军用品，且有参与作战之活动”①，请公使团制止。事实上，美国在直系后面，早有了与日本同样的努力，段祺瑞很快战败，皖系要角徐树铮、段芝贵等纷纷逃入日本使馆，美国又对日馆收留逃员加以反对，说他们不配当作“政治犯”看待。这是美国反攻的第一个胜利。

## 组织新银行团，美取到侵华争霸战的又一胜利

接着美国组织的新银行团又于九月间成立，通知北京政府以后美、日、英、法四国统一对华借款。原来美国从六国银行团退出并不甘心，世界大战后，德国失败，俄国革命，英法嫉视日本在华急进，美国遂乘机发起一个新银行团，企图以美国摩根银行为中心，结合英法资本，在中国与日本作投资竞争。最初摩根银行代表拉门德来中国作此项交涉，被与日本连结的交通系反对，拉门德转请日本参加以打破这种阻力，同时借此限制日本对华单独活动，美国运用发起人的地位，掌握了新银行团的领导权，这是美国反攻的又一个胜利。

①《东方杂志》17卷15号；许指严：《民国十周年纪事本末》，下册。

## 华盛顿会议，美取到进一步夺取中国霸权的基础

但日本并没有因此遭受致命打击，它很快扶持了一个新兴的奉系张作霖势力以代替皖系作用，外交上还与英国有同盟关系，又在扩张军备。美国虽挽回巴黎和会中的颓势，胜利却不巩固，为美国垂涎而在和会所争执的山东也仍在日本手中，美国均须设法解决，再加英国在中国问题上处于继续亲日或反日的动摇中，遂产生一九二一年的华盛顿会议。

华盛顿会议是美国为解决中国问题而召集的，这在美国国务院发出的请帖中说得很明白："邀请中国之主旨，则为该会之主要议案均与中国有关，苟不得其同意（？），无论何事当然不能解决。"①所以与会的虽有九个国家，重要演员却只有美、日、英三国。美国在这次会议中显然与在巴黎不同，一开始便处于有利地位，既得英国某种同情，更以前国务卿蓝辛及前驻北京公使芮恩斯（一说为前北京政府顾问韦罗贝）为中国代表团"顾问"，操纵利用，唯其所欲，美国务卿许士竟成为公开的中国"太上代表"。因此美国很顺利地从英日方面取得了几个不等价的交换利益：一个是把这以前的英日同盟拆散，争取英国到自己方面来，当英国表示犹豫时，美国以废除以前与日本订立的《蓝辛石井协定》为交换条件，使英国废除了英日同盟。再一个是联合英国强迫日本接受一个"五五三"（美英五，日三）的海军吨位比率，当日本不接受时，指使北京政府代表提出"二十一条"要求讨论，翻过来，又以美国所主持讨论此问题的"远东委员会"宣告无限期延会为交换条件，使日本接受了这个保证美国优势地位的海军比率。②美国用此种翻云覆雨手段达到了巩固其在中国现有势力的主要目的，并安置下进一步夺取中国霸权的基础。会议上对美国所提"四项原则"的通过，及所谓《九国公约》的签订等，除为限制日本外，还带有反对苏联的作用。

①《东方杂志》18卷18、19号。

②参看罗家伦《我对于中国在华盛顿会议之观察》，载晨报社编《华盛顿会议》及《东方杂志》19卷2号。

## 美日及其走狗的冲突，引起了第一次直奉战争

最后没有解决的只剩下山东问题，议定由中国先“赎回”胶济路，“债票仅华人购买，避去借款形式”，这自然是美国从此争得山东的一个有力步骤。就在这时，日本经过张作霖支持梁士诒（交通系首领，原亲英，后又变为日本走狗）获得北京政府“国务总理”的位置，日本对山东问题态度突变强硬，要中国从日本手中赎路必须向日本借款。美国掌握中的华盛顿北京政府代表以为要“俟与英美接洽后再答”[①]，而日本掌握中的梁士诒则训令华会代表对日让步。帝国主义在中国的走狗，对其主子的利益向来是维护唯谨的，直系实力派吴佩孚首先出面反对，说是“举历任内阁所不忍为不敢为者，梁士诒乃悍然为之……甘为李完用、张邦昌而弗恤”[②]，张作霖则对吴反攻，说他“肆意讥弹”，不能让梁士诒“从容展布，克竟全功”[③]。华盛顿会议签字墨迹未干，美国与日本争夺中国的斗争，已开始由他们自己折冲樽俎变为他们走狗的炮火相见。美国虽逼使日本于一九二二年二月签订《中日山东条约》规定“胶济铁路二线延长线（即济南顺德线高密徐州线）让与国际银团（按：即美国的新银行团）”[④]，但第一次直奉战争已无法避免。中国人民被美国侵略者及其走狗为了他们的利益又遭到大规模屠杀。

张作霖还是很快战败。在英国人德库脱尔（驻奉天传教士）调停下奉系出关，直系地盘扩展，美国势力一直上升，徐世昌被逐，梁士诒落网，孙中山这时希望得到美国支持当“统一”的中国总统[⑤]，美国却因他以前曾拒绝自己邀请，又常与日奉勾结，对之缺乏好感，而选择了与美国曾有关系的黎元洪第二次上台，作为暂时工具。

---

①吴佩孚1922年1月5日《通电》，载李剑农《最近三十年中国政治史》及张梓生《直奉战争纪实》，《东方杂志》19卷8号。

②吴佩孚前电。

③张作霖：《致中央电》，载前书。

④《中日山东条约》，载钱亦石《中国外交史》，生活书店本，176—177页。

⑤1922年9月8日，《〈民国日报〉美记者与孙总统之谈话》，载《向导》1期蔡和森《借款与国民党》。

## 支持曹锟做总统，制造中国内乱

从一九二二年直奉第一次战争到一九二四年第二次战争，美国对直系军阀作了大规模投资，在财力上：美国运给直系军火，价值三百二十八万元，又步枪一万枝，子弹二百万发，机关枪二百五十挺，由美国人博治亚在洛阳替直系设飞行机械厂，又与直系齐燮元作“导淮”借款，筹措军费。在政治上：由美驻北京公使往保定和曹锟接洽“最高问题”，牵曹锟登场，哈丁（Warren G. Harding）总统亲自教导曹锟进行贿选说：“美国银行团可助中国统一。”贿选进行时，美使独往“观礼”替曹撑腰，揭晓后，美使又首先称贺，表示“承认”，又使亲美派外交系顾维钧等予以扶持。在战争中，以美国船只供给直系往厦门、天津等地运送军火，又以炮舰在长沙帮助直系爪牙赵恒惕打退谭延闿。最后美国务卿许士赴伦敦与英国订立一个密约，由英国在南方指使汇丰银行买办陈廉伯等以“商团军”驱逐孙中山出广东，美国在北方发动从江（江苏直系齐燮元）浙（浙江与奉系有联系的卢永祥）战争开始的直奉战争，企图以此全面结束日本势力，建立一个美国直系“强有力的中央政府”。这是一九一七年美日争夺中国霸权以来，美国努力所达到的高潮。①

此时美国通过直系工具，比日本抢走了更多的中国权利，例如一九一八年皖系掌权时，北京政府与日本三井洋行订立建筑北通州无线电台合同，规定日本有管理权，并在三十年内北京政府和其他各国俱不得在中国境内设立同样电台，以与日本及欧美通讯。迨直系当政，于一九二一年二月又与美国联合电报公司订立建筑于上海附近的无线电合同，并扩大规模在汉口、广州、北京，甚至东北的哈尔滨都建立分台。日本以有三十年专利，提出抗议。美国说是“门户开放”，日本不能反对。在争执不决时，直系政府（时顾维钧为外长）便提出两个办法由日本选择：一，照“机会均等”原则，不偏袒任何一方——即承认美国在华建立电台的权利为合法；二，日本必欲依合同专利不肯让步，则依合同第九款“政府于三十年内无论何时可将电台收归‘国

---

① 以上见 1922 年 7 月及 1924 年 9 月 10 日中共中央第二、第三次《对时局主张》和高君宇《江浙战争与外国帝国主义》，载 1924 年 9 月 18 日《向导》18 期。

有'"——即日本权利不能存在。[1]美国运用其走狗与日本斗争的作用，于此可见一斑。

## 在争夺中国霸权中，美由优势转到美日重新均势

但第二次直奉战争的发展，完全与美国愿望相反。当美国与英国支持直系时，日本亦联合法国做助手，既在北方大力扶植张作霖，又有孙中山在南方准备北伐[2]，直系内部更发生以冯玉祥为首的重大分化，这种南北内外夹击，使直系大败亏输。结果，不是日本被驱逐，而是美日均势重新形成。

## “五卅运动”前后美倡议共管中国，并做英日屠杀中国人的帮凶

一九二四年十一月，美国提议在中国召开国际会议，准备以共管德国经济命脉的“道威斯计划”共管中国，及十二月，日本由段祺瑞提议召开“善后会议”，便是新的美日均势的表现。[3]虽因双方的深刻矛盾，“共管”与“善后”局面都没有真正实现，美日两国却因此得暂时相安，来合作对付中国人民，此种形势直至一九二六年北伐前夕仍然存在。如一九二五年五月间上海日本厂主枪杀中国工人顾正红，直接引起作为中国人民大革命开始的“五卅运动”时，美国完全与日英站在一起。一面把它在上海的海军陆战队扫数加入日英军队屠杀中国徒手群众，由它国内和在中国的喉舌恶骂中国青年为“暴徒”“叛乱分子”；一面对苏联放出一枝毒箭，说这个运动是苏联所指使的。他们苦于没有任何事实，找了一张苏联驻北京大使加拉罕出北京大学时所摄相

---

①《东方杂志》21卷3号。

② 参看蔡和森《北伐呢？抵抗英帝国主义及反革命呢？》，载《向导》83期。

③《东方杂志》20卷12号转载《银行周报》静如《论新银行团之改造》一文引北京政府外交官的电报称，“新银行团在美正式会议之议题有共同组织中国国务院及设置新银行团在中国之财政总监督、裁兵委员会、共同管理中国铁路委员会……等项”，按其时间，似在第二次直奉战前数月。

片，在报上刊出，加上这样的注释："加拉罕大使之毡帽系由学生敬代持之，足见其亲热之程度。"想以此作为苏联指使中国革命的"证据"。美国激进侵略者的代言机关《新共和周报》就主张"以英、法、美、日联军二十万直攻北平而占据之，徐图瓜分办法"[①]。这正是美日均势下，暂时合作的行动。

## 北伐战争时期，美侵华恶毒的新花样

一九二六年中国人民大革命的北伐战争开始，美国争夺中国花样又有了变化，这时日本因奉系地盘扩大，想组织一个六省三特别区的北京政府，造成最少是独占北方的局面。英国则单独扶持吴佩孚再起，希望以此巩固长江流域利益。在此情况下，美国拿定主意，自己先不出手，让北伐军与英日势力直接冲突，如果直奉战胜，则达到借英日的手，消灭中国革命的目的，也可借战争把直奉军力削弱，然后另图对付英日办法。如果革命势力一直向北发展，则又可达到利用革命军驱逐英日势力的功效，然后从革命阵营中寻找一个上层叛卖分子或集团，使它背叛人民，作为自己在中国新的走狗来独霸中国。因之美国在中国大革命暴风雨中，既不像英国那样张皇失措，也没有日本那样对革命秘密破坏，而是很镇静，甚至装作"同情"的样子。[②]

## 美国侵华的新走狗，空前绝后的卖国贼——蒋介石

及北伐军继续前进，日英势力纷纷败退，美国也就按预定计划，在革命阵营中寻找能够胜任这个新走狗的对象。找到的不是别人，就是当时已发动"中山舰事件"，暴露出大地主、大买办真实面目，准备踢开人民独占革命果实的蒋介石。当一九二六年冬天蒋介石到南昌后，美国便联合英国，派上海

---

① 转见孔襄我《中国现状与美国舆论》，载《东方杂志》20卷17号。

②1926年7月，北京政府希望美国与各国重开关税会议，广州政府曾两次抗议，有"国民政府视关税会议为美国与有关系各国有意将中国海关变为筹战费及外人干涉中国革命战争机会之主动"，但此事非美当时主要政策，美领事对第一次抗议答复有云"对此甚为注意，并声明美国颇苦于中国未有中央政府……"。民国二十二年《申报年鉴·G》，45—46页。

英租界华董、蒋介石宁波同乡及蒋曾经寄食的上海交易所理事长虞洽卿到南昌去与蒋谈判，允许到上海、南京后给他六千万元款子，而以反共灭共为条件。[①]美国这一谋略果然有效，同年十一月二十一日蒋介石接见外国新闻记者发表谈话，就公开“表示对美国友谊”[②]。美国侵略者是老练的，它并不以为蒋介石叛变时机已经成熟，还须用两面手段促成。一九二七年一月中旬，革命军沿长江东下，美政府命亚洲舰队司令维廉，在马尼拉率全部连驻火鲁奴、苏彝士各舰在内，以十二小时赶赴上海[③]，且向英国提议共同封锁长江，给蒋介石一个打击。两个星期之后，又由国务卿凯洛借关税为题，发表一个对华政策宣言，说是美国“准备与中国任何政府或可代表中国发言之代表开始谈判”[④]，即暗示可与蒋介石开始谈判来拉他一把，使蒋介石叛变革命的准备更加积极。接着美国又于三月二十四日联合英国炮击南京，制造所谓“南京事件”，对武汉革命军队加以压迫，减少蒋介石叛变的障碍，同时也是警告蒋介石，投降要赶快实行。于是，蒋介石在上海发动“四一二”政变，把他投降帝国主义叛卖革命的面目，完全公开，十八日在南京组织所谓“国民政府”，用老亲美派伍廷芳的儿子伍朝枢为第一任外交部长，并发表闪烁其词的卖国外交政策：（一）不取暴动手段；（二）于相当时期提议废止不平等条约；（三）打倒帝国主义非排外性质。[⑤]蒋介石这种反革命的初步成功，也就是美国侵略者利用中国革命，反过来又绞杀这个革命的初步成功。但美国要以蒋介石作为新工具的计划，这时还不是全部实现，因为日本与蒋介石有同样瓜葛，一九二六年冬天，蒋就秘密派戴季陶为代表去了日本，使美国发生疑虑，结果，蒋介石因得不到美国积极支持而在一九二七年秋天被迫“下野”。

同年九月二十八日蒋“出洋”到了日本。这自然是美国一个很好的机会，由美国驻在日本的代表，与蒋介石立一密约：美国支持蒋介石重新上台，蒋则正式充当美国侵略者在中国的代理人，并让他卑躬屈节去见日本天皇，承认日本在东北的特殊利益及“西原借款”等，来作为日本不反对他上台的交换条件。这个美蒋密约条文，虽然现在还没有泄露，但蒋介石回国以后的

---

①翊勋：《蒋党内幕》，载《山东新华文摘》2卷9期。

②《东方杂志》24卷2号。

③《东方杂志》24卷5号。

④1927年1月27日，《美国对华政策宣言》，《东方杂志》24卷4号。

⑤《东方杂志》24卷13号。

行动，却给予了切实的证明。

一九二七年十一月蒋回抵上海，他所做第一件重要的事就是于十二月一日以最无耻的条件从国民党的另一位“中委”刘纪文手中夺得宋美龄为妻（据传说其条件为：一，以刘纪文为南京市长；二，给刘现金一百万元；三，宋美龄与刘保持原来关系）。通过美国老买办宋氏家族与美国取得血肉联系。蒋家报纸大事庆祝，称为“国民党政治胜利”，蒋介石自己也宣称“我们结婚后，‘革命’的工作一定要有更大的开展”云云。[①]第二件事是十二月十三日发表变更对外方针谈话。[②]马上由南京政府下令撤销对各地俄国领事的承认，并“严拿”俄籍共产党人，重新确定亲美外交路线。在以后三月三十日南京政府致美照会中把这个路线写作：“国民政府外交部长希望中美两国在外交上开一新纪元。”第三件事是一九二八年一月七日以宋子文为南京政府财政部长，加强美国在南京的经济和政治地位。最后蒋介石于同月九日宣布“继续行使国民革命军总司令职权（按：美国侵略中国的走狗所拥有的最高职权）”。这一切，就是美蒋密约所发生的效果。

蒋介石一登场，美国立刻摆出主人对奴才的架子，要他把上年美舰炮击南京死伤二千余人的罪恶，颠倒黑白，承认为中国人民“暴行”，尤其把这帽子戴在中国共产党人头上，作为蒋介石对美忠实程度的测验。美驻华公使马瑞慕以下面的照会送给蒋介石政府：

> 本公使深信，所有该事件各“犯”（？！），尤以亲身负责之林祖涵一名为最要，其惩办一层必能依照表示从速完全履行，借以表明南京当局对于中美两国人民他方面之关系……[③]

## 美日在华的争霸又表现为蒋汪的斗争

当时蒋介石的答复是，除对美国“不敬之处”再三“深示歉意”外，又

① 所引前句材料不在手中，大意如此，后句见美约翰 · 干瑟著《亚洲内幕》，上卷，372页。

②《东方杂志》25卷3号。

③ 民国十七年四月四日，国民政府外交部发表《中美解决宁案交涉文件》。

“担任充分赔偿”[①]，完全证明这个新走狗的奴性十分可靠。一九二六年以来，美国利用中国革命又破坏革命的侵略计划，遂圆满实现。从此蒋介石成了美帝国主义在中国所豢养的唯一宠犬，美国一切侵略中国的活动都通过这只宠犬和它的集团来进行，而蒋介石也就主要以美国为后台，来从事一切反共反人民的施为。日本则另外畜了一个汪精卫以与蒋介石对抗。美日争夺中国霸权的斗争，在许多场合又表现为蒋介石与汪精卫的斗争。

## 在“统一”的阴谋下，美接二连三地取到侵华的效果

这时美国的侵略口号开始进一步，所强调的不再为“门户开放”，而是中国的“统一”，因为日本和英、法等国，都已不可能对美国实行门户关闭，它的走狗蒋介石又自封有“中央”名号，把日本支持下的一切新旧军阀势力“统一”给“中央”，自然也就是统一到美国手里。一九二八年七月二十四日美国务卿凯洛发表一件照会，表示“确信中国经频年内争之后，一统一的新中国正在发现之中”，各“关系国”只有依赖这个“统一”政府才能增进它的利益。[②]这是恢复直系失败前美国完全驱逐日本出中国的愿望。

日本则显然不准备退却，美国一开始与蒋介石勾结，田中内阁就明确提出“欲制支那，必以打倒美国势力为先决问题，与日俄战争之意大同小异”[③]。接着两次出兵山东，占领济南，又炸死与美国资本发生了联系的张作霖[④]，压迫张学良在东北“独立”，来一个与美国“统一”恰相对立的分裂运动。东北是一九〇五年以后美国跟日本屡争不得的一块肥肉，对此自不能忽视，通过蒋介石于一九二八年八月九日派方本仁到奉天劝张学良“易帜”。日本方面亦派林权助借参加张作霖葬仪前往，对张学良多方威胁，同月十二日张学良与林权助最后会见，表示服从“国民政府”可以从缓。美国既知道蒋介石无能为力，就迅速亲自出马，由美使马瑞慕以赴朝鲜为名，于十三日抵奉天，与张

① 民国十七年四月四日，国民政府外交部发表《中美解决宁案交涉文件》。

② 民国二十二年《申报年鉴》。

③ 节译《田中内阁对满蒙积极政策》，国民党山西省党部宣传丛书本，4页。

④ 参看曾宗孟编《九一八周年痛史》上卷12页及《东方杂志》30卷16号S.Dashinsky《日本对外侵略之政治经济背景》，1927年11月29日杨宇霆《向外报记者声明》等。

学良代表杨宇霆会见于美领事馆，张学良态度又完全变化，同月二十五日派代表邢士廉到上海告诉蒋介石："三省服从国民政府（按：服从美国侵略者）不成问题。"① 最后十二月二十九日张学良发表了"改旗易帜"通电，美国在中国的"统一"运动，第一次收到效果。

一九二八—二九短短两年中美国又从蒋介石手中取得许多新的权利，蒋政府在外表上也几乎成了清一色的美国货！一九二八年美国人茂非古力治获得黄浦筑港工程"顾问"，参与蒋介石的军事部门，一九二九年二月美国人克未勒获得财政"顾问主任"；前此又有美国人甘梅尔获得财政部设计委员会主席兼银行币制专门委员，参与蒋介石的财政；同年五月又有美国人满台尔为铁路"顾问"，参与蒋介石陆上交通；美国航空发展公司代表芮伯（William Roba）又与蒋介石订立中美航空邮务合同，取得沪汉、京平、沪粤三条主要航线全部权利，操纵蒋介石的航空；美国人林百克及密勒更获得"国民政府顾问"② 位置，参与蒋介石的"中枢"领导机关。这对日本是无可忍耐的刺激，一九三〇年日本策动一个由汪精卫出面的又一次分裂运动，美国则仍由蒋介石予以镇压，这就是所谓"扩大会议"和蒋、阎、冯战争。英国也因在华利益受到美国威胁，加入了日本一边。美国鉴于对方来势凶猛，曾给蒋介石各种援助，先支持宋子文大发公债，使蒋介石好拿金钱来鼓励和收买替美国进行屠杀的将士，如八月十六日"国民政府"发出"赏金"二十万，给首入济南的蒋光鼐师，八月二十二日蒋下令先占巩县者"赏"洋二十万元，先占洛阳或郑州者"赏"洋百万元……　美国飞机和航空人员继又直接参加蒋军作战。八九月间日本索性由汪精卫、阎锡山等组织北平"国民政府"，与美国南京政府对峙，日本外务省还公开表示"如在该势力圈内发生之问题，事实上即与新政府当局以外交折冲解决之"。美国也就在此前后公开主张以美金五万万元作军费组织联军二十万协助蒋介石"平乱"。最后美国又巧妙地运用

①《东方杂志》25 卷 20 号。

②《东方杂志》25 卷 24 号、26 卷 7 号、26 卷 12 号、27 卷 21 号、28 卷 7 号；《国闻周报》6 卷 21 期、7 卷 14 期及二十二年《申报年鉴》所有人名原出处未附原文者从略，又美蒋《航空合同》，后因别种势力反对，改变为美国名义上出资本总数一千万的百分之四十五，仍起操纵作用。

张学良这个特殊势力帮助蒋介石把汪精卫等压下去。[①]这是美国在中国统一运动的第二次收到效果。

此种连续胜利，使美国侵略计划更加扩大。时德国正宣传有因经济危机引起崩溃的危险，美国深恐因此失去一个反苏中坚，有义务替德国寻找一条出路，哥伦比亚大学教授孟禄遂起草一项计划送于国务院，由德国向蒋介石供给“建设”材料，把这批材料的价格作为德国偿付英法赔款，再转为英法偿付美国的战债，最后由美国转账为对华贷款。[②]这样既可帮助德国避免崩溃，使它能继续反苏，又能加强美国在中国实力，以与日本争霸，是美国反苏与侵略中国紧相结合的又一个典型例子。但此计划本身很复杂，英法亦不同意，不得已，改用美国银矿业资本家毕德门（参议员兼外委会副主席）的提案，以生银十万盎司贷与蒋介石，另由胡佛（Herbert Clark Hoover）总统宣布“各国国际债款延期一年偿付”[③]，填补因此遗漏的反苏部署。毕德门案在上院外交委员会通过时，规定要于“若干年内”把中国变成单纯“美国过剩生产之尾闾”的殖民地[④]，并派林百乐的儿子林百克专门来中国接洽生银借款。林于一九三一年二月与蒋介石接头，又于三月初到沈阳会见张学良，复活并扩大美国在东北的铁路计划，准备修筑南满路并行线及续修葫芦岛军港，以牵连到新银行团联合行动，尚未最后决定。日本于此时发动了一个范围更广泛的再一次分裂运动，除汪精卫当然参加外，还包括大批新旧大小军阀，以与美国计划对抗。蒋介石于是年七月又迅速把首先发难的石友三打垮，其他各地经过一度暗潮后也都停止。美国生银借款虽未实现，它的统一运动却第三次收到效果。

---

①《东方杂志》27、36各期，1930年4月4日，阎锡山赴东北代表温寿泉赍张学良亲笔函返太原，温云：“东北对时局问题所以未有表示之原因，全系外交关系。”后来阎汪曾以察绥平津永久让与张学良及北平各部长半数归张支配为条件，请张援助，均未行，自然是美国在东北“外交关系”胜利。

②《东方杂志》28卷16号。

③1931年6月20日宣言，同年7月1日起实行，《东方杂志》28卷17号。

④ 全文载《国闻周报》8卷16期。

## “九一八”事变时，美助日侵华，指使蒋介石不抵抗

日本看见欧洲列强和美国正在忙于应付国内因经济危机所引起的事情，没有更多的力量来阻止日本的活动，遂于是年九月十八日攻占沈阳，很快扩展至东北各主要城市和交通线，成为“九一八”事变。

“九一八”突然发生，曾给美国以相当震动，但美政府很快确定了对此事件的政策。还在两年以前，美国曾一度主张蒋介石公开把东三省卖给日本，美国钢铁大王卡耐奇还为此以“世界和平基金”资遣一个记者团来中国和日本“游历”，制造舆论，说是：“中国对此广大地区未必有力控制之，不宁惟是，中、日、俄三国间之利益冲突势必引起战争，将于最后战胜者以操纵满蒙之权……故中国若贤明者，应将中国此部分出卖与日本，而将所得之钱致力于整顿内政……”①美国的用意是要增强日本反苏地位，让日本与苏联冲突，美国可两面取利，同时使日本集中力量经营东北，减少在内地对美阻挠，它自己好单独处分中国内地。及“九一八”事变发生时，日本以驻美大使为代表与美国务卿史汀生商谈一个美日秘密条约，日本提案为美国允许“不与闻满洲事变”，日本则允许美国在中国“什么事都好商量”。②美政府知道这时再由蒋介石与日本作军事对抗决非有利，把日本提案与两年前美国自己对东北政策相比，所不同的，是进一步能获得日本在条约上承认，美国不如把历史上一切取得东北计划完全放弃，换取日本去进攻苏联，再用苏联力量削弱日本，从而使美国最后获得中国霸权，故对日本所提条件完全同意，只是附加一点：日本军事占领应限于锦州以北，不要再往南妨害了美国权利，这也是两年前美国出让满洲目的之一。密约成立后，美国对“九一八”事件的政策，便是彻底帮助日本占领中国的东北。

美国执行这个侵略政策方法：首先在国内由政府发言机关制造袒日论调，作为美国不干涉的理由，如《纽约论坛》说，“日人军事行动为对于中国废除不平等条约政策所不能免之反响”，《纽约日日新闻》说，“日本继承俄国在

---

①《东方杂志》26卷18号。

②〔美〕根西·莱特：《美国人对远东问题的看法》。

满洲开发，至于今日，其功绩之伟大，为世人所公认”等等。[①]在国际上则拒绝英法等国要求共同干涉日本的合作。九月二十二日，日内瓦方面提出建议，“国联”要派调查团前往满洲，美国加以反对，说“此种行动足以刺激日本国民的情绪，反使自由主义者陷于不利的地位”。英国于十月间通过“国联”作出一项要日本于十一月十六日以前退出满洲的决议时，美副国务卿凯塞尔于同月三十一日即表示：“美国在担保中国完整之条约下，不得不反对日本久占满洲（？），惟国联要求日本于十一月十六日以前退出满洲一举，美国并未附议。”[②]这样来不赞成日本从东北撤退。后来一九四六年，美国国务院发表的秘密文件，也记载着当时美国是要“阻止国际对日行动切勿操之过激”，且“反对施用经济制裁”。在中国则指使蒋介石不准对日本抵抗，十一月二十七日美驻日大使福白斯向日本外务大臣币原面读并留交的“觉书”中有这样的话：“本国政府……曾劝中国政府采取妥协步调，并承认以日本政府提案为部分的基础之行政院（按：指‘国联’行政院）提案……”[③]这是美国当时曾指示蒋介石不准对日抵抗的铁的证明。所以蒋介石一再电张学良“为免事件扩大，绝对不抵抗”之后，又于九月二十二日在南京全市国民党员大会上演说，“此刻必须上下一致，先以公理对强权，以和平对野蛮，忍辱含愤，暂取逆来顺受态度，以待国际公理之判断”[④]云云，这是把美国教给他的不抵抗主义发挥得淋漓尽致。

美国真实政策既如此，表面上只得表示一种模棱两可的态度，于九月二十五日照会日本及蒋政府，要他们“和平解决”。直至十一月二十六日，日本驻“国联”代表芳泽谦吉通知美国，日本准备进攻锦州，二十七日即开始军事行动，这时史汀生才“略表惊诧之意”，且认为日本“有违诺言”[⑤]，破坏了美日密约。同日，向日本发出一个劝告，说美政府“对此殊为关切”[⑥]。

---

①《东方杂志》29卷1号。

②《东方杂志》28卷24号，1934年发表的史汀生《远东之危机》一书中叙述“九一八”时，美国如何愿意和英国合作，系另有政治目的，不足为据。

③胡佛总统《向上院报告》，转见《国闻周报》10卷37期，立晓《所谓锦州中立区之真相》一文。

④王芸生：《这两年》，同上报。

⑤《东方杂志》29卷3号。

⑥即前文所引《觉书》。

日本不理会，美国乃联合英法于十二月二十三日由福白斯送一个比较强硬的通牒给日本政府，日本的答复是“断不能遵从”。日军卒于一九三二年一月二日占领锦州，美国始由史汀生于同月七日向中日两国发出一个有名的“不承认主义”照会：

> 最近锦州方面之军事行动，业将一九三一年九月十八日以前中华民国政府在南满最后存留之行政权，破坏无遗……凡中日两国政府或其代表所订之任何条约或协定，足以损及美国或其人民在华之权利……美国政府均无意承认。[①]

## “不承认主义”的反动的实质——反苏与侵华必然结合的又一实例

显然，这个意思不是违反它的既定政策来反对日本占据满洲，而是要实现它的既定政策催促日本去进攻苏联，且不要再往南发展，这在史汀生发出上项照会的第二天，美国务院另外发表的一个补充宣言解释得更清楚：“（一）美国丝毫无意干涉日本在满洲合法条约权利。（二）不拟过问日本任何解决事件，惟此项事件，不得破坏美国权利……”[②]这就是美国“不承认主义”的精微奥妙作用，自然是美国反苏与侵略中国结合更典型的例子。

当此后日本并没有恪遵美国愿望，去怎样大举进攻苏联，反而以反苏为借口，大举向南扩张，蒋介石政权及美国利益受到严重威胁时，美国便以对待“九一八”的方法为基础，大肆施展两面政策，即一面于帮助日本取得满洲作根据地之后，又在中国内地继续让步，以贯彻鼓励日本反苏的方针，把自己力量重点转向于直接镇压中国正在发展的革命运动上；另一面，则对日本扩张加以某些限制，装出一些积极对日的姿态，使日本不致过分妨害美国利益，争取美国单独控制中国内地。从一九三一到三七年，美国在中国的政策都大致如此。同时，由于“九一八”开始时，美国坚决不与英国合作，把

---

① 载《国闻周报》9卷4期。

② 同上。

英国逼向了日本一边，在这个时期内，美国又须比已往着重对英国进行各种斗争。

如一九三二年，日本发动“一·二八”事变，向上海进攻，美国既参与在英舰“肯特号”上举行的美、日、英、法秘密谈判，赞成日英、日法分别成立谅解，由英法继美国认可日本在东北的行动自由，作为日本上海撤兵条件；并联合英、法、意等国，向中日两国提议“中日双方撤退在淞沪区域之战斗员，建立中立区，保护上海之公共租界”①，把东北和上海是中国领土一层抛弃不管，这样来对日让步。但同时，又在太平洋举行海军大操，向日本示威，美海军大将莱福声称：“夏威夷站之舰队，准备随时应付急变。”②国会也采用参议员海尔计划，拟以九万万八千八百万美元扩充海军，国务卿史汀生更向英国政府建议发表联合宣言，“主张远东纠纷应以《九国公约》及《凯洛格—白里安公约》解决”③，来限制日本。

是年十月发表的美国人麦考益参加制订的“国联调查团报告书”，除提议组织“特殊制度”，国际共管东三省外，又一再扯到在满洲要“考虑苏联利益”，无非是企图以此引起日苏纠纷。

## 支持蒋介石更大规模进行反共反人民的内战

一九三三年一月，日军攻陷山海关，并进入热河，美国马上照会英政府，愿与英国讨论战债问题，进行“军缩”合作，以“消灭远东战祸”，对日本作一警告。及三月间，日本寻找借口向苏联挑衅，破坏中东路，占领车站，对美国做出一个要去反苏的样子时，美国遂把日本进攻中国的行动搁置一边，集中力量来对付打败了蒋介石四次“围剿”的中国红军。首先是接着两年前第一次“赈灾（？）美麦借款”，于是年六月与蒋介石成立被比于袁世凯“善后大借款”的第二次美棉麦大借款，由代表美国联邦政府的“财政改造公司”

---

① 美国国务院白皮书：《和平与战争》，中外出版社本，8 页。

② 何天言：《上海抗日血战史》，现代书局版，204 页。

③ 美国白皮书。

（亦译“金融复兴公司”）与蒋政府成立合同，总额为五千万美金。[①] 借款在六月初签字，蒋介石的“中央政治会议”于八月二十三日即通过：“鄂豫皖赣四省‘剿赤’军费治标一百八十万元，治本一千五百万元。”[②] 至七八月间，美国又由国务卿赫尔与蒋驻美公使施肇基订立一个美蒋航空密约，分七条四项附件，规定“美国有充分之权利与责任为中国组织一空军，美国并供给中国一半款项约美金四千万元以制造侦察机、驱逐机共八百五十三架”，约内又载明美国给蒋介石在汕头、泉州、镇海、海州等处设立停机场，美国教师替蒋训练空军人员。[③]

蒋家发言人此时即宣布：“‘剿共’军事完成总攻准备，将利用飞机轰炸。”[④] 美国为进一步指挥蒋介石作战，又在此前后与蒋全面军事合作，由蒋介石召集庐山会议，通过一个军备扩张计划，总经费为五亿元。计划中除以三年为期，作为美国海军准备于一九三六年压倒日本海军计划的一部分外[⑤]，又以大批美国军人参加德国人赛克特为首的“军事顾问团”，专门研究和讲授“剿共”军事。蒋介石对中国人民红军的所谓“第五次围剿”，就是在美国这样布置下进行的。

同年，美国政府还针对中国是全世界银本位国中最主要的国家，规定一种白银政策，要在四年内，每年购银二千四百四十二万一千四百零十盎司，来提高银价，争夺中国货币领导权，并加强美国与英日在中国的经济斗争。[⑥] 引起英日为首的外侨公会斥责美国此举为“实现银集团统制中国市场之企图，不仅扰乱中国币制，实亦威胁各国在华金融商务”[⑦]。也就在同时，美国又经过“国联”与英国在中国进行技术合作，把英日两国分化一下。

一九三四年二三月间，赫尔（Hull）与日本外相广田宏毅作亲善换文，表

---

①参看千家驹《最近三十年之财政》，《东方杂志》31卷1号，及崔敬伯《五千万棉麦借款问题》，《国闻周报》10卷25期，按：后以棉麦销路不良改订为二千万美元。

②《东方杂志》30卷18号。

③1933年8月4日《东京新联社电》，载《外交月报》4卷1期《1933年之美国外交》一文，此约最初由大阪《朝日新闻》公布，当日蒋政府发言人“力辟其妄”，美代理国务卿菲列斯伯亦称“完全不确”，自是欲盖弥彰。

④《东方杂志》30卷22号。

⑤《外交月报》3卷5期载日人吉冈文六《通讯》。

⑥参看《东方杂志》第31卷8号。

⑦达生：《提高银价与列强在华利益冲突》，见同上志。

示"本政府将本友好之精神……研究日本之处境"[①]，鼓励日本向苏联前进。及同年四月十七日，日本为进攻中国寻找新的借口，发表独占中国，并指责英美的所谓"天羽声明"，同月二十五日驻日英使林德莱也告诉广田：倘"天羽声明"目的是反对他国帮助中国抗日，则请日本放心，"英政府决无此意"。赫尔又赶紧训令驻日大使格鲁于同月二十九日以照会一件送交日本外相，对日政府的声明加以反对。但仍给日本指出一条路子，即美国愿"适当顾及"日本利益，只要日本不妨害美国在中国的主要权利。[②]

不久美国又发起一个"退出中国"宣传运动，由远东问题专家别逊发表《太平洋的新局势》，谓美国有三个可能，第二个是在太平洋总退却。纽约论坛名记者李普曼（W. Lipman）著《英国与美国》一文，说"美国在远东利益不及英国六分之一……"。史汀生亦发表《远东的危机》，把日本向中国进攻的责任归诸英国不能合作对日，不消说这一运动的作用，仍是美国要离间英日关系，威胁英国以为己用。

一九三四年十月，中国红军主力北上抗日，一九三五年十月到达陕北，抗日高潮震动全国。日本直到这时，仍没有如美国盼望的去进攻苏联，而是接连几次发动所谓"华北事变"，蒋介石也表现出有完全变成日本走狗的可能，美国却仍执行着它的既定政策。即于一九三五年三月，在英国提议下，决定英美对华财政联合行动，四月派"经济考察团"来华，十一月初派副总统迦纳到上海，就在这时，蒋政府中的汪精卫及另一个亲日派头子唐有壬（汪兼外长时的外交次长）被刺。十二月国务卿赫尔又公开声明："美国对于华北自治运动不能熟视无睹"[③]，并通过蒋介石用国民党五届一中全会名义调动南京政府行政人员，蒋亲自接替汪精卫为行政院长，对亲日派大肆清洗（各部长中存留汪派仅顾孟余一人，余多为蒋亲信及政学系要角），使美国在南京政府占得压倒优势；但同时又向日本输送大批军火与军需原料，仅一九三六年一年，运日军需品即值一千五百万美金之多。[④]一九三五年十二月美政府还由驻东京使馆与日本外交当局交换反苏问题的意见，所得日本的答复是"俄国人

① 美国白皮书。

② 同上书。

③ 田家英：《民国以来大事年表》。

④ 谢仁钊：《美国外交政策》，五十年代出版社，23页。

是梦想者，永远不必予以重视”①。

## 美国夺取中国货币领导权的初步成功

美国对英国在这两年中，也并未因某些合作对日从而使斗争减少。前面提到过的美国白银政策，厉行结果，中国白银大量外流，仅一九三四年年底两个半月中，上海一地即丧失白银六百万元之多，造成通货紧缩，物价大跌，工商业危机更加严重，逼使中国非放弃银本位不可。日本方面于一九三五年一月提出所谓“中日经济提携”与美国政策对抗。英国则于同年六月派英政府财政顾问李滋罗斯来华，经过一些过程完成了中国货币与英镑集团的联系，支持蒋政府于同年十一月实行“币制改革”，公布白银国有令。中国放弃银本位，原不出美国制定白银政策时所料，但中国竟因此走入英镑集团，却为美国初料所万不及。美国从一九三三年起一直提高银价所要达到的希望，完全落空。十二月间，美政府停止购银，翻过来压低银价，给中国新币制——也是给英国一个沉重打击，同时又与英国及蒋政府作秘密谈判：只有以平分中国货币权为条件，美国才采取办法对新币制加以支持。到底英国退让，谈判成功，一九三六年五月，美政府与蒋介石代表陈光甫在华盛顿签订《中美白银协定》，美国再翻过去，规定由财政部重新向中国购买白银五千万盎司，一盎司作价美金五角，以卖价所得，在汇兑市场上维持蒋币的现行价格。至此，美国夺取中国货币领导权的一场剧烈斗争，遂获得初步成功。②

## 抗日战争爆发前，美供给日发动战争全部物资的半数以上

到一九三七年初，美国还只是利用英国的逐渐积极对日政策去防御日本，它本身则观望躲闪不肯出力。如这一年一月四日英政府在上海的机关报《字林西报》发表社论，公开主张国共合作，二月英政府派巴特利克来华接洽投

---

① 美国白皮书。

② 参看《东方杂志》31 卷 8 号郑允恭与达生文，及同前志 32 卷 20 号杨荫溥文，33 号李应兆文。

资，三月又派罗杰士等协助蒋政府改组“中央银行”，四五月间停顿与日本关于成立“英日谅解”的谈判……　美国则只在三月间派输出入银行总理丕文森来华仿照英国办法投资，及四月完成中美直接通航，此外没有作别的任何有效活动。而对于日本则继续输出汽车、石油、“废铁”及其他军用物资，供给了日本借以发动战争的全部钱财军火的半数以上。

## 抗日战争爆发初期，美仍想鼓励日本反苏，指使蒋介石妥协，压制中国人民抗战

日本侵略者方面，因得到美国这样长期大力栽培，变得更加疯狂，于是年七月七日发动全面向中国进攻。中国人民伟大的抗日民族解放战争爆发。战争打响后，美政府毫无同情中国表示，一直“保持静观、沉默、忍耐态度”，至同月十六日，国务卿赫尔才向世界六十二国发表“和平原则十六条”声明，列举了些“维持和平”“信守国际协定”“促进世界之经济安全……”“军备之限制与裁减”[①] 等空泛词句，没有一字指责日本，且博得日政府复牒“赞同”。

至同月二十一日，赫尔更邀请蒋驻美大使王正廷与日大使斋藤会面，表示中日两国开战，美国“感觉重大之关切”，愿对“和平目标稍尽绵薄”。同年八月十日，国务院又给驻日大使格鲁这样一个训令：

> 向日本政府非正式建议由美国出面斡旋中日两国纠纷之解决，在此一建议计划之中，提出一处中立地点，由中日两国代表在该处会见进行谈判，并作种种协助，以调整在谈判中可能发生之困难。[②]

这是美国仍想压制中国抗战，指使蒋介石对日妥协的作法，但此时中国人民的抗日要求，已使美国侵略者无法遏止，日本对美国上项“和平”建议，也并无反响，美国这才发现一面对日让步，鼓励日本反苏，一面又限制日本向中国急进的两面政策已“无济于事”，便改变态度，采取了与中国大革命

---

① 美国白皮书。

② 同上书，71 页。

时大致相同的办法，即让这个战争打下去，借日本扑灭中国革命火焰，同样，反过来又借中国人民力量削弱日本，故让蒋介石暂时搁置全面消灭共产党的计划，而把他的军队一度加入对日作战，自己却搬出一个“严守中立”的伪装面孔，美政府于同年八月二十三日、九月十四日、十月六日连续发表声明：“美国并未企图对争论之是非曲直下一判断……”，“适用中立法之问题仍维持原状……”。以后更把在中国“留驻”了四十年的美军撤出去。

## 美继续供日作战物资，取到利润；又乘机掠夺中国，从蒋手中取到许多特权

实际上一九三七到四一年期间，美国在“现购”“自运”法案下还是继续供给日本大批军火，一九三八年美国输日作战物资竟占日本全部消耗额的百分之九十二[①]，又帮助日本改良造船技术，和建立现代化的石油、制铝工业[②]等，取得一笔军火利润。所谓“道义禁运”与“出口统制法”仅是一种宣传资料，而对蒋介石又同时作各种借款八次，供给二万万九千七百万美金的款额（中美“桐油”借款二千五百万，中美信用借款一千二百八十万，中美飞行机公司借款一千五百万，中美“滇锡”借款二千万，中美“汤格斯坦”借款二千五百万，中美新借款一万万，又信用贷款五千万，中美平准基金贷款五千万），及派遣大批美国“专家”如拉德毛阿、克利格勒、吉别迦、阿尔修太茵、阿沙洋克、佛克斯等人，参加蒋介石的政治、军事、航空、铁路、交通、运输、财政、货币汇兑各部门工作[③]，维持蒋介石不致对日投降，乘机从蒋手中取得更多的中国特权，如把英国排挤下去，享有中国货币管理独占权，及西康、昆明附近飞机组成工厂经营权，西南各地飞机场设立权，滇缅铁路敷设权，以至“检阅蒋介石的军事战略”[④]特权等等。中国与日本打得越久，美国从日本与中国取得的利润和特权越多，也就使美国力量越大，日本力量越小，英法等国残余势力越被排除净尽，最后美国可以最低限度的牺牲达到

① 谢仁钊前书，36页。

② 尹光：《美国反动派扶持日寇》，三十五年九月二十一日《人民日报》。

③ 石滨知行：《重庆战时体制论》，人名均系从日文转译，恐音不甚准确。

④ 同上。

独占中国目的。

## 美蒋妄图断送中国民族解放战争，中共领导人民坚决反对

但当中国人民抗日已经四年，日本在中国再进又将对美国不利的时候，美国就开始了牺牲中国抗战的“调整美日邦交”秘密活动，先于一九四〇年十二月左右，由美国天主教美利诺尔学院主教乌尔歇、事务总长唐拉福特及美政府邮政部长乌卡等人，与日本陆军省军务局的岩畔大佐、井川忠雄等秘密接洽。至一九四一年四月这种接洽逐渐成熟，变为罗斯福总统、赫尔国务卿与日本驻美大使野村的秘密谈判，四月八日赫尔提出一个“日美谅解方案”的试案，对中国问题作了这样的规定：

> 美国总统承认下列[1]条件并使日本政府获得保障起见，对“蒋政权”（按：引号为原有，下同）根据下列条件劝告和平：甲，中国独立（？）；乙，根据中日间成立之协定，日本军队自中国领土撤退；丙，不并吞中国；丁，不要求赔款；戊，恢复门户开放方针；己，“蒋政府”与“汪政府”合并（！）；庚，日本自行限制向中国大量或集团移民；辛，承认满洲国（！）。当“蒋政权”接受美总统之劝告后，日本政府则认为该政权为树立统一之新中国政府……[2]

这是美国侵略者，想以断送中国民族革命战争为代价，从日本手中取得“满洲国”除外的中国，既对美国毫无牺牲，又可以美日汪蒋合作把中国人民打下去，自是美国最理想的方案。一九四一年整个夏季，美国曾“竭尽全力，树立此项基础”[3]，罗斯福还为此“希望与近卫公爵作三日左右之会谈”[4]。驻日大使格鲁也向美国拍回了一个“开始外交官生活以来最重要之电报”[5]。在

---

① 原文作“左例”（为“左列”之误），因行文已改横排而径改，下同。——编者注

② 近卫文麿著，孙识斋译：《日美外交内幕》，国际文化服务社版，12—13页。

③ 格鲁：《东京归来》。

④ 近卫前书，60页。

⑤ 近卫前书，71页。

此情况下，美国走狗蒋介石曾由他的驻美大使胡适交给罗斯福一封信，说：如果没有别的办法，“那中国便不能支持下去了”①，含蓄地表示出他对美国计划的同意，同时，还发动一个反共高潮，为对日投降作实际准备，但中国共产党领导人民对此坚决反对，而日本方面也认为在中国驻兵为日本陆军生命问题，绝对不能让步。结果美日谈判破裂。自一九一七年以来，美、日、英争夺中国霸权各种形式的斗争，至此，发展为一九四一年十二月开始的太平洋战争。

## 援助腐败无能的蒋介石，助蒋封锁“民主的中国”

太平洋战争爆发后，美国在中国一面用舆论公开批评蒋政府，及空口赞扬共产党的某些政治措施，好让中国人民军队去单独抵抗日本！一面继续给蒋介石更多物资援助，一九四二年二月七日“财政贷款”一项，即为五亿美元。同年六月又成立《中美互助协定》，陆续商定给蒋八亿七千万美元的租借物资。使蒋介石用来围困封锁“民主的中国”，它自己则同蒋介石一起坐在峨嵋山上观战。一九四三年初，日本正玩一滑稽把戏，要与汪精卫签订所谓“中日新约”，在日本军事占领中国条件下，“废除”日本享受的不平等条约，美国又与日本竞争，赶紧于一月十一日与蒋介石成立它原来要在“和平状态恢复之后”再谈的“中美新约”②，实行用和日本相同的方法来欺骗中国人民。

## 全世界法西斯的败局一定，美便准备保存日本侵略势力，彻底支持蒋介石反动力量，妄图消灭中国人民革命力量

战争持续到一九四四年，在世界战场上由于苏联对德全面反攻，希特勒崩溃迫在眉睫，也就使东方的日本败局已成，美国侵略政策又开始重要变化，对日本准备采取保存侵略势力的“绥靖主义”，对中国则重新彻底支持蒋介石消灭中国人民革命力量——首先是消灭共产党领导的人民军队。是年十一月

---

① 梁明致译：《十年来美国对华政策的错误》，载《东方杂志》44 卷 6 号。

② 蒋介石：《中国之命运》，正中书局版，117 页。

美国侵略者著名代表赫尔利（Hurley）与魏德迈（Wedemeyer）来中国，及由他们代替高斯、史迪威为驻重庆大使和美军中国司令及蒋介石参谋长，便是这个政策已经确定的表现。但在执行方法上，美国已抛开老一套而出现许多新的花样。它开头第一步，是拿交换条件，请中共把武装交出来。最初赫尔利以罗斯福总统私人代表名义来中国，先到重庆教给蒋介石与共产党重开谈判，然后又飞往延安敦劝中共经过与国民党成立协定，把军队交给由蒋介石亲自掌握的国民党军事委员会，或者是美国人充当统帅、国共各派一人组成的三人委员会指挥。交换条件则是蒋介石“让步”（？），如承认共产党为“合法”，并可派出若干人在蒋政府行政院担任“委员”——即允许共产党员在蒋政府“做官”。赫尔利为表示他促成这个协定的“好意”（？），对共产党方面再三劝说：蒋介石已无可救药，中共都是爱国分子，只要参加政府，便可大有作为，且能得到美国的救济与“合作”。而对中国共产党代表全国人民所要求实现的民主联合政府却一味回避推延。美国这一方案，成了蒋介石后来不断使用的公式，即“你先交出军队给我，然后我就给你以民主”。一九四四年冬到四五年春天，赫尔利一直为此活动，但这般明显而又愚蠢的骗局，当然不能就把人民的武力钓出来，确定它只有完全破产。

一九四五年春夏之间，八路军与新四军在敌后全力作战，整个战争形势更加于日本不利，美政府便变更计划，来一个“硬的办法”。还是由赫尔利与魏德迈出面，首先对共产党加以污蔑，在同一个赫尔利的嘴里，蒋介石又变成了“民主”的“领袖”，中共则变为“破坏”与“阴谋”，四月二日，赫尔利以美国驻华大使资格在华盛顿正式宣布：美国“只与蒋介石合作，不与共产党合作”，要帮助蒋介石武力“统一”中国。[①] 魏德迈也训令一切美国在华军官“不要帮助那些不属重庆政府的个人或团体”。又继续以物资大量供给蒋介石，及陆续装备二十个师的“美械化”蒋军，企图以此逼使中共退让，同时，也作相机从人民手中夺取抗日果实的准备。但恫吓既不发生作用，至八月间日本即宣布投降，局势全然改观，美国这一着，又不得不失去了它的预期效果。

---

① 参看 1945 年 4 月 20 日《美亚杂志》《中国政治僵局》，及同月 2 日赫尔利谈话。

# 四　独占中国

## （一九四五年以后即日本投降以后）

### 日本投降，美开始独占中国，民族危机更加严重

一九四五年八月十日，日本宣布向中、苏、英、美四国无条件投降，压迫中国达七十余年之久的日本侵略者终被打倒，中国人民坚持八年的抗日战争胜利结束。但中华民族并未从此完全独立，中国彻底殖民地化的危机反更加严重，因为第二次世界大战，使主要与日本争夺中国霸权的美国，变成世界衰弱的资本主义体系中最"强大"的国家，充满猎取世界霸权野心。而在中国则把所有与它竞争的敌人，从过去的英、法、德、俄到后来猖狂不可一世的日本，都依次压倒，开始了独占中国。在这全部事业中，只剩下一件事没有完成，即最后征服中国人民——首先是消灭中国共产党。虽然这是它所永远不能完成的"任务"，它却为此正结合其中国走狗，从各方面加倍继续努力。把中国完全彻底变为殖民地，已经是美帝国主义主观愿望里一条永远不变的方针。

### 一面"谈判"一面进兵，美蒋准备打内战

日本投降一宣布，美国侵略者便重新作消灭中共的布置，这时中国从东北到华中，绝大部分地区都在人民军队控制与包围之下，蒋介石还远在峨眉山上，美国要利用他来对付人民力量，不仅可望而不可即，而且也毫无借口。于是美国定下一条计策，先由蒋介石三电邀请中国人民领袖毛泽东到重庆"商讨国家大计"，然后美国驻华大使赫尔利又亲自飞到延安表示劝驾。按

照他们的想法，毛泽东一定不会到重庆与蒋介石会见，那时便可由蒋介石宣布：他是要“政治解决”的，但共产党对和平没有诚意，应用“军令”“政令”加以讨伐。事实却和美国侵略者的逆料相反，八月二十五日共产党中央发表《和平宣言》，二十八日毛主席就飞到重庆，逼得蒋介石不能不接受谈判。美国这又将机就计，让蒋介石横生枝节，讨价还价，把谈判从八月二十八日起拖到十月十日，整整费了一个月又两星期的时间。就在这个时间内，美国迅速让蒋介石动员了八十万军队向解放区进攻。美国本身则由驻华总司令魏德迈组织了他自诩为“相信此为历史上最大一次空运和海运”，把蒋军从各个遥远地区运到华北、东北等作战前线。据后来美总统杜鲁门自己承认，美国此时“运往华中、台湾、华北及东北之军队，共十四军，内三军系空运者，十一军系船运者”[①]。美国仅空运蒋军一项，所耗费即达三万万美元。

## 美军在中国登陆，助蒋进攻解放区

九月十六日于对日作战期间撤离的美军，也第一批于青岛登陆，返回中国，早由人民军队管理的烟台、威海卫也成美军登陆目的地。十月六日，十八集团军参谋长叶剑英致函延安“美军观察组”，向美军总部声明：

> 难于了解这一登陆目的……将引起中外人士怀疑美军干涉中国内政……[②]

美政府置之不理，大批美军从上海、天津等港口陆续侵入，并散布至南京、北平等主要城市，和沪宁、平绥各铁路干线。同时美政府又实行给蒋介石七亿七千七百六十三万余美元的“防务援助”，供给大量军火物资。及十二月十二日国共代表会谈纪要发表，美国也已全部布置停当，第二天，即十月十三日蒋介石发出所谓“西元电”，要他的部下对解放区与人民军队“务本已

①1946年12月18日，杜鲁门《对华政策声明》。

② 叶剑英致叶顿函，民国三十四年十月九日《晋察冀日报》。

往抗战之精神，遵照中正所订‘剿匪’手本，督励所属，努力进剿，迅速完成任务……”[①]。在华美军也开始单独及协同蒋军对人民军队积极作战，十月一个月内，仅河北一省，就有：

十月一日，“美军一部在秦皇岛登陆后，我曾派联络部队前往海口联络，美军竟向我开火，我被迫自卫，激战一小时……”[②]。

十月十八日，“全副武装之美军官兵三十余人，将本军冀中军区驻天津英租界之办事处包围搜查，捕去工作人员五人，解除及没收办事处自卫手枪四支……”[③]。

十月二十日，“秦皇岛一带美军向冀热辽解放区我军阵地推进，虽经我军劝其停止，然该美军部队置之不理，仍强行前进，并强行修筑秦皇岛至山海关铁路……”[④]。

十月三十日，“美军一部配合国民党九十四军部队进攻并占领我冀东解放区临愉之海阳镇，我军游击队十八人被美军解除武装”[⑤]。

十月三十一日，“美军与国民党军一部，由秦皇岛犯我北戴河，以重机关枪向我扫射，我部受重大损失后被迫退出北戴河”[⑥]。

至十一月，进攻解放区的蒋军，继续动员到一百万，而占踞中国领土参加蒋军作战的美海军陆战队一种也增加到十一万三千人[⑦]，美国显然想用这种一面谈判一面进兵的流氓手段，把共产党一下打下去。但毛主席既与蒋介石会见，政治上已使美国走狗陷于孤立，而前线美蒋军队又处处失利，特别是为美国垂涎的整个东北，更无法取得，眼看美国这一步又走不通了。

---

① 见胡宗南《致高树勋电》。

② 民国三十四年十一月六日《晋察冀日报》。

③ 民国三十五年十月二十四日，朱总司令《致美军总司令魏德迈抗议书》。

④1945年10月26日，十八集团军叶参谋长《致叶顿上校抗议书》。

⑤ 民国三十四年十一月六日《晋察冀日报》。

⑥ 同上报。

⑦《世界知识》15卷2期。

## 用“调处”方式，阴谋消灭中国人民革命力量

同年十二月十五日，美总统杜鲁门（Harry S. Truman）正式发表一对华政策声明，表示“完成中国政治团结所必须采取的详细步骤，应由中国人自行制定，并认为任何外国干涉这些问题都是不适当的”，想用些好听词句来欺骗中国人民。同时，又着重指明，“自治性的军队，例如共产党军队之存在，与中国政治统一不相符合……应有效地合成一中国国民军”，来表示出它消灭人民军队的真正企图。同月底，美政府派遣大战中曾任参谋总长的马歇尔（G. Marshall）为“特使”，来中国进行“调处”，他首先于一九四六年一月亲自参加制订国共停战协定与政治协商会议的五项决议，但停战令并不把东北包括进去，因为美国不是真正要蒋介石停战，而是要把关内军事行动冻结起来，让蒋介石先从东北打起，然后再打向关内，然后用关内大打配合关外大打，最后达到“共产党军”不能“存在”，符合于“中国政治统一”的目的。

同年二月九日，美国国务院对蒋政府发出一个反苏照会，由蒋介石发动一大规模反苏、反共、反民主运动，企图以此给中共一个打击，同月二十五日马歇尔参加制订整军方案，规定人民武装不得移动防地。三月初，美国帮助蒋介石运三个军到东北，但这个力量很不够，使他不能马上大打，同月二十五日马歇尔即主持成立东北停战协定，把对蒋介石不利的局势和缓一下。四月间美驻华海军又把蒋军三个军运到东北，这时蒋介石的部署已经差不多了，马歇尔便离开中国飞回了华盛顿，让蒋介石好放手进攻。马歇尔再度来华后，不仅对战争袖手旁观，且提出要再运两个军到秦皇岛、青岛去“接替防务，以便美海军陆战队撤退”，中共抗议，美国不理，又运去了三个军，而美国陆战队当然还继续留在那里帮战争的大忙。五月间，战事发展至四平街与长春，美国海军继续帮蒋介石运兵东北，向中共则表示：不撤出长春便不能“调处”。及中共愿换取东北停战从长春退出，马歇尔又表示没有力量“调停”了。这时蒋介石已完全撕毁东北停战协议，马歇尔也并不坚持东北停战，但对关内停战表示还愿意坚持，因为还须留出时间让蒋介石好在关内布置。六月六日蒋介石下令停战十五天，由马歇尔主持所谓“休战谈判”，一方面是被迫，一方面也是蒋介石正布置全国性内战的信号。同月十四日，美国国务院公开提出一

个军事援蒋法案，交国会“审议”，直接引起中国人民方面以中共毛主席声明为代表的严正抗议。同时，美政府又着手批准一个美蒋秘密军事协定，由美国供给蒋介石飞机一千余架、各种炮七千余门及其他大批军火。至六月十七日，美国就向中共提出两个要求，一个是形式上蒋介石经过马歇尔提出：不仅关外要几乎全部九省，并且要关内苏皖边区，热察两省，陇海、津浦两路，威海卫、烟台两港。一个是实际上马歇尔授意蒋介石提出：“建议”马歇尔对中国问题有“最后决定权”（后来国民党解释为“仲裁权”或“公断权”，但意义相同）。这表示美国替蒋介石布置的关内大打已到了时候了。六月二十八日美政府对美蒋军事密约正式批准，七月初蒋介石围攻中原与苏皖两解放区的内战便更大规模爆发。这时马歇尔对关内停战也不坚持了。在马歇尔未来以前，蒋介石打内战的全部兵力是一百万人，约占其总兵力百分之四十五。这时蒋介石的兵力增加到近两百万人，约占其总兵力的百分之八十五。马歇尔未来以前，用美械装备的蒋军是三十九个师，这时为五十个师，且全部用在前线。此外还有美机编成的空军，美舰组成的海军，这就是马歇尔来华“调处”的唯一结果。

此后，当蒋介石大举围攻中原解放区时，马歇尔不表示丝毫意见，但当中原解放军冲到襄阳、樊城一带，可能入川入陕的时候，马歇尔又赶忙派执行小组来阻止了。正如上海一个杂志所说：“割掉一块中共基地，马歇尔不会出面说话，但倘若因割这块基地而花了太多的时间，或会引起别的问题，或会叫国民党反而吃亏了，那马歇尔是立刻便要‘调停’的。”

## “调处”的阴谋失败，美国公开反对中国共产党，并培养蒋党各实力派，加紧灭华

直至一九四六年八月间，美国侵略者想用“调处”方式来消灭人民军队，不仅一点没有实现，自己的马脚反因此在中国人民面前暴露无遗，美帝国主义的大骗子马歇尔和另一个大骗子司徒雷登这时发表一个联合声明：

> 战争日益扩大，有席卷全国……的威胁，国共两方都愿终止战争，但仍有若干立须解决的问题，尚未获得任何协议，对于各项问

题，双方似已不可能获得解决……

这是说，美国打败中国人民的计划又一次破产，他们无法再以“调停者”的面目出现了。虽然八月三十日美国再以成本八亿三千七百万美元的“剩余物资”作成一亿七千五百万美元的低价售予蒋介石，让他获得更多屠杀中国人的工具，十二月又由马歇尔、司徒雷登为蒋介石导演了一幕召开“国民代表大会”，公布“宪法”的丑剧，并由美驻华大使司徒雷登宣传为“既合政协决议，尤充满民主精神”等等，但对注定了的失败已无能挽救。一九四七年一月二十九日，美国政府正式宣布“决定终止与三人小组之关系”，退出伪装调处，公开狰狞的一面倒的面目，把它征服中国人民的棋子走到最后一步，使人们明确认识美国在中国完全代替了日本，而蒋介石则代替了汪精卫，美国侵略者再也无法施展什么阴谋诡计和欺骗伎俩了。

同年一月，美国反动头子范登堡（A. H. Vandenburg）首先公开命令蒋介石要组成一个“共产党在外的党派联盟”，和一个“没有共产党参加的联合政府”，把蒋介石以外的一切反革命势力都组织起来加以利用。同年四月，蒋介石即遵照执行。七月间，魏德迈重来中国“调查”，为蒋介石制定一庞大计划：在军事上分中国为六个区，除了想把西北、西南、华南三区在“防苏”“交通”“建设”等借口下完全掌握到美国手里而外，其余的区则要蒋介石更坚决为它作战，如在华北“美国要求中央军无论如何要尽力守住这一区”，华中则规定“至少要能防守至二年之久”，政治上确定为：“美国不反对中国政府以武力弹压不参加政府组织的党派（原按：指民主同盟），其他不与政府合作的人民活动也可以镇压……蒋政权为中国唯一统治力量，必须使之巩固。”[①]与魏德迈同时来华的，还有美国前驻苏、法大使，战争贩子布立特，他给蒋介石作出“三年击败中共”的决定，回到美国后又“执行国务院的指令”发表一个狂妄报告，认为美国应该用十三亿五千万美元“低廉代价”雇佣四万万中国人在“反苏”名义下替美国灭亡中国，而以占领日本的麦克阿瑟为管辖中国的“统帅”。同年九十月间，美国军事考察团又到中国，先后“考察”北平、青岛、南京、上海等地，考察团团长——美国会众议院军事委员会主席柯尔在南京连日发表谈话，对布立特的援蒋灭华计划完全同意。一九四八年

---

① 李强译：《魏德迈计划真相》，转载香港 1947 年 11 月 18 日《中国文摘》。

四月，美政府又在它奴役世界的援外法案中再给蒋介石四亿六千三百万美元的巨额贷款，就像二十四年以前支使曹锟贿选一样，来支使蒋介石用“选举”的方式由“主席”升为“总统”，希望他能因此更有效地执行美国反对中国人民的任务。

但直到这时，美国本身仍没有完全放弃行使一些阴谋诡计的企图，特别是当美国看到蒋军在中国人民大革命进军中连续大量被歼，蒋党统治力量呈现土崩瓦解之象，在决定给蒋介石做喜事的时候，也就决定给他做丧事，这就是美国坚持要以“反蒋”著称、为杂牌军阀所支持的李宗仁攫得“副总统”位子。其作用是：俟军事局面进一步恶化，蒋介石本人已无法维持的时候，李宗仁便可以“反蒋”姿态出而接替蒋介石的任务。在四月底，“副总统”“选举”中，美国竭力为李宗仁撑腰，司徒雷登亲自出马“劝请孙科退出”，使李宗仁获胜。选举后，美国反动言论机关又一致为李捧场，《纽约先驱论坛报》四月二十五日上海电讯说：“假如与中共议和的时机到来，李宗仁远较蒋易为共方接受。”五月一日合众社北平电：“李宗仁将军当选副总统……是自一九四六年马歇尔试图平息（？）中国内战的惊涛骇浪以来，国民党政府可以拨正船舵的最有希望的机会。”《纽约前锋论坛报》在四月三十日的社论中则干脆说：“李宗仁当选副总统，是把中华民国所能提到的一位最出力主张改革的人，扮上崇高的职位……这也是美国官员所时常倡导的意见。”

此外，美国对“中央”的何应钦、华中的白崇禧、台湾的孙立人、西北的马鸿逵等也不断培植，特别是对困踞华北的傅作义，还打算单独供给大量军火，从军事上来扶植他。一九四八年八月，美国援蒋计划执行人赖普汉在北平公开说：他将“建议自一亿二千五百万元军事计划中抽出若干，以保卫经合局投资的华北建设……”。即对被蒋介石排挤而流浪至美国的冯玉祥也还企图拉拢利用，美政府派专人对冯表示“我们美国政府是反对共产党的，是决不能给共产党合作的，只要你们不要共产党，我们美国政府愿意帮你们的大忙，用钱用军火有的是”，当被冯玉祥坚决拒绝时，又一定要给他“六个月的时间”去“考虑考虑”。最后落得个“不欢而散”。[①] 这全是美国还不放弃利用任何机会，行使各种诡计的表现。

---

① 冯玉祥：《给李济深的信》，载 1949 年 9 月 21 日《世界日报》。

## 妄想打败中国人民、中国共产党的美国侵略者，被中国共产党领导中国人民打败了

不管美国侵略者如何用尽心机，在日本投降后的三年内，它为打败中国人民所经过的步骤，在政治上，由“合作”，而不“合作”，而组织谈判，而伪装调处，而公开一面倒；在军事上，由装备蒋军，而军事占领，而运兵，而指挥作战，而直接进攻，都全部彻底失败了。这又正是中国共产党与中国人民正确地一步一步斗争，一步一步揭露的结果。

## 美国侵略者欠下中国人民的一笔血债

但是，美国在这一些侵略步骤中，所造成中国人生命的死亡，抢走的中国人民与国家财富，侵犯的中国主权，却已经多得无法用数字表示出来了。虽只短短三年，其危害则不仅把其他帝国主义一百余年侵略中国的总和都已超过，即比起日本八年占领中国的全部罪恶也毫无不及。这是美国侵略者所欠下中国人民的一笔血债。

（甲）在屠杀中国人民方面——美国用“援华”方式，把大批美国杀人利器与最新式的杀人技术，以借款、租借、救济、让予等名义，经过蒋介石的手，拿来屠杀中国人民。日本投降后三年内，美国运到中国的武器与装备，总值竟达五十一万万零三百四十九万八千二百二十三美元之多！超过第二次世界大战后，美国对世界各国反动派所作援助总数二百万万美元的四分之一。这里虽不能详写它的全部内容，可举出些零星材料，以见一斑。如：

飞机：“八又三分之一队空军计划”一项，即有一个重型轰炸机大队，一个中型轰炸机大队，四个单引擎战斗机大队，两个摄影侦察机中队，共一千零七十一架。到一九四八年三月，至少有九百三十六架已经交清，其余正在运交。据另一统计，一九四七年一月以前，已运到一千一百五十架。[①]

军舰：巡洋舰三艘，驱逐舰四十五艘，连同战斗、登陆等舰艇共二百五十

---

① 民国三十七年三月三日《人民日报》及三十六年三月十六日同报廖盖隆文。

艘，加入其他船只，为四百七十一艘。[①]

石油：仅一九四八年第一季（春季）即运给蒋介石飞机用汽油六万零八十八桶，其他发动机汽油三十五万桶，火油八万五千桶，煤油及蒸料燃料油十万桶。[②]

车辆：止一九四七年一月以前，各种车六万七千辆，大批坦克在外。

枪炮：一九四六年六月美政府批准的美蒋秘密军事协定一项，即有山炮七百五十门，轻炮一千五百门，迫击炮五千门，重机枪一万五千挺，轻机枪一万七千挺，自动步枪六十万枝。

子弹：一九四七年六月二十七日一次子弹交易，即为一万万三千余发，按当时全解放区人口合计，恰为每人一发。

统一装备：同前项军事协定又规定：美政府在一九五〇年以前，装备蒋军七十五个师。照另一统计，一九四七年一月以前，已经装备六十四个师，十八个交通警察总队，二十个保安团，及伞兵大队，共八十四万人。

训练蒋军：除续办原有参谋训练学校，步兵学校，中美混合空军学校，两个中美联合陆军训练学校，五个中美特别训练班外，又新设南京汽车训练学校，青岛海军训练学校，昆明信号部队学校，昆明、南京、广州、衡阳降落伞部队训练学校，重庆特别技师训练学校，杭州空军训练学校，成都空军学校，苏州机械化学校，南京步炮学校，汉口、上海、徐州空军教官与军事技术人员学校等二三十处，训练海、空、步、炮、辎重、汽车、通讯、伞兵、交通、特务、参谋、军需、军医等十四五万人。单是空军一项，即有飞行员、轰炸手、领空和技师等五千一百余人。

此外，美国还供给蒋介石大量烧夷弹、化学战具、各种军用零件等等。

美国“进步党”首领华莱士（H. Wallace）一九四八年五月二十一日发表讲演总结美国对华政策说：“过去三年中，美国平均每月运给中国武器，为珍珠港事变至对日胜利期间我们每月运给中国武器之八倍半”，他深深感到美国侵略者的手上“染满了无数中国人民的鲜血”。[③]不仅如此，美国还指使它的附庸加拿大政府于一次援蒋六千万美元与“蚊式”轰炸机一百五十架

---

① 据《美蒋秘密军事协定》，载民国三十七年五月二十二日《人民日报》。另一统计，同年三月二十日同报资料所据美联社电讯，当时已有军舰 271 艘。

② 美商务部公布，1948 年 2 月 10 日合众社华盛顿电。

③ 民国三十七年六月三日，太行《新华日报》。

后，又继续供蒋军机枪子弹二千五百吨及其他军火。美国自己更在零星付现的交易中，额外以各种军火售予蒋介石。据北平一家杂志估计，在正式贸易之外，仅一九四七年一年，蒋“资源委员会”购买美国军火一项外汇，即在一万万三千万美元以上。①

至于美国占领军以征服者姿态直接施于中国人民的殴辱、强奸、杀身、越货等罪恶行为，更到处皆是，无法悉数。

（乙）在抢掠中国人民与国家财富方面——美国利用各种特别权力，向中国无限止地倾销商品，输入资本与夺取生产原料，日本投降后三年内，中国人取得衣、食、住等生活资料的农、工、商业逐步地完全落入美国侵略者的掌握，使中国人民与国家财富日益增多地向美国流去。如：

一般企业：以华南为重点，据一九四七年八月十二日合众社电：美国企业家已拟定“开发广东、广西、湖南三省之庞大计划”，实现计划资金为一万万五千万美元，经营范围有广州煤气厂、水泥厂、玻璃厂等。实施合同已在八月初由美国潘尼李氏公司出面订立。同年九月十三日，美国走狗宋子文接管广东。十月二日，又有美国煤油大王洛克菲勒第三来粤与宋商谈开发广东矿藏问题，并取得协议。十月十三日潘尼李公司副总裁与宋接洽投资粤省其他工商业，随即有所决定。十月十五日美大使馆参赞纪伯获又到广东与宋“广泛交换对华南商务意见”。

石油与电力：一九四六年，美国命令蒋政府颁布所谓“新公司法”，在这前后，美国大托辣斯寰球生产公司开始在中国西北探测与开采石油。美国威斯汀好斯电气公司也在华设立大规模工厂。一九四八年元旦，上海又成立美国控制的“上海电力联合公司”，资金共二千三百万美元，美银团即投入一千三百万，占百分之五十以上。联合公司除经营电力外，还包揽上海公私道路、河流、桥梁、沟渠、街巷及任何公产上的投资权利。上海其他电力公司美国亦可自由投资。

交通运输：一九四六年，中国最大的“官商合办”轮船公司——招商局即加入新的美国资本，大批管理与技术人员也改成美国人。美国财产占百分之七十五以上的“联合国善后救济总署”所属“中国水运大队”，亦在这时成立，并陆续增加到拥有轮船二十多万吨。美国空军将领法西斯分子陈纳德更

① 黄灼：《一九四七年蒋管区对外贸易》，民国三十七年三月一日《人民日报》。

组成一个“航空运输公司”，并联合中国买办官僚资本三十多个代理人发起组成“中国实业公司”，在南京、芜湖、九江、汉口、长沙、衡阳等地设立分公司，自备车船，运输商货。一九四七年，美国资本结合美军拟定一贯穿大西北路线计划，以陇海铁路天（水）兰（州）路为基干，北循甘（肃）青（海）、青（海）新（疆）两公路，南接成（都）天（水）路、滇康路、滇缅路出海。据同年十一月十八日中央社报导：全长一千二百二十一公里的青新公路已建成通车，其他各段的勘测，也已动手。

钢铁业：以海南岛为例，一九四七年十月二十九日中央社电讯：美国“钢铁专家”皆认为海南岛可能发展为世界最大钢业基地之一，当时以私人贸易商身份到日本考察的美国西南辗铁公司出口经理伯里希，告中央社记者，他将“毫不犹豫，立即在海南岛设立备有完全现代设备之辗铁厂”，并承认“对于立即自海南岛采购铁苗十五万吨之初步商谈，目前正经中国政府进行中”。[①]

农业投资：上海复兴岛设有规模宏大的农垦机械装修总厂，另有十八个分厂和三个铁器厂分设蒋区各省，湖南邵阳一地，即有小型“示范”工厂八个。一九四七年十月“联总”署长鲁克斯来华，又计划在四川、湖南、河北三省设立大规模肥料厂及各地工程站，所有资本，皆来自美国。

抢走农产品：一九四七年九月蒋政府海关发表对外贸易商品项目，出口货有百分之八十为原料品，绝大部分是农产品米、大豆、桐油、猪鬃、茶、丝、蛋、羊毛等。而又多是往美国运去。

兼并农民土地：早的有东北“屯垦局”劫收原来日本人从中国农民手中夺去的“开拓地”数百万亩，台湾“合作农场”拥有台省土地四分之一。近的有皖北太和、阜阳等十三县境内直属“黄泛区复兴委员会”的“合作农场”四百四十万亩（？）。浙江包括二十五县的“农业示范区”。天津近郊茶淀农场及杨柳青农场十二万五千亩。“联总”异常热心帮助蒋政府抢先完成黄河堵口目的之一，也为急于占有肥沃的黄泛区农地。一九四七年十月蒋政府颁布的“黄泛区土地勘测及重划办法”；就是遵照美国侵占中国农田的意旨制定的。这种情形下面的中国民族工商业和农业，是厂、矿、商号减产、停业、倒闭。工人失业，农民失掉土地，农村完全破产。一九四五年年底上海一地失业工人多至八十余万，成都失业的也近十万人。至一九四七年蒋管区荒地多

① 民国三十六年十一月六日《人民日报》。

至五万万亩，饥民至少在三千万人以上。河南一省，就超过一千三百万人。

（丙）在侵犯中国主权方面——美国除了用它在华军事、政治、经济势力控制着解放区以外的全中国领土而外，又通过它的走狗蒋介石订立许多公开和秘密条约，明文规定美国享有各种特权，把中国殖民地的地位加以合法化，如：

《美国在华空中摄影协议》，一九四五年十一月二十一日驻沪美军参谋长马道克“照会”蒋政府，要允许“美军在我国内地各省及台湾等地从事空中摄影”，及“我国准予使用以冲绳岛为基地之美国飞机，在我国蒙古、东北各地作空中照相飞行”，蒋介石亲自“电示”：“除新疆仍应缓议外，余准如拟办理。”[①] 美国于此收得了美机在中国领空作军事调查的充分权利。

《国际货币基金协定》，一九四五年十二月二十七日美蒋参加签订，加强美国对中国货币的独占权。

《成渝铁路修建协定》，一九四六年五月成立，规定美国有修建此铁路权利。

《中美航空协定草案》，一九四六年八月三十日成立，规定“设立并发展中美两国领土间定期空运飞行”，由美国指定西北航空公司、泛美航空公司、寰球航空公司在中国天津、上海、广州各线飞行。与这“草案”议定同一天，陈纳德又与蒋政府成立一个“陈纳德空运大队”在各地飞行的合同。这是美国对中国领空权全面攫得的开始。

《中美三十年船坞秘密协定》，一九四六年九月披露，同月二十二日上海报纸转载美国杂志《世界报》消息：“中国为了购买八亿余元美军剩余物资，已允许美军舰在三十年内，可在中国沿海船坞中修理。”又英文杂志《新闻通讯》同月廿八日载：“美国剩余物资附有三十年密约船坞协定，依此协定，三十年内，中国所有海港，美军舰皆可自由出入使用。”[②] 这是美国又霸占了中国全部海港。

《中美宪警联合勤务议定书》，一九四六年十月八日在北平签订。规定设立“中美宪警联络室”，据北平警察局外事科长告记者：以后美军肇事，依“议定书”规定，“须由美宪警送理，警局有旁听权而已”。在这以前，美国与蒋

① 蒋政府外交部：《对行政院呈文》，载民国三十五年七月二十九日前报。

② 民国三十五年十月十九日前报。

政府就已成立《美军事人员刑事案件条例》，不久，又成立所谓“中美商务仲裁会”（后改为“中美商务公断会”），这是美帝国主义在华治外法权的复活。

《粤汉铁路借款协定》，成立于一九四六年十月，规定美国有投资修建权。

《中美友好通商航海条约》，一九四六年十一月四日在南京签订，全文共二十六条又一项“议定书”。设想周到，无微不至，从第二条到第五条是关于“通商”的规定，第六条到第八条详细规定保护侨民办法，第九条到二十条规定应受保护的许多特别事项，第二十一条到二十四条专讲航业。其全部内容，用蒋驻美“大使”顾维钧的话来说，就是“中国全部领土、全部事业一律对美国开放”[①]。美国人在中国的经济利益与中国人无异。美国人可以在中国居住，购买土地、房屋及一切财产，但美国限制中国人的“移民律”则仍旧有效。美国向中国输入商品征税与中国人相同。凡是中国开放港口，美船皆可通行，并能沿途起卸货物，自由选择“捷径”。条文上写的是中美“双方”，实际上处处只对“此方”的美国适用。这是美国侵略者利用它的走狗蒋介石写出来的中国人民的卖身契，是中国人民新的国耻。

《中美航空协定》，一九四六年十二月二十日成立。所定内容比过去协定“草案”不同的是：第一，除原定美机能在上海等地起卸外，又增加了一个“及以后随时同意之地点”装卸转运客货。美机可在中国到处飞行不受限制。第二，增加美机在中国领土内可作“非交通之停靠”即除平常交通外，美机还有军事性的降落权。[②]中国领空主权，从此全部归入美国掌握。

《青岛海军基地秘密协定》，一九四七年一月宣露，据合众社报道，其内容为：“根据这一协定，一旦发生战争时，美国与中国将共同使用青岛海军基地。”[③]这除了强迫中国承认美军久已占踞青岛这一既成事实，还含有挑拨中国军事反苏的性质。

《滇越铁路管理与川滇铁路修筑协定》，一九四七年七月成立，规定美国对两铁路有权管理建筑。

《国际关税与贸易一般协定》，一九四七年十月十六日在哈瓦那（日内瓦）成立，由中美两国参加，据同日美国国务院公布的“分析报告”披露，协定

---

①1947 年 11 月 20 日，顾维钧《在纽约美全国对外贸易会议上的演辞》。

② 民国三十五年十二月二十九日《人民日报》。

③ 民国三十六年二月四日前报。

规定中国应允许美国“最为重要”的一百一十项物品减免进口关税，美国则答应对中国军用原料如钨矿等物品作某些关税“让步”。[①] 至一九四八年五月四日美蒋双方同时宣布：本协定自同月二十日起生效。从此美国可以一方面用减免关税向中国继续大量倾销各种消费品，特别是大量倾售军火，一方面又用关税“让步”，来掠夺中国战略原料，接着《中美通商航海条约》之后，使中国关税自主权更加扫地无余。

《美军驻华美蒋秘密协定》，一九四七年十月十七日为蒋政府所宣布，其内容在同日蒋政府“国务会议”宣读的外交部报告书中有：“美国军队留驻中国已为中国政府所接受。”“美军留驻中国，将直至两方政府认为无继续留驻必要时为止。”这个会议随即通过一“美国驻华武装部队系由中国政府之同意而驻案”。法国新闻社也同时宣布：美蒋关于此事已订有“协议”，蒋当局已把这事“照会”递交美国大使馆。[②] 美国就这样攫得了对中国作无限占领的“合法”权利。

《中美救济协定》，一九四七年十月二十七日宣布成立，规定蒋介石必须同意美国“监督”援蒋基金与物资使用，并控制蒋政府财政经济的行政部门。此“监督权”与控制办法，由美国一个“专使”使团来执行，它可以享受与大使馆相同的特殊待遇，自由在蒋区来往，收集情报材料等，不受中国司法与行政管辖。

《美国在华教育基金协定》，于一九四七年十一月十日成立，主要内容有：一、协助美蒋“学者”，“交换学生”。二、充分宣传美国“救济”中国“恩德”。三、宣传美国“强大”。此外，还组织一个基金董事会，美国派董事五人，指导中美“文化交流”和“亲善”活动。美国订立这个协定的用意，是为取得在中国进行奴化教育的领导权。附带借此掩盖它过分露骨的侵略罪行。

《中美海军协定》，一九四七年十二月八日成立，规定：“（一）由美国帮助中国建立海军机构，包括组织舰队、军港、基地学校等；（二）由美国帮助中国培养训练干部，包括控制监督；（三）由中国供给美国以海军情报，并报告一切。”[③]

---

① 民国三十六年十二月四日前报。

② 民国三十六年十月二十二日前报。

③ 民国三十七年一月八日前报。

这是同年十月公布的《美军驻华协定》的扩大。

《双边协定》，一九四八年七月三日由司徒雷登与王世杰代表美蒋政府在南京签订，作为美国援蒋四亿元中二亿七千五百万元“经济援助”部分的代价。规定：一、美国对援蒋款项、物资，及与这批款项、物资相等的“中国货币”有最高监督权和决定权。二、“中国政府对美利坚合众国，因其本国资源中缺乏或可能缺乏而需要之中国所产物资转移于美利坚合众国，无论系为储蓄或其他目的，将予以便利”。蒋政府并按时向美国供给有关这些物资“所必要之情报”。三、蒋政府要作一切努力，“减少与他国间贸易之公私困难”，便于美国和各美占领区商品来华倾销。四、驻华执行直接监督的美国经济合作局特别代表团及所属职员“须视为美利坚合众国驻中国大使馆之一部分，俾得享受……优例及豁免（按：即身体财产不可侵犯权、免税权、治外法权等）”[①]。

《中美农业协定》，一九四八年八月五日在南京以“换文”方式成立，规定由美国总统委派美国人二名，加入蒋政府三人组成“中国农村复兴委员会”，这个委员会可以“拟订”和“督察”实行各项农业计划，从农业生产、销售、灌溉、畜牧到家庭与乡村工业农村教育等，无所不包。又可以任命“所认为必要之执行官吏行政人员”，和与“适当的中国政府机构及在中国之国际或私人机构”订立“合作”办法…… 另外还规定从美国给蒋政府的二亿七千五百万美元“经济援助”中，再拨出百分之十，专作美帝国主义对中国农业侵略的经常费用。[②]

把这些条约合在一起，美国从蒋介石手中取得了中国领土权、领空权、领海权、内河航行权、铁路管理权、军权、财权、警察权、司法权、国家秘密权、农业权、工矿权、商业权、海关权、文化教育权、内政“最后决定权”，外交指挥权等等。真是从天上到地下，从海上到陆上，从政治到经济，从物质到文化，从现在到将来，无所不包，应有尽有，所有“中国”主权云云，实际上尽成美国主权了。

---

① 民国三十七年七月十四日前报。

② 民国三十七年八月十五日前报。

## 美国扶植日本军国主义再起

除了这些，三年中，美国又多方面扶植日本军国主义再起，利用它去反对苏联；同时，也是利用它来作为贯彻上述各个侵华步骤与计划的有力助手。

## 中国人民反美国侵略的斗争，要团结在毛泽东的旗帜下争取最后胜利

综观百余年来，美国侵略中国的过程，由渐至紧，由分享至独占，而中国人民反抗美国侵略的力量，则由小到大，由分散到集中，现在不仅达到了斗争最尖锐阶段，且已接近胜负决定关头，中国人民必须团结在人民救星毛泽东的旗帜下，争取最后五分钟的胜利。让美帝国主义同与它有密切历史关系的日本侵略者一样，在中国人民面前倒下去。

# 序

这本书的写作开始于一九四七年，那是第三次国内革命战争的初期。一九四九年八月第一次出版以后，到一九五一年抗美援朝运动蓬勃开展期间作了一次修改，印行了第二版。现在再修改增订以后出版，它的科学水平没有得到应有的提高，但是其现实意义一点也不曾减少。因为中国人民革命的时代有发展，而美国帝国主义继续侵略中国、奴役中国人民的野心并没有改变。

本来近代中国的历史是帝国主义封建主义阻碍中国社会生产力的发展，中国人民反对帝国主义封建主义斗争的历史。新中国的史学工作者清楚地了解到，需要把研究中国的国际关系史，特别是研究帝国主义侵略中国和中国人民反抗外国侵略者的历史当作自己迫切的任务。本书所要阐述的美国侵略中国的历史，是属于这种研究的范围之内的。

由于作者主观力量的薄弱，这本书远不是一部令人满意的研究美国侵略中国的历史的著作。历史科学是研究社会发展规律的科学，要称得起是科学的历史著作，它必须不限于记录一些历史的表面现象，而要深入发掘历史的内部联系，全面地总结历史发展规律，并阐明这些规律的客观性质。这就需要进行巨大的理论综合与分析，把丰富的实际材料与高度的理论综合紧密地结合在一起。作者缺乏这样的能力，只能心向往之而已。但是如果要我说这部书对于读者可能有哪些作用，那我将认为它的主要内容是合乎历史唯物主义的基本观点，即阶级分析与阶级斗争的观点的。全书所要着重进行分析和要揭露其罪恶的，是美国的资产阶级侵略者。这个阶级为了自己的利益，不仅一贯地侵略中国、与中国人民为敌，并且也剥削、压迫着美国的工人阶级和美国广大的劳动人民。同时，本书所揭载的历史事实是信而有征，不用怀疑的。现在的资产阶级历史学者，站在为剥削阶级辩护、为帝国主义侵略利益服务的立场上，往往不惜用各种方式伪造历史。他们甚至丧尽天良，把历史研究变成了为帝国主义进行侵略战争开辟道路的工具。而我们站在中国人民的立场上，只需揭露帝国主义侵略的实质，就正是还原了历史的本来面目。因为在中国人民反对外国侵略者的斗争中，正义和真理是在中国人民一边的。这是我们之所以和一切唯心论与历史伪造者相反的根本原因。

自然，中国的史学工作者对于美国帝国主义侵略中国的历史的研究，还只是刚刚开始。百余年来，美国在政治、军事、经济、文化等各方面对中国的侵略有加无已。中国人民饱受其侵略的苦难，永远也不能忘记。不过直到目前为止，对于那许多事实，有的还缺少深入分析，有的则还没有彻底地揭发出来。作为一种科学研究，这将有待于我们今后的长期努力。本书所包含的材料，只是已有的研究成果中的一部分，并且是一种概括性的叙述；它不足以充分表现美国侵略中国的历史过程的全貌，那是很明显的。

一九五一至一九五三年，本书先后两次译成俄文在苏联出版。先进的苏联史学界的朋友们，曾提出许多重要的批评意见，给了作者以极大的友谊的帮助和鼓励。几年以来，国内的读者也陆续提出许多宝贵的意见，帮助我改正了不少的错误；中国科学院历史研究所第三所的同志们更以集体的力量给我以各种支持。兹在此一并表示衷心的感谢。

刘大年

一九五四年八月于中国科学院历史研究所第三所

# 附：一九五一年八月版《修改说明》①

一九四九年八月与同年十一月，先后由华北大学与新华书店出版了拙编《美国侵华简史》。按照该书发行的情况，说明广大的读者对于美帝国主义是如何的仇恨，他们迫切需要了解美国历年来侵略中国的史实。然而那本小册子，不仅材料贫乏，并且某些史实也有错误，显然远远地不能满足读者起码的要求。

最近得有机会修改原稿。应该说，现在写作的客观条件是好得多了。自抗美援朝运动开展以来，许多美国侵略中国的重要事实，陆续被大家写出来，《人民日报》《光明日报》以及全国各大报刊都登载过这一方面的很有价值的文章（中国人民保卫世界和平反对美国侵略委员会北京分会曾把这些文章汇编成册，题名《美国侵华史料》，由人民出版社出版）。有许多热心的读者，对拙编提出了正确的批评和改进意见。这一些，对于重新组织材料，改正错误，都是极为有利的。由于作者主观力量的限制和修改时间的迫促，因而未能充分运用这些有利条件，把本书写得较好一些，目前只是就原来的底子，加以改编和补充。其中有一小部分旧有的材料，虽然并不好，但亦不无参考价值，故暂予保留。有些材料，如《中美关系》白皮书，则没有能够充分去利用。因此，这本书仍然不免还有缺点或错误，希望各位读者继续给以批评和指教。

在这次修改中，又曾得范文澜同志的帮助，由他提示了若干极有益的意见。还有沈自敏、丁名楠两同志帮助搜集材料，勘正错误，并由沈自敏同志最后校对一遍。在此谨致谢意。

又在采用前面所举出的一些文章中的材料时，有一部分查对了最初的出处，有一些因手中无书，是照原文的附注摘引的，没有一一注明作者及见某报某刊某文，这也是应该声明的。

刘大年

一九五一年四月于北京

---

① 原载《美国侵华史》人民出版社 1951 年 8 月版。——编者注

# 第一章　追随或通过别国向中国侵略

（一八四〇——一九〇五年即从鸦片战争到日俄战争）

## 第一节　绪言

美国从一八四〇年加入鸦片战争开始向中国侵略起，至今一百一十余年，美国一直是中国的侵略者。

当一七七六年美国发表《独立宣言》，作为一个独立国在世界上出现的时候，资本主义的经济体系已经在西方国家中开始成长。尤其是“资产阶级宇宙观的创造者”英国，是当时这个体系中最先进的代表。美国在以英国为对手进行的独立战争一经结束，便注意吸收英国的先进经验到自己的经济生活中来，没有经过封建制度，就跨入了资本主义的途程。地大物博、人口众多，而又闭关自守、孤立于资本主义世界之外的中国，成了英国在东方所要倾销商品、搜刮原料的重要对象。这也就使得美国的侵略刀尖，首先追随英国之后，指向了中国。

但是，在世界资本主义国家中，美国又是比较后起的一员。它毕竟立国太晚，到了十九世纪六十年代以后，才能大量开发资源与应用工业生产技术；加以它本身资源很丰富，可以首先着重经营国内，然后才去加强对海外的扩张。这又使得美国对中国的侵略，形成了下述的历史过程，即：起先是追随或通过别国向中国侵略，其次是逐渐独立地侵略中国，再其次是争夺中国霸权，最后则进行独占中国，但遭到了彻底的失败。在这全部过程中，美国的侵略行为与邻近中国的日本，尤有特别紧密的关系。

美国对中国的通商与外交，本来在一七八四年八月，美船“中国皇后号”（Empress of China）来广州贩取丝茶，及一七八六年首任美国驻广州领事萧氏

（Samuel Shaw）来中国，就已经开始。那时中国还被封建统治者自命为“天朝”，是一个有充分自主权的国家；而美国则工业很落后，羽毛未丰，远不足以成为侵略势力。一直到鸦片战争以前，六十多年的时间，中美两国的交涉很少，大体上是和平相处的。但就在这时，美国对中国的通商和外交关系中，业已带有一种毒害中国人民与蔑视中国主权的性质。在通商方面，到一八一〇年左右，美国每年可以从中国输出价值约二百万英镑的丝、茶，而它自己所能运到中国的货物却很少，差额极大。支付方法有两个：一个是美国输送棉花至英国，英国输送布匹至印度，印度再输送鸦片至中国；另一个就是直接向中国输入鸦片。最早的记载是一八〇五年，美国人从土耳其运鸦片来中国贩卖。此后，美国运到中国的正当商品没有变化，而鸦片生意却大见增加。据一八一七年英国东印度公司估计，这一年各国运来中国的鸦片总数是四千五百担，其中为美国人所运来的竟达一千九百担之多，占总数的百分之四十二！一八二二年，美国众议院商务委员会的报告上指出，美国对中国贸易的重要性“不次于任何国家，除了英国以外”，其主要内容，则是贩卖鸦片。有人调查，在广州的美商，除了有一家是例外，其余全都经营鸦片生意。美国贩运鸦片的船只由美国领事包庇，悬挂美国国旗掩护，甚至特制“鸦片飞剪船”，实行武装走私，曾经使得英国的商人也为此叫苦，形成了英美在华竞争的早期矛盾。在外交事务方面，一八二一年九月，有美国“爱弥来号”（Emily）水手打伤民妇郭梁氏致其落水身死，成为所谓“爹剌那非丫事件”（Terranova Case）。也仅有这一次事件，得到了公正的解决。其后一八三二年（道光十二年）美总统甲克逊（Andrew Jackson）派船业商人罗伯子（E.Roberts）为远东外交代表，于一八三二年乘“孔雀号”（Peacock）至广州靠岸。清政府地方当局发现美船是一艘兵舰时，下命令叫它立即离开。罗伯子置之不理，逗留了六个星期然后去越南，第一次表现了美国外交代表对中国主权的蔑视。这种现象所以能够产生，正是美国一开始就追随着可耻的英国鸦片贩子的缘故。

鸦片战争以后，至十九世纪末期，大约六十年间，美国本身的力量虽然逐步发展起来，但是远涉重洋来图谋中国，显然不是它的当务之急。就以美国对华贸易来说，一八九四年以前，美国历年来华商船，至多不过六十三艘，迟至一九〇二年，美国对华始有出超。从下列简表中可以看出这一情况（单位：百万美元）：

| 年　份 | 对美输出额 | 自美输入额 |
|---|---|---|
| 一八九〇 | 一六．二六〇 | 二．九四六 |
| 一八九五 | 二〇．五四五 | 三．六〇三 |
| 一九〇〇 | 二六．八九六 | 一五．二五九 |
| 一九〇二 | 二一．〇五五 | 二四．七二二 |

而美国对中国的其他投资，也只有到了中日甲午战争以后，才达到一个比较可观的数目，据美国人利玛（C.F.Remer）所作一九〇〇年的统计（单位：百万美元）：

| | |
|---|---|
| 事业投资 | 一七．五〇 |
| 政府债务 | 二．二〇 |
| 教会财产 | 五．〇〇 |
| 总　计 | 二四．七〇 |

美国本身的力量和它在中国的经济地位，都决定了这个时期内，美国侵略中国的主要手段，只能是对中国的反动统治者——满清政府，尽量保持虚伪的温和态度，便于它追随或通过别国，援例要求，均沾侵略利益。因为其他强国可以依靠自己的蛮横，在中国猛冲猛撞，甚至在局势不利时，叫嚣“瓜分”中国，而美国却没有这种力量，非利用清政府为抵制别国、奴役中国人民的工具不可。当然，在反对中国人民方面，它是与其他侵略者完全一致的。

## 第二节　加入鸦片战争，开始成为中国的侵略者

美国伙同英国鸦片贩子向中国输入鸦片，到十九世纪二十至三十年代，烟毒早已泛滥于中国，对中国社会造成了骇人的破坏现象，迫使腐败的满清政府不得不再一次要求“禁烟”。

一八三八年（道光十八年）十二月，清政府派林则徐为钦差大臣往广州查禁鸦片。其时清廷纸老虎还没有被戳穿，美国人听到“特派查办”的消息，把满载鸦片的美国船开往别处。等到一八三九年三月林则徐行抵广州，剩下的

多为英国船只，这使林则徐懂得了美国的“诡谲异常”[①]。后来有些美国船还想偷着把鸦片运进来，也被林则徐发觉，只好纷纷退去。[②]林则徐所缴获的鸦片，有一千五百四十箱是出自美国人手中的。美国领事士那（Peter W.Snow）和英国侵略分子义律勾结起来狼狈为奸，说这些鸦片都是英国人的本钱，美商只是“代理”销售，因为这与事实“大不相符”，也被林则徐揭露了他们的骗局。[③]接着林要美领事出具甘结，使美国商人不再向中国输入鸦片，士那又加以拒绝，宣称这样做“有干本国明例”，“不能承命”。[④]

这一年五月，在广州的美国鸦片贩子联合上书美国国会，要求“美国政府应该立刻采取措施，如果合适的话，和英国法国荷兰的政府一致行动”[⑤]。一八四一年初，英国与清政府正式进入交战状态，美国在背后支持英国，许多美国船只替英国运送货物进口。一八四二年四月，由美海军统领加尼(L.Kearny)率领东印度海军舰队驻在中国海面，为英军声援[⑥]，却不直接出面，使广州人民的反抗目标，都集中到英国人身上。英国通商被迫停止，美国又出来替英国活动，询问清政府：“英商情亦急迫，可否一体贸易？”[⑦]一八四一年十二月，美前总统亚当昆西（John Q.Adams）在马萨诸塞州历史学会演说，认为“英国宣战是完全有理由的”[⑧]。清政府战败以后，加尼又压迫广州当局赔偿美国“损失”银数十万两之多。美国在这里完全是英国的帮凶。

马克思说美国人有着“海盗本性”，英美侵略者“保留着很不少的十六世纪和十七世纪英美两国祖先所特有的那种海盗的掠夺精神”[⑨]。鸦片战争中，英美两国的海盗本性，第一次在中国人民面前表现出来了。

一八四二年中英《江宁条约》成立，立刻引来了美国政府对中国的深切注意。八月二十九日《江宁条约》签字，同年十二月三十日美总统泰勒（John Tyler）就致国会一文，主张派遣驻华代表，主持外交和商务活动。国会即通

① 林则徐：《林文忠公政书》，150页。

② 同上，181页。

③ 林则徐：《信及录》，42页。

④ 同上，55页。

⑤ 德涅特：《美国人在东亚》（Tyler Dennett: Americans in Eastern Asia），99页。

⑥ 莱丹：《美国外交政策史》（J. H. Latane: A History of American Foreign Policy），330页。

⑦《东华录》，道光四十三。

⑧ 莱丹：《美国外交政策史》，330页。

⑨《马克思恩格斯论中国》，人民出版社1953年版，73页。

过提出美金四万元交给总统，作为美国发展对华事业的活动费用。美国政府这次所派定的外交代表，是一个名叫顾盛（Caleb Cushing）的美国外交委员会的委员。国务院给他的第一个任务是：要新开的口岸，获得与英国人相同的通商条件。他一到中国，就玩弄狡猾的手段，坚决不同清政府在广州的地方官开议，表示非到北京“面见皇帝”不可，来逼迫对方与他迅速签订条约，并取得对方在条约中的让步。中国方面表示不同意，他便以“本国政府或有使中国人民再尝战祸之必要”[①]相威胁，十足地表现了侵略者的神气。满清政府指定两广总督程矞采和钦差大臣耆英办理这次交涉，他们虽然先后指出了美国“意在仿照英夷，并欲驾出其上”[②]及“顾酋人颇狡猾”[③]等，但后来到底还是中了顾盛的机谋。一八四三年国务卿韦卜斯特（Daniel Webster）又给顾盛一个训令，坚决要求享受“最惠国待遇”。训令中说：“中国所施于他国人民商业上之便宜与各种特权而不及于美国人民时，美国政府不能与中国维持友好关系。”在美国威胁下，清政府于一八四四年（道光二十四年）与美国订立《中美望厦条约》（即《中美五口贸易章程》），这个条约共三十四款，除了规定美国可以在广州、福州、厦门、宁波、上海等五个港口通商、居住、租赁土地、设立医馆及建立礼拜堂等而外，在第二款和二十一款中还规定了“倘中国日后欲将税例更变，须与合众国领事等官议允。如另有利益及于各国，合众国民人应一律均沾”，“嗣后中国民人与合众国民人有争斗词讼交涉事件，中国民人由中国地方官捉拿审讯，照中国例治罪；合众国民人由领事等官捉拿审讯，照本国例治罪”。[④]美国不仅取得了“最惠国”待遇，并且外人与中国成立“关税协议”，使中国丧失关税自主权力，和外人在中国享受领事裁判权，都由美国第一次在这里作了更具体的规定。[⑤]这是中美不平等条约的开始，也是美国侵略中国取得所谓条约“根据”逐步进逼的开始。清政府早期的外交官僚薛福成曾说：“中国立约之初，有视若寻常而贻患于无穷者，大要有二：一则曰，一国获利，各国均沾也。……一则曰，洋人居中国，不

① 德涅特：《美国人在东亚》，150 页。

②《筹办夷务始末》卷七一，8 页。

③ 同上，卷七二，7 页。

④《中外条约汇编》，商务版，124、125 页。

⑤ 同上，124—126 页。

归中国官管理也。”[①] 对中国说来，这两大祸患同时具备，是《中美望厦条约》的特色。

第一次鸦片战争后的十二年——一八五四年，美、英、法三国为继续扩大在中国的侵略势力，借口一八四四年的《中美望厦条约》第三十四款曾规定十二年后（即一八五六年）双方得派代表和平交涉条约的修改，向清政府提出开始修改条约，扩大通商范围。清政府不允。于是一八五七年，英法两国政府首先以亚罗船（Arrow）事件和保护教会为名，组织英法联军，发动第二次鸦片战争，成为第一次鸦片战争的继续扩展和深入。

联军发动前，英国在华盛顿的代表纳皮尔提议美国参与共同行动。美政府是愿意参加的。但是总统布卡南（James Buchanan）因国内政局不稳，便采用了表面与清政府保持“友谊”、秘密协助英法的政策，先让英法出兵，美国然后出为交战国的调人。美国务卿克斯（Lewis Cass）命令新任驻中国公使列卫廉（W.B.Reed）“可与英法公使自由来往，并且向中国人民说明总统相信同盟国的目的是公平而便利的”[②]。侵华军事行动开始，美军接受英国供给一个月的军饷，将美国在中国海面的舰队随同英法军舰集中黄埔。[③] 美舰并两度轰击海岸炮台，杀伤中国守军三百多人。美国驻香港领事直接率美海军参加广州的战争，驻广州的美领事更在广州城陷以后，亲自参加对当地人民的抢掠，把赃物称为他参加侵略战争的纪念品。一八五八年（咸丰八年）联军北上进攻天津。美国遂乘机与满清政府先后订立了《中美天津条约》与《中美通商章程》。在《天津条约》中，美国除了扩大领事裁判权以外，又取得开辟台湾为商埠、内地游历、自由传教等权利。[④]

英国为首、美法参加的两次鸦片战争，是西方资本主义国家对中国进行的侵略战争。目的是用武力推行其经济、政治支配势力，以奴役中国的人民。帝国主义对中国的民族压迫以此为起点，中国人民也从此展开了反对帝国主义侵略者的革命斗争。从第一次鸦片战争失败起，中国人民不顾满清反动政府对侵略者的妥协投降，继续组织新的斗争，表现出中国人民是坚决反抗外国侵略者的力量。当时华南沿海一带人民所组织的反侵略起义，更是连绵不

① 薛福成：《庸盦全集》，《筹洋刍议》，2—3 页。

② 德涅特：《美国人在东亚》，306 页。

③ 薛福成：《庸盦全集》，《书汉阳叶相广州之变》。

④《中外条约汇编》，126—129 页。

断。恩格斯在一八五七年发表的《波斯与中国》论文中赞扬中国人民的斗争“是谋保存中华民族的人民战争”。他并指出：“华南人在反对外人的斗争中所表现的那种狂热态度的本身，很明显地指明中国人已觉悟到古老的中国遇着极大的危险。过了不多年以后，我们就会看到世界上最古老的帝国作临死时的斗争，同时我们也会看到整个亚洲新纪元底曙光。”①

一八五九年六月，英法因换约改道问题组织第二次联军，美舰亦同英法军舰驶入大沽，遭遇清军抵抗，英军受到严重损失。英国战舰三艘沉没，死伤四百六十余人。英国舰队长贺布也受了重伤，他所坐的船上，只剩下三个英国人能继续作战。美舰队长达特纳尔（Commodore Tatnall）便接上去开炮向清军攻击，又派美国汽船协同英国小火轮进入战线，并高声呐喊“血比水浓！（意即同种的关系总比外人密）”②，来鼓励美军为英军增援。其对清政府一面，却竭力装出“调人”面孔。前一年，一八五八年春间，美舰三艘，同英法舰队云集白河，清政府派直隶总督谭廷襄等去议和，英法代表说他“不足当全权之任”，不予接洽，美国人独与通来往。现在清政府要各国使臣改由北塘行走，英法皆“抗不遵行”，美使华若翰（John E.Ward）独遵照改走北塘。清政府落入了它的圈套，不是说“米国恭顺”③，就是说“米使……词意恭敬，出于至诚”④。但清政府中也有人看破了美国的两面手段，到北塘与美国换约的钦差大臣桂良在他的奏折中就这样说：“臣按，美人初亦与英法合从内犯，特其国在大西洋，距中国逾远，不敢轻举。当其请换约，非不欲效英俄之肆志，及见英俄已受大创，诸国皆不得逞，即思居间排解……”这正是说明了美国的侵略行动全与英法一致。所不同的，是英法公开用武力侵略，获取权利，而美国则避免正面的武力侵略，追随在英法之后，取得同样的利益。

在两次鸦片战争之间的一八四八年，住在上海的美国教士文惠廉（William J.Boone）还霸占了苏州河北岸一带为美国的租界。他鉴于英国有单独的租界和清政府软弱可欺，经过与糊涂的上海道台简单交涉以后，便正式占领了这一片土地。从此，美国流氓在这里无恶不作，成为使整个上海蒙受恶名的主

①《马克思恩格斯论中国》，86、89页。

②摩尔斯：《中国国际关系史》（H. B. Morse: The International Relations of the Chinese Empire）卷一，579页。

③《东华录》，咸丰七十八，23页。

④同上，咸丰八十七，6—7页。

要地区之一。一八六三年以后，英美租界实行合并，一般所称为英租界的地区，实际上有美国股份在内。

## 第三节　镇压太平天国革命

鸦片战争以后，外国资本主义侵入中国，使中国社会开始发生深刻的变化。“千百只英国和美国的轮船开到了中国去，而在很快的时期内，中国市场上就被充满了英国和美国的便宜的机器制造品。以手工劳动为基础的中国工业，竞争不过机器工业。于是稳固的中国就遇到了社会危机。”[①]中国近代史上的第一次农民革命运动——太平天国革命运动就是在这个新的社会危机基础上爆发的。

太平天国革命运动所表现出的力量和规模，完全有使满清反动统治最后崩溃的可能。美国侵略者深知为了自己的利益，有扶持这个卖国政府的必要，迅速把它追随英法、打击清政府的政策转而为帮助清廷镇压太平天国运动。还在一八五三年（咸丰三年）太平天国势力普及长江流域一带时，美驻华公使马沙利（Humphrey Marshall）就向国务卿麦西（William L.Marcy）作出报告，说是美国最高利益，是要支持清政府，“而不是看着中国变成普遍无政府状态的戏场”[②]。同时，驻在上海的美国政府人员也以火轮船帮助清军向太平军进攻，“搁浅转回”以后，又通过清政府的江苏巡抚杨文定转达北京，“请以兵船助剿金陵”，满清另一带兵大员向荣“以为不可”[③]，这个计划才打消了。

一八五四年六月，美国驻华公使麦莲勒毕唵（Robert M.Mclane）到上海考察贸易情形，发现“中华（清政府）用兵日久，需饷甚殷”，当时即表示“必将商人应完新旧税银，逐一追缴清楚。只求督抚大吏代为奏明，庶几大皇帝知麦莲勒毕唵办事不错，以后尚可为中华（清政府）出力”。接着在他考察了镇江、金陵回到上海以后，就进一步向两江总督怡良提出：只要清政府允许美国商人“将各货运至镇江、金陵、汉口等处销售”，把美国在“最惠待遇”

---

① 马克思、恩格斯合著:《国际概况》，引自《马克思恩格斯论中国》，人民出版社版，212—213页。

② 德涅特:《美国人在东亚》，215页。

③《咸丰朝筹办夷务始末》卷七二，3—8页。

下取得的五口通商权利，修改扩大为新的条约；“伊国情愿随同官军，从上海起，一路剿办逆匪，开通长江。如上海等处有一匪未平，即不敢越次而进”。假使清政府不允，那末，“伊等不能自误买卖，惟有自入长江”[1]，也顾不得什么不准在中国内地通商、航行等等许多限制了。满清政府虽然抱着一贯的投降外交政策，并且对于美国政府能帮助它镇压革命，也完全满意；但是要修改《五口通商条约》，却不是一件小事。只好用“相机筹办”几个字，让地方官员去暂时敷衍。这曾经是引起前面已经叙述过的第二次鸦片战争的主要原因之一。

一八六〇年六月，美国军舰还正在随同英法舰队侵入大沽，准备直取北京，这时太平天国忠王李秀成的大军则以强大攻势逼近了上海。流亡在那里的美国军事流氓华尔（Frederick T.Ward）便经过美国驻上海领事同意，与当地大地主、大商人、官僚买办的代表四明公所董事候补道杨坊和苏松太道吴煦勾结起来，募集一批包括美、英、法、意、菲、德等国籍的外国流氓，建立军事组织，加以新式训练和装备，准备用来抗击太平军。华尔自充这支军队的总头目，而以另外两个美国人白齐文（Henry A.Burgevine）和法尔思德（E.Forrester）为副手。至第二年（一八六一年），华尔更接受了英国海军司令贺布的建议，开始招募华兵，加入训练。这一年美国国内发生了南北战争，所有在华美军均陆续撤退，但华尔以“私人”资格所编练、率领的军队仍旧存在，且不断扩大。一八六二年满清江苏巡抚薛焕无耻地奏请将这支军队改名为“常胜军”（原名“洋枪队”或“绿头军”），由原来的七八十人逐渐扩充至五千人左右。

所谓“常胜军”，在性质上，是欧美资产阶级联合镇压中国革命运动的工具；而美国则是这次联合中最先发起和最卖力气的一员。虽然这支由外国人带领的武装一开始就曾遭到了太平军的有力打击，使侵略者懂得中国人民是不可轻侮的；但是到一八六二年以后，“常胜军”已表现得相当凶悍，成为太平军在长江下游的劲敌。仅就《太平天国外纪》等几部书的记载举出下面一些作战实例，就可以清楚地知道，这一群野兽们对于太平天国革命运动与中国人民的危害达到了何等严重的程度！

一八六二年一月，忠王李秀成攻克杭州，平定浙江以后，回军北向，分三路进取上海。这时华尔在松江所重新训练过的洋枪队，已经大约有一千人能够

---

①《筹办夷务始末》卷八，32—35 页。

作战，内有吕宋人二百名。在太平军到达上海附近时，他们曾疯狂抵抗，阻扰了太平军的顺利推进，并把作战中被俘的太平军人员送往上海后惨杀了。

同年二月，在英国水师提督贺布指挥下的英法联军和华尔的洋枪队会攻太平军于浦东高桥，大杀大抢了一阵。原来“高桥为太平军所据……其军械除竹枪外无他物。贺布率英水兵三百五十人、大炮一尊，华尔率其所练华兵六百人，法海军大将卜罗德统法兵一百六十人、炮二尊，会攻高桥。太平军不能抵敌，死一百人。……其克高桥也，第一件事即纵兵抢劫”，获得了“以多击寡，以强侮弱”的所谓“光荣（按：实际是无耻）”。①

三月一日，华尔等又进攻离上海约五十里的萧塘。“华尔所统华兵七百五十人，英国水兵三百五十人，炮兵三十五人，炮四尊，野炮一尊，法国兵二百人，炮二尊，向萧塘进攻。屠戮之惨，一如高桥之役。太平军死守一小时，终以炮火猛烈，不等抵御，驱逐出阵线，死一千人，俘囚三百人……报告云积尸甚多，街道房屋中，随处皆是。旷野之尸体，大半皆是兵士退走时，为联军炮火所毙者。乱军（按：指太平军）退出防御线时……野炮极奏效，死伤约千人。战争完毕后，联军纵火，将全村焚毁，始奏凯回上海”②。

四月四、五日，华尔率兵攻罗家港、龙珠庵、七宝、王家寺等处。太平军虽然“不避炮火”，“死抗联军”，打退了华尔的三次攻击，表现出中国人民在外国侵略者面前一贯坚决抵抗英勇牺牲的高度爱国主义精神；并且把英国侵略分子贺布也打伤了。但太平军的伤亡也是很惨重的，“两日来，死伤约六百人”③。

四月十七日，华尔与英法军会攻周浦镇。这一次“联军共二千五百人，带野战炮十四尊，为斯丹夫雷（即士迪佛立）、卜罗德及华尔三人所分统。联军抵周浦时……所过稻田，七八英里，践踏殆遍。至太平军门外五百码之地，开炮轰击，守兵不能支，分三队向川沙退走，四千人中死六百人。被俘虏者三百人。……上海《日日邮船新闻》纪事云，联军劫夺财帛甚多，金银珠宝，均掳掠一空。有一兵得银一千六百元。此外诸人，平均五百元者，不计其数”④。华尔并亲手把带回来的俘虏“斩首开膛”，来满足他的残杀的兽欲。

---

① 呤唎：《太平天国外纪》卷中，80—81 页。

② 同上，81—82 页。

③《太平天国史事日志》，877—878 页。

④《太平天国外纪》卷中，107—108 页。

五月一日，华尔、白齐文与英法军、满清李恒嵩军攻嘉定城，大烧，大杀，大抢。太平军“嘉定守兵五六千人，而大半只有长枪，无枪炮等火器……联军炮弹对准城上注射，不断如雨。……嘉定守军之死于城内者约五百人，为李恒嵩杀戮者二千人。李残酷无人理，既惨戮人之肢体，又割其耳，而献馘于斯丹夫雷将军。俘囚约千人，后皆为官军屠杀，无一留者”。华尔等贼匪并于转回上海时“处处悬太平军人头作为神圣之战胜纪念品（！），一路唱凯而归”。[①] 嘉定原来是一座繁华的城市，这伙贼匪们把它烧得“烟腾火烈”。城中老百姓“有三年之粮，金银亦不少，悉为西兵守住，不容携带分毫”[②]，全被他们抢走了。

五月七日华尔等因“资财告罄，再出军掳掠，此次目的地为青浦，在上海西三十二英里”[③]。“华尔不待西兵到，连开车轮炮……大军入城，枪毙千人，生擒百余名，带回‘讯供正法’。当日杀七十余名，府后墙外，尸积如山，血流遍地”[④]。

五月二十日，华尔与英法军进攻柘林，“守兵于烟火中不让尺寸，至土城轰坏，敌蜂拥而入，始被驱逐出走。联军是役大屠戮，家家积尸，男女老幼，无幸免者。……获战利品甚多，临行时纵火焚土城，全镇被毁”[⑤]。

这些，当然还只是记录中的一小部分。虽然它都是出于外国人和旧日史家的手笔，对太平军的某些形容不一定真实，但所记“常胜军”的罪恶行为，则是可信的。

至于专载这支贼匪武装抢劫中国人民财产的材料，同样是多得很。并且这也是满清反革命当局所公开鼓励和公开用条约规定了的。据《清史稿·华尔传》说：“先是（吴）煦与华尔约，城克罄贼（中国人民）所有以予。”英人呤唎《太平天国外纪》也说：“华尔平日受满清政府之俸给，恃战事中之劫掠为生活。”仅华尔本人，以一个原来是两手空空的流氓，干了三年多的盗匪勾当以后，就积产达六万英镑，合十八万两银子，而吴煦、杨坊还另外欠他的军饷和攻占城池的赏银十四万两，后来也由清政府偿清了。有人计算，单

---

① 《太平天国外纪》卷中，108—110 页。

② 姚济：《小沧桑记》。

③ 《太平天国外纪》卷中，110 页。

④ 《小沧桑记》。

⑤ 同上。

是这十四万两银子，按照购买力，在一九四七年要合到一百万美元之多。总之，无论在战时或平时，这一伙贼匪们所到之处，常常是对中国人民大肆烧杀淫掠，闹得“男啼女哭”，“人迹稀少”。这是举不胜举的事。

正由于华尔及其匪帮对太平天国革命及中国人民的危害十分严重，才使得清政府江苏巡抚、汉奸刽子手曾国藩的徒弟李鸿章不得不“以全神笼络”[①]，用来作为他从事反革命事业的靠山。甚至一八六二年七八月间，英国和法国都没有打算深入内地协同清军作战，而华尔却坚决要求参加对太平天国首都南京的攻略，一面发展其政治势力，同时，借此从中国人民身上掳得一批财物。李鸿章曾为此写信给曾国藩说：“华尔今日见过，谆求鸿章札调协剿金陵，谓三日到，三日扎炮台，三日攻打，定可克城，克后，城中财物与官兵均分。”[②] 仅因曾国藩为独占南京财富而坚决反对没有实行。

与此同时，美国国务院和它的驻中国代表，也一直在公开作反对太平天国，帮助与指挥华尔加强镇压中国革命的活动。一八六一年美国驻华公使蒲安臣（Anson Burlingame）继麦莲之后，再一次主张：美国“对于清廷不但应以合法的政府视之，且因人道关系，对于清廷之压平内乱，也应给以道义上的扶助”[③]。当这个主张为美国国务卿西华德（W.H.Seward）所批准后，蒲安臣又在致上海美国领事的训令中，说明当时清政府很有维持秩序和各国条约权利的倾向，美国应赞成中国自行组织军队而雇用外人训练华兵关于平时与战时的技术；不过这些教官最好是向其他订约小国聘请。这表明美国政府认为：镇压太平天国运动，以“平时”与“战时”的技术帮助清政府屠杀中国人民，是符合于他们的“人道关系”的。而华尔、白齐文等的血腥行为，则正是他们的所谓“聘请”外国“教官”的实质。

一八六一年十一月，宁波美国领事卜维廉（William Breck）曾与英法领事一致行动，作阻挠太平军攻势的努力。一八六二年一月，太平军已经占领了宁波，蒲安臣又与英国水师提督贺布到宁波前线视察，并会同当地的英美领事和英法海军的舰长，在美国领事馆举行军事会议。四个月后，由这些外国侵略者重新攻占了宁波。

---

① 李鸿章：《李文忠公全书》，《朋僚函稿》卷一，54页。

② 同上，46页。

③ 德涅特：《美国人在东亚》，373—377页。

同年九月，华尔在宁波附近的慈溪战役中被太平军所击毙，使外国侵略者得到了中国人民正义的、应有的惩罚。蒲安臣特别把华尔的死讯报告美总统林肯，除了表示非常哀悼，又对“常胜军”作了新的部署。蒲安臣在这个报告中以侵略者的无耻污蔑中国人民的口吻说：

> 他（华尔）让中国人认识自己的力量，并且为中国政府可能用来剿灭叛乱的唯一武力，奠定了基础。华尔去世之后，我怕他的那支武装会告解体，而且妨碍了秩序，就赶紧把我的愿望通知中国政府，就是希望选择一个美国人，来接替华尔的职务。（按：请注意，蒲安臣这家伙是公开主张过“教官最好是向其他订约小国聘请”的！）我很幸运，克服了强有力的反对，使得中国政府终于任命了白齐文上校。英国公使布鲁斯，据我所知，并不反对我的意见，而海军大将贺布也赞成白齐文这个人选。其他的人则并不赞成。我觉得由美国人统率受过外国人训练的中国陆军，就像英国人通过阿斯本，统率同样性质的海军一样，并不为过分（！）。不要以为我在这件事或别的事件中，曾经为了推进美国的利益（按：侵略者不打自招了！）而引起显著的不和。相反，由于我宣布了这样一个公开而友谊的政策，并且依据西方国家利益一致这种声明为进行的方针，其他跟中国有条约关系国家的代表们，都在同一精神下支持我。我们现在共同合作，加强我们西方“文明”（按：应读作侵略！）的势力。①

蒲安臣在这里明白表示“美国的利益”是屠杀中国人民，消灭人民革命运动，把持中国陆军；同时却又把这种侵略政策，叫做对中国的“友谊”。这是美国侵略者所特有的逻辑。

白齐文虽然暂时取得了“常胜军”的管带地位，但并不是像蒲安臣所说的那样，真正取得了英国的“赞成”，而是使侵略者相互间的矛盾加深了。不久以后，上海的英领事指示杨坊故意不发军饷（本来杨贼因为他的洋女婿华尔死后他自己在“常胜军”的势力降低了，已经很不高兴），士兵哗变，白齐文打

---

①《华尔白齐文传》（Hallett Abend: The God from the West）。

伤了杨坊，抢走四万两饷银，闹得一团糟。美国政府又乘机由蒲安臣与奕䜣（清恭亲王）商议，企图将“常胜军”改为中央军，作为清政府将来“新军”的基础。[①]这个计划也因遭到英国争夺领导权与李鸿章争夺兵权的坚决反对而流产。白齐文也以“滋事斥革”[②]。“常胜军”——这个侵略中国的工具落到了英国人戈登手里。但为了对它保持一定的控制关系，美国始终经由它在上海的洋行供给“常胜军”经费。后来清政府对这一笔债款要求“减让”，美国则坚持“全还”，拖了将近二十年，由清政府还给美国本利银三万七千六百六十余两才算解决。[③]

太平天国革命运动的失败，虽然主要是由于它的内在的原因，但是，美国和英法等外国侵略者通过“常胜军”所具体执行的联合镇压行为，却是促使这个革命运动失败的最重要的原因之一。英国人呤唎当时就公开指出过这一事实。他说，“华尔为外国军官训练华兵之第一人，其所练成之‘常胜军’，为颠覆太平军之一利器”[④]。并且从此以后，中外反动统治者，特别是美国侵略者，牢牢地继承着这一套无耻方法，不止一次地拿来在反对中国人民的事业中加以应用，而规模则是越来越大了。

## 第四节　通过日本进攻中国边地和藩属

一八六一——一八六五年的美国南北战争，北部取得胜利，奴隶制度被废除，资本主义猛烈向前发展，需要国外市场更加迫切。日本亦于一八六八年（同治七年）经过改良主义的“明治维新”走上资本主义道路。从此美国更采取了通过日本向中国侵略的政策。因为日本此时既能容纳美国资本，且愿在向中国发展时借重美国政治势力，美国正好迎合日本要求，利用日本作前锋，为美国资本与政治势力的侵入中国开辟道路，然后在“最惠国”待遇的基础上与日本共享侵略中国的利益。早在一八五三年，美国海军统领皮雷（Matthew C.Perry）巡行到日本，便发现了“日本对于美国在中国的政策有重

---

① 德涅特：《美国人在东亚》，373—378 页。

② 萧一山：《戈登文书》，《李鸿章饬戈登札》。

③《李文忠公全书》，《奏稿》卷四六，3 页。

④《太平天国外纪》卷下，11 页。

要的影响”[1]。一八六三年，美国炮击马关，取得日本的妥协。一八六六年美国开始提议与日本联合冲破朝鲜门户，在此前后，美国又由驻日公使哈利斯（Townsend Harris）等人帮助日本开辟商务和策划维新运动。[2]自此以后，美国便又通过日本向中国进行一连串的侵略，首先是进攻台湾。

## 一　台湾

当一八五四年皮雷在远东游历，“访问”了台湾以后，即认为美国有在东方保持一个海军根据地的必要，向政府建议以占领小笠原群岛、琉球群岛及台湾为第一步。[3]皮雷的建议是美国激进侵略主义者扩张远东基地网计划的一部分。紧接着，美国驻华外交代表巴驾（Peter Parker）又阴谋夺取台湾。这时有美商奈亥尔（Gideon Nyejr）、罗宾纳（Robinet）两人在台湾经商，取得当地樟脑贸易专利权，并且在高雄港口竖起美国国旗，想变台湾为美国的殖民地；又暗中告知巴驾，如果能得到美国政府的保护，他们打算在台湾成立“独立政府”。这两个美国商人的狂妄计划，竟然得到巴驾的同意，并且表现得比他们更加热心。一八五六年十二月十二日，巴驾向美国务卿麦西建议：如果前往与清政府换约的英、美、法三国代表到了白河，中国还不让他们进入北京，则法国可以占朝鲜，英国占领舟山，美国占领台湾。一八五七年二月十二日，他又向国务卿报告说：“台湾问题，对于我国富有经略兴趣的同胞，现在显得更重要了。……我很希望美国政府，为了人道、文明、海运、商业税收等等原因，这次不再避免行动。”[4]驻在香港的美国舰队司令亚门司龙（Commodore Armstrong）也完全同意巴驾的这个罪恶计划，只可惜现有的海军力量还很薄弱，不能马上采取行动。在同一个时间内，英国也正在图谋台湾，巴驾得知这个消息以后，立即向英国的香港总督兼驻华全权代表包令提出抗议说：“我现在代表美国政府，明白地严重地抗议一种政策，就是由英国占据或控制台湾，或它的任何一部分。”并且进一步说明：“万一要使台湾在政治上脱离中国，美国也该有优先权，理由很明显：第一，美国公民已与台湾当局订有条

① 莱丹：《美国外交政策史》，337—338 页。

② 科士达：《美国在东方的外交》（J. W. Foster: American Diplomacy in the Orient），第 6 章。

③ 德涅特：《美国人在东亚》，272 页。

④ 同上，286 页。

约；第二，美国公民曾得到中国人民允许，实际定居于台湾，那里飘扬着美国国旗已经一年多了。”[①]但是这个阴谋活动，与美国当时在中国的实力是极其不相称的。加以还受到英国的阻碍，美国政府不敢声张，把巴驾从中国撤回。美国这次对台湾的阴谋，算是落空了。

一八六七年美船“罗佛号”（Rover）在台湾洋面触礁，有船上水手七人被台湾本地人杀害，这件事是可以经过交涉合理解决的，美政府却由海军少将倍尔组织“讨伐军”，同年六月十三日，美军一百八十一人在台湾南部登陆，攻杀台民若干人，发挥侵略者的兽性。

至一八七四年（同治十三年）美国又和日本合作向台湾进攻。在两年以前，一八七二年十一月前美国驻厦门领事李仙得（C.W.Le Gendre）（一名李让礼）到了日本。他经过美国驻日本公使德龙（C.E.Delong）的介绍，与日本当局相识[②]以后，即以一八七一年台民杀害琉球难民，琉球曾有人到日本诉冤，因之须对台湾加以“惩罚”为理由，怂恿日本进攻台湾。

李仙得不但在充任驻厦门领事期间曾至台湾活动，对当地情形相当熟悉；而且还在一八六七年美国进攻台湾的“讨伐军”中担任过“重要的角色”，并被认为有丰富的军事经验。所以他是美国方面出面到日本活动来共同侵略台湾最适当的人物。本来“出征”台湾，是日本所愿意做的事，但这时它还是个贫弱小国，不敢轻举，现在能得美国人的帮助，自无不同意之理。于是李仙得与日本当局协议，李“向日本保证，只需小规模的远征军，就很容易在台湾登陆。如基地一经建立以后，要把他们重新逐出，便十分困难了”。日本方面，则“聘请李仙得为计划中的来华外交参议，同意如日本与台湾作战，聘李为日军的将军”。并且“如果日本永久占领台湾，以李为该岛总督”。[③]一八七四年四月，美日双方已准备成熟，开始军事行动。日本由大隈和西乡领兵，美国则派出一批军事人员在日本的巡洋舰“纳兴号”（Nashin）、运输舰“夏夫脱保号”（Shaftbury）、炮舰“华兴号”（Woushin）及其他六艘军舰上担任指挥职务[④]，其中有美国在职的海军副司令官日格赛尔（Cassel）、陆军上尉华生（Wasson）等人。另外还有美国船只。李仙得本人，则在军事行动

① 德涅特：《美国人在东亚》，288—289页。

② 同上，440页。

③ 同上。

④《一八七四年美国外交文件》，311—312页。

开始以后，离开日本到中国沿海一带作其他活动。

很明显，美国这样众多的军事人员，与日本军队一起，从事大规模的军事侵略中国的行动，没有美国政府的支持，或不得美国政府允许是绝对不可能的。在李仙得与日本当局成立上述协议后，美驻日公使德龙当即表示，对此“十分满意”。他毫不掩饰美日这项合作的目的说：“这种安排可能使日本进一步地与中国分离，避免日本发生内战；并使台湾，以及可能也使朝鲜置于对西方列强表示同情的国家的国旗之下。”[①]后来摩尔斯在他的《中国国际关系史》上讲到这一层的时候也写着：“起初，美国政府并不限制美国人替日本服役，但后来禁止美国船只作为运送日军之用，至于禁止美国军官帮助日本一事，则更显得犹豫不决。”[②]这也就是说：李仙得这一伙美国侵略分子的行动，正是由美国政府帮助日本侵略中国的政策和态度所决定的。没有美国与日本合作的政策，当然也没有李仙得之流的冒险。

美国和日本的军事行动一开始，中国方面就得到了从上海来的探信，说是：“日本派柄川宫总督其事，李仙得参议。……外国新报一万五千人，究竟兵数，不知实在。花旗公司船名‘牛也克’（New York）装三千人，云为日本雇装兵丁前往……”[③]又说：“美人李仙得……现充东洋大官，赫总税务司谓为日本主谋。”[④]这种情形，使得清政府也很快地懂得了日本的行动是为美国所驱使。日美已成一党，清政府想用外交手段加以牵制。一八七四年五月李鸿章给“总理衙门”的条陈里有：“现日本带船带兵头目多用美国武官，宜先解散其党，否则中国兵船内亦可暂用英法人以相抵制。”[⑤]又同年九月给“总理衙门”的信上说：“冯道面称，英美实暗助日本，冀他日得地分肥，惟德国甚嫉之，而不与其党。若就斯议，似宜引德以阴持各国……”[⑥]李鸿章是清政府负有办理外交实际责任的人，对敌情总有相当的了解。他准备先拆散美日的合作，或用德国来抵制美国，足见李仙得等人的行动，也正是美国政府的行动，无论它是用什么方式掩盖的，也推不掉它的侵略责任。

---

① 德涅特：《美国人在东亚》，440 页。

② 摩尔斯：《中国国际关系史》卷二，273 页。

③《李文忠公全书》，《译署函稿》卷二，25 页。

④ 同上，20 页。

⑤ 同上，28 页。

⑥ 同上，46 页。

军事吃紧时，清政府令福建布政使潘霨往台湾帮办防务，潘霨过上海会见日本驻华代表柳原前光，经再三说服，柳原承认日本出兵是被美国利用，表示后悔。福州将军文煜等奏“日军扰台之情形”时说：“该酋始则一味推诿，继忽自陈追悔为西人所卖，商允退兵，有手书可据。……”[①] 这使得清政府单从日本方面交涉来遏制事件的发展，成为不可能，因为“该外务省既有阻止兵船赴台之说，而李仙得不肯，则至台后，未必尽听该国号令……”，只好要派出容闳“赴华盛顿面为理论”了。[②]

到了七八月间，日军在台湾瘟疫大作，清政府又有派福建巡抚王凯泰将兵二万援台湾的拟议，日本大为气馁，派大久保利通来中国议和。美国也早已看到情势不妙，驻在厦门的美国领事恒德森（Henderson），便不等待国务院的训令，于八月六日私自将李仙得拘捕起来，送到了上海。虽然这只是一种应付中国的手段，但美国国务院并不同意，把恒德森和上海总领事西华（George F.Seward）斥责了一顿，于同月十六日又由西华将李仙得释放了，并使他秘密随日本议和专使大久保来到北京。这又使清政府大吃一惊，觉得美国政府“号令无常，形迹可怪”，生怕因此“另增一起风波”。其实这只是美国计划失败后准备收场的一点余波。李仙得在北京也并没有玩出什么花样，接着，美国驻天津副领事毕得格（W.N.Pethick）与驻中国公使艾忻敏（Benjamin P.Avery）更相继出面从事所谓“调停”。

但这时美国对中国仍不肯轻易放过。一八七四年九月十三日（清七月二十四日），毕得格一面向清政府表示，台湾的事“我可从中转圜”，一面又假借日本的意思来威胁清政府，说日本方面“虽未明言如何办法，但揣其意，不给兵费必不退兵，且将决裂扰乱中国各口。大久保即萨摩岛首领，向称能干，曾出使西洋各国，此来意颇汹汹。恐其至京后与总署议论不合，遂启衅端，于中外大局甚有关系”。因此，美国虽“未便强劝”中国给日本“贴补兵费”，而中国却不能对此“直言峻拒”。[③] 事实上也就是中国非赔偿兵费不可。李鸿章也晓得这样做是“为清议所不许”的，但他以为到底“非城下之盟可比”，并且还可对外国侵略者“以示羁縻勿绝之心”。后来又加上英使威妥玛

① 王芸生：《六十年来中国与日本》，大公报版，卷一，64 页。

② 《李文忠公全书》，《译署函稿》卷二，30 页。

③ 同上，44—45 页。

的活动，清政府本无抵抗决心，乐得有人调停，便赔款五十万两了事。美国达到了利用日本使自己进一步插足台湾，扩大市场的目的（“台事专约三款”上没有通商一条。但清政府一起始就愿意“就通商一层议结”，美国驻沪总领事西华给清政府的“条陈台事”建议中更有允许外国开矿的要求）。

关于美国这次与日本合作向台湾进攻的历史，在美国政府的外交文件和以往某些资产阶级学者的所谓“权威”著作中，一方面记载了一些事实的现象，而另一方面又用了一些闪烁的辞句，如什么“只要中国政府不反对日本去台湾，西方列强的态度，只是一种友谊的兴趣而已”[①]，或是说，李仙得、德龙原籍都是法国人，李仙得等人参加日军是“个人”的行动等等，企图以此来掩盖历史真相，掩盖美国侵略政策的本质。有少数人受了这种欺骗。

## 二　琉球

琉球从十四世纪以后（明洪武以后），一直是中国的属邦。至十九世纪五十年代，便成为美国在远东的侵略对象之一了。

一八五二年，皮雷来远东的时候，率有四艘战舰，五百六十名海军。一八五三年五月经广州到了琉球，决定以琉球群岛作为他的舰队集合的地方，并在琉球中部那霸取得一个装煤站。[②]当时琉球曾把这件事报告中国闽浙总督王懿德，王懿德报告满清政府，满清政府叫两广总督叶名琛转告美国公使马沙利，要美国将兵船撤回去。[③]这是美国垂涎琉球的开始。

一八五四年皮雷正式向美国政府建议：由美国占据小笠原群岛、琉球群岛及台湾，作为美国在远东的海军根据地。显然这个建议，同样不是这时美国的实力和国际形势所能允许实现的。它的真实意义，是在于充分表现出了美国侵略中国藩属和边远地区的野心；并且成了后来一百年中，美国对远东侵略政策的一个组成部分。

至一八七二年，日本开始了吞并琉球的活动。一八七四年的美日合作向台湾进攻，就是以“惩罚”台民杀害琉球难民为借口的，也就是日本把琉球当作了它的保护国或“属国”。美国既然发现这时由它自己占领这个岛国已经

① 摩尔斯：《中国国际关系史》，273 页。

② 德涅特：《美国人在东亚》，266 页。

③《清史稿》，《邦交志》四。

成为不可能了，便决定帮助日本吞并琉球，作为通过日本继续向中国进攻的又一个步骤。

一八七四年，美日在台湾的军事进攻遭到挫败以后，美国和日本共同设定一个骗局，先由日本与清政府交涉，在“台事专约三款”上，写下“台湾生番曾将日本国属民等妄为加害”字样，好做日后硬指中国早已正式承认了琉球归日本所属的明证。然后美国驻天津副领事毕得格又把自己假装成有利于中国的和事佬，要清政府给日本一个关于引起台湾冲突问题的照会，在这个照会中除了“历叙此事本末缘由，不必为激烈决绝之语”而外，在末尾提到琉球问题时，据毕得格说，应该这样写“……中国现拟办法，仍如柳原（按：即日本公使柳原前光）前在上海与潘方伯（按：即潘霨）所议三条，请大久保查明日本及日本属国人民（原注：不必提琉球，免致彼此争较属国！），在番地先后被害若干人，是何姓名，以便中国查拏凶首问抵，并酌议抚恤，嗣后当设法保护，不准番人再有扰害行旅情事等云云”[①]。清政府要是这样做，就等于中国再一次正式地和公开地申明琉球确实是日本的保护国，甚至是日本的领土。即使将来要翻悔前议，也是铁案如山，抵赖不得了。而毕得格却进一步断定，清政府还非这么办不可，要是不然，“猝与决裂交兵，各国只能坐视，各保商民而已”[②]。那时，“勿谓美国言之不预也”。这个骗局，为日本最后吞并琉球制造了极为有力的根据。这是美国帮助日本侵占琉球的开始，也是美国侵略者在中国人民面前暴露其伪装“调停”面目的开始。虽然它曾经宣布，美国的“调停”行为，是“非有丝毫偏袒”的。

五年以后，一八七九年（光绪五年），日本实行改琉球为冲绳县。清政府知道它自己已经将把柄授给了日本，不敢积极过问。表面上说是不要“务虚名而勤远略”。但是琉球人民一心向往中国，琉球国王几次派人秘密到中国求救，情词异常悽惨迫切。清政府这才认为性质严重，不得不争。这时恰好有美国前任总统格兰忒（U.S.Grant）来中国游历，并将转赴日本。清政府的直隶总督李鸿章并没有接受一点教训，打算请格兰忒再来“调处”一番。李本人明知“日人实奉美国为护符”，但偏偏以为格兰忒是“众望所归”[③]的公正

---

①《李文忠公全书》,《译署函稿》卷二，44 页。

② 同上，45 页。

③《李文忠公全书》,《译署函稿》卷八，36 页。

人物，幻想由其调处得到效果。其昏庸媚外，至于此极！

清政府的请求一提出，格兰忒就“既然以调处自任”。因为这是美国帮助日本最后吞并琉球的大好机会，他是不肯轻易放过的。他最初提出的办法，是把琉球分为三部，北部归日本，南部归中国，中部归琉球王复国，后来干脆说，“日人自谓琉球事系其应办，并非无理”，劝中国“宽让”。同时，还由其随从副将杨越翰（J.R.Young）从日本对清政府来信加以威吓说，“在日本人眼中每视中国弱，自家强，所为无不遂者。……据日本人以为不但琉球可并，即台湾及各属地动兵侵占，中国亦不过以笔墨口舌支吾而已”①。杨越翰的信中假惺惺地以为中国只有“自强”，才能免被外人欺侮。他还更进一步要求清政府撤换驻日公使，向李鸿章推荐美国驻日公使平安（J.A.Bingham），说他是最可靠的好人。因清廷驻日公使何如璋在交涉琉球问题中，对日态度强硬，且与英驻日公使巴夏礼接近，美国深恐英使泄露日美勾结的秘密。李鸿章后来倒也看破了美国人的阴私，在与“总理衙门”密论何如璋问题时，说美国“此事用意深远”②。但是对于琉球问题，在美国和日本的反对下，清政府已经不敢继续争执，几次照会来往之后，琉球改作日本属县的事实，一点也没有变动。琉球群岛——这个五百年来中国的忠实藩邦，就这样在美国侵略者的压力下为清政府含糊送掉了，美国帮助日本吞并琉球的侵略政策，也就得到了最后的成功。琉球事件这个割地赔款的恶例一开，更加助长了美国和其他外国侵略中国的野心。

后来一八九八年美西战争后，美国更开始了领土掠夺狂潮。此时琉球虽早已为日本捷足先登，美国侵略者却对它还念念不忘。例如到了一九〇三年美国人科士达（J.W.Foster）在他的《美国在东方的外交》一书上写到琉球，特别加上一句“我们要记着，这地方是一八五四年皮雷司令曾经建议应由美国占有的”③，便是充分反映了上述情绪。

### 三 朝鲜

与进攻台湾琉球几乎是同时，美国又从事侵略朝鲜的活动。一八六六年就

①《李文忠公全书》，《译署函稿》卷九，14 页。

② 同上，44 页。

③ 科士达：《美国在东方的外交》，351 页。

有美国人普来屯（Preston）等二十人乘“舍门将军号”（General Sherman）美船到朝鲜。船上除装载货物外，还有强大的武装设备。七月间美船开到了平壤府境内，请求通商和供给粮食。朝鲜当局拒绝通商，供给了米肉等等，“随请随给，曲副其意”。但船上的美国人并不满意，以为朝鲜人民可欺，蛮横地开船沿江上驶，并把侦察美船行动的朝鲜武弁李玄益劫在船上拘禁起来，后经朝鲜水军救出。美船又开至黄江亭前，向岸上乱放“大碗口”和鸟枪，打死打伤朝鲜百姓十余人，更炮轰江中往来的朝鲜商船，杀伤商贩，抢劫所载粮米，声称要米一千石，金银人参若干，才肯退去。朝鲜人民忍无可忍，奋起攻击，结果把这一伙海盗全部歼灭了。朝鲜人民所得的胜利品有“大碗口”二座，“小碗口”二座，炮弹若干发，大小铁连环索一百六十余把，各种铁五千余斤。这是朝鲜人民在美国侵略者面前初显身手，取得最初的胜利。

和中国人民的命运相联系的朝鲜人民，这时也一样是多灾多难的。与美国人的冲突刚刚结束，又有法国水师提督罗兹率领军舰七艘，进攻朝鲜。在同年九月至十一月，经过几次战斗后，法国虽被迫从朝鲜撤退，但侵略者并未死心。第二年——一八六七年，法国计划再一次进犯朝鲜，英国也准备派海军参加。于是美国便以“舍门将军号”事件为借口，企图追随法英，正式在朝鲜分一杯羹。这一年三月间，美国务卿西华德接到驻北京公使蒲安臣关于参加法英侵略军的建议以后，马上向驻华盛顿的法国公使提议，美国愿意参加共同出兵；并催促法国应从速办理，提醒它，“如果想利用适宜于军事行动的季节，就事不宜迟”。比较起来，倒是法国还聪明一点。它仔细考虑了罗兹所受的惩创和其他方面的形势以后，又改变了主意，不愿和美国合作去大举攻打朝鲜。美国对朝鲜的希望这一次没有实现。

一八六八年，美国人全根斯（F.B.Jenkins）与德国商人伍勃脱和法国教士弗浪又曾经密谋，去平壤发掘朝鲜国王陵墓，盗取殉葬的金银财宝。他们还计划如果得到的财货不多，就运回朝鲜国王的尸骨，向朝鲜政府讹取赎金，并作为要挟朝鲜的手段，来订立对美国有利的通商条约。这种盗匪阴谋，当然也是不会成功的。

一八七一年，美国政府乘日本取得派员驻扎朝鲜权利的机会，派它驻在中国的公使镂斐迪（F.F.Low）和东方舰队司令罗爵斯（J.Rogers）仍以“查问该国夹板船前在高丽被害”为口实，率军舰五艘至朝鲜。其目的是强迫朝鲜与美国订立通商条约，但一开始就是采取以军事进攻为进行手段的。同年一月清政府就得到消息："有美国欲与高丽打仗之谣，约于洋五月间举行，其兵船会于日本之横滨。"①

五月间，美国舰队一经到达江华岛，便一面投递照会，一面四出探测朝鲜的水道和海港，准备沿汉江偷袭汉城。驻守汉江的朝鲜军队，在美舰横蛮地要穿过孙乭项——这个朝鲜的海港要塞，"紧要关防之地"的时候，便被迫向美舰发炮阻止。美国侵略者完全不承认这是朝鲜正当的自卫行动，而说成是"严重地损害了美国政府的威望"②，马上发动对朝鲜的军事进攻。朝鲜人民当然坚决起来抵抗。

朝鲜是中国的藩属，也是中国的屏障。对于美国的侵略朝鲜，清政府是应该有效地加以阻止的。因为它本身腐败无能，也就不敢过问，而采取了置之不理的态度。

这时的朝鲜，落后情形与中国内地相同。士兵还身穿铁甲和头戴竹盔，使用戈矛箭戟一类武器作战。美国侵略者所到之处"焚烧劫掠，锥刀无遗"，造成了朝鲜民族严重的灾难。朝鲜人民慷慨奋发，群起参加义勇军，赴前线杀敌。在优势的敌人炮火下，他们丝毫也不畏缩，第一次表现了朝鲜这个民族抵抗美国强盗的英勇行为。为了表示人民消灭侵略者的坚决意志，又在全国各交通路口，树立石刻，上刻誓词："洋夷侵犯，非战则和，主和卖国，戒我万年子孙。"这使它的敌人感到了极大的吃惊。在镂斐迪向美国政府的报告中说："朝鲜人以必死的决心斗争，他们的勇敢是世所罕见的，从来没有一个民族能够超过他们。"③这是侵略者尝到了苦头，才不得不照实招认的事实。在朝鲜人民坚持斗争下，美国侵略军并没有得到预期的效果，只好步法国的后尘，于七月三日，偃旗息鼓，从朝鲜败退出来。朝鲜人民取得了反抗美国侵略者的第一次重要胜利。

但是美国现在还没有放弃武装侵略朝鲜的计划。一八七三年，美国又与日本商议，打算由美国供给日本大量军火，使日本向朝鲜出兵。这时中国得到从美国寄来的密信："日本在美国定购林明敦后门枪子八千万，在纽约地方装兵船二只，云与高丽构兵，并宣言中国兵助高丽。"④清政府毫无对策，只

---

①《李文忠公全书》，《译署函稿》卷一，13页。

②摩尔斯：《中国国际关系史》卷三，6页。

③科士达：《美国在东方的外交》，315页。

④《李文忠公全书》，《译署函稿》卷一，43页。

是消极等待事情变化。恰逢日人严仓、大久保等新从外国归去，主张先修明内政，迫使美国这个通过日本侵略朝鲜的计划，也只得暂时搁置，而把它的注意力转向于进攻台湾。

一八七六年，日本和朝鲜缔结了《江华条约》，日本在朝鲜的势力日渐膨胀。至一八八〇年，美政府又以为有机可乘，但是鉴于过去对朝鲜的武力政策几次都没有收到效果，于是改变方式，使水师提督薛斐尔（即萧孚尔R.W.Shufeldt）再与日本商议，请向朝鲜介绍，准许美国通商。日本最初曾担心美国与它在朝鲜发生竞争——很快由事实证明了日本的顾虑是全无根据的——对此表示不积极。而朝鲜方面也仍然坚决反对，美国即派薛斐尔来中国活动，得李鸿章介绍，一八八二年（光绪八年）春订立《美韩条约》。开始交涉的时候，清政府要在约内载明“朝鲜为中国属邦”字样，美政府要使朝鲜脱离中国，对此坚决反对。薛斐尔所拟向清政府提出的照会说：

> 今按朝鲜原拟第一款，朝鲜系中国属邦，而内政外交向来得以自主，是在美国固可与朝鲜订约，不必认朝鲜为中国属邦……如引用中国字样，与本旨既不相涉，而复易滋疑义，殊非美国慎重邦交之意。①

清政府不从，美国以破裂谈判相威胁。李鸿章向载湉（清光绪帝）上《筹办朝美议约折》时说：美使“于第一款声明朝鲜为中国属邦，坚不允从，意甚决绝……”②。美国之所以要使朝鲜脱离中国，固然也是为了对朝鲜通商方便，但更重要的还是为了便于直接参与朝鲜事务，削弱中国的势力，杜绝朝鲜政府当时存在的一种亲华、反日、拒美倾向。所以《美韩条约》的成立，主要的不在于标志着美国取得了通商权利，开始了对朝鲜的经济侵略，而是在于标志着美国已由对朝鲜的军事进攻，发展到开始干涉朝鲜的内政。

一八八四年，法国进攻越南，挑起中法战争，美国便同日本一起，乘机正式从朝鲜内部策动亲日（美）派，挟制韩王脱离中国，实行自主。当时清政府驻朝鲜帮办袁世凯看见形势不利，曾向政府上一个密禀，告以“竹添进一

---

①《李文忠公全书》,《奏稿》卷四三，34 页。

② 同上。

郎（日驻朝公使）带兵换防，八九日必到；薛斐尔（美代表）已在东洋，闻将偕至……”[①]。清政府事实上已无能为力。竹添等兵到之后，亲日（美）派首领金玉均、朴泳孝等即布置发难，以“鸿门宴”方式屠杀大臣多人，劫持韩王夺取政权。袁世凯等出兵与日本冲突，结果乱党被打败了，朴泳孝等亡命，由美国予以收留。事后一年，袁世凯又电告清廷：“顷朝鲜内署来信，去冬倡乱之朴泳孝、徐光范、徐载弼三贼，先逃日本，旋往美国。”[②]但满清卖国政府当局，这时对美国侵略者的狰狞面目，还一点也不认识。他们荒谬地还以为美国侵略者是“性气和平”，朝鲜亲美是对的。一八八五年（光绪十一年）李鸿章与伊藤博文订立《天津条约》后给朝鲜政府一信，替它策划今后，有云：“闻贵国已托人在美延订教习，美国人向无占据土地兵权之意，性气和平，雇价亦廉，最为相宜。”[③]可谓至死不悟！

同年七月间，美国又通过日本外务大臣井上馨向清政府提出建议，“应择美国之有才者一人，令朝鲜政府委用以代穆麟德（穆是清政府派驻朝鲜的外交官员之一，德国人，亲俄分子）”[④]。所选定的是前美国驻天津领事德尼（O.W.Denny），他受着中国政府的委任，而替美国和日本政府服务，他在赴汉城之先，绕道东京，会见井上及其同僚青木，表示愿为日本在朝鲜实行“对日政府最有利的政策”而效劳。[⑤]到任之后就唆使朝鲜“结洋独立”。至一八八七年，这种活动已经成熟，使朝鲜私自派出驻美全权公使，清政府阻挡无效。在此以后，一向与朝鲜卖国集团“开化党”相勾结的美国前驻朝鲜公使福久（Lucius H.Foote）更留在朝鲜从事破坏活动。煽惑造谣，势力极为嚣张。[⑥]

到一八九〇年，美国通过日本夺取朝鲜内政，便达到了一个从来未有的高潮。这时由于美国与日本步步进逼，使朝鲜对中国的离心力日益增强。大批美国人先后由日本密荐，掌握了朝鲜的内政、外交、军事等大权。美国又以贷款作钓饵，取得了朝鲜的开矿与海关的特别利益。一八九〇年（光绪十六

① 《六十年来中国与日本》卷一，216 页。

② 《李文忠公全书》，《电稿》卷六，30 页。

③ 《六十年来中国与日本》卷一，263 页。

④ 《李文忠公全书》，《译署函稿》卷一七，30 页。

⑤ 苏联科学院通报《历史与哲学丛刊》7 卷 3 号所引 1890 年俄驻日公使雪维奇报告书。

⑥ 《李文忠公全书》，《电稿》卷八，21 页。

年）三月至第二年一月，清政府驻朝鲜代办袁世凯的告急电报如雪片飞来。重要的有：

三月六日（清二月十六日）："美前总兵薛斐尔曾谤华，韩前延用李仙得曾导日兵攻台湾，韩又欲延用……"

三月十日（清二月二十日）："韩赏李仙得二品衔，充内署协办。"

三月十二日（清二月二十二日）："禧在明（W.C.Hillier）来谈，李仙得曾领日兵攻台，而韩昨授以官，必由日廷密荐。闻将贷款二百万，以海关作抵押，并拟派李充总税司。"

六月十一日（清四月二十四日）："王近派小人闵周镐等梭往美馆，语议极密。……至美兵船调兵五十来汉城，前已电禀，近仍在美馆逐日操练，王派员供给甚备，意固在随时调卫。"

六月十四日（清四月二十七日）："顷韩近臣密告，德尼叠嘱幸臣韩圭契求王留用，并云：……如留德，可制华。……韩近臣又云：韩王叠拟调美兵在附宫门外之韩营内，诸老成力谏，乃止。……韩廷臣颇讥王而憾美人。"

七月一日（清五月十五日）："李仙得……今谓美银行许贷款百万元，须韩准租开煤矿。"

九月一日（清七月十七日）："有美巨富名葛累好士，曾充美驻横滨总领事，昨由日来韩，闻系李仙得所招。韩廷拟派充外署协办，兼办矿务。或以葛开矿起家，颇谙练。"

一八九一年一月四日（清十一月二十四日）："韩王派美国人葛累好士为内务协办，兼承办外国法律事，韩译其名为具礼云。"①

美国这样大规模对朝鲜侵略，产生两种新的形势。一是美国准备在日本之先，与中国进入正面军事冲突，这可算美国应有的一种打算。一八九一年秋间，中国接到伦敦来信："美国特派水师一军前往中国，以防闹事之用。"②后因缺少有利机会，没有发动。另一是在外国侵略者和朝鲜统治阶级合力压榨之下，激起朝鲜人民又一次反美日侵略的革命运动——"东学党"运动。"东学党"在一八九三年，一开始就揭出了"讨倭（日）斥夷（美）"的鲜明旗帜（后来纲领中也有"逐灭夷倭，澄清圣道"），以回答美日侵略者。清驻

①《李文忠公全书》，《电稿》卷一二，12—47页。

②同上，卷一三，12页。

韩商务总办袁世凯报告政府："……'邪匪'数万，终必生事，断非谕说所能解。汉京士民多怨政府，思乱者十居八九……该'匪'旗号有'讨倭斥夷'等字。"[①] 清政府的政策，不是援助这个革命运动，使朝鲜人民从美日压迫下解放出来，而是照例地诬人民为"匪"（这是反动统治者对革命人民千篇一律的称呼），进行反革命镇压。结果，因清廷与美日的矛盾，引起了由美国支持、日本出面的中日战争。

但是，在这一个长时期中，美国并不单纯是通过别国进攻中国边地和藩属，而是对于中国内地也同时在进行着各种程度不同的侵略活动。例如一八七六年美国参加所谓"马嘉理案"的调处，通过英国取得宜昌、芜湖等口岸通商权利。一八八八年美国教士富利惇违反条约在广西桂平私设医馆（当地不是中美条约中所规定的通商口岸），被当地群众捣毁后美国领事又"捏称兵勇抢物，索赔五千余元"。特别是一八九〇年，美国乘清政府改行所谓"新政"，创办海军的机会，制定了一个庞大的侵入中国内部的计划。由天津的美国商人与李鸿章幕客马相伯接洽，规定中美借款二千五百万两，先开设银行，作经济"总枢"，各项"新政"经费皆由此行出纳。总行设天津、上海；各省设分行。查账权由中美双方分享。[②] 议成后，美政府约请马相伯到美国作最后决定，又增加了二千五百万两的款额，共五千万两，作为正式借款，另外还有三万万两的存款，预备随时支出。如果这个借款成功，美国便可取得清政府全部"新政"支配权，包括海军支配权在内，对于此后与日本合力向中国进攻，那就更为便利了。后来虽因遭到了清政府的强烈反对，"朝议大哗，舆论沸腾"，这个计划最后没有"照准"，但美国早期大举侵入中国内部的野心却暴露无遗。

## 第五节　帮助日本在甲午战争中打败中国

一八九四年（光绪二十年）六月，清政府照会日本："应朝鲜之请派援兵戡定内乱。"[③] 日本则以"帝国政府从未承认朝鲜为中国之属邦"为理由照

① 《李文忠公全书》，《电稿》卷一四，32 页。

② 马相伯：《一日一谈》，新城书局版，65—66 页。

③ 《六十年来中国与日本》卷二，21 页。

会清政府，并且出兵，造成了日本与中国开始进入正面军事冲突的紧张局势。当时美国很担心日本没有胜利把握，美驻中国公使田贝（Charles Denby）给本国的报告说："日本全国有兵不过十二万，而又参差不齐，中国李鸿章一人即有精兵五万。"[①] 言外之意，恐日本难于获胜。美总统克利夫兰（Grover Cleveland）则于这时在其致国会的牒文中呼吁进一步促进美日间的亲密关系。美政府曾于七月九日令其驻东京公使谭安（Edwin Dun）对日政府作一劝告，在没有十分把握时不要轻举，其措词异常冠冕堂皇：

美国政府对日本及朝鲜两国笃抱友谊，故希望日本尊重朝鲜之独立并主权，若日本兴无名之师，使微弱不能防御之邻国化为兵火修罗场，则合众国大总统当为惋惜。[②]

日本对这个劝告没有同意。

清政府本来没有对日本开战的决心，七月十日还请美国出面调停，由驻美公使杨儒告美外部"会各国使力劝共保和局，否则势将决裂"，美国的答复却是："当电其驻倭使力劝共保和局，但美不愿会同英俄各国，恐各国别怀意见，于事无益。"[③] 八月一日中日两国同时宣战，美国政府遂搬出它惯用的伪装面孔，宣布所谓"中立"，但实际上已把全部希望寄托在日本的胜利上。战争才开始，日本还没有着手改革朝鲜内政的时候，美驻朝鲜公使向美政府报告中着重申述日本对朝鲜的"好意"及"一举而消灭中国之宗主权"[④] 对美国的作用。几乎所有美国的报纸也一致为日本撑腰，虚伪地描写日本是为朝鲜"解放"而战。后来日人洼田文三的《支那外交通史》上也说：当时"美人认为日本人的成功，不啻美国人弟子的成功"。美国对中日战争的真实态度，由此可见。

同年九月十六、十七日（清光绪二十年八月十七、十八日），清军于平壤、黄海大败亏输。北京"总理衙门"即一面与北京各国公使接洽，一面电中国驻各国公使分访各国政府，请出为调停。美国却以为这时日本还没有取得"全局

---

①《外交月报》第2卷第3期。

② 陆奥宗光：《蹇蹇录》，岩波文库版，98—99页。

③ 姚锡光：《东方兵事纪略》卷四，21—22页。

④《外交月报》第2卷第3期。

胜利”，调停只是于中国有利，对日本方面则尚非其时，因而再一次对清政府的请求加以拒绝。清政府遑迫无计，向英国求救。英国愿与美、法、德、俄等国共同调处，十月六日英国驻美大使高川送达美国务院一件照会，希望在朝鲜独立及中国赔偿日本战费的条件下，与美国共同调处中日战争。美国对于这样的议和条件，当然替日本不满，而且美国本身在这个战争中所处特别地位，也不愿在调停时与英法等国为伍。同月十二日美国务卿格莱锡（Q. W. Gresham）答复英使："甚愿中日两国于有利双方（？）无损高丽条件下，公平讲和，但不能如所请各国共同调停也。"[①]并谓"预期中的干涉，要受外交行为的限制"。同月十六日清政府继续接到伦敦的电报："美德两国，均不拟管日韩战争一节，现在调停释战者无人云。"十月底，杨儒又数度请求美国的调停，依然遭到拒绝后，向"总理衙门"报告说："外务（美国务卿）云……此时言和，恐为人藐视，欧洲各国，伺隙者多，均有利中韩土地之心。中国须获一大胜，议和方得体。"[②]美国这种假情假意，使杨儒在报告中错误地觉得美政府对中国"意甚关切"。其实这完全是美国一片袒护日本，戏弄中国的鬼话！因为直到这时，代表美国官方的"舆论"，还在大肆称赞日本对中国的侵略为"义战（意即日本对中国的侵略是正义的）"，认为别国不应干涉日本的行动，必须使日本"心满意足"，更不应该忘记把美国置身于列强瓜分中国的所谓"坛坫会盟之列"。在《中东战纪本末》上载有一则此时从华盛顿发往伦敦的电报，上面是这么写的：

> 欧洲各国欲合力阻日，不任分外摧华，冀免华内乱，驯至害及旅人也。然我美官民殊不谓然，美国舆论，皆赞扬日本，谓为义战（？），方将借战祸而得实益，乃欲阻之使不成，可乎？倘在日本心满意足，而后言归于好，则不但有益中国（？），且兼有益于天下也。开矿、筑路、养民诸政，皆缘此战而可期次第举行。或谓中日当释怨联交之日，英德法俄诸大国，皆宜与于坛坫会盟之列，顾何独忘我美乎？美于中日之商务，岂出欧洲下乎？[③]

---

① 《外交月报》第2卷第3期。

② 王彦威：《清季外交史料》卷九九，3页。

③ 林乐知、蔡尔康：《中东战纪本末》卷四，21—22页。

所谓“借战祸而得实益”，原来早已是美国侵略者的秘诀了。但是它在外表上偏要装出“爱好和平”与“同情”中国的样子，这是何等的阴险！

战争继续到十一月，中国军队节节失利，辽东、山东同时告警，清政府大为震动，不得已，由奕䜣出面，再请美国单独调停。这时日本可谓已获“全局胜利”，同时美国政府又从它的外交情报中发现有一种新的情况可能即将发生，即如果日本继续前进，必然引起国际干涉，将对日本不利——亦即对美国通过日本向中国侵略不利。在美国人舒意勒尔（M.Schuyler）所写的《格莱锡传》中有这样一段记载：

日本公使栗野告诉格莱锡夫人说，在中日战争期间，他几乎天天和格莱锡国务卿见面，并且从国务卿那里得到外交界中种种活动的情报。栗野说：“有一天，格莱锡国务卿对我说：‘日本应当结束战争了。如果日本连续打中国，把中国打垮，英、法、德、俄等强国，将以维持秩序为名，瓜分中国。’我立即用电报把这个情报和意见告知我国政府。你晓得后来我们怎么做的。我们几乎同样突然地把战争结束了。”①

在这个记录中，格莱锡对栗野所说的一段说，就是美国政府发现了新的情况即将到来的明证。有了这层原因，美政府便一面对清廷的请求有条件地接受，谓必须中日两国同意，换句话说，必须日本同意，因中国是请求国，自无不同意之理，这是美国乘中国之危，以自高身价并抬高日本的手法；一面于十一月六日（清十月初九日）给日本政府一个公开照会，照例是冠冕堂皇的文句：

令人痛叹的中日两国战争，毫未危及美国亚洲之政略，美国对两交战国之意向，在不偏不党，重视友谊，守中立之义。若战斗延长，无法制止日本海陆进攻时，与东方局面有利害关系之欧洲强国，或将对日本提出不利要求以促战争之终局。本国大总统从来对日本怀有深笃好意，倘对东方和平出而执劳，不损及中日两国任何一方

① 舒意勒尔：《格莱锡传》（M. Schuyler：The Life of Gresham）。

名誉之仲裁，欲问日本政府是否承诺之？[①]

日本虽明知对它最有利的“调停”人，没有比美国再好的了[②]，但顾虑到另一层，即假如日美对中国所演双簧，一旦把戏露底，同样有引起国际干涉的危险，因此美日之间，还有避免嫌疑的必要。于是公开答复美国：中国没有直接向日本请和，日本还不需友国帮助。日本外相陆奥宗光则秘密对美驻日公使谭安说：“日本政府现在若公然请美国政府为中日间之仲裁者，或不免招致其他第三国之干涉，故不能不避免此事。异日若由中国开讲和之端绪时，美国居间交换彼此之意见，则我政府当深倚赖美国政府之厚谊。”[③]

清政府很快正式经过美国驻北京公使田贝向日本讲和，美国这才以唯一的“中间人”自居，并反对任何人参与了。清政府曾一度派遣天津海关税务司德国人德璀琳赴日，作试探和议的活动。田贝“颇感不快”，特劝告“总理衙门”“速召彼还”。现在美国以为和约的成立，是愈快愈好了。一八九五年一月九日（光绪二十年十二月十四日）田贝放出空气说：“中国办事无果决之才，恐难成事。”[④]这是一面催促中国赶快讲和，另一面则是替日本担心。及议和开始，美国前任国务卿科士达接受二万五千美金的重资，以所谓“私人”资格被聘为中国议和代表的“状师”——法律顾问兼外交顾问，为李鸿章所十分倚重。而另一个美国侵略者的代表人物端迪臣（Herry W.Denison）则是日本代表团的顾问。在中国原来派出来的议和代表张荫桓等还没有到达日本时，科士达就先到东京访问了日本外务省次官林董，很受日本官场的欢迎。等到李鸿章将赴日本时，清政府中正有人倡言“借助英俄”干涉日本，科士达又马上传信警告清政府：“此为万不得已之策。”他生怕因别国干涉，损害了日本的利益，因为他的方针，是“并不希望中国有任何成功”[⑤]的。而端迪臣则在日本一边“为日起定约稿，索款索地”[⑥]，只等李鸿章来签字。科士达与端迪臣表面上互相辩论，暗中很方便地串通一气，来帮助日本，打击中国。

---

①《蹇蹇录》，177 页。

② 同上，178 页。

③ 同上，179 页。

④《清季外交史料》卷一〇三，8 页。

⑤ 科士达：《外交回忆录》（J. W. Foster：Diplomatic Memoirs）。

⑥《清季外交史料》卷一〇六，10 页。

另外据科士达自己记载，在端迪臣为日本起草的约稿中要索取台湾，这曾使李鸿章感到有一点出人意外的苦恼。因为李鸿章告诉他，依照中国的惯例，凡割让土地，负责者必须亲到该地去办理移交，但鉴于台湾人民的坚决反对，李本人却不敢到台湾去。科士达马上想出了一条“妙计”，叫李鸿章采用“西方国家的普通办法”，把台湾的地契交给日本便可，不必自己去办理移交。卖国贼李鸿章的“苦恼”便迎刃而解了。后来李鸿章和他的儿子就在淡水港的日本旗舰上将台湾交与日本。

日本在这两位美国“状师”的大力帮助下，《马关条约》终于一八九五年四月十七日签订。除“中国认明朝鲜国确为完全无缺之独立国”外，将中国澎湖列岛、台湾与辽东半岛永远割让给日本。

有人以为在甲午战争中“启议和之端绪且始终居间者，厥为美国”①，这是完全违反事实的。至于最后日本宣布停战，实际上美国不是起的一种调停作用，而是为了美日共同利益，对战争前途精心策划的结果。

《马关条约》签字后的第六日——一八九五年四月二十三日，俄、法、德三国干涉突然发作。日本顿时很狼狈，一面决定对三国纵令最后不能不完全让步，而对中国则采取一步不让的方针，一面请求美、英、意等国出来作反干涉。美国生怕因俄、法、德的行动引起中国方面翻悔，不批准《马关条约》，甚至利用三国军事外援组织对日反攻，则日本和美国都将前功尽弃。因为条约中日本所享受的商业利益条款，特别是日本在中国设厂从事工业制造的条款（《马关条约》第六款）正是美国所要在“最惠国”待遇下“一体均沾”的，而且这也正是美国所以要帮助日本打败中国的主要原因之一。如果推翻这个条约，或推翻条约中的某些突出条款，就使美国帮助日本的行为失去了意义。这与美国垄断资本家们争夺市场、输出资本的目的，是根本相违反的。所以英意对日本请求加以拒绝时，美国政府仍单独对中国施以压力，进行反干涉活动。美国驻日公使谭安在四月二十四日，由日本外务次官林董把三国干涉的消息告诉他以后，立即打电报给田贝，要他打听清政府什么时候可以批准约文。田贝到“总理衙门”询问，在同月二十八日得到答复，说中国皇帝还没有批准该约。美政府又赶紧训令田贝要他胁迫清政府“加速实行”。在日本驻美公使栗野奉日外务省训令与美政府接洽后复陆奥宗光的电报中有云：

①《六十年来中国与日本》卷二，226页。

美国务卿承诺在不与局外中立（？）之主旨相矛盾范围内，与日本协力，而对批准讲和条件之事，已训令在北京美国公使劝告中国政府加速实行云。[①]

这短短两句话，生动地刻画出了美国政府十二分着急的神情和阴谋进行反干涉的丑恶嘴脸。

偏偏这时在清政府方面，由于俄、德、法三国干涉开始时，曾暗中劝告中国政府对条约暂缓批准[②]，助长了满清统治集团内部在和战问题上的更加分歧。在“总理衙门”中，赞成批准的有孙毓汶和徐用仪，当然他们是以那拉氏为靠山的。主战派的领袖为翁同龢、李鸿藻，他们得到载湉的支持，并且还有全国朝野舆论作后盾。这样，对于和约的批准与否，一时迁延不决。显然美国要对清政府加强压力，光是一个美国公使田贝已经不够了。于是，再加上一个美国人科士达。他既是清政府议和代表团的顾问，又是李鸿章回到天津以后派赴“总理衙门”作报告的代表（李感到一手签订了中国的卖身契，事情过于严重，回到天津后，即称病不出），由他替美国政府来劝说那些主战派的人物，自然是最适当不过了。

四月三十日，科士达带领着田贝给他的翻译员，出席“总理衙门”的会议。科士达在他的《外交回忆录》中说，这是他平生参加的最特别的一次会议。满清政府中最接近那拉氏和载湉的十位权要，除奕䜣请病假未到，其余如翁同龢、李鸿藻等都参加了。科士达在会议中曾大放厥词，说“这一会议的目的，是要让内阁认识到皇帝批准条约一事的重要性。我强调提出一点，就是说这个条约已经不是李鸿章的条约，而是皇帝的条约。如果皇帝拒绝批准，他就要为文明世界所耻笑，而内阁就应该为皇帝的这一不体面的事情负责”[③]。满清政府的“权要”们——包括那些主战派，显得他们是那样的昏瞶无知，竟然全被科士达这一派胡言乱语所吓倒，真的不敢对这件事情“负责”了。两天之后，一八九五年五月二日，载湉即“幡然有批准之谕”[④]。也顾不得俄、法、德三国的什么“劝告”了。这样一来，科士达便以“私人”资格

---

①《蹇蹇录》，260—261 页。

②《清季外交史料》，卷一一〇，7—8 页。

③ 科士达：《外交回忆录》第二册，149—150 页。

④ 翁同龢：《翁文恭公日记》，光绪二十一年四月初八日。

最后完成了他的任务。美国政府侵害中国人民的罪恶的反干涉活动，又获得一次决定性的成功。

此外，在三国干涉初起，日本还在讨价还价，俄、法、德准备以武力作外交的后盾，组织了一个大规模的东洋联合舰队，俄国更秘密往中国边境上调兵。美政府经由它在俄国的特务工作得到此种情报后，曾立刻密告栗野，栗野即电告日本政府，使日本迅速完全让步，避免了它难于对抗的战争。三国干涉依照美日的愿望结束，《马关条约》被肯定下来。中国走向殖民地的过程从此更为加速。

日本为了酬谢美国政府对自己的帮助，曾于和约批准互换之后，先由明治天皇于同年五月十二日写给美国总统克利夫兰一封亲笔信，对于美国促成中日两国讲和一举，表示感谢。接着又于同年年底提出要颁发勋章给美国驻中、日两国使馆全体人员。美国政府为减少全世界舆论的正义谴责，才拒绝了这项提议。从这里也可以看出：美国侵略者在甲午战争中帮助日本打败中国作了何等重大的努力，是一个多么阴险的帮凶！

就在这一年，英法美借口成都、古田两起教案，向清政府大开交涉，除三国军舰开至长江以内示威，要求赔款及撤惩中国大小官吏十余人外，驻华美使田贝更强迫清廷接受一个《防止排外草案》，取得传教、居住、购买土地等充分权利。

在朝鲜方面，美国则与日本一起，对这个国家苦难的人民，加倍进行野蛮的剥削和压迫。但是对于日本曾经虚伪地向列强保证过的决心维护朝鲜的独立一事，美国却从不关心，并且相反地继续帮助日本吞并朝鲜。美国国务院曾严格训令驻朝公使西尔（J.M.B.Sill）及使馆秘书阿伦，不得在朝鲜有任何反对日本侵略或与日本争夺权力的行为。只要日本不直接损害“美国的利益”，美国决不打算保证朝鲜的独立，或阻碍日本的任何“改革”。对于中国在朝鲜由于长期历史关系所产生的政治影响，被日本所逐渐消灭，尤其使它感到十分满意。最后美国为了与日本合作侵略中国本部的更大利益，于一九〇四年“退出”了朝鲜。日本侵略者则充分利用美国的援助和鼓励，实现了灭亡朝鲜的目的，为继续发展侵略势力，进攻中国，作了重要的安排。

## 第六节　提出殖民地政策——“门户开放”

甲午战争以后不久，德国首先于一八九七年十一月向清政府索取报酬，武力占领胶州湾。于是俄占旅顺、大连，法租广州湾，英国乘机索得威海卫，日本又划福建为己有，意大利也要租借三门湾。滨海地区完全成了列强的租借地和“势力范围”。而美国则正在这时（一八九八年）从事与西班牙争夺菲律宾和镇压菲律宾人民的侵略战争，对中国无暇兼顾。战争终了，发现中国沿海地区实际上已被列强分割净尽，感到很大失望。按常理就应该是急起直追，力谋补救了；再加以美西战争恰恰是表示美国资本主义的发展仅有国内市场已经是不够了，必须向外寻求殖民地，开辟输入工业原料、输出资本与商品的场所；而中国又是美国资本家们早已认定的“美国向海外市场上侵略的最有希望的地方”。当时稍有国际知识的人，都懂得美国从此将要进一步侵略中国。例如梁启超在《论美菲英杜之战事关系于中国》一文上说：“美之构难于菲律宾也，实美经略亚洲之第一着……我卧榻之侧，又增一虎矣。”① 就是反映了这种见解。美总统麦金莱（William Mckinley）在对国会提出的意见书中有这样的话：“中国沿海土地有落入外人手中者，此种重要变局吾美不能袖手旁观。……苟欲不受占有中国土地之强国的排挤，非参与华事不可。”② 不久以后他对参议院讲演中又说：“菲律宾群岛永远是我们的。直接随着它，还有中国那一片无限广大的市场。我们既不能放弃前者，也不能放弃后者。”充分表现了美国占领菲律宾以后，很快增大了侵略中国的野心。

列宁在《帝国主义是资本主义底最高阶段》一书中，引用法国某资产阶级历史学家论述这时列强分割世界的情形说：“大家都得赶急来干，因为凡是没有及时争得一份的国家就会永远也得不到它所应得的一份，也就会不能参加那一定会成为下一世纪（即二十世纪）主要事实之一的大规模剥削世界的事业。正因为如此，所以近来欧洲各国与美国也就充满了扩张殖民地领土，即实行‘帝国主义’的狂热，而这个‘帝国主义’便是十九世纪末叶最显著的

① 梁启超：《饮冰室合集》第四册。

② 穆尔：《国际法文编》（Moore：International Law Digest）。

特点。”[①] 这一段话不是专对中国说的，而美国及欧洲列强十九世纪末期争夺中国的狂热症，在这里却被描写得非常确切。

但美国此时再要从中国取得势力范围，这个可能性已经很小，乃采用英人希贝斯莱的建议，由国务卿海约翰（John Hay）于一八九九年（光绪二十五年）九月向在中国有利害关系的英、法、德、俄、意、日六国分别提出所谓“门户开放”政策，其要点为：

（一）各国在中国任何所谓“势力范围”或租借地内之通商口岸或投资事业，无论如何不得加以干涉。

（二）中国之现行关税率，对于一切“势力范围”内之口岸装卸之一切货物，无论属于何国均为适用，其税款应由中国政府征收。

（三）此种“势力范围”内之任何口岸，对他国之船舶，不得课以较对本国船舶为高之码头税，又在此种“势力范围”内所敷设、管理或经营之铁路，运输属于他国或人民之货物，所收运费，不得较其对本国人民经过同样距离所运输之同样货物为高。[②]

各国政府从一八九九年九月至一九〇〇年二月，先后给美国政府同意的答复，美国的“门户开放”便宣告成立。

同年七月，中国发生了义和团运动，其他侵略国家，公开倡言“瓜分”中国（其实正如列宁所说的：“欧洲各国政府……已经开始瓜分中国了。不过他们开始不是公开地瓜分，而是像窃贼一样鬼鬼祟祟地瓜分。他们偷窃中国就像从死尸身上偷窃东西一样。”[③]）。这将从根本上取消“门户开放”政策在中国的地位。为了抵制别国，美政府于七月三日发表第二次通牒，除了把第一次声明的各项原则进一步加以肯定，还提到了一句“保持行政与领土之完整”，构成了“门户开放”的一整套方法。

这个政策，就美国的地位来说，是反映美国当时在中国的势力还不够强大，还远不足以实行像在第二次世界大战以后的对华门户关闭政策，即美国独占中国的政策。但就其侵略性质来说，则在以后很长时间内，一直成为美国侵华的“座右铭”，并不是偶然的。因为所谓“门户开放”，它与美国所一贯

---

① 列宁：《帝国主义是资本主义底最高阶段》，载《列宁文选》（两卷集）卷一，994 页。

②《六十年来中国与日本》卷三，284 页。

③ 列宁：《中国的战争》，载《列宁斯大林论中国》，人民出版社，17—18 页。

宣传的，以及也被某些中国人曾经信以为真的什么“保障中国领土完整和主权独立”没有分毫相同之处。恰恰相反，它明白承认列强在中国既得的“势力范围”或“利益范围”——这个与中国“主权独立”显然不相容的东西。它所公开要求的只是在别国“势力范围”或“利益范围”内取得通商、投资等事业的平等待遇。这完全只是直接反对任何一个强国或一群强国不顾其他各国，而想获得独占特权的口号。这正是一种帝国主义侵略的同盟，与殖民地半殖民地人民的利益根本背道而驰。就像美国在占领了菲律宾以后，然后又宣布菲律宾门户开放，与当地人民的基本利益——真正的领土主权完整——毫不相干一样。并且对于中国方面，“领土完整”一句话，也不是美国政府所独自擅长的东西。一八九七年，法国要求租借广州湾、建筑滇越路的时候，就已经倡议过了，可是有谁相信，它是为了中国人民的利益呢？

还有，“门户开放”政策虽然反对某一个或几个强国获取独占特权，但也并不真正违反列强的意愿。当时各国谁也无力独吞中国。每个侵略者为自己打算，都觉得暂时维持现状，既有乘机发展的可能，而又没有被别国排挤的危险，是很合算的事。日人石井菊次郎在其《外交余录》中就说：“美国政府的提议，对于日本正是‘要过河而船来’。”对于其他侵略者，也正起着同样的作用。这就是为什么美国的主张，仅是用一纸文书提出之后，列强即先后表示接受下来的道理。

十分明显地，“门户开放”政策的提出，是表示美国对中国进攻的加紧，不是表示其他各国对中国进攻的缓和。如果这个政策彻底实现，就等于打破一切限制，把中国全部领土一律对外开放，使中国完全变成殖民地。

正因为“门户开放”，只是当时对美国适合时宜的主要侵略政策，与保全中国领土主权无丝毫共同之点，所以差不多就正在提出此项口号的同一个时间，美国又一连两次从事侵占中国领土的阴谋活动。一次是一八九九年三月（即第一次门户开放通牒提出的前六个月）由美国驻华公使康格（E. H. Conger）向美国政府上递条陈，讨论租借大沽口的利害，这个文件被存在国务院的档案里。[①] 另一次是一九〇〇年十二月（即第二次通牒提出的后三个月）由海约翰亲自主持，要求租借福建的三沙湾。在美国政府于一九二四年出版的《一九一五年美国外交文件》里，载有一九〇〇年十二月七日国务卿海约翰

① 德尼士：《美国外交的冒险》（A. L. P. Dennis：Adventures in American Diplomacy）。

给美国驻日本公使巴克（Alfred E.Buck）的电报："海军极愿得福州北面的三沙湾作为'煤站'，请非正式地缜密地探听日本政府会不会反对我们以此事向中国交涉。"[①] 福建已经是日本的势力范围，对于美国要重新在这里开刀，当然坚决反对。日本答复美国政府说："中国政府已向帝国政府保证不割让福建省的任何部分土地"，这是"帝国政府认为再重要不过的"事。并警告美国：这样违背自己的诺言，有引起别国干涉的危险，末后还把美国所惯用的语言学说了一遍：日本对中国是"没有"领土阴谋的。美国这才不得不对三沙湾罢手。

一九〇一到一九〇二年，美国海军部长朗氏（John D.Long）还两次提到三沙湾，表示对中国这块土地不能忘怀。由此可以更加清楚地知道所谓"门户开放"的真实意义，到底是些什么了。

前面说过，美帝国主义存心欺骗中国人民，它经常把"门户开放"这个侵略中国的口号，加以颠倒，硬说成是"保障"中国——特别是"保障"了中国领土主权完整的口号，而大事宣扬；对于它经常利用着这个口号，来真正对中国的主权进行破坏，扩大在中国的权利，干涉中国事务，却一个字也不敢提及。可见美国侵略者，从来就是这样极端虚伪与厚颜无耻的。

## 第七节　参加八国联军，镇压义和团运动

在美国和其他帝国主义者联盟向中国进攻的情况下，很快又一次激起中国人民大规模的反抗运动，这就是一九〇〇年（光绪二十六年）的"义和团"运动。义和团虽带有浓厚的迷信色彩，没有脱离中国历史上许多次农民运动的原始形式，但在本质上却是近代中国人民反对外国侵略和压迫的人民群众反帝运动。它有相当大的规模与明确的"灭洋"口号，这是帝国主义要侵略中国所不能不加以干涉、镇压的。

一八九九年冬天，义和团还没有大规模武装行动以前，美国驻北京领事康格，曾大耍帝国主义者的威风。他对于义和团与教民的冲突，不是要求清

---

①《一九一五年美国外交文件》（U. S. Foreign Relations, 1915），113—115页。

政府对“凡肇事之人，应立即拘捕，并予科罚”，便是要求立即“用强有力的方法，消灭这些恐怖的暴徒（义和团）”，以及“立即宣布……保护美国人民”，“立即再发一电……”，“应立即施行”等等。这许多“立即”，逼使对“洋人”闻风丧胆而对中国人民则极其残酷的清政府官吏，加紧了对义和团的严厉镇压。成为激起更大规模冲突的直接原因。

一九〇〇年五月由美国参加组成，英国提督西摩尔率领的，英、法、美、日、意、俄、德、奥（后加入）八国联军向北京出发，另有外国兵船十六艘在大沽口外示威。显然，外国侵略者的联合武装干涉已经发作了。局势非常紧张。早在这以前，英国报纸上就曾经登载过所谓“瓜分中国和平会”章程，主要条款有：（一）每国派会员两三名，全权处理会事；（二）各国占领之地，归各国管辖，应照现时该国商务所销之多少，及该国权利所关系者，按图划分界线；（三）所有中国土地，概由万国管辖，任由万国通商。这充分反映了当时的各侵略国家“常有‘瓜分中国’之笼统观念”[①]，而又生怕不能“和平”实现的矛盾情况。现在各国既然联合起来，实行对中国的武装干涉，“‘和平’瓜分中国”，似乎已经成为可能了。这种复杂情形，对于美国在中国的侵略，正是一种确定的和致命的打击。因为一方面，如果清政府垮了台，义和团运动，或由此而引起的更大规模的中国人民的反抗，在“灭洋”或类似的口号下，有可能对外国侵略势力给以打击，美国在中国已经取得的利益，将受其影响；而另一方面，如果其他侵略者瓜分中国的政策实行，在各国划界自守以后，势必实行门户封锁，拒绝所谓“万国通商”，而它自己在中国又没有固定的“势力范围”，不能“按图划分界线”，把中国的某一块土地拿来归自己“管辖”，这将使美国所希望的“门户开放”完全落空，在中国没有立锥之地！

因此，美国要维持它的侵略利益，就必须一面对抗中国人民，镇压义和团运动；一面对抗列强的瓜分政策，保全“中国领土”——即保持美国所掠夺的疆土的完整。根据此种需要，七月三日，美国国务院正式发表一项致各国政府的通牒，上面是这么说的：

当中国处此危急事态中，美国政府在现在环境允许下，认为有

---

①《瓦德西拳乱笔记》。

> 表明态度之必要。吾人所奉行之政策，为……发展合法之商业，于国际公法、治外法权条款下用种种方法保障美国人民之生命财产。有害及美国人民者，吾人必求责任者负绝对之责任（按：最后应负绝对责任的，是外国侵略者，而不是任何中国人民）。吾人认北京现状为无政府，权力与责任实际已入地方政府之手，彼等如不显然与叛党（！）结合，而尽力保护外人之生命财产，吾人即认彼等为中国人民之代表，与之谋友谊与和平（按：中国人民被称为“叛党”，中国的卖国贼们反成“人民的代表”，对卖国贼的“友谊”与“和平”，当然是对人民的敌意与战争）。美国总统之目的，从来即与各国一致行动。（一）与北京通消息，救出在险中之美籍官员、教士及其他人等；（二）给中国各地美国人民生命财产以可能的保护；（三）防护合法之美国利益；（四）制止乱事扩张至中国他处，并防止其再生。美国政府之政策，在寻求一解决之道，使中国人于永远之安定与和平，保持领土与行政之完整，维护条约与国际法所保障之一切权利，和巩固各国在华贸易平等之公正原则。①

所谓“防止‘乱事’再生”及进一步肯定“门户开放”原则，这就是美国在义和团运动这个事变中全面的和根本的侵略政策。作为实行这个政策的决定性的关键，就是大力扶助清政府不让它垮台。美国深知，无论是为了镇压中国人民，或是为了抗拒其他侵略对手，满清反动政府仍然是比较有效的工具。为此，美总统麦金莱于七月二十三日回复清政府一封国书，先说明美国“知中国乱匪（！）骚扰……违旨作乱，并非贵国朝廷袒纵”，然后又拟出三条办法，请清政府遵照实行，好与各国“妥商了结”。最后并且表示，“各国如允敝国调停，敝国乐为贵国（清政府）效劳”。② 这给了狼狈不堪的满清政府以极大的鼓励和安慰，觉得“排难解纷，非从美人手不可”。在前项通牒中，美国虽“承认北京现状为无政府”，这并不意味着它想放弃清政府这个卖国集团，只不过是督促它赶紧建立秩序，恢复原来反动的“有政府”状态而已。

---

①《一九〇〇年美国外交文件》，287 页。

②《李文忠公全书》，《电稿》卷二四，2 页。

从此以后，美国既增加兵力至二千五百名，参加“八国联军”，从天津打到北京，大烧，大杀，大抢，表现出侵略者所共有的“文明”和美国侵略军在这方面所特有的“精明巧识”①，并由美军统领查飞（Adna R.Chaffee）支持其他侵略国组成“管理北京委员会”，在天津的外人统治机关也由美国传教士丁加利（Charles D.Tenney）为“总文案”执行一切。同时，从七月至九月，又接二连三声明它扶助清政府、镇压义和团运动与维持“门户开放”的决心，并且毫不掩饰它对清政府中的卖国能手、大地主、大买办兼军阀的李鸿章特别表示“垂青”。例如七月七日（清六月十一日）国务院给查飞的电报中说：

美国政府希望与不参加此次“暴行”之中国人民与官吏维持友谊关系。于此辈人中吾人特指出现任直隶总督之李鸿章。汝将于“职权范围”（！）内助中国政府或其一部以削平“暴乱”……②

八月二十一日（清七月二十七日）美国驻沪总领事转给清政府的电报：

敝政府办法，全视贵国百姓不与外国为难（按：只许外国侵略者与中国人民为难！），且敝国极仰重贵国皇太后、皇上明见卓识（按：赏识满清政府卖国的明见卓识！），是以西历七月三号敝国政府已移交各国，声明美廷欲求解释之法，使中国永保承平安固并保护中国土地朝政云（按：即永保外国在华侵略利益的承平安固，保护被美国掠夺的土地和满清反动统治）。③

八月三十一日（清八月初七日）美国纽约《达里表晤报》给李鸿章的电报：

此间意思，均愿洋兵退出北京，并认中堂为政府议和大臣。中堂能重整太平（按：当然是内外反革命势力的太平！），保护洋人，

①《瓦德西拳乱笔记》。

②《一九〇〇年美国外交文件》，299页。

③《李文忠公全书》，《电稿》卷二四，42页。

剿办“团匪”否？[①]

九月十日（清八月十七日）伍廷芳在美国政府的示意下给清政府的电报：

> 洋兵踞京，两宫（指那拉氏与载湉）西幸，彼（指美政府）谓我国无主，议论纷纭，恐成分据。美如肯居间，向各国订明不分土地（按：以便维持“门户开放”），不惊两宫（按：以便维持清政府的统治），予我照会，中堂各帅能力请回銮否？[②]

这一切，都是美国竭力支持满清政府来抵抗别国、镇压义和团的表现。

起初其他侵略国家，如英德等国，本是抱有“瓜分中国”念头的，但是八月四日联军一占领北京，形势就起了变化。义和团的组织虽然败散，中国人民的抵抗并没有停止，而帝国主义争夺中国地盘的矛盾，则反而空前尖锐起来了。对中国情形相当熟的美国传教士丁韪良（W.A.P.Martin），这时曾以“私人”身份向北京公使团上过一个条陈，极力主张保存满清皇帝，实行“以华制华”。指出用这个办法，“所得者较瓜分为多”。这反映了美国的政策，也反映了中国人民有力量抵抗侵略者，说明瓜分中国是根本行不通的。帝国主义之间，经过了许多紧张激烈的明争暗斗，十月十六日，英德两国终于签订一项协定，规定“两国政府不利用目前纠纷，为本国在中国境内谋取领土利益，而要维持中国领土完整不受损坏的政策”。这为帝国主义找到了相互妥协的道路。其他六国先后赞成。美国则在十月十九日给英德两国的答复中说，它比别国更赞成一些，因为对于这个原则，美国是“早已宣布在前”的。现在义和团已打败了，“门户开放”也有了保证，美国的根本侵略方针，得到了可以实现的基础。

接着各国又以议和撤兵为题，发生了选择以载湉还是以那拉氏为傀儡的斗争。英德日主张先议和后撤兵，说是“须俟中国立有合例政府方可开议”，也就是不承认祸首那拉氏的政府及其所派议和大臣为合法；美国则赞助俄国，主张先撤兵后议和，“认皇太后为合例”。结果英日让步，美国的政策又得到

---

①《李文忠公全书》，《电稿》卷二五，20页。

②同上，卷二六，5页。

了成功。

在那拉氏主持下，清政府与各国签订了《辛丑和约》。在和约中美国与其他各国同样取得北京使馆与黄村、廊房、杨村、天津、军粮城、塘沽、芦台、唐山、滦州、昌黎、秦皇岛、山海关等地的驻兵权。[①] 又分得赔款三千二百九十余万两。而美国政府还口口声声说它是最愿意“从轻”与“宽大”的。

《辛丑条约》是一个维持了满清统治者的权位，又巩固了帝国主义强国在华的支配势力的条约。对美国来说，这是它的“门户开放”政策的具体化或进一步发展，对列强各国说，是它们的侵略中国同盟的继续。列强从此直接地成为满清政府的监督人，而满清政府则是外国统治者十足的儿皇帝了。但是，帝国主义相互之间的深刻矛盾，使得它们以暂时妥协为基础的侵略同盟，必然不能长久维持，必然要随时进行各种摩擦与斗争，随时发生新的冲突。列宁曾特别要人们“回忆它们（按：指列强各国）镇压义和团起义事件”及其以后的历史，来认识帝国主义的根本矛盾。他说：“……列强在共同对付中国时就缔结过这样的联盟。”“……不管这些联盟采取那种形式，不管是一个帝国主义联盟去反对另一个帝国主义联盟，还是一切帝国主义强国结成一个总联盟，都不可避免地只会是前后两次战争中间的‘暂时休战’。和平的联盟是准备战争，同时又是从战争中脱胎而来，互相约制，根据同一种帝国主义联系，同一种世界经济和世界政治相互联系而引起和平斗争形式与不和平斗争形式彼此交替的情形。”[②] 美国和其他帝国主义侵略中国的全部过程中所有的一切妥协与斗争，正是按照上述的客观规律进行的。

## 第八节　排华暴行

侵略者打开了中国的海禁，同时也给中国带来了更大的穷困。鸦片战争以后不久，南中国沿海地区一带的劳动人民，便在被迫情况下越来越多地向海外寻找生计，其中一部分人远渡重洋，跑到了美国。与侵略中国的同时，美国资产阶级又以各种暴行来对待这些旅居美国的中国善良人民。从侮辱、虐

①《中外条约汇编》，502 页。

② 列宁：《帝国主义是资本主义底最高阶段》，载《列宁文选》（两卷集）卷一，1024—1025 页。

待、殴打、驱逐，直到大规模屠杀，形成了最野蛮的种族歧视——所谓“排华运动”。

本来当一八四八年旧金山发现金矿时，在美国的华工只有五十人左右。美国资本家鉴于中国劳动力价格低廉，用各种欺骗宣传，以至拐带绑架等无耻方法招致中国劳动人民去美国。据统计，一八五〇年由香港载运华工往旧金山的美国船只共有四十四艘，每艘约载五百人。一八五一年已有两万五千华工在旧金山一带充当掘金矿工和从事其他劳役。至一八六八年，美国华工激增为九万人。这些中国的劳动者，对过去是地广人稀的美国西部，有很大的开发功劳，使美国资本家“获利者不知其几十亿万”。所以当一八六八年美国驻华公使蒲安臣辞职回国，清政府滑稽地请他担任中国代表团的团长与美政府签订《中美续增条约八条》时，美国还很强调规定“大清国与大美国切念民人前往各国，或愿常住入籍，或随时来往，或游历，或贸易，或久居，得以自由，方有利益”。在清政府方面虽然一向是把驱迫劳动人民流落异乡作为他们“广生计”和“弭乱”的政策，但觉得美国招徕华人赴美也未免有些过分，就在同一条中加入：“两国民人自愿往来居住之外，别有招致之法，均非所准。……如有美国及中国人将中国人勉强带往美国或运于别国……均照例治罪。”[①]这是一八六八年以前的事。但就在这个时期内，美国政客已经依其种族优越谬论，提出了玷污中国历史、压迫旅美华侨的反动论据。

往后，由于美国资本主义的向前发展，经济恐慌的周期性来临，劳动力过剩，工人不断大批失业，美国资产阶级便以怨报德，使用和原来鼓励中国工人赴美的同样卑鄙的手段，来鼓励白种工人反对华工。他们把资本主义的罪恶之一——失业，归因于华工抢去了美国劳动者的饭碗，一方面破坏国际工人阶级的团结，另一方面则使华工成了替美国资本主义赎罪的羔羊。美国资产阶级的两大政党——民主党与共和党在一八七六年到一八八八年的各次总统选举运动中，都居然把“排斥华人”列为竞选纲领。为美国资本家所煽动起来而为美国政府支持的排华风潮，使留美华侨长时间被“视为牧猪奴一般”（美总统格兰忒语），遭受着惨重的迫害。

例如：在一八八六年时，据华侨给清政府的禀帖中所载，美国华侨住房有“十苦”：“住房每人限地八尺，不足八尺者，查拿监禁，谓之犁房……一也。

①《中外条约汇编》，131页。

监后寓财尽窃无追，二也。回华有期，暂寓被禁，三也。到埠资乏，借寓亦拿，四也。畏捉夜行，卧街被打，五也。工人出监，无处佣食，六也。监房地狭，疾疠益增，七也。入监勒银，始任赎出，八也。监郁鬓乱，被剪违制，九也。昏夜巡查，破窗越屋，十也。"

对于华侨所经营的洗衣馆则有"六不近情理"："洗衣馆八九百间，木楼木屋，历数十年，乃借防火私擅，勒令改建瓦楼铁门，既非美廷所命，别处又不一律，一也。拆改不独劳费，工众无处容身，二也。瓦铁本重租贵，主客两受其害，三也。晒棚谬谓惹火，别处楼栅更多，四也。任意拿人，罚银被扰……五也。洋馆木楼晒栅，何以不用此律，六也。"

华侨中的普通工商户又有"七难"："一为欲守业之难，二为欲拒匪之难，三为求保护之难，四为居散埠之难，五为聚大埠之难，六为业工者之难，七为业商者之难。"①

美国资本家除了敲骨沥髓地剥削华工，由美政府加诸华侨的苛捐杂税也是层出不穷。在加利福尼亚州议会通过的以华侨为主要对象的征税"法案"中，有外籍矿工执照税、入境外侨人头税、警察税等新奇名目。一八五〇年到一八七〇年的二十年间，华侨占加州人口总数不到十分之一，但所缴纳的矿工执照税款却达五百万美元之巨，占当时该州行政费开支的一半。一八五二年到一八七〇年的十八年中，加利福尼亚州所征的外侨人头税亦多至四十三万美元。其中绝大部分系由榨取入境华侨而来。美政府在征收外籍矿工执照税的"法案"中甚至规定：税吏有权对抗拒交税者于通知发出后一小时没收及拍卖其财产。

这还说的是平时，在美国恶毒的资本家们煽起暴动的时候，华侨的遭遇就更加悲惨。仅一八八五年初到一八八六年初短短一年内所发生的排华暴动惨案，据清政府两广总督张之洞在一个奏折中所载的：

光绪十年十二月有夭李架埠一案，焚铺逐商，劫财七万余元。

十一年七月二十五日有洛士丙冷埠一案，惨杀廖臣颂等二十八人，伤十五人，焚毁铺屋财物值十四万元。（华人被烧杀致死之惨，甚至只有"全尸五具，余或头腰、或手足、或数骨、或焚焦零碎……"②。）

---

①《清季外交史料》卷六七，7页。

② 同上，卷六一，18页。

七月二十八日有舍路埠一案，惨杀莫月英等三人，焚烧华人煤厂值数万元，并将该处华人尽行赶走。

八月十五日有倒路粉坑一案，杀死李驹南等五人。

九月二十八日有嗑罗埠一案，焚烧房屋，逐走华人，损失财物数万元。

十二月初四日有尾矢附近一案，杀死伍厚德等二人。

这些还只是“赴洋官控告有案”的，“其余密谋杀害，不可胜记”。[①]

美国政府是公开为迫害华侨的暴行撑腰的。每次暴行发生后，照例是杀人者逍遥法外，被杀者无人过问。还在一八五七年加利福尼亚州的报纸就揭载过这种事实：“五年以来，华人之为人谋杀者，不下数百，皆我亡命之徒所为。盖谋杀华人之事，无日靡有，而罪人斯得，明正典刑者，最多不过两三次，犹有反对白人为华人抵偿者。窃以人情之意，其违背天理，莫此为甚。”[②]有正义感的美国人不能不为此表示愤怒。

这种情形，后来愈演愈烈。到了一九〇一年，美国对待华侨，更是“苛例百出，令人骇绝。无端诬以疫疠，而有围埠之举，无端目以不洁，而有洗埠之事”。并且“华人到埠之时，不问其合例与否，即囚之于码头木屋中，寝食于斯，内外隔绝。亲友不得一见，律师不得一问。即有疾病，医生亦不得诊视。黑暗秽臭，过于监狱。压制苛暴，甚于犯人。幽囚常数百人，羁留常数阅月。而护照束阁，关吏无一过问，因此之故，有悬梁自缢、投海自尽、失医致毙之惨者”。至于“埠中华人，辄遭痛殴，亦无如何。巡差任意拿人，良歹不分，即遭重罚。华人以常疾致死，亦须戮尸”[③]……好一个侵略者的“传统友谊”！在美国流氓与中国人民发生冲突，偶尔有点伤亡时，美国就立即痛骂中国不文明，就要出兵护侨，要订立条约等等；现在中国的善良人民在美国被大举屠杀，无限止地虐待，却成为理所当然了！

至一九〇四年，美国又单独成立一个《排华律》修正案，把一八六八年蒲安臣条约中的精神以及一八九四年《中美会订限禁来美华工保护寓美华人条款》，全部推翻，使二十余年来，美国的排华暴行，变成了公开合法。美国政府这种仇视中国人民，毫无人性的举动，在一九〇五年再一次激起中国

---

①《清季外交史料》卷六七，6—7页。

② 密亨利：《华侨志》，137页。

③ 曾友豪：《中国外交史》，131页，引1901年旅美华商崔子肩等人上清政府呈文。

人民潮涌一般的反美运动（一八八六年就曾经有过一次类似的运动）。中国南方各沿海省区，尤为激烈。这年五月间，上海、广州的工商界分别召开大会，号召以禁用美货、拒绝通商，作为抵制侵略者的手段。上海工商界向全国二十二个通商口岸商民发出通电，提议：（一）中国商民不买美货及美制机器；（二）不由美国船只运货；（三）不送子弟入美国主办或美国人所有的学校；（四）不在美国驻华各公司中工作；（五）不接受美国人的雇用。[①] 六月以后，全国知识界热烈参加了这个运动。六月初，有二十几个学术团体的代表一百多人在上海开会，决议支援清政府拒绝与美国续订新约。七月间，苏州学校学生对美政府的《排华律》提出十项修改意见，交由美国领事转达美政府。他们要求美国政府对中国人不得歧视；对美政府侮辱中国人民人格的种种行为提出坚决抗议。七月下旬，上海更举行五千人的群众大集会。与会者有商人、学生、教职员和家庭妇女等。大会主讲人痛斥美国之非法虐待华侨，并宣布全国各通商口岸一致行动，抵制美货，反对美国侵略者。

这次运动具有相当大的规模，表现了中国人民早期的反对美国侵略者的高度的同仇敌忾的情绪。使得清政府中的某些地方官吏也不敢对这种运动加以压制，两广总督岑春煊的表现就是一个例子。他在给美国驻广州领事的照会中这样说："查抵拒美约之议，实因激于义愤而起，中外同心，不独粤东一省为然，而旅美华工尤以粤人为多，故众情更为迫切。在各商民自结团体，谋保公益，与一切排外仇教之举，迥不相同。……至商民购用美货与否，必须出于自由，本部堂只能饬属解劝，不能强加禁勒，且系民间贸易之事，与国际无干。来文乃遽指称背约，并以美约不能将货出售，借端索偿，试问环球各国，有无此等公理？本部堂意所未喻，愿贵总领事官一细思之。"[②]

只要人民的力量一经发挥出来，侵略者就是十分怯懦的，那些住在中国的"洋商"们，早已"自知理屈"，要向中国人民低头了。美驻广州领事更公开承认："现奉本国大总统谕札，已认从前以苛酷手段而行禁工之律者为不公。"[③] 但是被洋人吓破了胆的北京满清政府，却生怕"枝节横生，难于收拾"。对人民正义的反美行动，不但拒绝支持，反而认为"风潮过激"，极力破坏，一再

---

① 1905 年 5 月 19 日上海《字林西报》。

②《清季外交史料》卷一九〇，22 页。

③ 同上。

要“实力查禁”，“加以防范”[①]，好维持卖国统治集团的“大局”。甚至像有人贴了一幅《龟抬美人图》，也要抓去监禁起来，这正好助长美国进一步侵略中国的凶焰。

一九〇五年美国强迫中国在《排华律》基础上成立新的不平等条约，虽然在强大的人民压力下清政府没有敢实行，但是一九〇四年的美国《排华律》修正案实际上是在执行着，而且后来更成了美国长期行使的所谓《移民律》的基础。

①《清季外交史料》卷一九〇，23页。

# 第二章　逐渐走上独立侵略中国的道路

（一九〇五——九一七年即从日俄战争到第一次世界大战）

## 第一节　绪言

一九〇五年是世界历史上极其重要的一年。列宁曾指出：从一八四八年马克思和恩格斯合著的《共产党宣言》问世到第一次世界大战以前，世界历史显然可以分为三个主要时期。第二个时期是从一八七一年巴黎公社到一九〇五年俄国革命。这个时期的特征是“西方已完结了资产阶级革命时期。东方尚未成熟到实现这种革命的地步”[①]。一九〇五年则已开始进入一个新的历史时期。东方几个主要国家——中国、日本与俄国，都在这一年内发生过国内和国外的重要事变。尤其是第一次近代帝国主义国家战争的日俄战争，所产生的影响远在三国以外，对于美国侵略中国来说，其影响更加明显。

在日俄战争以后，首先是美国在东方——主要是在中国的政治地位大大提高了。只需看看这时美国与其他侵略国家在中国问题上所表现的相互关系，就可以了解这一点。一九〇五年七月，美国陆军部长塔虎脱（William H.Taft）与日本首相兼代理外务大臣桂太郎曾商定一个秘密条约，其第二项上面写着：

> 桂伯爵提出，维持远东广泛的和平（？）构成日本国际政策的基本原则。……据他的意见，为了完成上述目的，最好的、而且事实上也是唯一的方法，是日、美、英三国政府间形成很好的谅解，而维持这个卓越原则，三国都有共同的利益。……×××（按：即塔虎脱）说：要美国总统不经国会的同意，而缔结任何实际上等于

① 列宁：《马克思学说底历史命运》，载《列宁文选》（两卷集）卷一，75—76页。

> 非正式的秘密协议的谅解，是困难的，而且在事实上是不可能的。不过他确信，无需任何协议，在维护远东的和平（？）上，美国人民与日本和英国的政策是完全一致的。在任何场合下，为了维护远东和平的那个目的（按：应读作为了维护对远东——首先是对中国侵略的目的），日英两国可以确信，美国将会同他们采取适当的行动，如同美国在条约下有义务行动一样。①

事后日本单方面发表的这次秘密会谈内容，更有下面的话：

> 事实上这是英、美、日三国同盟。我们可以肯定地说：过去英国与我们结为盟友时，美国本也是协议中的一员。由于国内情势的特殊，美国还不能和我们缔结公开盟约。不过我们要记住，美国是我们的盟邦，虽然没有任何正式盟约的束缚，我们肯定的相信，在全世界的政治家罗斯福总统的领导下的美国，将与日本和英国共同合作，以处理它的远东问题。②

从这两段文字中可以清楚地知道，一九〇五年美国和英日两国，已取得了分割远东——主要是分割中国的所谓“共同合作，以处置远东问题”的正式谅解。这表示美国侵略中国的政治地位，不仅赶上了日本，而且也已经与英国相当。美国再也不是一个“随员国”和幕后活动的脚色了。

第二，日俄战争以后的一个时期，美国在中国的经济地位，也有了变化。这时有着像东北铁路计划、湖广借款、银行团等向中国输入资本，追求特权的活动；也有着越来越多的输入商品，发展贸易，追求商业利润的活动。下面所列一九一三年的简表，可以代表这个时期的一般情况：

---

① 德涅特：《罗斯福与日俄战争》（Tyler Dennett: Roosevelt and Russo-Japanese War），112—115页。

② 同上书，125页。

| | | | |
|---|---|---|---|
| 贸易（百万海关两） | 七三．〇 | 占外国对华贸易百分数 | 七．五 |
| 在华商户或公司 | 一三一．〇 | 占外国在华商户百分数 | 三．四 |
| 来华船只（百万吨） | 〇．九 | 占外国来华船吨百分数 | 〇．九 |

同一个时期，美国的在华投资则有如下表（单位：百万美元）：

| | |
|---|---|
| 事业投资 | 四二．〇 |
| 证券及政府债务 | 七．三 |
| 教会财产 | 一〇．〇 |
| 总计 | 五九．三 |

虽然与别国相比，这个力量还显得很微薄，但就美国本身说，却是相当增强了。

第三，在日俄战争之后不久，美国与对中国的政治经济侵略分工合作，同时并进的，还有大规模的文化侵略，它不但在这方面下手最早，而且也始终占有优势。

上述一些新鲜事物，都是从一九〇五年以后才逐渐出现的。其最后原因当然只有从美国资本主义发展的历史中去寻找。二十世纪初期，世界资本主义已经变成了帝国主义。美国著名的煤油托辣斯——美孚石油公司是一九〇〇年成立的。美国钢业托辣斯在一九〇二年（光绪二十八年）就出产了九百万吨的钢。至一九〇四年，美国出产价值一百万美金以上的大企业有一千九百个，占企业总数（二十一万六千一百八十个）的百分之零点九。它有一百四十万个工人，占工人总数（五百五十万）的百分之二十五点六，它们有五十六万万美元生产，即占生产总额（一百四十八万万美元）的百分之三十八。至一九〇九年，美国三千零六十个大企业，即占企业总数（二十六万八千四百九十一个）百分之一点一的企业，共雇有二百万工人，即占工人总数（六百六十万人）百分之三十点五，并有九十万万美元的生产，即占生产总额（二百零七万万美元）百分之四十三点八。美国全体企业的全部生产，差不多有一半是握在仅占企业总数百分之一的企业手里！生产集中的程度，由此可见。美国这种资本主义发展，使它在世界的地位提高，必然增强帝国主义对外侵略政策的独立性。而日俄战争的发生，却正好给美国一个在东方抬高自己的地位，走上独立侵略中国道路的大好机会。这样，以这个战争的结束为契机，美国由通过别国向中国侵略，变成逐渐单独地侵略中国。

## 第二节　参与日俄战争，在侵略中国道路上前进了一步

前一个时期，美国利用日本向朝鲜插足，本不是它的主要目的（例如它把在朝鲜经营的铁路让予日本），它只是想经过这一步骤来实现侵入满洲。早在义和团运动时期中，美国就协同英日两国，竭力反对俄国独占满洲权利。一九〇三年，美国又根据所谓“门户开放”原则，向清政府和俄国要求在满洲取得港口、开设领事馆等利益，与俄国发生了尖锐的冲突。因力量不够，美国务卿海约翰曾表示“我们（美国）还不致为满洲而战”[①]。这些事实，都表现了排除俄国在东北的势力，已成美国既定政策。到一九〇四年二月，日俄两国争夺东三省的强盗战争爆发，美国遂阴谋利用这个战争，使俄国与日本两败俱伤，达到它驱逐俄国、疲劳日本、侵入满洲的目的。

这时甲午战争过去才不过十年，日本新近发展起来的侵略实力，还相当有限，而俄国则是久已著名的陆军强国，也是一个资本主义相当发展了的国家。在军事上与经济上日本显然不是俄国的对手。在国际关系上，法俄有同盟条约，德国也与俄国接近，战争爆发前，德皇就曾鼓励沙皇作战，说日本是跳梁小丑，不堪一击。日本方面，虽然也有英日同盟，但英国这时的重点并不在东北，不过是要利用日本牵制俄国，好图谋西藏。所以在日俄两方实力对比下，日本发动战争是很冒险的，特别是要日本单独打败俄国更显得希望不大。美国既已打定主意，要利用这次战争来侵略中国，那末，由它自己挺身出来，自告奋勇，大力帮助日本，就成了理所当然的事。

当战争一开始，日本的第一个需要，就是把俄国在外交上孤立起来。于是，美国也就首先在外交上帮助日本。战争于二月初刚一接触，二月八日美国务卿——还是那位海约翰——即分令驻英、德、法大使，要他们与各驻在

① 戴耶:《海约翰的生平及书信》（W.R.Thayer：Life and Letters of John Hay）卷二，369 页。

国商谈："如果不幸战争必定演成"，希望各国中立。[①] 其中对于德、法两国，美国同样毫不掩饰它帮助日本的立场。依照这时的美国总统梯奥道尔 · 罗斯福在一九〇五年七月间给他的朋友司普灵莱斯（Cecil Spring-Rice）的信中所说："战争刚一起始，我便谨慎而客气地通知了德、法两国，如果德、法、俄再像一八九四年那样联合对付日本，我便立刻站在日本方面帮助它，直到它不需要为止。"[②] 德、法两国果然宣布中立，俄国遂被置于孤立无援的地位了。

但是，日俄战争是以争夺中国东北为目的，而又是在中国领土上所进行的，侵略者不管如何蛮横，究竟又不能不首先考虑到中国方面的态度。日本为了利用中国广大的人力物力，最初是打算挟制中国站在日本一边，对俄国作战的；宣战前日本对中国曾提出过这项要求（只有在满清政府婉言拒绝，和二月十日美国政府把要求中国中立的主旨通知日本以后，日本才于同一天改请中国中立）。美国则比日本看得要周到一些：它一开始在二月八日请英、法、德各国中立时，就强调说明了中国需要中立的问题。因为它深知无论满清政府卷入任何一方实际作战，都会立刻对中国社会造成更大的恐怖与破坏，给予正在酝酿的新的中国革命运动以可乘之机（同盟会就是一九〇五年正式成立的），那时清政府很有被颠覆的危险。这对于美国和日本都是不利的——自然对于美国推行"门户开放"政策更加不利。这时俄国也曾对中国施以压力，清政府正处在进退两难的地位，即有美国的支持，自然很快宣布自己的中立。这样一来，第一，保证了清政府不因卷入战争而发生颠覆危险；第二，使俄国进一步孤立起来；第三，当然这也并不妨碍日本非法利用中国人力物力的计划。日本现在可以从容作战了。

在战争进行中，日本的另一个需要，就是物资奇缺，要迅速得到多量的补充。于是美国又在财政上大力帮助日本。美国借给日本的款项，见于记录的前后五次，据估计为四万万五千万美元，光是日本在纽约的抵押品即值五千万美元。美国这时贷款的条件，比以往的对日贷款优惠得多。如一九〇二年美国对日贷款利息为一分，而一九〇五年三月美国贷给日本的一千五百万镑，却只有四厘半的利息。美国的各种物资——包括粮食、交通及建筑器材等，以

---

① 《一九〇四年美国外交文件》（U. S. Foreign Relations, 1904），301、309、327 页。

② 德涅特：《罗斯福与日俄战争》，2 页。

私人贸易的名义，大批输送至日本。此外经过美国的兜售，不仅比利时、瑞士、荷兰等小国，甚至连“帝俄盟友”的法国，也借用美国名义，买了许多日本债券，间接给日本筹措了大批款项。

有人统计，在战争期间，日本平均每天要消耗一百万美元，全部战费约十万万美元，应付利息尚不在内。相当于日本一九〇三年国家预算的七倍。这是日本的财政力量所根本不能负担的。日本的战费，几乎有百分之九十是仰给于公债和外债——主要的是外债。如果没有美国在财政经济上的援助，日本是不能把战争打下去的。

战争进行到一九〇五年，日本陆续在海陆两方面获得重大胜利，但其力量已经衰竭，而俄国则正在重新动员。日本遂请美国出面从事对于自己有利的“调停”。这正是罗斯福早已希望的“日俄两国依然对敌，彼此势力均衡。而且还要叫双方势力削弱，才称心愿”[①]的时候。他对日本的请求当然接受。但立刻提出了一项条件，就是要日本“承认维持满洲的门户开放，并且把满洲领土交给中国”。表面上看起来，这是很轻松的，而实际上则是强迫日本承认美国有在东北进一步插足的权利，因为单是“门户开放”一句口号。是日本早已同意，无须重新作为条件郑重提出的。美国这个要求，和日本争夺满洲的初心根本相抵触，但日本实在不能再战，也只好暂时答应下来。七月二十七日美日两国在“门户开放”条件之外，成立《塔虎脱桂太郎秘密条约》（Taft-Katsura Agreement），八月美国即以“仲裁国”资格请日俄两国的代表会于美国朴茨茅斯，九月五日正式成立日俄和约。规定俄国除承认日本在朝鲜一切“重要的政治军事经济利益”，还把为它所实际控制的中国领土辽东半岛，和长春以南的南满铁路拿出来交给日本。美国这位凶恶的“仲裁者”，这样来处置中国和朝鲜的主权，不仅全不过问中朝两国的意见，而且还于同年十二月强迫中国与日本成立条约，由满清政府承认了美日俄侵略者在朴茨茅斯所作的非法决定。

日俄战争结束以后，俄国的势力退到了北满一带，日本虽取得一块肥沃的土地，但已精疲力竭，马上无力经营，且已答应了美国所提新的“门户开放”条件。这种情况使美国可以放手侵略东北，最少可与日本平分东北利益

---

① 罗曼诺夫《日俄战争外交史概论》所引《法国外交文件》第五册，第380号，法驻美大使1904年10月18日电，述罗斯福对德法两国的话。

了。再明显不过，这是美国在侵略中国的道路上向前迈进了一步。

在战争期间，由于美国给日本大力帮助的结果，至一九〇五年六七月间，日美方面对于胜利已有相当把握，美国为保障它自己占有菲律宾，和更多地取得日本合作，遂于七月底与日本政府成立一项前面已提到过的《塔虎脱桂太郎秘密条约》，规定日本承认美国吞并菲律宾，美国则以承认日本吞并朝鲜为交换条件。先看美国要求吞并菲律宾和日本的答复在密约中是怎样措词的：

> 谈论到美国的一些亲俄人士，以及他们想使大家相信，日本的胜利定会成为它向菲律宾群岛方向侵略的序曲。×××（按：即塔虎脱）指出，据他的意见，日本在菲律宾唯一的利益，是把这些岛屿让予强大而友善的国家如美国管辖，而不是置它们于还不适合于自治的土人的秕政之下，或者放在一些不友善的欧洲列强的掌握之中。桂伯爵用最强而有力的语句确认在这一点上他的意见的正确，并且正面地陈述，日本对菲律宾并未怀蓄任何侵略的企图。他又说，所有那些流言如黄祸之类，完全是打算加害于日本的恶意的笨拙的诽谤。

下面再是日本要求吞并朝鲜，美国表示同意的密约原文：

> 关于朝鲜问题，桂伯爵提出，朝鲜既是我们与俄国战争的直接原因，半岛问题（即朝鲜问题）的圆满解决，日本以为绝对重要，而且应该是战争中的逻辑上的结果。如果战争结束后，听其自然，朝鲜一定会回复到它轻率地跟其他列强缔结任何协定或条约的惯例。因而复燃起一如战前所存在过的国际纠纷。鉴于上述情形，为欲防止朝鲜坠入过去的情况的可能性，并复置吾人于另一次对外战争的必然性之下起见，日本感到有绝对被迫（！）采取某些确定步骤的必要。×××完全承认桂伯爵看法的正确（！），并且说，至少在他个人看来，日本用军队在朝鲜建立宗主权，要求朝鲜未经日本同意，不得擅与外国缔结协定，是此次战争的逻辑上的结果，而对于远东的永久和平（！）会有直接的贡献。据他的判断，关于这方面，罗斯福总统会同意他的看法，虽然他没有权力保证如

此。……[1]

朝鲜的灭亡，在这时就已经被美日侵略者所规定了。一九一〇年八月二十二日（宣统二年七月十八日）的《日韩合邦条约》，只不过是实行这个规定的一种形式而已。美国政府知道这是它侵略中国、灭亡朝鲜过程中丝毫也不容狡饰的严重罪恶行为，不得不对这个协定严守秘密。当时美政府连自己的驻日公使葛里斯康（Lloyd C.Griscom）都不让他知道，只有在二十年后，罗斯福已经死去，才第一次从他的私人记载中公开出来。

## 第三节　对东北的屡次图谋与失败

### 一　收买南满路活动

一九〇五年九月五日《朴茨茅斯条约》成立，美日关系也从此迅速变化。

当俄国被打败的局面一经确定，美国便立刻开始其进入满洲的行动。在这年八月底，《朴茨茅斯条约》签订的一个多月以前，美国大资本家铁路大王哈利满（E.H.Harriman）即以游历为名赴日本，讨论美日在打败俄国后对满洲分赃的计划。他抱着极大的侵略野心，计划建立一个在美国人统一控制下的环球运输系统，把东起太平洋海岸，西至大西洋航线的铁路交通联接起来，其中主要是要联接日本、满洲、西伯利亚与俄国欧洲部分的铁路。他到了日本以后，即在日本的政治与金融界中大事活动，并曾会见日本天皇。美国驻日公使葛里斯康更为他努力向各方面游说。十月十二日，哈利满得与日本首相桂太郎交换一个草约的备忘录，载明日本允许哈利满根据日本法律组织一个银团，由这个银团出资购买南满铁路及其附属设备（关于煤矿开采则另外组织一个公司，也由美日共同经营）。铁路的经营权，美日两国各享一半。草约中并规定："中日或日俄交战时，该铁路随时受日本政府之命令，运输军队及军用品，日本政府对该铁路之服务，应予报偿，并随时保护该铁路不受他国

① 德涅特：《罗斯福与日俄战争》，112—115 页。

侵略。”[①]

这个合同生效之日，即美国夺取东北目的实现之时。但事情并不如此顺利，当日本政府重新考虑到如果让美国取得南满路，则今后日本以满洲为基地，向中国内地进攻的地位将会被美国所代替时，马上推翻前约。哈利满心满意足回抵美国，在旧金山一上岸，就接到日本领事一个公函，说“日本政府于一九〇五年十月十二日之草合同，发现有更加慎重调查与研究之必要”，要他“认该合同为未决事件”。[②]其后更由订合同时，日本方面的中间人添田寿一（日本兴业银行总裁）电告哈利满前约干脆作废。美国用尽心机，至此完全失败，对日本大起反感，以后数十年的“日美交恶”就从此始。

这时美国争夺东北的活动，首先是从夺取铁路建筑权开始。建筑铁路看来似乎是一种简单的、“文明”的事业。“事实上，资本主义的密网，却千丝万绪地把这种事业与一般生产资料私有制联系起来，把这种建筑事业变成为用来压迫依赖国里十万万民众（殖民地与半殖民地共占世界人口半数以上）和压迫‘文明’国里资本雇佣奴隶的工具”[③]。不论是美国、日本或其他帝国主义，当然都是要拼命争夺这个压迫中国人民的工具的。

## 二　新法铁路

日本方面于拒绝美国资本后，转向英国用“募集社债”方式，先后吸引英资一万万四千万元，经营日本侵略中国大本营——“南满洲铁路株式会社”，成就了以后的“满铁王国”与一帆风顺的全部侵华事业。美国则一面对日本施以报复，排斥日本移民，不准日人赴欧美儿童入学的学校读书，并由国务院寻找理由警告日本政府，说由于日本在满洲的行动，其他外国将没有通商余地，“深望日本政府鉴于俄国在该地欲为实利的独占而失败，切加反省”。一面又向中国方面活动，哈利满打算于南满路外别筑一新线，以与日本对抗。这时美国人司戴德（Willard D.Straight）为美驻奉天总领事（他曾先后在中国海关及朝鲜使馆任职，以侵华活动有功累升至此），大为哈利满所赏识。哈于司戴德赴奉天之前告以上述计划，司抵任后即联合驻东三省各地美国领事大

① 王芸生：《六十年来中国与日本》卷五，19 页。

② 同上，21 页。

③ 列宁：《帝国主义是资本主义底最高阶段》，载《列宁文选》（两卷集）卷一，921 页。

肆活动。恰好一九〇七年（光绪三十三年），清政府以美国耶鲁大学毕业生唐绍仪为奉天巡抚，司戴德即向唐绍仪提出他的计划，于京奉路筑一支线，自新民屯至法库门，准备发展至齐齐哈尔与瑷珲，进而至西伯利亚；并建议以哈利满为主的美国资本二千万美元，设立一“东三省银行”，为东三省的经济中心，除筑路以外，兴办实业、改革币制等，都归这个银行经理。一九〇七年八月七日司戴德与唐绍仪成立备忘录一件[①]，从此即出现所谓新法铁路问题。但立即遭到日本严重抗议，表示“帝国政府断难承认”[②]，又巧遇有名的美国金融大风潮爆发，哈利满也一时力不从心，把这件事“展期考虑”，结果新法铁路合同落到英法资本家荷包里去了。这是美国夺取东三省的第二次失败。

## 三 “东三省银行”

司戴德任奉天领事二年，新法铁路不成后，他又与东三省总督徐世昌及唐绍仪屡次接洽，以美国资本开发满洲。一九〇八年九月司戴德回国，携带有与东三省当局订立的美国投资草合同一件。订明由美国资本二千万美元，组织“东三省银行”。其任务是“稳定东北金融”，开发东北的农矿森林，并对东北的铁路投资。司回国后，被任命为国务院代理远东司长，转使清政府方面由唐绍仪以致谢美国政府于上年所决定的“退还”庚子赔款为名，往美国作进一步接洽。如果这个组织银行的计划能够实现，美国的侵略资本，就可以畅通无阻地流进东北。

但这时一连发生了两件事，一件是唐绍仪抵美不久，满清朝廷黑暗统治的最后权威者——那拉氏（西太后）和载湉（光绪帝）突然同时死去，这对美国的计划是个不小的打击。因为美国这次活动是间接以内阁大臣袁世凯为对手的，唐绍仪赴美尤为袁所直接推荐。那拉氏死后，隆裕后（载湉妻）以袁世凯在戊戌变法时曾出卖载湉，对袁世凯很不满。一九〇九年（宣统元年）一月，袁被迫辞职，影响了借款交涉的进行。

另一件事，是美日两国成立了《罗脱高平协定》(Root-Takahira Agreement)，表示互相谅解。从一九〇五年到一九〇八年期间，美日两国的关系一直很紧

---

①《六十年来中国与日本》卷五，92页。

②同上，93页。

张，美国大西洋舰队曾“访问”日本，美日战争风声传播一时。不过美国这时在中国的活动究竟还不能完全脱离日本，日本也不利于与美国失和。一九〇八年（光绪三十四年）十一月底，两国遂以“换文”方式，成立一项协定，表面上宣称：“两国政府之政策，不含有任何侵略的倾向……并决意依其权限内之一切和平手段，维持中国之独立及领土完整，及该国内列强工商业之机会均等主义，以保列强在该国之共同利益……”[①] 这类隐蔽曲折的外交词令，是要从反面去读的，译成普通语言，意思很简单：美日两国对中国不妨有任何侵略行为，但须减少双方摩擦，才能维持榨取中国人民的共同利益。至于中国人民的被牺牲，那是不必顾虑的。此种协定，自然没有任何约束双方对华侵略的意义，也不能解决帝国主义的基本矛盾，但是，由于有了这个协定，美国就需要对日本作暂时的、一定程度的妥协。为此罗脱曾对哈利满表示，政府对“东三省银行”的计划不能积极支持。这当然也使得借款交涉只有中止。

## 四　锦瑷铁路与诺克斯计划

就在司戴德与唐绍仪进行交涉及美日“换文”谈判的同时，美国侵略者们正起草着另外一个进攻东三省的计划。这时俄国有出售中东路消息，使美国收买南满路的野心复活。他们以为买得中东路，便可压迫日本出售南满路，取得这两条铁路，是美国侵略者在日俄战争以来最理想的事业。哈利满的公司——坤洛公司（Kuhn，Loeb & Co.）经理斯奇夫（Schiff）问日本当局，说美国准备收买中东路，日本是否愿意重新谈判出售南满路问题？一九〇九年一月斯奇夫得到日本正金银行总裁高桥的答复：“日本无出售南满路之意，并请将来亦勿作此类活动。”与唐绍仪的谈判这时也已经停止，美国遂干脆组织一个大规模财团，来与日本及其他强国在中国竞争。财团包括美国最大的金融组织摩根公司、坤洛公司、第一国家银行、花旗银行等，以司戴德为代表重赴中国，进行大举投资交涉。总统塔虎脱（W.H.Taft）与国务卿诺克斯（P.C.Knox）更以种种外交手段推行这个计划。

满清政府此时对东三省情势已不敢乐观，觉得“东省介居两强，势成逼

---

①《六十年来中国与日本》卷五，202—203 页。

处，积薪厝火，隐患日深"。因此他们的卖国政策是："广辟商埠，俾外人麇集，隐杜垄断之谋，厚集洋债，俾外款内输，阴作牵制之计。"[①]东三省财政监理官熊希龄更主张把东北变成当时的巴尔干半岛，付之列国会议。[②]司戴德一到北京就乘机而入，很快与清政府商定了一个方案，由美国资本结合英国保龄公司建筑从锦州到瑷珲的铁路。一九〇九年东三省总督锡良、奉天巡抚程德全与司戴德签订一个《锦瑷路借款草合同》，第六条中规定"该路公司应由中、美、英等三国之人联络而成"[③]，完全置中国主权于不问。但是又遭到日俄两国的反对，清政府内部也出来一部分人指责这个合同"为举世诟病"，并且说东三省为满清发祥之地，不宜出卖。[④]锦瑷路问题便一时迁延不决。

美国几次希望日本出售南满路，但几次都不成功，如是在锦瑷路还没有定局时，诺克斯提出一个更加毒辣的国际共管满洲铁路的计划——所谓"诺克斯计划"，并一反过去手段，完全抛开日本，采取与英国合作的方针。一九〇九年十一月，美国务院训令美国驻伦敦大使李德（Whitelaw Reid），要他请英政府对美国的计划予以"嘉纳"，又于十二月由驻北京美国代办费莱齐送一个节略给清政府外务部，说中国如果愿保存三省主权，便须先把那里铁路事权统归一律，"此等办法须认中国为地主，亦当允数国借办需用之款"[⑤]。

诺克斯这个计划的真实用意，并不是简单地要把东三省铁路由日俄两国所有，变为更多数的侵略者所有，它是想用此办法把东三省完全抓到自己手里！在费莱齐催促外务部迅速确定锦瑷路问题时说："美政府重视此事，以为于将来统并铁路之办法，有最切要之关系。若锦瑷之局既成，则按此约，可令该公司出头，集各国之资，而筑各处之路。"[⑥]这里所谓"该公司"，是指前述合同所载中国没有主权、英国仅占次要地位的美国锦瑷路公司。如果做到了由美国来"集合国之资，筑各处之路"，自然是不折不扣将东三省的事权"统归"到美国侵略者手中去了。所以诺克斯的满洲铁路"国际化"或"中立化"，实际是美国化的代用词。

---

① 王芸生：《六十年来中国与日本》卷五，292页。

② 同上，306页，熊希龄上度支部尚书载泽条陈。

③ 同上，295页。

④ 同上，299—301页。

⑤ 同上，311页。

⑥ 同上，315页。

清政府以为按照美国的办法则日本和俄国固无从争雄，英美也不至于就能垄断[①]，表示赞成。但美国所寄予希望的英国政府不仅不“嘉纳”它的建议，反而劝它与日本商量行事。接着日俄两国也坚决反对。一九一〇年一月，日本外相小村寿太郎告诉驻东京美国公使欧卜伦（O’Brien），“帝国政府不信以国际组织代替国家经营为优胜或有益”，俄国致清政府的节略措词，更有“殊不解因何要故，必须有美政府提议之事项”。[②] 司戴德于一九一〇年四月离开北京，打算到欧洲作最后努力，帝国主义间的矛盾，使他到处遭受嘲笑与奚落。至此，美国侵略者的锦瑷铁路与满洲中立计划，又不得不同时宣布幻灭。这是美国争夺东三省第四次和第五次失败。

## 第四节　文化侵略

一九〇八年美国政府正式提议利用一部分庚子赔款，发展在美帝国主义控制下的中国文化教育事业。从此美国又有计划的对中国进行文化侵略。

资本主义开拓殖民地，本来是以商品、枪炮、传教士这三种武器同时并进的。早在一八三〇年，著名的美国基督教牧师裨治文（E.C.Bridgman）就到了广州。并于一八三二年创办向外国介绍中国情况，提供侵华方案的《中国丛报》。一八三五年美国在中国开始经营“医药工作”。至一八六〇年，另一美国教士卫三畏（即卫廉士 Samuel Wells Williams）提议把美国从中国无理逼取去的所谓“赔偿私人损失”剩余款项，办一个“美华书院”，使它成为培养亲美的“洋务”人才的学校。当时美国公使蒲安臣很支持这个建议，美总统林肯也就要答应了，国务院却以为这样擅自处置中国的款项，到底还有些不便，因而没有实现。但是“退款兴学”的文化侵略方案这时就已经被提出来了。

一九〇五年的中国人民反美运动，用抵制美货、经济绝交的手段，给了美国侵略者相当的打击。他们想到要平息一下中国人民的反抗情绪，挽回这种不利情势。尤其重要的，美国在一九〇五年以后，为了加强它在中国独立作战的基础，需要培养一批为美国侵略事业忠实服务的“人才”，使美国能够在

---

① 王芸生：《六十年来中国与日本》卷五，14 页。

② 同上，323、325 页。

精神上支配中国，从而达到支配中国物质生活，获取高额利润的目的。要一举收到这两方面的效果，他们很自然地记起了五十年以前卫三畏的方案。不过这时所要“退还”的已不是少数“赔偿私人损失”的“剩余”款项，而是一大宗美国镇压义和团运动的可耻报酬——“庚子赔款”。这个方案于一九〇六年，为一个在中国有四十年工作经验的美国商人兼传教士史密斯（Arthur Smith）所提出。最初他还只说到利用这笔赔款来吸引中国学生赴美留学，经过一个短时期的酝酿，改为向中国退还一部庚款，规定用于教育事业。在履行了国会通过等手续后，一九〇九年正式实行。

史密斯为使他的提议尽早实现，曾于一九〇六年亲自往见美总统梯奥道尔·罗斯福，第二年，一九〇七年又出版了一本书，题为《今日的中国与美国》，其中用相当多的篇幅说明美国争取教育中国学生的必要。为了证明其见解的正确，史密斯还全文引录了一位与他的观点相同的美国伊里诺大学校长詹姆士（James）给罗斯福的“备忘录”。据詹姆士说，美国应该关心中国青年教育问题的基本理由，是“那一个国家能做到教育这一代的青年中国人，那一个国家就将由于这方面所支付的努力，而在精神的和商业的影响上，取回最大可能的收获。如果美国在三十年前已经做到把中国学生的潮流引向这一个国家来，并能使这个潮流继续扩大，那末，我们现在一定能够使用最圆满和最巧妙的方式，而控制中国的发展——这就是说，使用那从知识与精神上支配中国的领袖的方式”。接着詹姆士在“备忘录”中指出这时不仅在日本，而且在欧洲都已经有了很多中国留学生的事实以后，表示十分着急。他说：“这就意味着，当这些中国人从欧洲回去后，将要使中国效法欧洲，效法英国、法国、德国，而不效法美国。这就意味着，他们将推荐英国、法国和德国的教师到中国去担任负责的职位，而不是请美国人去。这就意味着，英国、法国和德国的商品要被买去，而不买美国商品。各种工业上的特权，将给予欧洲，而不是给予美国。”詹姆士根据侵略者的逻辑，于是得出结论：“为了扩张精神上的影响，而花一些钱，即使从物质意义上说，也能够比用别的方法，收获得更多。商业追随精神上的支配，是比追随军旗更为可靠的。”[①] 史密斯在拥护过詹姆士的理由与结论之后，还提出一点重要补充，就是：庚子赔款，是用以“惩罚”中国人民在一九〇〇年义和团运动中对美国领事馆人

---

① 史密斯:《今日的中国与美国》( Arthur H. Smith: China and America today )，213—218 页。

员的“干犯”的。美国的“责任”，“不是完全退还这笔钱，而是要把这笔钱用来使类似的事件难以再生”。

像美国侵略分子这样的“备忘录”或“著作”，应该是中国人民难得的教科书。它代表美国侵略政策的制订者，详尽列举了美国“退还”庚款，“帮助”中国发展文化教育事业的全部目的，不是其他，正是要“控制中国的发展”，“支配中国的领袖”，使中国“效法美国”，“买美国商品”，“请美国人”“到中国去担任负责的职位”，把“各种工业上的特权……给予美国”；以“追随精神上的支配”代替“追随军旗”直到最后消灭中国人民反对帝国主义的意志，使中国的革命运动“难以再生”。要问美国为什么要对中国进行文化侵略？再也不能有任何文件，比上面的回答更为清楚，更有力量了。

到了一九二五年，美国有计划地对中国的文化侵略，进行了差不多十四五年之久，其他各国才看出美国这一政策的重要效果，都争着“退还”庚子赔款，向美国学习。这时一家在上海的美国报纸，直率指出了“以后一切对华侵略皆将以教育形式出之”这一趋势之后，竟不知羞耻地把美国曾经是这一恶毒政策的倡导者的事实引为骄傲，说假使罗斯福还活着的话，“见彼所发起之退款兴学计划，数年前犹为侵略中国者所非难，今实际已为参加各国一致赞同”，那他对于这个侵略政策的成功，不知会多么“欣慰”呢！[①]

从一九〇八年起，经过了大约四十年，美国对中国的文化侵略，已经涉及到了各方面，而且表现得根深蒂固。据一九五〇年搜集的材料，所达到的情况如下：（一）学校方面，在中国的二十所教会高等学校中间，受美国津贴的即占十七所之多（据美国政府发言人所说是十八所，即燕京大学、齐鲁大学、华西大学、华中大学、金陵大学、金陵女子学院、沪江大学、之江大学、东吴大学、圣约翰大学、福建协和大学、华南女子学院、岭南大学、北京协和医学院、湘雅医学院、辅仁大学、清华大学、南开大学）；三百余所教会中等学校中间，受美国津贴的约近二百所，几占三分之二，小学方面受美国津贴的约一千五百所左右，约占全部教会小学的四分之一。（二）医院方面，受美国津贴的在华教会医院约二百余所，占中国全部教会医院的半数左右。（三）在所谓“慈善事业”方面，受美国津贴的有孤儿院二百余所、麻风病院二十余所、聋哑学校十所、盲校三十所。（四）文化、出版方面，有由美国直接经营

①《东方杂志》12 卷 5 号所转载的《密勒氏评论》报对各国退还庚款的评论。

的大量电影事业，最多的时候，达到中国放映的影片中的百分之七十以上。也有少量的图书馆和教会出版机构如广学会等。（五）宗教团体方面，美国教士在中国直接办理的基督教西差会有五十八个，占在华西差会总数一百一十三个的半数，受这些美国差会津贴的中国基督教会约有十五个。此外还有各种教会的联合组织和青年团体等等。属于美国系统或和美国有关的天主教修会有六七个，在全国一百二十三个主教区中间，有十三个主教区的主教是美国人。

把上面所有的综合在一起，接受美国津贴的文化、教育、"慈善"机关与宗教团体，在中国全部接受外国津贴的同类机关团体中竟占一半左右。仅是教会高等学校一项，每年所需外国汇款，至少在三百五十万美元以上，其中基督教大学每年自美国汇来的款项约二百至三百万美元。专靠搜刮国内外人民的脂膏为生，对于工人群众常常是锱铢必较的帝国主义者，尤其是美帝国主义者，居然如此慷慨，一点也不惜耗费；"扩张精神上的影响"对于美国扩大侵略中国的重要性，就可想而知了。

但是在"退还"庚子赔款以后的长时期内，所有美国侵略分子及其在中国的走狗们，他们异口同声把美国政府处心积虑、万分恶毒的文化侵略政策，照例说成是对中国人民的"友谊"。甚至直到一九四九年，美国的全部侵略面孔已经暴露无遗，而它的一切侵略步骤已经被中国人民根本粉碎了的时候，愚蠢无比的美国国务院还在"追溯"中美"友谊"的历史，说"这种友谊是可以用许多年来的种种事实予以证明的，诸如利用庚子赔款供中国学生的教育费用……"[①]。一九五〇年十一月二十八日，美国驻联合国安理会的代表奥斯汀（W.Austin）也使用同一伎俩，在侮辱中国人民的演说中，不厌其烦地列举了美国在中国办了多少医院、学校等，企图用来掩饰事实的真相，使人误以为美国"并不是血腥的侵略者"。他尽情夸耀："中国全部大学毕业生中有八分之一曾在美国基督教新教会建立的十三所大学中的一个大学或者一个以上的大学中受过教育。……至少有一万五千名中国学生曾在美国在华所支持的各种院校中领受了大学学位，另有一万人在美国受过大学教育。……此外据估计，有二十五万以上的中国学生曾在美国在华所帮助的小学和中学毕业。"[②]他不

① 美国国务院：《中美关系》（The Department of State, U. S. Relations With China），序文。

②1950 年 11 月 28 日美国新闻处成功湖电。

知这种夸耀越多，所暴露的侵略罪恶越重。因为美国在中国从事文化活动的真实目的，正像前面叙述过的已经被詹姆士之流的“备忘录”讲得再清楚不过了。

当然帝国主义驻在中国的文化侵略机关，除了在精神上（一定情况下也在肉体上）毒害中国人民以外，还有很多事情可做，例如从事特务活动，破坏中国人民的革命事业，就是他们的经常工作之一。这一类的血腥事实，在中国近代历史上是不胜枚举的。

## 第五节　争夺关内铁路，组织银行团

在经济侵略方面，美国对东北进攻的屡次失败，并没有使它失望与灰心。这时美国已经积极要求资本输出，在满洲虽不成功，中国关内的广大地区，仍然是美国侵略资本的大好逐鹿场所。一九一〇至一九一三年，美国又在关内从事着激烈的争夺铁路与组织银行团的斗争。

一九一〇年，司戴德从欧洲扫兴归去后，再与美国务卿诺克斯商议，以为美国与唐绍仪接洽的计划，原来是两部分，一是修筑锦瑷路，一是美国借款成立“东三省银行”，筑路虽难实现，借款却仍可进行。但日本既多方阻挠，英国又以英日同盟的别种利益不肯相助，要减少日本阻力，必须联络更多与国，考虑由美国发起一国际性的银行团，以此银行团作为新的进攻中国的手段。恰好这时已经有美、英、法、德四国湖广铁路借款的妥协，美国便以此作为进行基础。

早在一八九六年（光绪二十二年），美国争夺中国铁路的斗争就开始了。这一年清政府修筑卢汉铁路的计划一宣布，外国侵略资本家们即蜂拥而上。美国首先有一位名夹埠（Jeffreds 亦译为夹阜、甲孚、极弗司）的“美国铁道艺学士”，想侵占路权。他曾在上年底与张之洞（时任两江总督）接洽，由美国承修苏沪路，没有成功。这时因清政府决定“官督商办”，不接受“外资”。夹埠遂指使买办广东人满清道员许应锵，假冒“在外洋有华股七百万”，来为自己兜揽股份。[1]但许应锵的活动，乃是“洋股影射”的事实，很快被揭穿，

① 张之洞：《张文襄公全集》卷一五一，22 页。

夹埠的计划落空了。紧接着又有华美启兴公司（American China Development Co.）的老板美国参院议员华士宾（Senator Washburn）包揽卢汉铁路的活动。清政府在“铁路不可缓，洋股不可恃，华股不能足”的时候，重新提出借外款修路。华士宾找到督办铁路总公司事务大臣盛宣怀，先要求中美合股，后来又要求贷款和包办全路工程，并平分赢利。买办资产阶级的代表盛宣怀本来有意借用美款，但见华士宾盛气凌人，“志甚奢”，“气概尤大”，“非为借款而来，意在包扫一切”[①]，已不敢答应下来；加以清政府这时也似乎拿定主意，只同意“借款”“购料”并给予“中佣”，不顾“合股、分利、包工”。华士宾虽经美驻华公使对“总理衙门”施以压力，并再一次找张之洞接洽，却由于他夺取卢汉路的侵略计划过分露骨，引起了各方面的反对。卢汉路的借款，与比利时成立了契约，美国又终于失败了。

但是，美国要求在华投资，是与清政府早有交涉的。当中日战争结束不久，美驻华公使田贝接到美政府指示，要他向清廷要求各种企业投资权，理由是：虽然美国不向中国索取调停中日战争的报酬，但中国不应该健忘。美国资本家一连数次在中国铁路投资都被拒绝，自然引起美国政府的不满。到了一八九八年，从德国上年占领胶州湾起，中国沿海口岸，尽为外人占有。清政府这时也觉得“江海之咽喉已塞，南北海道之气脉已梗，已成坐困”，非赶紧修筑陆上的南北铁路不可。并且一八九六年成立卢汉铁路总公司的时候，清政府已宣布“苏沪、粤汉亦当次第举办”。这时就决定把粤汉路“照原议与北路一气呵成”。为了补偿美国的要求，将这条铁路的敷设权奉送给美国，就成了最方便、最合式的礼物。一八九八年二月经湖广总督张之洞提议，由驻美公使伍廷芳与“美国绅商筹议借款”[②]，美国当然完全同意，仍由合兴公司出面，与清政府于同年四月十四日在华盛顿成立正式合同（一九〇〇年七月十三日又成立过续合同），规定清政府授权合兴公司（又称拓殖公司或启兴公司），建筑铁路，“由汉口城起至广州城，并得有管理此路之权”[③]，美国算是第一次达到夺取中国路权的目的了。

可是合兴公司对于筑路并不积极，直到一九〇五年以前，才在广东境内

---

① 盛宣怀：《愚斋存稿初刊》卷二五、二六各电。

②《张文襄公全集》卷四七，1—5 页。

③ 同上，卷六五，29 页。

筑成了百余华里的铁路。并且它还违背合同，在取得经纪人的利益之后，私自将铁道底股三分之二，售与俄国作主、法国投资、比国出面的比利时公司。俄法势力向长江及其以南伸展，最为英国所嫉视，于一九〇五年，仍由张之洞提出，把粤汉路从美国人手中赎回"商办"。这时美国一方面由摩根公司把已经出售给比利时的股票用重价收回，切实掌握粤汉路已得权利，一面由美国政府"屡饬其驻京使臣柔克义（William W. Rockhill）向外务部干涉，声言美政府断不允废此约"[①]。经过长时间往返折冲，最后由清政府赔偿美国六百七十五万美元，加息在外，才算达成赎回铁路协议。张之洞在办完这场交涉后所上奏折中总结地说："深知合兴根深蒂固，消息灵通，中国官场袒助者多，不易措手……磋磨一载有余，其间波澜叠起，枝节横生，机甫圆而旋翻，议垂成而忽变……"[②]最后使他认识到了美国侵略者的"至狡至毒，蔑以加矣"。但张之洞所付给美国的赎款，是从英国汇丰银行借来的，约定此后再筑川汉、粤汉路时，要尽先向英国借款。至一九〇九年再建粤汉路借款问题发生，英国自恃财力雄厚，开出条件异常苛刻。德国资本家乘机而入，由德华银行出面与清政府交涉，愿以"优待"办法出借六千万马克。而东方汇理银行所代表的比、法资本家，则以一九〇五年曾因建筑四川铁路组成英法银公司，现在却不能相让。英法德三国经过种种斗争，最后组织成一个三国银行团，对粤汉路共同投资。这一来，把美国侵略者关在粤汉路大门外面了，它马上提出抗议。司戴德此时已来华作锦瑷路活动，又同时与三国磋商对粤汉路如何分赃的问题。塔虎脱并以大总统资格亲自致电载沣（清摄政王），坚持美国必须加入。[③]一九一〇年（宣统二年）五月，美、德、英、法四国代表在巴黎妥协，共同以英金六百万镑借给清政府。美国侵略者是如何兴高采烈！塔虎脱在送致国会的咨文上表示美国政府完全赞成。[④]

一九一一年（宣统三年）五月，清政府与美、英、德、法四国的《粤汉路借款合同》成立，至此，诺克斯与司戴德的计划就开始实行。由美国向其他三国提议，以这个银行团作为基础，组织一个永久性的四国侵略中国联合办事机关，除铁路借款外，四国对清政府又投入一千万镑的币制借款（币制

---

①《张文襄公全集》卷六五，24页。

② 同上，奏议，卷六六，1页。又《光绪乙巳年交涉要览》下篇卷三。

③《一九〇九年美国外交文件》（U. S. Foreign Relations, 1909），145、148页。

④《东方杂志》8卷1号。

借款原为美国单独进行，为迁就银行团成立也改为四国共同借款。中美两方草合同于一九一〇年十月二十七日成立，三国加入于一九一一年四月十五日改订新约）。美国此次作法，也和“诺克斯计划”一样，是完全脱离日本的力量去进行的，并且引来欧洲列强，实行与日本对抗。

美国所加入并策划的四国银行团与清政府间借款交易的成立，在帝国主义是通过中国黑暗统治者把中国人民进一步置于它的奴役与压榨之下；在清政府是想用这一卖身投靠方法，抵抗从中国人民方面袭来的革命暴风雨。但它们没有料想到恰恰就是这次罪恶交易，成了中国人民发动“辛亥革命”的导火线。美国以借款方式重新侵占粤汉路时，湘、鄂、川、粤各地人民正积极筹款商办，对美国侵略者的夺路与清政府的卖路，坚决反对。广东旅美华侨致书粤汉路公司，提出十大理由，表示“泰山可移，商办之局断难摇撼”。这时美国与英国联合起来支持清政府提出的滑稽的“铁路国有”政策，以与商办要求相对抗，又令清政府以美国人克林孙为粤汉路总工程师，杜利为宜夔路总工程师[①]，直接掌握路权。这样，由于各省争路风潮的发展，爆发了辛亥革命。

在封建势力与帝国主义的共同打击下，辛亥革命运动虽然很快失败，但这个运动曾产生了一批新兴的政治活动人物。他们固然已经不是在继承同盟会的传统继续革命，但是却还在进行反对袁世凯的斗争。这使袁世凯不得不要大批“善后”费用来排除异己势力。美国也正想从袁世凯手中取得新的利益，于是老经纪人唐绍仪（这时为袁政府的“国务总理”）又出来与原由美国发起的四国银行团接洽一笔借款。但鉴于以往的失败，使美国不能不顾虑此种明目张胆的“政治”借款，没有日本和俄国加入，将难实现，因此由四国共同邀请日俄两国也加入这个银行团。日俄提出“满蒙除外”的条件后，相继参加，美国所发起组织的四国银行团遂一变而为六国银行团了。经过许多出奇的花样，终于一九一三年春天，一笔两千五百万英镑的巨额借款——中国近代史上有名的“善后大借款”，得到了协议。帝国主义者们所要的条件主要有：（一）由六国银团派代表监督借款用途，这种代表称为“协理洋员”。（二）担保借款的盐税，由六国银团设立特别税务机关执行。（三）中国在此

①《满夷猾夏始末记》六编，48、56页。

借款期间，不许向六国以外的任何银行团借款。[①]它们并准备以武力为执行这些条件的后盾。一九一三年六国驻北京公使举行关于大借款的会议，其决议中有一项是："大借款条件所言监督权，如中国不能实行，则六国须以国力干涉。"[②]六国银行团的成立，是一群外国侵略者在中国的某种程度上的暂时妥协。美日两国又各有其特殊用意，美国是玩弄利用别国的故智，取得现实利益；日本是抓紧机会争取袁世凯，作更大规模向中国进攻的准备。

六国银行团对中国所发生的政治作用是如此黑暗，在经济方面也是同样。合同上写着的借款额虽是二千五百万镑，首先经过银行家债权人扣除百分之十六的利益，只剩下百分之八十四——二千一百万镑了，又再由付款国扣除各种名义的到期赔款、垫款等等一千二百七十余万镑，袁世凯最后所得到的数字是八百二十二万镑，即百分之三十三。这个二千五百万英镑的实数，却要经过袁世凯的手，用各种残酷方法从中国人民身上敲榨出来，送到美国和其他外国资本家的钱袋里去！

列宁曾指出："中国革命（按：指辛亥革命）在欧洲资产阶级中间所引起的，不是对自由和民主事业的热忱——只有无产阶级才能有这种感觉，而赚钱的骑士是不能有这种感觉的——而是掠夺中国、开始瓜分中国、攫取中国领土的渴望。六个强国（英、法、俄、德、日、美）银行团力求使中国破产，以便剥削和破坏该共和国。"[③]

但事情又发生了波折。一九一三年三月四日六国最后所表决的财政监督官中，没有美日两国名额，日本希望各国帮助在袁世凯其他机关中获得一席"顾问"作补偿，只有美国是最后落空了（美国官书上把这说成是美国独不争用美籍洋员）。这完全与它发起银行团的初愿相反，而又是一个有决定性的问题。因为美国失掉监督官，就是失掉了对中国的控制权。这不仅难以达到当初援引列强深入侵略中国的目的，反因此给了别国更优越的位置，对美国这是如何不利的形势！要转变此种形势，就只有把由它自己一手组织起来的银行团，再由它一手去破坏才有可能。加以六国银行团里面的美国财团，仅由四家银行组成，在国内没有广泛的代表性，显得力量单薄。美国政府乘威尔逊

① 《东方杂志》9卷12号。

② 黄远庸：《远生遗著》卷一，27页。

③ 列宁：《中华民国底大胜利》，载《列宁斯大林论中国》，37页。

（Woodrow Wilson）新上台的机会，于三月二十日又宣告退出六国银行团。宣言中所列举的理由，当然不是说美国侵略中国的计划又失败了，而是堂哉皇哉地声明："该借款近于干涉中国行政之独立……有背吾美立国主义，本政府不愿负此责任。"[①]这套十足的鬼话，竟还希望中国人民去相信它！但是由于美日的矛盾，使日本人不客气地来揭露了美国帝国主义的诡计。日本《外交时报》对此评论说："美国对中国之政策，向以左手执正义之剑，右手操利害关系之键为要诀"，"彼等呼号正义，悬挂人道牌号之处，必伏有利益……"。[②]正好把这鬼话揭穿。

美国从银行团退出，并未使其他五国拆散。它又进一步由驻北京美国公使劝告袁世凯放弃大借款计划，多作小借款，说是"中国以采用此法为最宜"[③]，想这样来达到破坏银行团的目的。这时袁世凯既不属美国单独支配，劝告自然没有效果。至是，美国的银行团计划，从头至尾，又完全败北。

但美国到底还是不甘心，到后来一九二〇年它终于抓到机会，重新组织了美、日、英、法四国新银行团，统一对华借款。那时经过了世界大战，德国失败，俄国革命，英法嫉视日本在华急进，美国乘机发起一个新银行团，企图以美国摩根银行为中心，结合英法资本，在中国与日本作投资竞争。最初摩根银行代表拉门德（T.W.Lamont）来中国作此项交涉，被与日本连结的交通系反对，拉门德转请日本参加，打破这种阻力，同时借此限制日本对华单独活动，美国运用发起人的地位，掌握了新银行团的领导权。这个四国新银行团的严重侵略性质，可从当时美国公使芮恩施（Paul Reinsch）给北京政府的"备忘录"[④]中看出。依据其中所载，有关中国经济生活的一切大权全由四国银行团掌握；中国从此不能自由向别国借款；银行团"保护"反动政府实施帝国主义侵略中国的新计划；中国的一切财政收支须向银行团报告或任其查问；反动政府任免官员也须得银行团同意。这一切，正如一九二二年"中国共产党第二次全国代表大会宣言"所指出的，"美国……企图组织新银行团——国际帝国主义的托辣斯，想用经济优胜势力，尽量把资本输入中国，以达到掠夺中国的优越地位，做完全管理中国经济的主人翁"。而美国侵略者却说那是

①《东方杂志》9卷12号。

② 同上，9卷11号。

③《远生遗著》卷二，50页。

④《梁燕孙年谱》卷下，44—48页。

"中国的统治权仍由中国掌之"哩！

## 第六节　破坏辛亥革命，扶持窃国大盗袁世凯

前面提到过的辛亥革命运动，是在比较完整的意义下所进行的旧民主主义的革命。这个革命再一次表示出伟大的中国人民，"不仅善于悲叹自己成百年的奴隶地位，不仅善于梦想自由和平等，而且还善于同中国成百年的压迫者作斗争"[①]。从阶级关系上说，帝国主义对这个革命是只会加以破坏，不会加以援助的。

还在一九〇三年，美国在中国的文化侵略代表，金陵大学（那时叫汇文书院）校长福开森（J.C.Ferguson）就帮助了满清政府秘密捕捉当时的革命党人邹容、章炳麟等。而辛亥革命运动的主要组织者与领导者孙中山，曾先后两次到美国华侨中从事革命活动，美国政府不但拒绝给以真正的援助，而且还在保皇党的挑动下，把孙中山在旧金山一上岸的木屋中囚禁过三天。这就是美国最初对孙中山领导的革命运动所表示的态度。

辛亥革命爆发以后，中国出现了两种公开对立的政治势力，一是以孙中山为代表的资产阶级小资产阶级反满的革命势力，另一是以袁世凯为代表的地主阶级买办阶级继承满清的反革命势力。帝国主义者各企图在两者之间，选择一个合乎自己需要的对象，用为继续榨取中国人民的工具。在日本方面一九一一年十一月便由三井洋行借给南京临时政府筹备经费三十万元[②]，一九一二年正月南京临时政府成立，孙中山即"特许"日人阪谷芳郎设立"中华国立中央银行"的特权[③]，此后日本更通过南京临时政府相继取得苏州铁路及汉冶萍公司的合办权等[④]。美国则与日本相反，它一开始，就在"中立"的虚伪名义下反对孙中山，支持袁世凯。

在舆论上：美国统治阶级的报纸，包括《纽约论坛报》和《纽约太阳报》，用了十分恶毒的词句来诋毁中国革命。它们说中国人民"根本不配自己管理

① 列宁：《中国的民主主义与民粹主义》，载《列宁斯大林论中国》，25页。

② 张孝若：《南通张季直先生传记》，中华版，170—171页。

③《远生遗著》卷三，113页。

④《南通张季直先生传记》，170—177页。

自己”，谩骂孙中山是“恶毒的空想家”，说他反对满清专制政府，实行“平均地权”的革命理想是“单纯的狂想”，甚至“荒谬绝伦”。对于袁世凯一面，则同英国一起，制造一种“非袁则亡”“非袁不可”“非袁则不承认”的空气，公然为袁贼撑腰。美国人民对中国革命表示的真正同情，也在这样的声浪中被湮没了。

在财力上，武昌起义后，孙中山曾从美国往英国作外交活动，首先是与由美国发起组成的四国银行团商谈停止对清政府的贷款，改为贷款与革命政府。[①]美国并没有一句话表示赞成。但对于袁世凯一面，当某些国家表示可用小额贷款“作为维持北京市面之用”的时候，美国驻北京的公使却坚决主张实行。他说：倘北京政府因财政困难不能维持，则中国或将陷于无政府状态。且列强合作借款与袁世凯，亦可对中国南方领袖之气焰予以打击，不致要求过奢，使中国南北两方和议不能成立。[②]

在外交上：美国政府始终拒绝与孙中山领导的革命阵营建立任何正式的与非正式的外交关系。一九一一年十月十五日，民国临时外交代表伍廷芳，即以“十八省中，已有十四省宣布独立，拥护共和”的充足理由，要求美国承认共和政府。美政府根本置之不理。十一月十一日，伍廷芳致电美国驻北京使馆，请它转达清政府，劝清室退位。美使拒绝转达。十一月十八日，民军在湖北办理外交事务的王正廷再向美国驻汉口领事格林（Rogers S. Greene）作相同表示，也被拒绝。不久汉阳失守，民军请各国驻汉领事调停，以便与北军进行交涉，或者允许民军携械退出武昌，又遭到美国国务卿的“批驳”[③]。后来南京临时政府的外交总长王宠惠于一九一二年一月十七、十九两日先后向美政府请求承认，又两次碰壁。[④]

其对于袁世凯一面，则又是始终支持的。一九一一年十二月南北两方已经在进行议和活动，同月十五日，美国参加北京公使团所举行的会议，决定由各国公使电商本国政府，采取步骤，对议和“双方”施以压力，促成妥协。同月二十日，外交团又提出意见书一件，宣称外国强盗们的侵略利益，因革命爆发而会“遭受严重危险”，他们“有义务……唤起双方注意，尽速成立和

---

①《孙文学说》，第八章《中国革命之经过》。

②《一九一二年美国外交文件》，105页。

③ 同上，54页。

④ 同上，62页。

解，停止现行冲突之必要”①。当然，无论哪一个帝国主义者包括美帝国主义者在内所要施以“压力”的，都只是革命人民方面，而不会是反革命的本身。二十八日，美国驻华公使卡尔洪（W.J.Calhoun）正式向国务院建议，联合其他国家共同干涉革命，公开支持袁世凯。它把中国人民正义的革命运动说成是所谓“骚乱”，企图利用这种口实，发动第二次“八国联军”，来替袁贼“维持秩序”。一九一二年二月十三日，即隆裕太后授权袁贼组织政府的第二天，美国公使即奉国务院的命令通知袁世凯，说中国现在已进入“形成阶段”，中国驻美公使今后可用“临时外交代表”名义继续行使职权。美国参众两院又于同月二十九日通过一个决议案，“庆祝”中国“共和政府”成立。②国务院也表示欢迎袁世凯“强有力的统治”。美国破坏辛亥革命的虚伪“中立”面孔被它自己全部揭穿了。

辛亥革命的领导阶级与集团，对群众力量的依靠非常不够，不能不在帝国主义与封建势力的反击下，迅速失败。而袁世凯则利用自己的阴谋手段很快在外国侵略者与中国封建主义的基石上建立了自己的新的皇朝。从此以后，美国侵略者又一直支持着袁世凯这个窃国大盗，通过他取得侵略中国的各项利益。

下面就是几件最重要的事实：

（一）一九一一年，美国伯利恒钢铁公司（Bethlehem Steel Co.）曾与满清政府订立一个秘密合同，代中国制造兵船，并派军官教练中国海军。随着满清政府的覆灭，这个计划被搁置起来了。至一九一三年，一切事实都证明袁世凯完全继承了满清政府的反动统治，美国国务院遂在这一年征得海军部的同意，重新向袁贼提议，把上项合同加以实现。企图用这种手段，取得控制中国海军的权力。③

（二）一九一四年欧洲大战爆发，西方列强已无暇东顾，日本正好乘此机会加紧扩张它在中国的势力。一九一五年一月十八日，日本向袁世凯提出独占中国的“二十一条”。这对美国是个很大的打击，美国深知它本身还没有力量阻止日本这样的大举进攻，遂放弃从“诺克斯计划”以来与日本正面冲突的

① 《一九一二年美国外交文件》，55页。

② 同上，71页。

③ 《一九二二年美国外交文件》卷一，745页。

作法，返回到和日本合作的老路上去。当日本最初提出“二十一条”时，美驻北京公使芮恩施曾请总统威尔逊对日本施予袁世凯的压力加以“注意”，二月八日威尔逊给芮恩施一函说：“余感觉对于现在之交涉，予中国以任何直接劝告，或任何直接干涉，均属害多益少，且将惹起日方之猜忌及敌意……”[①]这告诉他，美国的立场是要站在日本一边的。日袁谈判中，美国既联合英国劝告日本把“二十一条”中的“第五号”（即聘用日本军、政、财顾问，中日合办警察、军械所等）放弃，让袁世凯在中国继续统治得下去[②]，又劝告袁世凯“相忍相让”[③]，这都是与日本合作的行动。到五月七日，日本向袁世凯提出最后通牒，美国务院赶紧于同月十五日向中日两国发出一个相同的照会，郑重宣称：

> 美国政府兹特声明，现在交涉中之条约，其中任何条款经中国政府承认而对在华外人之地位有所变更者，在最惠国待遇之下，美国政府亦将享有其利益。[④]

美国于此取得了与日本合作的代价。因为依照这个声明的作用，美国不但完全避免了日本的打击，而且恰好利用日本要求，从中国人民身上取得了相同的利益。

袁世凯一度装腔作势之后，整套接受了日美两国要求，这个窃国大盗，已经变成卖国大盗了。

（三）一九一五年五月，袁世凯办完卖国交涉，所谓“筹安会”便于八月间出现。这是由于袁贼与美日侵略者所作的罪恶交易，增强了他反革命反人民的信心，打定主意要做“皇帝”了。日本一面在提出“二十一条”时即“希望贵总统高升”；一面又扶助反袁世凯的云南起义。美国则百分之百地支持袁世凯称帝。首先在七月间美国人古德诺（Frank J. Goodnow）即以袁世凯“宪法顾问”的资格，发表了一篇《共和与君主论》，说中国改用君主制比共和制好。理由是：“民智低下之国，其人民平日未尝与知政事，绝无政治之智慧，

---

①《六十年来中国与日本》卷六，330页。

②同上，382—383页，又同书美教士班煦福回忆录。

③同上，330页。

④同上，331页。

则率行共和制，断无善果……否则外人之干涉恐将不免也。”他并且责难辛亥革命说：“四年以前，由专制一变而为共和，此诚太骤之举动，难望有良好之结果者也。”因此，“中国如用君主制，较共和为宜，此殆无可疑者也。盖中国如欲保存独立，不得不用立宪政治，而从其国之历史习惯，社会经济之状况，与夫列强之关系观之，则中国之立宪，以君主制行之为易，以共和制行之则较难也。”[①] 这个“中国用君主制为宜”的“理论”既鼓励了袁世凯，又对反袁世凯的人民施以恫吓。后来“筹安会”的宣言和通电，都引用古德诺的荒谬言论作为帝制运动的“根据”，这表现了《共和与君主论》的实际效果。同年十月，日本邀请英、俄、法、美四国政府对袁贼作“正式之友谊”劝告，要他暂时不改帝制，免得引起中国“内乱”。十一月四日美政府正式答复日、英两国，拒绝参加。理由是：中国的改制问题是中国的内政，只要不妨害外人在华利益，美国不能干涉，“以免妨害中国之主权”[②]，好像美国侵略者从来“没有”妨害过中国的主权似的。

袁贼正要过皇帝瘾时，不料云南起义突然爆发，他只得延缓“登极”日期。这是美国所十分不乐意的。芮恩施在后来出版的《一个在中国的美国外交官》一书中，不胜其惋惜，说这是个“错误”的决定，“假如袁和他的部下在这时敢于大胆地公布帝制，那末列强中有好些国家的承认是可能跟着而来的。”[③] 对袁世凯这样一个走狗因称帝不成而最后垮台，美帝国主义者该是如何伤心啊！

也就在这时，美国取得了对中国各种贷款的权利。据已经发现的材料，一九一四到一九一六年六月六日袁世凯身死之前，中美借款合同共有五个。（甲）一九一四年一月三日中美“导淮借款”二千万元，五厘息。（乙）一九一六年四月十一日由驻美公使顾维钧与美国波士顿省利 · 希格金生公司（Lee，Hagginson & Co.）签订的借款二千万美元，六厘息，九七扣（另一说此次借款数目为五百万元，成立于四月七日）。在付款一百万元以后，袁便死去，美国“鉴于中国时局之不靖”，停止续付（与此同时），又另传该公司于上年八月，即曾以“振兴实业”“整顿经济”等名目贷款五百万美元予袁政

① 古德诺：《共和与君主论》，载《东方杂志》，12 卷，10 号。

②《一九一五年美国外交文件》，76—78 页。

③ 芮恩施：《一个在中国的美国外交官》（P. S. Reinsch：An American Diplomat in China），183 页。

府)。(丙)同月十九日与美国广益公司(American International Cooperation)成立山东省“运河改修借款”,三百万美元,七厘息。(丁)五月十三日“淮河改修借款”,三百万元,七厘息。(戊)中美“铁路借款”一千万元,五厘息。允许美国在中国建造一千五百英里的铁路。[①]这许多名目不同的借款合同,除“导淮借款”外全是在一九一六年四月到六月的极短时期内成立的,这时正是袁世凯称帝引起了全国人民反对的时候。同时,这许多次借款,又差不多都遭到日本和其他国家的坚决反对,很显明是有着政治借款与投资利益的双重目的。

袁世凯的政治活动,主要是依靠英国,对美国也有上述种种关系。还在一九一二年(民国元年)八九月间,孙中山与袁世凯在北京见面时,有一幕秘密谈话。当时有位名记者报道这个谈话内容说:“孙君遂问袁君以联美历史(按:美利用袁贼的历史),袁乃告之如此如此,孙君即席嗟叹,谓为远谋(按:美利用袁的远谋)。”[②]实际上应当说美国利用袁世凯是历史悠久而又有“远谋”的。身为国民党领袖的孙中山则“向主联日”[③]。在这个时期内,争夺中国的帝国主义者,主要是英国和日本(英日同盟本来是对付俄国的,一九〇七年以后,日俄已结成实际上的同盟,这使英日同盟的意义缩小,并且英日帝国主义者,也从来没有因为有同盟关系,而减轻了他们争夺中国的斗争),美国一般是赞助英国的。英国与日本利用中国的政策有不相同之处,日本是制造中国纷乱,从中取利,因之对各种对立势力常同时操纵;英美则常扶持中国一个最反动的代表人物及其政府。

## 第七节　美日矛盾制造中国的内部纠纷

第一次世界大战爆发以后,美国加紧了争夺中国的斗争。

对于这个战争的本质,列宁写道:“资本主义已变成极少数‘先进’国用

---

①关于(丙)、(丁)、(戊)三项借款合同成立的日期、公司名称,张忠绂《中华民国外交史》193页所引材料与此有出入,(乙)项借款数目,同书204页材料为五百万美元,日期为4月7日。

②《远生遗著》卷二,119页。

③《中山全书》,《能知必能行》附录,孙中山亲在《陈英士致黄克强书》中所加按语。

殖民政策压迫、用财政资本扼制地球上极大多数居民的全世界体系。瓜分这种‘赃物’的，是两三个雄震全球而全身武装的恶兽（美、英、日），它们把全世界都卷入它们自己为瓜分自己赃物而进行的战争。”①

中国这时早已被帝国主义搅成了漆黑一团。袁世凯在中国人民的打击下很快滚到坟墓中去了，使外国侵略者失去了能够继续作为总工具的中心人物。但是袁世凯所代表的各种黑暗残余势力，却并没有从此消除。日本很快利用了“北洋正统”派的段祺瑞，美国则以继承总统位置的黎元洪为对象。在一个短时间内，美国和日本在中国的斗争，又表现为黎元洪与段祺瑞的斗争，所有张勋“复辟”及中国加入第一次世界大战，都是这个斗争的产物。

大战开始不久，日本以德国占据青岛为借口，攻略山东，美国即怂恿袁世凯向日本提议限制战区，大为日本所反对②，后来英法等国又示意中国参战，日本仍多方拦阻，它怕中国因参战而掺入国际活动，影响它的侵略。美国乘机大做军火生意，直至一九一七年二月才宣布加入这个强盗战争。它通知北京政府，“如他中立各国能仿美国政府之举动者，实于世界和平将有裨益”③，希望把中国人民卷入这个大屠杀的血泊之中，使中国反动统治者取得在战后发言权的代价，作为帮同美国抵抗日本的助手。虽然这在作法上与日本完全相反，而动机则完全相同。但这时日本方面的情况已有变化，它既于一九一五年取得“二十一条”的特别利益，又于一九一七年二三月间成立与英、法、意、俄四国的秘密谅解，由四国帮助日本非法取得山东权利，日本则以压迫中国对德宣战为交换条件，所以美国对中国提出上述希望时，日本完全赞成。这时段祺瑞是黎元洪手下的“国务总理”，他正好借此机会取得日本援助来扫荡异己，巩固北洋势力，对“参战”进行不遗余力。美国这才发现中国加入作战只是恰好被日本所利用，于是，掉过身来，又主张中国暂时不要对德宣战，免得引起对外纠纷美国不能援救。④一九一七年三月段祺瑞为对德绝交问题拟具电稿训令驻日公使章宗祥秘密通知日本政府，请黎元洪签名盖印时，被黎拒绝，发生所谓“府院之争（总统府与国务院）”。段祺瑞运用了“公民团”请愿，“国会”讨论及其他种种手法，尚无确定结果，日本便

① 列宁:《帝国主义是资本主义底最高阶段》，载《列宁文选》（两卷集）卷一，921—922 页。

②《六十年来中国与日本》卷六，47 页。

③1917 年 2 月 4 日，驻北京美国公使致外交部照会。

④《一九一七年美国外交文件》附册卷一，410—411、419—420、429 页。

乘段系“督军”哗变，由日人佃信夫出面活动辫军头子张勋与段祺瑞合作实行“复辟”，驱逐作为美国工具的黎元洪，同时又给段祺瑞日金一百万元作军费，背弃与张勋的盟约，迅速将辫子军打散，以便段祺瑞取得更多权力。在此扰攘期间，黎元洪由他的外交总长老亲美派伍廷芳，请美国发表公开声明，表示赞成黎元洪为中国大总统。美国侵略者也觉得有此需要。六月四日美政府对中国发出这样一个劝告：

> 中国是否对德作战，为次要问题……美国所以关心中国政体及行政人物者，仅中美友谊之关系（！），美国不得不助中国（按：黎元洪）。①

同一天，美国务院又训令驻英、法、日三国美使，要他们请三国政府与美国采同一行动，向中国各方劝告，英法两国婉言回复。日本则认为这种劝告是干涉中国“内政”，亦即干涉段祺瑞，对美国的要请当然拒绝。美国所作单独劝告也深为日本所不满。②结果黎元洪被迫下台，美国的活动又决定失败。

这里必须清楚，美国这个时期对中国侵略多次失败的原因，并不是美国所使用的力量不够，或政策和缓，而是它面对着的竞争敌人力量太强大——新兴的日本又联合了一个老大的俄国。日俄两国在战争结束不久，即由敌人变为朋友。由于美国对中国进攻愈趋愈紧，日俄关系也就愈演愈密，从一九〇七到一九一六年十月之间，日俄连续订了三个公开协定、四个秘密协定。一九一六年六月日俄第四次密约上更明确规定两国以军事合作来保障双方重要利益，“须要中国不落在任何第三国政治势力之下”③。所谓“第三国”在日俄心目中是美国的代名词。有了这样强大而有决心的敌人，美国侵略者不能在中国逞其大欲，就无怪其然了。

---

①《东方杂志》14 卷 7 号。

②《一九一七年美国外交文件》附册卷一，427、431—432、446—447 页。

③《六十年来中国与日本》卷七，43 页。

# 第三章　争夺中国霸权

（一九一七——一九四五年即第一次世界大战到第二次世界大战结束）

## 第一节　绪言

帝国主义争夺殖民地的第一次世界大战，到一九一七年达到了最高峰。

这一年，俄国爆发了震动世界的伟大十月社会主义革命，无产阶级领导一切劳动人民推翻了地主资产阶级的统治，建立苏维埃政权，在世界上出现了一个与资本主义处于根本对立地位的国家。

从这时起，整个世界的历史改变了方向。在这以后，整个世界的历史出现了一个崭新的时代。

几十年以来，一直在中国行使殖民政策的英、法、德、俄、美、日等主要侵略国家，经过这次战争和革命，都分别发生了重要的变化。其中首先是日本的资本主义实力突飞猛进。以一九二八、一九二九两年和战前的一九一三年相比，日本的工业产品总值由一点三万亿日元，增至八点二万亿日元。拥有资本额五百万日元以上的公司，有六百六十六个，资本额多至四千万日元的托辣斯有七个，它们支配着所有最大公司总资本额的百分之五十九。日本这种独占资本的畸形发展，主要是它利用大战期间，西方列强无暇东顾，猛烈地向中国扩张侵略势力，取得各种特权，疯狂掠夺中国人民的结果。据利玛的统计，一九一四年日本在中国的投资还只有二万万一千九百六十万美元，占外国在华投资总额一十六万万一千零三十万美元的百分之十三点六，一九三一年突增至一十一万万三千六百九十万美元，占外国在华投资总额三十二万万四千二百五十万美元的百分之三十五点一。至一九三七年“七七事变”前夕，连东北在内，日本对中国的投资，竟达二十万万零七百五十万美元，占当时外国在华投资总额的百分之四十四点五。这种事实，说明日本无论在政治上、经济上，都在外国侵华势力中首屈一指。

和日本的情形大体相同的就是美国。它在战争中投机取巧，大发横财。一九一四年战争一开始，它就宣布“中立”，直到一九一七年四月六日才对德宣战。在这个长期间内，美国除了大做军火生意，还着重向英法等主要协约国大量投资，同时，美国的农产品如棉花、小麦、肉类也以英法为重要倾销市场。这使得美国在战争中和战争后，达到了下述若干方面的繁荣景象：（一）工业生产额由一九一四年的二四二点四六亿美元，增至一九一九年的六四四点一八亿美元；（二）输出方面，由一九一四年的二四点八四亿美元，增至一九一七年的六四点一二亿美元；（三）国民收入由一九一二年的一八六三亿美元，增至一九二二年的三二〇八亿美元；（四）由战前对欧负债六十亿美元的债务国地位，经过战时收买外国在美投资，及贷出一百亿美元而达到债权国地位；（五）全世界黄金的一半归美国所有。“资本主义世界里的财政势力中心，全世界财政资本剥削的中心，已从欧洲移到了美国”。[1]与这同时，就是美国在中国的侵略势力日益增强。据一九三一年的统计，美国在华投资已达到一万万九千六百八十万美元。占外国在华投资的百分之六点一。与英日两国相比，虽仍居于第三位，但如果与一九一四年的美国在华投资四千九百三十万美元，占全部外国在华投资百分之三点一相比，则美国的投资实数增加了三倍以上，而与其他各国的比数增加了几乎百分之百，这是一个很大的跃进；并且其中还不包括占美国在华活动重要项目的“宗教”“慈善”“文化”等事业的投资。而美国这时在中国的政治地位，则显然超出英国之上，足与大战期间迅速膨胀、政治经济都占首席地位的日本并驾齐驱。

反观战前在中国有重要势力的其他各国，情形却与美国和日本相反：

俄国——爆发了革命，沙俄所代表的一切侵略势力被彻底消灭了。苏维埃政权一成立，便宣布它的和平外交方针，与援助殖民地半殖民地及弱小民族革命运动的国际主义政策，对中国则声明“凡以前俄罗斯帝国政府时代所取得的特权，都交还中国，不受何种报酬”。使中国人民在国际上有了自己真正的朋友。

---

①斯大林:《在联共（布）第十四次代表大会上关于中央委员会政治工作的总结报告》，人民出版社版，5—6页。

英国——是被战争削弱最多的国家之一，工业生产力遭受破坏，由世界上第一个债权国变成了债务国，仅欠美国战债即达四十一万万六千六百万美元，这不能不严重影响它的国际地位。俄国十月革命以后接踵而来的印度、埃及等殖民地的民族独立运动，更给了“大英帝国”的统治以严重打击。在中国的经济势力，包括企业、不动产和政府借款的各项投资也由一九一四年的占外国在华投资百分之三十七点七，略降为一九三一年的百分之三十六点七，至一九三七年，更下降为只占百分之二十八点四。也就是在战后，由维持原状一再减少，成为第二位。

法国——和英国同样是战胜国，但所受战争的直接破坏比英国更加严重，也变成了美国的债务国。其在中国的投资，也由一九一四年的占外国在华投资百分之十点七，下降为一九三一年的百分之五点九，表示它在中国的实力几乎衰减了一半。

德国——是战败国，除了战争的消耗以外，依巴黎和会规定，它须在四十二年内摊还协约国的赔款本利二千二百六十亿金马克，平均每年要付出五十四亿。除半数可以用物品、船舶、土地、矿山等抵充，其余的二十多亿，还是要用现金支付。这显然大大超过了德国的负担能力，打击了它的侵略凶焰。虽然在一九二一年，美国为保持德国为其投资地和市场，曾与德国单独讲和，实行为美国资本侵入德国开辟道路的“杨格计划”和“道威斯计划”，逐渐复活德国的军国主义势力，使它在世界的地位重新提高。但是在中国，它的主要实力——如山东的各种特权和财产，都全部为日本所继承，没有恢复原来的地位。一九一四年，德国在中国的投资占外国在华投资百分之十六点四，为第四位，到一九三一年降到了与比利时相同的地位，仅占百分之二点七，成为第六位了。

世界局势这种深远的、划时代的变化，毫无疑问，对于中国产生了特别重要的影响。那就是一方面，由于有了社会主义国家苏联的出现，划分了世界革命的历史范畴，使中国旧的资产阶级性质的民主主义革命，开始成为无产阶级社会主义世界革命的一部分——新民主主义革命。在无产阶级领导下，这个革命必然把中国人民引导到完全的胜利，把帝国主义封建主义在中国的统治势力彻底消灭掉。另方面，由于侵略国家之间力量的嬗变与不平衡发展，使外国在中国的侵略势力，比较集中起来，由过去英、法、德、俄、美、日六个主要国家的牵制与追逐，变为美国和日本两个主要国家的妥协与斗争，因而也就加深了中国的民族危机。特别是当后来一九二九年资本主义经济总危机爆发以后，帝国主义与各方面的矛盾都十分尖锐起来，疯狂准备重新分割殖民地、反对苏联的世界战争。中国更首当其冲地受到侵略战刀的威胁，经历了几乎亡国的危险！

单就美国侵略中国的进程来说，也就是从这时起，达到了一个与列强主要是与日本争夺中国霸权的新时期。列宁分析这时中国的局势说："帝国主义列强分割中国还刚才开始，日美等国为夺取中国的斗争日益尖锐起来。"① 虽然此后英、法、德等国仍旧在侵略中国，像在第一次国内革命战争时期的英国，第二次国内革命战争时期的德国还表现得很突出、凶狠；但是美国在这整个时期中的争霸地位，却并未因此而有所降低。而一九一七年十一月的《蓝辛石井协定》（Lansing-Ishii Agreement），就是美国在这个新时期与日本交锋的第一个回合。②

## 第二节 《蓝辛石井协定》——美国争夺中国霸权的第一个回合

从一九○五年起，美国在中国的活动，屡次遭到日本阻挠，至一九一七年以前，美日关系已更加恶劣。一九一七年九月，日本前外相石井菊次郎赴美讨论战后中国问题，并调整美日关系。

这一年五六月间，美国政府干涉中国军阀的政争，曾引起日本方面的尖锐抨击，认为美国如此干涉中国内政，是妨害了日本对于中国的"特殊的密切的政治与经济的关系"。石井菊次郎的赴美，首先是要取得美国对于日本的在华"特殊利益"的正式承认；而美国方面，却认为日本排斥美国向中国侵略，是没有遵守"门户开放"的原则。石井与美总统威尔逊第一次谈话中，威尔逊即明白指出这一点，并表示"殊为遗憾"③，显然需要日本重新提出保证。两家各自怀着鬼胎，但又恰好互相利用。于是从九月六日起，美国务卿

① 列宁：《帝国主义是资本主义底最高阶段》，载《列宁文选》（两卷集）卷一，1002页。

②《蓝辛石井协定》11月2日成立，在十月（11月7日）革命前数日。所谓新时期，是着重协定新的意义上，且沙俄所代表的侵略势力，二月革命已大部推翻。

③《六十年来中国与日本》卷七，118页。

蓝辛（Robert Lansing）开始与石井谈判一个协定，由日本保证美国的“门户开放”，美国则保证日本的“特殊利益”。十一月二日蓝辛送致这样一个照会给石井：

> 合众国及日本国政府均承认凡领土相接近之国家间有特殊之关系，故合众国承认日本国于中国有特殊之利益，而于日本所属接壤地方，尤为其然……且声明两国政府常于中国维持所谓“门户开放”及对工商业机会均等之主义。①

同日，石井以同样内容照复蓝辛，美日协定便宣告成立。

美国这时重提“门户开放”，表示两种新的意义：（一）一八九九年这个口号的作用是反对英、法、德、俄等一群强国，现在主要是反对日本，那一群强国已开始被它挤下去。蓝辛记载着他对石井所说的话：“我告诉他（石井），必须看出，在世界现况之下，只有日美两国有能力供给款项来开发（！）中国的巨大富源；假如我们听任势力范围政策逐渐恢复，如现已在进行中者，各同盟国必将认为我们是在觅取机会独占；我认为我们应当联合起来消弭一种印象，以为我们在自私自利地利用他们荒废的情形来建立自己的赀财，而丝毫不想到那些为其本身、同时也是为美日两国而作战的国家。”②这几句话，除掉它的外交辞令，就是说，英、法、德、俄等强国已经垮下去了，有力量掠夺中国财富的，只剩下美日两国。美国正要利用“门户开放”，把自己的势力伸进中国所有地区，如果日本还要“恢复”势力范围，那就是“自私自利”，美国是要反对的。这一新的意义，表示出美国侵略中国所达到的深刻程度。（二）美国以“门户开放”（或“机会均等”）对日本的“特殊利益”，是日美以对等地位处理中国问题，日本原来独有的优势又被它挤下去。同月十二日，蓝辛对中国驻美公使的谈话：“中国在今日对于美国投资的吸引力与过去不同……只有日本同美国是目前有剩余资金可以投资的国家……”又说：“假如我们退出，整个地盘，便落入日本手里，设想中国也不愿意。”③这就是说，现在中

---

①《六十年来中国与日本》卷七，121页。

②蓝辛：《大战回忆录》（R. Lansing：War Memoirs），294页。

③同上，303—304页。

国的主要侵略者除了日本还有美国。在美日两国中，只要有一方从中国“退出”，另一方就可以得到“整个地盘”，反之两方都同时前进，就可以平分中国。这一新的意义，表示出美日在中国已势均力敌。从此美国以日本作主要对手，经拉锯式过程，进行争夺中国霸权的斗争。

此外，在这次美日谈判中，蓝辛还对于“门户开放”的意义，重新作了解释。他说“门户开放政策，对日本是特别有利的，假使我们回到势力范围制度，而各国得在中国某些部分享受卓越利益，那末日本由于地理位置而获得的优势，便归于消灭。日本因为有廉价及有效率的劳工，并且货物运到中国，只需经过很短的路程，所以门户开放政策对它比任何其他国家都有利”①。蓝辛在这里为了强调对日本的“特别有利”，关于美国的利益如何，没有提及；但是这并不妨害美国政府公开承认了这样一件事实：即美国的“门户开放”政策，从来就是与中国的民族利益相违反的。它只对“任何”外国侵略者都有利益，特别是对于当时中国人民的死敌日本侵略者“比任何其他国家都有利”。足见一切用对中国人民的“友谊”来解释这一侵略政策的谰言，全是无耻虚构了。

但是，纸面上获得平分中国的协议，绝不可能使美国和日本在中国和平共居，而是继续展开着各种斗争。

在国内，这时北京政府由北洋军阀另一个派系——直系头子之一的冯国璋以原来“国会”所“选”的副总统资格继承黎元洪；段祺瑞仍为“国务总理”。冯国璋曾兼江苏督军，在长江流域有相当实力。美国又结合英国，暗地以直系军阀作走狗，与日本的段祺瑞皖系（亦称安福系）军阀相对抗。段贼对日本十分忠实，仅一九一七年八月至一九一八年九月，日本对北京政府的借款即在五万万元以上，一九一八年九月逼使冯国璋以“任期已满”辞职，而由皖系所掌握的徐世昌接替总统。这使美国不得不急起直追，除仍然积极培植直系而外，一九一九年，美国的银行家与政客又一度由美国人林百克怂恿孙中山到美国去活动，说那里“有巨额的金钱，可供他办所要办的事”。孙中山以另有困难未能实行。

在国外，一九一八年二月，列宁领导的苏俄政府与德国单独讲和。美日所在的“协约国”东方战线发生破绽。日本便以“共同防敌”为理由，通过

① 《大战回忆录》，292 页。

段祺瑞与北京政府订立所谓《中日共同防敌军事协定》，规定中国为“军事行动区域”[①]。日本的用意，是一面强拉中国加入反苏，另一面则进一步操纵段祺瑞扫荡反日势力。美国看破了日本的谋略，也迅速向西伯利亚出兵，除一面与日本反苏完全相同外，另一面则与日本针锋相对，即牵制日本在中国的军事行动，以巩固直系反日力量，使它好争得中国。这是美帝国主义反苏与侵略中国紧密结合的典型例子的第一个，后来这样的例子还多得很。如斯大林说过的，帝国主义现今每逢进行一种龌龊的勾当时，都是想把苏维埃国家牵连进去的。

## 第三节　巴黎与华盛顿分赃会议

### 一　巴黎“和会”

一九一八年十一月一日，德国与协约国签订休战条约，欧洲大战正式停止。各协约国预定一九一九年一月在巴黎举行会议，讨论和约条款。这又是美国用外交手段抵抗日本、争夺中国的好机会。

这个所谓“和会”，原是帝国主义重分殖民地的会议。中国在名义上虽是“战胜”国，实际上则被帝国主义以殖民地看待；帝国主义国家中曾有人提出，中国不应参加和会或不应有发言权。但这究竟与他们自己所大肆宣传的“公理战胜”太不相符合，还是勉强给了中国一个席位。

美国计划在“和会”上要做的有两件事：一是组织世界资本主义的反苏指挥部——“国际联盟”，以包围社会主义苏联；一是争取中国代表为工具，抵制日本对中国的要求。北洋政府派陆徵祥等前往出席，恰好让美国达到这个目的。本来北洋政府在日本影响下所决定的与会方针，是关于东方的事，中日两国代表互相协商，采同一步调，即唯日本之命是听的亲日方针。后来美总统威尔逊打起十足“正义”的幌子亲自赴会，提出所谓“和平”条件十四条，民主自由、民族自决，应有尽有。这在中国资产阶级和不少的知识分子中造成了幻想。中国代表团中顾维钧等亲美派乘机活动，又有中国留欧学生

---

①《六十年来中国与日本》卷七，227—228页。

向代表团提出废除“二十一条”、收回山东权利等要求。陆徵祥等人的态度，遂一变而为反日亲美。中国代表在和会中所提出的废除“二十一条”、收回山东权利等项，还算符合中国人民的利益，美国就利用中国与日本的争执，来打击日本。因为日本一旦把这些权利放弃，则美国在“门户开放”口号下，可以在中国获得很大的权利。威尔逊在美、英、法三头最高会议中，对中国的要求曾再三坚持，但英法与日本先有密约，不肯同意，后来日本更以不得山东，便不参加国联，并另组德俄集团相威胁，美国只得让步。四月三十日晚，美全权委员处新闻股长告诉中国代表：威尔逊总统“以大局可虑……而最后究不能不稍迁就”①。就在同日白天，美、英、法三国会议已决定《凡尔赛和约》中的山东条款三条，规定德国所强占的胶州领土、铁路、矿山及其他一切特权，不归中国而由日本继承。把这几条罪恶的条款照录在下面：

（一）“第一百五十六款：德国允将西历一千八百九十八年三月六日（清光绪二十四年二月二十四日）中德条约所规定胶澳租借地及铁路、矿山，及水底电线等项，与其他中德迭次所订关于山东之各案先后所规定德国享受之种种权利及所有权或特权，完全让与日本，尤以一八九八年《中德胶澳条约》所规定者为最要。至德国对于胶济铁路及其支路所有一切权利，连同附属各该路之种种财产，如车站、机关、工场，及车辆，并矿山、矿场，与兴办各矿之一切材料，及附属于各该项财产之权利及特权，现已为日本所取得者，仍归日本继续享有。至德国之国有胶沪、胶烟等水底电线，及所有附于各该线之权利及特权暨财产，亦一律归日本所得，无庸付费，并无附带条件。”

（二）“第一百五十七款：所有胶澳租借地内德国之国有动产暨不动产，以及关于该租借地，德国或因自行兴办各业，与因直接或间接支出经费所应得之权利，现已为日本取得者，仍归日本继续享有，无庸付费，亦并无附带条件。”

（三）“第一百五十八款：自本约将来施行之日起，限三个月期内，德国须将关于胶澳之民事、军事、财政、司法，及其他行政之档案簿册、契据暨各种详图及公文，均移交日本。至上开之一切文件，无论现存何处，务须如期交出。至关于以上两款所开德国之权利及所有权或特权之各条约或合同及

①《六十年来中国与日本》卷七，322页。

所订办法，所有其中要点，德国亦须于该期限内详细通告日本。”[①]

这是美日及其他帝国主义者对中国主权的极大侵害，和对于中国人民的极大侮辱。

这个消息传来，激起了中国广大人民的愤怒，爆发了彻底地不妥协地反帝国主义和反封建主义的“五四”运动。当然这个运动绝不单是由于巴黎和会的结果而突然发生的。“五四”运动以前，特别是在第一次世界大战期间，中国的民族工业有了较多的发展；伴随着新型工业而来的中国工人阶级的人数，也显著增加了。这说明国内的社会条件正在发生着重要的变化。与此同时，在国际上，俄国十月社会主义革命伟大胜利的消息，很快冲破了帝国主义和反动政府的封锁，深入到了中国人心。一些先进的中国人这时已注意到俄国革命的发展，并且开始探寻这个革命的指导思想——马克思主义思想。毛泽东同志说：“十月革命一声炮响，给我们送来了马克思列宁主义。十月革命帮助了全世界的也帮助了中国的先进分子，用无产阶级的宇宙观作为观察国家命运的工具，重新考虑自己的问题。”[②] 当时的情形正是这样。“五四”运动以前，国内国外这些条件的变化，引起了中国的社会阶级关系和思想潮流的剧烈变动。这样，作为一个新兴的人民运动，即使没有像巴黎和会一类的刺激，也必不可免地是要在另外一种情况之下发生的。

“五四”运动严重打击了卖国的北洋政府，使陆徵祥等不敢在和约上签字。美国这时一面觉得中国人民力量的不可侮，也由国务卿蓝辛指使陆徵祥等拒绝在和约上签字[③]，给美国留一回旋余地；一面在国内展开激烈的反日宣传，国会中有人提出“与日本宣战亦所不惜”[④]，向日本直接警告。八月初，又以威尔逊名义发表一驳日本外相内田康哉的声明，进一步否认“二十一条”。八月中旬更由参院通过一议案：“保留美国对于中国与日本因此条件所起争端之完全自由行动权。”[⑤] 作为后来对日反攻的张本。

---

① 张忠绂：《中华民国外交史》，272—273 页。

② 毛泽东：《论人民民主专政》，《毛泽东选集》卷四，1471 页。

③《六十年来中国与日本》卷七，352 页载陆代表密电：“美外交总长口气，似于保留一层办不到时，当然不能签字。”

④《东方杂志》16 卷 8 号。

⑤《六十年来中国与日本》卷七，374—375 页。

## 二　华盛顿会议

《凡尔赛和约》，本来是建立在火山上的和约。帝国主义的议“和”代表们，刚刚从会议厅门口走出来，他们争夺殖民地的新的矛盾又已经表面化了。尤其是在中国问题上，美国参议院因山东问题对于和约拒绝批准而引起的美日两国紧张局势，达到了十分严重的地步。

斯大林曾分析第一次世界大战结束不久帝国主义争夺殖民地的情形说：“……由于最近一次帝国主义战争结果所确立的现今殖民地和势力范围分配情形，早已陈旧了。这种情形既不能使美国满意，因为它不愿以南美洲为满足而力图侵入亚洲（首先是侵入中国），也不能使英国满意，因为它现在丧失着自治领以及东方许多极重要市场，也不能使日本满意，因为英美两国在中国时常‘妨碍’它的行动……”“不必来证明，亚洲市场和通往那里去的道路，乃是主要的角斗场所。由此就产生出许多成为新冲突泉源的枢纽问题。由此就产生出所谓太平洋问题（美日英三国间的对抗），它是为争夺亚洲及通往亚洲道路上的霸权而斗争的基因。”①

到一九二一年，美、日、英三国争夺亚洲特别是在争夺中国方面所存在的问题是：

美国：（一）急切要求调整美日关系，把山东从日本手中夺回，置于“门户开放”政策之下；（二）与此同时，就是拆散英日同盟，孤立日本；（三）并限制日本的军备竞赛。

英国：害怕因与日本的同盟关系，有卷入美日冲突的可能，正处于一种继续亲日或反日的动摇中，同时，也希望有一种国际协定，来保障它的既得权利。

日本：原不希望讨论中国问题，不过美国既坚持与它作对，也就愿意获得两国侵略远东的某种“共同谅解”。

这种情势，遂产生了一九二一年十一月十二日至一九二二年二月六日的以所谓“太平洋问题”为议题的华盛顿会议。

其实华盛顿会议是美国为解决中国问题而召集的，这在美国国务院发出

---

① 斯大林:《在联共（布）第十五次代表大会上关于中央委员会政治工作的总结报告》，人民出版社版，6、6—7页。

的请牒中说得很明白："邀请中国之主旨，则为该会之主要议案均与中国有关，苟不得其同意（？），无论何事当然不能解决。"[①] 所以与会的虽有中（北洋政府）、美、英、日、法、比、荷、意、葡等九个国家，重要演员却只有美、日、英三国。美国在这次会议中显然与在巴黎和会不同，一开始便处于有利地位，既得英国某种同情，更以前国务卿蓝辛及前北京政府顾问韦罗贝（Westel W. Willoughby）为中国代表团"顾问"，操纵利用，唯其所欲。美国务卿许士（Charles E. Hughes）竟成为公开的中国"太上代表"。因此美国很顺利地从英日方面取得了几个不等价的交换利益：一个是把这以前的英日同盟拆散，争取英国到自己方面来。当英国表示犹豫时，美国以废除以前与日本订立的《蓝辛石井协定》为交换条件，使英国废除了英日同盟。再一个是联合英国强迫日本接受一个"五五三"（美英各五，日三）的海军吨位比率。当日本不接受时，美国即指使北京政府代表提出"二十一条"要求讨论，翻过来，又以美国所主持讨论此问题的"远东委员会"宣告无限期延会为交换条件，使日本接受了这个保证美国优势地位的海军比率。[②] 美国用此种翻云覆雨手段达到了巩固它在中国现有势力的目的，并安置下进一步夺取中国霸权的基础。

在会议中对于美国所没有解决的只剩下山东问题了。为了减少阻力，美政府又提议中国代表团与日本举行会外谈判。美国方面则以"调人"资格，由国务卿许士与马克谟（J. V. A. MacMurray）、培尔（Bell）等人先后参加。在美国逼迫下，日本又终于让步，于一九二二年二月四日由北京军阀政府的代表与日本签订解决山东悬案条约及附约，议定日本军队分段从山东各铁路沿线撤退，胶济路则由中国"赎回"，淄川、坊子、金岭镇各矿山"移归按照中国政府特许状所组织之公司接办"，胶州租借地"归还"中国后开辟为商埠，对外开放，"胶济铁路二延长线（济南顺德线、高密徐州线）让与国际银团（按：即美国领导的新银行团）"[③] 等等。自然这是美国从此争得山东的一个有力步骤。

现在，美国发起这次会议的初愿，几乎全部实现，挽回了巴黎和会中的

---

①《一九二一年美国外交文件》卷一，25页。

② 格来斯华特：《美国远东外交政策》，306页。

③ 韦罗贝：《中国在华盛顿会议》（W. W. Willoughby：China at the Conference: A Report），391—401页。

颓势，取得了对日反攻的重要胜利。

但是，会议的中心议题既然都与中国生死攸关，尽管当时的军阀政府十分反动和愚蠢，也不能不把中国人民要求从外国侵略者手中收回权利的意志在会议上反映出来。于是美国先让北洋政府的代表团在会议上提出空洞不着边际的“十大原则”，接着又由美政府代表罗脱（Elihu Root）归纳为“四项原则”，即：（一）尊重中国的主权与独立暨领土与行政的完整；（二）给予中国完全无碍的机会，以发展并维持一有力巩固的政府；（三）运用各国的势力以求有效地成立维持各国在中国全境的工商业机会均等的原则；（四）决不利用中国局面，以觅取各项足以侵害友邦人民的权利之特殊利益，并不得奖掖有碍友邦安全的行动。最后在会议上又把这几项原则并入所谓《九国公约》，并列为第一条。对于美国政府，这是增加了一件很好的欺骗中国人民和世界人民的宣传资料，它们说得有声有色，好像美国在华盛顿会议给了中国莫大的恩惠。其实把这个《九国公约》的原则归纳起来，仍然是“门户开放，机会均等”那八个大字，此外任何新鲜东西也没有。只需看一看美国和其他各国对于中国在会议上所提出的具体问题，是如何一一作答的，就可以更加清楚地了解这一点。例如：

中国提出应收回关税自主权（指出协定关税损害中国主权，违反平等互惠原则）。

会议决议：中国须急速取消内地厘金，然后可以修改中国入口关税表，做到税率适合于值百抽五，四年后再修改一次，嗣后每七年修改一次，对于中国关税自主权问题拒绝考虑。

中国提出应取消领事裁判权。

帝国主义的代表们表示“中国法制之改良”没有“达到各国所希望之程度”，决议：由各国政府共同组织一个委员会，先到中国进行“调查”，向各国提出“报告”再说。

中国提出应撤退外国驻华军队。

会议决议：“是项军队内之某部分驻扎中国，未得条约或协约之许可”的，可以撤退。这对于美国想限制日本在中国的武力扩张，倒有一点作用（日本拒绝遵守是另一回事），但所有帝国主义在北京、天津等地的驻军，还是原封不动，因为那是《辛丑条约》所“许可”的。

中国提出收回租界、租借地。

美国务卿许士以“全体委员会”主席资格发言：“此项问题既非普遍原则之问题（按：即与美国利益关系很少），全体委员会对此无法进行。”结果仅英法两国表示愿分别将威海卫与广州湾交还中国，其他地区一概仍旧。

帝国主义可以决定中国的关税原则，可以在中国享有领事裁判权，可以驻兵，可以租借中国的土地等等，这就叫作“尊重中国的主权与独立暨领土与行政的完整”。美国政府这一套企图欺骗中国人民的穷极无聊的老把戏，在中国居然也还有人替它大吹大捧过一番，其中有些人是认识不清，上了当，而另外则有少数人是别有用心的美国奴才！

当然，《九国公约》不是毫无实际意义的。它至少暂时地起着维持帝国主义侵略中国的强盗同盟的作用。通过它使帝国主义，特别是美日帝国主义在中国问题上取得了某种程度的临时妥协，也就是他们自己所说的在远东问题上的“合作”。这一点是应该着重指明的。

前面说到过，北洋政府的代表团曾在会议上提出“十大原则”，其第二条就是“中国既极赞同所称门户开放主义，即与约各国一律享有工商业机会均等主义，故自愿承认该项主义，并实行于中华民国各地方，无有例外”[①]。把帝国主义对付殖民地的枷锁给自己套在颈上，然后还说成是“自愿”，这显然又是美国“顾问”们对可耻的军阀政府外交家们多方愚弄的结果。美国的报纸，对这件事曾大肆宣传，说“这是中国正式承认门户开放的第一次”。当时中国资产阶级的舆论，也明白指出了，这“绝对是中国的耻辱，我们简直自己是以古巴自居。……这绝对不是中国人的口吻”。因为“门户开放”，是帝国主义“对付我国的政策”的缘故。

正在美日等帝国主义企图利用新的强盗同盟来进一步宰割中国的时候，中国工人阶级的政党——中国共产党在一九二一年成立了。中国共产党是中国工人运动和马克思列宁主义思想相结合的产物。它是完全新式的、以共产主义为目的，以马克思列宁主义为行动指南的、统一的工人阶级的政党。美日帝国主义刚刚开过华盛顿分赃会议，诞生未久的中国共产党就在它的第二次全国代表大会所发表的宣言中，高举起了反帝国主义的战斗旗帜，给了帝国主义侵略者以最有力的回答。《中国共产党第二次全国代表大会宣言》第一次正确分析了中国的状况，规定党在当时的斗争纲领最根本的是：“（一）消

① 张忠绂：《中华民国外交史》，371—408 页。

除内乱，打倒军阀，建设国内和平；（二）推翻国际帝国主义的压迫，达到中华民族完全独立。”对于华盛顿会议，宣言特别指出：“华盛顿会议给中国造成一种新局面，就是历来各帝国主义者的互竞侵略，变为协同的侵略。这种协同的侵略将要完全剥夺中国人民的经济独立，使四万万被压迫的中国人都变成新式主人国际托辣斯的奴隶。因此最近的时期，是中国人民的生死关头，是不得不起来奋斗的时期。”这证明中国共产党是唯一能够指出中国革命的前进方向，坚决领导中国人民进行民族解放斗争的政党。有了共产党的领导，中国人民反对帝国主义斗争的胜利前途就完全有了保证。

## 第四节　支持军阀混战

帝国主义国际间争夺中国的斗争，是和它们在中国国内幕后支持军阀战争互为表里的。“中国内部各派军阀的矛盾和斗争，反映着帝国主义各国的矛盾和斗争。故只要各国帝国主义分裂中国的状况存在，各派军阀就无论如何不能妥协，所有妥协都是暂时的。今天的暂时的妥协，即酝酿着明天的更大的战争”①。

一九二〇年，直皖两系的军阀混战中，就有了美国支持直系头子曹锟、吴佩孚的痕迹。当时美国是在巴黎和会失败以后，正要寻找机会对日本报复，直系军阀已取得河北、江苏、河南、湖北、江西等省地盘，实力逐渐壮大，与日本走狗段祺瑞皖系发生了尖锐的矛盾，两系军阀的紧张斗争使战争于七月间打响。曹锟先发制人，致书北京公使团，说日本“有协助安福系军队之事，不但协济军用品，且有参与作战之活动”②，请公使团制止。事实上，美国在直系背后，正在作与日本相同的努力。段祺瑞很快战败后，皖系要角徐树铮、段芝贵等纷纷逃入日本使馆，美国方面对日使馆收留逃员提出反对，说他们不配当作“政治犯”看待。

此后两年，一九二二年，日本方面，已经很快扶持了一个新兴的奉系张作霖势力以代替皖系的作用。美国则正式利用直系与日本对峙。迷信“武力

---

①《毛泽东选集》卷一，47—48页。

②许指严：《民国十周年纪事本末》下册，又《东方杂志》17卷15号。

统一”的吴佩孚，很适合美国在中国扩张实力的口味。一九二一年底，驻北京的美国使馆向美政府报告，说吴佩孚有全国最好的军队。[①]次年一月，美使馆又报告：他“比张作霖远孚众望。……假如他赶走徐世昌，而让黎元洪补足了总统的任期，则对南方各省谈判统一的困难，可以消除”[②]。这时美国和日本正在华盛顿通过中日谈判的形式争夺山东，日本为了取得有利地位，在中国国内经过张作霖支持梁士诒（交通系首领，原亲英，后又变为日本走狗）获得北京政府“国务总理”的位子，对山东问题态度突变强硬，要中国从日本手中赎路必须向日本借款。美国掌握中的华盛顿北京政府代表以为要“俟与英美接洽后再答”[③]，而日本掌握中的梁士诒则训令华会代表对日让步。双方一时争执不下，美国既相信吴佩孚的军队最好，并且还打算赶走徐世昌，也就同时在中国由吴佩孚首先出面，就山东问题对日奉加以反对，说是“举历任内阁所不忍为不敢为者，梁士诒乃悍然为之……甘为李完用、张邦昌而弗恤”。张作霖则对吴反攻，说他“肆意讥弹”，不能让梁士诒“从容展布，克竟全功”。[④]华盛顿会议签字墨迹未干，美国与日本争夺中国的斗争，已开始由他们自己的折冲樽俎，变为他们走狗的炮火相见。这就是第一次直奉战争。美国侵略者及其走狗为了他们的利益使中国人民又遭到大规模屠杀。

张作霖还是很快战败。在英国人德库脱尔（驻奉天传教士）调停下奉系出关，直系地盘扩展，美国势力一直上升，徐世昌被逐，梁士诒落网，与美国曾有关系的黎元洪被作为暂时工具第二次上台，美国的计划全部实现了。孙中山这时希望得到美国的支持，当“统一”的中国总统，但也和一年以前，他在广州被举为非常大总统以后曾希望得到美国的支持一样，遭到了拒绝[⑤]；因为根据美国的侵略利益，是只能把中国“统一”给它所选定的走狗，而不能“统一”给任何革命群众的。

从一九二二年直奉第一次战争到一九二四年第二次战争，美国对直系军阀作了大规模的军事投资，运给直系的军火，价值三百二十八万美元，又步

①《一九二一年美国外交文件》（U. S. Foreign Relations, 1921）卷一，316页。

②《一九二三年美国外交文件》卷一，736页。

③ 李剑农：《最近三十年中国政治史》；张梓生：《直奉战争纪实》。

④ 李剑农：《最近三十年中国政治史》。

⑤《一九二一年美国外交文件》，340页，及《向导周报》1期，蔡和森《借款与国民党》，引《民国日报》美记者与孙总统之谈话。

枪一万枝、子弹二百万发、机关枪二百五十挺，由美国人博治亚在洛阳替直系设飞行机械厂，又与直系齐燮元作“导淮借款”，筹措军费。在战争中，以美国船只供给直系往厦门、天津等地运送军火，又以炮舰在长沙帮助直系爪牙赵恒惕打退谭延闿。

直系军事力量表面上的强大，增强了美国利用曹吴军阀“统一”中国的决心。一九二三年四月，美国驻北京公使亲自往保定和曹锟会谈。据他自己向国务院的报告中说“四月三十日午后赴保定，晨二时返抵北京。和曹谈话五小时，三分之一的时间谈 Coltman 事（指一个美国人在张家口被杀）”[①]。其余三分之二的时间谈的是些什么？不用说，就是如何把曹贼抬到“总统”位子上去的所谓“最高问题”。这是当时人所共知的事，美国政府早就无法隐瞒了。

同年六月初，美公使又向国务院报告：“直系计划，第一步，成立新内阁；颜（惠庆）任国务总理，顾（维钧）任外长；第二步，迫走黎元洪；第三步，颜内阁代行总统职务；第四步，选举曹锟为总统。”[②]这个计划，据他自己说是北洋政客颜惠庆（最早的美国留学生，办外交起家）和死心的美国奴才顾维钧向他“透露”的。其实正确的说法，应该是：由美国驻华公使参与拟订的，因为颜等所以要把政治上这样机密而又重大的事件向他——一个外国公使去“透露”，起码是为了教他知道，或是征求他的同意。紧接着，美国政府和直系军阀便按照上述计划一步步实行起来。美总统哈定（Warren G. Harding）更亲自教导曹锟进行贿选，说“美国银行团可助中国统一”。而驻北京美使则直接参与了贿选的密谋。颜惠庆、顾维钧等曾于迫走黎元洪以后，在美国使馆谈到夜深十时半，公然讨论到了最少“要做到表面上过得去”[③]的问题。十月五日——中国历史上一个耻辱的日子，美国政府所牵引的一幕傀儡戏——曹锟贿选——正式上演。美使厚着脸皮前往“观礼”，替曹贼撑腰。揭晓后，他又首先称贺，表示“承认”。

在美国政府和曹锟的“最高问题”解决以后，虽然一方面美国侵略者及其走狗的无耻面目，已经在中国人民面前充分暴露出来，如美使在给国务院的

---

①《一九二三年美国外交文件》卷一，736 页。

② 同上，508 页。

③ 同上，510 页。

电报中所说，曹贼“当选”的这一天，在北京“没有欢呼，没有群众，街上只有警察、兵和洋车夫。我是唯一外国公使参加的”①，使帝国主义者感到了自己的孤立；但另一方面由于有了新的工具可利用，也加紧了它争夺中国的活动。一九二四年，美国务卿许士曾在伦敦与英国订立一个密约，由英国在南方指使汇丰银行买办陈廉伯等以“商团军”驱逐孙中山出广东，美国在北方发动从江（江苏直系齐燮元）浙（浙江与奉系有联系的卢永祥）战争开始的新的直奉战争，企图以此全面结束日本势力，建立一个美国直系“强有力的中央政府”②。这是一九一七年美日争夺中国霸权以来，美国努力所达到的高潮。战争初起，当时《向导周报》即著文加以推论说：“我们可以推定此次战争之结果：第一，直胜，则美国将扶助直系在中国政治统一的压制，以成就美国在中国经济的统一侵略。第二，直败，则为日本势力结合安福奉张支配中国的政治经济。我们对于前者固然深恶痛绝，对于后者又岂能欢迎！外力侵略断送国家的惨痛都是有加无已，中国人民早已看出，美帝国主义支配中国和日本帝国主义支配中国，其意义是完全一样的。”③战争的实际结果，虽不像这样简单，但由此可见，美帝国主义的凶恶面孔，早为中国人民所完全识破了。

此时美国通过直系工具，比日本抢走了更多的中国权利。例如一九一八年皖系掌权时，北京政府与日本三井洋行订立建筑北通州无线电台合同，规定日本有管理权，并在三十年内北京政府和其他各国俱不得在中国境内设立同样电台，以与日本及欧美通讯。迨直系当政，于一九二一年二月又与美国联合电报公司订立建筑于上海附近的无线电台合同，并扩大规模在汉口、广州、北京，甚至东北的哈尔滨都建立分台。日本以有三十年专利，提出抗议。美国说是“门户开放”，日本不能反对。在争执不决时，直系政府（时顾维钧为外长）便提出两个办法由日本选择：一、照“机会均等”原则，不偏袒任何一方——即承认美国在华建立电台的权利为合法；二、日本必欲依合同专利不肯让步，则依合同第九款“政府于三十年内无论何时可将电台收归‘国有’”——即日本权利不能存在。④美国运用其走狗与日本斗争的作用，于此

①《一九二三年美国外交文件》卷一，517 页。

②《向导周报》18 期。

③ 同上，82 期。

④《东方杂志》21 卷 3 号。

可见一斑。

第二次直奉战争的发展，完全与美国愿望相反。当美国与英国支持直系时，日本亦联合法国作助手，既在北方大力扶植张作霖，又有孙中山在南方准备北伐，直系内部更发生以冯玉祥为首的重大分化，这种南北内外夹击，使直系大败亏输。结果，不是日本被驱逐，而是美日均势重新形成。

美国和日本在争夺中国霸权问题上针锋相对，却从来也没有妨害它们在努力反对中国革命、反对苏联援助中国人民方面的志同道合。一九二四年，中国出现了一件重大的、为中国外交史开辟新纪录的事件——中苏两国正式建立了邦交。这是表示出帝国主义的一切努力，都没有达到破坏中苏两国人民伟大友谊的目的。十月社会主义革命是中苏友谊得到发展和苏联援助中国人民的决定性的条件。根据布尔什维克党的对外政策和列宁手订的《和平法令》的各项原则，苏维埃政府在它成立的最初一个时期就对中国人民表示了高度的关怀。一九一七年十二月三日，苏维埃政府在《告俄国及东方回民劳动者书》中，规定了对东方各民族的平等友好的政策。一九一八年七月，苏俄外交人民委员长正式通知当时的中国政府，声明苏俄决定放弃帝俄过去与中国订立的一切不平等条约和因缔结条约而享受的一切非法特权。中国革命的先行者孙中山曾代表中国人民对苏俄政府的提议表示了热烈的欢迎。一九一九年七月二十五日，苏俄政府发表第一次对华政策宣言。这个宣言除了给北京、西南两个政府，还直接对中国人民再一次重述了废除一切不平等条约的愿望，并着重指明："如中国人以俄国人为榜样愿恢复其自由……舍俄国工人、农人及其红军外，更无其他盟国及兄弟可寻。"广大中国群众，从工人、学生到自由资产阶级以至国会议员，都狂热地欢迎这个宣言，纷纷向苏俄道谢，称作"世界人类从来未有之义举"。到一九二〇年九月和一九二三年四月，苏俄外交人民委员长又两次发表宣言，表达了同一意思。经过苏俄政府的不断奋斗和中国人民的施以强大压力，中国的北洋军阀政府终于被迫违反了帝国主义的干涉和他们自己的主观愿望，在一九二四年五月和苏联政府签订了有名的《中俄协定》。第一次建立了中苏两国的邦交。

中国从一八四二年被迫与英国订立屈辱的《江宁条约》以后，就遭到外国继续不断的侵略，与侵略国家签订了许多不平等条约。《中俄协定》则完全是在另一种精神下签订的。它本着平等的原则，苏联无条件放弃了以前沙皇俄国在中国侵略所得的一切特权。这个新鲜的事实雄辩地说明了一个新鲜的道理：劳动人民掌握政权的苏维埃国家，是中国人民的兄弟和朋友，中苏两国的关系，完全是一种新型的国际关系。只要中苏两国团结在一起，就能给帝国主义压迫中国的整个体系以致命的打击。

一九二四年十一月美国提议在中国召开国际会议，准备仿照共管德国经济命脉的“道威斯计划”共管中国，到十二月，日本由段祺瑞提议召开“善后会议”，这便是上述新的美日均势的表现。虽因双方的深刻矛盾，“共管”与“善后”局面都没有真正实现，美日两国却因此得暂时相安，来合作对付中国人民。此种形势直至一九二六年北伐前夕仍然存在。如一九二五年五月间上海日本厂主枪杀中国工人顾正红，直接引起作为中国人民大革命开始的“五卅运动”时，美国完全与日英站在一起。一面把它在上海的海军陆战队扫数加入日英军队屠杀中国徒手群众，在它国内和在中国的报刊恶骂中国青年为“暴徒”“叛乱分子”；一面对苏联放出一枝毒箭，说这个运动是苏联所指使的。美国激进侵略者的代言机关《新共和周报》就主张“以英、法、美、日联军二十万直攻北京而占据之，徐图瓜分办法”[①]。这些正是美日两国在均势下，暂时合作对付中国人民的行动。

## 第五节　美国侵华新走狗——空前绝后的卖国贼蒋介石

一九二六年中国人民大革命的北伐战争开始，美国争夺中国的花样又有了变化。这时日本因奉系地盘扩大，想组织一个六省三特别区的北京政府，造成最少是独占北方的局面。英国则单独扶持吴佩孚再起，希望以此巩固它在长江流域的利益。在这种情况下，美国拿定主意，自己先不出手，让北伐军与英日势力直接冲突，如果直奉战胜，则达到借英日的手，消灭中国革命的目的，也可借战争把直奉军力削弱，然后另图对付英日办法。如果革命势力一直向北发展，则又可达到利用革命军驱逐英日势力的功效，然后从革命阵营中寻找一个上层叛卖分子或集团，使它背叛人民，作为自己在中国新的走狗来独霸中国。因之美国在中国大革命暴风雨中，最初除了一度同意北京军阀政府的请求，打算与各国重开关税会议，为北京政府筹措一笔战费而外，

① 《东方杂志》22卷17号。

表面上装作平静无事的样子。日本也正采取着同样性质的政策。对于美日帝国主义的这一套阴谋诡计，斯大林当时即提出警告道："必须善于区别帝国主义者（包括日、美帝国主义者）的政策的本质和它的伪装……殷殷地表示亲善的帝国主义者紧紧地抓住'自己'在中国的租界和铁路，无论如何不肯放弃。"①

等到北伐军继续前进，日英势力纷纷败退，美国也就按预定计划，在革命阵营中寻找能够胜任这个新走狗角色的对象。找到的不是别人，就是当时已经发动"中山舰事件"，暴露出大地主、大买办真实面目，准备踢开人民独占革命果实的蒋介石。当一九二六年冬天蒋介石到南昌后，美国便联合英国，派上海英租界华董、蒋介石宁波同乡及蒋曾经寄食的上海交易所理事长虞洽卿到南昌去与蒋谈判，允许到上海、南京后给他六千万元款子，而以反共灭共为条件。②美国这一谋略果然有效，同年十一月二十一日蒋介石接见外国新闻记者发表谈话，就公开"表示对美国友谊"③。

美国侵略者是老练的，它并不以为蒋介石叛变的时机已经成熟，懂得还须用两面手段促成。特别是一九二七年一月革命军沿长江东下，分路逼近上海这个帝国主义的巢穴的时候，美国和其他帝国主义一样，再也不能假装"镇静"，要计划大规模的军事干涉了。一月十日美驻华公使马克谟向国务院建议：为保护侵略者在中国的特权，和阻止"上海为'乱民'占领起见"，必须在当地增加"最大数量"的美国兵力。虽然美国的军事指挥机关当时考虑到：第一，孙传芳还没有失败；尤其是第二，怕因此引起中国人民的反抗目标集中在美国身上④，使大规模出兵没有立刻实行，但美国政府仍然还是命令亚洲舰队司令维廉（Clarence S.Williams），在马尼拉率领了连驻火奴鲁鲁、苏彝士各舰在内的全部舰队，以二十四小时（？）赶赴上海，且向英国提议共同封锁长江，给企图抢占上海的蒋介石一个打击。两个星期之后，又由国务卿凯洛格（Frank B.Kellogg）借关税为题，发表一个对华政策宣言，说是美国"准备与中国任何政府或可代表中国发言之代表开始谈判"⑤，即暗示可与蒋介石开

① 斯大林：《论中国革命的前途》，载《斯大林全集》卷八，324—325页。

② 翊勋：《蒋党内幕》。

③《东方杂志》24卷2号。

④《一九二七年美国外交文件》卷二，46—68页。

⑤《中美关系》，443页。

始谈判来拉他一把，使蒋介石叛变革命的准备更加积极。接着美国又于三月二十四日联合英国炮击南京，制造所谓“南京事件”，对武汉革命军队加以压迫，减少蒋介石叛变的障碍，同时也是警告蒋介石，投降要赶快实行。“南京事件”说明帝国主义政策上又有了一个转变，即从武装和平转到反对中国人民的武装战争。在“南京事件”以前，帝国主义竭力用和平及不干涉别国内政的甜言蜜语，用国际联盟等假面具来遮掩自己的意图。在“南京事件”以后，帝国主义抛弃了甜言蜜语、不干涉、国际联盟及其他一切假面具。现在帝国主义以其赤裸裸的公开的强盗和压迫者身份站在全世界面前。

到四月初，美国破坏中国革命的公开和秘密的活动，更加紧张。四月四日维廉致海军部的函件中曾透露：“今日必须向蒋介石及广东政府提出要求与最后通牒，否则将采取特殊军事措置，即刻行动。”① 这样，蒋介石急忙在上海发动了“四一二”政变，把他投降帝国主义叛卖革命的面目，完全公开。十八日在南京组织所谓“国民政府”，用老亲美派伍廷芳的儿子伍朝枢为第一任外交部长，发表闪烁其词的卖国外交政策：（一）不取暴动手段；（二）于相当时期提议废止不平等条约；（三）打倒帝国主义非排外性质。② 蒋介石这种反革命的初步成功，也就是美国侵略者利用中国革命，反过来绞杀这个革命的初步成功。

第一次国内革命战争的失败，表明在中国的反革命力量，首先是帝国主义力量，大大超过了革命的力量。中国共产党成立不久，就投入了这个巨大的革命斗争之中，并成为这个斗争的真正领导者和鼓舞者。但是为了战胜已经侵略中国数十年之久的强大的帝国主义及其走狗——中国封建势力，显然它还必须经过严重的斗争。

美国要以蒋介石作为新工具的计划，这时还不是全部实现，因为日本与蒋介石也有同样的瓜葛。一九二六年冬天，蒋就秘密派戴季陶为代表去了日本，使美国发生疑虑，结果，蒋介石因得不到美国积极支持而在一九二七年秋天被迫“下野”。

同年九月二十八日蒋“出洋”到了日本。据后来他自己说，“我在日本

① 《一九二七年美国外交文件》卷二，46—68 页。

② 《东方杂志》24 卷 13 号。

时，希望到美国，后因日本友人相劝……”[①]，没有去得成。但这仍然是美国一个很好的机会。根据这以前和以后的情况来判断，美国这时是由它驻在日本的代表，与蒋介石之间成立了一项协议，主要内容是：美国支持蒋介石重新上台，蒋贼则正式充当美国侵略者在中国的代理人，并让他卑躬屈节去见日本“天皇”，承认日本在东北的特殊利益及“西原借款”等，来作为日本不反对他上台的交换条件，这个美蒋协议条文，虽然直到现在还没有被揭露出来，但蒋介石回国以后的行动，却给予了切实的证明。

一九二七年十一月将回抵上海。他所做的第一件重要的事，就是于十二月一日以最无耻的条件从国民党的另一位“中委”刘纪文手中夺得宋美龄为妻，通过美国老买办宋氏家族与美国取得血肉联系。蒋家报纸大事庆祝，称为国民党政治上的胜利。蒋介石自己也宣称“我们结婚后，‘革命’的工作一定要有更大的开展”云云。[②]第二件事是十二月十三日发表变更对外方针谈话，马上由南京政府下令撤销对各地苏联领事的承认，并“严拿”苏籍共产党人，重新确定亲美外交路线。在以后一九二八年三月三十日南京政府致美政府的照会中把这个路线写作：“国民政府外交部长希望中美两国在外交上开一新世纪元。”第三件事是一九二八年一月七日以宋子文为南京政府财政部长，加强美国在南京的经济和政治地位，最后蒋介石于同月九日宣布“继续行使国民党革命军总司令职权（按：美国侵略中国的走狗所拥有的最高职权）”。这一切，就是美蒋协议所发生的效果。

蒋介石一登场，美国立刻摆出主人对奴才的架子，要他把上年美舰炮击南京死伤二千余人的罪恶，颠倒黑白，承认为中国人民的“暴行”，尤其把这帽子戴在中国共产党人头上，作为蒋介石对美国忠实程度的测验。美使马克谟以下面的照会送给蒋介石政府：

> 本公使深信，所有该事件各“犯”，尤以亲身负责之林祖涵一名为最要。其惩办一层必能依照表示从速完全履行，借以表明南京当局对于中美两国人民他方面之关系……[③]

---

①《北京政闻报》（Le Politique du Pekin）第 48 期。

② 约翰·干瑟：《亚洲内幕》（J. Gunther：Inside Asia）上卷，227 页。

③ 国民政府外交部：《中国解决宁案交涉文件》。

当时蒋介石的答复是除对美国“不敬之处”再三“深示歉意”外，又“担任充分赔偿”[①]，完全证明这个新走狗的奴性十分可靠。一九二六年以来，美国利用中国革命又破坏革命的侵略计划，遂圆满实现。从此蒋介石成了美帝国主义在中国豢养的唯一宠犬，美国一切侵略中国的活动都通过这只宠犬和它的集团来进行，而蒋介石也就主要以美国为后台，来从事一切反共反人民的活动。日本则另外蓄养了一个汪精卫以与蒋介石对抗。美日争夺中国霸权的斗争，在许多场合又表现为蒋介石与汪精卫的斗争。自是而后，国民党新军阀的混战循环不息，也无非都是执行他们的美、日、英等帝国主义主人们的意旨。

这时美国的侵略口号开始进一步，所强调的不再是“门户开放”，而是中国的“统一”，因为日本和英、法等国，都已不可能对美国实行门户关闭，它的走狗蒋介石又自封有“中央”名号，把日本支持下的一切新旧军阀势力“统一”给“中央”，自然也就是统一到美国手里。一九二八年七月二十四日美国务卿凯洛格发表一件照会，表示“确信中国经频年内争之后，一统一的新中国正在发现之中”，各“关系国”只有依赖这个“统一”政府才能增进它的利益。[②]这是恢复直系失败前美国完全驱逐日本出中国的愿望。

日本则显然不准备退却，美国一开始与蒋介石勾结，田中内阁就明确提出“欲制支那，必以打倒美国势力为先决问题，与日俄战争之意大同小异”[③]。接着两次出兵山东，占领济南，又炸死与美国资本发生了联系的张作霖，压迫张学良在东北“独立”，来一个与美国“统一”恰相对立的分裂运动。东北是一九〇五年以后美国跟日本屡争不得的一块肥肉，对此自不能忽视，通过蒋介石于一九二八年八月九日派方本仁到沈阳劝张学良“易帜”。日本方面亦派林权助借参加张作霖葬仪前往，对张学良多方威胁，同月十二日张学良与林权助最后会见，表示服从“国民政府”可以从缓。美国既知道蒋介石无能为力，就迅速亲自出马，由美使马克谟以赴朝鲜为名，于十三日抵沈阳，与张学良代表杨宇霆会见于美领事馆。张学良态度又完全变化，同月二十五日派

---

① 国民政府外交部：《中国解决宁案交涉文件》。

②《一九二八年美国外交文件》卷二，202 页。

③《田中内阁对满蒙积极政策》，国民党山西省党部宣传丛书本，4 页。

代表邢士廉到上海告诉蒋介石："三省服从国民政府（按：服从美国侵略者）不成问题。"① 最后十二月二十九日张学良发表了"改旗易帜"通电。美国在中国的"统一"运动，第一次收到效果。

一九二八——一九二九短短两年中美国又从蒋介石手中取得许多新的权利，蒋政府在外表上也几乎成了清一色的美国货！一九二八年美国人茂非古力治获得黄埔筑港工程"顾问"，参与蒋介石的军事部门；一九二九年二月美国人甘梅尔（E.W.Kemmerer）获得财政部设计委员会主席兼银行币制专门委员，参与蒋介石的财政；一九二九年五月又有美国人满台尔为铁路"顾问"，参与蒋介石陆上交通；美国航空发展公司代表芮伯（William Roba）又与蒋介石订立《中美航空邮务合同》，取得沪汉、宁平、沪粤三条主要航线全部权利，操纵蒋介石的航空；美国人林百克及密勒（Frank Merrill）更获得"国民政府顾问"位置，参与蒋介石的"中枢"领导机关。这对日本是无可忍耐的刺激。一九三〇年日本策动一个由汪精卫出面的又一次分裂运动，美国则仍由蒋介石予以镇压，这就是所谓"扩大会议"和蒋阎冯战争。英国也因在华利益受到美国威胁，加入了日本一边。美国鉴于对方来势凶猛，曾给蒋介石各种援助。先支持宋子文大发公债，使蒋介石好拿金钱来鼓励和收买替美国进行屠杀的将士，如八月十六日"国民政府"发出"赏金"二十万元，给首入济南的蒋光鼐师，八月二十二日蒋下令先占巩县者"赏"洋二十万元，先占洛阳或郑州者"赏"洋百万元…… 美国飞机和航空人员继又直接参加蒋军作战。八九月间日本索性由汪精卫、阎锡山等组织北平"国民政府"，与美国支配的南京政府对峙。日本外务省还公开表示"如在该势力圈内发生之问题，事实上即与新政府当局以外交折冲解决之"。美国侵略者的"舆论"也就在此前后公开主张以美金五万万元作军费，组织联军二十万协助蒋介石"平乱"。最后美国又巧妙地运用张学良这个特殊势力帮助蒋介石把汪精卫等压下去。这是美国在中国的"统一"运动第二次收到效果。

这种连续胜利，使美国的侵略计划更加扩大。这时德国正宣传有因经济危机引起崩溃的危险。美国深恐因此失去一个反苏中坚，有义务替德国寻找一条出路。哥伦比亚大学教授孟禄（Paul Monroe）遂起草一项计划送于国务院，由德国向蒋介石供给"建设"材料，把这批材料的价格作为德国偿付英

①《东方杂志》25卷20号。

法赔款，再转为英法偿付美国的战债，最后由美国转账为对华贷款。[1]这样既可帮助德国避免崩溃，使它能继续反苏，又能加强美国在中国的实力，以与日本争霸，是美国反苏与侵略中国紧相结合的又一个典型例子。但这个计划本身既很复杂，英法也不同意，不得已，改用美国银矿业资本家毕德门（K. Pittman）（参议员兼外交委员会副主席）的提案，以生银十万盎司贷与蒋介石，而另外由美总统胡佛（Herbert C. Hoover）于一九三一年六月二十日宣布"各国国际债款延期一年偿付"，并从同年七月一日实行，填补因此遗漏的反苏部署。

毕德门案在参院外交委员会通过的时候，规定要于"若干年内"把中国变成单纯"美国过剩生产之尾闾"的殖民地[2]，并派林百克的儿子林百乐专门来中国接洽生银借款。林于一九三一年二月与蒋介石接头，又于三月初到沈阳会见张学良，复活并扩大美国在东北的铁路计划，准备修筑南满路并行线及续修葫芦岛军港，因牵连到新银行团的联合行动，尚未最后决定。日本于此时发动了一个范围更加广泛的再一次分裂运动，除汪精卫当然参加外，还包括大批新旧大小军阀，以与美国计划对抗。蒋介石于是年七月又迅速把首先发难的石友三打垮，其他各地经过一度暗潮后也都停止。美国生银借款虽未实现，它所支持的"统一"运动却第三次收到了效果。

## 第六节　九一八"不承认主义"的鬼把戏

一九二九年在美国历史上所发生的最大的一次经济恐慌很快蔓延到了所有资本主义国家，再一次暴露了资本主义制度内部的深刻矛盾，给了全世界资本主义体系一个沉重的打击。但是对于美国与日本这两个资本主义国家，这次恐慌对它们所发生的直接影响却不完全相同：至一九三一年，美国国内已因恐慌造成了极大的混乱与不安，工人大批失业，农产品跌价，国民收入降低，进出口贸易减少，美国政府不能不用大力来应付这些困难，没有更多的力量来控制中国；日本国内则因为一直大规模从事军火生产，经济恐慌到来，

①《东方杂志》28卷16号。

②《国闻周报》8卷16期。

使它急于要为这些军火寻找出路。在中国国内，蒋介石叛变革命之后，大肆发展买办的、封建的垄断资本主义，把中国社会拖入了更加危险的深渊。“全国工农平民以至资产阶级，依然在反革命统治底下，没有得到丝毫政治上经济上的解放”[①]。蒋介石政府一心依靠美国及其他帝国主义的援助去进行反革命内部的内战和对工农红军的内战，不敢抵抗日本对中国的侵略。面对着这种形势，日本于是年九月十八日，攻占沈阳，很快扩展至东北各主要城市和交通线，是为“九一八”事变。

“九一八”事变突然发生，曾给美国以相当震动，但美政府很快确定了对此事件的政策。还在两年以前，美国曾一度有人主张蒋介石公开把东三省卖给日本。美国钢铁大王卡耐奇（Andrew Carnegie）还为此以“世界和平基金”资遣一个记者团来中国和日本“游历”，制造舆论，说是：“中国对此广大地区未必有力控制之，不宁惟是，中、日、俄三国间之利益冲突势必引起战争，将予最后战胜者以操纵满蒙之权。……故中国若贤明者，应将中国此部分出卖与日本，而将所得之钱致力于整顿内政……”[②]美国的用意是要增强日本反苏地位，让日本与苏联冲突，美国可以两面取利，同时使日本集中力量经营东北，减少在内地对美国的阻挠，它自己好单独处分中国内地。及“九一八”事变发生时，日本以驻美大使出渊为代表与美国务卿史汀生（Henry L. Stimson）商谈一项美日秘密谅解。日本提案为美国允许“不与闻满洲事变”，日本则允许美国在中国“什么事都好商量”。[③]美政府知道这时再由蒋介石与日本作军事对抗决非有利。把日本提案与两年前美国自己对东北的政策相比，所不同的，是进一步能获得日本承认美国什么事都可以做。美国不如把历史上一切取得东北的计划完全放弃，换取日本去进攻苏联，再用苏联力量削弱日本，从而使美国最后攫得中国霸权，故对日本所提条件完全同意，只是附加一点：日本军事占领应限于锦州以北，不要再往南妨害了美国权利。这也是两年前美国出让满洲目的之一。谅解成立以后，美国对“九一八”事件的政策，便是彻底帮助日本占领中国的东北。

美国执行这个侵略政策的方法：首先是在国内由政府发言机关制造袒日

---

①《毛泽东选集》卷一，47页。

②《东方杂志》26卷18号。

③ 根西·莱特：《美国对远东问题的看法》，载《国际事件》1935年12月号（Q.Wright：American View of the Far Eastern Problem，International Affairs，1935 Dec）。

论调，作为美国不干涉的理由。如《纽约论坛报》说“日人军事行动为对于中国废除不平等条约政策所不能免之反响”，纽约《日日新闻》说“日本继承俄国在满洲开发，至于今日，其功绩之伟大，为世人所公认”等等。[①] 在国际上则拒绝英法等国要求共同干涉日本的合作。九月二十二日，日内瓦方面提出建议，“国联”要派调查团前往满洲，美国加以反对，说“此种行动足以刺激日本国民的情绪，反使自由主义者陷于不利的地位”。英国于十月间通过“国联”作出一项要日本于十一月十六日以前退出满洲的决议时，美副国务卿凯塞尔（William R. Castle）于同月三十一日即表示：“美国在担保中国完整之条约下，不得不反对日本久占满洲（？），惟国联要求日本于十一月十六日以前退出满洲一举，美国并未附议。”[②] 这样来不赞成日本从东北撤退。后来一九四六年，美国国务院发表的秘密文件，也记载着当时美国是要“阻止国联对日行动切勿操之过激”，且“反对施用经济制裁”。在中国则指使蒋介石不准对日本抵抗。十一月二十七日美驻日大使福白斯（William C. Forbes）向日本外务大臣币原面读并留交的《国务院觉书》中有这样的话：“本国政府……曾劝中国政府采取妥协步调，并承认以日本政府提案为部分的基础之行政院（按：指“国联”行政院）提案……”[③] 这是美国当时曾指示蒋介石不准对日抵抗的铁的证明。所以蒋介石一再电张学良“为免事件扩大，绝对不抵抗”之后，又于九月二十二日在南京全市国民党党员大会上演说：“此刻必须上下一致，先以公理对强权，以和平对野蛮，忍辱含愤，暂取逆来顺受态度，以待国际公理之判断”云云。这是把美国教给他的不抵抗主义，发挥得淋漓尽致。

美国真实政策既如此，表面上只得表示一种模棱两可的态度，于九月二十五日照会日本及蒋政府，要他们“和平解决”。直至十一月二十六日，日本驻“国联”代表芳泽谦吉通知美国，日本准备进攻锦州，二十七日即开始军事行动，这时史汀生才“略表惊诧之意”，且认为日本“有违诺言”[④]，破坏了美日谅解。同日，向日本发出一个劝告，说美政府“对此殊为关切”，日本不理会，美国乃联合英法于十二月二十三日由福白斯送一个比较强硬的通

---

① 《东方杂志》29 卷 1 号。

② 同上，28 卷 24 号。

③ 《一九三一年美国外交文件》卷三，596 页。

④ 同上，578 页。

牒给日本政府。日本的答复是："断不能遵从。"日军终于一九三二年一月二日占领锦州，美国始由史汀生于同月七日向中日两国发出一个"不承认主义"照会：

> 最近锦州方面之军事行动，业将一九三一年九月十八日以前中华民国政府在南满最后存留之行政权，破坏无遗。……凡中日两国政府或其代表所订之任何条约或协定，足以损及美国或其人民在华之权利……美国政府均无意承认。[①]

显然，这个意思不是违反它的既定政策来反对日本占据满洲，而是要实现它的既定政策催促日本去进攻苏联，且不要再往南发展，这在史汀生发出上项照会的第二天，美国务院另外发表的一个补充宣言里解释得更清楚："（一）美国丝毫无意干涉日本在满洲合法条约权利；（二）不拟过问日本任何解决事件，惟此项事件，不得破坏美国权利……"[②]这就是美国"不承认主义"的精微奥妙作用，自然是美国反苏与侵略中国结合更典型的例子。

## 第七节　对日两面政策，对中国人民一面政策

在"九一八"以后，当日本并没有恪遵美国愿望，去怎样大举进攻苏联，反而以反苏为借口，大举向南扩张，使蒋介石政权及美国利益受到严重威胁时，美国便以对待"九一八"的方法为基础，大肆施展对日两面政策。它一面于帮助日本取得满洲作根据地之后，又在中国内地继续让步，以贯彻鼓励日本反苏的方针；另一面，则对日本扩张加以某些限制，装出一些积极对日的姿态，使日本不致过分妨害美国的利益，争取美国单独控制中国内地。而对于正在发展的中国人民革命运动，则坚决帮助蒋介石加以镇压，丝毫也不迟疑。从一九三一到一九三七年，美国在中国的政策都大致如此。同时，由于"九一八"开始时，美国坚决不与英国合作，把英国逼向了日本一边，在

---

①《一九三二年美国外交文件》卷三，8页。

②同上，9页。

这个时期内，美国又须比已往着重对英国进行各种斗争。

如一九三二年，日本发动“一·二八”事变，向上海进攻，美国既参与在英舰“肯特号”上举行的美、日、英、法秘密谈判，赞成日英、日法分别成立谅解，由英法继美国认可日本在东北的行动自由，作为日本上海撤兵条件；并联合英、法、意等国，向中日两国提议“中日双方撤退在淞沪区域之战斗员，建立中立区，保护上海之公共租界”，把东北和上海是中国领土一层抛弃不管，这样来对日让步。但同时，又在太平洋举行海军大操，向日本示威，美海军大将莱福声称：“夏威夷站之舰队，准备随时应付急变。”国会也采用参议员海尔（F.Hale）计划，拟以九万万八千八百万美元扩充海军，国务卿史汀生更向英国政府建议发表联合宣言，主张“远东纠纷应以《九国公约》及《凯洛格—白里安公约》解决”[①]，来限制日本。

是年十月发表的美国人麦考益（Frank R. McCoy）参加编订的《国联调查团报告书》，除提议“特殊制度”，国际共管东三省外，又一再扯到要“考虑苏联利益”，无非是企图以此引起日苏纠纷。

一九三三年一月，日军攻陷山海关，并进入热河，美国马上照会英政府，愿与英国讨论战债问题，进行“军缩”合作，以“消灭远东战祸”，对日本作一警告。及三月间，日本寻找借口向苏联挑衅，破坏中东路，占领车站，对美国做出一个要去反苏的样子时，美国遂把日本进攻中国的行动搁置一边，集中力量来对付打败了蒋介石四次“围剿”的中国红军。

中国工农红军是中国共产党领导下的中国人民自己的军队。第一次国内革命战争失败以后，英勇的中国共产党和中国人民，如毛泽东同志所说:“……并没有被吓倒，被征服，被杀绝。他们从地下爬起来，揩干净身上的血迹，掩埋好同伴的尸首，他们又继续战斗了。”[②]从一九二七年秋天起，毛泽东和他的战友创立的革命根据地和他们领导的中国工农红军所进行的革命战争，成了新时期革命斗争的主要内容。至一九三〇年，全国工农红军已发展到约六万人，革命根据地的范围亦由江西、湖南、湖北逐渐发展到福建、安徽、河南、陕西、甘肃等省和广东的海南岛。红军的迅速发展引起了帝国主义和蒋介石

---

① 美国国务院:《和平与战争——一九三一——一九四一年美国外交政策》（U. S. Department of State: Peace and War,United States Foreign Policy 1931—1941），5、6 页。

② 毛泽东:《论联合政府》，载《毛泽东选集》卷三，1036 页。

极大的震动。一九三〇年底至一九三三年春天，蒋贼曾陆续动员反革命军队一百一十万人对红军举行了四次围攻，但都失败了。一九三三年六月，美国政府首先接着两年以前的第一次“赈灾（？）美麦借款”，与蒋介石成立了被人们比于袁世凯“善后大借款”的第二次“美棉麦大借款”。由代表美国联邦政府的“财政改造公司”（亦译“金融复兴公司”）与蒋政府成立合同，总额为五千万美元（后来以棉麦销路不良，改订为二千万美元）。借款在六月初签字，蒋介石的“中央政治会议”于八月二十三日即通过：“鄂豫皖赣四省剿赤军费治标一百八十万元，治本一千五百万元。”① 至七八月间，美国又由国务卿赫尔（Cordell Hull）与蒋驻美公使施肇基订立一个美蒋航空密约，分七条四项附件，规定“美国有充分之权利与责任为中国组织一支空军，美国并供给中国一半款项约美金四千万元以制造侦察机、驱逐机共八百五十三架”。约内又载明美国给蒋介石在汕头、泉州、镇海、海州等处设立停机场，美国教师替蒋训练空军人员。② 蒋家发言人此时即宣布：“‘剿共’军事完成总攻准备，将利用飞机轰炸。”③ 美国为进一步指挥蒋介石作战，又在此前后与蒋全面军事合作，由蒋介石召集庐山会议，通过一个军备扩张计划，总经费为五亿元。计划中除以三年为期，作为美国海军准备于一九三六年压倒日本海军计划的一部分外④，又以美国军人参加德国人赛克特为首的“军事顾问团”，专门研究和讲授“剿共”军事。蒋介石对中国工农红军的所谓“第五次围剿”，就是在美国这样布置下进行的。中央红军曾在此以后，以超乎寻常的毅力，经历了举世闻名的二万五千里长征。

同年，美国政府还针对中国是全世界银本位国中最主要的国家，规定一种白银政策，要在四年内，每年购银二千四百四十二万一千四百一十盎司，来提高银价，争夺中国货币领导权，并加强美国与英日在中国的经济斗争。引起英日为首的外侨公会斥责美国此举为“实现银集团统制中国市场之企图，不仅扰乱中国币制，实亦威胁各国在华金融商务”⑤。也就在同时，美国又经过“国联”与英国在中国进行技术合作，把英日两国分化一下。

---

①《东方杂志》30 卷 18 号。

②《外交月报》4 卷 1 期，《一九三三年之美国外交》，引同年 8 月 4 日东京新联社电。

③《东方杂志》30 卷 22 号。

④《外交月报》3 卷 5 期。

⑤《东方杂志》31 卷 8 号。

一九三四年二三月间，赫尔与日本外相广田宏毅作亲善换文，表示“本政府将本友好之精神……研究日本之处境”，鼓励日本向苏联前进。及同年四月十七日，日本为进攻中国寻找新的借口，发表独占中国并指责英美的所谓“天羽声明”，同月二十五日驻日英使林德莱也告诉广田：倘“天羽声明”目的是反对他国帮助中国抗日，则请日本放心，“英政府决无此意”。赫尔又赶紧训令驻日大使格鲁（Joseph C. Grew）于同月二十九日以照会一件送交日本外相，对日政府的声明加以反对，但仍给日本指出一条路子，即美国愿“适当顾及”日本利益，只要日本不妨害美国在中国的主要权利。①

不久美国又发起一个“退出中国”宣传运动，由所谓远东问题专家别逊（T.A.Bisson）发表《太平洋的新局势》，谓美国有三个可能，第二个可能是在太平洋总退却。《纽约论坛报》记者李普曼（Walter Lippmann）著《英国与美国》，说“美国在远东利益不及英国六分之一……”。史汀生亦发表《远东的危机》，把日本向中国进攻的责任归诸英国不能合作对日，不消说这一运动的作用，仍是美国要离间英日关系，威胁英国以为己用。

一九三四年十月，中国红军主力北上抗日，一九三五年十月到达陕北，抗日高潮震荡全国。日本直到这时，仍没有如美国盼望的去进攻苏联，而是接连几次发动所谓“华北事变”，蒋介石也表现出有完全变成日本走狗的可能，美国却仍执行着它的既定政策。即于一九三五年三月，在英国提议下，决定英美对华财政联合行动，四月，派“经济考察团”来华，十一月初派副总统迦纳（John N. Garner）到上海。就在这时，蒋政府中的汪精卫及另一个亲日派头子唐有壬（汪兼外长时的外交次长）被刺。十二月五日国务卿赫尔又在答复记者询问关于华北“自治运动”问题时，公开声明：“在这地区有着……若干美国财产，和大量的美国商业和文化活动，美国政府因此正密切地注视着该地区内发生的事情。”②并通过蒋介石用国民党五届一中全会名义调动南京政府行政人员，蒋亲自接替汪精卫为行政院长，对亲日派大肆清洗（各部长中存留汪派仅顾孟馀一人，余多为蒋亲信及政学系要角），使美国势力在南京政府中大为增强。但同时又向日本输送大批军火与军需原料，仅一九三六年一年，运日军需品即值一千五百万美元之多。一九三五年十二月美政府还

①《和平与战争》，18、217页。

②《中美关系》，450—451页。

由驻东京使馆与日本外交当局交换反苏问题的意见，所得日本的答复是“俄国人是梦想者，永远不必予以重视”[①]。

美国对英国在这两年中，也并未因某些合作对日从而使斗争减少。前面提到过的美国白银政策厉行结果，中国白银大量外流，仅一九三四年年底两个半月中，上海一地即丧失白银六百万元之多，造成通货紧缩，物价大跌，工商业危机更加严重，逼使中国非放弃银本位不可，日本方面于一九三五年一月提出所谓“中日经济提携”与美国政策对抗。英国则于同年六月派英政府财政顾问李滋罗斯来华，经过一些过程完成了中国货币与英镑集团的联系，支持蒋政府于同年十一月实行“币制改革”，公布白银国有令。中国放弃银本位，原不出美国制定白银政策时所料，但中国竟因此走入英镑集团，却为美国初料所万不及。美国从一九三三年起一直提高银价所要达到的希望，完全落空了。十二月间，美政府停止购银，翻过来压低银价，给中国新币制——也是给英国一个沉重打击，同时又与英国及蒋政府作秘密谈判：只有以平分中国货币权为条件，美国才采取办法对新币制加以支持。到底英国退让，谈判成功。一九三六年五月，美政府与蒋介石代表陈光甫在华盛顿签订“中美白银协定”。美国再翻过去，规定由财政部重新向中国购买白银五千万盎司，一盎司作价美金五角，以卖价所得，在汇兑市场上维持蒋币的现行价格。至此，美国夺取中国货币领导权的一场剧烈斗争，遂获得初步成功。[②]

到一九三七年初，美国还只是利用英国的逐渐积极对日政策去防御日本，它本身则观望躲闪不肯出力。如这一年一月四日，英政府在上海的机关报《字林西报》发表社论，公开主张国共合作，二月英政府派巴特利克来华接洽投资，三月又派罗杰士等协助蒋政府改组“中央银行”，四五月间停顿与日本关于成立“英日谅解”的谈判……　美国则只在三月间派输出入银行经理丕文森来华，仿照英国办法投资，及四月完成中美直接通航。此外没有做别的任何有效活动。而对于日本则继续输出汽车、石油、“废铁”及其他军用物资，供给了日本借以发动战争的全部钱财军火的半数以上。

---

①《和平与战争》，303 页。

②《东方杂志》31 卷 8 号，32 卷 20 号、33 号。

## 第八节　在中国抗日民族解放战争中的虚伪“中立”

### 一　大力帮助日本

日本侵略者，因得到美国的长期大力栽培，变得更加疯狂，于一九三七年七月七日向中国发动全面进攻。在这以前，由于中国共产党在“西安事变”中及其以后的各项正确的主张和努力，促成了国内和平，为抗日战争的实现准备了条件。在日本帝国主义新的进攻下，中国人民伟大的抗日民族解放战争爆发了。

战争打响后，美政府毫无同情中国表示，一直“保持静观、沉默、忍耐态度”。至同月十六日，国务卿赫尔才向世界六十二国发表“和平原则十六条”声明，列举了些“维持和平”“信守国际协定”“促进世界之经济安全”“军备之限制与裁减”[①]等空泛词句，没有一个字指责日本，且博得日政府复牒“赞同”。至同月二十一日，赫尔更邀请蒋驻美大使王正廷与日大使斋藤会面，表示中日两国开战，美国“感觉重大之关切”，愿对“和平目标稍尽绵薄”。同年八月十日，国务院又给驻日大使格鲁这样一个训令：

> 向日本政府非正式建议由美国出面斡旋中日两国纠纷之解决。在此一建议计划之中，提出一处中立地点，由中日两国代表在该处会见进行谈判，并作种种协助，以调整在谈判中可能发生之困难。[②]

这是美国仍想压制中国抗战，指使蒋介石对日妥协的作法。但是这时中国人民的抗日要求，已使美国侵略者无法遏止，日本对美国上项“和平”建议，也并无反响。美国这才发现一面对日让步，鼓励日本反苏，一面又限制日本向中国急进的两面政策已“无济于事”，便改变态度，采取了与中国大革命时大致相同的办法，即让这个战争打下去，借日本扑灭中国革命火焰，同

---

①《和平与战争》，371 页。

② 同上，374 页。

时，反过来又借中国人民力量削弱日本。自己却搬出一个“严守中立”的伪装面孔。美政府于同年八月二十三日、九月十四日、十月六日连续发表声明：“美国并未企图对争论之是非曲直下一判断……”，“适用中立法之问题仍维持原状……”。以后更把在中国“留驻”了四十年的美军撤出去。

实际上一九三七到一九四一年期间，美国在“现购”“自运”法案下还是继续供给日本大批军火，并且逐年增加。据一九四〇年日本工商省统计，美国对日军需品贸易的比率，一九三七年为百分之三三点五，一九三八年为百分之三四点三，一九四〇年三月份更增至百分之三八点七。在力竭声嘶宣传美国“对华友谊”的《中美关系》白皮书上说，一九四〇年以后，“输往日本的油类、废铁及其他作战潜力物资逐渐减少”。其实，直到珍珠港事件发生为止，美国输日的战争物资并没有减少过。一九四〇年公开的统计材料：全年美国输日的战争物资总数达二亿零六十三万八千美元。至于美国供给日本军需品的种类，根据一九三八年华盛顿中国经济研究协会统计，在世界各国输入日本的军需物资中，美国所占的各种比例是：煤油和石油产品为百分之六五点五七；金属工业及机器为百分之七七点〇九；钢铁及废铁为百分之九〇点三九；铜为百分之九〇点三九；飞机及零件为百分之七六点九二；钢铁半制品为百分之五三点六七；汽车及零件为百分之六四点六七；金属合金为百分之九九点三三。其中如煤油一项，日本侵华战争头三年内所消耗的四千万吨汽油，有百分之七十是美国供给的。一九三八年美国输日作战物资竟占日本全部消耗额的百分之九二。[①] 由此可见，日本侵略中国所需要的各种杀人武器，绝大部分是“中立”的美国政府所供给的。

另外，这时美国还直接帮助日本建立起现代化的军事工业，解决了日本军需工业生产技术上及经济上的种种困难。如美国福特公司与霍特森公司供给日本鲇川财阀“满铁株式会社”现代化的冶金技术；美国洛克菲勒财阀帮助鲇川在北库页岛建立了新式电气采油工业；美国梅隆公司帮助日本中岛财阀的飞机制造业完成了近代化的规模；日本三菱财阀的造船技术和制铝技术也是由美国帮助改良的。甚至美国联合碳化物和碳气公司把瓦斯制造工厂的全副机器运往了日本；门圣多化学公司把一个硫酸工厂的全部机器卖给了日本；同盟化学颜料公司连自己享有专利权的某种新式机器也供给日本了。

① 谢仁钊：《美国外交政策》，五十年代出版社版，36页。

美国这样大力帮助日本，最主要的目的，就是通过输出这些物资和技术，来获取高额利润，尽管这种利润沾满了中国人民（也还有日本人民）的鲜血，这对于美国侵略者却完全是不关痛痒的事。

自然，美国和日本在中国的矛盾仍然是深刻的和尖锐的，但是这种矛盾，只有在日本取得了中国沦陷区的各方面的独占特权，使美国没有插足余地的时候，才表面化起来。例如一九三八年日本在华北沦陷区采取了管制外汇，贬低美元币值，限制美货进口，提高海关税率，设立专业的电报、电话、内河航行公司等一连串独占措施时，美国曾非常着急，认为日本“破坏了门户开放原则的实际应用，和剥夺美国人民的机会均等”，因与日本大开交涉。（注意！这里美国所反对的，只是日本独占了工商业特权，对于日本武装侵占中国领土，它并不过问。这一年十月六日美驻日大使格鲁致日本首相兼外相近卫文麿的一项照会中说：“美国政府现在担心，惟恐在目前军事冲突以来，日本武力占领下的中国其他地区，发生出如在满洲一样对美国商业竞争地位有不利影响的局面。……美国政府请求日本政府实践其业已声明关于门户开放及不干涉美国权利之保证采迅速有效措置……”[①]很明白，美国所要反对的只在于日本“对美国商业竞争地位有不利的影响”这一点，而对于“日军占领下的中国”领土，丝毫也没有表示什么“担心”。）等到日本答应了给它某种“保证”后，他们许许多多的争吵就又缓和下来了。

同一个时期内，在中国方面，美国政府仅仅对重庆作了区区一亿七千万美元的借款；并且是零星地分为五次借予的。[②]表面上这是对中国的经济援助。事实上，要是与苏联在同一个时期内援助中国抗战的物资总值达四万万五千万美元（一说为三万万美元）相比，美帝国主义的所谓“援助”，不仅在数目上比起苏联来要少得多；而且还有：（一）苏联的借款，是在中国抗日的第一年就开始了。这时中国出现许多新的困难，苏联在这短短一年内，对中国借款三次，共二万万五千万美元。对中国抗日起了极大的鼓舞作用。美国的借款，

---

①《中美关系》，452页。

②这是美国官方发表的数字，1950年11月美国代表奥斯汀在联合国安理会的演说中有“自一九三七年到日本投降时，美国给予中国的经济援助价值六亿七千万美元”，把这五次借款与后来一九四二年五万万美元借款综合在一起，即为奥斯汀所说的数字。另据私家记载，这个时期，还有以美国私人航空公司名义出借的飞机借款一千五百万美元，两次信用借款，一次一千二百八十万美元，另一次五千万美元。

则是迟至一九三八年以后，即国民党政府已经对日表示消极以后。其作用显然不同。（二）苏联对中国借款不要任何抵押品，美国的借款，全是以中国的战略物资为抵押。一九三八年二千五百万美元的借款指定以桐油归还；一九四〇年三月七日二千万美元的借款指定以锡归还；同年九月二十五日二千五百万美元的借款指定以稀有金属钨归还；同年十二月一日五千万美元的借款指定以钨、锑归还。也就是美国通过这些借款抢走了中国战略物资。（三）苏联的借款不要利息，美国则利息很高。桐油借款的利息是年利四厘半，即百分之四点五；锡借款为四厘；其他借款也不少于四厘。（四）苏联充作借款的全部军火，所折算的价目，比市场价格低到八折以下。美国则颠倒过来，把中国借款抵押品的价格大大压低于市价。（五）苏联借款完全是为了帮助中国抗战，出于援助中国人民的真正友谊。美国借款除了要获取经济利益，每次还有政治目的。另外，美国这时还派了一大批美国“专家”如拉铁摩尔（Owen Lattimore）、克利格勒、吉别迦、阿尔修太茵、阿沙洋克、福克斯等人，参加蒋介石的政治、军事、航空、铁路、交通、运输、财政、货币汇兑各部门工作。其性质也与借款相同，使美国因利乘便，从蒋介石手中取得了更多的中国特权，如把英国排挤下去，享有中国货币管理独占权，及西康、昆明附近飞机组成工厂经营权，西南各地飞机场设立权，滇缅铁路敷设权，以至“检阅蒋介石的军事战略”①特权等等。

中国与日本打得越久，美国从日本与中国取得的利润和特权越多，也就使美国力量越大，日本力量越小，英法等残余势力越被排除净尽，最后美国可以最低限度的牺牲达到独占中国的目的。

## 二　东方慕尼黑的危险——美日秘密谈判

到一九四〇年以后，中国人民由于坚持了持久抗战的正确方针，力量愈战愈强。日本侵略者方面，则受到了越来越多的消耗，而对于战争的结局却是茫无头绪，它要扩大侵略范围，夺取南洋的重要物资，实行以战养战的形势，越来越明显了。这对于美英帝国主义，显然是极为不利的，就在这时，英国和美国又开始了企图以断送中国民族革命战争为代价，达到与日本妥协的各

① 石滨知行：《重庆战时体制论》；又前面的人名均系从日文转译。

种活动。

一九四〇年七月英日两国成立协定，英国同意把中国这时对外的唯一交通路线滇缅路封锁三个月。英国这种压迫中国抗战的严重行动，事先曾与美国商谈，并曾得到美国的同意。[①]

同年十二月左右，美国天主教美利诺尔学院主教乌尔歇、事务总长唐拉福特及美政府邮政部长乌卡（Frank C.Walker）等人与日本陆军省军务局的岩畔大佐、井川忠雄等开始作“调整美日邦交”的秘密接洽。一九四一年二月十四日美总统罗斯福（Franklin D.Roosevelt）向日本新任驻美大使野村吉三郎公开提出了美日谈判的建议。三月间野村依照罗斯福的提议两次访问美国务卿赫尔，上面说的秘密接洽也就加紧进行，至四月间已经逐渐成熟，变为罗斯福总统、赫尔国务卿与日使野村的秘密谈判。为了在世人面前，掩饰美国侵略中国的罪行，四月八日（美政府发表的材料是四月九日）赫尔以所谓“个人关系的民间谈话”[②]和“美日私人商定”[③]的方式，提出一个“日美谅解方案”试案。其中对中国问题作了这样的规定：

> 美国总统承认下列条件并使日本政府获得保障起见，对“蒋政权”（按：引号为原有，下同）根据下列条件劝告和平：甲、中国独立（？）；乙、根据中日间成立之协定，日本军队自中国领土撤退；丙、不并吞中国；丁、不要求赔款；戊、恢复门户开放方针；己、“蒋政府”与“汪政府”合并（！）；庚、日本自行限制向中国大量或集团移民；辛、承认满洲国（！）。当“蒋政权”接受美总统之劝告后，日本政府则认为该政权为树立统一之新中国政府……[④]

---

① 别逊：《美国远东政策》（T. A. Bisson: America’s Far Eastern Policy），103页。

② 森正藏：《旋风二十年》，神州国光社版，4页。

③《和平与战争》，653页。

④ 近卫文麿：《日美外交内幕》，国际文化服务社版，12—13页。另据森正藏《旋风二十年》所载，此件共为八条，即“1. 中华民国独立；2. 根据中日间成立的协定，日军应自中国领土撤退；3. 不合并中国领土；4. 不赔款；5. 恢复门户开放方针，但关于其解释与应用，从美日两国协议之；6. 重庆政府与南京合一；7. 日本自行约束其对中国领土之大量或集团移民；8. 承认‘满洲国’”。与近卫书大同小异。

这个试案当然博得了日本方面的好感。日本政府在接到驻美日使的报告以后，曾马上召开会议加以讨论，所得的结论是：接受美国这个提案，是处理中日事变最好的捷径。因为汪精卫伪政权的树立，对于日本并没有收到预期的效果，而“今日之重庆殆完全依赖美国，故与重庆交涉，势非以美国为仲介不可”①。不过日本对这个提案也还不是完全满足，认为“该原文似令人仍有恢复旧秩序之感，希望对于建设新秩序方面，再能作较明显之表示”②，也就是要美国承认日本有霸占中国以至南洋的权利，因为日本就是把这种侵略叫做所谓“东亚新秩序”或“东亚共荣圈”的。而美国方面也为了在谈判中预留伸缩的余地起见，由赫尔于四月十六日向野村重新提出了虚伪的四大原则，即：（一）尊重各国的主权和领土的完整；（二）维持不干涉他国内政的原则；（三）维持包括商业机会平等的原则；（四）不扰乱太平洋上的现状，但现状可以用和平方法改变。③这在表面上看起来，似乎美日两国的距离越来越远了，其实美国的所谓“原则”全是些空话，很容易为日本所接受。近卫曾向驻日美使格鲁表示：“原则上甚好，应无问题。”④因此这并没有妨害两个侵略者从此开始的正式秘密谈判，而且在有关中国的各项重要问题上，很快达到了基本上一致的初步协议。所不同的是：日本对于中国的要求，提得十分明显、露骨，使人一眼就看清了日本的凶恶本相，美国则把日本的条款“稍加修正”，作了一番文字上的润色。虽然实质上与日本无异，外表却加上了种种掩饰，这样一则显得美国比日本“温和”，再则也便于蒋介石对这些条件的接受。下面就是美日两方面的意见：

日本：“承认满洲国”，

美国：“满洲的未来问题，可以友好谈判来处理”⑤；

日本：“中日经济提携”，

美国：中日“经济合作，但（日本）不实行经济独占，也不对他国利益

---

①《日美外交内幕》，17页。

②同上，18页。

③《一九三一——一九四一年美国外交文件》，日本，卷二（Papers Reating to the Foreign Relations of United States, Japan: 1931—1941. Vol. II.），407页。

④《日美外交内幕》，72页。

⑤《一九三一——一九四一年美国外交文件》卷二，433页。

有所限制”[1]；

日本：“共同防共”，

美国：“平行的防御措施，对付外来的捣乱活动”[2]；

日本：“在中国驻兵”，

美国：在“共同防共”这一项下不提到日本在中国驻兵，而在日本自中国撤退军队项下，作一声明，大致如下：“按照和中国商定的撤兵程序表，华北和内蒙两地的撤退留在最后，同时在撤兵完成期前不久，日本政府得向中国政府建议，商谈为应付任何能存在的情势，包括有关共党活动的任何情势，应该采取什么措施。”[3]

如果美日两国这个秘密谈判的协议最后成立，那就不折不扣，是一九三八年九月二十九日德、英、法、意四国举行的，侵害捷克领土苏台区，从而灭亡捷克的慕尼黑会议在东方的重演。对于这一点美国侵略者本身，也是亲口承认了的，一九四五年十一月二十六日赫尔亲自在美国会珍珠港事件调查委员会上报告当时的情形说：“日本曾提议罗斯福总统与近卫首相会谈，但因日本方面未能提供此项会谈可能有实在成就的保证，故加以放弃。在数个月的交涉期中，日本始终没有抛弃侵略方针的表示（按：美国所奉行的同样是侵略方针，这句话的正确意思，是说日本过分妨害了美国的侵略利益）。余深知与近卫的会谈，不是以第二次慕尼黑会议告终，即一无具体结果。余反对第一次慕尼黑会议，故亦反对此第二次慕尼黑会议。”[4]赫尔在这里说他“反对”上项会议显然是当面撒谎，说这个谈判如果成功，就是全部出卖中国，断送中国民族利益的“第二次慕尼黑”，倒是坦白地说了实话。

但是，这时不光是中国人民的力量，和全世界反法西斯的人民的力量不允许美日帝国主义这个罪恶计划真正实现，而且两国侵略者相互之间，也还有着不可解脱的矛盾。第一，日本打定主意要建立“大东亚共荣圈”，把南太平洋的殖民地一网打尽；美国却要求日本最多不能在越南以外的南太平洋进

---

①《一九三一——一九四一年美国外交文件》卷二，429 页。

② 同上，433 页。

③ 同上，445 页。

④《旋风二十年》，17 页。

兵[1]，好让美英帝国主义在南洋保持一定的殖民势力。第二，日本在中国驻兵，美国本是已经同意的，但据日本方面的解释，美国的提议是“先全部撤兵，然后驻兵”。日本曾有人主张“此际舍名而取实，形式上依美国所提议，实际上结果同样得到驻兵，岂非良策”，日本军人却认为美国的这种“形式”会引起麻烦，“军部方面绝对难以答应”，“驻兵问题为陆军之生命，绝对不能让步”。[2]

美日两国为了寻找妥协的途径，谈判仅在华盛顿一地就举行了一百十余次。到后一个阶段，日本对原来的方案多方挑剔，屡次修改，美国还是不愿意放弃这个计划。当十一月间日本把自己的最后方案向美国提出时，罗斯福还准备与日本成立一个暂时解决方案。其中有一条是：“美国使中国和日本进行谈判，美国不参加。”[3]但日本在德国法西斯进攻苏联的鼓励下，已经下定了“南进”的决心，结果美日谈判破裂。自一九一七年以来，美、日、英争夺中国霸权的各种形式的斗争，至此，发展为一九四一年十二月开始的太平洋战争。

直到日本投降很久以后，美国政府对于这一笔实际上灭亡中国、出卖中国民族利益的黑账，还是讳莫如深。一九四九年八月五日美国务院发表的《中美关系》白皮书里，载有一个一九四一年十一月二十六日美日两国代表在华盛顿讨论有关中国问题，标有“极密件，试拟的，并无拘束性”字样的文件，其中说了一大堆美国维护中国主权，要求日本从中国撤兵……的谎话。这没有任何别的意义，不过是再一次证明了美国政府的作贼心虚而已。

## 三 “援华”正是侵华

太平洋战争爆发以后，美国成了中国对日作战的“盟邦”，美政府对蒋介石政府的物资援助是增多了，一九四二年三月二十一日签字的“财政贷款”一项即为五亿美元。同年六月二日又在华盛顿签订《中美租借协定》，陆续商定给蒋介石八亿七千万美元的租借物资。但是，这同样地不是真正为了援助中

①俾尔德:《罗斯福总统与战争的来临》(C. A. Beard: President Roosevelt and the War)，459页，引罗斯福与丘吉尔的谈话。

②《日美外交内幕》，73—76页。

③《罗斯福总统与战争的来临》，115页。

国人民抗日，而是拿来作为支持蒋介石在中国继续取得统治地位之用的。蒋介石这个大流氓，早在太平洋战争爆发以前，就已经把抗日重担推卸在中国人民军队身上，实行了保存自己武装力量，向日本与美国两方面讨价还价的政策。对日本是讨论投降的时机和条件；对美国则是用“不支持，就拆伙”的流氓手段，索取大量军火和金钱，准备用来反对人民革命力量。在这个重要的事实面前，美国统治者看出了两种可能到来的情况，一种是倘若蒋介石投降了日本，美国在中国的危险地位，将更加不可收拾。一九四二年一月三日中国平准基金委员会美国委员福克斯（A.M.Fox）在致美财长摩根的信中说：“中国政府中失败主义分子的加强可明显地看得出来。”同月美驻华大使高思（Clarence E. Gauss）致国务卿赫尔的信中也说：“对于反轴心国家最后胜利……一些怀疑主义者以及一些汉奸朋羽，是缺乏这种信心的。”[①] 因此，他们一致认为用“一个相当巨额的信贷”收买那些“政府中、或与政府有密切关系的后退的、贪婪的，而我恐怕不可靠的分子的支持”是必要的。这种分子的首要人物，当然就是蒋介石。另一种情况是，只要美国肯出钱出枪，蒋介石照旧可以替它在中国反共反人民，等到一旦打败了日本，美国便能够稳稳地进行独霸中国。把这两方面的需要结合起来，用“援华”方式继续大力支持蒋介石的统治，就成了当时美国侵略中国最方便的途径。在这个基础上，美国对中国的“援助”，表现得非常大方。一九四二年美蒋五万万美元借款的谈判中，美国务卿赫尔曾有意把款额减少为三万万美元，而美国的财政与政策“专家”们却认为“美国只出三万万元，未免对蒋介石所要的五万万元打了太大的折扣”，坚决主张“蒋介石要多少，美国就应当给他多少，即五万万元”。[②] 后来对这些款项蒋介石不在对日作战中动用，而是拿在封锁与包围抗日民主根据地和抗日胜利后的内战中使用了，这就使美国贷款的上述基本意图，完全暴露出来了。因为每一次的借款条件中，差不多都规定着美国充分享有对款项用途的监督权力的。当然美国这种侵略方式是极其隐蔽与阴险的，它穿着“援助”中国的外衣。不把这一层外衣剥掉，就很容易中美国政府欺骗宣传的奸计。

一九四三至一九四四年，蒋介石一直在行使他的故智。一九四四年一月

---

①《中美关系》，472、471 页。

② 同上，478—479 页。

十六日蒋介石亲自致美总统罗斯福一函，要求“美国无保留的贷款十万万美元”。接着他又吞吞吐吐地说：如果美国不同意：“那末，中国（按：只能是蒋介石集团）将被迫采取唯一可能的途径，就是，以它一切所有的力量，继续抵抗我们共同的敌人日本，至它不能抵抗时为止。这样中国亦算尽了联合国一员的责任。”[①]也就是说，美国如果不继续大批给金钱军火，蒋介石还是要“被迫采取”投降日本的“唯一途径”的。在这时充任中国战区美军司令和蒋介石参谋长的史迪威（Joseph W.Stilwell）也向华盛顿如实报告过：“蒋介石无意对于战事之推进更作努力，任何人劝其作此努力，必被排斥，或竟予摈除。……蒋介石相信彼能继续运用其如不对其支持则将拆伙之故伎，以榨取美国之金钱与军火。……彼无意创立任何民主政体或与共产党组织联合战线。彼已成为中国之统一及抗日合作之主要障碍。……余信彼仅将运用其故伎，一味拖延，借以换取贷款与战后援助，而维持其现有地位，至其现有地位，则固假手于一党政府反动政策及以特务人员压制民主思想等手段，予以维持者也。”[②]但是，美国侵略政策的执行者，并不愿意排除这种“抗日合作之主要障碍”，而是如后来美国务卿艾奇逊所说，“尽管如此，我们为了显见的理由，仍旧继续倾全力援助国民政府”[③]的。

很明显，太平洋战争爆发特别是美国在太平洋上转入优势以后，美国是积极要求中国反攻日本了。但它的计划不是别的，乃是要利用这种情势来排挤中国人民的革命势力，以便变中国为美国的殖民地。美帝国主义这种反革命的两面政策，中国人民需要在其反对日本侵略的时候与之联合；同时，更要警惕和反对它的危害中国人民的阴谋。

## 第九节　侵略分子赫尔利来中国，美国政策转变的起点

中国抗日民族解放战争，本是中国共产党领导着中国人民进行的。只有共产党领导下的人民武装，才是中国抗日的主力，而国民党则是一贯的消极抗日，积极反共，后来更成了中国人民争取抗日胜利的严重障碍。这是铁一

---

①《中美关系》，492—493页。

② 同上，68—71页。

③《中美关系》序，8页。

般的重要的历史事实。至一九四五年四月，中国共产党举行第七次全国代表大会时，中国人民在共产党的直接领导下已经在战争中建立了十九个解放区，共有九千五百五十万人口，有九十一万人民军队（包括八路军、新四军和其他人民抗日军队）和二百二十万不脱离生产的民兵，并且从一九四四年以后已转入局部反攻。自一九三七年九月至一九四五年三月，人民军队对敌作战大小十一万五千余次，击毙和击伤日伪军九十六万余名，俘虏日伪军二十八万余名，迫使日伪军投降和反正十余万名。全国大多数中心城市、交通线和海岸线，都处于人民军队的包围或控制之下。但是，由于国民党反动政府的严密封锁，直等到了一九四三——一九四四年，由于许多立场观点不同的美国报纸刊物所揭发，这一事实真相才在全世界人民面前逐渐暴露出来。那许多文章的作者几乎一致地把当时的情形叫作是“两个中国”。

例如在政治上和经济上，它们的报道说：“八路军和新四军从敌人手里重新夺回领土的胜利，使国民党大为惊讶。……更进一步，国民党内某些分子，不赞同在这些游击区内提倡的政治上的和经济上的革命。……不容怀疑这些都是真的。在各个游击区和边区里面，民主方式的政府已经建立起来，土地所有的制度和税收，已经为着人民的利益而修正了。而在国民党的中国里，公民权却不断地被剥夺，一党的政府仍然在统治着，大地主的权力不但没有减缩，而且还不断在增长中。”①

又例如在军事上，它们的报道说：“在抗日战争的几个年头里，中国共产党曾从（西北）这个区域，有效地牵制了侵略者半数以上的兵力，夺取敌人供应品，破坏敌人交通，并组织了广大的乡村，以进行最大的抵抗。由于国民党内顽固派与失败主义者的影响，从来没有一粒丸药、一扎绷带或一支枪被准许到达英雄的游击队。……比这还更坏的，有些重要分子，包括某些在政府和国民党内据高位的人们在内，以其大部分时间，专心致力于煽起分裂和内战。”② 国民党政府“……在目前对打共产党，似乎比打日本尤为关切。虽然对日作战实际上已停止，重庆的数十万最精锐的部队却浪费在西北共产党统治的约有五百万人民的区域的边缘上”③。或是说：“蒋介石的五十万左

①1943 年 10 月 1 日《美亚杂志》，《中国为民主而奋斗和目前的政府危机》。

② 1943 年 11 月 2 日《新群报》杂志，《中国内部的危机》。

③1944 年 3 月 13 日《新共和》杂志，《远东的混乱》。

右有最好的训练，最好装备的军队，在距离目前战斗约百哩的地方，按兵不动，因为他们是长期被派来封锁中国共产党的军队的。”[①]“中国共产党虽只有有限的资源，但在目前抗日战争中所做的事情，比重庆政府为多。”[②]“曾经访问游击区的外国观察家们估计，在日军的后方，他们已经组织起来的，而且给以初步的训练的民兵有数百万。他们是主力战斗部队的后备军。此外，据说有数百万各抗日团体的会员，他们帮助供给正规军的衣服、粮食、住房、装备和运输，他们是正规军的耳目。官方的统计，表示游击队所到的有华北四百五十县，有五万二千八百个乡村，六千万人口。所谓‘沦陷区’，有五分之三到三分之二大部分时间，确是在游击队手中。将近七年，日本人企图消灭这些不知疲倦的‘敌人’。一九三七年八路军正规军还不足五万人，仅仅牵制几个日军的师团。但是现在各方面，这些先锋队都增加数倍。现在在华三十五万日军和近二十万伪军，都正在忙着保卫据点和‘讨伐’十八集团军。最近日方军事报告把它的力量估计为五十万到六十万。……如果世界最近对这种成绩所知极少，这并非完全是报纸的过失……一切十八集团军行动的消息，全被国民党的宣传部禁扣，它独占中国海外宣传”[③]等等。

虽然这许多报道，多半还是很简略，或者是不完全正确，但基本事实是讲得很清楚的。这就充分说明了中国共产党的威信已经在全世界人民面前空前增高，反之蒋介石国民党反动统治集团在中国人民中日益孤立，并暴露了它的严重的统治危机。

在这样的事实面前，美国侵略者恐慌起来了。他们“关切国民党的这种每况愈下，势必影响到它最后与中共的政治或军事斗争”，“担心国民党政府可能如此自绝于国人，以致在战后竞争权力时，会证明它无能力维持其权力”。[④]从这时起，美国政府派在中国的所谓“观察家”们，进一步对中国作了全面的调查和分析，其所得出的结论，除了恶毒地污蔑苏联对远东“有侵略意图”及“中共有服从苏联之背景”而外，其余的要点是：

（一）“中共已成为中国最有朝气之力量……”

（二）“国民党及国民政府日趋解体。”

---

①1944 年 5 月 27 日美国《民族》杂志，《中国目前的危机》。

②1944 年 3 月 13 日《新共和》杂志，同前文。

③1944 年 5 月 27 日《星期六晚报》，《六千万损失了的同盟者》。

④《中美关系》序，8 页。

（三）“中共终将获胜，似已无可置疑，盖以国民政府虽自美国以及其他国家获得外援，然而该项援助，究不足以弥补其本身在组织上的弱点也。”

（四）“在此不幸之矛盾局面中，美国应就中国各项政治力量，以和平步骤重新予以调整，借以避免内战。”①

根据这个结论，再加上这时在世界战场上由于苏联对德全面反攻，希特勒崩溃迫在眉睫，也就使东方的日本，败局已成。于是美国的侵略政策从此又开始了变化：对日本准备采取保存侵略势力的“绥靖主义”，对中国则重新彻底支持蒋介石消灭中国人民力量，首先是消灭共产党所领导的人民军队，好“避免”中国人民的革命——这就是美国结论中所说的“重新调整”中国的政治力量，“借以避免内战”。

一九四四年十一月，美国侵略者的著名代表赫尔利（Patrick F. Hurley）与魏德迈（Alberte C. Wedemeyer）来中国，由他们代替高思、史迪威为驻重庆大使和中国战区美军司令及蒋介石参谋长，便是这个政策已经确定的表现。但在执行方法上，美国已抛开老一套而出现了许多新的花样。它开头第一步，是拿交换条件，请中共把武装交出来。

最初赫尔利以罗斯福总统私人代表名义到中国来的时候，据他自己说，他的使命是：“一、阻止国民政府之崩溃；二、支持蒋介石为中华民国国民政府主席及统率三军之委员长；三、协调蒋委员长与美军统帅（按：指史迪威，史对蒋介石消极抗战一点有所不满）之关系；四、促进中国（按：指国民党）军用物资之生产，并阻止其经济崩溃；五、统一中国所有军事部队（按：即把人民武装‘统一’给蒋介石），以达成击败日本军队之目的。”②

总起来一句话，他的任务就是帮助蒋介石消灭中国人民武装。

赫尔利手里拿着这个如意算盘于一九四四年十一月七日以第三者的姿态飞往延安。中国共产党人对于美帝国主义一贯的狡猾手段，自然是十分清楚的。但是，如果经过赫尔利之流的活动，对于当时的抗日战争，哪怕是多少有一点积极作用，于理也不应拒绝。赫尔利到延安后，经过与中国共产党毛泽东主席谈话的结果，于十一月十日双方成立了关于建立民主联合政府和联合统帅部的五点协议，全文是：

---

①《中美关系》序，8页。

②《中美关系》，71页。

（一）中国政府、中国国民党及中国共产党，应通力合作，为击败日本而统一所有国内武力，并共同致力于中国之改建。

（二）国民政府应即改组为一联合政府，由一切抗日政党及无党无派之政治团体所派代表构成之，并应拟定及颁布一民主政策，就军事、政治、经济及文化各事项之改革方案，予以规定。军事委员会亦应同时改组为联合军事委员会，由所有抗日军队派遣代表构成之。

（三）联合政府应遵照孙中山先生所倡原则，创设一民治民有民享之政府。联合政府所采政策，其目标应为：提倡进步与民主，主持公道及维护信仰自由、出版自由、言论自由、集会结社自由，并给予人民以向政府请愿之权利，以及居住不受侵犯之权利。联合政府并应采取政策，俾前规定之免除恐怖之自由及免除贫乏之自由，得以有效实施。

（四）一切抗日武装力量应遵守并实施联合政府及联合军事委员会之命令，并由政府及联合军事委员会予以承认。所有获自友邦之军事配备，应公平分配与各该武力。

（五）中国联合政府承认中国国民党、中国共产党及一切抗日政党为合法政党。①

这个协议和中国人民的基本要求，虽然还有很大的距离，但是在当时，倘若能使这个协议付诸实行，对于取得抗日战争胜利，促进中国民主化，毫无疑问是很有作用的。

但是赫尔利在由延安回到重庆后，很快就变卦了。原来他与中国共产党成立上项协议的目的，绝不在于真正实行，只是想拿它作为“求取对中共军队之控制”的一种“过渡”办法。这个“过渡期间”等到在达成目标以后，是要“设法缩短”的。在某次只有蒋介石、宋子文等少数人举行的秘密会议上，赫尔利曾对蒋介石这样说：“为求取对中共军队之控制起见，委员长可于此时向中共作政治上之让步，并设法缩短过渡期间。”又说：“中国的主要目标为……统一全国武力，防止内战……对中共‘让步’实为实现各项目标之

---

①《中美关系》，74—75页。

第一着。"[1]这几句话，完全证明了赫尔利所表示的赞成中国实现民主联合政府，只是美国政府被迫采取的一种危害中国人民的策略，与中国人民争取民主，争取抗日胜利的要求，是丝毫也不相同的。这时蒋介石的办法却比赫尔利更简单一些，他虚伪地声称，国民党只能"还政于民"，而拒绝还政于联合政府。赫尔利的目标，既然不是真正在联合政府上面，也就顺从了蒋介石的意见，放弃了他的"过渡"办法，而把前项协议完全撕毁了。

紧接着，赫尔利又提出一个"新"的方案，敦劝中共经过与国民党成立协定，把军队交给由蒋介石亲自掌握的国民党军事委员会，或者是国人充当统帅，国共各派一人组成的三人委员会指挥。交换条件则是蒋介石"让步"（？），如承认共产党为"合法"，并可派出若干人在蒋政府行政院担任"委员"——即允许共产党员在蒋政府"做官"。赫尔利为表示他促成这个协定的"好意"（？），对共产党方面再三劝说：蒋介石已无可求药，中共都是爱国分子，只要参加政府，便可大有作为，且能得到美国的救济与"合作"；而对中国共产党代表全国人民所坚持要求实现的民主联合政府却一味回避推延。美国这一方案，成了蒋介石后来不断使用的公式，即"你先交出军队给我，然后我就给你以民主"。一九四四年冬到一九四五年春天，赫尔利一直为此活动，但这般明显而又愚蠢的骗局，当然不能就把人民的武力钓出来，确定它只有完全破产。

一九四五年春夏之间，八路军新四军在敌后全力作战，整个战争形势更加于日本不利，美政府便变更计划，来一个"硬的办法"。还是由赫尔利与魏德迈出面，首先对共产党加以污蔑。在同一个赫尔利的嘴里，蒋介石又变成了"民主"的"领袖"，中共则变为"破坏"与"阴谋"。当以前赫尔利还没有撕下假面具，与中国共产党保持接触的时期，中国人民军队鉴于它本身为支持抗日局面的主力这一事实，曾向美国提出应该合理分配外援物资，人民军队享有使用美国援助物资的充分权利。这是完全符合于中国人民利益与同盟国的作战利益的。当时美国曾表示对这个要求可以考虑。现在赫尔利虽不能不承认这种"财力援助，竟或较美国为对日作战供给中国（按：指蒋介石）以同量之军火及器械为经济"，但是为了坚持美国"避免国民政府之崩溃及支持蒋介石为国民政府主席兼陆海空大元帅"的反动政策，他认为真正对中国

---

① 《中美关系》，80页。

人民的援助，会使“此项政策，即遭失败”，并且是开了援助中国“共产党”的“危险的先例”，而坚决加以反对。[①]四月二日，赫尔利又以美国驻华大使资格在华盛顿正式宣布：美国“只与蒋介石合作，不与共产党合作”，要帮助蒋介石武力“统一”中国。魏德迈也训令一切美国在华军官“不要帮助那些不属重庆政府的个人或团体”。又继续以物资大量供给蒋介石，及陆续装备二十个师的“美械化”蒋军，企图以此逼使中共退让，同时，也作相机从人民手中夺取抗日果实的准备。但恫吓既不发生作用，至八月间日本即宣布投降，局势全然改观，美国这一着，又不得不失去了它的预期效果。

---

①《中美关系》，87页。

# 第四章　进行独占中国，结果遭受了可耻的失败

（一九四五——一九四九年即第二次世界大战结束到中华人民共和国成立）

## 第一节　绪言

一九四五年八月十五日，日本宣布向中、苏、英、美四国无条件投降，压迫中国达五十年之久的日本侵略者，终被打倒，中国人民坚持八年的抗日战争胜利结束。但是中华民族并未从此完全独立，中国彻底殖民地化的危机反而更加严重。因为第二次世界大战使主要与日本争夺中国霸权的美国，变成世界衰弱的资本主义体系中最“强大”的国家，充满猎取世界霸权的野心；而中国则是它在东方所要最后猎取到的主要对象。

本来世界反法西斯战争的胜利，主要是苏联与世界各国人民对帝国主义与法西斯主义的胜利。因此在大战中及大战后，苏联力量的增长与威信的提高，世界各国人民和平民主运动的空前高涨，以及帝国主义与法西斯主义力量的空前削弱，乃是理所当然的。但是这种实际情况，美帝国主义者并不愿意承认。美国之所以参加反对德、意、日的第二次世界战争，根本就不是为了要消灭德、意、日法西斯主义和全世界法西斯主义的反动势力，而是仅仅为了德、意、日三国是美帝国主义称霸世界的有力竞争者，为了要夺取德、意、日三国的世界市场与它们的殖民地和势力范围，并进而控制德、意、日三国为美国侵略者的利益服务。所以在美帝国主义者看来，第二次世界战争的胜利不是别的，正是他们夺取世界霸权斗争的胜利。而他们的同盟国家苏联在战争中所受的破坏及英法的衰落，则是使他们可以实行帝国主义扩张政策以称霸世界的极为有利的时机。再加上美国的垄断资本主义在战时军火生产中所造成的“充分就业”的一时“繁荣”景象，由于战争结束而急剧走向经济萧条。

美国生产已经达到的每年约二百万万美元的出口货物，只能找到约八十万万美元的销售市场。这就使得资本主义经济体系中原来存在，后来更由美国垄断资本畸形发展所大大加深了的最基本的社会矛盾——生产的社会性与生产成果的资本主义占有形式之间的矛盾，空前尖锐、紧张起来。大事扩张殖民地与扩张投资市场，对于美国垄断资产阶级成为刻不容缓的事。在这样的情况下，美国侵略者便乘人之危，发动向各方面的进攻，活像一群疯狗，到处乱咬。他们企图使苏联及人民民主国家俯首听命，使世界各国人民民主运动遭受失败，使英法等国成为它的附庸，使德、意、日为它所直接控制，以实现其金元帝国主义独霸世界的狂妄的侵略计划。独占中国，变中国为美国的附庸国与殖民地，正是美国全部侵略计划中的一个非常重要的组成部分。

在第二次世界战争胜利后的中国的具体情况，则是一方面，所有与美国竞争的敌人，从过去的英、法、德、俄到后来猖狂不可一世的日本，都依次被美国压倒了，再也没有与它作侵略竞赛的敌手了。另一方面，中国的国民党官僚资产阶级集团，尤其是蒋介石、宋子文、孔祥熙、陈立夫四大家族，在日本投降以后，利用“接收”的名义实行了空前的吞并掠夺；利用战争的理由更大规模地搜刮着国民党统治区人民的血汗，以致他们的财富迅速增至二百万万美元之多。为了侵占人民的胜利果实，继续其专制、腐朽、黑暗的罪恶统治，他们甘心情愿进一步投靠美帝国主义，发动内战，充当美国灭亡中国的工具。这就使美国进行独占中国的一切条件都已经具备了，只剩下一件事没有完成，即最后征服中国人民——首先是消灭中国共产党。

美帝国主义者利令智昏，也顾不得要征服中国人民是他们所永远不能完成的“任务”，而坚持结合其中国走狗用各种方法加倍继续努力去实行它。其中单是对中国的政治投资一项，从这时起的一个极短时期内，就达到了中国历史上，甚至也是世界历史上空前未有的惊人数目。仅据美国政府所公开承认的，“自对日战事胜利以后，中国政府所接受之外援，几达到二十二亿五千四百万美元，其中美国以赠予及贷款方式供给百分之九十，即略逾二十亿美元。美国之援助在经济上与军事上各占一半。自对日战事胜利以后，美援总数几占中国政府财务支出之百分之五十以上，其在中国政府预算上所占之比率，实超过战后美国给予任何西欧政府者。除此种赠予及贷款外，美国并赠以大量军用及民用之剩余物资，仅以名义上之价格售予中国政府。价格逾十亿美元之剩余物资仅以二亿三千二百万美元售予中国政府。此外美国曾以军事顾问人员协助中国政府，且‘遗弃’并移交相当数量之军用物资予中国，其数量殊难以美元计值”[①]。虽然这里所说到的，还只有实际数字的二分之一。

用最大的努力，一举扑灭中国革命力量，把中国完全彻底变为殖民地，就是美国政府当时对中国的总方针。后来一九四九年十月一日中华人民共和国诞生：这标志着中国革命在经过了一百年的长期斗争，特别是近三十年来，在中国无产阶级的政党——中国共产党领导下的无数次曲折与英勇的艰苦斗争，已经基本上胜利了，而美国独占中国的阴谋，则遭受了最后的可耻的失败。这样一个震撼全世界，根本改变中国历史面貌的伟大事变，也没有引起美国侵华政策任何本质上的修改，反而处处表示，它对中国人民的仇视是越发加深了。所以，变中国为美国的殖民地，也是美帝国主义主观愿望里一条永远不变的方针。

## 第二节　独占中国的新阴谋，一面谈判一面进兵

日本投降一宣布，美国侵略者便重新作消灭中共的布置。据后来美国政府自己供认，这时“美国面临下列对华可能之三种抉择：（一）完全摆脱；（二）大规模地在军事方面加以干涉，援助国民党摧毁共产党；（三）一方面援助国民党，尽可能广大地在中国确立其权力；一方面努力使双方得一妥协，以避免内战（按：即避免中国的革命）”。美国政府决不肯采取第一途，因为美国侵略分子的“民意”感到这“无异在我们从事有助的坚定努力前，放弃了我们的国际责任与我们对华传统的友好政策”。也就是说，美国的“国际责任”与“对华传统友好政策”，是坚持干涉中国内政，如果“完全摆脱”，正是放弃了这种干涉，是不允许的。第二途，美国政府认为很能“吸人心目”，但是，“大战前的十年当中，国民党没有能力摧毁共产党”，大战后，“国民党的力量业已削弱，意志消沉，不得民心”，“在他方面，共产党的力量则较它过去任何时期为强大”。“只有靠美国的军力才能逐走共产党，美国人显然不会认可我们军队在一九四五年后肩负如此巨大的义务的”。[②]这迫使美国政府不敢公

①《中美关系》，405页。

②《中美关系》序，10页。

开"大规模地在军事方面"侵略中国；而采取它自己所说的第三途，实质上，就是使用政治阴谋手段来掩盖和帮助表面由蒋介石出面的对中国人民空前规模的军事进攻，以便一举扑灭革命火焰，达到所谓"避免内战"，最后变中国为美国殖民地的目的。美国政府所选定的这条方针，是与一九四四年以后它在中国的阴谋活动紧相衔接的。

但是，这时中国从东北到华中，绝大部分地区都在人民军队控制与包围之下，蒋介石还远在峨眉山上，美国要利用他来对付人民力量，不仅可望而不可即，而且也毫无借口。于是美国定下一条计策，先由蒋介石三电邀请中国人民领袖毛泽东到重庆"商讨国家大计"，然后美国驻华大使——还是那个赫尔利，又亲自飞到延安表示"劝驾"。按照他们的想法，毛泽东一定不会到重庆与蒋介石会见，那时便可由蒋介石宣布：他是要"政治解决"的，但共产党对和平没有诚意；应用"军令""政令"加以讨伐。事实却和美国侵略者的逆料相反，八月二十五日共产党中央发表和平宣言，二十八日毛泽东就飞到重庆，逼得蒋介石不能不接受谈判。美国这又将计就计，让蒋介石横生枝节，讨价还价，把谈判从八月二十八日起拖到十月十日，整整费了一个月又两星期的时间。就在这个时间内，美国迅速让蒋介石动员了八十万军队向解放区进攻。美国本身则由驻华总司令魏德迈组织了他自诩的"历史上最大一次空运和海运"，把蒋军从各个遥远地区运到华北、东北等作战前线。据后来美总统杜鲁门自己承认，美国此时"运往华中、台湾、华北及东北之军队，共十四军，内三军系空运者，十一军系船运者"①。美国仅空运蒋军一项，所耗费即达三万万美元。

九月十六日于对日作战期间撤离的美军,也第一批于青岛登陆,返回中国。早由人民军队管理的烟台、威海卫也成了美军登陆目的地。十月六日，十八集团军参谋长叶剑英致函延安"美军观察组"，向美军总部声明"难于了解这一登陆目的……将引起中外人士怀疑美军干涉中国内政"②，美政府置之不理。大批美军从上海、天津等港口陆续侵入，并散布至南京、北平等主要城市和沪宁、平绥各铁路干线。同时美政府又实行给蒋介石七亿七千七百六十三万余美元的"防务援助"，供给大量军火物资。十月十二日国共代表会谈纪要发

①1946 年 12 月 18 日，杜鲁门对华政策声明。

② 叶剑英致叶顿函，1945 年 10 月 9 日《晋察冀日报》。

表，美国也已经全部布置停当，第二天，即十月十三日蒋介石发出所谓“酉元电”，要他的部下对解放区与人民军队“务本已往抗战之精神，遵照中正所订‘剿匪’手册，督励所属，努力进剿，迅速完成任务……”[①]。在华美军也开始单独及协同蒋军对人民军队积极作战。十月一个月内，仅河北一省，就有：

十月一日，“美军一部在秦皇岛登陆后，我曾派联络部队前往海口联络，美军竟向我开火，我被迫自卫，激战一小时……”[②]。

十月十八日，“全副武装之美军官兵三十余人，将本军冀中军区驻天津英租界之办事处包围搜查，捕去工作人员五人，解除及没收办事处自卫手枪四枝……”[③]。

十月二十日，“秦皇岛一带美军向冀热辽解放区我军阵地推进，虽经我军劝其停止，然后美军部队置之不理，仍强行前进，并强行修筑秦皇岛至山海关铁路……”[④]。

十月三十日，“美军一部配合国民党九十四军部队进攻并占领我冀东解放区临榆之海阳镇，我军游击队十八人被美军解除武装”[⑤]。

十月三十一日，“美军与国民党军一部，由秦皇岛犯我北戴河，以重机关枪向我扫射，我部受重大损失后被迫退出北戴河”[⑥]。

至十一月，进攻解放区的蒋军，继续动员到一百万，而占据中国领土参加蒋军作战的美国军队也增加到十一万三千人[⑦]，美国显然想用这种一面谈判一面进兵的流氓手段，把共产党一下打下去。但中共毛泽东主席既与蒋介石会见，政治上已使美国走狗陷于孤立，而前线美蒋军队又处处失利，特别是九月间进攻绥远解放区的国民党军队被迅速击溃，十月间进攻晋冀鲁豫解放区的国民党军十万余人在长治附近和邯郸以南两个地区被全部歼灭，这给了美蒋军事进攻的凶焰以严厉的打击。而为美国垂涎的整个东北，更是无法取得。眼看美国这一步又走不通了。

---

① 见胡宗南致高树勋电。

②1945 年 11 月 6 日《晋察冀日报》。

③1946 年 10 月 24 日，朱总司令《致美军总司令魏德迈抗议书》。

④1945 年 10 月 26 日，十八集团军叶参谋长《致叶顿上校抗议书》。

⑤1945 年 11 月 6 日《晋察冀日报》。

⑥ 同上。

⑦《世界知识》15 卷 2 期。

## 第三节　骗局进一步发展——“调处”

碰到钉子以后，美国政府在口头上也主张停战了。

一九四五年十二月十五日，美总统杜鲁门（Harry S. Truman）正式发表一对华政策声明，表示“完成中国政治团结所必须采取的详细步骤，应由中国人自行制定，并认为任何外国干涉这些问题都是不适当的”，想用些好听词句来欺骗中国人民。同时，声明中又着重指明，“自治性的军队，例如共产党军队之存在，与中国政治统一不相符合……应有效地合成一中国国民军”[①]，来表示出它消灭中国人民军队的真正企图。同月二十七日，美政府又在莫斯科苏、美、英三国外长会议公报上签字。这个公报表示希望中国保持和平，并保证不干涉中国内政。对于撤退在华美军，公报中规定为：“美军的主要责任是执行日本投降条件，即是解除日军武装与撤退日军的责任。……这些任务一旦完结时，或在中国政府没有美军援助能够执行这些任务时，美军即撤离中国。”[②]但美政府根本就没有打算遵守这一规定。此时美政府派了大战中曾任参谋总长的马歇尔（George C. Marshall）为“特使”，来中国进行“调处”，实际上马歇尔的任务却只是帮助蒋介石加速战争的准备。他首先于一九四六年一月亲自参加制订国共停战协定与政治协商会议的五项决议，但停战令并不把东北包括进去。因为美国不是真正要蒋介石停战，而是要把关内军事行动冻结起来，让蒋介石先从东北打起，然后再打向关内，然后用关内大打配合关外大打，最后达到“共产党军”不能“存在”，“符合”于“中国政治统一”的目的。

同年二月九日，美国国务院对蒋政府发出一个反苏照会，由蒋介石发动一大规划反苏、反共、反民主运动，企图以此给中共一个打击，同月二十五日马歇尔参加“整军方案”，规定人民武装不得移动防地。三月初，美国帮助蒋介石运三个军到东北，但这个力量很不够，使他不能马上大打，同月二十五日马歇尔即主持成立《东北停战协定》，把对蒋介石不利的局势缓和一下。四月间美驻华海军又把蒋军运到东北，这时蒋介石的部署已经差不多了，马歇

①《中美关系》，607—609页。

②1945年12月29日《解放日报》。

尔便离开中国飞回了华盛顿，让蒋介石好放手进攻。马歇尔再度来华后，不仅对战争袖手旁观，且提出要再运两个军到秦皇岛、青岛去“接替防务，以便美海军陆战队撤退”，中共抗议，美国不理，又运去了三个军，而美国海军陆战队当然还继续留在那里帮战争的大忙。五月间，战事发展至四平街与长春，美国海军继续帮蒋介石运兵东北，向中共则表示：不撤出长春便不能“调处”，等到中共愿换取东北停战从长春退出，马歇尔又表示没有力量“调停”了。这时蒋介石已完全撕毁东北停战协议，马歇尔也并不坚持东北停战，但对关内停战表示还愿意坚持，因为还须留出时间让蒋介石好在关内布置。六月六日蒋介石下令停战十五天，由马歇尔主持所谓“休战谈判”，一方面是被迫，一方面也说明蒋介石正布置全国性内战。同月十四日，美国国务院公开提出一个军事援蒋方案，交国会“审议”，直接引起中国人民方面以中共毛泽东主席声明为代表的严正抗议；同时，美政府又着手批准一个美蒋秘密军事协定，由美国供给蒋介石飞机一千余架、各种炮七千余门及其他大批军火。至六月十七日美国就向中共提出两个要求，一个是形式上蒋介石经过马歇尔提出：不仅关外要几乎全部九省，并且要关内苏皖边区，热察两省，陇海、津浦两路，威海卫、烟台两港。一个是实际上马歇尔授意蒋介石提出：“建议”马歇尔对中国问题有“最后决定权”（后来国民党解释为“仲裁权”或“公断权”，但意义相同）。这表示美国替蒋介石布置的关内大打已到了时候了。六月二十八日，美政府对美蒋军事密约正式批准，七月初蒋介石围攻中原与苏皖两解放区的内战便更大规模地爆发。这时马歇尔对关内停战也不坚持了。在马歇尔未来以前，蒋介石打内战的全部兵力是一百万人，约占其总兵力百分之四十五；这时蒋介石的兵力增加到近两百万人，约占其总兵力的百分之八十五。马歇尔未来以前，用美械装备的蒋军是三十九个师；这时为五十个师，且全部用在前线。此外还有美机编成的空军，美舰组成的海军，这就是马歇尔来华“调处”的唯一结果。

此后，当蒋介石大举围攻中原解放区时，马歇尔不表示丝毫意见，但当中原解放军冲到襄阳樊城一带，可能入川入陕的时候，马歇尔又赶忙派执行小组来阻止了。正如当时上海《周报》所说：“割掉一块中共基地，马歇尔不会出面说话，但倘若因割这块基地而花了太多的时间，或会引起别的问题，或会叫国民党反而吃亏了，那马歇尔是立刻便要‘调停’的。”三人小组——就地停战——和平谈判——大举进攻，这成了马歇尔的一套公式。

直至一九四六年八月间，美国侵略者想用“调处”方式来消灭人民军队，不仅一点没有实现，自己的马脚反因此在中国人民面前暴露无遗。美帝国主义的大骗子马歇尔和另一个大骗子司徒雷登（John Leighton Stuart）这时发表一个联合声明：“战争日益扩大，有席卷全国……的威胁。国共两方都愿终止战争，但仍有若干立须解决的问题，尚未获得任何协议。对于各项问题，双方似已不可能获得解决……”[①]这是说，美国打败中国人民的计划又一次破产，他们无法再以“调停”的面目出现了。

但是马歇尔还不愿立刻收起他的鬼把戏。同月三十日美国再以成本八亿二千五百万美元的“剩余物资”作成一亿七千五百万美元的低价售予蒋介石，让他获得更多屠杀中国人民的工具。连美国政府也不得不亲口承认，这时“马歇尔将军所处之地位，实为尴尬，盖彼一面充任中国两大集团之调人，而美国政府在另一面又继续供给军械军火予其中之一造，即国民政府”。马歇尔却仍然企图加以掩饰，说什么他的“调处”行为是“公正”的，甚至是无可怀疑的。九月间，马歇尔曾对共产党的代表装腔作势地“郑重宣称”：“如果共产党怀疑他充任调人的公正”，那末只要中共照此通知他，“他将立刻退出谈判”。不久以后，马歇尔自己为杜鲁门起草致蒋介石召回他本人的电报中又说：“马歇尔……继续担任调停，将使美国政府处境困难，而马歇尔所代表的美国政府的公正行动（？），势将成为疑问。我惋惜他促成（？）中国和平的努力已告失败。惟关于他公正的地位和行动，以及他代表的美国政府的意旨，和高尚的目的，一定是不成问题的必须保证。”[②]马歇尔此种手法是再拙劣不过了。中国很流行一则“此地无银三十两”的寓言，他的一切分辩，正好是这个意思。

自然，美帝国主义的任何奸计，是欺骗不了中国革命人民的。一九四六年九月十五日中共代表周恩来曾写信给马歇尔，透彻地揭露美国的阴谋说：“……在另一方面，国民党政府获得如此巨大的美国援助，以进行内战，亦空前未有。在日本投降以后，国民党政府获得美国租借法案之军火物资，即依美政府所宣布者，已与战时所获得之数目相等（均为六亿余美元），其实数殆不止此。美械师使用于对日作战中者，仅印缅远征军及最后一次湘西之役，而今

---

①《中美关系》，648 页。

② 同上，181、187、192 页。

日美械师几已全数用之于进攻中共解放区。不足，助之以美军海空运输。犹不足，助之以美军防守铁路城镇与海港，乃至协同进攻。仍不足，竟于六月休战协商之际，美国政府公布延长《对华租借法案》十年之提案于国会，以助长国民党政府之杀气。仍不足，更于今日内战正在发展之际，美国政府竟让售价值八亿二千五百万美元之剩余物资、船舶与设备予国民党政府。美国政府此种巨大援助与武装干涉，试问置其全权代表如阁下及司徒大使作为居间调停人者于何地？尤其使阁下，以指导军事调处之三人会议主席资格，更处于难堪之地位。”[①] 美国侵略者的代表在这严厉的责问面前，只得哑口无言。

九月底，蒋介石大举向解放区的中心城市张家口进攻，同时宣称将召集所谓“国民代表大会”，马歇尔和司徒雷登则用“三人小组”或“五人小组”的疲劳谈判，来帮助蒋介石的军事行动。中共代表向马歇尔声明，除非蒋介石尊重政治协商会议的决议和停止对张家口的进攻，解放区将拒绝发表参加国民大会代表的名单，以及中共代表将不出席同时举行的“三人小组”和“五人小组”会议。十月一日马歇尔和中共驻南京代表谈话时明白表示：他“既不同意共产党的行动步骤，也不同意国民党的行动步骤”[②]。换一句话说，就是马歇尔肯定政协决议必须抛弃，张家口必须让蒋介石占领，所谓“也不同意”国民党的步骤，分明是虚伪的。接着，中共代表希望马歇尔和司徒雷登需要一方面使美国政府停止对蒋介石的援助；另一方面能有使双方都可以接受的公平的调处方法。马歇尔立即反对。他说中共“声明中关于美国政府的部分不能接受”——表明美国政府是要坚决援助蒋介石的。而且他也“并不喜欢声明中第二部分的推测”——表明美国不打算有使中共能够接受的公正调处方法。

同年十二月马歇尔又为蒋介石导演了一幕召开“国民代表大会”，公布“宪法”的丑剧。后来《中美关系》白皮书上说：“马歇尔仍然留在中国，直到一九四七年元月政府和共产党之间争论的焦点之一，召开国民大会为中国制订一部新宪法，并结束训政时期和一党专政时期。”又说：“马歇尔元帅留在中国，直到国民大会完成了他的工作。”[③] 这就是马歇尔充当这幕丑剧导演

---

①《中美关系》，655—656 页。

② 同上，188 页。

③《中美关系》序，12 页。

人的证明。以后，还有美驻华大使司徒雷登把这一套宣传为“既合政协决议，尤充满民主精神”等等。但对注定了的失败，已无能挽救。一九四七年一月二十九日，美国政府正式宣布“决定终止与三人小组之关系”，退出伪装调处，完全露出狰狞的一面倒面目；把它企图征服中国人民的棋子走到最后一步，使人们明确认识美国在中国完全代替了日本，而蒋介石则代替了汪精卫，美国侵略者再也无法施展什么阴谋诡计和欺骗伎俩了。

应当指出：在这一个阶段，马歇尔确实曾经对蒋介石的某些反革命方法表示过反对，而且反对得很坚决。但是，那绝不表示美国对待中国人民比蒋介石更“友谊”些，而是表示美国消灭中国人民力量的手段比蒋介石更加阴险。

美国的办法：软硬兼施，政治军事双管齐下。

蒋介石的办法：一味军事蛮干。

在美国侵略者看来，前者似乎还有“胜利”的希望，后者则是“损失多而受益少”，甚至“会引导共产党控制全中国”。例如一九四六年七月马歇尔几次和国民党某“高级官员”谈话，“强调国民政府所采取的策略，正是在阻止共产党的努力中，反而制造了对共产党政权种种有利的条件”。同年八月，马歇尔与蒋介石“坦白的谈话”中，又说明他反对蒋介石及其“亲密顾问”们的政策。马歇尔相信：“国民政府的行动或会引导共产党控制全中国，以后发展的混乱情况，不但会削弱国民党，且会给共产党以极好机会来破坏国民政府。”九月间，马歇尔再一次向国民党的“高级代表”“指陈局势的严重性”；并且武断地宣称：“局势继续恶化，共产党将被迫寻求依赖外援，例如俄国的援助。”[①] 所有这些劝告，都是同一个意思，即要求蒋介石在反对中国人民的事业中，应该更听美国指挥一些，从而使蒋介石为美国的服务更好、更有效一些。如果说，美国政府和它的侵略工具蒋介石反动集团之间也还存有矛盾，只有在这一点上是合乎事实的。

①《中美关系》，174、176、187 页。

## 第四节　公开一面倒，走下企图征服中国的最后一步棋

### 一　“不愿共产党人存在于中国”

一九四七年一月六日，杜鲁门宣布马歇尔离华。同月八日，美国国务院发表马歇尔声明，宣称中国要“挽救目前局势，惟有赖于政府中以及少数党中自由人士之取得领袖地位，而彼等如能在蒋委员长领导下，活动成功，必可组织一良好政府”[①]。这是美国重申支持蒋介石、消灭中共、“统一中国”的决心；并企图把所谓“少数党中自由人士”组织起来加以利用。同一个时间，美国另一反动头子范登堡（Arthur H. Vandenburg），也号召蒋介石匪帮要组成一个“共产党在外的党派联盟”，和一个“没有共产党参加的联合政府”。同年四月，蒋介石便执行美国这项指令，搜罗了一小撮民族败类如曾琦、张君劢等，加入了蒋匪帮，进行所谓“扩大政府基础”的工作。从此，美国侵略中国的方式，又开始变得比较单纯起来，即用一切力量，支持这个“良好政府”来作为它奴役中国的工具；其对中国共产党一面，则不但公开反对它在“中国政府”中存在，并且也公开反对它在中国任何“其他地方”存在了。美国政府所正式发表过的这类文件多得很，这里举几个例子：

一九四八年三月十日，美国务卿马歇尔在记者招待会上的谈话：

> 中国政局，与欧洲各国政局根本不同。在中国国民党之与政府原为一体。……“联合政府”问题，根本不能移用于中国。

一九四八年三月十一日，美国国务院声明：

> ……中共现正对该政府（按：指美国工具蒋介石政府）作公开叛乱（！），至中共应否被邀参加中国政府组织之一节，亦应由中国政府自行选择，而不应由美国政府强作安排。

---

①《中美关系》，217页。

一九四八年三月十一日，美总统杜鲁门关于对华政策的解释：

美国政策，不在敦促中国国民政府邀中国共产党加入政府。美国政策，由马歇尔将军使华更予以实施者，乃在协助蒋介石政府解决其所遭遇的局势。彼表示希望中国自由分子参加政府……但谓，“吾人力之所及，实不愿任何共产党人士存在于中国政府或其他地方”（！）。[①]

一九四八年八月十日，美国驻南京大使馆向国务院的建议：

（一）鉴于以往世界各地联合政府之情形，“美国将力求阻止组织包括共产党之联合政府”，且以为继续并加强援助国民政府虽或太迟，但系达到此项目的之最佳方法；（二）如情势演变结果，须对中共作相当让步时，“美国力量应用于设法停止战斗，惟须以中国分成若干极不关联之联邦为基础（！），此项联邦之地域分划，尽可能使无中共参加之各邦政府在中国留有最大部分之土地”；（三）如中国恢复区域制度，则美国将供给经济援助与各区域政府，以增加其地位，“使中国人（按：只能是美国走狗蒋介石匪帮）之反共特性得以显现，因而相等地减弱彼等对中共同情”。[②]

一九四八年十月二十八日司徒雷登向国务院的报告：

吾人之所以拒绝共产主义者，并非为其明显之社会改革（按：正是为了“明显的社会改革”，使美国侵略者过于伤心），而为其不容忍、其阴险之依仗第五纵队与类似之秘密手段，其残酷压制一切不同之思想行动，其否认个人人权，其毫无顾忌使用欺骗宣传与任何其他不道德之方法，以贯彻其目的，及其疯狂武断主义，包括认暴力革命乃系必要之信念。所有此般罪恶，再加以此项政策，乃

---

①《中美关系》，272、273页。

②同上，279页。

系自莫斯科施发号令，其实用于中国共产主义的确实性，与他处并无二致。吾人之问题，乃在于如何阻延、或揭发或抵消彼等在中国之势力。①

把这些“谈话”“声明”“解释”“建议”“报告”等等归纳一下，就不难教人十分明白：

（一）美国政府把中国人民进行的正义的解放战争，竟敢称作对蒋介石卖国集团的“公开叛乱”，这就表示它是公开的以中国人民的敌人自居的，从来就不是什么“调人”。

（二）美国政府公开承认了：不但它这个时候的对华政策是不容许“任何共产党人士存在于中国政府”，也不容许他们存在于中国“其他地方”，而且不久以前，“由马歇尔将军使华更予以实施者”，也正是为了达到这个目的。对于马歇尔来华“调处”的无耻骗局，真正是不打自招，再也不能使任何人相信他的“公正”了。

（三）美国政府这时觉得“力求阻止组织包括共产党之联合政府”已经非常不够，还要进一百步，应用“美国力量”肢解中国，把“中国分成若干极不关联之联邦”，来无限期地延长由美国政府所发动的中国内战，使美国将中国“化整为零”，好一块块吞食。如果不是写在美国官方的正式文件上，也许有人还不相信这竟是美国大使馆的正式计划，而会错认为是什么疯人院的疯子们在发狂！

（四）美国政府除了一贯恶毒地诽谤中国人民（其实所有这些词句，对于美帝国主义及其走狗，倒是真正适用，一个字也不用更改），又公然把中国的革命，当成了美国侵略者的所谓“吾人之问题”，表示它要与中国人民为敌到底，好像要是它不能把中国的革命加以“阻延”“揭发”与“抵消”，它就将死无葬身之地。

当然美国侵略者“不愿中国共产党人士存在于中国”的实际行动，比起上面那些文件里的简单记载来，还不知要凶恶多少倍。但是美国政府说这不是它对中国的侵略，而是对中国的“友谊”！

---

①《中美关系》，286 页。

## 二　新的灭华阴谋

美国在中国的侵略面貌完全公开以后，为了在新形势下从蒋介石手中夺得更多的中国权利，和为进行新的侵略阴谋寻找“根据”，一九四七年七月杜鲁门指令中国人民所痛恨的侵略分子魏德迈率领一批美国流氓来中国“调查”。杜鲁门给魏德迈的指令中说：“当你提交你的调查团的结果时，你需试图尽可能准确地述说：对于你可能建议的援助的性质、程度以及可能的结果的估计……”魏德迈来中国后大肆活动，跑遍了中国内地各大城市，并远至东北和台湾“调查”，同年九月间，向美国国务院提出一项报告。这个报告是美国侵华史上的极重要文件之一。

魏德迈首先讲明了美国“援华”的目的和条件是什么，他说：“美国对中国有条件的军事援助的目的，应该是便利它军队的改编，重新获得大众对于军队的信任，保证对于共产党人向国民党中国进一步进展的胜利抵抗，援助建立稳固地位。此种援助，可以此为条件：抚育出一个政权，它将沿着满足美国的路线发展，而同时对于军事共产主义的逐渐蔓延进行缓冲作战……”[①]就是说，美国的侵略政策，是要“抚育出”蒋介石为中国的“儿皇帝”，然后使中国一切“沿着满足美国的路线发展”，实质上变中国为美国的殖民地；而美国政府的“援华”，就是实现这种侵略政策的手段。

接着，魏德迈又讲到了中国可以“满足美国”的许多事项。他举出仅“在战争时期”的“战略”方面，就有：第一，“一个不友谊的中国的存在，将会使我们无从利用重要空军基地作为轰炸出击的配备地区，以及沿亚洲海港的重要海军基地。它被苏联或是一个与苏联友善的政府所控制，将会使一些暖水港和空军基地被用来作敌意的使用。我们自己在日本、琉球、菲律宾的空军和海军基地，将被置于相对短程抵消性的空击之下”——即“抚育”了蒋介石政权，便可以使中国领土“满足美国”利用，成为美国的军事基地。第二，“另一方面，一个与美国友好或联盟的统一的中国，则将会不仅仅供给重要的空军和海军基地，并且自它的幅员和人力观点来看，将会是美国的一个重要盟国”——即“抚育”了蒋介石政权，便可使中国几万万人民的“人力”，

---

①《中美关系》，774、810页。

“满足美国”驱使，作为灭亡中国和反苏作战的炮灰。还有第三，“分析满洲和华北的战略重要性的一个重要因素，就是这两区在形成一个工业新兴区的位置，这个新兴区能够补足或是西伯利亚或是中国的经济。在西伯利亚或在中国，这两区的蕴藏将会使军械和弹药的制造，煤铁资源的发展，以及军火和修械的经营成为可能”——即“抚育”出了蒋介石政权，便可以使中国，特别是华北和东北丰富的物产，“满足美国”长期掠夺（他还情不自禁地把他的视线远伸到了西伯利亚）。

因此，魏德迈肯定：继续倾全力援助蒋介石卖国集团，完全符合于美国侵略者的最高利益。反之，如果在这时“对华‘不援助’，或继续‘观望’的含义。……即等于切去中国政府立脚之地”[①]。当然，也就是切去了美国侵略者在中国的“立脚之地”，这是多么危险！

杜鲁门和国务院，同意了魏德迈的建议，决定继续更大规模地军事援蒋，贷与蒋介石五万万七千万美元，由美国以大批飞机、军舰、弹药和其他军事装备支付。这个决定经美政府于一九四八年二月向国会提出，同年四月二日通过，称为《一九四八年援华法案》。通过这个“法案”，美国一方面使蒋介石能够把反革命战争暂时继续下去；另一方面，又使蒋介石“接受美国顾问为在特殊的军事和经济方面的、美国政府的负责代表”，进一步控制了蒋介石的军事和经济。其中“军事顾问和监督”的权力，“在范围上伸展到包括野战军、训练所和特别是后勤部门”。[②]

但是，魏德迈这个屠夫所确定的侵略计划，远不止此。他还在报告中提出了更恶毒的灭华阴谋，其第一项，就是美国要利用“联合国”作掩盖来吞并中国东北。在报告中魏德迈这样提议：“联合国可以立即采取行动来造成满洲的停战，以为建立保护制或托管制的先声。保护制可以包括中国、苏俄、美国、英国和法国，这个应该迅速图谋，而非由中国发动不可。如果这些国家中一国拒绝参加保护制，中国就可以请求联合国根据宪章的规定成立托管制。”又说，美国政府与蒋介石集团之间，“需根据由两国政府谈判，而包括下列约定的协议：中国要求联合国采取立即行动，以求达到满洲的停战，并请求将满洲置于五强保护制之下，或者如果这样不行，则根据联合国宪章，置于一个托

---

①《中美关系》，779页。

②同上，774、814页。

管制之下”[1]。在另一处又说，执行方法不经美蒋“谈判”和“协议”，直接由“美国劝告中国请求联合国立即采取步骤”也可以。按照魏德迈这个建议，不管是采取何种制度——“保护制”（这当然行不通，因为苏联决不参加）还是“托管制”（这是美国认为可行的，因它在联合国中有表决机器可以利用），也不管采用什么执行方法——由美蒋“协议”后交蒋介石提出，还是直接由美国“劝告”蒋介石提出，有几点是肯定的：一、牺牲中国领土，由美国变相吞并；二、表面上说成是“由中国发动”，而不是美国发动的；三、“应该迅速图谋”，“立即采取步骤”。这样大规模吞并中国领土的侵略计划，除了日本武装占领东北，成立“满洲国”，在近代外国侵华史上再也无可比拟。其使用的手段，则比日本阴险得多，甚至使美国政府因此不敢发表魏德迈这个侵略报告，只是秘密地通知蒋介石本人，教他“勿对此事予以批评”[2]而已。

再一项，是美国准备解除对日本的管制，扶持日本侵略势力再起，作为它侵略中国的帮凶。所谓“放弃占领日本计划，但仅是有了中国国民政府同意时”，就是魏德迈关于这个计划的提议。本来这项政策，是从日本投降前后起，美国政府所一直奉行着的，现在发展到了打算指使蒋介石明目张胆“放弃占领日本”权利的地步。

另一项，是美国要盗取中国的国防秘密，绘制供给美国军事用途的中国地图。魏德迈建议说，“这样的一个计划，由于它供给了业已或者可能卷入冲突的地区的最新战后地图，对于美国是有战略价值的。……现在的计划，应该加以扩充，以包括其他含有极大战略重要性的区域”。又说“中国地图绘制计划，在范围上伸展到实际可能的地方”。[3]

这一些，就是魏德迈来华“调查”两个多月以后，遵照杜鲁门的指令，“准确地述说”和“估计”的另一方面的结果。其中如吞并东北虽没有实现，但并不是美国政府不愿意那样做，而是中国人民的强大力量，坚决制止了它。

此外，魏德迈还在中国为蒋介石制定一庞大计划：在军事上分中国为六个区，除了想把西北、西南、华南三区在“防苏”“交通”“建设”等借口下完全掌握到美国手里而外，其余的区则要蒋介石更坚决为它作战。如在华北

---

① 《中美关系》，766、814 页。

② 同上，260 页。

③ 同上，811 页。

"美国要求中央军无论如何要尽力守住这一区"，华中则规定"至少要能防守至二年之久"。政治上确定为："美国不反对中国政府以武力弹压不参加政府组织的党派（原按：指民主同盟），其他不与政府合作的人民活动也可以镇压。……蒋政权为中国唯一统治力量，必须使之巩固。"

与魏德迈同时来华的，还有美国前驻苏、法大使，战争贩子布立特。他给蒋介石作出"三年击败中共"的决定。回到美国以后，他又"执行国务院的指令"，发表一个狂妄报告，认为美国应该用十三亿五千万美元的"低廉代价"，收买大量中国炮灰，在"反苏"名义下替美国灭亡中国，而以占领日本的麦克阿瑟为管辖中国的"统帅"。同年九十月间，美国军事考察团又到中国，先后"考察"北平、青岛、南京、上海等地。考察团团长——美国会众议院军事委员会主席柯尔在南京连日发表谈话，对布立特的援蒋灭华计划完全同意。

## 三　指挥蒋介石"戡乱"与反革命"改革"

在美国侵略政策中，与公开宣布消灭中国共产党相适应的，就是指挥蒋介石进行一连串的反革命"改革"。其中最重大的两项，是指使蒋介石"戡乱"与召开伪国大，进行伪选。

当一九四七年七月间，蒋匪帮的所谓"戡乱"总动员令还没有发布的时候，司徒雷登往见蒋介石，陈述"紧急措施"意见。他告诉蒋贼应"广向人民剀切说明下述数点：因共产党拒绝最近之和平建议，全国人民须责令负担内战全责（按：何等恶毒！）。宪政现正积极推行，如人民愿享受宪政下之民主生活（？），应起而共挽国难，为达此共挽国难之目的，全国人民应不惜牺牲（按：即应不惜为美国牺牲！），有钱出钱，有力出力……"。又说，蒋贼"并应巡游全国，发表演说，唤起全国民众积极参加上述革新运动。既有民众之支持，即可高枕无忧，而不必对于共产党之军事力量及其他活动，再抱焦虑。此时乃可继续广开恢复和谈（？）之门。……最后予深信此项改革（按：好一个消灭中国人民力量的改革！）计划，必可博得美国及其他各国之充分同情"。蒋介石在美国主子面前，是以服从为天职的，当场就表示对司徒雷登的意见，"颇具同感"。一九四七年七月十八日，蒋政府即通过"立即生效"的《完成动员戡乱实施宪政纲要》。这个什么《纲要》的公布，是蒋介石匪帮最后自绝于中国人民的一种表现，也是使他们有资格被列为头等战犯的罪证之一。而美国政府却大加赞赏，宣称其中“所载规定，虽甚宽广，然政府于实施各项措施时，已有轨道可循”。[①]

其实美国的任何努力，这时都是不中用了的。整个解放战争的局势已起了根本的变化。在战场上：一九四六年七月至一九四七年十一月为止的十七个月中，中国人民解放军消灭了进犯解放区的蒋介石正规军及非正规军一百六十九万人，打退了美蒋军事进攻，保存了解放区的基本区域，并使自己转入了进攻。一九四七年十月十日，中国人民解放军发表宣言，号召全国人民打倒蒋介石，建立新中国。这表明中国人民革命战争已经达到了一个转折点。和人民解放军发表宣言的同时，中国共产党又公布了《中国土地法大纲》，宣布废除封建及半封建性剥削的土地制度，实行耕者有其田的土地制度。土地改革使解放区的地主阶级被消灭，充分地发动了农民，支持了人民解放战争。在蒋管区：一九四六年底至一九四七年初，全国学生举行了反对美军强奸中国女学生暴行的示威运动，一九四七年五月，全国学生举行了反饥饿、反内战、反迫害的示威运动。各地工人农民也举行着许多斗争，反对国民党和美国帝国主义。这些都说明美帝国主义和蒋介石反动派是已经完全孤立，日暮途穷；中国人民在全国胜利的局面，是已经确定下来了。毛泽东同志在《目前形势和我们的任务》中分析这时的形势说：“中国人民解放军已经在中国这一块土地上扭转了美国帝国主义及其走狗蒋介石匪帮的反革命车轮，使之走向覆灭的道路，推进了自己的革命车轮，使之走向胜利的道路。这是一个历史的转折点。这是蒋介石的二十年反革命统治由发展到消灭的转折点。这是一百多年以来帝国主义在中国的统治由发展到消灭的转折点。这是一个伟大的事变。”[②]

至一九四八年四月，美国政府仍循着它所布置的侵略中国的“轨道”，又指挥蒋介石用“选举”方式由“主席”升为“总统”，希望他能因此更有效地执行美国反对中国人民的任务。前面已提到的美国在所谓《一九四八年援华法案》名义下给予蒋介石的新的巨额贷款，就正是在这时被通过，并开始拨付。其所具有的政治目的之一，是为支持蒋介石在“选举”中获胜，是再明显不过的事。但是，由于蒋军在中国人民大革命进军中大量被歼，蒋党统

---

①《中美关系》，247、251页。

② 毛泽东：《目前形势和我们的任务》，载《毛泽东选集》卷四，1244页。

治力量呈现土崩瓦解之象，又使美国对蒋介石这项“改革”大不满足。因此，在决定给蒋介石做喜事的时候，也就决定给他做丧事，这就是美国坚持要以“反蒋”著称为杂牌军阀所支持的李宗仁攫得“副总统”位置。其作用是：俟军事局面进一步恶化，蒋介石本人已无法维持的时候，李宗仁便可以“反蒋”姿态出而接替蒋介石的任务。在四月底，“副总统”“选举”中，美国竭力为李宗仁撑腰，司徒雷登亲自出马“劝请孙科退出”，使李宗仁获胜。选举后，美国反动言论机关又一致为李捧场。纽约《先锋论坛报》四月二十五日上海电讯说，“假如与中共议和的时机到来，李宗仁远较蒋易为共方接受”。五月一日合众社北平电，“李宗仁将军当选副总统……是自一九四六年马歇尔试图平息（？）中国内战的惊涛骇浪以来，国民党政府可以拨正船舵的最有希望的机会”。纽约《先锋论坛报》在四月三十日的社论中说，“李宗仁当选副总统，是把中华民国所能提到的一位最出力主张改革的人，放在崇高的职位上”。美国政府这幕预定的把戏，在不久以后，是真正上演了的，不过表演得很不成功，连它自己也不曾喝彩！

美国所以要指挥蒋介石作上述滑稽“改革”的真实意义，除开继续说明了美国侵略者与中国人民势不两立，就是表示美帝国主义及其走狗已发现它们自己在中国的统治危机，已经像火山一样爆发起来，使他们再也找不到有效的方法，“稳定”这种危机，来苟延残喘，势非把他们从脚跟烧到头顶，彻底毁灭不可了。

## 四　公开出兵，还是军事援蒋？

公开出兵，还是其他方式的军事援蒋？是马歇尔公式失败以后，美国政府所经常讨论的题目。每当中国人民解放战争有进一步的胜利时，公开出兵，就被加紧讨论一番。只是由于中国人民力量过于强大与美国和其他各国人民的反对，美国政府才没有敢于这样冒险。

日本投降时，对中国“大规模地在军事方面加以干涉”，本来就是美国对华政策“可能抉择”的一条。后来由马歇尔“调处”代替了这种“抉择”。一九四七年七月，魏德迈来中国“调查”，正值中国人民解放战争由防御转入全国规模进攻，魏德迈发现形势不妙，在他的“调查”报告中，提出了公开出兵，是“援华”方式之一。他说：“对中国的军事援助和协助，可以主要地采取三种方式，或是三种方式的混合，物质的、顾问的或是美国人员积极参加作战。”[①]但是，魏德迈马上承认了最后一种方式，是行不通的，因为如果美国“卷入了对中国共产党人的实际作战，它将会遭到严重的指责”。这里的“中国共产党人”，正是代表着中国人民的。

一九四八年九月十二日至十一月二日，人民解放军在东北举行了五十二天的巨大规模的辽沈战役，全歼东北蒋军四十七万余人，解放东北全境，成为人民解放战争中一个有决定性的伟大胜利。这个胜利使美国政府大为恐慌。十月底马歇尔在国务院作“政策检讨”，研究了“美国直接负起指挥中国内战之义务”与“实际接管中国（蒋介石）政府”的问题。侵略分子马歇尔在这个“检讨”中说到了“……美国政府务须极端慎审，勿置身于一种足以消耗其资源至于不可预知之政策；如美国直接负起指挥中国内战之义务（按：直接指挥中国内战的“义务（？）”，是早就“负起”了的，这句话的意思，应该读作直接出兵），或如直接负起对中国经济上之义务，或竟兼而有之，其结果均必如此”。然后他又说：“为求最短期内剥缩中共至成为中国之完全不重要角色（！），美国必须实际接管中国政府，而代其推行经济、军事、行政上各种事务。”[②]但是马歇尔要“推进”这种“事务”，同样是困难重重，首先就是“中国人对侵犯主权之强烈反感及其浓厚民族主义思想与夫美国不能供应所需之大量人材等等”。结果使美国还是“不能采取上述步骤”——在这里必须补充一句，美国政府的代表把美国在中国的罪恶行为正确地称为“侵犯主权”；而不叫作什么对中国的“传统友谊”，这还是第一次；但大概也是最后的一次。侵略者惯于颠倒黑白，人民是不能希望他们会说老实话的。

同年十一月七日，人民解放军开始发动著名的淮海战役，直接威胁南京——这是美国国务院侵华办事处所在地。南京美国大使馆这时连忙集合美国在中国的各方面的高级代表举行会议，专门商讨可否“实际调用美国军队”。会议讨论的结论，还是脱不掉这三个字：“不可能。”十一月六日美国大使馆向国务院所作的报告中这样说：“本馆召集美国军事顾问团与武官处之高级职员，经对军事情势商讨以后，一致认为，由于现在局势恶化之程度，除实际调用美国军队外，任何大量之军事援助，亦于事无补。而调用美国军队自属不

①《中美关系》，813页。

②同上，281页。

可能。该会议之结论为：中国或美国所采取之军事步骤，均将不能及时挽救军事情势。”[①] 至十二月间，淮海战役还在胜利进行中，蒋军精锐黄百韬等部被歼，杜聿明等部被围，美国驻南京军事顾问团团长巴大维（David Barr）向美政府的呈报中，又提出：“除非一无限制美援之政策，包括立即调用美军，始能使国民政府抵御共军挺进，在中国南部保持一立足之点。”[②] 但鉴于形势不利，据说巴大维本人对于“立即调用美军”，也“并不赞同”。在这许多讨论中说，只要美国公开出兵，便可挽回它的侵华败局，显然这是美国侵略分子的虚骄表现，因为这种假定全无事实根据。

直到一九四九年二月，天津、北平和长江下游江北地区都解放了，美国政府驻中国的某些代表还在企图利用国民党的混乱状况，以华南为据点，对中国人民顽抗。二月九日，美国驻广州公使衔参赞与当地的国民党反动分子交换了“如何鼓励抗共力量”问题的意见以后，向国务院请示，是否可与在广州的国民党各反动团体“作非正式会谈”，以及由美国官方发表一些“宣言”“谈话”之类，来阻止人民解放军的推进？美国国务院在答复这项“请示”中，又提到“立即调用美国武装力量”的问题。由于事实的逼迫，美国政府这时才多少清醒了一点，肯定了即使那样做，也是无效的。在“答复”上面写着“……文中所形容之接洽，与近周内其他类似之试探，皆为同样之性质，仅为各团体争取优势之政治欺骗而已。据巴大维将军之估计，谅执事亦熟悉，即若泛无限制之美援，包括立即调用美国武装力量，中国政府在华南亦不能有立足之地。故由美国发表一公开宣言，或执事发表谈话，使中国政府对共产党坚决之前进，能有若何作用，殊难置信”[③]。美国侵略者简直有些绝望了。

远在一九二六年，斯大林就指出帝国主义干涉中国的特点道：“干涉决不限于军队入境，而军队入境也决不是干涉的主要特点。在资本主义国家现今革命运动的条件下，在外国军队直接入境可能引起许多抗议和冲突的时候，干涉已带有比较圆滑的性质和比较隐蔽的形式。帝国主义在现今的条件下进行干涉，偏重于采取在附属国内组织内战的办法，采取资助反革命势力反对革

① 《中美关系》，288 页。

② 同上，336 页。

③ 同上，295 页。

命的办法，采取在精神上和财政上支持其中国走狗反对革命的办法。”[①]

由于有心无力，公开出兵虽没有实现，但是美政府在人力、财力、物力上援助其中国走狗，指挥蒋军与中国人民作战中，已经作了最大的努力。《中美关系》白皮书第七章，和巴大维的全部作战意见报告书中详细记载了这方面的事实。在这里，美国对中国革命的干涉，形成了下面的一个公式：美国出钱出枪，蒋介石出人，替美国打仗杀中国人，借以变中国为美国的殖民地。这是一个极其恶毒的公式。美帝国主义这项大举侵略中国，屠杀中国人民的滔天罪恶，是丝毫也不在大规模出兵之下的。

## 第五节　妄想打败中国人民的美国侵略者，被毛泽东领导下的中国人民打败了

### 一　滚出中国大陆

历史进到一九四九年，在中国人民面前所展开的，是一幅崭新的图景。就在这一年的一月一日，美国头条走狗，中国的天字第一号卖国贼，第一名战争罪犯蒋介石，万不得已，亲自出面，来向中国人民求和。这是表示：在伟大的人民力量打击下，从美国到国民党政府的整个反革命阵营，已经在总崩溃；而中国人民解放战争在全国范围内取得胜利的定局，已被它的敌人所认识了。这种情势，使美国政府的政策，又由单纯地支持国民党的反革命斗争变为两种方式的斗争：第一种，组织国民党残余军事及所谓地方势力在长江以南及边远省份继续抵抗人民解放军；第二种，在革命阵营内部组织反动派，极力使革命就此止步，如果再要前进，则应带上温和色彩，尽可能少地侵犯帝国主义及其走狗的利益。而在这时演出美国久已排好的戏法——让蒋介石转入幕后，由李宗仁出面进行“和平”阴谋，就是行使这两种斗争方式的第一个步骤。

自一九四八年四月，美国支持李宗仁当了副总统以后，一直对李贼抱着希望。早在同年五月，南京美国大使馆对国务院的报告中就说：“除非获一

① 斯大林：《论中国革命的前途》，载《斯大林全集》卷八，323页。

受感召之领袖（此似无可能），能号召民众，并恢复军队之作战意志，现政府将无力阻止共产主义。”十月间，美国明白提出蒋介石“退休”，以李宗仁代替的问题。十月二十三日，司徒雷登在南京向国务院发出的建议有这样几项：“（一）倘如国民政府由于屡次之军事失败，被逼迁至中国其他地区，则我国对国民政府是否仍然承认，并予以支持？（二）吾人是否可建议委员长退休，让位与李宗仁，或其他较有希望组成一非共产共和政府与较有效能与‘共匪’作战之政治领袖？（3）吾人是否赞同蒋退休，让位与其他与国军及非共产政党相处甚好、而能使内战停止之领袖？（4）吾人若采后一步骤，吾人是否将承认与支持一个由于战事结束，为求中国统一，而与共党合作所成立之联合政府？……”这时因局势还不太成熟，国务院对司徒雷登所问关于蒋李两贼的进退问题，不作肯定回答，说什么“美国政府不能处身于建议委员长退休或任命其他华人为中国政府领袖之地位”。至于蒋政府崩溃以后美国要采取的步骤，“须视届时美国利益所在，与彼时情形而决定”。[①] 到十二月，蒋介石的军事危机更加严重了，美国政府“不能建议”的虚伪性，便迅速暴露出来，由杜鲁门直接致函蒋介石，问他“是否已考虑他辞职或继续执政的问题”。一九四九年一月，蒋贼发出求和声明以后，美国政府命令他“退休”的时间确定来到了。同月八日，蒋政府曾向美、英、法、苏各国发出照会，请各国政府向中国人民方面施以压力，进行“斡旋”。苏、英、法三国先后拒绝（苏联政府在十二月三十一日便曾正式辟谣，揭露蒋政府阴谋）。美政府知道即使重新出面，“于事已形无补”，同时，又为促使蒋介石迅速转入幕后，也拒绝了这项“请求”，同月十二日以备忘录一件答复蒋政府说：“美国政府对中国外交部部长于一九四九年一月八日于南京递交美国大使之备忘录业已奉到，并作周详之考虑。……美国政府认为在现时情形下，循照中国政府之提议，由美国政府作一调人（？），于事已形无补。”[②] 美国的宗旨既然如此，蒋介石只得于同月二十一日以“因故不能视事”的名义“引退”，而把职务“依据宪法”交给伪副总统李宗仁“代理”。当然蒋介石并没有宣布“辞职”，只是暂时不“视事”而已。甚至在他发表的文告中，说了一句“李代总统”，立刻由中央社更正为“李副总统”，免得人们对蒋贼的“总统”地位发生任何误

① 《中美关系》，282、285、286 页。

② 同上，290—291 页。

解。这是准备着倘若美国的算盘不如意时，蒋贼可以随时卷土重来。

李宗仁一出手，便表明他的“和平”活动，全是假的。他一面派出非正式的和正式的代表，与中共进行谈判；一面又向美国请求“美援”，并在长江以南层层设防，阻止人民解放军进军。证明他所“代理”的，是美国付与蒋介石的全部反革命职务，只是花样翻新了一点。但是，作为新的工具，李宗仁并没有使美国政府觉得比蒋介石更有力一些，而是相反地，过了一个极短的时间以后，使美国政府觉得他比前者更软弱了。二月二十三日，司徒雷登向国务院报告：“在李宗仁与孙科领导之‘广东派’争取政权中，李处于根本软弱之地位，因彼并不控制大部分之军队，缺乏资源与不能得到委员长及CC政客所控制之大部国民党官僚依顺。白崇禧之总部于请求美援时，向汉口美总领事馆对此项基本弱点坦白承认，而或为过度之承认。”①这正是说：中国人民的力量已经强大无比，美国侵略者不管使用哪一帮走狗，也不管使用哪一种阴谋方法，都无能为力了。

同年四月十五日，国民党政府代表与中共在北平的谈判还在继续，李宗仁与司徒雷登却正在南京商讨如何阻止人民解放军渡江的问题。这一天司徒雷登的报告中说：“代总统本日复请求余予以援助，彼欲知美国政府是否发表某种声明，以延缓共军之渡江。彼所希望之声明，显为一由美总统或国务卿出面之声明，声称如共军渡过长江，美国将认为此举为对美国安全之威胁。”②卖国贼李宗仁的这个“建议”，已经是绝顶荒谬了；而美国“大使”竟又“深表同情”，并以为这样做，对于李贼的卖国行为“实为莫大鼓励”。好一个“品行无亏”的家伙！大概在美李盗匪的心目中，长江以南，已经不是中国领土，而是美国的华盛顿了，不然的话，何以中国人过长江，就成为“对美国安全之威胁”了呢！

在国民党内，这时还有以陈立夫、孙科为首的另一伙贼匪，在与李宗仁作卖国比赛。国民党政府与中共谈判限期届满的最后一日——一九四九年四月二十日，陈立夫在广州召集国民党的“中央政治会议”，在这个会议上“与在京之政府对拒绝共产党之条件有一致之决定”，表示他们忠实美国到底。同时，陈立夫也亲自会见美国驻广州公使衔参赞，表明他有放手卖国的本领，说

①《中美关系》，296页。

②同上，303页。

是“如时机成熟，希望美国坦然摊牌，对任何援助，要求一确定之代价。此乃为美国欲图达到其目的之惟一途径”①。陈贼的无耻程度，确实要驾出李宗仁之上。他不惜把中国的一切，作为“确定之代价”奉送给美国主子，来达到换取美国对中国人民“摊牌”的目的。

可是，美国侵略者已被中国人民确定地打输，再也“摊”不出什么“王牌”来了。四月二十日，李宗仁所代表的国民党政府终于拒绝了中共代表所提出的和平方案以后，人民解放军大军于二十一日胜利渡江，二十三日国民党反动派盘踞了二十二年的南京，即宣告解放。美国侵略者从一九二七年以来，一直利用为侵华工具的，中国历史上最后一个黑暗、反动、卖国的政府——蒋介石国民党的“国民政府”最后覆灭了。从此美帝国主义在中国失去了可以利用的工具，百余年来，特别是从日本投降以来，美国在中国各方面漫无限制迅速膨胀起来的巨大侵略势力，被基本上消灭了。中国人民的胜利是空前伟大的，这是伟大的中国人民领袖毛泽东与伟大的中国共产党领导着广大的中国人民长期英勇奋斗的结果。

紧接着，人民解放军横扫华中、华南地区的敌人残余势力，同年八月，美国“大使”司徒雷登狼狈返回美国，九月间中国人民政治协商会议开幕，一九四九年十月一日——近代世界历史上最重大的事件之一——中华人民共和国诞生，至一九五〇年春天，全国除台湾、西藏外，全部解放。至此，美帝国主义侵略中国的势力，永远滚出了中国大陆。它所重新计划的一切军事的和政治的斗争方式，又都一一遭受可耻的失败了。

## 二　无可奈何的供状

一九四九年八月五日，美国政府发表题为《中美关系》的反革命白皮书，把美国侵略中国的罪恶由一向遮藏掩盖变为公开暴露。这是中国革命的伟大胜利，在美帝国主义集团内部造成了极大的混乱和分裂，迫使其中的一个方面、一个派别，不得不公开发表自己反对中国人民的若干真实材料，并作出反动结论，去答复另一个方面、另一个派别的结果。

白皮书及其附件，长达一千零五十四页，叙述自一八四二年《南京条约》

①《中美关系》，305—306 页。

起至一九四九年南京解放止共一百零七年的中美关系。全书共分八章，在第一章中伪造中美关系历史；第二章中叙述国共关系，充满恶意歪曲；第三章中暴露赫尔利在抗日战争后期干涉中国内政；第四章中诽谤中苏同盟条约，挑拨两国兄弟友谊；第五章中说明马歇尔来华“调处”真相；第六章中暴露魏德迈灭华计划及司徒雷登阴谋活动；第七、八两章中供认大量物资援蒋挽救不了国民党灭亡。它的基本内容归纳起来却只有一个，那就是艾奇逊在序文中所说的：“中国内战所造成的总结果，系在美国政府控制能力范围以外，此乃一不幸而不可避免的事实。此一结果，绝非美国在其能力之合理范围以内所已采取或可能采取之措施所能予以变更，亦非由于美国政府未采取某项措施所致。此一结局，乃中国若干内部力量所造成，美国曾对该力量力谋予以左右而无成。”一句话，美国为了反对中国人民力量，用尽了一切干涉方法也不能收效。这就是美国的贪得无厌的、但是终于失败了的干涉者和侵略者向世界作的无可奈何的供状。

但是白皮书所包含的罪恶是说不完的。它为了证明上述意图的正确，徒然伪善地胡扯了一大堆中美“友谊”，而对已往的历史则作了许多歪曲。首先是在美国人民、中国人民和世界人民面前散布了对中国人民与中国共产党的种种荒谬污蔑。例如说中国共产党对于抗日不努力，甚至和国民党一样把抗日胜利的希望寄托在美国“援助”上。说中国共产党对抗日战争结束以后的中国和平不努力，甚至破坏和平。把中国共产党所领导的中国人民解放战争和人民大革命，进行反对帝国主义、封建主义、官僚资本主义的斗争，肆无忌惮地叫作“为外国帝国主义利益而效力”，“受苏联控制”，“共产国际第五纵队”等等。而对于举世周知的国民党反动政府的罪恶，则又竭力替它洗刷。尽管美国政府承认蒋介石的国民党是一群“与过去军阀并无区别的反动分子”，“意志消沉，且不得民心”，却仍然无耻宣称卖国贼蒋介石是民主的“领袖”。其中虽然也攻击了国民党贪污腐败，这是一方面为了诱使人们以为美国政府究竟也有些客观态度；另一方面，则是对国民党为美帝国主义效力得不好，使美国的努力归于无效，而表示不满；同时并借此推卸失败的责任。严格地说，这是不公平的：第一，国民党的腐败是随着它的反动而来的，其腐败与反动程度，无一不因美国的“援助”与“鼓励”而加深。第二，国民党对于美国的侵华政策与方法，无一不是照本宣扬，即使一切都按照美国国务院的办事细则行事，其失败也是同样无法避免与同样悲惨的。所以美国政府对国民党的攻击，只是表示主人不得意，在向奴才迁怒。

与此同时，白皮书对美国现行的侵略政策，也重新宣布了一番。它丝毫也不掩饰美国政府的帝国主义侵略立场，宣称美国“不干涉中国内政”是不可能的，因为它与“支持中国的统一与领土完整”“发生了冲突”。也就是说，美国政府认为必须干涉、侵略中国，把中国当作美国的保护国，然后，中国才能有所谓“统一与领土完整”。根据这种希特勒主义的武断，白皮书又进一步提出了干涉中国的新的方法，是要招募“民主个人主义者”替它服役。如艾奇逊在序文上说的：“中国的悠久文明和民主的个人主义终将再度胜利，中国终将推翻外来制度。我认为我们应当鼓励在中国的一切发展，这些发展在现在或将来都是为了达到上述目标而工作。”这对于中国人民是极大的侮辱。

八月六日即白皮书公布的第二天，美国国务院又发表一专门声明，提出“五项原则”，把这些原则不用骗术而用科学加以解释，那就是：

（一）美国政府愿以每一可行之途径，鼓励凡能促使中国成为美国殖民地之发展，俾能在国际事务中担任美国帝国主义分子之傀儡的任务。

（二）美国政府愿协助中国建立一种经济与政治之环境，可保障美帝国主义代理人之人权与自由，并可逐步地发展美国的殖民地经济与买办阶级的福利。

（三）美国政府反对中国脱离其干涉而独立，反对任何一个不服役于美国独占资本利益之政权。美国政府反对任何外国以平等友好态度援助中国。

（四）美国政府将继续其与其他在远东拥有殖民地的帝国主义的国家参照有关各国在整个远东之局势，咨商将有助于各该国在远东继续保持帝国主义特权之办法。

（五）美国将强迫联合国达成上述目标，特别是有关维持帝国主义对远东侵略之努力。

这再一次表明，美国政府决心从内部和外部继续破坏人民民主的中国，只要美国一天还是帝国主义的国家，美国政府与中国人民为敌的方针是不变的。

## 第六节 美帝国主义所欠中国人民的血债

美国帝国主义独占中国的阴谋，虽然在伟大的中国人民力量的锤击下，最后地和彻底地失败了，但是美国在上述侵略步骤中，所造成的中国人民生命的死亡，抢走的中国人民与国家的财富，侵犯的中国主权，却无法用数字表示出来。从日本投降到蒋政府灭亡止，虽只短短四年，其危害则不仅把其他帝国主义一百余年侵略中国的总和都已超过，即比起日本八年占领中国的罪恶，也毫无不及。这是美国侵略者所欠下中国人民的一笔血债。这笔血债，是必须清算的。

### 一 屠杀中国人民方面

美国用“援华”方式，把大批美国杀人利器与最新式的杀人技术，以贷款、租借、救济、让予等名义，经过蒋介石的手，拿来屠杀中国人民。日本投降后三年内，美国运到中国的武器、装备与其他费用，据已经公开的材料，总值达四十三万万四千六百余万美元(把抗日期间美国给予蒋介石，而在这时动用，为美国政府所公开承认了的六亿七千万美元加在一起，共为五十亿美元以上。另一统计，这两个时期的综合数字为五、九一四、二八九、九三一美元，即通常所说的六十亿美元)。接近第二次世界大战后，美国对世界各国反动派所作援助总数二百万万美元的四分之一。这里虽不能详写它的全部内容（有相当多的一部分在《中美关系》的《军事纪实》里，写得极其详细），可举出些零星材料，以见一斑。如：

飞机：“八又三分之一队空军计划”一项，即有一个重型轰炸机大队、一个中型轰炸机大队、四个单引擎战斗机大队、两个摄影侦察机中队，共一千零七十一架。到一九四八年三月，至少有九百三十六架已经交线，其余正在运交。据另一统计，一九四七年一月以前，已运到一千一百五十架。[1]

军舰：巡洋舰三艘，驱逐舰四十五艘，连同战斗、登陆等舰艇共二百五十

①1948 年 3 月 3 日《人民日报》及 1947 年 3 月 16 日同报。

艘，加入其他船只，为四百七十一艘。[①]

石油：仅一九四八年第一季（春季）即运给蒋介石飞机用汽油六万零八十八桶、其他发动机用汽油三十五万桶、火油八万五千桶、煤油及蒸汽燃料油十万桶。[②]

车辆：至一九四七年一月以前，各种车六万七千辆，大批坦克在外。

枪炮：一九四六年六月美政府批准的美蒋秘密军事协定一项，即有山炮七百五十门、轻炮一千五百门、迫击炮五千门、重机枪一万五千挺、轻机枪一万七千挺、自动步枪六十万枝。

子弹：一九四七年六月二十七日一次子弹交易，即为一万万三千万余发，按当时全解放区人口合计，恰为每人一发。

统一装备：前项军事协定又规定：美政府在一九五〇年以前，装备蒋军七十五个师。照另一统计，一九四七年一月以前，已经装备六十四个师、十八个交通警察部队、二十个保安团及伞兵大队，共八十四万人。

训练蒋军：除续办原有参谋训练学校，步兵学校，中美混合空军学校，两个中美联合陆军训练学校，五个中美特别训练班外，又新设南京汽车训练学校，青岛海军训练学校，昆明信号部队学校，昆明、南京、广州、衡阳降落伞部队训练学校，重庆特种技术训练学校，杭州空军训练学校，成都空军学校，徐州机械化学校，南京步炮学校，汉口、上海、徐州空军教官与军事技术人员学校等二三十处，训练海、空、步、炮、辎重、汽车、通讯、伞兵、交通、特务、参谋、军需、军医等十四五万人。单是空军一项，即有飞行员、轰炸手、领空和技师等五千一百余人。

此外，美国还供给蒋介石大量烧夷弹、化学战具、各种军用零件等等。

曾经是美国“进步党”首领的华莱士（H.Wallace）一九四八年五月二十一日发表讲演总结美国对华政策说：“过去三年中，美国平均每月运给中国武器，为珍珠港事变至对日胜利期间我们每月运给中国武器之八倍半。”他深深感到美国侵略者的手上“染满了无数中国人民的鲜血”。[③]不仅如此，美国还指使它的附庸加拿大政府于一次援蒋六千万美元与“蚊式”轰炸机一百五十

① 据美蒋秘密军事协定，载1948年5月22日《人民日报》。另一统计，同年3月20日同报资料所据美联社电讯，当时已有军舰271艘。

② 美商务部公布，1948年2月10日合众社华盛顿电。

③1948年6月3日太行《新华日报》。

架后，又继续供蒋军机枪子弹二千五百吨及其他军火。美国自己更在零星付现的交易中，额外以各种军火售予蒋介石。据北平一家杂志估计，在正式贸易之外，仅一九四七年一年，蒋“资源委员会”购买美国军火一项外汇，即在一万万三千万美元以上。[①]

至于美国占领军以征服者姿态直接施于中国人民的殴辱、强奸、杀身、越货等罪恶行为，更到处皆是，无法悉数。

## 二　抢掠中国人民与国家的财富方面

美国利用各种特别权力，向中国无限制地倾销商品、输入资本与夺取生产原料。日本投降后三年内，中国人民取得衣、食、住等生活资料的农、工、商业逐步地完全落入美国侵略者的掌握。中国人民和国家的财富日益增多地向美国流去。如：

一般企业：以华南为重点，据一九四七年八月十二日合众社电：美国企业家已拟定“开发广东、广西、湖南三省之庞大计划”，实现计划资金为一万万五千万美元，经营范围有广州煤气厂、水泥厂、玻璃厂等。实施合同已在八月初由美国潘尼李氏公司出面订立。同年九月十三日，美国走狗宋子文接管广东，十月二日，又有美国煤油大王洛克菲勒第三来粤与宋商谈开发广东矿藏问题，并取得协议。十月十三日潘尼李氏公司副总裁与宋接洽投资粤省其他工商业，随即有所决定。十月十五日美大使馆参赞纪伯获又到广东与宋“广泛交换对华南商务意见”。

石油与电力：一九四六年，美国命令蒋政府颁布所谓“新公司法”。在这前后，美国大托辣斯环球生产公司开始在中国西北探测与开采石油。美国威斯汀好斯电气公司也在华设立大规模工厂。一九四八年元旦，上海又成立美国控制的“上海电力联合公司”，资金共二千三百万美元，美银团即投入一千三百万，占百分之五十以上。联合公司除经营电力外，还包揽上海公私道路、河流、桥梁、沟渠、街巷及任何公产上的投资权利。上海其他电力公司，美国亦可自由投资。

交通运输：一九四六年，中国最大的“官商合办”轮船公司——招商局

①1948 年 3 月 1 日《人民日报》。

即加入新的美国资本，大批管理与技术人员也改成美国人。美国财产占百分之七十五以上的“联合国善后救济总署”所属“中国水运大队”，也在这时成立。陆续增加到拥有轮船二十多万吨。美国空军将领法西斯分子陈纳德更组成一个“航空运输公司”，并联合中国买办官僚资本三十多个代理人发起组成“中国实业公司”，在南京、芜湖、九江、汉口、长沙、衡阳等地设立分公司，自备车船，运输商货。一九四七年，美国资本结合美军拟定一个贯穿大西北路线计划，以陇海铁路天（水）兰（州）路为基干，北循甘（肃）青（海）、青（海）新（疆）两公路，南接成（都）天（水）路、滇康路、滇缅路出海。据同年十一月十八日蒋贼中央社报道：全长一千二百二十一公里的青新公路已建成通车，其他各段的勘测，也已动手。

钢铁业：以海南岛为例，一九四七年十月二十九日蒋贼中央社电讯：美国“钢铁专家”皆认为海南岛可能发展为世界最大钢业基地之一。当时以私人贸易商身分到日本考察的美国西南辗铁公司出口经理伯里希，告蒋贼中央社记者，他将“毫不犹豫，立即在海南岛设立备有完全现代设备之辗铁厂”。他并承认“对于立即自海南岛采购铁苗十五万吨之初步商谈，目前正经中国政府进行中”。①

农业投资：上海复兴岛设有规模宏大的农垦机械装修总厂，另有十八个分厂和三个铁器厂分设蒋区各省。湖南邵阳一地，即有小型“示范”工厂八个。一九四七年十月“联总”署长鲁克斯来华，又计划在四川、湖南、河北三省设立大规模肥料厂及各地工程站。所有资本，皆来自美国。

抢走农产品：一九四七年九月蒋政府海关发表对外贸易商品项目，出口货有百分之八十为原料品，绝大部分是农产品米、大豆、桐油、猪鬃、茶、丝、蛋、羊毛等。这些货物又多是往美国运去的（上面还没有列入东北与台湾的材料）。

兼并农民土地：有东北“屯垦局”劫收原来日本人从中国农民手中夺去的“开拓地”数百万亩，和拥有台湾耕地四分之一的该省“合作农场”。有皖北太和、阜阳等十三县境内直属“黄泛区复兴委员会”的“合作农场”四十四万亩；浙江包括二十五县的“农业示范区”；天津近郊茶淀农场及杨柳青农场十二万五千亩。“联总”异常热心帮助蒋政府抢先完成黄河堵口目的之一，也

①1947年11月6日《前报》。

为急于占有肥沃的黄泛区农地。一九四七年十月蒋政府颁布的《黄泛区土地勘测及重划办法》，就是遵照美国侵占中国农田的意旨制定的。

这种情形下面的中国民族工商业和农业，是厂、矿、商号减产、停业、倒闭，工人失业，农民失掉土地，农村完全破产。一九四五年年底上海一地失业人口多至八十余万，成都失业的也近十万人。至一九四七年蒋管区荒地多至五万万亩，饥民至少在三千万人以上。

## 三　侵犯中国主权方面

美国除了用它的在华军事、政治、经济势力控制着解放区以外的全中国领土而外，又通过它的走狗蒋介石订立许多公开和秘密条约，明文规定美国享有各种特权，把中国殖民地的地位加以合法化，如：

《美国在华空中摄影协议》。一九四五年十一月二十一日，驻沪美军参谋长马道克“照会”蒋政府，要允许“美军在我国内地各省及台湾等地从事空中摄影”，及“我国准予使用以冲绳岛为基地之美国飞机，在我国蒙古、东北各地作空中照相飞行”。蒋介石亲自“电示”：“除新疆仍应缓议外，余准如拟办理。”[①] 美国于此取得了美机在中国领空作军事调查的充分权利。

《国际货币基金协定》。一九四五年十二月二十七日美蒋参加签订，加强美国对中国货币的独占权。

《成渝铁路修建协定》。一九四六年五月成立，规定美国有修建此铁路权利。

《中美航空协定草案》。一九四六年八月三十日成立，规定“设立并发展中美两国领土间定期空运飞行”，由美国指定西北航空公司、泛美航空公司、环球航空公司在中国天津、上海、广州各线飞行。与这“草案”议定同一天，陈纳德又与蒋政府成立一个“陈纳德空运大队”在各地飞行的合同。这是美国对中国领空权全面攫得的开始。

《中美三十年船坞秘密协定》。一九四六年九月二十二日上海报纸转载美国杂志《世界报》消息：“中国为了购买八亿余元美军剩余物资，已允许美军舰在三十年内，可在中国沿海船坞中修理。”又英文杂志《新闻通讯》同月

---

① 蒋政府外交部对行政院呈文，载 1946 年 7 月 29 日《前报》。

二十八日载："美国剩余物资附有三十年密约船坞协定，依此协定，三十年内，中国所有海港，美军舰皆可自由出入使用。"①这是美国又霸占了中国全部海港。

《中美宪警联合勤务议定书》。一九四六年十月八日在北平签订。规定设立"中美宪警联络室"，据伪北平警察局外事科长告记者：以后美军肇事，依"议定书"规定，"须由美宪警处理，警局有旁听权而已"。在这以前，美国与蒋政府就已成立"美军事人员刑事案件条例"，不久，又成立所谓"中美商务仲裁会"（后改为"中美商务公断会"）。这是美帝国主义在华领事裁判权的复活。

《粤汉铁路借款协定》。成立于一九四六年十月，规定美国有投资修建权。

《中美航空协定》。一九四六年十二月二十日成立。内容比过去的协定"草案"不同的是：第一，除原定美机能在上海等地起卸外，又增加了一个"及以后随时同意之地点"装卸转运客货。美机可在中国到处飞行不受限制。第二，增加美机在中国领土内可作"非交通之停靠"，即除平常交通外，美机还有军事性的降落权。②中国领空主权，从此全部归入美国掌握。

《青岛海军基地秘密协定》。一九四七年一月宣布。据合众社报道，其内容为："根据这一协定，一旦发生战争时，美国与中国将共同使用青岛海军基地。"③这除了强迫中国承认美军久已占据青岛这一既成事实，还含有挑拨中国军事反苏的性质。

《滇越铁路管理与川滇铁路修筑协定》。一九四七年七月成立，规定美国对两铁路有权管理和建筑。

《国际关税与贸易一般协定》。一九四七年十月十六日在哈瓦那成立，中美两国均参加。据同日美国国务院公布的"分析报告"披露，协定规定中国应允许美国"最为重要"的一百一十项物品减免进口关税，美国则答应对中国军用原料如钨矿等物品作某些关税"让步"。④至一九四八年五月四日美蒋双方同时宣布：本协定自同月二十日起生效。从此美国可以一方面用减免关

①1946 年 10 月 19 日《前报》。

②1946 年 12 月 29 日《人民日报》。

③1947 年 2 月 4 日《前报》。

④1946 年 12 月 29 日《人民日报》。

税向中国继续大量倾销各种消费品，特别是大量倾售军火，一方面又用关税“让步”，来掠夺中国战略原料。中国关税自主权已扫地无余。

《美军驻华美蒋秘密协定》。一九四七年十月十七日为蒋政府所宣布，其内容在同日蒋政府“国务会议”宣读的外交部报告书中有：“美国军队留驻中国已为中国政府所接受。”“美军留驻中国，将直至两方政府认为无继续留驻必要时为止。”这个会议随即通过一“美国驻华武装部队系由中国政府之同意而驻案”。法国新闻社也同时宣布：美蒋关于此事已订有“协议”，蒋当局已把这事“照会”递交美国大使馆。[①] 美国就这样取得了对中国作无限期占领的“合法”权利。

《中美救济协定》。一九四七年十月二十七日宣布成立，规定蒋介石必须同意美国“监督”援蒋基金与物资使用，并控制蒋政府财政经济的行政部门。此“监督权”与控制办法，由美国一个“专使”团来执行。它可以享受与大使馆相同的特殊待遇，自由在蒋区来往，收集情报材料等，不受中国司法与行政管辖。

《美国在华教育基金协定》。于一九四七年十一月十日成立，主要内容有：一，协助美蒋“学者”，“交换学生”。二，充分宣传美国“救济”中国“恩德”。三，宣传美国“强大”。此外，还组织一个基金董事会，美国派董事五人，指导中美“文化交流”和“亲善”活动。美国订立这个协定的用意，是为取得在中国进行奴化教育的领导权；附带借此掩盖它过分露骨的侵略罪行。

《中美海军协定》。一九四七年十二月八日成立，规定：

“（一）由美国帮助中国建立海军机构，包括组织舰队、军港、基地、学校等；（二）由美国帮助中国培养训练干部，包括控制监督；（三）由中国供给美国以海军情报，并报告一切。”[②]

这是同年十月公布的美军驻华协定的扩大。

《中美关于经济援助之协定》。一九四八年七月三日由司徒雷登与王世杰分别代表美蒋政府在南京签订，作为美国援蒋四亿美元中二亿七千五百万美元“经济援助”部分的代价。规定：

一、美国对援蒋的款项、物资，及与这批款项、物资相等的“中国货币”

---

①1947 年 10 月 22 日《前报》。

②1948 年 1 月 8 日《前报》。

有最高监督权和决定权。

二、“中国政府对美利坚合众国因其本国资源中缺乏或可能缺乏而需要之中国所产物资转移于美利坚合众国，无论系为储蓄或其他目的，将予以便利。”蒋政府并按时向美国供给有关这些物资“所必要之情报”。

三、蒋政府要作一切努力，“减少与他国间贸易之公私困难”，便于美国和各美占领区商品来华倾销。

四、驻华执行直接监督的美国经济合作局特别代表团及所属职员“须视为美利坚合众国驻中国大使馆之一部分，俾得享受……优例及豁免（按：即身体财产不可侵犯权、免税权、治外法权等）”[①]。

《中美农业协定》。一九四八年八月五日在南京以“换文”方式成立，规定由美国总统委派美国人二名，加入蒋政府三人组成“中国农村复兴委员会”。这个委员会可以“拟订”和“督察”实行各项农业计划，从农业生产、销售、灌溉、畜牧到家庭与乡村工业、农村教育等，无所不包。又可以任命“所认为必要之执行官吏行政人员”，并得与“适当的中国政府机构及在中国之国际或私人机构”订立“合作”办法…… 另外还规定从美国给蒋政府的二亿七千五百万美元“经济援助”中，再拨出百分之十，专作美帝国主义对中国农业侵略的经常费用。[②]

这里应当特别指出的，是一九四六年十一月四日在南京签订的《中美商约》，即所谓《中美友好通商航海条约》。这个条约全文共三十条又一项“议定书”。设想周到，无微不至。从第二条到第五条是关于“通商”的规定，第六条到第八条详细规定保护侨民办法，第九条到二十条规定应受保护的许多特别事项，第二十一条到二十四条专讲航业。剖析其全部内容，真是像一把尖刀刺入中国人的心脏！名义上这是一个“通商”条约，而实际内容却规定了美国在中国早已享有的政治、军事、经济等各方面的许多特权。例如第十四条第二款中写着：“缔约双方在任何时期内因（甲）对同一第三国或数国施行为履行维持国际和平及安全之义务之措施时，或（乙）对同一第三国或数国同时采取敌对行为而施行于陆军或海军行动有关之普遍陆海军强迫服役时”，美国人可以参加中国陆海军服兵役，中国人在美国亦须参加美国的陆海军服役。

---

①1948 年 7 月 14 日《前报》。

②1948 年 8 月 15 日《前报》。

第二十二条第五款更写着：由于气候恶劣或因任何其他危难，美国军舰可以驶入中国任何港口，无论是开放的与不开放的。这就使美国的侵略武装力量可以随时随地侵入中国的领土，变中国为美国“合法”的军事基地。又条约的文字上写的是中美“双方”，而实际上只是处处对“此方”的美国适用。例如美国人在中国的经济利益与中国人无异，而中国人在美国却是没有这种利益的。美国人可以在中国居住，购买土地、房屋及一切财产，但美国限制中国人的“移民律”则仍旧有效。美国向中国输入商品征税与中国人相同。凡是中国开放的港口，美船皆可通行，并能沿途起卸货物，自由选择“捷径”……

当时人们曾把这个所谓的“商约”称之为“新二十一条”。其实拿一九一五年日本帝国主义向袁世凯提出的“二十一条”和《中美商约》相比，日本的“二十一条”所规定的特权还有相当的范围；就是拿日本与汪精卫的密约与之相比，日本在那密约里所规定的军事、政治、经济的特权，也还指出一定的地带。《中美商约》规定的美国在中国的特权，简直是漫无边际，无所不包。用蒋匪帮驻美“大使”顾维钧的话来说，就是“中国全部领土，全部事业一律对美国开放”①。这是美国侵略者利用它的走狗蒋介石写出来的中国人民的卖身契，是中国人民新的国耻！

把所有上述条约和《中美商约》合在一起，美国从蒋介石手中取得了中国领土权、领空权、领海权、内河航行权、铁路管理权、军权、财权、警察权、司法权、国家秘密权、农业权、工矿权、商业权、海关权、文化教育权、内政“最后决定权”、外交指挥权等等。真是从天上到地下，从海上到陆上，从政治到经济，从物质到文化，从现在到将来，无所不包，应有尽有。所有“中国”主权云云，实际上尽成美国主权了。

## 第七节　武装占领中国领土台湾

### 一　武装占领台湾（上）

一九四九年中国人民解放军解放了中国大陆，蒋介石残余匪帮逃往台湾

①1947 年 11 月 20 日，顾维钧在纽约美全国对外贸易会议上的演辞。

海岛，美国政府又进一步侵略台湾，并把它作为继续侵略中国大陆进行最后挣扎的巢穴。

台湾（包括澎湖列岛）一向是中国的领土，一八九五年被日本侵略者所强占。当地人民反对日本帝国主义的英勇斗争，从未停止过。这种斗争，正是中国近代史上中国人民反帝斗争的一个组成部分。根据历史事实，一九四三年十二月一日中、美、英三国政府共同签署的《开罗宣言》，一九四五年七月二十六日中、美、英三国共同签署、后来又有苏联参加的《波茨坦公告》，以及一九四五年九月二日日本签订的投降条款等具有国际法律效力的重要文献，都明白规定和承认了“日本所窃取于中国的领土，如满洲、台湾、澎湖列岛”必须“归还中国”。[①] 日本投降以后，国民党反动政府接收了台湾，从此，在事实上恢复了台湾是中国领土的一部分。

前面已经叙述过，美国对台湾是早有侵略野心的。在日本投降以后，美国对中国大陆的侵略活动全部失败以前，美国就通过其走狗国民党反动政府把自己的势力从经济、政治各方面渗入台湾，控制着台湾的军事基地和经济命脉，实际上代替了日本在台湾的统治。

在一九四五年十月蒋军进入台湾以前，美军就已经在那里登陆，以协助国民党政府“受降”和“遣俘”的名义，开始其准备侵占台湾的各种活动。美国特务及军事情报人员在美国陆军情报组长摩根指挥下，调查了台湾各军事要地与设备。一九四六年十月二十五日前后，美国远东侵略政策的执行者，罪恶昭彰的战争罪犯麦克阿瑟曾与蒋介石、宋子文在台北草山宾馆秘密会商让予美国实际控制台湾主要港口及建筑军事基地的特权。一九四七年下半年，在美国政府的策划之下，原任日本驻台湾总督的长谷川清，及由麦克阿瑟刚从巢鸭监狱释放出来的前满洲重工业会社总裁鲇川义介等侵华要犯，均由美国庇护前往台湾，参与计划建筑台湾的军事基地，并在美国指挥之下，协助训练正在屠杀中国人民的蒋介石军队。美国这时还先后在台北松山机场、台中机场、台南机场和新竹机场建立了空军基地与联络电台等设备，并由太平洋十三航空队派出军用飞机，摄取台湾全岛的地形照片，探测台湾地区的气候。一九四八年春，美国西太平洋舰队司令柯克率领舰队进抵台湾，逼使原来打算隐瞒出卖海港的国民党反动政府，不得不正式发表基隆与青岛同为美

①《开罗会议宣言》，载《战时中华志》（China Handbook 1937—1945），129页。

国海军自由碇泊的港口。从这以后，美国海军舰艇，便继续不断地侵入台湾的中国领海，并碇泊于台湾各港口，仅高雄一地，即曾碇泊美舰达二十七艘之多。在陆军方面，美国的“联合军事顾问团”也早已派出大批现役军官常驻台湾。[①]这样在军事上美国实际代替了日本，控制台湾的地位。在经济上，日本投降不久，美国的许多“专家”与经济部门的代表，也在“帮助台湾产业复兴”的名义下，纷纷进入台湾。一九四六年十月美蒋谈判的另一结果，美国取得了在台湾“自由经营各种企业”与由美资“恢复建设”台湾水力发电厂，及“开发基隆、高雄为国际自由港”的权利。一九四八年二月，美国与蒋介石政府进一步签订了“共同开发”台湾的协定。在这以后，由美国资本在台湾大量从事石油、硫磺、黄金、煤、钨、锑等等矿产的开采工作。此外，由美国政府与美国独占企业如威斯汀好斯电气公司、雷诺金属公司、通达公司等合作，通过各种方式，控制了台湾的主要企业如电力工业、铝金属工业、水泥工业和肥料工业等[②]，操纵了台湾的经济命脉。

与上述军事、经济侵略并行的，就是美国在台湾进行各种恶毒的政治阴谋。美国以驻台领事馆为中心，扶植亲美势力，酝酿与制造所谓“托管台湾”及“台湾独立”的运动。一九四六年春天，由美国副领事寇尔策动，在台湾某地作所谓“民意测验”，他们歪曲当地人民的反蒋情绪，作出了“台湾人民不愿受中国管，希望美国来管”的荒谬“结论”。[③]一九四七年二月二十八日台湾人民光荣起义，回答了美国侵略者：不接受日本帝国主义统治的台湾中国人民，也绝不接受美帝国主义及其走狗的统治。同年八月，侵略分子魏德迈“调查”到了台湾，美国所豢养的走狗廖文毅与魏德迈会见后，提出一个所谓《处理台湾问题意见书》，说要联合国来“托管台湾”，“使台湾成永久中立国”，并散播其他类此的荒诞宣传。魏德迈很高兴，以为他“寻找”到侵略台湾的“根据”了。同月十七日他向国务院作出报告，首先表示美国对台湾久已垂涎三尺，说“……台湾产煤、米、糖、水泥、水果及茶叶极丰，水力与热力充足。日人将偏僻地带亦作有效之电化，并设有良好铁路与公路。百分之八十的民众识字，与中国大陆情形恰成反比”，然后肯定地说：“台湾正有显

---

①见1950年11月28日中华人民共和国代表伍修权在联合国安全理事会控诉美国武装侵略台湾的发言，载1950年11月30日《人民日报》。

②同上。

③江慕云：《为台湾说话》，208页。

示愿意接受美国或联合国之保护”，美国需要为了台湾作“最佳之努力”。[①] 接着美国通讯社，就继续不断地鼓吹“台湾分离运动”。美国走狗廖文毅等也捏造各种名义加紧活动，甚至连美国政府派驻台湾的官员也曾公然声称：“台湾人如愿意脱离中国的统治，美国可以帮忙。”[②] 这就是从日本投降到一九四九年初美国对台湾侵略的情形。

## 二　武装占领台湾（中）

到了一九四九年，美帝国主义及其走狗，被中国人民从大陆上赶出去以后，美国对台湾的侵略，就进一步发展为竭力阻止中国人民解放台湾，并积极变该岛为美国与蒋介石匪帮反对中华人民共和国的最后反动堡垒，和美国侵略亚洲的重要军事基地。

早在一九四九年三月间，麦克阿瑟便公开叫嚣：“在日本和约签订以前，台湾仍属于盟国。”随后美国务卿艾奇逊也说：“台湾虽已加到中国的领土上，但在技术上讲，在对日和约签订以前，台湾仍是日本的领土。”他们企图用这些荒谬言论，作为美国反对中国人民解放台湾的“理由”。同年十一月，美国政府与台湾国民党残余集团缔结一项秘密军事协定，规定美国继续供给国民党五个师的武器和装备，十六艘军舰以及雷达装置和飞机零件等。另外，美国还允许将援蒋“剩余”款项九千万美元，及由国会通过的所谓“用于中国一般地区”的七千五百万美元，分别拨交蒋匪帮使用。国民党残匪则答应按照美国的指示，改组台湾反动政府，和由美国派遣军事使团驻在台湾，完全掌握蒋匪帮的军事事务。这个协定还规定，如果这样做仍不能阻止人民解放军前进时，则由美国以联合国的名义，直接下手占领台湾。另外据美联社报道，美国在同一个月内，又有一百架重型轰炸机从加利福尼亚州经关岛运往台湾，以后还续有起运。美国并指使蒋匪帮利用这些飞机滥肆轰炸中国大陆，造成了中国人民生命财产的重大损失。同年十二月二十九日美国海军部宣布派出一艘二万七千吨的“拳士号”航空母舰和二艘驱逐舰至亚洲海面，扩大打算作为占领台湾之用的美国第七特种舰队。美国海军部曾宣称：“第七特种

---

①《中美关系》，309 页。

② 见伍修权在联合国安理会的发言。

舰队构成一个流动的力量，随时准备用来支持美国的国策，并且作为西太平洋的一个稳定性的力量。”这是美国为后来占领台湾所作的一项重要布置。

此时美国政府的宣传机器却和美国侵略者的实际行动相反。它们大肆宣传着美国在台湾没有任何特殊利益，也对它没有任何打算。一九五〇年一月五日，还由杜鲁门亲自出面，发表一项关于台湾的声明，说明“过去四年来，美国及其他盟国亦承认中国对该岛行使主权；美国对台湾或中国其他领土从无掠夺的野心。……美国亦不拟使用武装部队干预其现在的局势，美国政府不拟遵循任何足以把美国卷入中国内争中的途径”①。但是由于美国统治集团的内部矛盾，不久以后，美国政府曾被迫公布了国务院于一九四九年十二月二十三日所发出的一项关于台湾问题的宣传政策指示，把他们自己的这一套无耻谎言完全揭穿了。这个指示说：“美国的威望与其他国家的民气（按：这里所谓‘民气’是指帝国主义阵营各国反动派的反革命信心）因福摩萨可能陷落于中共部队而遭到损害。”“普遍都预料该岛将陷落；在国民党的统治下，那里的民政与军事情况已趋恶化，这种情形更加强了这种预计。福摩萨的丧失可能使：（一）美国在国内外丧失威信……（二）其他国家，尤其是远东各国的民气受到损害……”因此，国务院指示在宣传中要否认“美国对该岛怀有特殊兴趣或野心”，要硬说“美国在那里从来没有过军事基地，也从未想取得任何特权”。可以承认台湾“在政治上、地理上、战略上都是中国的一部分”，要说“它一点也不出色或重要”，不要“提到任何会表示该岛有重要战略意义的话”。指示解释说：美国政府之所以不得不这样来进行宣传，是因为它认为，这时对台湾采取进一步军事行动，还缺乏舆论准备，无从掩饰自己的帝国主义和侵略者的面目，而且可能卷入美国准备未就的长期的冒险！②把台湾称作“福摩萨”也是这个宣传指示中规定的。杜鲁门的声明则是这个宣传政策的一个重要部分。这一事实，使美国政府一向进行欺骗与无耻宣传的本质暴露无遗。不过就在杜鲁门声明的当日，艾奇逊即“解释”，“台湾的中国国民党仍能依法购买美国武器”，并且强调说，“杜鲁门的声明，只是暂时无意在台湾建立基地”而已。

同年二月十四日，杜鲁门在他所签署的《援华法案》中再一次决定把“援

---

① 见伍修权在联合国安理会的发言。

②1951年6月21日《人民日报》。

华剩余”款项一亿零四百万美元的动用期限，由二月十五日延长到六月三十日。同年三月二十一日、五月二十三日美国又陆续通过两项拨款，共九千万美元，交给蒋介石使用。此外，又由麦克阿瑟提议，杜鲁门批准，实行一个“以美日陆海空军退役军人组织‘国际志愿军’援蒋守台”的罪恶计划，更多地起用日本战犯。美国及其走狗竟丝毫不顾羞耻，公然把日本头号刽子手，中国人民的死敌，前日本侵华派遣军总司令冈村宁次派作蒋介石的“总顾问”，来作为美国屠杀中国人民的帮凶。

一九五〇年六月，美国政府于准备挑起朝鲜内战的同时，也准备下手对台湾作公开占领。同月十九日，《纽约时报》社论透露：“麦克阿瑟将军，据报，正在准备促成一个西太平洋全体的、而不单是日本一国的联合防御计划，这样就重新提出了应该以及能够为台湾做些什么事情的问题。很大一部分人的意见，以为台湾还可以守住，虽然为时稍迟，但还不是太迟。……一个以大区域为基础的有力的防御计划，将会涉及头等重要的政治决策，它会要我们对台湾的整个立场翻过来。”[①] 同月二十日，合众社东京记者报道，美国防部长詹森与参谋会议主席布莱德雷在东京和麦克阿瑟会商以后，曾向杜鲁门提出阻挠台湾解放的新计划。同月二十五日——即美国挑起朝鲜战争的同日，纽约《先锋论坛报》的一则东京消息，生动地透露了上述计划的内容。它说：“据盟军最高统帅部的意见，美国对台湾问题采取坚决立场，将有百分之九十的把握阻止共产党对该岛的侵略；因为中国人自己并没有准备与美国的军事力量发生冲突。……总部官员坚信，如果根据下面的方针迅速行动的话，共产党人可能甚至不敢发动对台湾的攻击。美国应该发表一个措词强硬的公开声明，说明：由于苏联之参加中国军事准备工作，以及由于世界局势的变迁，因此对于前属日本的台湾的未来地位问题，必须等待对日和约的签订。在和约签订前，台湾将由美国或联合国代管。与发表这一声明同时，应派遣一个大规模的军事代表团，并供应有限度的装备。援助的数量，将与供给希腊政府与游击队作战相当。有人建议在派遣军事代表团之外，应该将海军实力炫示一番。某官员认为，只要出现一艘航空母舰，就必然会使共产党人在未来很长时期内不敢发动对台湾的攻击。”[②] 美国政府从来没有驳斥过这些直接关于美国政府的重大记载，这不但使人相信它是可靠的，而且也表示美国公开

① 见伍修权在联合国安理会的发言。

② 同上。

武装占领台湾的准备，已经成熟了。

## 三　武装占领台湾（下）

一九五〇年六月二十五日美国挑起朝鲜战争，同月二十七日美总统杜鲁门发表美国武装占领台湾的公开声明。至此，美国对台湾的侵略，由各方面的长期渗透，发展到了侵略行动的最高阶段——公开直接武装占领的阶段。这是美国长期侵略台湾阴谋发展的必然结果，也是美国扩大远东战争、继续与中国人民为敌的一个严重步骤。

为了更清楚地知道美帝国主义强盗的本相，可以看一看强盗头子杜鲁门的话是怎样说的，下面是它的主要内容：

在朝鲜，为了防止边境袭击及维持国内治安而武装起来的政府部队（按：指李承晚伪军），遭到北朝鲜的进犯军的攻击（按：帝国主义颠倒是非的故伎！）。

联合国安理会要求进犯军停战（按：指一九五〇年六月二十五日，安理会在美国操纵下，既没有朝鲜民主主义人民共和国的代表参加，也没有五个常任理事国中的两大常任理事国——苏联和中华人民共和国的代表参加讨论与表决的，关于朝鲜局势的非法决议），并撤退至“三八”线。他们没有这样做，相反地反而加紧进攻。安理会要求联合国的所有会员国给予联合国一切援助以执行此决议。在这些情况下，我已命令美国的空海部队给予朝鲜政府部队以掩护及支持（按：武装侵略者的面目公开暴露了。）对朝鲜的攻击已无可怀疑地说明，共产主义已不限于使用颠覆手段来征服独立国家，而且立即会使用武装的进攻与战争。它违抗了联合国安理会为了保持国际和平与安全（？）而发出的命令。这些情况以及共产党部队的占领台湾，将直接威胁太平洋地区的安全，及在该地区执行合法的而必要职务的美国部队。因此，我已命令第七舰队阻止对台湾的任何攻击（按：杜鲁门这个强盗以一切无耻虚构，来作为它武装占领中国领土台湾的“理由”）。……台湾未来地位的决定，必须等待太平洋安全的恢复，对日和约的缔结，或联合国的考虑（！！！）。

我并已指示加强美国在菲律宾的部队，及加速对菲政府的军事援助。我同样也已指示加速以军事援助供给在印度支那的法国及成员国的部队，并派遣军事使团以便与这些部队建立密切工作关系……[①]

但是，久经锻炼的中国人民，丝毫也没有为杜鲁门的挑战叫嚣所吓倒，丝毫也不认为美国侵略者有什么可怕，而是恰恰相反，立刻起来给侵略者以回击。同月二十八日我中央人民政府外交部周恩来部长针对杜鲁门叫嚣所发表的严正声明，就是代表中国人民还击美帝国主义的极有力的表示。周外长声明全文是这样写的：

美国总统杜鲁门在指使南朝鲜李承晚傀儡政府挑起朝鲜内战之后，于六月二十七日发表声明，宣布美国政府决定以武力阻止我台湾的解放。美国第七舰队并已奉杜鲁门之命向台湾沿海出动。

我现在代表中华人民共和国中央人民政府声明：杜鲁门二十七日的声明和美国海军的行动，乃是对于中国领土的武装侵略，对于《联合国宪章》的彻底破坏。美国政府这种暴力掠夺的行为，并未出乎中国人民的意料，只更增加了中国人民的愤慨，因为中国人民许久以来即不断地揭穿美国帝国主义侵略中国、霸占亚洲的全部阴谋计划，而杜鲁门这次声明不过将其预定计划公开暴露并付之实施而已。事实上，美国政府指使朝鲜李承晚傀儡军队对朝鲜民主主义人民共和国的进攻，乃是美国的一个预定步骤，其目的是为美国侵略台湾、朝鲜、越南和菲律宾制造借口，也正是美帝国主义干涉亚洲事务的一步行动。

我代表中华人民共和国中央人民政府宣布：不管美国帝国主义者采取任何阻挠行动，台湾属于中国的事实，永远不能改变；这不仅是历史的事实，且已为《开罗宣言》《波茨坦宣言》及日本投降后的现状所肯定。我国全体人民，必将万众一心，为从美国侵略者手中解放台湾而奋斗到底。战胜了日本帝国主义和美国帝国主义走狗蒋介石的中国人民，必能胜利驱逐美国侵略者，收复台湾和一切

①1950年6月29日《人民日报》。

属于中国的领土。

中华人民共和国中央人民政府号召全世界一切爱好和平正义和自由的人类，尤其是东方各被压迫民族和人民，一致奋起，制止美国帝国主义在东方的新侵略。只要我们不受恫吓，坚决地动员广大人民参加反对战争制造者的斗争，这种侵略是完全可以击败的。中国人民对于同受美国侵略并同样进行反抗斗争的朝鲜、越南、菲律宾和日本人民表示同情和敬意，并坚信全东方被压迫民族和人民，必能把穷凶极恶的美国帝国主义的战争制造者，最后埋葬在伟大的民族独立斗争的怒火中。[①]

周恩来部长这个声明，集中了全中国人民的意志，表现着站起来了的中国人民的伟大力量。这对于穷凶极恶的美国帝国主义战争制造者向全东方和中国人民的侵略，正是当头一棒，难怪他们要大大地发抖了。正因为如此，这个声明，就成了近代中国外交历史上最光辉的文献之一，值得大书而特书。

杜鲁门在宣布了武装侵略台湾的总方针之后，紧接着，又命令美国远东侵略军总司令麦克阿瑟到台湾与蒋介石会商以台湾为根据地向中国人民作战的具体步骤。七月三十一日，麦克阿瑟同他的参谋长阿尔孟德、美国远东海军司令卓伊、第七舰队司令史枢波、远东空军司令斯特拉特梅耶等人由东京抵台湾。麦蒋会商决定：美蒋双方海陆空军，归麦克阿瑟统一指挥，以“共同防守”台湾。美国除第七舰队外，增派第十三航空队常驻台湾，并在台设立“军事联络办事处”。又规定“美军可自由使用台湾空军基地”，“台湾陆海空军所需之军火、弹药、汽油、军需物资及一切作战武器，由美国远东军总部予以补充”。一切布置停当以后，麦克阿瑟于八月一日离台返日时曾公开宣称：“余统率下之美军与中国政府（即国民党反动残余集团）军队间之有效联系，业已完成。”蒋介石则声称：“过去二日内，吾人与麦帅举行之历次会议中，对于有关各项问题，已获得一致之意见。其间关于共同保卫台湾与中美军事合作之基础，已告奠定。”这是武装侵占了台湾的美国政府协同其傀儡蒋介石反动集团公开向中华人民共和国挑战的表示。七月十九日杜鲁门在致国会咨文中还企图再一次掩饰美国政府侵占台湾的强盗行为，说什么“为了使

①1950年6月29日《人民日报》。

得任何方面对于我们对台湾的意图不发生任何怀疑起见，我愿意声明美国对于这一个岛屿没有领土野心，也不为我们自己在台湾寻求任何特殊地位或特权”。但这种掩饰立刻为美国远东侵略政策的执行者麦克阿瑟亲自出来揭穿了它。八月二十八日麦克阿瑟在他给美国海外作战军人协会大会的演词中，明目张胆地供认，美国认为台湾是美国太平洋前线中的“总枢纽”，是“不沉的航空母舰”，美国必须控制台湾，以便美国“用空军控制自海参崴到新加坡的每一亚洲的海港”。[①] 在这里，当然只有麦克阿瑟的话是符合事实的。而杜鲁门亲自命令武装部队侵略了别国领土，反过来又说他对那些领土并无“任何”野心，“听其言而观其行”，中国人民懂得将要用什么方法来对付这一群绝顶狡猾阴险的家伙们！

同年八月二十四日，我国周恩来外长向联合国安全理事会提出了控诉美国政府武装侵略我国领土台湾的提案。这个提案无论从哪一方面说，都是正义的、合理的。但美国政府百般地阻挠了安理会讨论这一个合理的提案。只是由于八月份安理会主席苏联代表马立克据理力争及其他国家代表的赞助，中华人民共和国控诉美国武装侵略台湾案才列入安全理事会的议程。

这个提案由于美国的反对，采取了一个“控诉武装侵略台湾案”的很不完全的形式，并且一直延迟到同年十一月二十八日中华人民共和国代表伍修权的控诉发言才正式在安理会上提出。十二月十六日伍修权代表又不得不在成功湖的记者招待会上分发了一件题为《中华人民共和国代表伍修权支持苏联代表维辛斯基在联合国政治安全委员会控诉美国侵略中国的发言》的另一控诉文献。但是，美国政府阻挠中国代表控诉美国侵略罪行的阴谋，到底还是失败了。伍修权代表在这两次控诉发言中，对美国帝国主义一贯侵略中国、侵略中国领土台湾的种种罪行，作了充分揭露，使得美国政府的帝国主义侵略面孔，赤裸裸地暴露在中国人民、美国人民和全世界人民面前了。这两个控诉发言，再一次反映了我全国人民，为保卫祖国独立与世界和平而奋起反对美国侵略的坚决意志，同时，也反映了世界各国人民日益高涨的要求和平的正义呼声。它与同一个时期内我国人民抗美援朝志愿部队在朝鲜前线的英勇作战，一样是对于制止美国扩大侵略战争，维护远东和平，具有重大意义的举动。

美国帝国主义从中国大陆被赶出去以后，除了武装占领台湾，还布置了

---

① 见伍修权在联合国安理会的发言。

一系列的继续与中国人民为敌的行为，进行绝望的挣扎。美国政府领导着帝国主义各国从外交、军事、经济各方面共同对我国实行压迫、包围、干涉；同时，还企图从内部来破坏中华人民共和国。美国的特务机关如“中美合作所”之类，一向是美国政府反对中国人民的重要工具，现在它们和国民党残匪的特务机关进一步勾结在一起，指挥着潜伏在中国内地的特务匪徒，进行着各种各样的破坏活动。据一九五〇年我国西南军政委员会的统计，西南各省重要土匪头子百分之六十是受过美蒋特务训练的。[①]同年六月美国在发动了侵略朝鲜的战争以后，即开始在新中国的周围，建立一条从朝鲜到印度的间谍网，以东京为活动中心，以台湾为策动基地，对我国及亚洲各国人民进行更多的破坏活动。七月间美蒋间谍组织“中美联络参谋部”在台湾成立。八月初，美国又利用联合国名义，在香港成立“远东国际联合情报处”，把前“中美合作所”的特务分子重新组织起来。在日本方面，则以麦克阿瑟总部为中心，将前日本侵华战犯中的特工人员和汪伪时期的若干重要汉奸分子网罗在一起，加以利用，甚至连世所共知的屠杀亚洲人民的刽子手集团日本最老的法西斯特务组织——前日本贵族院中兴社（即黑龙会）也早经麦克阿瑟允许恢复工作，帮同美国侵略者，继续其犯罪行为。美帝国主义分子陈纳德在同年十一月十八日出版的美国《柯里尔杂志》上公开说：“一个军事援助中国反共游击队的计划是实际的，它花不了多少美国钱；它可以节省很多美国生命。”[②]

总而言之，美国帝国主义一日不与中国人民为敌，一日不把中国变成美国的附庸国与殖民地，它是死不瞑目，抱恨千古的。

---

①见《中华人民共和国代表伍修权支持苏联代表维辛斯基在联合国政治安全委员会控诉美国侵略中国的发言》，载1950年12月19日《人民日报》。

②同上。

# 第五章　抗美援朝运动兴起，中国人民进入伟大的爱国主义新高潮，为最后消灭美国侵略势力而斗争

（一九四九年以后，即中华人民共和国成立以后）

## 第一节　绪言

一九四九年中华人民共和国的成立，是第二次世界大战以后具有全世界历史意义的事件。社会发展的规律证明：资本主义制度必然最后灭亡，社会主义制度必然日益成长。美国帝国主义妄想独占中国所遭到的彻底失败和中国人民打败美帝国主义取得了革命的胜利，使世界资本主义越发向最后死亡逼近了。

然而，美国一贯的侵略世界、侵略中国的计划，是决不会就这样改变的；反之，它从此更急于要发动新的侵略战争，进行新的冒险。这是美国独占资本主义内在的深刻社会矛盾所决定的。斯大林在《苏联社会主义经济问题》中指出："现代资本主义基本经济法则的主要特点和要求，可以大致表述如下：用剥削本国大多数居民并使他们破产和贫困的办法，用奴役和不断掠夺其他国家人民、特别是落后国家人民的办法，以及用旨在保证最高利润的战争和国民经济军事化的办法，来保证最大限度的资本主义利润。"[①] 这一法则揭示了垄断资本最深刻的矛盾，暴露出资本主义国家的侵略和掠夺政策的根源。美国垄断资本活动的情况，正是具体地表现了这一法则。

第二次世界大战后的短短几年里，美国在欧洲继承了法西斯德国的侵略

---

① 斯大林：《苏联社会主义经济问题》，人民出版社版，34 页。

计划，在亚洲继承了法西斯日本的侵略计划，并将德日两个法西斯国家的侵略计划合并起来，加以发展，造成一个最凶恶的侵略战争计划。侵略朝鲜，侵占中国的台湾，单独缔结对日“和约”，武装日本，订立太平洋上双边和多边的所谓“安全条约”，扩大北大西洋公约的侵略集团，武装西德，进行中东的侵略计划，参与印度支那的战争，大量扩充军备，到处建立军事基地，大量制造原子弹等等，就是这一最凶恶的侵略战争计划的各个组成部分。特别是一九五〇年美国在发动朝鲜战争时，公然霸占了中国的领土台湾。这是美国政府对于中国人民解放战争的长期武装干涉的继续，和对于中华人民共和国的武装干涉的开端。而对于朝鲜民主主义人民共和国的进攻，则是标志着美国从准备新的侵略战争过渡到大规模的、直接的侵略行动了。

可是现在的中国已经不是旧的中国了。亚洲的历史已发生深刻变化，整个国际局势都呈现出了一种新的面貌。

从残存的资本主义制度本身而言，它早就走到了“日薄西山，气息奄奄，人命危浅，朝不虑夕”的死亡绝境。资本主义生产的严重经济危机不断发生，生产力长期停滞不前。拿一九二九至一九五一年苏联和资本主义国家工业产量的增加作一比较，其情形是：

| | 苏联 | 美国 | 英国 | 法国 | 意大利 |
|---|---|---|---|---|---|
| 一九二九年 | 一〇〇 | 一〇〇 | 一〇〇 | 一〇〇 | 一〇〇 |
| 一九三九年 | 五五二 | 九九 | 一二三 | 八〇 | 一〇八 |
| 一九四三年 | 五七三 | 二一七 | 统计材料未公布 | | |
| 一九四六年 | 四六六 | 一五五 | 一一二 | 六三 | 七二 |
| 一九四七年 | 五七一 | 一七〇 | 一二一 | 七四 | 九三 |
| 一九四八年 | 七二一 | 一七五 | 一三五 | 八五 | 九七 |
| 一九四九年 | 八七〇 | 一六〇 | 一四四 | 九二 | 一〇三 |
| 一九五〇年 | 一，〇八二 | 一八二 | 一五七 | 九二 | 一一八 |
| 一九五一年 | 一，二六六 | 二〇〇 | 一六〇 | 一〇四 | 一三四 |

这里可以看出，一九五一年苏联的工业生产量为一九二九年的百分之一千二百六十六，即这个时期差不多增长了十二倍。苏联工业在战后时期也如战前一样，在发展和平生产的基础上不断增长。美国的情形就完全不同。美国

的工业生产在一九二九年到一九三九年这个时期一直是停滞不前的，到第二次世界大战期间，由于军事生产的激增才有了进展；接着，就迅速下降，后来由于发动侵略朝鲜的战争，并加紧军备竞赛才重新上升。但是拿一九五一年与一九二九年相比，也不过增加了一倍。[①] 这说明现代资本主义早已丧失了生命力，只能苟延残喘了。

中华人民共和国成立，中国人民革命的胜利，更加巩固了社会主义在全世界胜利的局面，沉重地打击了资本主义体系。中国革命胜利之后，全人类已经有三分之一摆脱了帝国主义压迫，从帝国主义剥削的锁链下解放出来了。中国与其他人民民主国家脱离资本主义体系，和苏联一起形成了统一的世界民主与社会主义阵营，而与资本主义阵营相对立。世界三分之一的人口所结成的以苏联为首的民主与社会主义阵营的强大力量，大大超过了帝国主义反动势力。由于社会经济制度的优越，民主阵营中所有国家的生产一直突飞猛进地向前发展，人民生活蒸蒸日上。这些国家之间，在互相帮助和求得共同经济高涨的真诚愿望的基础上，建立了经济上合作互助的关系。民主阵营各国表现出是一个伟大的国际主义的大家庭，充满了新生的力量。

民主与社会主义阵营和帝国主义阵营对立的经济结果，使一个统一的无所不包的世界市场瓦解了，出现了两个平行的也是互相对立的世界市场。这两个市场互相没有联系，是朝着相反的方向发展的。资本主义夺取世界资源、销售货物的范围因之缩小了。这不能不震撼资本主义国家的经济，进一步加深久已存在的资本主义总危机；从而引起整个帝国主义阵营内部的更加混乱和分裂。美国帝国主义现在不仅是各国人民的国际剥削者和奴役者，而且也是破坏其余资本主义国家经济的一种势力。美国垄断资本乘它的竞争者衰落的机会，夺取了资本主义市场的一大部分。它正在破坏各资本主义国家间在历史上形成的多方面的经济联系，而代之以这些国家和美国之间的单方面的联系。美国垄断资本家一面用最无耻的倾销办法加紧输出他们的货物，一面又不让外国货物进入他们的国内市场，造成资本主义市场的空前紊乱。在美国这种经济政策之下，资本主义国家之间的矛盾更加尖锐化了。最明显的是美国和英国的矛盾。美国和英国的垄断组织公开进行斗争，争夺石油、橡胶、

① 据马林科夫《在第十九次党代表大会上关于联共(布)中央工作的总结报告》，人民出版社版，4—5页。

有色金属、稀有金属、硫磺等资源的产地和倾销货物的市场。马克思曾说十九世纪前期的英国是“世界市场的暴君”，现在美国更成为英国市场的“暴君”了。资本主义总危机和帝国主义相互矛盾的发展，又大大促进宗主国和殖民地之间矛盾的增长，加深了帝国主义殖民体系的危机。帝国主义国度内的广大人民阶层的生活条件，也由于军备竞争的沉重负担而一天天恶化。他们的购买力被降到最低限度。这种情况，使资产阶级和工人阶级及全体劳动人民之间的阶级矛盾越发加深了，也促成了一个新的、深刻的经济危机的发展，为危机的到来创造了条件。帝国主义阵营充满了各种新旧矛盾，是一幅资本主义制度临近最后死亡的图景。

还有，随着民主与社会主义阵营的发展和美国加紧准备新的战争，世界上又形成了一个群众基础极其广泛的和平运动。这个运动飞跃发展，参加的有民主阵营各国的人民，也有资本主义国家广大阶层的群众。一九五一年二月第一届世界和平理事会发出的关于缔结和平公约的宣言，有世界各国六万万零三百余万人在上面签名。一九五二年在维也纳举行的世界人民和平大会，到会代表一千八百余人，代表国家八十五个。美国国内的和平运动也同时在蓬勃发展。一九五一年一月，美国许多著名的科学家、作家、工会工作者和基督教领袖，发起组织“和平十字军”。同年六月，在芝加哥召开了包括来自四十八州的近五千名代表的美国和平大会，成立了统一领导全国和平运动的机构，美国的和平运动从此更大为推进。和平运动的目的，不是推翻资本主义和建立社会主义，而是要唤起人民群众，去为防止新的世界大战进行斗争。这个运动是世界上一个新兴的人民运动。它对于美国的战争政策，是一种直接的打击。

历史的事实已经表明，中国人民可以依靠自己的力量，利用一切有利条件，打败任何帝国主义侵略者。现在世界局势中这一切新的变化和发展，对于中国人民同世界人民一起，反对帝国主义的侵略，争取和平，争取社会主义的胜利，是更加有利了。中国人民向社会主义前进的道路，是没有任何力量可以阻挡住的了。在这种时候，美国帝国主义发动侵略战争，来侵略朝鲜，进攻中国，这自然不会有别的结果，只能千百倍地激发新中国人民的爱国主义热情，为援助朝鲜、保卫祖国和最后消灭美国在中国的侵略势力去进行坚决的斗争。

## 第二节　美国发动侵朝战争，走日本侵略中国的老路

朝鲜在一九一〇年被日本侵略者在所谓“日韩合邦”的名义下灭亡之后，朝鲜人民反抗日本奴役的斗争，虽连续不断，但当时日本侵略势力正在东方大肆扩张，朝鲜毕竟是个较小的国家，没有可能及时摆脱日本的殖民地统治。直到一九四五年，苏联向朝鲜出兵，日本无条件投降，朝鲜人民才从长期奴役与压榨下解放出来。但是这时美国军队也赶来占领了朝鲜南部。到一九四八年九月朝鲜民主主义人民共和国成立，和同年十二月苏军撤退以后，美国军队虽被迫在一九四九年六月间暂时撤走了，但它却早已利用所谓“联合国朝鲜委员会”的招牌，抚育出一个李承晚傀儡政权，继续占领着南部朝鲜；并以“三十八度线”为界，人为地把朝鲜分裂开来，在南部积极布置它的侵略势力，随时准备向北进攻。

还在一九四七年，侵略分子魏德迈来朝鲜“调查”以后，美国政府就确定了它侵略朝鲜，发动朝鲜战争的阴谋。当时魏德迈曾对杜鲁门提出一个关于朝鲜问题的秘密报告。这个报告中说：美国政府应在朝鲜“采取现实的行动方针”，“保护美国的战略利益”。魏德迈认为：一个独立、统一、民主的朝鲜，“将是对满洲、华北、琉球、日本的，因此也是对美国在远东的战略利益的严重威胁”。“确保朝鲜在军事上永久中立，是符合美国的最大利益的；而要保证它的中立，只有占领它”。但这时需要考虑到“一旦俄国军队从北朝鲜撤退，美国军队无限期占领南朝鲜，将不能为美国公众所接受”。因此，实行的办法，应一方面由“驻朝鲜的美国陆军继续临时的占领”，一方面由美国“给予南朝鲜军事援助”，“继续以武器及装备供给朝鲜国家警察及朝鲜海岸警卫队”，为李承晚傀儡政府“训练技术专家及战术部队”，并“建立由美国人指挥的朝鲜斥候队”。[①] 由于魏德迈的秘密报告赤裸裸地写着美国的侵略计划，美国政府很久以来一直严守秘密而不敢公布。据后来一九五一年五月二日美国国务卿艾奇逊就这个秘密报告所发表的声明中供认，美国政府全部实施了魏德迈的建议。他说：“我们在朝鲜的行动的纪录是很清楚的。无疑，我们在朝鲜的方针是和魏德迈将军的建议相同的。”艾奇逊承认美国侵略者利

①1951 年 5 月 7 日《人民日报》。

用美军延迟从南朝鲜撤退的期间，加紧武装了李承晚伪军。他说：“美国占领军直到苏军宣布撤退后六个月即一九四九年六月二十九日才撤退的。”“在我们的占领军撤退时，大韩民国共有保安部队十一万四千人。其中六万五千人的陆军充分配备有美国步兵的装备。警察及海岸防卫队约有一半持有美国的手枪及卡宾枪，其余的有类似的日本装备。”美军撤退之后，美国仍继续大规模地训练和装备了李承晚伪军。艾奇逊说，“在（美国）占领军撤退后，约包括五百名官兵的美国军事顾问团在朝鲜成立了，以继续训练大韩民国的陆军、海岸防卫队和警察”。朝鲜战争发动之前，“这些保安部队在我们的援助下已增加到十五万人”。在同一期间，美国又给李承晚价值一亿一千万美元的军事装备。“这些装备中，包括十万五千支步枪和卡宾枪；二千多挺机关枪和手提机枪；这些枪所用的子弹五千多万发。迫击炮、榴弹炮、火箭炮及其他大炮，及必要的弹药；五千辆卡车；五万枚地雷及爆破筒；七十九艘船；二十架飞机”。[①] 魏得迈的报告和艾奇逊一口气开出来的这一长列的账单子，都是美国政府被迫发表的正式文件。由美国政府自己供认的这许多事实，自然是千真万确，怎么也抵赖不了的。

朝鲜的卖国贼、美国侵略朝鲜的工具——李承晚匪帮，在美国政府的布置下，也一直在忙碌地准备着发动对朝鲜北部的军事进攻。朝鲜人民军在作战中所缴获的李承晚机密文件和其他材料中，有许多关于这方面的重要记录。至一九五〇年初，李承晚卖国贼们自称：“恢复‘失地’的一切准备，已完全具备，只是等待着下命令。”这时美国驻南朝鲜的“军事顾问团”团长罗伯茨对李承晚匪帮发出一个指示，指出“北伐”计划已经决定，“虽然战争将由我们来发动，但是应该找出一些借口，作为正当的口实”。因此李匪帮应注意赢得“联合国朝鲜委员会”的同情，好让它及时提出一个适合于美国需要的“报告”。[②] 后来这些罪犯们所“找到”的借口，就是干脆将全部事实颠倒过来，把他们长期大力准备之后所发动的战争，硬说成是“来自北朝鲜的侵略”。这是多么骇人的荒唐和无耻呵！

同年六月中，美国国防部长詹森和参谋长联席会议主席布莱德雷到东京

①1951 年 5 月 7 日《人民日报》。原文见 1951 年 5 月 3 日《纽约时报》。

②维辛斯基1950年10月2日在联合国大会政治委员会会议上关于朝鲜问题的演说全文，载 1950 年 10 月 11 日《人民日报》。

与麦克阿瑟进行了战争的最后会商。死硬的战争贩子杜勒斯更于六月十七日匆匆赶到汉城，并亲往“三八”线爬进战壕的雉堞上视察了已经进入作战准备的李伪军。这一切都布置停当了。按照预定的计划，一九五〇年六月二十五日美国正式挑起了朝鲜的内战。同月二十七日杜鲁门公开声明以美国海空军直接向朝鲜进攻，紧接着美国的陆军也打着联合国的旗帜、在美国将军麦克阿瑟率领之下，大规模地参加了这个战争。

朝鲜民主主义人民共和国从日本的奴役下获得解放后，经济、文化建设等方面都有了巨大的成就。它的工业生产量一九四九年比一九四六年增加了三倍。在农村中，自从实行土地改革之后，播种面积增加了百分之二十以上，各种农作物的单位面积产量都大大提高了。文化建设也随着有了发展。现在美国的进攻，打断了朝鲜民主主义人民共和国人民的和平建设工作。

美国发动朝鲜战争以后，朝鲜人民在共和国政府、朝鲜劳动党和金日成元帅领导之下，英勇奋起，展开了抵抗美国侵略者的正义战争。朝鲜人民军并在击溃突入“三八”线以北的李承晚伪军之后，立即转入反攻。美国帝国主义以一个拥有一万万五千多万人口的工业国家，侵略缔造未久、建设艰难的朝鲜民主主义人民共和国，它不但动员了自己的陆、海、空军，人数达十万以上，同时，还强迫动员了许多仆从国家的军队，并且公开利用五十年来不断欺凌和奴役朝鲜人民和在第二次世界大战中失败投降，还没有缔结和约的日本的军人参加作战；但结果仍被朝鲜人民军打得大败亏输，所有的侵略军几乎被朝鲜人民军赶下海去。从战争开始后的两个多月时间中，朝鲜人民军势如破竹，把战争从“三八”线以北推到了东南海岸上；解放了朝鲜民主主义人民共和国南部百分之九十以上的地区和占南部总人口百分之九十二的人民；使美军受到大量的人员武器和装备的损失。美国以突然的冒险进攻来扑灭朝鲜民主主义人民共和国的恶毒阴谋彻底破产了。世界各地人民一致为朝鲜人民反侵略斗争的辉煌胜利而欢呼。但是美帝国主义并未甘心失败。它企图继续进行军事冒险来挽救其反革命战线的崩溃。一九五〇年九月十五、十六日，美国政府动员三百多艘舰艇，五百多架飞机，倾远东全部兵力五万余人在仁川大举登陆。这时朝鲜人民灵活地从前线作有计划的撤退。美国侵略军在迅速占领汉城后，即侵越“三八”线向北猛犯。在一个半月的时间内，把战争的火焰从南朝鲜一直烧到了中国国界的图们江和鸭绿江边。

美国在朝鲜所进行的武装侵略，一开始就严重地威胁了国境与朝鲜只有一江之隔的中国的安全。无论从美国侵略计划的文件中与实际行动中，都充分说明了美国进攻朝鲜是以进攻中国为预定目标的。进攻朝鲜战争的开始，也就是进攻中国第一个步骤的开始。由朝鲜人民军所缴获的李承晚政府的外务部顾问尹炳求在一九四八年十二月三日给李承晚的信上说："必须在最高统帅的领导下，从三方面配合行动。这三方面就是：日本人必须沿着东北部突出地带穿过海参崴前进；朝鲜和美国的军队在解放了我们的北部领土后，必须穿过辽东半岛进抵哈尔滨；中国国民党的军队必须光复中国失去的领土（其中包括辽东省）。在战争胜利结束后，朝鲜和美国军队必须占领满洲。……在改造远东的下一阶段中，日本必须取得统治势力，将海参崴和西伯利亚的一部分交给它。"①一九四九年李承晚向美国政府提出的《韩美同盟条约》草案第七条中更写着："双方承认并成立谅解：如果解放战争（按：指美国的侵略战争）一定要在满洲领土上继续进行，以答复中国共产党对朝鲜的侵略，美利坚合众国总统阁下将帮助大韩民国总统阁下把解放战争进行到胜利的结束。作为这种帮助的酬答，大韩民国总统除了复兴大韩民国主要利益所在的北朝鲜以外，保证将满洲与中国东部其他部分之天然资源的开发移交美国和韩国共同管理。"②这些字句虽然荒唐得令人难以想象，但美帝国主义的亲信走狗对他主人的意旨，自然不会说错。

不久以后，电通社从纽约发出的消息证明了美国这项意旨。电通社的消息说：曾经杜鲁门批准的美国"一旦要在中国采取军事行动"时采用的战略计划分为两部分。"第一部，详细谈到朝鲜和台湾对于完成美国在'反对亚洲共产主义扩张的斗争'中的基本目标和对于'保护美国在亚洲的经济利益'的战略重要性。另一部，讨论政治形势的几个变化涉及今年下半年和明年初，并计算到以美国军队参加'在中国进行'直接的'军事干涉'。……美国高级指挥部建议利用朝鲜领土和朝鲜军队在满洲和北方某些地区进行作战，作为战略计划的一部分。印度支那、缅甸和香港的领土以及军事基地将被用作进攻华南的南方前线上的基地。强大的伞兵部队将由台湾运往上海周围地区及华中华南的其他地区"③。虽然美国政府对于这些暴露其阴谋的凭证，照例是

①1950 年 11 月 6 日《人民日报》社论。

②见《中华人民共和国代表伍修权支持苏联代表维辛斯基在联合国政治安全委员会控诉美国侵略中国的发言》。

③1950 年 11 月 6 日《人民日报》社论。

不肯承认的，而美国的实际行动却比它的辩护更加使人相信一些。

从一九五〇年八月二十七日起，美国侵略朝鲜的军用飞机不断侵犯我国东北领空，进行侦察活动，扫射轰炸我国城镇与村庄，使当地和平人民的生命财产蒙受惨重的灾难与损失。中华人民共和国中央人民政府曾几次向美国政府抗议，而美机对中国领空的侵犯，反倒有加无已。美军越过“三八”线以后，更以大量陆军向鸭绿江、图们江汹涌逼进，直接威胁我国东北国境。这使中国人民很清楚地知道：美国在东方的一整套侵略计划，不是别的，就是日本帝国主义早已实行过的“北进主义”和“大陆政策”的再版。它占领了台湾和一旦完成了对朝鲜的侵略之后，其下一步必然是在更大的规模上侵略中国大陆。五十年以前的日本侵略者这样做了，美国目前正在加紧这样做。美国帝国主义走上了日本侵略中国的老路。

## 第三节　中国人民举起反侵略的旗帜，全国轰轰烈烈的抗美援朝保家卫国运动

### 一　抗美援朝斗争的必要性和正义性

近代中朝两国的历史教训了中国人民，朝鲜的存亡与中国的安全是密切相关的。中朝两国有如唇齿相依，“唇亡则齿寒”，中国人民深刻地懂得了这个历史的真理。斯大林说：“……任何国家当着它要同其他国家战争的时候，即令不是同邻国作战，它也要着手找寻可以达到它所要进攻的国家边境的疆域。而侵略国通常总是找到这种疆域的。它或者武力侵占这些疆域，如一九一四年德国进侵比利时以袭击法国一样；它或者采取‘假道’的办法，如一九一八年德国企图经过拉特维亚进攻列宁格勒时一样……”[①]美国以武力侵占朝鲜来达到中国边境的疆域，是企图重演德国进侵比利时以袭击法国一类的故事。很清楚的，“中国人民决不能容忍外国的侵略，也不能听任帝国主义者对自己的

① 斯大林：《一九三六年三月一日与霍瓦尔德谈话》，载《斯大林选集》第五册，东北新华书店版，231 页。

邻人肆行侵略而置之不理”①。中国人民现在要保卫祖国，就必须援助朝鲜人民。

敌人畏惧取得了革命胜利的我国人民的强大力量。他们在把战火烧向中国边境的时候，曾一再散布烟幕，说美国不会侵略中国，它将“适可而止”。但是中国人民记忆犹新，一百年来外国侵略中国的血史，说明帝国主义的侵略是从来没有止境的。每一次都是把它们所达到的“终点”很快就变为了新侵略的起点。帝国主义的辞典中有的只是“得寸进尺”“得陇望蜀”，除非人民起来进行坚决的反侵略斗争，使它们不得不止。敌人又会发出各种恫吓，说如果我国人民坚持正义，战争就要扩及朝鲜以外，中国就会惹火上身。当然中国人民决不希望战争，而是热爱和平的；但是，为了保卫和平，保卫自己祖国的安全，他们从不也永不害怕反抗侵略的战争，其实美国强盗的行动早就全部揭穿了他们自己的一切欺骗、恫吓的伎俩。据外国通讯社报道：十月初美国反动派就在国内制造了一个“强大的运动”，要对中国增加“压力”。美国反动派的“舆论”“极力主张美国军队必须越过北朝鲜进入目前‘为中共所占领的’满洲”②。当美国侵略军即将达到中国边境时，他们的没有止境的、蓄意侵略中国大陆的狰狞面目就毫无遮掩地显露出来了。一九五〇年十月下旬，传说李承晚伪军已逼近距鸭绿江只有三哩的楚山，这时东京的美国侵略军总头目麦克阿瑟的总部即其势汹汹地发表声明，说是“联合国部队的任务是肃清朝鲜，麦克阿瑟可以叫在他统率下的作战部队到任何地区作任何必要的工作”③。他们公然狂吠：“鸭绿江并不是把中朝两国截然分开的不可超越的障碍。”美帝国主义显然是要把在朝鲜进行的战争立刻引向中国东北境内的。

美帝国主义既然发动了新的侵略，就表示中国人民与帝国主义反革命之间的斗争还没有完结，中国人民必须高举起反侵略的旗帜。“抗美援朝保家卫国”是中国人民现在的行动纲领。援助朝鲜人民进行抵抗美国侵略的战争，借以保卫自己的家乡，保卫祖国的安全，这不但是完全必要的，也是完全正义的。

毛泽东主席在中国人民政治协商会议第一届全国委员会第三次会议上的

---

① 周恩来：《为巩固和发展人民的胜利而奋斗》，载1950年10月1日《人民日报》。

②1950年10月4日法新社电。

③1950年10月26日合众社东京电。

开幕词中说得好："我们不要去侵犯任何国家，我们只是反对帝国主义者对于我国的侵略。大家都明白，如果不是美国军队占领我国的台湾、侵略朝鲜民主主义人民共和国和打到了我国的东北边疆，中国人民是不会和美国军队作战的。但是既然美国侵略者已经向我们进攻了，我们就不能不举起反侵略的旗帜，这是完全必要的和完全正义的，全国人民都已明白这种必要性和正义性。"①

不用说，中国人民志愿援助朝鲜反对美国的侵略，除了出于保家卫国的合理要求，还有深厚的道义基础。那就是中国人民永远不能忘记朝鲜人民用志愿的行动援助中国人民革命战争的侠义行为。朝鲜人民不仅参加了中国人民的解放战争，而且还参加了一九二五至一九二七年中国人民的第一次国内革命战争、一九二七至一九三六年的第二次国内革命战争、一九三七至一九四五年的抗日战争。在中国人民革命的四个阶段中，朝鲜人民始终和中国人民站在一起，前仆后继，为打倒帝国主义和封建主义的反动势力而奋斗。现在朝鲜人民处于美国侵略者的血腥屠杀之下，中国人民不能置之不理，乃是理所当然的事。

## 二　规模空前的人民爱国运动

一九五〇年六月二十七日杜鲁门正式声明美国武装侵略朝鲜和占领我国领土台湾之后，我中央人民政府外交部长周恩来即于二十八日发表声明，坚决反对美国政府的侵略行动。周外长在声明中号召世界一切爱好和平正义和自由的人们尤其是东方各国被压迫民族和人民，一致奋起，制止美帝国主义在东方的新侵略。这时全国各地人民相继展开抗议美国占领我台湾和侵略朝鲜的运动。中国人民保卫世界和平委员会及其他人民团体，共同组织了"中国人民反对美国侵略台湾朝鲜运动委员会"，统一领导和推动各地人民的爱国运动。

同年十月间，侵朝美军侵越"三八"线，造成了帝国主义侵略军队直逼中国边境的严重形势以后，中国人民的反美爱国情绪更加高涨了。全国各个地区、各个阶层的爱国人民纷纷起来集会讨论，发表反美爱国的口头或书面

①1951年10月24日《人民日报》。

谈话，发表通电，举行游行示威等等，一致主张以志愿行动来抗美援朝、保家卫国；并且在这个基础上组成了中国人民志愿军，开赴朝鲜前线，与朝鲜人民军并肩对美国侵略者作战。中国人民的志愿行动获得中国各民主党派的全力拥护和热烈支持。以中国共产党为首的中国各民主党派于十一月四日发表联合宣言，明确地说明中国人民对于朝鲜问题的严正立场。宣言在指出美国侵略朝鲜、侵略中国的事实以后写道："中国人民是酷爱和平的。我们以前一向要和平，我们今后永远要和平。我们要中国的和平，我们要亚洲的和平，我们要全世界全人类的持久和平。我们主张朝鲜问题应当以和平方式来解决，帝国主义者的侵略军应当从朝鲜撤回去。然而美帝国主义者及其帮凶们不但不愿意撤退侵略军，停止侵略战争与以和平方式解决朝鲜问题，反而向'三八'线以北，向中国的边境鸭绿江、图们江疯狂地发展这种侵略战争。这就迫使我们认识了这样一个事实，那就是：世界上爱好和平的人民如果想要得到和平，就必须用积极行动来抵抗暴行，制止侵略。只有抵抗，才有可能使帝国主义者获得教训，才有可能按照人民的意志公正地解决朝鲜及其他地区的独立和解放的问题。正义是在我们方面，是在中国、朝鲜、越南、菲律宾的人民方面，是在全亚洲的人民方面，是在全世界爱好和平的人民方面。帝国主义侵略者是违反正义的，是丧失同情的，是自陷于孤立的。侵略者必定要走向最后失败，而最后胜利必归于正义的人民。"宣言最后庄严地宣布："中国各民主党派誓以全力拥护全国人民的正义要求，拥护全国人民在志愿基础上为着抗美援朝保家卫国的神圣任务而奋斗。"①

各民主党派宣言向世界忠实地表达了中国六万万人民的共同意志和要求，是中国人民共同行动的纲领。全国人民现在的任务，就是要努力把这个纲领贯彻下去。

从这时起，到一九五三年七月朝鲜停战，全国的工人、农民、知识分子与各界及各民族爱国人士热烈参加了抗美援朝斗争，形成了中国历史上规模空前的人民爱国运动。它表现出中国人民的爱国主义已经在抗美援朝这个具体的革命任务的斗争中，进入了新的高潮。这里举出一些重要的事实如：（一）全国性的反美爱国示威运动。一九五一年"五一"前后，全国各地各界人民举行了声势浩大的抗美援朝、反对武装日本、保卫世界和平的示威游行。参

①1950年11月5日《人民日报》。

加者达二亿二千九百九十余万人。这是中国人民对美帝国主义者空前的大示威。（二）全国性的反美爱国思想教育。从一九五〇年十二月各大城市青年学生和知识分子揭露美国对华文化思想侵略起，一直到宗教界要求脱离美国的控制的革新运动止，全国有百分之八十以上的人受到了爱国主义和国际主义的教育。经过这种群众性的自我教育，扫除了美国百余年来对中国进行军事、政治、经济、文化侵略所造成的以及国民党匪帮的黑暗统治所遗留下来的"亲美""崇美"等种种反动思想。民族自尊心和自信心因此大为提高，加强了同仇敌忾、打退美国侵略的决心。（三）全国规模的武器捐献运动。这一运动普及全国各地区，深入到各阶层人民之中。由于高度的爱国主义和国际主义热情所鼓舞，全国绝大多数地区都超额完成了捐献计划。据统计，截至一九五二年五月，全国人民共捐献人民币达五万五千六百五十亿元。相当于三千七百一十架战斗机的价值。捐献运动的结果，加强了中国人民志愿军的装备，提高了他们的军事威力。（四）普及全国的订立与执行爱国公约的运动。通过爱国公约的形式，各界人民把自己的爱国思想与实际行动结合起来。工人订立爱国公约后，不断创造生产的新纪录，提高了生产效率。许多地区的农民订立爱国公约后，提高了农作物的产量。不少的私营工商业者也因订立爱国公约，改善了所经营的业务。据华北区统计，参加订立爱国公约的人数，在农村平均占全体人口的百分之七十左右；在城市中平均占百分之九十以上。据河南省的统计，在城市中有百分之八十的居民订立了爱国公约，在农村中有百分之六十的农民订立了爱国公约。这一运动有力地推动了我国各方面的生产建设工作，为抗美援朝提供了雄厚的物质力量。（五）普及全国的爱国卫生运动。美国侵略者灭绝人性地在朝鲜和我国东北进行细菌战时，全国人民在"彻底粉碎美帝国主义细菌战"的口号下，广泛展开了爱国卫生运动。广大城市和乡村的卫生环境为之焕然一新。这给了美国的细菌战以最有力的打击，也改善了全国人民的卫生状况。（六）全国人民大力支援朝鲜人民的捐献工作。三年之中，中国人民源源不绝把大批粮食和物资经过千山万水运送到朝鲜去，援助饱经战争灾害的朝鲜人民。据不完全的统计，一九五〇年中国人民救济朝鲜人民的物资有粮食六千吨及大批的棉花、布匹等。一九五一年送到朝鲜的物资有棉衣三十六万套和大量的粮食、肉类及其他物资。和朝鲜毗邻的我国东北地区人民，在一九五〇年至一九五二年两年中，募集了相当于五千七百多吨粮食的款额及其他物品，直接捐赠给朝鲜人民。这一些，对于鼓舞英雄的朝鲜人民的战斗意志，帮助他们克服由战争破坏所引起的严重生活困难，起了重要的作用。

全国的工人、农民、青年知识分子更直接纷纷报名参加志愿军。到处出现了母亲送儿子，妻子送丈夫，兄弟争相入伍的感人事迹。成千成万的铁路职工、汽车司机和农民，组织了运输队、担架队，到朝鲜前线担任战地的各种运输与勤务工作。医务工作者组织了大批医疗队，为中朝部队服务。他们对中国人民志愿军、朝鲜人民军及朝鲜人民作了强有力的支援。

三年之中，全国人民对抗美援朝的各方面的巨大贡献，为抗美援朝斗争的胜利，奠定了坚实的基础。

中国人民在轰轰烈烈的抗美援朝保家卫国运动中，所表现的爱国主义高涨情绪，“这是平常时期几十年甚至几百年所不能达到的。这种高涨业已使我们国家精神上和政治上的团结无限加强”①。这是在中国共产党和毛泽东主席领导中国人民取得了中国革命的胜利这个新的历史条件下形成的，再一次有力地说明了新中国的人民是空前大团结和更高度的觉醒了，这个力量是不可能摧毁的。愚蠢的美国帝国主义者妄想走日本侵略者五十年以前的老路，当然走不通，它当然要在中国人民力量与朝鲜人民力量坚决打击下，遭受可耻失败，而不能有任何别的结果。

## 三　美国在华经济、文化侵略势力永远结束了

人民爱国运动的蓬勃发展，迅速展开了结束美国在华经济、文化侵略势力的斗争。

前面曾经分别叙述过，美国在中国的经济、文化侵略势力是根深蒂固的。据统计，从一八九八年至一九四八年的五十年间，美国仅是对中国举行的各种各样的借款，总计达六，七九三，四八七，七七四美元之巨。各种企业投资，因内容繁复，在此难以缕举。这些投资不仅打入了中国经济生活的一切要害部门，巧取豪夺，最后使中国广大人民的生活和民族工业陷入了绝境，更严重的，是它还具有屠杀中国人民的血腥性质。美国侵略中国的另一毒辣之处，是

---

①周恩来在中国人民政治协商会议第一届全国委员会第三次会议上的《政治报告》，载1951年11月3日《人民日报》。

榨取了中国人民的血汗以后，再拿出其中的一小部分，在中国办学校、医院，办“慈善事业”，进行文化侵略。世界上有一种强盗，他抢夺了你的财产，然后还给你几件不重要的东西，却要你把他当作“恩人”，美帝国主义就是这样一种强盗，而且它没有还给你任何东西。许许多多的事实都证明了下面这样一个结论的正确：“帝国主义在中国的统治不仅表现在它的军事威力上，而且首先表现在中国工业的命脉即铁路、工厂、矿山、银行等都处在外国帝国主义者支配或控制之下。”[①]帝国主义在军事、政治、经济侵略之外，“对于麻醉中国人民的精神的一个方面，也不放松，这就是它们的文化侵略政策。传教，办医院，办学校，办报纸和吸引留学生等，就是这个侵略政策的实施”[②]。

中国人民革命斗争的胜利，把帝国主义的军事、政治势力赶出了中国大陆之后，帝国主义在经济、文化势力上的控制权，也遭到了严重的打击。积百余年之久，长期成为压迫中国人民的枷锁的帝国主义在华特权，现在一概取消了。巨额的外国借款和“美援”已不再是中国人民的负担。原来由外人设立的一些学校、医院等也开始成为中国人民的事业，改变了它们作为帝国主义侵略工具的性质。还继续存在的一些外国企业也失去了或者被限制了榨取中国高额利润的条件。总之，帝国主义一切在华投资，再也不能操纵我国经济命脉和支配我国人民的精神生活了。

但是，直到一九五〇年底，这时存留在中国的美国企业机构和一些接受美国津贴的文化教育机关团体，也仍然是美帝国主义进行破坏中国人民事业活动的地盘。美国冒险分子利用这些场所制造谣言，出版反动书刊，甚至隐藏武器，进行间谍活动。美国商人还直接盗卖设备，转移资财，压迫工人或破坏工会，以抵抗人民政府的法令。

新中国的人民对于美帝国主义继续利用其经济、文化势力进行危害我国家人民利益的活动，当然是不能容忍的。一九五〇年十二月中旬，美国政府横蛮宣布管制我国在美国的公私财产，并禁止在美国注册的船只开赴中国港口。同月二十八日，我中央人民政府政务院即发布命令：管制并清查美国政府和美国企业在华一切财产；同时，并宣布冻结我国境内所有银行的一切美国公私存款。紧接着，政务院又发布了《处理接受美国津贴的文化教育救济

---

① 斯大林：《论中国革命的前途》，载《斯大林全集》卷八，322页。

②《毛泽东选集》卷二，629—630页。

机关及宗教团体的方针的决定》。规定："一、政府应计划并协助人民使现在接受美国津贴的文化教育救济机关和宗教团体实行完全自办。二、接受美国津贴之文化教育医疗机关，应分别情况或由政府予以接办改为国家事业，或由私人团体继续经营改为中国人民完全自办之事业。其改为中国人民完全自办而在经费上确有困难者，得由政府予以适当的补助。三、接受美国津贴的救济机关，应由中国人民救济总会全部予以接办。四、接受美国津贴之中国宗教团体应使之改变为中国教徒完全自办的团体，政府对于他们的自立、自养、自传运动应予以鼓励。"①我中央人民政府政务院的这些措施，是完全合理的和必要的。这是回击美帝主义对我国横蛮的侵略、敌视行为，防止美国破坏与危害我国家人民利益最有效的措施。

政务院这两项命令和决定公布后，立即受到了全国人民的热烈拥护。各地方政府迅速对美国企业进行了管制。这些企业中的职工都喜气洋洋，欢迎政府的管制专员，庆祝这些过去曾经是美国强盗吸吮中国人民血液的机器于今获得了新生。不少工商业者也异常兴奋。他们纷纷开会，拥护政府的决定，并协助进行管制清查工作，庆幸他们从今再也不受美国资本的压迫了。全国基督教、天主教团体、教会医院、教会学校等，同样地欢欣鼓舞，响应政府的决定。至一九五一年初，各地即先后接管、接办了所有美国津贴的机关团体。美国百余年来，对中国进行经济侵略，掠夺自中国人民的财产，现在重归入我人民之手了；美帝国主义对中国人民的文化侵略活动，也如政务院的决定中所说：从此被"最后的、彻底地、永远地、全部地加以结束"了。

中国人民长期盼望摆脱贫穷和落后的处境，但是帝国主义和封建势力不允许我国人民实现自己的善良愿望。中国革命的胜利使帝国主义在华经济、文化侵略势力彻底清除之后，中国人民的经济贫困、文化落后，就要在历史上结束了。现在全国人民不但正在用坚决的行动来回答美帝国主义的新侵略；同时，他们也开始了本着革命斗争的光荣传统，发挥热爱祖国、热爱劳动的精神，利用一切有利条件，来创造自己的不断高涨的经济和文化生活。

---

①1950年12月30日《人民日报》。

## 第四节　中国人民志愿军参战，中朝人民大胜利

### 一　志愿军参战决定了侵略者的命运

全国各地各界一致主张以志愿行动抗美援朝的巨大浪潮掀起以后，在这个基础上迅速组成了中国人民志愿军；并以中国卓越的军事家彭德怀将军为司令员，于一九五〇年十月二十五日跨过鸭绿江，出国参战。中国人民志愿军是一支真正来自人民的、继承了中国人民解放军光荣传统的军队。志愿军战歌中所歌唱的“雄赳赳，气昂昂，跨过鸭绿江……”，很恰当地描写了他们的英雄气概。从这时起，中国人民志愿军即为了抵抗美国侵略者，援助朝鲜人民，保障我国安全和远东和平，在朝鲜人民军总部统一指挥下，与朝鲜人民军并肩作战。

中国人民志愿军的参战根本改变了朝鲜战争的局势，也决定了美国侵略者必败的前途。

志愿军踏上朝鲜战场以前，战争的形势对朝鲜人民是不利的。美国想要一口气吞掉朝鲜，并迅速进而侵入我国东北，在仁川登陆以后，曾不断在朝鲜战场上投入新的兵力。中国人民志愿军参战前后，美国及其仆从国家在朝鲜战场上的侵略军队加上李承晚伪军，共有地面部队二十九万余人和数量庞大的海空军及其他军事力量。美国是侵略军的主力，有海军陆战队第一师、步兵第二师、第三师、第七师、第二十四师、第二十五师、骑兵第一师等七个师和一个团的空运部队，约十五万人。此外美国还出动了空军一千六百架飞机、海军几百艘舰艇。连军事运输及后勤人员的数目合计在一起，这时美国用以侵略朝鲜的军事人员达到一百一十万人的巨大数目。

同时，美国又强使它的一些帮凶和仆从国家的政府为侵朝战争输送炮灰和供给军事装备。在中国人民志愿军参战前后，这些国家和它们派到朝鲜的兵力是：

英国——步兵两个旅，共九千五百九十人；军舰七艘；空军巡逻轰炸机一中队。是美国首要的帮凶国。

加拿大——步兵一旅；驱逐舰三艘。

土耳其——步兵一旅，五千人。

法国——步兵一营，一千零五十人；炮舰一艘。

澳大利亚——步兵一营，一千人（合编在英国第二十七旅内）；军舰三艘；战斗机一中队。

希腊——步兵一营，八百四十人；运输机驾驶员若干人。

菲律宾——步兵一营，一千二百人。

泰国——步兵一营，一千二百人；军舰两艘。

荷兰——步兵一营，六百人；军舰一艘。

新西兰——护航快舰三艘。

南非联邦——战斗机一中队。

其他如比利时、哥伦比亚、卢森堡和阿比西尼亚等仆从小国，也先后被美国逼迫出兵。

美国统治者这时已经因为他们暂时的“胜利”而忘其所以了。他们确信中国人民是不会起来抗美援朝的。一九五〇年十月十四、十五日，杜鲁门、麦克阿瑟这两个强盗头子在威克岛上举行秘密会谈，商讨美军占领朝鲜以后的进一步行动。杜鲁门问麦克阿瑟：“中国或苏联进行‘干涉’的可能性如何？”麦克阿瑟回答说：“可能性很小。如果他们在头一两个月‘干涉’，那是有决定性的。我们现在再不怕他们的‘干涉’。我们再不是彬彬有礼地站在那里了。中国人有三十万人在满洲，其中散布在鸭绿江沿岸的大概不超过十万到十二万五千人。可以派到鸭绿江这边来的只有五万到六万人。他们没有空军。我们在朝鲜有空军基地。因此，如果中国人南下到平壤的话，将有一场最大的屠杀。”[①] 杜鲁门对此也表示“完全同意”。因此，他们计划把侵略军于十一月一日全线推进至中朝边境，十一月二十三日“感恩节”全部占领朝鲜。其下一步当然就是进攻中国的东北。

完全出乎敌人的意料之外，中国人民志愿军突然出现在骄横的敌人面前，参加了朝鲜人民的反侵略战争。这对于美国侵略者简直是晴空霹雳。他们的全盘战略计划，是建筑在对中国人民力量的错误估计基础之上的。中国人民抗美援朝的英勇行动，就彻底地推翻了他们一切恶毒计划的基础。美帝国主义首先在战略上赌输了。

---

①1951 年 5 月 2 日美联社华盛顿电：杜鲁门、麦克阿瑟威克岛会谈记录。

## 二　飞跃发展的战争形势

中国人民志愿军参战以后迅速扭转了朝鲜的战局。从一九五〇年十月到一九五一年六月美国被迫接受停战谈判，战争形势飞跃发展，朝中人民军队连续取得了五次战役的光辉胜利。

十月二十五日中国人民志愿军参战以前，敌人前锋已迫近鸭绿江边。中国人民志愿军过江以后，立即同朝鲜人民军一起。在朝鲜北部的云山、温井一带发起强大的反攻。在历时半个月的艰苦、英勇战斗中，连战皆捷。共打死、打伤、俘虏敌军一万三千余名，其中有美军三千余名。收复了云山、德川、宁边等十余城市和广大乡村。前线的敌人被打得丢盔弃甲，从中朝边境一直后退三十哩，逃到清川江以南。这是中国人民志愿军参战以后打的第一个战役。朝中人民部队这一战役的胜利，打乱了美国侵略者原定的计划，坚决打击了敌人的侵略凶焰；并把危险的朝鲜战局开始扭转过来。

朝中人民军队给侵略者以迎头痛击以后，美帝国主义表现了很大的恐慌和忧惧。他们承认了这一次所遭到的失败，但是并不愿意接受失败的教训。当他们喘息稍定之后，美军发言人又叫嚣“‘联合国军队’曾声明他们的目标是满洲边境。这个目标并没有改变，他们的命令一定要执行”。在麦克阿瑟亲自部署下，侵略者纠集在朝鲜的全部兵力约二十万人，于十一月二十四日发动所谓“结束朝鲜战争的总攻势”，企图在十二月二十五日“圣诞节”以前占领全朝鲜，以实现其变朝鲜为美国进攻我国的军事基地的原定计划。敌人分兵两路，重新向中朝边境进犯，东路敌军窜至清津、惠山、长津湖一线；西路敌军窜至宁远、云山、定州一线。在麦克阿瑟发布总攻命令的次日，中国人民志愿军与朝鲜人民军，即发起了强大的反击。两天之后，敌军不支，开始全线溃败。我军即分路衔尾急追。西线美军第二师、第二十五师主力各一部和土耳其旅的一个团在价川、军隅里地区为我全部歼灭。东线美军主力也在咸兴、长津湖一带为我军各个截断，包围痛歼。麦克阿瑟所大吹大擂和帝国主义者们寄予厚望的“总攻势”，仅仅三天，就变成了总溃退。朝中人民部队在这次攻势作战中，经过一月的时间，一共歼灭敌军三万四千七百余人，其中美军达二万一千余人。这是中国人民志愿军参战以后打的第二个战役。这次战役的胜利，把敌人赶到了“三八”线以南，光复了平壤和朝鲜北半部的土地，给了敌人比前一战役更沉重的打击。朝鲜战局已经得到了根本的好转。

美国这次的惨败，不仅在侵略军内部引起了悲观失望和纷乱无比的情形，美国统治集团内部也为这次失败而惊慌失措，发生很大的混乱。十一月底和十二月初，杜鲁门曾接连召开各种“紧急会议”，商讨对策。十二月初，国务院更召见各拉丁美洲国家的外交官传达“危急形势”。华盛顿这个帝国主义侵略阵营的指挥部，竟因此变成了“忧虑的首都”。美国反动报纸纽约《先锋论坛报》更公开承认：“这是美国陆军史上最大的失败。”[①]

美政府在其愚蠢的“总攻势”破产以后，即玩弄狡猾手段，于一九五〇年十二月中，利用它所把持的联合国大会通过了一个所谓《在朝鲜停战的建议》。它企图以“先停战后谈判”的诡计，来缓和与阻止朝中人民部队的进军，骗得喘息机会，好卷土重来。与此同时，美军又在“三八”线附近积极构筑工事，在西起临津江口东至海岸的四百余里正面，南北一百四十里纵深，布置了三道坚固防线，纠合了八个李承晚伪军师和四个美英师正面设防。梦想凭借这些工事固守，俟机再犯。中朝人民部队洞烛其奸，不给敌人喘息机会，在一九五〇年除夕发动了排出倒海的新的攻势。我军重点突破敌军防线后，分东西两路前进，一鼓攻下汉城，把敌人一直赶到了汉江以南。这是中国人民志愿军参战以后所打的第三个战役。在这次战役中，被歼灭的敌军共一万三千多人。

朝中人民军队所获得的又一次的伟大胜利，得到了世界和平人民更热烈的欢呼。帝国主义阵营的混乱分裂状态，由此越发加剧了。

侵略者在朝鲜连吃三次大败仗以后，还没有死心，仍坚持其对朝鲜的军事冒险。从一九五一年一月下旬起，美国纠集了它的残兵败将二十三万之众，向我汉江南岸阵地进犯。美国想依靠这次冒险进攻，来挽救它已经破产了的侵略计划。敌人这次进攻开始后，中朝人民部队坚决执行消灭敌人有生力量的作战方针，主动撤离汉城，创造一切有利时机大量地歼灭敌人。汉江两岸十八昼夜的阻击战歼敌万余人；在横城地区的反击战一昼夜歼灭敌人一万二千余名；在汉城以南地区一个月的防御作战中，继续消灭敌军三万人；在汉城以北敌人又陆续遭受了二万余人的损失。八十多天中，敌人像乌龟一样仅仅向前爬进了一百多公里，分别到达开城、涟川、华川、麟蹄、杆城一线；但是却遭

①1950 年 12 月 5 日纽约《先锋论坛报》社论。

到了七万八千余人被消灭的严重损失，其中有美军四万七千多人。这是中国人民志愿军参战以后打的第四次战役，敌人在这次战役中损失的兵力，超过了以前三次战役中损失兵力的总和。敌人在发动这次冒险进攻中，曾吹嘘要以运动战来“消耗”我军兵力，结果适得其反。

第四次战役结束以后，朝中人民部队又在朝鲜中部地区发动了两次强大的反击战。前一次是四月下旬。在八天作战中，朝中人民部队共歼灭敌军二万三千余人。后一次是五月中旬。在五昼夜的作战中，朝中人民部队又歼敌一万七千九百余人。此外朝中军队在两次反击战之间与敌人进行的零星战斗中，歼敌五千余人。总计这三十天的作战，打死、打伤和俘虏敌军一共四万六千余人，其中美军为一万零八百余人。这是中国人民志愿军参战以后打的第五个战役。经过这次战役，我军将敌军在整个战线上逐退了五十至七十公里，并把窜据东海岸的李伪军赶到了“三八”线以南。

朝中人民部队这一系列的光辉胜利，打退了敌人的疯狂进攻，大量地歼灭了敌人的有生力量，成为朝鲜战争中的决定性的胜利。以后敌人虽一再企图北犯，都遭到了我军的坚强回击，战线开始在“三八”线附近稳定下来。朝中人民部队在战场上的胜利，使敌败我胜已成定局。美国侵略者所遭受的军事失败，已经永远无法挽回了。

侵略朝鲜的美军是美国武装部队的精华，又拥有最现代化的装备，为什么仍不免被装备占劣势的朝中人民军队打败呢？其根本原因在于美国所进行的战争是极端非正义的，朝中人民军队所进行的是自卫的正义战争。

斯大林分析朝鲜战争说：“要使士兵们相信：既不威胁英国又不威胁美国而其台湾岛竟被美国强占了的中国是侵略者，而另一方面强占了台湾并将军队推向中国边境的美国倒是处于防御方面，这是很困难的。要使士兵们相信：美国有权利在朝鲜领土上和中国边境上保卫美国的安全，而中国和朝鲜却没有权利在它们自己的领土上和它们自己的国境上来保卫它们的安全，这也是很困难的。因此，这个战争在美英士兵中是不得人心的。这是很清楚的，如果士兵们认为强迫他们进行的战争是极端非正义的，如果士兵们因此而在前线上只是形式上执行职务，既不相信他们的使命合乎正义，也没有热情，那末就是最有经验的将领和军官也要失败的。”①

① 斯大林：《对〈真理报〉记者谈话》，载1951年2月18日《人民日报》。

正是因为这样，朝鲜战场上的美军就不得不打败仗，也不得不在溃败中表现出美国侵略军所特有的丑恶形相。反之，朝中人民军队虽然装备处于劣势，面对着凶悍的敌人，但是由于他们所进行的是正义的战争，因之他们具有高度的英勇顽强精神，再加上其他各种有利的条件，朝中人民军队就足以挫败敌人，获得胜利。朝鲜军事斗争形势的飞跃发展，清楚地揭露了美帝国主义所进行的战争的不得人心的本质。

## 三　帝国主义阵营大乱

中国人民志愿军和朝鲜人民军所取得的军事斗争的决定性胜利，引起了帝国主义阵营大乱。随着朝鲜战争的发展而不断加深的帝国主义阵营各方面的矛盾，于今再也无法掩盖下去。

首先美国反动统治阶级由于中朝人民的胜利，他们自己的严重失败而陷入了众叛亲离的状态。一九五〇年十二月，美国前总统、共和党首脑之一的胡佛发表的政策演说，是这方面最尖锐的反映。胡佛演说中攻击杜鲁门、艾奇逊、麦克阿瑟等人的政策。他列举了帝国主义国家和苏联、各人民民主国家的人力与军事力量的情况以后，得出结论说："（甲）以非共产主义国家的稀少的地面部队与这一共产主义大陆进行陆地战争，将是一个没有胜利希望的战争，没有胜利的政治结局的战争。经由中国、印度或西欧的泥淖而侵入，从而对共产主义大陆进行战争的任何企图都是纯然的蠢事。那将是数百万美国男儿的坟墓，并且最后还会使这一西方文明的直布罗陀精疲力竭。即使把西欧远超过任何拟议中的计划而武装起来，我们也永远到达不了莫斯科。德国拥有一支二百四十战斗师的大军和强大的空军和坦克部队，仍归失败了。（乙）……（丙）在这军事方面，我们必须认识到：原子弹远不像一度想象的那样是绝对优越的武器。（丁）很明显，美国在朝鲜是必定已被共产党中国的侵略所击败了。世界上没有足够的部队来击退他们。"[①] 当然胡佛并不是什么保守主义者，他只是主张美国应当比现在稍微缩短一下侵略的战线。在反对中国的问题上，他表示自己要比"联合国"激烈得多。不过他的演说令人注意的地方并不是这些，而是他向世界承认了这样一个极端重要的事实：美国

---

①1950 年 12 月 29 日《人民日报》。

是确定地被中朝人民打输了。美国的现行侵略政策已经一败涂地，美国统治阶级和整个帝国主义阵营内部的矛盾，使得他们再也不能维持表现上的一致了。

这时有许多政客、报纸拥护胡佛的主张，而斥责杜鲁门、艾奇逊和麦克阿瑟等人；又有许多政客、报纸攻击胡佛，争吵成一片。美国极端反动派的代表杜勒斯曾出来为杜鲁门辩护，打算极力替帝国主义说得乐观一点。他安慰美国侵略者："我们还没有到穷途末路、一筹莫展的地步。"但是他也终于无法掩饰帝国主义阵营"似乎时刻都处在一种混乱的状态中"。他恳求恐慌、惶惑、互相争吵的反动派"保持镇静"；并向他们保证不再让美国"被牵制在世界上一连串的朝鲜事件中"。对于帝国主义的前途，杜勒斯也完全丧失了信心，他承认美帝国主义的"重大问题"，是"西方文明（按：指资本主义制度）是不是已经变得这样老朽，以致不得不死去，而让位于从马克思主义产生出来的更年轻的、精力充沛的社会"[①]。杜勒斯原是要减轻胡佛演说所造成的失败主义情绪，事实上他反而加强了失败主义的情绪。

一九五一年四月十一日，杜鲁门下令撤去麦克阿瑟侵朝军统帅等四项职务。从此美国统治集团内部继胡佛、杜鲁门的分裂之后，又形成了杜鲁门与麦克阿瑟及他们双方的同党（民主党与共和党）之间更剧烈的内讧，展开了拥麦派和反麦派的大争吵。

杜鲁门和反麦派指责麦克阿瑟，说他"在有关他的正式职务的问题上，不能够一心一意支持美国和联合国的政策"[②]。因为他们的目的是"在朝鲜打一个有限度（？）的战争"，麦克阿瑟有异议，所以必须把他撤职。麦克阿瑟和拥麦派则指出：发动侵朝战争是杜鲁门决定的。当美国侵略军在遭受严重失败之后，麦克阿瑟要求"大大地修正战略计划"，把战争立即扩大到中国，这并不是他个人的意见。杜鲁门的顾问们"都有和这完全相同的见解"。麦克阿瑟和拥麦派还攻击杜鲁门说：侵朝战争失败的原因：是由于"没有"允许麦克阿瑟更大规模地轰炸中国大陆和利用台湾的蒋匪残余部队。"美国所面临的抉择是艾奇逊和麦克阿瑟之间的抉择"。应将艾奇逊撤职。而反麦派则辩解称：立即进攻中国是他们的一贯方针，但是中苏两国人民同盟互助的伟

①1951 年 1 月 8 日《人民日报》。

②1951 年 4 月 17 日合众社华盛顿电。

大力量，使他们心惊胆寒。“如果苏联干涉的危险不存在的话，就会立即轰炸中共基地（按:《中苏友好同盟互助条约》的重要性，从这里可以看得更清楚了）”[①]。不是杜鲁门、艾奇逊不愿意那样做，而是不敢那样做。

美国统治阶级内部这种因失败而争吵的丑剧，发展到涉及了许多方面。

和美国统治集团内讧的同时，美国与其仆从国家之间的分裂也日益加剧。

不论是英国和法国的统治集团，虽然他们是支持美国在朝鲜的侵略战争的，但是帝国主义国家之间的利害关系不同，使他们不能不反对美国扩大侵略战争的冒险政策。这在杜鲁门为答复麦克阿瑟而作的演说中反映得很清楚:“如果美国一旦把战争扩大，我们就可能不得不单独进行。如果我们单独在亚洲进行战争，我们就可能会破坏自由国家反侵略（？）的团结。我们的欧洲盟友离苏联较我们为近，他们处于远较我们为大的危险中，如果我们的行动不顾到他们所面临的危险，他们就可能不顾我们的危险而行动。”[②] 正因为如此，美国和它的仆从国家之间，首先是美国和英国之间，在侵朝战争问题上也不断发生着各种争吵。

帝国主义阵营内部的混乱、分裂与斗争所暴露出来的许多事实，再一次说明:（一）美国在朝鲜战争中遭到了悲惨的失败；（二）但是美国是坚持与中国人民为敌，坚持要继续侵略中国的；（三）美帝国主义是各种矛盾的集合体，它是十分孤立的。

## 第五节　外交诸问题

第一个是中华人民共和国加入联合国组织的问题。

从一九四九年十一月十五日起，我中央人民政府外交部长周恩来就连续不断地要求联合国将国民党反动残余集团的所谓“代表”从联合国一切机构及其会议中驱逐出去，并接纳我中华人民共和国中央人民政府的代表到联合国的一切机构及其会议中来。苏联、波兰、捷克、印度、缅甸、白俄罗斯、乌克

①1951 年 5 月 9 日美国新闻处华盛顿电。

②1951 年 5 月 7 日美国新闻处华盛顿电。

兰等十六个联合国会员国家也同时赞成我国进入联合国。其中苏联、印度和其他一些国家的代表更不断提出上述要求和建议。但是这些合理的要求和建议都被美国及其指挥下的仆从国家所一一否决了。美国政府极力阻挠我中华人民共和国中央人民政府的代表参加联合国及盟国对日委员会，硬叫中国人民公敌、台湾国民党反动残余集团的非法代表占据了我国席位。直到一九五〇年底，中华人民共和国代表伍修权出席联合国安理会讨论美国政府武装侵略台湾案的时候，美国政府不仅仍旧把国民党反动残余集团的所谓“代表”容留在联合国，而且指使它的一群走狗攻击中华人民共和国的合法代表的严正控诉。这是美帝国主义对中国人民的莫大侮辱。

原来作为保持和平的堡垒而设立的联合国，在美国的操纵利用下，已日益变成战争的工具。现在与其说它是世界性组织，还不如说是迎合美国侵略者所需要的美国组织了。组成联合国中侵略队伍的这时是十个参加侵略性《北大西洋公约》的国家和二十个拉丁美洲国家。拉丁美洲二十个国家的二十个代表，在联合国组成了最一致、最驯服的美国队伍。“这些国家的地主和商人，渴望在欧洲或亚洲的某些地方爆发新的战争，以便以特别高的价格，向交战各国出售货物，而在这种血腥的生意中大发横财”①。因之在联合国就出现了这种奇怪的现象：美洲小小的多米尼加共和国，人口不过两百多万，但在联合国中与印度占有同样的比重；反之，拥有六亿人口的中华人民共和国却没有自己的代表，而在那里被剥夺了表决权。

美国反动统治阶级极端地害怕中国人民的力量，这是美国政府利用它所组成的侵略队伍，顽固地抵制我国参加联合国的真正原因。美国唯恐中华人民共和国的代表一旦参加讨论解决主要国际事务问题，行使中国人民在国际事务中的合法权利，就会增强以苏联为首的各人民民主国家保卫和平的阵地，削弱帝国主义的侵略势力。这对于美帝国主义岂不是危险之至！其实美国的这种作法是注定要失败的。撇开中国人民去解决重要国际争端的时代已经永远过去了。中华人民共和国在解决国际问题，特别是亚洲问题上的发言权和地位是绝对不容抹煞的。它是目前发展国际政治及经济关系、保障国际和平与安全的一个重要因素。朝鲜战争的发展，就清楚地证明了这一点。

第二个是联合国非法通过诬蔑我国的决议问题。

---

①斯大林：《对〈真理报〉记者谈话》，载1951年2月18日《人民日报》。

中国人民志愿军进入朝鲜，给了张牙舞爪的敌人以迎头痛击之后，美国侵略者大起恐慌。他们为了欺骗美国和世界人民，掩盖自己的败绩，一本颠倒黑白的故智，把美国政府几乎动倾国之师，从八千公里以外，浩浩荡荡杀奔中国和朝鲜而来，叫作“自卫”，而把中国人民保卫祖国安全，在志愿基础上援助朝鲜人民反抗美国侵略者的正义行动，叫作“侵略”或“干涉”。

我中央人民政府自美国发动朝鲜战争以来，一直就主张在一切外国军队撤出朝鲜及朝鲜内政由朝鲜人民自己解决的基础上，用和平谈判的方法解决朝鲜问题。一九五〇年八月，中央人民政府周恩来外长致联合国安全理事会主席马立克的两次电报及以后多次致联合国安理会的电报，都不断提出美国军队撤出朝鲜以恢复远东和平的主张。一九五一年一月四日，朝中人民军队光复了汉城，侵朝美军正遭受痛击，这时周恩来外长在答复联合国大会第一委员会（即政治安全委员会）主席阿彼拉兹所要求的先停战后谈判的电文中，又重申我国和平解决朝鲜问题的一贯主张，并建议在从朝鲜撤退一切外国军队及朝鲜内政由朝鲜人民自己解决的基础上举行七国会议，谈判迅速结束朝鲜战争及远东有关问题。同月二十二日，我外交部在对印度驻华大使潘尼迦所提关于周外长上项复电中几点询问的答复中，更进一步阐明了我国对和平解决朝鲜问题的态度，指出只要一切外国军队从朝鲜撤退的原则被接受，并付诸实施以后，中华人民共和国中央人民政府将负责劝说中国人民志愿军部队回到本国；同时，还提出了停止朝鲜战争与和平调处朝鲜问题的两个步骤。我国中央人民政府这种谋求和平的诚意，获得了全世界人民的衷心拥护。苏联及各人民民主国家都坚决主张朝鲜问题的和平解决。这种主张也同时为印度与其他亚洲和阿拉伯国家的人民及欧美资本主义各国爱好和平的人民所赞成。

美国却坚持要进行侵略战争。一九五〇年十二月六日，美国利用它在联合国的表决机器通过将中华人民共和国“干涉”朝鲜的诽谤议案列入议程。在一九五一年一月三十日的联合国政治安全委员会及二月一日的联合国大会上，美国以勉强的“多数”通过了它所提出的所谓“谴责共产党中国为在朝鲜的侵略者”的提案。美政府这个提案是再一次向全世界表明：美帝国主义坚持不愿意和平解决朝鲜问题，而要继续进行侵略战争。

敌人企图诬蔑我国人民在朝鲜的志愿行动为“侵略”或“干涉”，是荒谬绝伦的。历史上有过许多次的干涉或侵略，也有过许多次人民的志愿行动，从来没有把它们混淆过。例如希特勒和墨索里尼的军队干涉西班牙内政、援助佛朗哥进攻西班牙人民，这是毫无疑问的干涉；相反的，英、法、美、苏等国人民武装起来援助西班牙人民抵抗佛朗哥，这是毫无疑问的志愿行动。不管希魔、墨贼如何凶恶，他们到底没有把英、法、美、苏等国人民的行动说成是对西班牙的侵略。现在的事实，正如我周恩来外长在关于联合国大会非法通过诬蔑我国的决议的声明中所指出的那样："明明是美国政府制造了朝鲜事件，干涉和侵略朝鲜，干涉和侵略中国的台湾，而美国提案却反说中国共产党在干涉朝鲜，中华人民共和国中央人民政府在侵略朝鲜。明明是全世界爱好和平民主的人民主张制裁美国侵略，要求美军撤出朝鲜和台湾，而美国提案却反而要求对中国人民抗美援朝保家卫国的正义行动采取措施，反而要求中国人民志愿部队自朝鲜撤退。明明是美国政府无数次地拒绝中国和苏联关于和平调处朝鲜问题的各项建议，最后甚至拒绝了十二国关于召开七国会议的提案，而美国提案却反说中华人民共和国没有接受联合国关于停止朝鲜战争以求得和平解决的各项建议。"①这证明美国侵略者凶恶无耻的程度，实在是已远驾乎希特勒、墨索里尼之上了。

联合国通过这样的"决议"是不足为奇的，因为它早已变成美国发动侵略战争的工具，埋葬了自己的道义权威。这不过是在它不光荣的历史上，又增加了一次可耻的记录而已。

第三个是美国单独对日媾和问题。

日本投降以后，美国政府就积极武装日本，复活日本侵略势力，使之充当美国帝国主义在亚洲的新的侵略工具，首先是侵略中国的新工具。"美帝国主义现在不仅是一个侵略者，而且是一个世界宪兵，它尽力之所能在各地绞杀自由，并培植法西斯主义"②。

美国政府不顾我中央人民政府的多次抗议与警告，由它驻在日本的美国占领军总司令麦克阿瑟非法释放了大批日本侵华战犯。日本的陆军早就在"警察后备队"的名义下，被美国在日本的当局所重新建立。至一九五〇年后半年，日本警察部队已有十二万五千名。日本的海军也在被恢复中，至上述时期，日本的所谓"海上保安厅"已有舰艇三百艘。据在东京的外国人士透露，

①1951年2月3日《人民日报》。

② 马林科夫：《在第十九次党代表大会上关于联共（布）中央工作的总结报告》，22页。

同年十二月中旬，麦克阿瑟总部曾给日本政府一项秘密备忘录，命令日政府开始建立一支拥有一百万军队的日本陆军，总排水量达五 ×（？）万吨的海军和拥有一千架飞机的空军，美国将掌握日本新陆军中的一切重要的领导职位。轻装备由日本政府出资供给，重装备由美国政府出资供给。

为了更有效地发挥日本为美国侵略政策服务的作用，从一九五〇年九月杜鲁门发表声明起，美国政府又公开进行片面对日和约的非法活动。杜鲁门在这个声明中宣布，业已授权国务院，就对日和约的程序问题，与远东委员会其他会员国家，进行讨论。同年十月二十六日，美国国务院顾问、战争贩子杜勒斯以美国政府关于对日和约问题的备忘录一件递交苏联驻安理会代表马立克。在这个备忘录中，美国政府提出的缔约国家，是“任何或一切愿意在所建议的和可能获得协议的基础上媾和的对日作战国家”，而不是全部对日作战国家。这就是企图把中华人民共和国和苏联两个主要对日作战国家排斥于缔约国家之外。苏联代表马立克于十一月二十日将苏联包括六点询问的备忘录交给杜勒斯，美国政府于十二月间又给苏联一份备忘录，除重复上次备忘录的内容以外，又公然以美国与中华人民共和国无外交关系为理由，否认中国在对日和约中的重要地位。同月四日我外交部周恩来部长就对日和约问题发表庄严声明，说明：“自一九三一年九月十八日以来，日本帝国主义武装侵略中国，蹂躏我国广大领土，使我国人民生命财产，遭受重大牺牲。中国人民经过八年英勇抗战，击败了日本帝国主义，取得了抗日战争的胜利。因此对日和约的准备、拟制与签订，我中华人民共和国必须参加，乃属当然之事。”① 但是美国政府仍然完全无视中国人民的意志，一意孤行，坚持把它的片面对日媾和的阴谋发展下去。

一九五一年七月十二日，美国政府伙同英国政府同时公布《对日和约草案》，美政府并于同月二十日发出召开旧金山会议的通知，准备签订对日单独和约。

美、英政府拼死与中国人民为敌的态度，在《对日和约草案》及召开旧金山会议的措施上，表现得比历来更加露骨。第一，美、英政府擅自拟订的《对日和约草案》与片面召开的旧金山会议，都公然把中华人民共和国排除于对日作战盟国之外。举世周知，中国人民在抵抗和击败日本帝国主义的战争

①1950 年 12 月 5 日《人民日报》。

中，经过了最长期的艰苦奋斗，牺牲最大，贡献最多。中国人民及其所建立的中华人民共和国中央人民政府在对日和约问题上是最有合法权利的发言者和参加者，这是天经地义，谁也不能不承认的事实，美、英帝国主义却企图不承认这个事实。第二，美、英政府在其所谓《对日和约草案》中，窜改了抗日战争的历史。草案的第十五、第十七条关于处理盟国及其国民于战争时期在日本的财产和权益的条文中，竟规定战争时期仅应自一九四一年十二月七日算起。仿佛一九三一年九月十八日以后至一九四一年十二月七日以前的十年间，特别是一九三七年七月七日至一九四一年十二月七日的四年间，中国人民英勇的抗日战争和无数生命财产的牺牲，可以由美、英帝国主义一笔勾销一样。这真是丧心病狂，无理至极！第三，在对日和约中必须解决的中华人民共和国神圣领土的权利，也遭到美、英帝国主义的严重侵犯。美、英《对日和约草案》中，虽然规定日本放弃其对于台湾的澎湖列岛的一切权益，但并未规定应遵照《开罗宣言》和《波茨坦公告》将台湾和澎湖列岛归还中国。美国现在一面武装霸占着台湾，一面有意在其《对日和约草案》中把台湾和澎湖的归属含混其词，企图长期窃为己有。不仅如此，美、英《对日和约草案》还故意提出日本放弃西沙群岛和南威岛的一切权益，而又把这些向来属于中国的岛屿的归属一字不提，这显然是一种恶毒的阴谋。第四，在草案的安全条款中，美国已毫不掩饰其武装日本的计划。美、英承认日本具有“单独或集体自卫之自然权利，并得自愿加入集体安全协定”，而对日本武装不加任何限制。这就是允许日本建立大规模的武装，并以《美日军事协定》为骨干，使日本加入当时美国正在筹划的太平洋侵略集团，美国不但要在军事上控制日本，还在政治上剥夺日本人民的民主权利和在经济上完全控制日本。这与签订对日和约，使日本成为一个和平民主与独立的国家这一主要目标是背道而驰的。总之，美、英《对日和约草案》，是背信弃义，完全破坏国际协定，损害对日盟国利益，仇视中国人民，威胁亚洲人民并继续奴役日本人民的。美国政府及其附庸国家在这个《和约草案》中，只追求一个中心目标，就是重新武装日本，以便继续和扩大在朝鲜的侵略战争。这是日本投降以来，美国积极执行复活日本军国主义政策发展的必然结果；同时，也是数十年以来，美国一贯地勾结日本侵略中国的历史发展之必然结果。

美国一手操纵的旧金山会议，由美、英等四十八个国家的政府在所谓《对日和约》上签字后，于九月八日匆匆收场。美帝国主义并没有在这里得到什么东西。主要的亚洲国家，首先是对日作战最久和抗击日本侵略军最多的中国，以及人口仅次于中国的亚洲大国印度，没有参加这个会议。苏联出席这个会议的代表团团长葛罗米柯当场透彻地揭露了这个非法会议的本质。葛罗米柯并代表苏联政府提出了修改美、英《对日和约草案》的十三项建议，拒绝承认美国操纵“通过”的伪和约。世界上三个人口最多的国家苏联、中国、印度和亚洲其他国家站在反对美、英《对日和约》的立场上，来反对西方帝国主义，这个事实有着极为重要的意义。在这样的事实面前，帝国主义完全无法掩盖他们所遭到的悲惨失败。正义不在他们一方面，全世界都看得很清楚。

一九五一年八月十五日，我中央人民政府外交部周恩来部长曾再次申明：“美、英两国政府所提出的《对日和约草案》是一件破坏国际协定基本上不能被接受的草案”，而“旧金山会议也是一个背弃国际义务基本上不能被承认的会议”。这个声明最后提出：“为了真正有助于恢复亚洲和平及解决远东问题起见，中华人民共和国中央人民政府坚决主张，应根据苏联政府的提议，召开曾以军队参加对日战争的一切国家的代表的和会，来商定共同对日和约问题。同时，中华人民共和国中央人民政府准备以联合国宣言、开罗宣言、雅尔达协定、波茨坦公告和协定及远东委员会所通过的对投降后日本之基本政策为基础，与参加对日作战的一切国家，就共同对日和约问题交换意见。”① 周外长的声明充分代表了我国人民的意志，为全国人民一致坚决拥护。

美国《对日和约》的成立，帮助了日本法西斯主义重新抬头；同时，也增强了美帝国主义和日本的矛盾。列宁说：“帝国主义不仅要在新开辟的国家中，而且要在旧的国家中实行兼并，加紧民族压迫，因而也就使反抗加紧起来。”② 美国《对日和约》使美国在战后对日本的兼并政策和日本遭受的民族压迫继续下来了。日本必定要求打破美国占领“制度”的镣铐，奔向独立发展的道路。它们相互之间的矛盾与斗争将由此日益尖锐起来。

上述的一切外交斗争，是中国人民要和平、美帝国主义要战争——这两条路线的尖锐斗争。伟大的苏联人民和苏联政府一贯地站在无产阶级国际主义的立场上，对人类正义与和平的要求坚决予以支持，对帝国主义的侵略阴

①1951 年 8 月 16 日《人民日报》。

②《列宁文选》（两卷集）卷一，1027 页。

谋坚决予以打击，给了中国人民的斗争以巨大的援助。

## 第六节　侵略者被迫接受停战谈判，战场上和会场上的两种斗争

朝中人民军队在战场上所取得的转变战局的重大胜利，是美国侵略者的一切挣扎所不能改变的。朝鲜战争已经把美国推到不可救药的危机之中了。

从中国人民志愿军参战到朝鲜战争期满一年，七个半月的时间，敌人在战场上被歼灭达二十余万人，其中美军占十万左右。这说明朝中人民军队所给予侵略者的打击是怎样沉重。美国的《美国新闻与世界报道》周刊说："朝鲜的'小战争'使美国损失的人员和金钱，比一九四二年对日本进行的'大战争'还多。"[①] 据统计，美国参加第二次世界大战的头一年，即从一九四一年十二月至一九四二年十二月，所损失的海陆空军的人数只有五万八千五百四十七人。现在美国在七个半月中所损失的兵员数字，比"大战争"的全年数字增加了一倍。马歇尔在所谓"麦克阿瑟事件"作证中承认：美国把"陆军增加到十八师和十八团的战斗部队"，是它"目前所能匆忙地准备的全部数目"。一年来的朝鲜战争，充分地暴露了美国进行侵略战争兵力不足的致命弱点。

广大的美国人民因战争负担，生活迅速恶化了。一九五一年平均每一个美国人所负担的战争支出达三百美元，比一九三八年增加了一百倍。四分之三的美国人民，收入不足以维持起码的生活水平，饿死的人日益增多，这是美国所没有遇到过的严重情况。广大人民和利用战争追求最大利润的独占资本家们的矛盾一天天扩大，人民一天天更多地要求美军撤出朝鲜，反对新的侵略战争。美国的战争动员，因此遇到了更大的困难。一些附庸国家，原来是指望美帝国主义很快就取得朝鲜战争的胜利的。一年来美国在军事上的败绩，使这些国家的统治者对前途感到恐惧和失望，对美国深为不满，并群起责难。尽管美国手里拿着"联合国"的旗帜，向它的附庸国家勒索炮灰，结果并未得到这些国家认真支持。尤其是美国侵略者残暴和虚弱的真相在朝鲜战场上彻底暴露了，全世界人民都认清了它的凶恶面目，一致起来声讨，要

---

①1951 年 6 月 20 日法国新闻社华盛顿电。

求结束它在朝鲜的不义之战。对于侵略者这是一种巨大的压力。

朝中人民军队连续进行了五次攻势作战，把美国侵略军从鸭绿江边和图们江边赶回到“三八”线以南之后，即采取积极防御的阵地战。他们创造了举世闻名的“坑道战术”，在横贯朝鲜的二百五十公里战线上构筑了坚如铜墙铁壁的纵深的防御阵地。战线在“三八”线附近稳定下来。

所有这些，迫使美国侵略者已经不可能按照一年以来的情形把朝鲜战争继续进行下去了。如果美国仍然拒绝和平解决朝鲜问题，那末，只要朝中人民军队继续坚持进行相当长期的和艰苦的战争，就一定能够完全战胜侵略朝鲜的敌人。

## 一　苏联的和平建议

苏联驻联合国代表马立克，于一九五一年六月二十三日在联合国新闻部举办的“和平的代价”广播节目中发表演说，阐述苏联的和平政策，谴责美国的侵略，并再一次提出和平解决朝鲜问题的建议。马立克在他的建议中说：“苏联将继续奋斗以巩固和平，制止另一次世界大战。苏联人民认为，维护和平事业是可能的，朝鲜的武装冲突——目前最尖锐的问题——也是能够解决的。而要做到这一点，就必须各方有和平解决朝鲜问题的意愿。苏联人民认为，第一个步骤是交战双方应该谈判停火与休战，而双方把军队撤离三八线。”①

中朝两国人民进行反侵略战争的正义行动，其目的是为了争取条件，使朝鲜问题能够在公平合理的基础上获得和平解决。苏联关于谈判停火与休战的和平建议提出之后，中朝人民表示热烈的欢迎。中朝两国政府声明完全支持苏联的建议，又一次申述它们以和平方式解决朝鲜问题的主张。美国政府既然已经困难重重，无法把战争依照原来的状况继续下去，现在又惮于世界正义舆论的谴责，这时才迫不得已，同意举行停战谈判。同月三十日，美国侵朝军总司令李奇微以“联合国军总司令”名义发表了一项表示愿意接受停战谈判建议的声明。七月一日，朝鲜人民军最高司令官金日成和中国人民志愿军司令员彭德怀联合发表声明，赞成与李奇微举行停战谈判。经过双方的同意，确定朝鲜停战谈判于七月十日至十五日在朝鲜“三八”线上的开城举

①1951年6月25日《人民日报》。

行。

朝鲜停战谈判是一次史无前例的停战谈判。它既不是帝国主义者征服了别的国家，强迫别国接受投降条件的停战谈判，也不是帝国主义国家间争夺火并，相持不决，只好互相妥协，瓜分殖民地来谋得暂时和平的停战谈判，而是一个妄图独霸世界的帝国主义，在侵略战争中遭到年轻的新兴的人民民主国家的反抗并遏止之后，不得不勉强接受的停战谈判。非常明显，帝国主义者对于这样的谈判是不会心甘情愿地接受的。它必定要随时表现出不肯承认军事失败，不愿平等协商，必然企图在谈判中得到它在战场上所不能得到的东西。因此，朝鲜停战谈判不能不是一场异常尖锐、复杂而长期的军事与外交交织着的斗争。从此以后，在朝鲜战争中就出现了战场上与会场上的两种斗争。由于中朝两国人民作了无比坚韧的努力，在这两种斗争中都取得了决定性的胜利。

## 二　停战谈判

一九五一年七月十日，朝鲜停战谈判举行第一次会议。朝鲜人民军、中国人民志愿军代表团首席代表南日将军首先提出三项建议：第一，在互相协议的基础上，双方同时下令停止一切敌对军事行动；第二，确定“三八”线为军事分界线，双方武装部队应同时撤离“三八”线十公里，以双方撤离的地区为非军事地带；第三，应在尽可能短的时间内撤退一切外国军队。[①]

朝中代表团对停战谈判的建议，清楚地表明了朝中方面希望经过这次谈判使朝鲜战争迅速获得公平合理的解决，以便进一步用和平方法解决朝鲜问题的真诚态度。朝中代表团的这种诚意，代表了全世界一切爱好和平的人民的共同愿望。

这时美国的态度是怎样呢？谈判开始以后，美国代表团丝毫没有表现出对结束朝鲜战争与和平解决朝鲜问题的诚意，而是在进入谈判的一个极短时期之后，就开始拖延与阻挠谈判。谈判会议刚刚举行了两次，美方即借口记者进入会场区“一点鸡毛蒜皮的事”，使谈判停顿了三天。他们说谈判地点待遇不平等，要求将开城划为中立区。朝中方面为了扫除一些枝节问题上的误

①1951 年 7 月 11 日《人民日报》。

会和争论，使停战谈判能够顺利进行，同意将开城地区划为会议期间的暂时的中立区，对于新闻记者问题也给美方以便利，解除了美国的借口。在这里，美帝国主义企图利用谈判为掩护，施行扩大侵略战争的阴谋已开始表现出来了。

接着，美国又拒绝将外国军队撤出朝鲜问题列入议程。在美国的阻挠下，仅仅是通过会议议程，就费去了半个月以上的时间。从谈判的第一次会议起，朝中代表即强调停战谈判会议应该讨论一切外国军队撤出朝鲜的问题。朝中代表指出：朝鲜战争是一个牵涉许多国家的战争，这是因为美国干涉了朝鲜内政，派出它的军队来朝鲜作战而引起的。美国军队长驱直入，至朝鲜民主主义人民共和国的腹地，并直接威胁了中华人民共和国的安全，中国人民才不能不组成自己的志愿部队，帮助朝鲜人民抵抗美国的武装侵略。朝鲜停战谈判会议的组成，就充分说明了这一情况。为了和平解决朝鲜问题，并使得停战有可靠的保证，就非从朝鲜撤出一切外国军队不可。美国代表完全颠倒是非，硬说从朝鲜撤退外国军队，并不足以保证朝鲜战争不再爆发，甚至是与此相反。他们坚持拒绝将外国军队撤出朝鲜问题列入议程。美国的阴谋是路人皆知的。它是拒绝从朝鲜撤退美国侵略军，企图使美军长期盘踞在朝鲜的领土上。因为美方的“理由”根本站不住脚，最后朝鲜停战谈判会议议程达成了以下的协议：“（一）通过议程。（二）作为在朝鲜停止敌对行为的基本条件，确定双方军事分界线，以建立非军事地区。（三）在朝鲜境内实现停火与休战的具体安排，包括监督停火休战条款实施机构的组成、权力与职司。（四）关于俘虏的安排问题。（五）向双方有关各国政府建议事项。”①

停战谈判进入实质问题的讨论之后，首先是讨论确立双方军事分界线，以建立非军事区的问题。美国政府毫无和平解决朝鲜问题的诚意，由美国代表在会议中所采取的立场进一步暴露出来了。

关于双方军事分界线问题，朝中方面的立场十分明确。就是以“三八”线为双方军事分界线，以此为基础，向南北各伸张十公里为非军事区，双方军队都撤至非军事区以外。美国的军政首脑也曾公开承认以“三八”线为军事分界线是合理的，美国谈判代表却奉命在会议席上荒谬地要求在目前双方战线以北十八公里至五十公里地方划一条新的军事分界线。实现这个方案，美

①1951 年 7 月 27 日《人民日报》。

国侵略者就可以垂手而得朝鲜一万二千平方公里的土地。美国这一要求的荒谬程度，使得他们自己也不敢在世人面前公开而要对外界保守秘密。李奇微在谈判开始时，曾把自己装成是希望结束战争的一方。他说："由于停战条件的协议必须在敌对行为的停止之前，延迟开会或延迟达成协议，将会延长战斗和增加损失。"[①] 但李奇微的实际行动，却是欺骗、讹诈、故意拖延和制造僵局。言行相反，是狡猾的美国侵略者在世界人民面前的一贯表现。

美国的无理要求遭到朝中方面的痛斥并严正拒绝以后，美国除了由它的谈判首席代表乔埃继续在会内为其狂妄主张分辩，以拖延谈判的进行，又特别在会外施展其破坏协议，节外生枝的全部破坏本领。这时美国一连制造了许多严重的破坏事件，如美机违反协议攻击我方代表团车队、美方武装人员一再侵入开城中立区杀害我方军事警察直至美机扫射、轰炸我方代表团住所等，肆无忌惮地向朝中方面挑衅寻事。和美国的态度根本相反，朝中方面在谈判中，始终遵守自己的诺言，对待任何问题都采取严肃认真的态度去处理，充分证明了朝中方面对停战谈判的诚意。全世界人民在这里清楚地看到了对待朝鲜停战谈判的两种截然不同的态度。

八月二十三日以后，朝鲜停战谈判因美国的疯狂破坏而停顿了。自七月十日以后四十四天的谈判中，除达成了关于会议议程的协议和一度讨论了停战的军事分界线，再也没有任何结果。这是朝鲜停战谈判的第一阶段。

同年九月十一日美方被迫第一次正式承认了美机扫射中立区事件，我方就提议立即恢复停战谈判。美国又提出先讨论"满意"的复会条件，要求更换会议地址。美国这一作法，是为了转移目标，逃避它破坏开城中立区协议的多次挑衅事件的责任。但这时美国军事攻势的可耻失败，加上世界人民的舆论对于美国侵略者的严厉斥责，他们已不得不重新回到谈判席上来。在美国要求更换会议地址以后，朝中方面主张将不进行敌对行为的中立区从开城扩大到汶山，并同意将开会地点从开城移到板门店，由双方共同负责保护开会地点。这又进一步冲破了美国阻挠停战谈判恢复的人为障壁，使谈判恢复完全成为可能。

双方代表团于十月二十五日复会，讨论第二项议程的小组会也相继复会。朝中代表在小组会上提出了以现有战线为基础，对整个战线加以全面调整的

①1951 年 7 月 5 日《人民日报》。

军事分界线方案，以后我方代表又进一步提出以就地停战为内容的确定军事分界线与非军事区而不作任何调整的方案。这两个方案和以前朝中方面所提出的以“三八”线为停战军事分界线的方案一样，都是公平合理，对双方完全平等待遇的。这两个方案的提出，表示朝中代表团为解决第二项议程作了最大可能的努力。现在美国虽然被迫放弃了复会以前的荒谬狂妄的提案，却又提出了新的无理主张，对我方所提方案一概加以拒绝。他们先是要求对现有接触线作片面的调整，要我方退出一千五百平方公里土地，将开城地区“调整”到美国占领之下。后来他们又建议干脆将军事分界线和非军事区留待停战协议签字之前再确定，这是根本推翻第二项议程，取消朝鲜停止一切敌对行为的条件。美国在确定军事分界线问题上，所采取的前后矛盾、反复无常的态度，赤裸裸地暴露了美帝国主义无限期拖延停战谈判的罪恶阴谋。但是美国在战场上既不得逞，在会议桌上又根本理屈词穷，美国谈判代表才不得不一再修改他们关于停战军事分界线的无理要求。至十一月二十三日，朝鲜停战谈判小组委员会双方代表对第二项议程达成了确定以双方实际接触线为军事分界线的三条协议。[①]协议的内容完全符合于朝中方面一贯主张的公平合理的原则。现在的双方实际接触线，与谈判开始时情况并未发生任何重要变化。双方在“三八”线南北依然各占有大约相等的土地面积。

自此以后，朝鲜停战谈判相继进入第三、第四和第五项议程的讨论。

第三项议程的讨论中，朝中方面先后提出七项原则建议。其主要内容为：双方一切武装力量应自停战协定签字之日起，停止一切敌对行为。双方一切武装力量应于停战协议签字后短期内，自非军事地区及以军事分界线为界的对方的后方和沿海岛屿及海面撤走；并不得对非军事地区进行任何武装行动。双方各指定同等数目的委员，组成停战委员会，共同负责具体安排和监督协议的实施。为便于高一级的政治会议的举行，保证军事停战的稳定，双方不从朝鲜境外进入任何军事力量、武器弹药。同时为监督军事停战的实施，双方同意邀请在朝鲜战争中的中立国家成立监察机构。[②]朝中方面的建议规定了停火的一切具体安排，正如我方代表所指出的，是解决第三项议程的充分而合理的方案。

①1951年11月24日《人民日报》。

②1951年12月4日《人民日报》。

代表美国政府来谈判的一批侵略分子，对朝中方面这些建议不作任何郑重考虑。他们提出许多充满帝国主义野心的要求。他们坚持干涉朝鲜内政，要求禁止朝鲜境内恢复、修建与扩充飞机场和航空设备，并毫无理由地反对朝中方面提名苏联参加中立国监察委员会。经过五个多月的激烈斗争，至一九五二年四五月间，美国才被迫放弃了干涉朝鲜内政的无理要求。这时朝中方面又提出，在美国接受我方对俘虏问题的合理方案，并放弃干涉我方内政的条件下，可以同意中立国监察委员会由六国减为四国。美国纵然不愿对第三项议程取得协议，但现在已找不到无理取闹的任何借口了。

停战谈判的各项问题因朝中方面的努力而逐一得到解决时，美国便死抓着第四项议程——战俘遣返问题，继续阻挠停战谈判达成协议。在这个问题上，美国所持的理由荒谬绝伦，所采取的行动尤属卑鄙无耻。

遣返战俘的讨论开始以后，朝中方面提出双方遣返其收容下的全部战俘的方案，建议在停战协议签字后最短期间内，双方释放及遣送完毕其所收容的全部战俘。美国拒绝遵照一九四九年关于战俘待遇的《日内瓦公约》遣返全部战俘，提出了一个所谓“一对一交换”和“自愿遣返”的对案。美方收容的我方被俘人员有十七万六千七百余人，我方收容对方被俘人员为一万一千五百余人。美国提案的目的，就是要扣留十六万五千余名我方被俘人员。

朝中方面为了坚持全部遣返战俘的原则，在谈判席上和战场上同时进行了坚决的斗争。朝中代表团的每一次努力，都使战俘问题的谈判能够打破僵局，向前跨进一步；而美国的无理主张也就一一遭到破产。至一九五二年八月，《朝鲜停战协定草案》的文字细节——包括第五项议程，实质上已经全部取得了协议。关于遣俘的原则，在停战协定草案第五十一、五十二款中规定：“本停战协定生效时各方所收容的全部战俘须尽速予以释放与遣返”，“各方保证不将任何因本停战协定生效而被释放与遣返的战俘用于朝鲜冲突中的战争行动”。[①] 只要美国代表提笔在《停战协定草案》上签字，现在朝鲜停战就可以见诸实现。

但是，美国政府既不愿朝鲜停战，也不愿战俘回家过和平生活。与停战谈判日益接近达成全部协议的同时，美国也分别在谈判桌上和战俘营中日益加紧其破坏停战谈判、扣留战俘的阴谋活动。在谈判席上，美国起初是每天

---

①1952年10月23日《人民日报》。

背诵其所谓“自愿遣返”“不强迫遣返”的“原则”，后来改变方法，干脆拒绝谈判。在战俘营中，美国实行着暗无天日的统治，对朝中战俘进行血腥的“甄别”，制造所谓“反共”战俘。美国指挥机关公开和台湾国民党残余集团勾结，利用台湾特务在战俘营为扣留中国人民志愿军被俘人员制造条件。他们强迫战俘写血书，在身上刺字，说这些被俘人员“宁死也不愿意回国”。朝中被俘人员拒绝美国的无理“甄别”，拒绝服从蒋介石、李承晚特务的命令，美国刽子手就大规模地屠杀他们。当然任何虚伪宣传和谎言，都是掩盖不了美国强迫扣留战俘的血腥事实的。一九五二年五月间，巨济岛上美方战俘营中朝中被俘人员为争取合理待遇和重返祖国的权利而英勇斗争的行动，彻底揭穿了美国“自愿遣返”的骗局。据这时的美国侵朝军总司令克拉克发表的关于这事的声明中透露：朝中被俘人员曾机智地扣留美方战俘营长官杜德后，向美方提出了列要求：“（一）你方司令部立即停止野蛮行为，侮辱、酷刑、强迫写血书抗议、威逼、禁闭、集体屠杀、枪杀和机关枪扫射，使用战俘作毒气、细菌武器、原子弹试验对象。你方应当保证让战俘享受国际法所规定的人权和个人生活。（二）立即停止对朝鲜人民军和中国人民志愿军战俘实行非法而无理的所谓‘自愿遣返’。（三）立即停止强迫调查（甄别）——这种措施是要把数以千计的朝鲜人民军和中国人民志愿军战俘重新武装起来，使他们受到永远而非法的奴役。（四）你方司令部立即承认朝鲜人民军和中国人民志愿军战俘组成的战俘代表团（委员会），并与之密切合作。”美方新任战俘营长官柯尔生答复说：“关于你们来信中的第一条，我肯定承认有过流血事件发生，结果有许多战俘被联合国军打死或打伤。我可以向你们提出保证，将来这个战俘营里的战俘，可以希望得到符合国际法原则的人道待遇，我愿尽自己的一切力量使暴力行动和流血事件不再发生。如果将来有这类事件发生，我愿负责。”“关于你们所提的有关强迫调查（甄别）问题的第三条，我可以通知你们，在你们不加伤害地释放了杜德将军以后，我们不再对这个战俘营里的战俘进行强迫甄别或任何重新武装的行动，同时不再进行任何有名无实的甄别。”[①]

巨济岛恐怖情况的揭发，不只是美国强迫扣留朝中战俘阴谋的失败，也是美国在政治上道义上遭到的更大失败。世界的正义舆论一致对美国侵略者

①1952年5月12日美联社东京电。

的暴虐和无耻行为痛加斥责，要求严惩美国杀人贼匪。这时美国政府坚决不愿意停战，又无法摆脱其狼狈处境，一九五二年十月八日美方遂直接宣布了中止停战谈判。

这是谈判的第二阶段。特点是美国在谈判中表现得比已往更加堕落无耻，更加放肆破坏谈判。全凭朝中方面的坚持努力，才使停战谈判的全部议程，连同协定草案的文字细节都达成了协议。但腐烂入骨的美帝国主义毕竟是要奉行战争政策的。朝鲜停战虽已垂手可得，美国政府还是决意把它破坏了。

一九五二年十一月间，美国四年一度的总统选举的结果，华尔街扔掉了它二十年来所驾驭的民主党，把共和党的艾森豪威尔送进了白宫。民主党和共和党同是美国资产阶级的一部分。无论是它们哪个党来掌管政府事务，现今资本主义追求最大限度的利润的实质是不会改变的。一九一九年时列宁说过："……没有哪一个国家内的资本权力，少数巨万富翁对于全社会的统治权力，如在美国表现得这样横蛮，这样贿赂公行（凡是在一九〇五年以后到过那里的人，都知道这点）。资本既然存在，也就统治着全社会。所以无论什么民主共和制度，无论什么选举制度，都是不会改变事情实质的。"[①] 艾森豪威尔是一个玩了四十年枪杆子，因在西欧执行侵略和备战政策而满身血腥气，并声称要领导新的反苏"十字军"的著名战争贩子。美国垄断资本家不看中别人，而把这样一个人物捧出来当总统，目的很清楚，那就是他们要继续扩大侵略战争。同时，艾森豪威尔出任总统，表现出美国国家机器的军事化和法西斯化有了进一步的发展。希特勒德国和军国主义日本所具有的一切反革命特性，于今已由美国反动派全部集中起来。

艾森豪威尔上台前后，美国政府按照其预定计划，在第七届联合国大会上，公开向其仆从国家施用压力，勒索炮灰。美国更操纵联合国大会的表决机器，根据印度提案通过破坏《日内瓦公约》，强迫扣留战俘的关于朝鲜问题的非法决议。它立意要把联合国大会变为扩大侵略战争的会议场所。就在这时，美国好战分子在朝鲜金化以北的战场上发动了新的攻势。他们重新打算以军事进攻来"结束"朝鲜战争。但事情照样是很不顺利。美国不仅没有从新的军事冒险中找到任何希望，而是相反地遭到了更惨重的失败。这逼迫着美国政府需要又一次回到谈判桌上来了。

---

① 列宁：《论国家》，载《论马克思恩格斯及马克思主义》，人民出版社版，420 页。

“联合国军总司令”克拉克于一九五三年二月下旬致函朝中方面，提议双方交换病伤战俘。三月下旬，金日成元帅和彭德怀将军复函同意，并建议立即在板门店恢复停战谈判。我中央人民政府外交部周恩来部长和朝鲜民主主义人民共和国内阁首相金日成这时分别发表声明，同意先交换病伤战俘，并提出新的建议。周外长的声明中说：“现在联合国军方面既然建议按照《日内瓦公约》第一百零九条的规定，解决在战争期间先行交换病伤战俘问题，我们认为，随着病伤战俘问题的合理解决，只要双方都真正具有互相让步以促成朝鲜停战的诚意，全部战俘问题的顺利解决，是完全应当的。……鉴于双方在这个问题上的分歧是目前达成朝鲜停战的唯一障碍，并且为满足世界人民的和平愿望，中华人民共和国政府和朝鲜民主主义人民共和国政府本着一贯坚持的和平政策，本着一贯努力于迅速实现朝鲜停战，争取和平解决朝鲜问题，以维持和巩固世界和平的立场，准备采取步骤来消除在这个问题上的分歧，以促成朝鲜停战。为此目的，中华人民共和国政府和朝鲜民主主义人民共和国政府提议：谈判双方应保证在停战后立即遣返其所收容的一切坚持遣返的战俘，而将其余的战俘转交中立国，以保证对他们的遣返问题的公正解决。”① 中朝两国政府建议将战俘的遣返分成两个步骤进行，当然不是放弃了《日内瓦公约》关于停战后战俘即予释放并遣返、不得迟延的原则，也不是承认了美国所说的战俘中有所谓拒绝遣返的人，只是力求合理解决战俘遣返问题，避免因此而阻碍朝鲜停战的实现。这完全符合于有自己子弟在朝鲜作战的双方人民的切身利益，符合于世界人民的根本利益，是朝中方面为实现朝鲜停战所作的新的贡献。苏联外交部长莫洛托夫也同时发表声明，表示苏联政府对于中朝两国政府的崇高举动完全赞同，并愿尽力促其实现。②

对于中朝两国的建议，美国政府这时既不愿接受，也不敢拒绝。四月六日，双方的联络组在板门店举行第一次会议，我方提出准备遣返收容的所有病伤战俘。不久以后，双方联络组对遣返病伤战俘达成协议，开始遣返工作。美国纵然不想恢复朝鲜停战谈判，但已无从施展其拖延伎俩。一九五三年四月二十六日，为美方中断了六个月零十八天之久的朝鲜停战谈判，终于在板门店重新复会。根据中朝两国政府声明中建议的原则，又经过了种种斗争，

---

①1953 年 3 月 31 日《人民日报》。

②1953 年 4 月 2 日《人民日报》。

六月八日，双方达成关于战俘遣返问题的协议，同意将《停战协定草案》第五十一款《关于处理直接遣返的战俘的规定》作适当修改，而将不直接遣返的其余战俘交中立国遣返委员会，根据双方同时签订的《中立国遣返委员会职权范围的规定》处理。这个协议的精神，就是将全部战俘的遣返分成两个步骤来进行，完全符合于我方原来建议的基础。人们从协议的全部内容来看，可以更清楚地了解到，美国一贯在战俘遣返问题上宣传的所谓“不得强迫遣返”，百分之百是为了强迫扣留战俘所无耻捏造的谰言。

战俘遣返问题获得协议，使朝鲜停战接近实现，从而开辟了和平解决朝鲜问题的道路。这时美国除了指使李承晚匪帮直接破坏关于战俘遣返的协议，将应在停战后移交中立国遣返委员会看管和处理的朝鲜人民军被俘人员近二万七千名“下令释放”，实行强迫扣留战俘；又加紧和李匪帮进行秘密谈判，缔结一个所谓《共同防御条约》，为最后破坏朝鲜停战和挑起新的战争预作布置。李承晚集团更公开反对停战，要“单独干下去”，显得十分猖獗的样子。但美国既然不能继续打下去了，有如艾森豪威尔写给李承晚的信中亲口承认的，“不论延长目前的战争或冒失地发动新战争”都不能达到侵占朝鲜的目的。[①]那末，离开了主子的支持，李承晚这个独夫，当然不能玩出什么新的花样。李匪帮的一切破坏活动和“北进”等疯狂叫嚣，倒是无可辩驳地证明了三年前发动侵朝战争的不是任何别人，乃是美国侵略者和李承晚卖国集团。

朝中方面为李贼破坏协议向美国严重抗议，要求美国追回强迫扣留的战俘，并对李匪帮破坏停战的行动负责。美国无可推脱，由克拉克提出保证：“联合国军与利害相关的各国政府将尽一切努力以取得大韩民国政府的合作。遇有必要之处，联合国军将尽其所能建立军事上的防御措施，以保证停战条款将被遵守。”[②]这样，朝鲜停战的时机就完全成熟了。经过一些具体安排，一九五三年七月二十七日《朝鲜军事停战协定》终于在板门店签字。

《朝鲜军事停战协定》共五条六十三款，另有《中立国遣返委员会的职权范围》《关于停战协定的临时补充协议》等两个文件。[③]根据双方的协议，双方控制下的一切武装力量，包括陆、海、空军的一切部队与人员，于双方代

①1953 年 6 月 8 日美国新闻处华盛顿电。

②1953 年 7 月 9 日《人民日报》。

③1953 年 7 月 28 日《人民日报》。

表团首席代表签订停战协定后十二小时起，亦即七月二十七日朝鲜时间下午十时起，完全停止一切敌对行为。停战协定和附件及其临时补充协议的一切其他条款，一律于停火的同时开始生效。停战协定明白规定：双方司令官须分别在其指挥的军队中采取一切办法，保证彻底遵守停战协定的全部规定。

这一阶段的谈判，在原协议的基础上继续进行了三个月又两天。由于朝中代表团的机智与坚韧努力，加上世界爱好和平人民的共同努力与一贯支持，朝鲜停战谈判朝中代表团胜利地完成了它的任务。

## 三　朝中军队继续获胜

停战谈判举行以来，朝鲜战场上没有一天停止过战斗；相反的，美国更利用停战谈判为掩护，作了发动军事进攻的准备。

美政府在停战谈判开始之前，就表现出对和平十分恐惧。苏联的和平建议提出以后，马歇尔说：马立克关于朝鲜和平的建议“已非常严重地影响了我国的防御（？）计划”，“美国人民对苏联一个声明竟有这种反映，这是我所不能想象的”。《华尔街日报》更露骨地说：“由于和平的威胁，大规模囤积物资所得的利润可能丧失。”这充分说明了美国垄断资本家恐惧和平的心理。正如马林科夫所指出的：“亿万富翁使资产阶级国家从属于自己，指使它们执行准备新战争和军备竞争的政策，从而取得巨大的利润。军备竞争成了亿万富翁、首先是美国的垄断资本家和亿万富翁空前致富的源泉。”[①] 即使根据缩小了的官方统计，美国垄断资本家的利润从一九三八年的三十三亿美元增加到一九五一年的四百二十九亿美元，即增加了十二倍。一九五〇年度内美国垄断资本家的战争利润达二百二十四亿美元，超过第二次世界大战期间的每年平均利润一倍多。他们深恐朝鲜和平的实现会打击他们扩军备战，发战争财的计划。

在朝鲜战场上，美国侵略分子们更幻想以军事攻势作为谈判中对朝中方面施用压力的手段。美国军阀宣称“无情的军事压力”是促成双方达成停战协议的“刺激物”。就这样，停战谈判开始之后，朝鲜战场上一直在激烈的战斗。同时进行着战场上和会场上的两种斗争，是这时中朝人民反对美帝国主义

---

① 马林科夫：《在第十九次党代表大会上关于联共（布）中央工作的总结报告》，13 页。

的侵朝战争的特点。朝中代表团在谈判会议席上不断地向世界揭穿了美国破坏停战谈判的阴谋，朝中人民军队则在战场上继续赢得了军事斗争的胜利。

例如一九五一年七月至同年十月，美军先后发动了以东线和中线为重点的所谓“夏季目标有限攻势”和以西线为重点的“秋季攻势”。朝中人民军队给了敌人的进攻以坚决的还击，使敌人在进攻中寸步难前，并遭到了越来越多的杀伤。据自一九五〇年七月上旬至同年年底不完全的统计，美方“联合国军”遭受了十七万八千余人的惨重伤亡，而这种伤亡率又是逐日增加的。从中国人民志愿军参战至一九五一年五月中旬的约二百天中，敌军平均每天损失兵员九百零四名。自五月下旬以后的一百二十余天中，即美军的所谓“夏季攻势”中，敌军的伤亡即增加至平均每天一千二百九十一人。这较之以前七个月不到的损失，增加了百分之四十以上。他们的“秋季攻势”开始以后，他们的损失更是跳跃式的增加。例如十月上旬的十天中，敌军平均每天要损失二千五百四十余人。而到了十月中旬，最多时，敌军一天要伤亡五千六百六十人以上。这一事实，说明敌人无论是全线进攻或重点进攻，都是不能挽救其失败局面的。美国侵略者知道，自己的致命弱点是兵力不足，这样巨大的伤亡对他们是何等严重的威胁！

又例如一九五二年十月，美军曾选定金化以北的上甘岭地区发动新的攻势。上甘岭是我军两个连兵力扼守的一个狭小阵地，总面积不过三平方公里。为了占领这个阵地，敌军投入了两个多师的步兵，一百多辆坦克和众多的炮兵部队。自十月中旬至以后的一个半月内，平均每天发射的炮弹为二万四千多发，最多的一昼夜近三十万发；每天平均出动飞机六十三架次，最多的一天达二百五十余架次，投掷重磅炸弹五百余枚和许多凝固汽油弹；坦克每天出动三十辆至七十辆，进行摧毁性的射击。这样多的钢铁不断倾泻在如此狭小的地区，山头被削低了两公尺，山上的岩石被炸成一尺多厚的黑色粉末碎石，许多坚石坑道被打短了两三公尺。为着攻击一个山头，他们常常使用四五个营的兵力实行集团反复冲锋，有时一天攻击二三十次。上甘岭战斗的激烈程度和我军的英勇顽强，为世界战史上所少有。我军在敌人那样疯狂残暴的攻击下面，坚守阵地，大量地歼灭了进攻的敌人。上甘岭上打了半个月以后，美国通讯社就承认“联军所牺牲的人和消耗的军火，已使联军的司令官们震惊了。而且若在最后公布全部损失时，还将使公众震惊”。他们惊呼在这次战斗中，美军精锐部队所遭受的损失，仅次于一九五〇年在朝鲜北部惨败时的损失。[①] 最后敌人付出了死亡二万五千余人和耗损大量装备的重大代价，到底一步也未能前进。

每一次朝中人民军队所创造的胜利战绩，都给了美国侵略分子以迎头痛击。敌人的一切试图以军事进攻“结束”朝鲜战争或多少挽回军事败局，保全“面子”的幻梦，均在朝中军队的胜利战斗中，一一宣告了彻底的破产。

## 四　东方人民取得了解放斗争胜利的一个标志

西方侵略者百余年以来，一直梦想着只要在东方一个海岸上架起几尊大炮，就可以霸占一个国家，它们从来不肯和东方殖民地半殖民地国家平等相处，更从来没有打算过要和这些国家的人民以对等地位坐在一起进行外交谈判。东方殖民地半殖民地的民族解放运动不断地有发展，但是帝国主义侵略东方各国，奴役这些国家的人民的野心并没有改变。现在美国以资本主义世界最大工业强国的资格，在侵略战争中，被年轻的朝鲜民主主义人民共和国打得一败再败，进退不得，被迫坐下来，和它的敌手进行停战谈判，这是近代东方历史上的新鲜事件。

毛泽东同志说：“我们的敌人眼光短浅，他们看不到我们这种国内国际伟大团结的力量，他们看不到由外国帝国主义欺负中国人民的时代，已由中华人民共和国的成立而永远宣告结束了。他们也看不到帝国主义称霸世界的时代，已由社会主义苏联的成立，已由中华人民共和国的成立，已由各人民民主国家的成立，已由中苏两个伟大国家在友好互助同盟条约基础上的巩固团结，已由整个和平民主阵营的巩固团结以及世界各国广大和平人民对于这个伟大阵营的深厚同情，而永远宣告结束了。”[②] 社会主义苏联的成立，中华人民共和国的成立，永远结束了帝国主义称霸世界，欺负中国人民的时代，也根本改变了亚洲，改变了东方的局势。美帝国主义不识时务，还想重温旧梦，武力霸占朝鲜，进攻中国，朝鲜停战谈判这类新鲜事情在历史上的出现，就是必然的了。在这个意义上，朝鲜停战谈判，是东方被压迫人民取得了解放斗争胜利的一个标志。

---

①1952 年 11 月 2 日美联社电。

② 毛泽东：《在全国政协一届三次会议上的讲话》，《毛泽东文集》卷六，185 页。

朝鲜停战谈判能够在公平合理的基础上取得协议，是朝中方面对美国政府的种种破坏与阻挠停战谈判的阴谋，进行了激烈斗争的结果。这是一场和平势力对侵略势力、革命势力对反革命势力的激烈斗争。谈判的具体进程，充分表现了这种斗争所具有的特点及其客观规律性。

朝中方面，为了满足世界人民对于朝鲜停战的迫切要求，自始至终，坚持说理，坚持协商，坚持国际法规的尊严和人道的原则，主张在公平合理的基础上迅速推进谈判，达成停战协议。美国相反，他们为了达到帝国主义的侵略目的，始终蛮不讲理，阻挠谈判，蔑视国际公法的庄严规定，违反人道的原则，拒绝协商，拒绝开会，企图拖延和破坏谈判，扩大侵略战争。朝中方面站在正义、真理的立场上，处处表现理直气壮，光明正大。美国站在侵略的非正义的立场上，处处表现为卑鄙无耻，穷极无聊。因此，朝鲜停战谈判的过程，也正是我方不断取得胜利，敌人不断遭受失败，朝中两国力量日益壮大，敌人力量日益削弱的过程。

同时，自从朝鲜停战谈判开始以后，停战谈判会场上的斗争和战场上的斗争始终是交织在一起，互相配合，互相影响的。美国每逢在会场上不能达到其帝国主义侵略目的时，就幻想在战场上来达到目的；每逢战场上失败了才又回到会场上来。凡是美国在谈判席上表现为气势嚣张，肆无忌惮地破坏谈判时，就是反映了他们在军事上正在疯狂进攻；反之，每一项谈判议程的个别达成协议，就正是表示美国的军事进攻一一破产了。所以朝中人民在谈判会议中所进行的斗争，并不是单独的与军事无关的斗争。没有军事上的胜利，也就不可能有外交谈判的胜利；反过来，谈判的进展又给予军事斗争以积极的影响。朝鲜停战谈判证明：在中朝人民面前，美国侵略者要在谈判桌上得到它在战场上所得不到的东西，是绝对办不到的；而要在战场上得到它在谈判桌上所得不到的东西，也是枉费心机的。当然朝鲜停战谈判又证明：美帝国主义既然实行武装侵略，朝中人民就必须用反侵略的革命战争去反对美帝国主义的反革命侵略战争。这是被侵略国家的人民解放自己，制止帝国主义侵略凶焰的根本道路。

朝鲜停战谈判还表现了它所特有的长期性和复杂性。谈判共费时两年又半个月之久，经历了无数曲折复杂的过程。虽然是军事停战谈判，但它涉及了和平解决朝鲜问题的许多重大事项；虽然是朝鲜的停战谈判，但它在很大的程度上集中地表现了世界上以苏联为首的和平民主阵营和美帝国主义侵略阵营两者之间的矛盾与斗争。这样，朝鲜停战谈判，就必定为全世界和平与战争、革命与反革命斗争的焦点之一，是世界各地人民争取和平，反对美国侵略的一个组成部分。朝鲜停战谈判的成败利钝，与世界各地人民争取和平民主的斗争息息相关。开城、板门店集中了世界和平人民的视线，也集中了帝国主义国际反动派的注意力，就是这个道理。

## 第七节　必须严惩美国杀人犯

历史上有各种不同的进行战争的方法，它们是依发展的条件，首先是依生产的发展而变更的。但是只有帝国主义侵略者才丧尽天良，热衷于利用伴随着资本主义生产高度发展而出现的科学技术方面的最新成就作为战争的手段。因之帝国主义侵略战争所特有的残酷性、野蛮性就发展到了历史上新的高峰。

在朝鲜战争中，美帝国主义罪恶滔天。在朝鲜进行细菌战争。他们妄想用散布瘟疫，散布死亡的方法来击败朝中人民部队，迫使朝中人民屈服；同时，想借此在世界人民中散布恐美空气，削弱人们为争取自由而斗争的意志。

第二次世界大战结束后，美国一直豢养着大批日本细菌战犯，秘密研究和制造各种细菌武器。他们恬不知耻，公开鼓吹细菌战是美国征服世界、屠杀人类“最便宜的”方式。朝鲜战争中，他们不断地以朝鲜人民军和中国人民志愿军被俘人员及朝鲜和平居民作细菌武器的实验品。成百上千的朝中人员，成了这种武器实验的牺牲者。一九五〇年冬天，美国便积极准备在朝鲜使用细菌武器。当时正是中国人民志愿军出国作战，美军连吃败仗的时候，他们希望使用细菌武器来挽救侵朝战争失败的前途。美国参谋长联席会议主席布莱德雷和陆、海、空军头子都认为细菌武器有效而便宜，应该加以发展。一九五一年，美参谋长联席会议制定了在朝鲜大规模进行细菌战的计划，并于同年十月自华盛顿向美国远东司令部当时的总司令李奇微发出指示，又经由远东空军司令威兰转发给在朝鲜的第五航空队司令埃弗雷斯特执行。[①]最初是

①1953年1月24日《人民日报》,《许威布尔供词》; 同年11月14日《人民日报》,《马胡林供词》。

在一个试验阶段，但很快从朝鲜前线和后方扩大到了中国东北及其他地区。

美国这一空前残酷、空前阴狠的巨大罪行，迅速由朝中部队、各国记者、各种国际调查团体、许多由各国来的个别调查者、无数亲见其事的证人加以彻底揭露了。特别是由六个国家的世界闻名的科学家所组成的国际科学委员会在现场调查之后所提出的报告书，以及曾经亲自执行投掷细菌弹任务的美国战俘们自愿作的供词，更是绝对精确地证明了美国帝国主义者灭绝人性的细菌战事实。上述各项证明材料，详细表明了美国大规模进行细菌战的方法、步骤，说明了他们使用的细菌武器中，包括有一切最烈性的毒菌或病毒，诸如霍乱弧菌、伤寒杆菌、炭疽杆菌等等。所有这些毒菌或病毒，曾经是人类用自己的科学知识与之作了长期斗争，遏止之唯恐不暇的，现在都被美国杀人犯用来作杀人利器了。美国这种惨无人道的行为，使有史以来的一切残暴与恐怖均相形失色；比日本法西斯和希特勒匪徒在第二次世界大战中，对世界和平人民所犯的罪行，还要严重万分。世界一切有正义感的人们，莫不发指眦裂，众口一词，愤怒地指责他们的罪行。

一九五二年六七月间，细菌战达到了最高潮。那时美军第五航空队的各个联队都参加了这种罪行，所有在朝鲜战场的美国空军，都把进行细菌战列为训练项目之一。在这项罪恶活动中，从一开始直到朝鲜停战前不久，美国都是一面矢口否认，一面继续在朝鲜和我国东北更加广泛地散布细菌。由于朝中人民动员广泛的力量，采取坚决措施，有效制止了瘟疫的流行。

美国在朝鲜的另一严重罪行，是残酷虐待朝中被俘人员，屠杀扣留战俘。侵略者对朝中人民仇恨之极。美军奉命在战场上不收容零星俘虏，对被俘人员往往就地加以杀害。设在南朝鲜各地的美国俘虏营，是比第二次世界大战中德国法西斯的布痕瓦尔德、奥斯威辛等集中营更为黑暗、更为恐怖的人间地狱。在那里，朝中被俘人员受到美李匪帮的百般虐待。据中国人民志愿军被俘人员向世界控诉美国扣留、虐待战俘罪行的备忘录中所载，美军战俘营的实况是：（一）战俘私人财物全被美军官兵抢劫一空。（二）失去战斗力的受伤战俘成了美军的活靶。（三）榨取情报，暴力逼供，把饲养员逼供为司令员，渔民审成海军少将…… （四）伤病战俘是美军医术实验的牺牲品，美军战俘医院是变相的屠场。（五）生活虐待和饥饿。美国一向对战俘采取饥饿政策，每人每餐粗粮不足半碗。发给战俘的衣服，既不能遮肤，更不能御寒。居住条件极端恶劣，睡觉时每人只占四五寸宽的潮湿土地…… （六）侮辱战俘人格，无论寒暑，不分昼夜强迫战俘服繁重危险的劳役。（七）对战俘施用为国际公法禁止的毒气。（八）实行严密的特务控制。（九）任意扣押和屠杀战俘……[1] 总之，世间所有严刑酷罚、阴毒手段，无一不备。朝中被俘人员的愤怒控诉是历史审判的证言。

特别是屠杀朝中战俘，成了美国杀人犯的例行公事。战俘营就是杀人营。屠杀的"理由"包括：唱歌、来回蹓跶、聚集在一起、把洗过的衣服挂在不合规定的地方、从事劳役时行动过慢；此外还有举行"示威"、拒绝"甄别"等等。屠杀的方法，有汽油烧身、电光射眼、火烙、枪杀、打死、蒸死、电死、割肉以至挖心、集体屠杀、作细菌武器实验、造成瘟疫蔓延，大批死亡。那一片血淋的屠场的阴森惨象，美国最反动的报纸、杂志也无法为之掩饰。它们承认"酷刑、暗杀在俘虏日常生活中交织成一幅恐怖的图画"。战俘营"成了恐怖之岛"。

死亡在美国杀人营的朝中战俘人数之众，令人怵目惊心。停战后，美方曾送给朝中方面十八厚册，列有从美国侵朝战争开始至一九五三年七月二十四日为止的共达八千四百一十八人的我方被俘人员死亡名单。其实这是敌人大事削减过的数字。根据红十字国际委员会的调查，自战争爆发至一九五一年底，朝中被俘人员的死亡总数，已达一万三千八百一十四人。[2] 又据美、英通讯社的报道，红十字国际委员会的视察报告，归来我方被俘人员的控诉等材料统计，一九五一年六月到一九五三年六月，仅被美方打死打伤的我方被俘人员，即有六千五百多人。其中被打死的共三千一百六十余人。

穷凶极恶的美国杀人犯，这样残忍地杀害我方被俘人员，直接原因当然是他们要强迫扣留战俘。本质上则是侵略者发泄兽性，疯狂地仇恨朝中人民的表现。

当然美国侵略者的罪恶决不止于进行细菌战、屠杀朝中战俘。他们还在战争中实行了杀灭朝鲜人、毁灭朝鲜土地的政策。

战争初期，美李匪帮南逃时，他们就下毒手杀害了当时囚禁在朝鲜南部五十八个集中营的三十七万九千人中的约二十万人。逃跑沿途又杀朝鲜人民二万二千余人。只有两万人口的平泽市，在七月三日、四日两天之间，有

①1953年8月23、25日《人民日报》。

②1952年11月29日美联社日内瓦电。

一千一百三十人被杀。美军所过之处，血腥冲天，尸骸遍地。第一次美军重占汉城的三个月中，在当地杀了一万五千人。美国匪徒进入朝鲜北部期间，公开叫嚣着要“灭绝北朝鲜人”。平壤市被占据的一个半月中，有一万五千多人遭到杀害。美国刽子手对朝鲜人民全家全家地杀、整批整批地杀。不论白发老人、天真幼童、怀抱着婴儿的妇女，概难幸免。他们把成群的人赶入山洞或深坑，浇上汽油，放火烧死，或用机枪扫射。他们用斧子敲碎人的头颅，用刀子活剥人皮，甚至将孕妇剖腹取出胎儿来加以杀害。敌人侵占信川期间，捉住三百个妇女儿童，将妇女全部活埋，让孩子全部饿死。一九五〇年十二月，敌人自平壤逃跑时，用成群的飞机扫射大同江上正在被迫渡江南撤的居民，江水尽赤，江面被浮尸拥塞。

美国强盗们倡言不讳，要把朝鲜北部的城镇“从地图上抹掉”。他们专门制定了毁灭朝鲜北部七十八个城市的罪恶计划，动员各式飞机，不分昼夜地轰炸。医院、学校、住宅、教堂、名胜古迹、民用工厂，全被炸毁。许多城镇被炸得没有一点痕迹了。一九五一年七月至八月一个多月的时间，平壤被一万多架次敌机袭击二百五十余次，投弹四万多枚。原来有四十多万人口的平壤市被炸成一片废墟。朝鲜绝大部分乡村，也为匪徒们炸光烧光了。尤其沿“三八”线一带，早已看不见农家村舍的踪影。山上的丛林亦被炸尽，山头是一片黄砂。侵略者毁灭了朝鲜人民的城镇和乡村，夷平了朝鲜千百万人民的家园。

万恶的美帝国主义任意破坏国际公法，丝毫不顾人道信义，在朝鲜所造下的种种弥天罪孽，真正罄竹难书，要一一列举出来，是根本办不到的。美国一向以“西方文明”的保护人自居。有人对美国“文明”要是还不了解，就请从这里看看它到底是些什么货色吧！

侵略者以大规模屠杀人民的战争方式来对待朝中人民，想用各种极端残暴的方法来赢得他们用其他方法不能赢得的战争，这证明他们是朝中两国，也是世界人民最危险最凶险最凶恶的敌人。朝中人民和历史的纪录将决不饶恕美国这帮杀人的贼匪。事实上，只有严厉制裁他们，才能避免今天落在朝鲜和平人民头上的灾难，明天落在世界和平人民的头上。世界热爱和平的人们必须用自己的行动严惩美国杀人犯。

## 第八节　英雄的中朝两国人民

中国人民和朝鲜人民是世界上英雄勇敢的人民。他们的英雄品质在朝鲜战争中有极其光辉的表现。

抗美援朝斗争，对于中国人民是严重的考验。但是我国人民经受住了这个考验，取得了胜利。正如毛泽东所说："我们的敌人认为：新生的中华人民共和国面前摆着重重的困难，他们又用侵略战争来反对我们，我们没有可能克服自己的困难，没有可能反击侵略者。出于敌人的意料之外，我们居然能够克服自己的困难，居然能够反击侵略者，并获得伟大的胜利。"[①] 抗美援朝斗争把我国人民锻炼得更加坚强起来了。他们在各种不同的情况下，各种不同的工作岗位上，为抗美援朝这个革命任务进行不屈不挠的斗争，充分表现了自己的英雄本色。

特别是执行保卫祖国安全的任务，和朝鲜人民军并肩作战的中国人民志愿军，在朝鲜战争中发扬了高度的革命英雄主义。"志愿军的全体指挥员、战斗员，在战斗中表现了无比的英勇顽强和惊人的刻苦耐劳精神，在进攻中，不顾敌人炮火的猛烈，忘记一切疲劳和艰苦，爬山涉水，勇猛前进，在防守中，不论敌人的飞机炮火如何轰击，始终坚定沉着，固守阵地，大量杀伤敌人；即在敌我力量十分悬殊的情况下，也是临危不惧，顽强不屈，虽战至最后一人，仍不放弃阵地。许多英勇负伤的同志坚持不下火线，继续进行战斗。许多壮烈牺牲的烈士临死之前，仍鼓励其他同志奋勇前进，消灭侵略军，争取胜利。志愿军的指挥员、战斗员，曾经在零下三十度严寒，积雪数尺的高山上，连续作战数昼夜；曾经冒着敌人的炮火，徒涉刺骨的冰河，攻占敌人的防御阵地；曾经忍饥挨饿，仍坚决地完成自己的战斗任务"[②]。

两年多以来，中国人民志愿军中涌现出来三十多万名英雄、模范和功臣。其中有很多像杨根思、黄继光、郭忠田、黄家富、孙占元、邱少云等那样出色的英雄和模范。在这三十多万人中，有二十三万一千余人荣获朝鲜民主主义人民共和国最高人民会议常任委员会颁发的各种勋章和奖章，另有六千一百

---

① 毛泽东：《在全国政协一届三次会议上的讲话》，《毛泽东文集》卷六，185 页。

② 彭德怀：《中国人民志愿军是不可战胜的力量》，载 1951 年 8 月 1 日《人民日报》。

多个单位集体立功。他们是中国人民志愿军中爱国主义、国际主义和革命英雄主义的榜样，也是中国人民英雄品质的体现者。

在朝鲜劳动党和金日成元帅领导之下的光荣的朝鲜人民，更在打败美国侵略、保卫自己祖国独立、自由的斗争中，出色地证明了自己是个非常刚毅和勇敢的民族。它是没有任何力量可以战胜的。即使像美国这样最强暴、凶狠的敌人，也会在它的面前可耻地失败下去。

由朝鲜人民最优秀的儿女组成的朝鲜人民军，在卫国战争中不避任何艰险，克服一切不可想象的困难，创造了伟大的功勋。三年之中，他们经过多少次的艰苦战斗，打过多少次胜仗，出现了千千万万的英雄人物。计有四百五十多人荣获“共和国英雄”勋章，有五十一万多人领受各种勋章，有二十四个联合部队集体受奖。许多英雄人物的英勇事迹真正令人可歌可泣，如电话员在炮烟弹雨里，用自己的肉体接通电话，保证指挥部与前线的联系；战士用自己的身躯堵住敌人火口，打开前进的道路；指挥员在各种极困难的条件下机敏指挥作战……　他们既能攻，也能守，愈战愈强。朝鲜人民军所表现的英勇、顽强的战斗精神，不仅鼓舞了中国人民志愿军的勇气，也深刻教育了我国广大人民，提高了他们的爱国主义与国际主义思想。

中国人民志愿军和朝鲜人民军的顽强无畏，英勇战斗，为全世界人民发扬了正义的威力。野心包天的美国帝国主义在这里遭到了严厉的惩罚。他们哀鸣：朝鲜战争是“美国所进行的一次代价最大、流血最多的战争”。他们最后被迫缩回了扩大侵略战争的血手。朝中人民部队所建立的伟大功业，将在中朝两国人民和世界人民反对侵略、保卫和平斗争的史册上万古流芳，永远为世界人民所崇敬。

英雄的中朝两国人民，在历史上有着传统的深厚友谊。尤其是近半世纪以来，两国人民一向唇齿相依，休戚与共。在三年的反对美国侵略者的共同斗争中，中朝两国人民的兄弟友谊，有了更新的发展。

中朝人民军队在战斗中，同生死，共患难，协同作战，互相支援。他们常常在一个指挥所、一条堑壕或一条坑道里，共同完成一个战斗任务。中朝人民战士的鲜血交流在一起。不仅如此，中国人民志愿军坚决执行毛主席“爱护朝鲜人民一山一水、一草一木”的指示，发扬了高度的国际主义友爱精神。他们经常关怀饱受战争灾害的朝鲜人民的生活，利用一切战争空隙，帮助朝鲜人民春耕秋收，修渠治水，造屋植林，防疫救灾。据极不完全的统计，两年多的时间中，志愿军帮助朝鲜人民耕地合我国四十二万六千余亩，锄草和收割二百三十多万亩，修盖房屋一万二千间，修桥七千五百多座，修堤坝二千二百多条，修水渠三百多公里。除帮助朝鲜人民劳动生产外，志愿军战士还把自己节余的粮食、衣服等捐助当地贫苦或受灾的烈士家属、军人家属和居民。三年中，志愿军共拨出救济粮一千余万斤，捐助衣服三十三万余件，鞋十一万余双，棉花十万三千余斤，日用品十四万六千余件。给朝鲜人民六十四万余人免费治疗疾病，给七十二万余人注射防疫苗。在敌机空袭和敌人炮火轰击下，志愿军战士奋勇救护朝鲜妇女儿童三千七百余人和大批物资。为了保护朝鲜人民的生命财产，许多志愿军战士献出了自己的生命。如罗盛教烈士，就是这样的范例。朝鲜人民对于中国人民志愿军的热爱和帮助，更是无微不至。他们自动让房给志愿军住，帮助志愿军运粮送水，输送伤员…… 他们自己忍受一切困苦，乃至于牺牲自己的生命，以全力来支援志愿军。我国人民对此将永远感念不忘。

中国人民和朝鲜人民这种建立在无产阶级国际主义的基础上，用鲜血结成的战斗友谊，是永远牢不可破的。它是任何敌人不能战胜的力量。中国人民深以有朝鲜这样友好、伟大的邻邦而感到光荣和骄傲。

## 第九节 朝鲜战争以侵略者的失败而结束，中国人民取得抗美援朝斗争的光荣伟大的胜利

朝中方面对朝鲜停战的态度是明确坚定的。《朝鲜军事停战协定》签字之后，金日成元帅和彭德怀将军即发布命令，宣布朝鲜人民军和中国人民志愿军的陆、海、空军自一九五三年七月二十七日二十二时起，全线完全停火。命令中指出："停战协定的签订是以和平方式解决朝鲜问题的第一步，因而是有利于远东及世界和平的。它获得了朝中两国人民的热烈拥护，使全世界爱好和平人民受到了莫大的鼓舞。但是，在联合国军方面尚有一部分好战分子尤其是李承晚集团对朝鲜停战的实现深感不满，因而对停战协定的签订极表反对。为此，朝鲜人民军和中国人民志愿军全体同志必须提高警惕。"[①] 接着，双方

①1953年7月28日《人民日报》。

自己从公布的军事分界线撤退，朝鲜停战按照停战协议的规定分别实现。

全世界所关心的、空前紧张、激烈的朝鲜战争，至此以美国帝国主义的失败，中朝人民反侵略斗争的胜利而结束了。

朝鲜问题本来是第二次世界大战以后许多悬而未决的国际问题之一。它和其他重大的国际问题一样，是具有用和平方式求得解决的基础的。例如一九四五年十二月，苏、美、英三国外长会议就曾经对和平解决朝鲜问题达成协议。倘若这个协议得到尊重，像苏联政府所忠实遵守的那样，那末，朝鲜人民早就可以获得祖国的统一独立和民主发展，朝鲜战争也无由爆发。战后美国政府所执行的政策和这根本相反。美国冒险家们先是分裂南北朝鲜，继而妄图将整个朝鲜吞并，推翻朝鲜民主主义人民共和国，建立美国的殖民地统治，并以此为基地，进一步侵犯中国，挑起新的世界大战。如果这些做不到，美国独占资产阶级也可以利用战争产生的国际紧张局势，继续取得最大利润，延缓经济危机的爆发。美国政府还可以借此加紧控制资本主义世界，把资本主义各国变成他们军事上、政治上和经济上的附庸。这样，美国政府就坚持发动了朝鲜战争，并且在战争失利，接受停战谈判之后，也再三阻挠停战实现，不肯放弃这种冒险政策。但是，美国决定自己的侵略计划时，过高估计了自己的力量，过低估计了亚洲和世界人民的力量。美帝国主义看不到，也不愿意看到第二次世界大战以后，特别是中国革命胜利以后的深刻变化了的亚洲局势。结果是三年激战之后，资本主义世界最大工业强国的第一流军队被限制在他们原来发动侵略的地方，不仅不能越雷池一步，而且陷入日益不利的困境。这就是为什么在朝鲜出现了三年战争就有两年谈判的奇特局面，以及美国在朝鲜终于停战的原因。

现代资本主义基本经济法则的特点，是垄断资本要求采取各种冒险的步骤，组织新的战争，来保证最大限度的资本主义利润。因此，现在美国对于在朝鲜停战，是并不甘心的，乃是出于万不得已。美国侵略分子仍竭力想保持朝鲜停战的不稳定状态。例如他们和李承晚匪帮订立《共同防卫条约》，规定美军有权无限期留驻南朝鲜，准备在可能时“恢复战争”；又强迫出兵朝鲜的十五个国家和美国共同发表《十六国宣言》，声言如果侵朝战争再起，战争范围就要扩大到朝鲜以外的区域等等。然而不论如何，中国人民的抗美援朝保家卫国革命斗争，中国人民志愿军配合朝鲜人民军抵抗美国侵略军的战斗是胜利了。美国在侵朝战争中遭到的失败，是被历史肯定下来，无可改变了。

帝国主义要发动新的军事冒险，将只能越发加深资本主义制度的危机，从而促进残余的世界资本主义更迅速地走向最后的灭亡。

美国帝国主义是用全力进行朝鲜战争的。朝鲜战争的规模，是美国在东方作战历史中最大的一次，时间亦长达三十七个月。美国动员了自己陆军的三分之一、空军的五分之一和海军的一部分作为侵朝战争的主力；又盗用联合国的名义，取得“五十三国”的所谓道义或是物质的援助，胁迫英、法等十五个国家直接出兵支援。美国还把它的整个国民经济转上军事轨道，以大量人力物力投入战争。三十七个月中，美国运往朝鲜的作战物资在七千三百万吨以上。其直接用于朝鲜战争和由于战争开始的军备竞赛的开支，高达八百亿美元，超过一九四六年至一九四九年美国用在中国去进行反革命战争的六十亿美元的十三倍以上。直接战费的消耗也在二百亿美元以上。但是军事装备处于劣势的朝中人民部队在战争中大量歼灭了敌人的有生力量，大量消耗了敌人的军事装备和物资。从一九五〇年六月二十五日到一九五三年七月二十七日停战时止，朝中人民军队毙、伤、俘敌军共一百零九万余人，其中美军占三十九万余人（超过它在第一次世界大战中的伤亡总数三十六万人，仅次于它在第二次世界大战中的伤亡总数一百零七万人）；击落击伤敌机一万二千二百多架；击沉击伤敌军各种舰艇二百五十七艘；击毁和缴获敌人其他各种作战物资无数。和这同时，朝中人民部队迅速改善了自己的装备，吸收了现代化战争的丰富经验，因之日益增强了我军的战斗力量。在整个战争过程中，敌人有生力量的消耗愈来愈大，我军有生力量的消耗愈来愈小。战略形势与力量对比愈益对我军有利。就这样，朝中人民军队把第二次世界大战结束以来，美帝国主义者一贯用以讹诈、威胁和吓人的新武器“万能作用”等谎言完全揭穿了；暴露了敌人吹嘘的“强大战争机器”的虚弱的真正内幕。连美国前国防部长马歇尔在谈到朝鲜战争时，也被迫宣告，“神话已经破产了，美国原来不是像人家所想象的那样一个强国”。美国侵略者这个纸老虎被中朝人民直接戳穿了。

中国人民的抗美援朝保家卫国运动，中国人民志愿军配合朝鲜人民军打败美国侵略军的胜利是光荣的、伟大的。它有着重要的历史意义与世界意义。这个胜利保卫了中朝两国和远东和平，打乱了美帝国主义者发动新的世界大战的计划，鼓舞了一切殖民地半殖民地人民争取自由独立的斗争，在保卫世界和平的事业中起了重大的作用。它向世界证明：美帝国主义者是不足畏惧的，它的侵略计划是可以打败的。也向世界证明：中国人民民主专政制度有着伟大的生命力量，正在推动中国社会蓬勃向前发展，任何敌人都是无法扭转这种前进的历史车轮的。同时，世界各国人民都会从自己的切身经验中清楚地看到当前国际形势最突出、最基本的特点，乃是以苏联为首的民主与社会主义阵营力量的强大，以美帝国主义为首的世界侵略反动阵营的外强中干，和前者对于后者的优势。因此，中朝人民的胜利，美帝国主义失败的结果，决不止于美国在中国和朝鲜的侵略势力必然要被根本推翻，也不止于使美国在亚洲的地位根本发生动摇；事实上还必然要使美国对整个帝国主义阵营与对全世界殖民地半殖民地的控制力量削弱，以及使整个帝国主义阵营更加混乱与分裂，美国帝国主义更加孤立无援。反过来，中国人民和朝鲜人民的胜利，美国的失败，则又必然使民主与社会主义阵营的力量更加强大。由中朝人民打败美国侵略者所显示的这个最基本最突出的世界形势，完全有利于中国人民从美国侵略者手中解放台湾，把美国在中国的侵略势力最后地、彻底地打扫出去，也完全有利于全世界人民制止美帝国主义者发动新的世界侵略战争的斗争。

打败美国帝国主义的胜利，是以中朝人民共同付出的代价取得的。打败美国对朝鲜的侵略，绝不单是朝鲜人民的事情。它是与世界和平人民，特别与中国人民有密切利害关系的事情。我国人民“抗美援朝保家卫国”的口号充分体现了这一意义。中国人民竭尽自己的所能，在战争中给了朝鲜人民以兄弟的帮助；苏联及各人民民主国家的人民也都给予了朝鲜人民以帮助。这是十分必要的。没有中国的帮助，没有苏联和各人民民主国家以及世界反对帝国主义侵略的人民的帮助，朝鲜战争是打不好的。同样的，朝鲜人民在为我们共同的利益而进行的共同斗争中，作了最大的贡献。如果没有朝鲜人民的英勇斗争，中国是不会得到安全的。美帝国主义打到了鸭绿江边，不打退它，中国的建设就没有保障。敌人的侵略阴谋不予以粉碎，远东和世界的和平也没有保障。朝鲜人民的英勇斗争帮助了中国，也帮助了苏联和整个民主阵营以及全世界爱好和平的人民。

中国人民志愿军现在正继续执行着全国人民的意志，与朝鲜人民在一起，坚守自己光荣的岗位，为保障朝鲜停战协定的彻底实现、争取和平解决朝鲜问题而奋斗。

* * *

近代中国的历史，是帝国主义封建主义阻碍中国社会生产力的发展，中国人民反对帝国主义封建主义斗争的历史。自从外国资本主义——帝国主义侵入中国之后，中国的社会发生了深刻的变化。帝国主义列强侵入中国，一方面促使封建经济解体；同时中国原已存在的资本主义因素，在外国资本主义刺激下开始趋向发展的道路，从而中国的封建社会变成了一个半封建社会。另一方面，它们又勾结中国封建势力，压迫中国资本主义的发展，反对中国的民族独立，把一个独立的中国变成了一个半殖民地和殖民地的中国。外国资本主义侵入及其勾结中国封建势力对中国实行残酷的统治，形成了帝国主义国家的资产阶级和中华民族生存利益的根本矛盾，中国地主阶级和中国人民大众的矛盾也因此越发加深了。特别是帝国主义和中华民族的矛盾，成了中国社会各种矛盾中最主要的矛盾。帝国主义和封建主义的统治，是中国社会生产力发展的枷锁，中国人民和帝国主义封建主义的矛盾是不可调和的。随着这些矛盾的斗争及其尖锐化，不能不造成日益发展的革命运动。伟大的近代和现代的中国革命，正是在这些基本矛盾的基础之上发生和发展起来的。毛泽东同志指出："帝国主义侵略中国，反对中国独立，反对中国发展资本主义的历史，就是中国的近代史。历来中国革命的失败，都是被帝国主义绞杀的，无数革命的先烈，为此而抱终天之恨……"毛泽东同志又指出："帝国主义和中国封建主义相结合，把中国变为半殖民地和殖民地的过程，也就是中国人民反抗帝国主义及其走狗的过程。"[①] 近代中国社会的主要阶级矛盾，近代中国的革命斗争和历史发展，其基本内容就是如此。

美国侵略者，是帝国主义列强把中国变为它们的殖民地的侵略过程中极其凶恶的一个。美国单独地或是同其他侵略国一起，向中国举行过多次侵略战争，镇压中国人民革命运动，强迫中国订立不平等条约，取得许多特权，残酷地剥削、压榨中国人民，阻碍中国生产力的发展。日本投降以后，美国更直接指挥蒋介石匪帮，发动全国规模的反革命内战，企图独霸中国。这些活动可耻地失败后，又武装侵占台湾，发动朝鲜战争，准备继续进攻中国大陆。美国帝国主义这种一贯的坚持侵略中国的行动，都是为了达到一个目的，就是最后使中国变为美国的殖民地。中国人民从自己遭受侵略的痛苦经验中，早就

①《毛泽东选集》卷二，679、632页。

认清了美帝国主义的侵略面目。和对于所有的侵略者进行斗争一样，中国人民很早以来，就一直对美国侵略者进行着坚决的斗争。从鸦片战争起，经过太平天国运动、中日甲午战争、义和团运动、辛亥革命、五四运动、第一次国内革命战争、第二次国内革命战争、抗日战争、第三次国内革命战争，一直到伟大的抗美援朝保家卫国运动，都表现了中国人民对于美国和其他帝国主义及其走狗的不甘屈服的反抗精神。中国人民在反对帝国主义和封建主义的长期斗争中，逐渐形成了一个极其强大的联合的力量。这个力量是如此强大，不但分别地把所有侵略中国的帝国主义侵略者打败了，而且终于把它们之中最凶狡的，也是最后的一个支柱——美帝国主义也打败了。这是中国人民百余年来，不屈不挠，再接再厉，英勇斗争的结果。打败美帝国主义，不仅是中国人民，也是世界人民在反对帝国主义斗争中所取得的历史性的胜利。

中国人民解放战争和人民革命的伟大胜利，已使帝国主义、封建主义在中国的统治时代永远宣告结束。一九四九年十月一日中华人民共和国的成立，是中国人民完成了推翻帝国主义、封建主义统治的任务的标志。从此中国人民已由被压迫的地位变成了新社会、新国家的主人，中国的历史、中国的革命则进入了社会主义革命即社会主义改造的时期。这是一个崭新的历史时期。

毛泽东同志在他的指导中国革命的著作中，不止一次地指出：“中国共产党领导的整个中国革命运动，是包括民主主义革命和社会主义革命两个阶段在内的全部革命运动；这是两个性质不同的革命过程，只有完成了前一个革命过程才有可能去完成后一个革命过程。民主主义革命是社会主义革命的必要准备，社会主义革命是民主主义革命的必然趋势。”中国革命的“第一阶段，决不是也不能建立中国资产阶级专政的资本主义的社会，而是要建立以中国无产阶级为首领的中国各个革命阶级联合专政的新民主主义的社会…… 然后，再使之发展到第二阶段，以建立中国社会主义的社会”。[①] 毛泽东同志的理论，确切地阐明了关于新民主主义革命与社会主义革命之间的区别和联系，关于整个中国革命运动的发展和转变的问题。由此人们可以明白，中华人民共和国的成立，表示着中国革命的第一阶段业已完结，而现时的中国新民主主义社会，则是一个过渡性质的社会。对于中国人民在这个过渡时期的任务，毛泽东同志指出：“是要在一个相当长的时期内，逐步实现国家的社会主义工

① 《毛泽东选集》卷二，651、672 页。

业化，并逐步实现国家对农业，对手工业和对资本主义工商业的社会主义改造。”社会主义工业化是完成国家的社会主义改造的物质基础和领导力量，而农业、手工业和资本主义工商业的社会主义改造，则又促进国家的社会主义工业化的发展。因此，逐步实现国家的社会主义工业化和逐步实现国家对农业、对手工业和对资本主义工商业的社会主义改造，正是过渡时期总路线和总任务的不可分离的两个方面。

中华人民共和国成立才只短短的五年。五年之中，在中国共产党、中央人民政府和毛泽东主席的英明领导下，中国人民不但已经在全国范围内基本上完成了各项民主的社会改革，进一步摧毁了半殖民地半封建的社会制度，并胜利地进行了抗美援朝斗争；同时，还在恢复、发展国民经济，初步进行社会主义改造方面，取得了巨大的成就，并且在这个基础上开始了执行第一个五年经济建设计划。中国的社会面貌已焕然一新。五年以来，在我国的国民经济中，各种经济成分，包括私营工商业在内，都有相当大的增长。我国现代工业比重正在急剧上升，国营社会主义经济成分的比重正在增长；其领导作用也在加强，在各种非社会主义经济成分中，社会主义的改造工作正在逐步进展。人们可以很清楚地看到：摆脱了殖民地半殖民地半封建的社会制度的中国，正如旭日方升，充满新的力量，在向社会主义社会前进。

中国人民的抗美援朝斗争的伟大胜利和在实行国家社会主义工业化与社会主义改造中的巨大成就，是中国人民大革命胜利的继续发展，对中国，对全世界都具有头等重要的意义。它在壮大以苏联为首的和平民主阵营的力量中将起重要作用；对于世界人民争取和平民主、争取社会主义的斗争，给予了有力的支持和鼓舞；而对于美国的侵略，对于整个帝国主义体系则给予了极其沉重的打击。

当然，世界人民的胜利，美国帝国主义者的失败，将使美帝国主义更加急躁、疯狂、横蛮与凶狠，也将使它们更加昏乱与伪善无耻。美国帝国主义在它们的主观愿望里丝毫也没有放弃对我国继续发动侵略，使我国遭受其宰割奴役的野心；而我国的残余反动势力也企图依靠帝国主义的力量使他们死灰复燃。因此，中国人民与美国侵略者的斗争还将是长期的。只要美帝国主义和世界资本主义包围的形势仍然存在，这个斗争就会继续进行下去。但是，美帝国主义者既然要继续循着过去已经使它自己失败，而且也曾经使一切侵略中国的外国侵略者失败的绝路狂奔冒进，那末不论它们今后还要使用什么阴谋诡计，进行任何新的冒险，它们的最后失败是注定了的。中国人民、全世界人民的最后胜利更是必然的。

中国人民团结在毛泽东的旗帜下，为最后消灭美国在中国的侵略势力、解放台湾、反对美国干涉、保障祖国安全、保卫世界和平而奋斗！

# 台湾历史概述

刘大年　丁名楠　余绳武　著

# 再版序

地方史的研究，在我国历史学中向来占有重要位置。中国幅员广阔，各地区的发展具有大小不同的区域性特点，它给统一的全国历史进程增添了丰富的内容。章学诚的《文史通义》里就有这样的主张：地方史应该为全国历史提供基本资料，“唯分者（指地方史）极其详，然后合者（指全国史）能择善而无憾也”。台湾历史的研究在全国地方史的研究中目前显然有更大的现实意义。台湾历史是我们伟大祖国历史不可分割的部分。台湾是全国唯一尚待解放的地区。人们需要了解它的现在，也需要知道它的悠久的过去。

《台湾历史概述》是一本简要的历史读物，但是那个地区发展的轮廓，在这本小书里还是可以看得清楚的。从古以来台湾经济、政治和文化生活的发展、台湾和中国大陆血肉相连的历史关系、外国侵略势力侵占台湾以及台湾人民反抗外来侵略的光荣斗争传统等等，在这里根据可靠的材料，作了客观的必要的叙述。事实雄辩地证明：台湾在地理上虽然孤悬海外，它的历史发展与祖国历史发展的趋势是一致的。台湾的社会生活从来不是孤立的，它是整个中国社会的不可分割的一部分。过去台湾曾先后遭受外国资本主义——帝国主义的奴役，经过台湾人民的斗争和大陆人民的支援，每次都挣脱了殖民统治的锁链，重返祖国的怀抱。台湾历史的这些基本特点是每个持有科学态度、敢于正视客观真理的人所公认的。

这里应当说到，某些资产阶级反动学者近年来对于台湾历史进行了不少荒诞的歪曲，这丝毫也不能掩盖台湾历史的真相，只能引起人们的鄙视。美国资产阶级学者在这方面做得格外起劲。这里举巴兰亭和费正清的例子。美国布鲁金斯研究院的远东问题专家巴兰亭，在所著《台湾》一书中，将汉族人民远自三国时起渡海开发台湾的事实一笔抹煞，竟说什么“中国移民直到十五世纪后期才开始去台湾”。他还竭力美化日本在台湾的黑暗统治，称颂日本帝国主义给台湾带去了“法治”。他甚至说日本帮助台湾人民“提高了生活水平”。美国哈佛大学历史教授费正清，过去曾被派到中国来做文化特务，则完全不顾台湾地区在宋、元时已由中国政府直接管辖、成为中国行政区域一部分的事实，荒谬绝伦地把台湾与中国大陆的关系描绘成为一种“宗藩关系”。他竟然以此作为立论的根据，于不久以前提出什么“一个半中国”的方案，主张美国承认中国对台湾拥有所谓“宗主权”，而台湾则成为保有独立外交权的“自治领”，以及中国和台湾在联合国中各占一席，等等。美国资产阶级学者发出这种谬论，决不是偶然的，它是与美国蓄意霸占台湾的侵略野心紧密配合的。早在一九五〇年与发动侵朝战争的同时，美国就明目张胆地以武力侵占了我国的领土台湾。十多年来，它日益加紧从军事、政治、经济和文化上控制台湾，把台湾变成美国及其卵翼下的蒋介石残余匪帮反对中国大陆的堡垒。肯尼迪政府上台以后，美国统治集团和它的谋士们，更加积极地进行制造“两个中国”的阴谋活动，妄图把台湾从中国割裂出去。目前美国正支持蒋介石匪帮准备从台湾窜犯中国大陆的军事冒险。巴兰亭、费正清之流伪造台湾历史的目的，归根到底就是要为美国永久霸占中国领土台湾制造历史根据。这本小书是我们试图用科学观点研究台湾历史的初步探讨，不是一种单纯的批判性著作。由于全部叙述是以确凿的事实为根据的，我们有理由相信它将有助于揭露反动的美国资产阶级学者对台湾历史的歪曲和捏造。

一九四五年日本帝国主义战败投降，中国领土台湾宣告光复，苦难的台湾同胞重新回到祖国的怀抱里。这在台湾历史上是应当大书而特书的。我们的叙述到此也告一段落。抗战胜利以后的台湾近况，有些书已作了详细介绍，这里没有着重论述。本书从初版到现在，已经六年了。我们高兴地看到：在这段时间内，国内史学界对台湾历史的研究，有了较大的发展。在今年纪念郑成功收复台湾三百周年前后，许多历史工作者发表了有价值的科学论文，把台湾史的研究向前推进一步。再版时，我们吸收这些研究成果，对本书作了必要的修订。

作　者

一九六二年八月

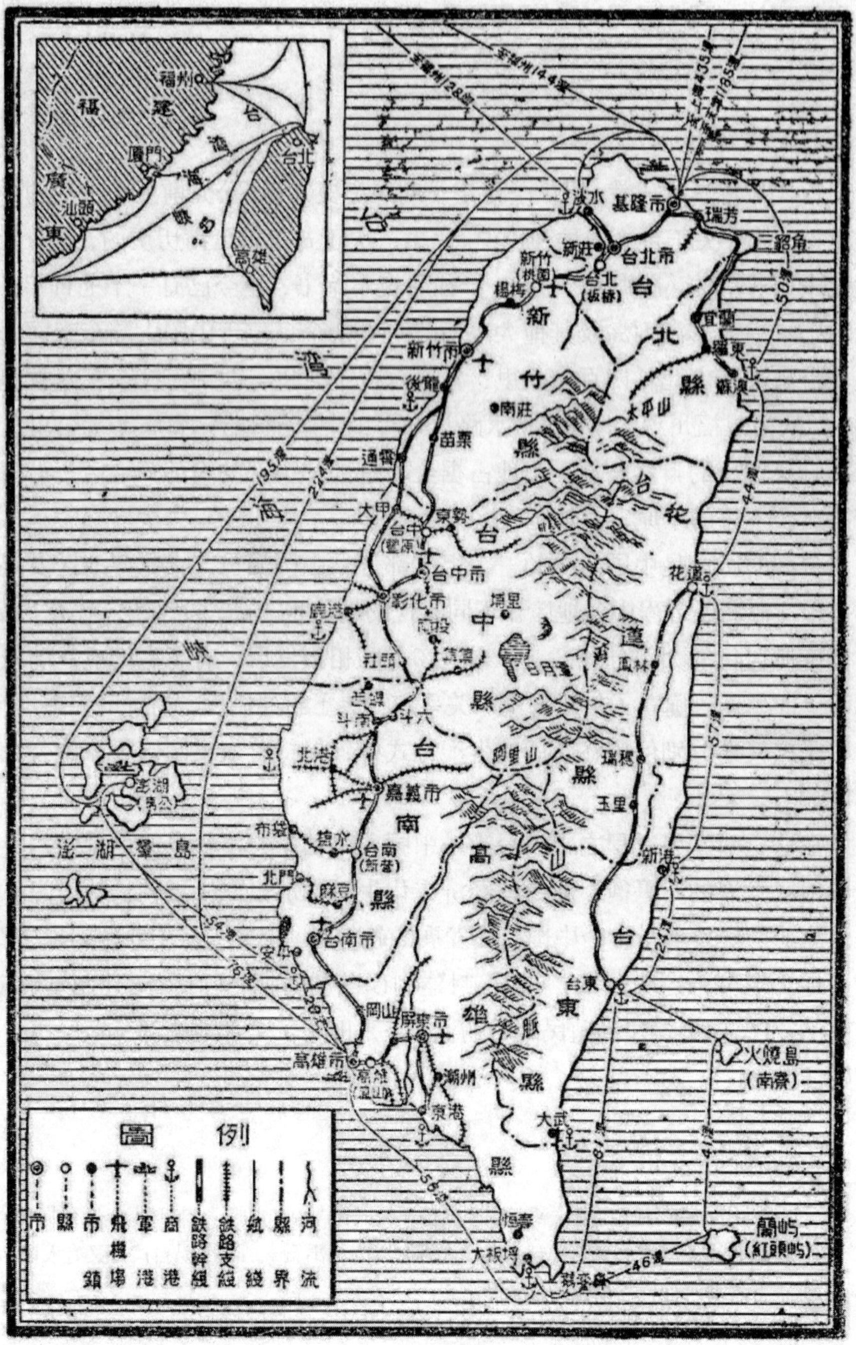
福州
福
建
廣
東
厦門
汕頭
台
灣
海
峽
台北
高雄
淡水
基隆市
瑞芳
三貂角
新莊
台北市
新竹(桃園)
台北(板橋)
楊梅
台
北
縣
新
竹
縣
宜蘭
羅東
蘇澳
新竹市
後龍
南莊
太平山
苗栗
通霄
大甲
東勢
台中(豐原)
台中市
台
中
縣
彰化市
鹿港
埔里
南投
集集
日月潭
社頭
斗六
斗南
北港
嘉義市
阿里山
台
南
縣
布袋
北門
麻豆
台南(新營)
台南市
安平
花蓮
鳳林
瑞穗
玉里
花
蓮
縣
新港
台
東
縣
台東
高
雄
縣
岡山
屏東市
高雄市
潮州
東港
大武
恒春
大板埒
鵝鑾鼻
火燒島
(南寮)
蘭嶼
(紅頭嶼)
澎湖
澎湖羣島
圖例
市
縣
飛機場
軍港
商港
鐵路幹線
鐵路支綫
航綫
縣界
河流

台湾简图

近代考古学的成就，提供了台湾早期的历史知识。公元前几个世纪的中国文献里，就有关于台湾的种种传说。[①]第一次正式纪录台湾历史的，是公元三世纪中期沈莹的《临海水土志》。[②]往后史不绝书，至今已有一千七百年。台湾包括本岛、澎湖列岛及其他大小岛屿七十余个，位于中国大陆东南面海洋上。台湾本岛南北长四百余公里，宽一百六十公里，西部海岸与福建省遥遥相对。从福建福州到台湾淡水，水路只一百二十八浬（合二百三十七公里）。[③]台湾具有优良的自然条件，山地占据全岛东部和中部的大部分地区，沿海一带有宽狭不等的平原。土地肥沃，宜于耕稼。

台湾的历史是中国历史的一个组成部分。中国幅员广大，各地区发展极不平衡。在发展过程中各地区在不同时代的地位也不断发生变化。秦汉以后，汉民族所居住的大部分地区，社会生产力已相当发展，有了高度成长的农业和手工业生产，确立了封建的生产关系，发展了封建制度。另外的一些地区，一些民族又还分别停留在落后的生产方式中，保持着奴隶制以至原始公社的制度。

在这全部发展过程之中，台湾是中国人民动手开发较早的地区之一，由于各地区发展的不平衡，原始的经济文化生活在那里保持了较长的时间。但是台湾的历史发展与整个中国历史发展的趋势是一致的。从主要的因素来看，显著地可以分为三个时期：（一）封建制以前的时期；（二）封建制度时期；（三）半殖民地半封建和殖民地时期。这正是旧中国全部地或部分地经历过的道路。

---

①战国时代的重要地理文献《禹贡》谈到扬州时，有“岛夷卉服，厥篚织贝，厥包橘柚，锡贡”的记述。日本人尾崎秀真的《台湾古代史纲》以为《禹贡》所指便是台湾。又有人以为秦始皇派徐福等入海求仙，徐福曾到过台湾。

②沈莹，三国吴人。《临海水土志》原书已失传，其残篇见宋人所编《太平御览》卷七八〇，《四夷部》一。

③台湾在三国时，称为夷洲，自隋至元，叫作流求，明时称作北港或鸡笼，明末起改称台湾。

# 一　封建制以前的时期（一六六一年以前）

中国自古是个多民族的国家。最先居住在台湾这个地区的，是后来称为高山族的一部分人民。高山族人口不多，他们同中国境内的其他兄弟民族一样，是组成伟大的中华民族的一个成员。

目前人种学和考古学的研究，对于高山族的人种起源问题，还不能作科学的判断。有些研究者认为他们和海南岛的黎族一样，是从中国大陆上迁去的；另外一些研究者则认为来自马来亚部落。但近年台湾所发现的新石器时代遗址和大量的遗物，却证明了远在新石器时代，台湾就和中国大陆有文化上的联系。台湾前后发现的新石器时代遗址有一百多处。出土的遗物具有代表性的，有台北圆山贝冢出土的石斧、石锛、石镞，高雄冈山大湖贝冢出土的有孔石镞和有柄石镞；有澎湖良文港首先发现的绳纹彩色陶片，高雄市桃子园、高雄县垦丁寮、台中县脚社出土的彩陶；有台北圆山、台东石坑、花莲岗山等地发现的红陶；又有高雄市桃子园、台南县乌山头、彰化八卦山、新竹县后垅等地出土的黑色陶器等等。考古学者指出：台湾出土的石斧、石锛、石镞等遗物和山东城子崖出土的同种石器，属于一个类型。彩色陶器更是中国新石器时代特出的文化表现。它的发源地是黄河流域，在大连附近的貔子窝、香港舶辽洲及苏北、福建等地，也都先后有彩陶出土。黑陶最初发现于山东城子崖；在大陆上传播的地区，北至河南渑池、安阳后岗、大连的羊头洼，南至浙江杭县良渚镇、江西樟树镇和福建武平县。因此，可以清楚地看出，中国大陆上新石器时代的文化，是经过沿海地区然后传到了台湾的。[①] 新石器文化在黄河流域最兴盛的时期，是在公元前二千年左右。要确定高山族的人种来源，研究台湾早期的文化生活，是个重要的线索。

从东汉末年以后的文献中可以看出：这时高山族内部已分成若干部落。各部落划分土地人民，有不同的社会风俗。但它们具有一些共同的社会特征和

---

① 裴文中：《中国石器时代的文化》，57 页。

**石锛**

出土地点：台北圆山

（采自前中央研究院社会研究所《专刊》第三种）

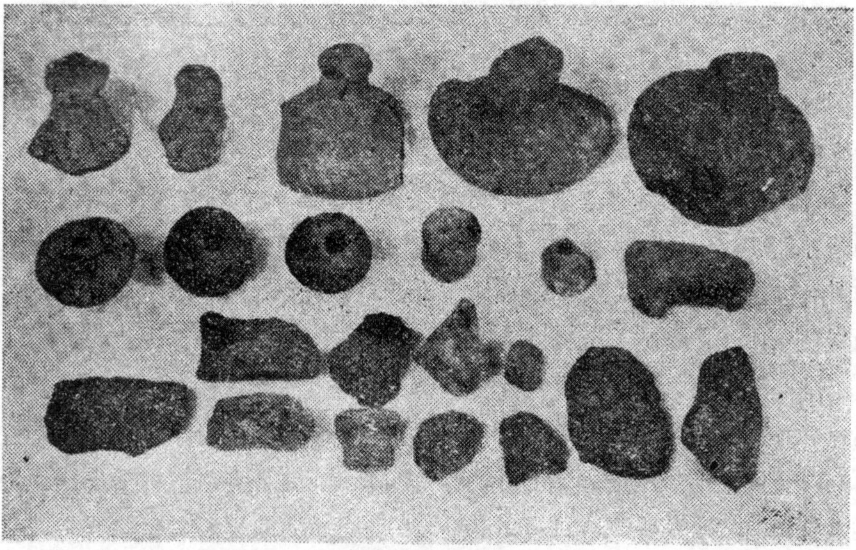

**石器时代陶器破块**

出土地点：台北圆山

（采自前中央研究院社会研究所《专刊》第三种）

生活习惯。最显著的特征有：第一，已开始种植五谷，驯养猪、鸡（无牛、羊、驴、马），但生产技术低下。生产工具全是石器，如石斧、石锛等。有一种以石为刃、长尺余、宽数寸的石插，是主要的垦殖工具。[①]战斗用鹿角为矛，磨青石作矢镞。知道有铁，不容易找到，也不会使用。[②]第二，公共事务由部落成员共同管理。普通成员称作“弥鳞”。没有严格的君臣上下的分别，没有跪拜的礼节。无赋税，无常设的刑律。有人犯了罪，由部落中的人共同议决制裁的办法。监禁无枷锁，用绳索捆缚。轻罪杖责，重罪处死。酋长要召集会议，取大木棒撞击木鼓，远近驰往赴会。第三，没有文字，结绳记事记账。不知有历法，见地上草发青了去耕种。有雕刻绘画艺术，有歌舞集会的习惯。崇拜山神海神，战斗杀人，用所杀的人祭神。第四，各部落的成员多骁勇善战，又以能得人头为光耀。战时两阵相对，出勇士三五人骂阵搏斗。如其不胜，全队退还，派人往敌方道谢，即和解无事。没有城堡等建筑物，酋长居住的地方用木栅环绕，室内聚集的人头骨越多，表示武功越大。

依照恩格斯叙述的人类原始文化发展的各阶段，蒙昧时代的高级阶段是从弓矢的发明开始的。有了弓矢，猎物便成了日常的食物，打猎也成了正常劳动部门之一。弓、弦、矢在当时已是一种很复杂的武器。发明这些武器，要同时熟悉其他许多发明。陶器的应用，是野蛮时代低级阶段开始的标志。[③]所有高山族的社会特征，表明它在公元三世纪以后一个相当长时期内的社会生活，是处在原始社会的蒙昧时代高级阶段和野蛮时代低级阶段之间。

公元二三〇年（吴黄龙二年）吴国卫温、诸葛直率众万人，浮海至台湾。[④]据现在所知道的材料，这是汉族人最早的大规模到达台湾的一次，也是中国人民利用先进的文化知识开发台湾的开始。

中国海上交通，在两汉时代已粗具规模。三国时，朱应、康泰到南海各地旅行，所经历的地区很多。因此，大陆与台湾在这时交通来往，决不是偶然的事。

到六世纪末、七世纪初，隋朝统一中国，结束了南北长期分裂的局面。农民得到了暂时的休养生息，农业和手工业生产技术有了改进，封建经济呈现繁

---

①《隋书》卷八一，《流求国传》。

② 见《太平御览》卷七八〇，《四夷部》一。

③ 恩格斯：《家庭、私有制和国家的起源》，人民出版社 1955 年版，22、23 页。

④《三国志》卷四七，《孙权传》。

荣的景象。六〇七年隋炀帝派朱宽、何蛮到台湾去“求访异俗”。三年以后，又派陈稜、张镇州率众万余人，从广东潮州出发，经高华屿、鼊鼊屿（即现在的花屿、奎辟屿，属澎湖）到台湾。陈稜等人到达以后，派人“慰谕”以波罗檀洞（有人以为即平埔社）为中心的部落居民。这个部落有几千人口，开化的程度也较高。酋长名欢斯渴剌兜，已经具备了一定权威（酋长每次出行，跨在木兽上由别人抬着走，并有导从数十人）。酋长下分若干洞，洞有小酋长；又有村落。陈稜等在那里居留了一个时期以后回到福建。

陈稜等万余人再到台湾，表明中国人民是在继续从事大规模的开发台湾的活动。从《隋书》的记载可以看出，此时人们已经积累了关于当地的丰富的生活、生产的知识。《隋书》上说：本地“宜稻、粱、禾、黍、麻豆、赤豆、胡豆、黑豆等。木有枫、栝、樟、松、楩、楠、杉、梓，竹、藤、果、药，同于江表。风土气候，与岭南相类”[①]。现在看来，全是正确的。

大陆与台湾社会经济生活的联系，自汉代末年往后，大抵没有间断过。孙吴以后，东晋、宋、齐、梁各朝的统治范围都只限于南方，必须发展海上贸易，来补充本身的经济不足。《南齐书》记载南朝海上通商的情形，是“舟舶继路，商使相续”。隋唐南方海上交通继续发展，自广州到波斯湾的运输，主要靠中国商船。台湾在大量的海上贸易中有一定的地位。《隋书》卷六十四《陈稜传》说：陈稜等人初到台湾，当地居民看见船舰，以为是商人，都去做生意。证明台湾与大陆早有通商贸易的习惯。其时中国大陆用于对台湾交换的，有各种手工业生产品。在台北，考古学者发现有一种属于三国时代的指掌型古砖。台南也很早就发现有唐、宋时代的瓦瓶、古钱等器物。这些器物，自然是由汉族人输入台湾的。

两宋到十六世纪中叶，台湾和大陆上的经济、政治、文化等方面的联系逐渐密切起来。汉族人已定居于台湾，台湾的历史发展出现了一些新的情况。

汉族人定居于台湾的情况：十二世纪初期，宋朝统治的中心由中原移到江南，对台湾的开发，客观上起了促进的作用。早在南宋以前一二百年间，福建、广东等地农业生产的开发已初步完成。据一〇八〇年（元丰三年）统计，福建六州四十五县的人口共有992,087户，2,043,032口，在全国二十四个行政区域中占第六位。福建已是一个人口密集、生产发达的地区。开发了广东、

①《隋书》卷八一，《流求国传》。

福建等地，接着去进一步开发台湾，是一种很自然的趋势。

同时，由于大陆大部分地区连年遭受战争破坏，社会生活动荡不安，北部中国居民也有流入台湾的。郁永河《采硫日记》说："相传台湾空山无人，自南宋时，元人灭金，金人有浮海避元者，为飓风飘至，各择所居，耕凿自赡，远者或不相往来。数世之后，忘其所自，而语则未尝改。"[①] 又郝玉麟《福建通志》引明人杂记说：南宋末，张世杰、陆秀夫等人在海上进行的反元斗争失败后，有一部分人逃到了台湾。真实的历史事实，构成了这些早期传说的基础。到元代，澎湖一地已有居民一千六百余人，多是沿海地区迁移去的人口。

经济的情况：高山族开始使用铁制的武器和生产工具。武器中有刀、稍、弓、矢、剑、鼓等种类。到十四世纪以后（明朝以后），用铁的技术渐见进步。《明史·鸡笼传》上说：高山族用的标枪、竹柄铁镞，很是锋利，刺鹿刺虎，能立时杀毙。

铁的来源不外是两个，一个是汉族人移居台湾，带来采矿、冶铁的知识，制造少量铁器。另一个来源是在商品交换中，从大陆上的商人取得铁器。元代商人用作对外交换的商品，常有铁块、铁线、铁鼎等物。但当时高山族内部的铁器仍是很稀少的。《宋史》记载：高山族临敌用标枪，系绳十余丈，爱惜铁不忍舍弃。又说淳熙年间（一一七四——一一八九），有高山族数百人在泉州海岸登陆，进入水澳、围头等村。他们不顾生命，只求寻得铁器。

与大陆间的贸易也比以前有了发展。宋、元以后，北港（在云林西，亦称魍港）、鸡笼（基隆）一直是互市的重要口岸。元末的记载，高山族常用黄蜡、鹿、豹、麂皮等土产，换取珍珠、玛瑙和浙江出产的磁器。一部分人需用珍珠、玛瑙一类的装饰品，可见已经过着富裕的生活。澎湖也相当富庶。男女穿长布衫，用土布束腰。牧畜业很发达，山羊数万成群。羊主烙毛刻骨为记，昼夜不收，听其繁殖。每年从大陆到澎湖贸易的商船多至数十艘。商人和手工业者因为有利可图，都愿意来贩卖货物，寻找职业。[②]

政治的情况：由于交通的频繁，当时的政府首先在交通要冲的澎湖建官设治，进行有效的行政管理。南宋人赵汝适任福建路市舶提举（管理海外贸

① 郁永河：《采硫日记》卷下，31页。

② 汪大渊：《岛夷志略》。

易的官职），就其见闻所得，作《诸蕃志》一书。上记“泉（即泉州，为宋代极重要的贸易港）有海岛，曰澎湖，隶晋江县”。元人汪大渊《岛夷志略》和明人笔记引用的泉州地方志中，也说南宋时澎湖归晋江县管辖。居民有争讼，“取决于晋江县”[①]。说明至晚从十二世纪起，澎湖已属中国政府管辖，成为中国行政区域的一部分。

到元代，政府进一步在澎湖设立专门的政权机构，加强了对台湾的管理。一二八〇年和一二八七年，元世祖忽必烈两次谋征日本。第一次派范文虎率领的南方军队十余万人，战舰三千五百艘，是从南方海上出发的。忽必烈已经注意到：要遏制日本，必须加强对澎湖、台湾的管理和经营。正在这个时期，元政府在澎湖设立巡检司。中国在台湾附近的岛屿上设立专门的政权机构，自此开始。

后来到一三八八年，曾由明政府一度撤除澎湖巡检司。其时中国东南沿海开始出现《明史》上所说的倭寇之乱，澎湖被认为孤立无援，难于防守。巡检司撤除后，迁居民至漳州、泉州一带安置。但明政府的消极防御政策，正是有利于倭寇的活动。十五、十六世纪，倭寇以沿海岛屿为根据地，蹂躏山东、江苏、浙江、福建、广东近海一带，全国富饶地区大遭破坏。与此同时，西方殖民国家也开始侵入台湾、澎湖，海上的斗争日见复杂。明政府因此逐渐认识到台湾在中国防御海患中的重要地位。一五六三年，澎湖巡检司的机构又重新恢复。

在澎湖设立政权机构的前后，元政府对台湾人民进行了多次慰问、宣传的活动。一二九二年，忽必烈派海船副万户杨祥为宣抚使，到台湾去招谕高山族。杨祥携有忽必烈的诏书，内容是宣扬元政府的威德，要高山族入朝进贡。杨祥等人到高山族人居住的地区，因语言不通，没有结果。不久以后，福建平章（省长）又派张浩、张进等人去台湾。他俩的任务是考察情况，了解人民对元政府的态度。张浩等人也没有获得新的成就。

明政府在十五世纪初，派郑和率领庞大的舰队，前后远航西洋（现在的南洋）七次，是中国历史上一件动人的壮举。《明会典》记载：郑和下西洋，在赤嵌汲水。后来台湾民间一直流传着三保太监的各种故事。郑和声势浩大，他的势力又深入到台湾内地，因之，他的行动在台湾产生了很大的政治影响。

---

① 陈懋仁：《泉南杂志》卷上，17 页。

十六世纪中叶到十七世纪五十年代，汉族人开始以海外民间武装力量为中心建立起了台湾本岛上的最早的政权。早期的台湾地方的政权，是那时国内、国外复杂的阶级斗争的产物。这些人是从大陆去台湾的，大陆上的社会经济生活中的某些方面，必然同时被他们带到台湾去。从这时起，在台湾的社会生活中存在着封建经济的萌芽是可能的。这种萌芽，是社会生活中一种进步的因素。但大部分的高山族人民此时仍是过着原始部落的生活。不同的社会生活制度在同一个地区同时存在，正是台湾历史的新发展，也是中国历史发展的复杂性、多样性的表现。

一五六三年前后，林道乾居台湾，有部众数百人。一五六三年，林与倭寇相通，扰乱福建沿海，为福建总兵俞大猷所败。后来林道乾惧俞大猷追击，迁往浡泥国，开辟道乾港安顿部众。①

一五七四年，林凤攻吕宋，与西班牙人大战。台湾的北港、淡水都曾经是林军的根据地。②林凤有战舰六十二艘，水手二千人，兵二千人，妇女一千五百人，是一支很大的武装力量。

一六一九年以前，袁进、李忠等在台湾建立过统治势力。③

一六一九年前后，颜思齐据台湾，有部属三千余人。④颜思齐，福建海澄人，手工业工人出身。先流落日本，后至台湾。他以北港为中心，镇抚居民，分配所部耕猎，比他前代的人建立了更有效的社会管理制度。

一六二五年，福建南安人郑芝龙继颜思齐为台湾首领。到一六二六年，郑芝龙统治的地区，军事、民政都粗具规模。他自己率领战舰十艘，乘虚袭取厦门。每舰战士六十名，全是漳州、泉州一带的人。郑兵到处，屡败官军。一六二八年，郑芝龙又动员福建居民数万人到台湾开辟耕地。“人给银三两，三人给牛一头，用海舶载至台湾”⑤。说明中国人民建立的政权，其统治势力，一直在发展，没有衰落。一六二四年荷兰人侵入台湾，也没有改变了上述的情况。

---

①《明史》卷三二三，《鸡笼传》。

②《明史》卷二二二，《凌云翼传》。

③《明史》卷三二三，《鸡笼传》。

④有的书籍如江日升的《台湾外记》记载颜思齐等到台湾在天启年间，但黄叔璥《台海使槎录》、俞正燮《癸巳类稿》都说颜思齐入台湾是在万历年间。

⑤黄宗羲：《赐姓始末》。

一六二五年前后，还有陈衷纪、杨禄、杨策、曾一本、李魁奇、钟斌、刘香等人与颜、郑同时在台湾活动。他们在开发台湾、建立政权的事业中，各有建树。

旧史上对这些早期开发台湾的人物，简单地用“海盗”称呼他们，掩蔽了他们的活动的社会历史意义。列宁阐述国家政权的历史和作用说：“这个机关，这一群管理别人的人，总是把持着相当的强迫机关，实力强制机关，不管这种对人施行的暴力是表现于原始的棍棒，还是表现于奴隶制时代所用的更完善形式的武器，还是表现于中世纪时代出现的火器，还是表现于现今二十世纪的神奇技术和完全根据现代最新技术所造成的武器，横直都是一样。使用暴力的手段是新陈代谢了，但是自从国家出现时起，每个社会中间总有一群人在那里进行管理，发号施令，实行统治，并且为了维持政权而将实力强制机关、暴力机关以及与每个时代技术程度相当的武器把持在手。”[①] 中国人民建立起的台湾早期的政权，不可能有完备的政权形式。但本质上它是一群人在那里进行管理，发号施令，实行统治的强制机关。它的作用，一方面是在不同的情形下抵抗外国侵略势力；又一方面是推动了当地开发事业的发展。

据荷兰人的记载及其他材料所作的统计，自一六二四到一六四四年的二十年间，闽、粤一带的汉族人民，到台湾去的共有二万五千户。[②] 又据日本人调查所得的资料，一六四四年时，台湾有汉族人口约三万户，共十万人左右。[③] 大量的汉族人民移居台湾，对台湾的开发有决定性的贡献。

正当中国人民建立起台湾本岛上的政权时，整个明帝国的统治势力，在满洲部落的侵袭和各地农民起义打击下，渐趋衰落。从元代开始的海上侵扰，此时已经成为中国边境上新的威胁。日本之外，海盗式的西方殖民主义者陆续到东方来活动。他们到处抢占土地，增辟掠夺的场所，用各种残酷手段，去进行资本的原始积累。台湾和中国大陆的某些港口，成了他们抢劫、掠夺的对象。因此，台湾和大陆上的人民，此时要进行各种各样的反抗外国殖民势力的斗争。

一五六三年以后，有反对日本侵入的斗争。

---

① 列宁：《论马克思恩格斯及马克思主义》，人民出版社 1955 年版，412 页。

② 柯乐洪等:《台湾概略》( A. R. Colquhoun and J. H. Stewart-Lockhart: A Sketch of Formosa )，载《中国评论》( China Review ) 卷一三，171 页。

③ 日本《临时台湾旧惯调查报告》第二部《调查经济资料报告》上卷，3 页。

十六世纪，葡萄牙、西班牙掌握着东方海上的势力。到十七世纪，海上霸权转到荷兰人和英国人的手里。一五九〇年，葡萄牙人航过台湾海峡，见岛上山川秀丽，称之为福尔摩萨，是西方人知道有台湾的开始。日本在海上角逐中，与西方国家相比，它的力量更要小些。但它的插足台湾，在时间上比西方国家为早。

倭寇扰乱中国沿海，常自台湾来往。一五六三年，倭寇在福建遭受打击，大股逃入台湾。他们在鸡笼一带抢掠烧杀，居民起来进行反抗。鸡笼地方因之残破，高山族人民只得迁往山地居住。[①] 不久以后，丰臣秀吉发动侵略朝鲜的战争（一五九二年），并计划从海、陆两路攻入中国。海路是进攻福建、浙江沿海，占领台湾。丰臣秀吉先致书高山族，企图威胁它归顺日本。明政府针对日本的阴谋，沿海戒严，在澎湖增设游兵，以后又加派冲锋兵常驻澎湖。[②] 因中国政府坚决反对，丰臣秀吉侵略台湾的阴谋未能得逞。这时日本的商业资本相当发达，日本商人经常来往于琉球、吕宋及南洋各岛，台湾是必经之地。到台湾来通商、居住的日本人不断地图谋夺取权利，并因此与荷兰、西班牙人发生冲突。至郑成功入台，清政府封锁沿海港口，日本才停止在台湾的活动。

一六〇三年至一六二四年，有反对荷兰占领澎湖的斗争。

荷兰商船第一次来中国是在一六〇一年。两年以后，荷兰人在中国奸民勾引下占据澎湖，引起福建守海官吏的强硬反对。福建都司沈有容带兵到澎湖去面责荷兰人，大陆上又对澎湖实行经济封锁。荷人无利可图，不久退去。经过大约二十年的接触，荷兰要求与中国扩大通商，一直没有实现。一六二二年，荷兰船舰十七艘再次侵入澎湖。岛上人民起来进行抵抗，但遭到了失败。荷兰人强迫居民修筑城堡和防御工事，企图长久占领。修筑工事的居民共一千五百余人，终日劳动，不得一饱，饿死的达一千三百人；另有二百七十余人被掠卖到爪哇为奴隶。同时，荷兰人掠夺岛上物资，夺走渔船六百多只；又四出抢劫商船，骚扰中国大陆。

一六二四年，福建总兵俞咨皋进军规复澎湖，生擒荷将高文律，驱逐了荷兰人，第二次收复澎湖。荷兰余众逃入台湾。福建人沈铁因此向巡抚南居益

① 《明史》卷三二三，《鸡笼传》。

② 顾祖禹：《读史方舆纪要》卷九九。

献防守澎湖六策："一曰专设游击一员，镇守湖内。二曰召募精兵二千余名，环守湖外。三曰造大船，制火器，备用防守。四曰招集兵民，开垦山场，以助粮食。五曰建设公署营房，以妥官兵。六曰开通东西洋吕宋商船，以备缓急。"① 明政府从此在澎湖设游击一，把总二，统兵三千，筑炮台驻守。②

一六二四至一六六一年，又有长期的反对荷兰占领台湾南部的斗争。

荷兰在东方的活动以东印度公司为大本营。东印度公司先经营爪哇，然后伸展其势力至澎湖、台湾。荷兰人侵入台湾，先在安平地方建筑赤嵌城，作为根据地，后来逐渐扩大占领的范围。一六四二年打败西班牙，控制北部的基隆、淡水两港。荷人占领区内有一部分高山族和汉族人口，最多时有大约十万亩可耕的土地。

照记载，一六五一年起，荷兰人征牧人头税，年满七岁的汉人每年征收荷币四盾。起初一年收入三千一百盾，后来增加至三万三千七百盾③，即荷兰占领区的汉人不及一万人。前面举出过的材料，表明到一六四四年，台湾至少有汉族人口十万以上。可见在台湾的汉族人民，有百分之九十以上是在自己管理的区域里生活。又据另一资料，此时有大约二万五千到三万汉族居民住在热兰遮城（即安平）及散居于台湾的荷兰殖民地内④，即占台湾全部汉族人口的十分之三。即使这个材料正确，也说明自颜思齐以后，中国人民统治的地区仍是很广大，荷兰只是占据着南部沿海有限的区域和北部少数据点。

东印度公司把台湾占领区已垦和未垦的土地全部占为己有。原来占有土地从事生产的人，现在要向殖民者缴纳高额的地租，领得一块土地去耕种。上等田每甲每年交谷十八石，中田十五石六斗，下田十石二斗。⑤ 地租剥削以外，东印度公司又经过贸易的方法，去搜括台湾的丰富物产。例如一六四七

---

① 顾炎武：《天下郡国利病书原编》第 26 册，沈铁《上南抚台请建澎湖城堡置将屯兵永为重镇书》。

②《明史》卷九一，《兵志》三。

③ 连横：《台湾通史》，333 页。

④ 菲列普斯：《荷兰占领台湾简记》（G. Phillips: Notes on the Dutch Occupation of Formosa）。载《中国评论》（China Review）卷十，124 页。

⑤ 连横：《台湾通史》，119 页。"甲"是台湾的土地面积单位。福建巡抚刘韵珂奏开"番"地疏称："台湾丈量地亩……以一丈二尺五寸为一戈，积百戈为一甲，以内地亩分核算，每甲计一十一亩。"见丁日健辑《治台必告录》卷三。

年，荷兰人把价值三万七千镑的台湾糖和鹿皮等产品，运往日本。[①]一六五〇年，台湾出口的糖达八万石。荷兰殖民者单从这一项交易就取得三十万盾的利益。

外来的侵略，残酷的压迫和剥削，激起台湾人民的坚决反抗。居住在占领区的荷兰人，连军队在内，最多二三千人，要实行有效的统治是很困难的事。他们除了竭力加强武力镇压以外，在政治上则任命汉人村庄和高山族村社依旧有习惯选举出来的头人为"长老"，把他们变成东印度公司的代理人，通过他们来控制台湾人民。"长老"之中，更立各种名目，"使其不相统摄，以分其权，且易为制"[②]，从而达到分而治之的目的[③]。荷兰殖民者又竭力对台湾人民灌输西方的宗教思想，麻痹人民的反抗意志。荷兰传教士用各种方法哄骗高山族居民受洗礼入教，招集高山族儿童在荷兰人设立的学校中读书。

殖民主义者的统治一直是不巩固的。台湾的汉族和高山族人民始终坚持着反对荷兰的斗争。一六五二年郭怀一为首的英勇起义，是台湾人民反抗荷兰侵略的斗争中规模最大的一次。郭怀一是荷兰占领区的大结首，家中富有，结纳同志，立志驱逐荷兰人。一六五二年，郭怀一发动武装起义，进攻赤嵌城，放火烧毁街市，袭击荷兰殖民者。在初次的战斗中郭怀一战死，群众斗争仍继续展开，坚持了十四日，最后失败。荷兰人用灭绝人性的手段对付起义群众。他们屠杀了八千名起义的汉人和无辜的妇女儿童，把被捕的起义首领用最残暴的方法处死，挂人头向居民示威。荷兰殖民者采用如此野蛮的恐怖手段，表示他们的力量是极其虚弱的。镇压这次起义的荷兰头目孚尔堡（N. Verburgh）后来坦白供认说："对台湾的继续占领，随处都会遇到许多迫切的危险，这些危险不但来自十万以上的野蛮人（殖民者对高山族的称呼），而且来自居住在那里的中国人（指汉族人。——引者）。"正在东南沿海发展的以

---

① 菲列普斯：《荷兰占领台湾简记》，载《中国评论》卷十，123 页。

②《彰化县志》卷九。

③ 自"他们除了竭力加强武力镇压以外"至此，第 1 版原文为："他们推行一种奴役殖民地人民的'结首'制度，把数家或十数家居民编在一起，指定一人为结首，叫做一小结，合数十个小结为一个大结，指定一人为大结首。荷兰人通过大小结首，实施他们的殖民统治。结首从殖民者那里得到多于一般农民一倍或数倍的土地，作为服务的报酬。"因下文提及郭怀一为"大结首"，而此处的原文正是对"结首"的说明。——编者注

郑成功为中心的人民武装势力，尤其令他们感到毛发直立，恐慌万状。[①]

一六二六至一六四二年，还有反对西班牙占领台湾北部的斗争。

荷兰占领安平以后，西班牙于一六二六年侵占了北部的基隆，不久又把侵略势力扩大到淡水。淡水往后即成为西班牙统治台湾北部的政治中心，那里有西班牙人二百人，基隆有三百人。成群结队的西班牙商船进出基隆港，从台湾输出硫磺、鹿皮等物产到中国大陆或日本去贸易，获得很高的利润。西班牙殖民者对当地的汉族和高山族人民实行残暴的统治，同时也用传教士作为侵略的工具。

和坚持反对荷兰一样，台湾人民坚持了反对西班牙的斗争。西班牙殖民者企图把占领地区扩大到台湾东北部的宜兰，遭到高山族人民的坚决反抗。一六三二年，西班牙殖民军实行残暴的报复，他们焚烧高山族的村社，屠杀居民。高山族人民利用熟悉的地形，狙击西班牙殖民军，给了敌人严重的打击。在西班牙盘踞台北的时期，它的势力始终没有能够达到宜兰。

殖民者相互之间，也展开了激烈的斗争。一六二九年，驻台湾的荷兰人便向爪哇总督建议：用武力驱逐西班牙势力出台湾。原因是西班牙占领基隆、淡水，会袭击往来福建、台湾之间的荷兰商船，本来在台南交易的一部分商品也要转到基隆。荷兰与西班牙经过长期的武装冲突，一六四二年西班牙战败退出台湾北部。

郑成功的大军于一六六一年入台湾，第二年荷兰人被驱逐出去。

台湾人民反对外国殖民者的斗争表现出来的社会矛盾，是中国历史发展所遇到的新的矛盾。荷兰、西班牙等国，都是西方初期的资本主义体系的代表，台湾人民的斗争，是后来中国人民反对外国资本主义侵略者的先声。

---

① 菲列普斯：《荷兰占领台湾简记》，载《中国评论》卷十，127页。

# 二　封建制度时期（一六六一——一八四〇年）

郑成功进入台湾，是这个地区历史发展的一个新的起点。台湾的社会生活，从此进入了封建制的大门。以后台湾归清政府统一管理，封建的经济、政治、文化生活，更是迅速地发展起来，与大陆上达到了完全的统一。

在中国的封建社会里，由于地主阶级对农民的残酷的经济剥削和政治压迫，逼使农民不断地举行起义，去反抗地主阶级的统治。农民的阶级斗争是封建社会历史发展的基本动力，然而所有那些农民运动，都没有能够消灭封建制度，使农民取得胜利。

一六四四年，以李自成为首的农民起义军攻入北京，推翻了明政权，是中国历史上规模最大的农民战争之一，但不久这次农民战争在以明将吴三桂为首的汉族地主阶级和清军的联合进攻下失败了。满洲部落向来居住在东北，其社会经济、文化远比汉族为落后。满洲贵族勾结汉族地主势力统治中国，自始就遭到以汉族为主体的广大人民群众的坚决反抗。各地起兵反满的很多，成为席卷全国的国内战争。

郑芝龙的儿子郑成功在国内战争中，是站在坚决拥护明朝政权的立场上反抗清政府的统治的。他的根据地在厦门、金门及东南沿海一带，他一开始就同盘踞在台湾、不断寇掠闽、粤的荷兰侵略势力作了积极的斗争。一六五〇年郑成功取得金门、厦门，爪哇的荷兰东印度公司便觉得它在台湾的地位很是可虑，认为至少须屯驻一千二百名守兵，以防意外。一六五二年，在台湾的荷兰传教士报告东印度公司，说郑成功无时不在注视台湾，他将先策动台湾人民起事。前面叙述的郭怀一起义，便是在这一年发生的。怀一是郑芝龙旧部，成功很可能同他有直接的联系。一六五五到一六五七年，成功因他的商船常被荷人留难，“刻示传令各港澳并东西夷国州府，不准到台湾通商。由是禁绝两年，船只不通”[①]。结果荷兰占领区“货物涌贵，夷多病疫”。一六五七年

① 杨英：《从征实录》，87 页。

**郑成功像**

（采自《中国历史参考图谱》）

荷人被迫派遣代表到厦门谈判；在荷人“年输饷五千两、箭柸十万枝，硫磺千担”的条件下，成功才允许了恢复通商。

流寓在云南的南明政府（桂王）于一六五八年晋封郑成功为延平郡王。一六五九年成功联合浙江海上的反满力量，发动沿长江上溯的进攻，其势力一直达到南京近郊，江南人民纷起响应，占领四州、三府、二十四县，震动了北京的清朝政府。但这次联合进攻后来为清军所败，郑军退回到厦门。这一形势，促进了郑成功规复台湾、驱逐荷兰人的计划。一六六一年初，郑成功大修船舰，积极从事进入台湾的军事准备。到四月间军事准备就绪，除留一部分兵力守卫厦门、金门，成功亲率大军二万五千人，进兵规复台湾。四月二十一日舰队从金门出发，第二天到澎湖，二十九日在台南鹿耳门内禾寮港登陆。五月初，歼灭荷兰头目揆一（F. Coyett）派来的鸟铳兵数百人，赤嵌楼守将猫难实叮（J.Valentijn）先降，但揆一还死守赤嵌城进行顽抗。成功致信揆一，劝他投降。信上特别指出：“台湾者，中国之土地也。久为贵国所踞，今余既来索，则地当归我；珍瑶不急之物，悉听尔归。”[①] 揆一不听。成功军队一面包围赤嵌城，断绝揆一守军接济，一面击退爪哇派来的荷兰援军。荷兰殖民军被围攻九个月，士兵死伤一千六百余人，于一六六二年二月一日向郑成功投降。揆一率领残兵败卒及官吏商人，狼狈地退出台湾。

郑成功大军进入台湾，对当地的汉族和高山族人民的斗争热情是极大的鼓舞。他们把郑成功看作是自己的解放者，给以积极的支持。郑军围攻赤嵌城时，城中汉族人与通消息，使郑成功获得军事上的便利。[②] 赤嵌城附近和南北各路的高山族人民也争先来迎附，并帮助郑军搜索逃散的敌军，肃清各地的荷兰残余势力。以后郑成功到北港一带巡行，沿路高山族男妇“壶浆迎者塞道”[③]。郑成功是中国历史上杰出的爱国英雄。他驱除了在台湾的外国侵略势力，一直受到中国人民的崇敬。他的成就，是在华南各地人民支持下，特别是在台湾的汉族和高山族人民的支持下取得的。

进入台湾之后，郑成功一面整顿政治，训练士卒，肃清侵略者的残余势力；一面奖励农业，兴办学校，努力于经济开发和文化的发展。一六六二年，成功

---

① 连横：《台湾通史》，14 页。

② 同上书，15 页。

③ 杨英：《从征实录》，152 页。

**郑成功接受侵台荷兰人投降图**

（采自《中国历史参考图谱》）

病死。他的儿子郑经、孙子郑克塽世袭延平郡王，继续统治台湾共达二十三年。在郑氏政权统治期间，台湾的历史飞跃发展，社会面貌焕然一新。

郑氏政权按照明代大陆上的行政制度，在台南设置承天府，下设天兴、万年两县，天兴管北路，万年管南路；又在澎湖设立安抚司，建立了有效的行政管理机构。明代中国大陆所通行而为台湾汉族人民所熟悉的法律和其他各种制度，在台湾普遍地实行起来。

反对清政府和荷兰的军事斗争，不断取得小的胜利。一六六三年，郑经击败清政府同荷兰联合的水陆军二千余人的进攻，表明郑氏政府的海上军事力量，的确相当强大。一六六八年，它又收复荷兰在北部的最后一个据点基隆。一六七四年，郑经联合起兵反满的清将耿精忠攻福建，一六七八年，派遣将领刘国轩、吴淑、何佑等分路攻福建，破海澄，杀清都统穆赫麟以下三万余人，占领漳平、长泰、同安等城；又分兵围漳州、泉州，大败清兵。

具有进步作用的封建的经济基础，现在开始迅速地成长起来。土地占有关系，出现了三种基本的形式：

一、"官田"——原是荷兰占领台南时创始的一种形式，于今沿袭下来，在荷人占领过的区域里施行。它的内容，是依附于土地的农民用全部时间耕种固定的土地，每年向政府缴纳一定数量的实物地租。由于生产者已经从外国殖民势力的压迫下解放出来，这种土地占有也就改变了原先的殖民剥削的性质，成为一种新的生产关系，有利于生产力的发展。

二、屯田——又名“营盘田”，施行于新开发的区域。郑成功进入台湾之初，因突然增加二三万人口，发生了严重的粮食恐慌。杨英《从征实录》上说：这时“官兵日只二餐，多有病没，兵心嗷嗷”。官兵至食木子充饥。[①] 要根本克服困难，必须大量增加生产。社会秩序初步安定后，郑成功留一小部分军队驻守台南和安平，把其余的军队调去各地屯田垦荒。对垦荒的部队，事先发给六个月俸役银，作为资金。郑氏官兵到各地以后，按镇分地，插竹为社，斩茅为屋，教生牛耕田，从事紧张的劳动。官兵“有警则荷戈以战，无警则负耒以耕”[②]；负担作战和生产的双重任务。屯垦的土地在三年内不纳田赋，但须将收成的十分之三“借”给政府。

屯田本来是中国封建社会中，国家占有土地的一种固有的形式。土地的来源，一是开垦荒地，如西汉赵充国在甘肃、青海一带的屯田便是；一是农民起义，打击了地主占有土地的制度，在土地荒废的条件下建立，如一九六年曹操在许下屯田便是。屯田的特点：直接生产者是士兵，把兵役、保卫国土和农耕结合在一起。

郑氏采用屯田垦荒的政策很成功。几年以后，“野无旷土，军有余粮”，解决了军食和民食问题。后来台南县的新营、下营、后营以及高雄的左营等地，便是当时郑氏官兵开垦的地方。台南的林凤营和后来称为云林的林圯埔，是郑氏部将林凤、林圯率部开垦之处。这些名字一直沿用到今天。

三、“文武私田”——官吏贵族圈定土地，募民开垦，传为世业。如随郑成功一同到台湾的明宁靖王朱术桂在凤山竹沪地方，垦田百数十甲；郑经的重要助手陈永华募民垦田，岁入谷千数百石。这是把大陆上地主占有土地的形式移殖到了台湾。地主占有土地，是封建经济制度的主要支柱。

无疑的，和上面几种土地占有的同时，还保存有小农的土地所有制。大批的移民自己开垦了土地，也就占有土地。不过它是经常处在地主贵族的兼

---

①《从征实录》，155 页。

② 江日升：《台湾外记》卷一一。

并威胁之下的。

农业生产的进步，促使手工业和商业有了相当的发展。郑氏政府提倡种甘蔗、种麻、制糖、制盐，从福建移入优良蔗种；又对日本、暹罗、越南、菲律宾展开广泛的贸易活动；并与英国订立通商条约，准许英国东印度公司到安平贸易。

明朝奉行的尊孔崇儒、科举取士这一套文化制度，也在台湾实行了起来。一六六六年，郑经在台南建立孔子庙，各社设立社学。一六六四年即规定天兴、万年两州，每三年举行考试一次，州试优良的送东宁府（原承天府改），府试优良的升太学。郑氏一部分官吏就是从太学里选拔出来的。

有特别重要意义的，是郑氏政权努力改进高山族的农业生产和发展高山族人民文化生活的措施。郑成功一开始即认真保护高山族的利益，他对称为"土民"的高山族人和称作"百姓"的汉族人，完全同样看待。军队垦荒时，政府颁布严格的禁令，"不准混侵土民及百姓现耕物业"[①]。高山族此时还不知道牛耕，不知道利用犁、锄、钩、镰一类的农具。禾稻成熟后，逐穗采拔，以至一甲稻田，采拔数十日方完。不改变原始的农业生产方法，高山族便无法摆脱贫困的境地。郑氏政府户官杨英创议：每一高山族村社发熟牛一头，铁犁铁耙各一副，派有经验的农民到各社传授牛耕和使用先进农具的方法。[②]一部分高山族人接受了汉族农民的生产技术以后，生活得到了改善。到清朝取得台湾时，居住在麻豆、新港一带的高山族人"勤稼穑，务蓄积，比户殷富"。那里"嘉木阴森，屋宇完洁，不减内地村落"。[③]这说明由于郑氏政权的推动和高山族人民的努力，经过二十多年，一部分高山族人民的生活，已有显著的改善。

同时，在文化上，郑氏政权也鼓励高山族儿童入学受教育。高山族人民有子弟在乡塾读书，本人即减免一部分赋税。汉族人所传播的封建文化知识，空前地提高了高山族人的文化生活水平。

福建、广东等省人民，自一六六一至一六八三年间，纷纷移居台湾。据当时的人记载：成功入台以前，大部分地区"人民稀少，土尽荒芜。自大军

---

① 《从征实录》，153 页。

② 同上，156 页。

③ 郁永河：《采硫日记》卷中，16 页。

安集，闽、浙居民附舟师来归，烟火相接，开辟芜土，尽为膏腴”[①]。人们经过自己的劳动，开垦土地，建立家园。北自基隆，南至琅璠，到处有汉族人民的活动。西部平原陆续出现许多新的村镇。琅璠、彰化、云林、新竹都是这个时期开始形成起来的。

至一六八三年清朝政府取得了台湾。郑氏统治的时间不长，但在台湾的历史发展上占有很重要的地位。斯大林阐述生产关系从生产力阻碍者的作用发展到生产力主要推进者的作用，以及从生产力主要推进者的作用发展到生产力阻碍者的作用这一马克思主义唯物辩证法的过程时说："新生产关系是这样一种主要的和有决定性的力量，它真正决定生产力进一步的而且是强大的发展，没有这种新的生产关系，生产力就注定要萎靡下去，如像现在资本主义国家中的情形一样。"[②]封建的生产关系在中国大陆上早已十分腐朽，起着生产力阻碍者的作用，但在台湾却是一种新的生产关系。郑氏政权正是这一新的生产关系的体现者，它的统治，很明显地是发挥了生产力推进者的主要作用。不过台湾毕竟是个较小的地区，它一旦断绝了与大陆上的联系，便处于完全孤立的地位，新生产力的发展，必定要受到极大的限制。

中国政府统一管理台湾，标志着这个地区开始进一步开发。

清朝取得台湾后，当时统兵入台的清将施琅建议在台湾设置行政机构，派大兵驻守。施琅的奏疏说：台湾经过长期开发，"野沃土膏，物产利溥。耕桑并耦，渔盐滋生。满山皆属茂树，遍处俱植修竹"。它不仅已经成为富饶的地区，同时又是东南数省的屏蔽，在国防上处于极重要的地位。奏疏中特别指出西方殖民者重新染指台湾的可能性，说此地"曾为红毛住处，无时不在涎贪。……一为红毛所有，则性狡黠，善为鼓惑人心；重以夹版船只，制作精坚，从来无敌海外……若既得此数千里之膏腴，有以依泊，必倡合党伙，窥窃边场，迫近门庭，此乃种祸后来。沿海诸省，断难晏然无虞"[③]。清政府采用施琅的建议，于一六八四年在台湾设置一府三县，隶属于福建省，并在台湾驻兵八千名，澎湖驻兵二千名。自此台湾即为统一的以北京为中心的清朝政权所统辖，成了东南的重镇。

---

① 查继佐：《东山国语·台湾后语》。

② 斯大林：《苏联社会主义经济问题》，人民出版社 1953 年版，55 页。

③ 施琅：《陈台湾弃留利害疏》，见余文仪编《续修台湾府志》卷二〇，22 页。

台湾处于统一的全国政权的统辖下，对于台湾和全国的经济、文化发展，均有积极的作用。在鸦片战争以前，它使台湾免受外力的干扰；而确保台湾也有助于沿海各省和平生活环境的稳固。清朝统一台湾，促进了台湾经济、文化的迅速发展及其与中国大陆的密切联系。台湾人民和全国人民在政治、经济、文化生活等各方面从此息息相关，成为一个不可分割的整体。

清政府于一六八四年设立台湾府和台湾、凤山、诸罗三县时，本地人口约为二三十万。开发成熟的地区，还限于以台南为中心，包括高雄一部分在内的沿海平原。其他如彰化、新竹、台中、台北的开发工作，有的已经开始，有的刚才建立据点。往后人口日增，开发的地区日广，府、县的设置也随着变化。一七二三年在原诸罗县境内增设彰化一县及淡水一厅。一八一〇年设噶玛兰一厅，所辖境内有男女六万口。一八一一年统计，台湾人口增至二百万三千八百六十一人。

明末清初战争频繁，中国的社会经济一度遭到严重破坏。以后经过逐渐恢复，在康熙年间又呈现繁荣景象。台湾地区自归属清政府统一管理后，封建的社会经济生活得到有力推动，发展尤其迅速。这表现为一方面是大地主经济的高度繁荣；另一方面是封建剥削和压迫，尖锐的阶级斗争。

甲、封建经济迅速发展，大地主大商人的出现。

代表地主阶级的清朝政府努力扶植台湾地主的势力，作为它统治的社会基础。台湾统一不久，清政府即宣布废止郑氏所定的“官田”“私田”“营盘田”等名目，除一部分“官庄”（后来的所谓“隆恩”“抄封”都是官庄的性质）外，土地均归私人所有。这个政策的实质，是把已开垦的土地交给豪绅官吏，换取他们对清朝的支持。对于广大的荒地，允许地主私人垦殖，占为已有，领垦荒地的办法，是先由“垦首”出面向政府递呈领垦禀帖，说明所领垦地的位置、面积，由政府发给开垦执照，所领垦地即归垦首所有。垦首实际是豪绅官吏的化身。他们不但利用领垦的机会，霸占大片未垦土地，而且还侵夺农民正在耕种的田园。台湾兵备道方传燧提到淡水开垦的情形时说：“千万人垦之，十数人承之，而一人所给垦照，或千数百甲。”[1]官绅看中某处有田若干可垦，先由垦首递禀承揽包垦，然后交给垦户。垦首一钱不费，仅递一禀。等到荒地变成熟地，垦首向直接生产者抽取收获量十分之一二的实

① 连横：《台湾通史》，122页。

物，作为地租。

土地归私人所有和大量开垦荒地的结果，台湾很快出现了许多声势显赫、独霸一方的大地主。如新竹的王世杰，彰化的施世榜、杨志申，台中的吴洛、林成祖，淡水的胡焯猷、姜秀銮、周邦正，台北的林平侯等，是大地主中特别出名的人物。他们每年收入的租谷，都在一万石以上。林成祖的租谷且达到十数万石。

与大地主经济同时发展的，是手工业、商业活跃，大商人的出现。

乾隆时（一七三六——一七九五），台湾经济、政治中心台南对大陆的贸易很发展，每年出入的商品值数百万两。一种称为“郊”的商业组织应时产生。台南有名的三郊是：苏万利的南郊、李胜兴的北郊和金永顺的糖郊。它们“各拥巨资，以操胜算。南至南洋，北及天津、牛庄、烟台、上海，舳舻相望，络绎于途，皆以安平为往来之港”[①]。西部的鹿港和北部的艋舺，也成为与大陆贸易的重要港口。艋舺有北郊（江、浙、福州）、泉郊、厦郊的组织。鹿港从十八世纪初起，“烟火数千家，帆樯麇集，牙侩居奇，竟成通津矣”[②]。到十九世纪二十年代，有一府、二鹿、三艋之称。

工场手工业中，制糖业特别发达。康熙（一六六二——一七二二）末年，台湾、凤山、诸罗三县，糖的年产量约六十余万篓，每篓一百七八十斤。天津、上海、苏州、宁波等地是台糖内销的重要市场。往往“糖斤未出，客人先行定买，糖一入手，即便装运”[③]。一八三三年，外国报纸记载，经常往返台湾天津之间专运蔗糖的船只，有二十余艘。

大陆上运至台湾的有各种日用必需品。台湾不产蚕丝，产棉很少，除麻制品外，全部衣料需要大陆供给。以宜兰为例，当地志书记载说：“兰俗夏尚青丝，冬用绵绸，皆取之于江浙。……其来自漳、泉者有池布、眉布、井布、金绒布诸庄。数匹论筒，一尽白质。到兰则金绒为毛乌，井、眉为浅蓝、为月白，皆随后所淋染也。”[④]同书又说：“棉花来自上海，此地不纺织，只作被褥之用。”其实不止宜兰一地的情形是如此，台湾其他地区也大体是如此。

上述土地开发和手工业、商业兴起的过程，同时也就是高山族社会生活

① 连横：《台湾通史》，426页。

② 朱景英：《海东札记》卷一。

③ 黄叔璥：《台海使槎录》卷一，18页。

④《噶玛兰厅志》卷五。

进一步变化发展的过程。许多资料都指明，在这个变化的过程中，有阶级的剥削和压迫，也有前进和落后的尖锐斗争。一七二七年（雍正五年）清政府规定高山族村社保留一定的土地作为“鹿场”。大社留五百甲，中社四百甲，小社三百甲，其余的土地招佃开垦，佃户向土地所有者交纳“私租口粮”。这说明那里已经产生了封建的土地私有制度。一部分高山族人此时使用犁耙等农具耕作，与汉族人相同。生产工具中并有牛车；有了原始的家庭手工业，妇女能用木机织毛布、麻布。雍正年间的统计，每年向清政府缴纳丁口税的高山族村社，有大社五十九个，小社一百二十余个。各社最少有男丁四五十人，最多的有七八百人。大部分高山族村社的政治、经济和文化生活，是进一步地和汉族人联结在一起了。

鸦片战争以前，台湾的经济开发和文化生活，确是迅猛前进，达到了一个新的水平。原因是：在清政府的统治下，封建的生产关系有发展；同时，台湾与大陆上的社会经济体系完全统一起来了之后，大陆上丰富的人力物力支援，打破了本地人力缺少和生产技术落后的限制，生产力可以长足发展。如人力一项，前面举出的材料：一六八四至一八一一年的一百二十七年间，人口增加了几乎六倍，平均每二十年增加三十万人。这些增加的人口中，多数是大陆上迁移到台湾的劳动人民，主要的是农民。汉族农民和高山族人——他们是台湾这个地区社会财富的直接生产者。

乙、阶级斗争尖锐化，连续不断的反封建压迫的群众起义。

外国殖民者对中国沿海地区的侵略，中国人民的反侵略斗争，在清政府统一台湾前后，是暂时停止了。但是全国的统一，并未消除国内的广大人民与封建统治者间的阶级矛盾。相反的，随着封建剥削、压迫的加深，国内阶级矛盾更加激化起来。

清政府自开始统治台湾，即确定“为防台而治台”的方针，用各种办法加强对台湾人民的压迫。例如清政府禁止台湾人民当兵，规定驻在当地的守军，必须由福建调来。遇有缺额，也不许就地招募顶换。清朝统治者认为用台人守台的结果，会使人民进行武装斗争更为有利。从同一恐惧的心理出发，清政府长期不准台湾府、厅、县治所在地建筑城墙。乾隆上谕说：台湾“旧有城垣，俱系用莿竹等项编插。原以莿竹等物，虽不若砖石工程坚固足资防守，但失之易，复之亦易”[①]。意思是台湾有了坚固的城墙，一旦为起义的群众占领，政府用兵攻取，会增加很多困难。清政府害怕台湾人民反抗的又一表现，是长期不准铁及铁器自由输入台湾，也不准本地自由制造铁器。一直到一八七五年（光绪元年），台湾鼓铸锅皿农具的人，仍须地方官保举充任，由藩司发给执照。全台只有二十七家，名曰铸户。铁自漳州采购，私开私贩的治罪。[②]清政府长期限制人民自由往来于台湾与大陆间，也是由于同样的原因。

最初台湾的封建剥削较轻，人民生活比内地富裕。那时政府每年收入正供杂税共 88,148 两；开支行政费用 5,674 两；驻防官兵 7,460 人，支饷银 4,851 两；再加支出福建兵米 89,785 石，折银 26,936 两，共计为 37,461 两。收支不仅相抵，还有余裕。因之，那时“仓有余粟，库有余帑，民有余钱，商有余货”[③]。

后来地主经济愈发展，封建的剥削愈重，劳动人民的生活便不断恶化。到鸦片战争前后，台湾的土地已高度集中，失掉土地、没有产业的人达十分之六七。[④]这比同一个时期，大陆上土地集中的情形还要严重。在新开发的地区，地主也用各种花样进行封建剥削。流行一时的“大租”（即垦首向垦户收取的地租）、“隘租”、“番租”、“香灯租”、“通事口粮”等等，全是地主收取地租的名目。

清政府加在农民身上的负担也陆续增多。雍正以后，垦地渐广，增设厅县，官吏俸给和行政费用增加。官吏贪污盛行，他们都以台湾为“金穴”，竭力搜刮。又每次发生群众起义，清政府必乘机大量勒索军费，并没收农民土地。鸦片战争，台湾一地出防洋经费数十万两。所有这些支出，都是由农民负担的。再加上后来生产不振，物价腾贵，农民被迫过着越来越贫穷的生活。

残酷的封建剥削和压迫，农民与地主阶级的深刻矛盾，汉族人民与清朝统治者的矛盾，不断地爆发为群众反抗清朝统治，反抗封建压迫的武装起义。

清朝统治台湾的二百余年中，规模较大的群众起义多至数十次。在这些群众斗争中，最重要的，是一七二一年以朱一贵为首的起义和一七八七年以林

---

①《东华续录》，乾隆五十三年正月。

② 沈葆桢：《沈文肃公政书》卷五，《台地后山请开旧禁折》。

③《台湾通史》，140 页。

④ 徐宗干：《斯未信斋文编》，官牍卷五。

爽文为首的起义。清朝在全国的统治势力，经过台湾这两次大规模起义和不久以后白莲教军在四川、湖北、陕西一带的起义（一七九六年），天理会群众在河南、河北、山东等地的起义（一八一二年），及新疆回民起义（一八二〇年），遭受了沉重的打击。清朝的统治势力从此走下坡路，再也不能恢复了。

朱一贵原籍福建长泰县，迁居台湾，养鸭为业，素为附近居民所敬服。一七二一年，官吏征粮苛刻，任意拘捕平民，激起了人民的愤怒。五月中，朱一贵乃与黄殿、李勇、吴外（三人都是台湾凤山人）等聚众数百人，用农具作兵器，在凤山起义。群众以一贵姓朱，为明室后裔，奉为大元帅。凤山境内下埤头、新园、小琉球等地群众立起响应。在下淡水开垦的大批雇工也参加武装斗争的行列。清军实行残暴的镇压，放火烧毁民房，到处屠杀人民，更引起群众的愤怒。起义军力量迅速壮大，几天之内发展到数万人。到五月底，连续攻占凤山、台南，夺取清军的军火库，得大小炮位、刀枪、硝磺、生铁、铅弹无数。[①]起义军纪律很好，受到人民信赖。各地群众到处起来响应，攻击清军。官吏或死或逃，不到半个月，除西北部淡水外，全台湾落在起义军的手里。

起义军推翻清政府在当地的统治以后，立即建立政权。一贵又颁发文告，宣布台湾已率先起义，“为天下倡”，号召全国人民一致起来推翻清朝的统治。文告上并表示起义军准备横渡大海，实行北伐。

此时康熙一面承认台湾人民“必有不得已苦情”，把主要原因归为“不肖官吏刻剥所致”，企图用政治诱骗的手段分解起义军内部；同时又积极部署军事进攻，用大小船只一千多艘，载官兵二万余人进入台湾。起义军对清军作了顽强的斗争，后因内部分裂，为清军击败。朱一贵被执死难。一部分群众继续在各地战斗，至一七二三年才完全停止。

一七八七年，林爽文等人的起义，成为朱一贵以后另一次群众斗争的高潮。

林爽文是反清秘密团体台湾天地会的首领（台湾天地会是大陆天地会的一支）。在起义前，台湾天地会会员已发展到一万人。政府官吏派兵镇压彰化天地会活动，焚烧村落，威吓居民交出天地会首领。林爽文被逼迫于一七八七年一月率众在彰化起义，攻占彰化城，接着又夺取新竹、诸罗。凤山天地会首

---

① 蓝鼎元：《平台纪略》。

领庄大田也率众响应，攻占凤山。林爽文、庄大田两路起义军夹击台南，围攻清军。

北京清政府接到林、庄等人起义消息，立即派水陆军四千人为在台湾的清军增援。在起义军攻击下，清军一触即溃。接着清政府派闽浙总督率浙江、广东两省军队一万人到台湾，又遭到严重的打击。起义军迅速发展到十万人。最后清政府调集了湖南、广西、贵州、四川各省军队，用分化起义军内部，勾结地主势力等方法，费了很大的气力，到一七八八年三月，才把这次起义镇压下去。

每一次大规模的群众反抗斗争，实质上都是农民反对地主阶级的统治的斗争。农民与地主之间的阶级斗争尖锐化，说明原来是一种新生产关系的封建生产关系，在台湾很快就变得陈旧了，并与生产力的进一步发展发生了矛盾；它已经开始失去其是生产力主要推进者的作用，变成了生产力的障碍者。同时，台湾群众的多次反抗斗争，又说明自明代末年，闽粤等省一部分人民响应郑成功的号召，迁居台湾，世代相传，始终保持着反抗压迫的精神。在这以后，又经历了许多年代，经历许多复杂的事变，台湾人民一直保持着革命斗争精神，在中国的历史上写下了许多光辉的篇页。

# 三　半殖民地半封建和殖民地时期（一八四〇——一九四五年）

十九世纪中叶，由于外国资本主义的侵入，中国社会内部发生了重大的变化。长期延续的封建社会开始解体，中国社会开始走上半殖民地半封建的道路。一八四〇年当时世界第一个资本主义强国——英国发动的鸦片战争，是外国资本主义侵略中国的开始。从此中国历史出现了这样两条路线的尖锐斗争：一条是帝国主义侵略中国、勾结国内反动势力反对中国独立，反对中国资本主义的发展，变中国为殖民地、半殖民地的路践；另一条是中国人民坚持反抗帝国主义及其走狗，要求摆脱殖民地、半殖民地半封建的统治，把中国变为独立、富强国家的路线。在这两条路线的生死斗争中，台湾一直占有很重要的地位。因为它和东南沿海的其他省份一样，与外国资本主义侵略势力接触较早，直接受到的灾害较深，那里的人民始终处在斗争的最前线。

## （一）一八四〇——一八九五年台湾的社会发展、变化

鸦片战争以后，直到一八九五年中日战争结束以前，清朝政府逐渐增加了对台湾的重视。在整个中国近代史上，这五十多年的历史，大致可以划分作两个阶段。第一个阶段，从鸦片战争到太平天国革命运动失败，其主要的特点，是鸦片战争失败后外国资本主义侵入，中国开始由封建社会变为半殖民地、半封建社会；社会的阶级矛盾和阶级斗争，由鸦片战争前的农民反抗地主的斗争，发展为人民大众反对帝国主义、封建主义的斗争。这个阶段之内的台湾历史，表现出了全国社会生活所发生的基本矛盾和变化，是具体而微的中国社会发展变化的历史。

英国在鸦片战争中，选择大陆上的东南各省作为主要攻击目标，战争的火焰同时也蔓延到台湾。战争爆发以后，英国兵船不止一次地侵入台湾，进

行袭击。

鸦片战争以前，英国的鸦片贩子们就叫嚣过要强占台湾。一八三二年台湾发生农民起义，大鸦片贩子查顿（W. Jardine）阴谋加以利用，鼓吹说这是“我们（指英国人。——引者）给他们（指起义者。——引者）一点小小的援助，并在这个岛上取得立足点的大好机会”[①]。另一个大鸦片贩子马地臣（J. Matheson）在鸦片战争前夕，也主张占领台湾。英国的对华政策，在很大程度上受这伙毒品贩子所左右。一八四一年英首相巴麦尊（H. J. T. Palmerston）指示侵华英军头目懿律（G. Elliot）和义律（C. Elliot）要在中国“东海岸某处”[②]占领一个海岛。当时巴麦尊所考虑的地点正是台湾或舟山群岛，不是后来被英国强占的香港。战争期间，英舰屡次侵入台湾，除了作军事骚扰，是要试探占领台湾的可能性。

自英国发动战争时起，台湾人民就起来作抵抗侵略的正义斗争。驻守台湾的一部分政府官吏保持了与人民一致的态度。人民的爱国热情异常高涨，一时南北各地成立许多自卫的武装团体，参加这些团体的有四万七千余人。人民的自卫武装半听官调，半守本庄，分担正规作战和巩固后方秩序的任务。[③]

守军在人民群众的积极支持下，给了英国侵略者以有力的打击。英舰“纳尔不达”（Nerbudda）号侵入基隆时，遭到各炮台猛烈还击，“立见夷船桅折索断”[④]，仓皇败逃，遇礁沉没。我军在这次作战中俘虏敌人一百三十余名，并捞获新式大炮十尊。一八四一年十月闯入基隆的英舰，经守军全力抵御后，狼狈向外洋逃窜。一八四二年潜入台湾海面的英国武装鸦片船，被渔民诱入土地公港沉没。英国占领台湾的尝试，彻底失败了。

战争期间，安徽桐城人姚莹为台湾兵备道。因为他主张抵抗侵略，从而遭到疑忌，后来被清政府撤职。姚莹分析战争的过程说：“台湾擐甲之士，不懈于登陴，好义之民，咸奋于杀敌……卒得保守岩疆，危而获安，未烦内地

---

① 格林堡:《英国贸易与中国开放》( Michael Greenberg: British Trade and the Opening of China 1800—1842 )，178 页。

② 马士:《中华帝国对外关系史》( H. B. Morse: The International Relations of Chinese Empire )卷一，638 页。

③ 丁日健辑:《治台必告录》卷三；达洪阿、姚莹:《防夷奏疏》。

④《筹办夷务始末（道光朝）》卷三八，2 页。

一兵一矢者，皆赖文武士民之力也。”[①] 他可算正确地估计了台湾抗英斗争取得胜利的原因。

台湾抗英斗争的胜利，虽然没有改变鸦片战争因清政府投降所产生的失败结局，却表现出了中国人民对外国侵略势力的态度与清朝统治者根本相对立。他们是坚决反对外国侵略者的力量。

作为鸦片战争的直接结果，是中英订立《南京条约》，中国开放广州、福州、厦门、宁波、上海五处为通商口岸，对英国支付巨额赔款。接着又订立了中英《五口通商章程》和《虎门条约》（一八四三年）、中美《望厦条约》、中法《黄埔条约》（均于一八四四年），规定了片面的最惠国待遇、领事裁判权、关税协定等不平等条款。这一切都直接引起了台湾的社会经济结构的剧烈变化。

台湾是受鸦片毒害最严重的地区之一。鸦片战争以后，烟土之禁，不弛而弛。台湾鸦片的输入量，迅速增长，每年超过二百万元，往后更是不断增多，鸦片成为最重要的输入品。鸦片广泛吸食的结果，造成银源竭蹶，人民生活日益困难。

资本主义国家把他们廉价的工业品以及从落后国家劫夺来的物资输入中国，阻碍中国手工业和农业生产，也破坏了中国各地区之间历史地形成的经济联系。台湾是中国不产棉布的地区，片缕寸帛，皆自外来，泉州白布、福州绿布、宁波紫花布等，向来在台湾畅销。厦门开埠不到三年，洋布洋棉，充积厦门，“民间之购买洋布洋棉者，十室而九”[②]，台湾的棉布市场，大部分被洋布夺去。造成闽南纺织手工业者大批破产。从前畅销的各种土布，只有在乡村中找到出路。[③]

五口开放以后，洋米也抢走了台米的市场。台湾盛产稻米，鸦片战争前，每年运到福建漳州、泉州，江浙的上海、宁波等地销售的达八九十万石。五口开放后，外国商人从越南、暹罗等地搜刮来的廉价“洋米”，输入到中国缺粮地区。到十九世纪四十年代末，这些地区“食洋米而不食台米”。台米市场被洋米所夺，台湾谷价极贱，每石卖五六钱，仍找不到销路。[④] 农业生产的发

① 姚莹：《东溟文后集 · 奉逮入都别刘中丞书》。

② 见《历史研究》1954 年第 3 期，26 页，《福州将军兼管闽海关敬斅变通收税章程折》。

③《台湾通史》，411 页。

④ 徐宗干：《斯未信斋文编》，官牍卷六，《请加增养廉议》。

展，受到莫大的打击。到四十年代末，台湾和大陆间主要的商品交换的锁链，遭到了外国资本主义的强烈破坏。

英法两国于一八五八年发动第二次鸦片战争。清朝政府在一八五八年与英法订立《天津条约》、一八六〇年订立《北京条约》。《天津条约》规定台南、淡水为通商口岸。不久法国和英国更强迫清朝政府将基隆、高雄两港作为台南和淡水的外港开放。外国侵略者又自一八六二年起，把他们在中国大陆推行的半殖民地的海关制度搬到台湾来，直接把持台湾海关行政，掌握了台湾全岛门户的锁钥。自此以后，外国资本家对台湾的经济掠夺，日益加紧了。

十九世纪五十年代外国商人就开始在台湾设立洋行，掠夺当地的土特产，控制进出口贸易。一八五六年美国奈伊公司（Nye Bro. & Co.）、威廉、安逊公司（William，Anson & Co. ）和罗宾纳公司（Robinet & Co.）在高雄合伙设立洋行，经营樟脑贸易。一八五六、五七年内，他们在台湾以每担八元的价值，收买樟脑二万多担，运至香港高价卖出，获得优厚的利润。以后外国人在台湾开设的洋行一天天增多，著名的有英国的怡和洋行（Jardine, Matheson & Co.）、颠地洋行（Dent & Co.）、怡记洋行（Ellis & Co.）、天利洋行（Mcphail & Co.）、德记洋行（Tait & Co. ），德国的公泰洋行（Milisch & Co.），美国的费尔德、哈斯达洋行（Field，Hastus & Co. ）等。台湾的大宗出口物资如砂糖、樟脑、茶叶、硫磺等以及主要的进口物品如鸦片、棉布、面粉、金属，都由这些洋行所独占经理。

外国资本主义侵入以后，台湾社会经济的急遽衰退，是人们在日常生活中随处都可以觉察到的。一八五〇年台湾兵备道徐宗干在《请筹议积贮书》上说："昔年官于此者，皆公私绰绰然，加以存项充牣……无虑支绌，故至今无不以为台地之胜于内地。……履其地而后知十年前之不如二十年前也，五年前之不如十年前，一二年内之不如五六年前也。"[①] 人们所感觉到的这种江河日下，一天比一天恶化的趋势，正是台湾社会半殖民地化一天天加深的趋势。

外国资本主义在经济上的积极侵略，必然伴随着政治上军事上的积极侵略。几乎和英国企图占领台湾的同一个时候，中国人民的死敌——美国侵略

---

① 徐宗干：《斯未信斋文编》，官牍卷五。

者就表现出了对台湾的极露骨的侵略野心。美国在一八四七年和一八四九年，两次派人潜入台湾，调查煤矿资源，反映了它侵略这个地区的最初意图。

美国政府于一八五三年派遣海军统领皮雷（M. C. Perry）率领舰队到远东活动，那时正当中国太平天国革命运动蓬勃发展，美国已开始了它的干涉行动。美国舰队经日本、琉球到达台湾，在那里进行了收集情报，调查矿产、森林、耕地面积，测量港口，绘制地图等广泛的活动。皮雷向美国政府建议：美国应该努力在远东建立一个庞大的殖民帝国，第一步是把小笠原群岛、琉球群岛和台湾据为己有。皮雷在向美国政府的意见书上，特别强调说："该岛（指台湾，下同。——引者）直接地面对着中国的许多主要商业口岸。只要在该岛驻泊足够的海军，它不但可以控制这些口岸，并且可以控制中国海面的东北入口。"[①] 皮雷的建议是早期美国激进侵略主义者扩张远东基地网计划的一部分。

当时美国根本没有力量能够实行皮雷之流那样的侵略计划。侵略者采取了他们认为较为稳妥的步骤：先在台湾建立美国的居留地，逐渐扩张，到最后加以占领。一八五五年美商奈伊、罗宾纳等人居住在高雄，他们除了用诈骗手段取得收买全岛樟脑的专利权，又蓄意破坏中国行政主权。

一八五六年，英法酝酿联合对华发动第二次鸦片战争，美国驻华专使巴驾（P. Parker）认为美国劫夺台湾的时机已经成熟。这年十二月间，巴驾向美国国务院提出一项由美、英、法三国分别占据台湾、舟山群岛和朝鲜的分赃计划。美驻华舰队司令亚门司龙（Armstrong）也参与密谋。第二年二月间他们又进行会谈，一致认为"台湾对于美国是最合乎愿望和最有价值的岛屿"[②]。三月间巴驾向国务院报告，指陈英国有侵略台湾的企图，因此美国应该赶快下手。在巴驾等人怂恿下，住在台湾的美国商人也加紧进行各种阴谋活动。

美国此时还是个羽毛未丰的二等国家，没有一个欧洲强国（特别是英国）承认它有侵占台湾的资格。"在资本主义下，为实行分割势力范围，分割利益和殖民地等等，除了计算各个参加分赃者底实力，即它们各自拥有的一般经

---

① 霍克斯编：《美国舰队向中国海和日本远征记》〔F. L. Hawks（ed.）: Narrative of the Expedition of an American Squadron to the China Seas and Japan〕卷二，180 页。

② 贝·波列窝依（Б. Полевой）:《美国侵占琉球、小笠原群岛及台湾的最初企图》，译文载中国人民大学出版《历史问题译丛》1953 年第 4 本，39 页。

济、财政、军事等等实力而外，再也不能设想出什么其他的根据”①。台湾人民为抵制美国侵略分子的蛮横行为，联合起来，一致拒绝同美国贸易。居留的美国商人被迫离开，他们侵占台湾的大阴谋，宣告破产。

但台湾人民反对美国侵略者的斗争，那时还不过是刚刚开始。不久以后，美国驻日公使哈立斯（T. Harris）建议美国用“购买”的方式取得这个岛屿。连美国政府也觉得这个建议过于荒谬，不敢提出来尝试。

外国侵略势力的不断进逼，人民生活的恶化，使中国社会的阶级矛盾——主要是农民与地主的矛盾更加紧张。一八五一年至一八六四年的太平天国农民革命运动，是农民阶级与地主阶级的矛盾新的巨大爆发。一八五一年太平天国在广西起义以后，革命风潮震荡全国，对台湾农民革命的形势，给了有力的推动。

太平天国一八五三年三月解放南京，五月间以黄威为首的福建小刀会起义占领漳州和厦门。六月初台湾爆发了李石、林恭所领导的响应太平天国的起义。

李石，台湾（台南）县人，自这年五月起，积极准备响应福建小刀会的起义。六月初在湾里树立反清旗帜，率众攻杀台湾县令。接着凤山人林恭起义响应，攻占凤山县署，释放狱囚，打开仓库，出示禁止杀掠。清政府纠合地主武装，到八月底把这次起义镇压下去。李石、林恭死难。

李石、林恭为首的起义失败后，一八六二年有戴潮春为首的起义。戴潮春，彰化人，台湾反清秘密团体八卦会的首领。起义前，已有会员数万人。官吏派军队镇压，戴潮春率众起义，占领彰化城。葫芦墩、北投等地群众纷起响应。戴潮春称东王，围攻嘉义、鹿港、大甲等城镇，其势力一度发展到二十余万人。②全台震动。清政府一面组织地主反动武装与起义军相对抗，一面调福建水陆军到台湾进行镇压。潮春于一八六四年一月被执死难。半年以后，太平天国革命运动也被地主阶级和外国干涉者的联合力量所平息下去。

此时台湾人民起义，是在外国资本主义侵入了中国，封建社会开始瓦解，中国已进入半殖民地半封建社会的历史条件下发生的。这时的台湾人民起义和全国各地人民起义一样，它必然带有民主主义的反对帝国主义、封建主义

①《列宁文选》（两卷集）卷一，1024页。

②丁日健辑：《治台必告录》卷六。

的性质。因为在这个时期封建势力和帝国主义势力已经逐步互相勾结。这种斗争打击了封建势力，同时也打击了帝国主义。

近代中国历史的第二个阶段，开始于太平天国失败以后。到一八九五年中日战争结束，共经历了三十一年。它的主要特点是：外国资本主义在中国的经济、政治势力的发展，外国掠夺中国四周的许多邻国，封建势力与外国侵略者之间的矛盾激化；同时，中国的一部分商人、地主、官僚开始投资于新式工业，中国开始出现了资本主义的生产关系。

台湾人民此时一方面是继续与外国侵略者作斗争，又一方面是积极从事国防、经济、文化等各种建设。在这个阶段之内，台湾的各种建设发展很迅速，达到了内地经济、文化最发达的区域的水平。

人民反抗侵略的斗争，此时首先是反对美国的武装侵略。

美国政府对于它的侵略台湾的计划一再失败，极不甘心。一八六七年，它借口美船"罗佛"（Rover）号水手在台湾遭到高山族人民的袭击，派海军上将贝尔（Bell）率领军舰两艘进攻台湾。六月初美国陆战队一百八十余人，在台湾西南海岸琅璚地方登陆，进行偷袭，遭到高山族人民的迎头痛击。高山族人民利用熟悉的地形，跟入侵的敌人作战。敌军进攻时，他们隐蔽起来，使敌人找不到攻击的目标，等敌人在树林中奔走得精疲力竭，他们又突然出现，从四面八方向敌人袭击。高山族人民依靠灵活的战术来困扰、打击敌人，打死了领队的军官，把丧魂落魄的美国兵追逐到海边。美国第一次的武装侵台可耻地失败了。

美国侵台阴谋接连破产以后，在七十年代采取了和刚刚走上资本主义扩张道路的日本携手合作的侵略方式，企图利用日本军阀的刺刀来为美国势力在台湾开辟道路。

从一八七二年起，美国经过驻日公使德龙（De long）和日本当局勾结，准备合作进攻台湾。日本这时是个贫弱小国，"出征"台湾是它所愿意干的事，但是不敢轻举。现在能得美国的帮助，自然同意。美国以驻厦门领事、对台湾熟悉的李仙得（Le Gendre）为日本谋主，策划武装侵台的具体步骤。至一八七四年四月，美、日侵略军开始行动。日本出动海陆军约三千人和相当数量的后勤人员。美国则参加军事指挥人员，又供给日本军火、船只。美国太平洋邮船公司的巨轮"牛也克"（New york）号也一度计划用来替日本运兵。

美、日军队在琅璚登陆后，当地人民即奋起抵抗，节节阻击侵略军。清政府一面同美国、日本交涉，一面派总理船政大臣沈葆桢为钦差大臣，办理台湾海防，统率福建舟师到台湾巡视。美国虽和日本联合，力量仍是很有限。相持了几个月，侵略军不断遭受打击，清政府又愿赔偿日本军费，美、日侵略军撤出了台湾。

关于美国这次同日本合作进攻台湾的历史，在美国政府已经发表的文件和以往某些资产阶级学者的著作中，一方面记载了一些事实的现象，另一方面又竭力掩盖美国侵略政策的本质，证明侵略者的作贼心虚。

与台湾人民反对美国侵略的同时，法国也正在中国外围的地区建立侵华阵地。一八八四年它为了加紧侵略越南、并侵入我国西南各省，发动中法战争。

在这次侵略战争爆发之初，法政府即决定侵略台湾，作为进攻华南的基地。清政府也认识到加强台湾防务的重要，派刘铭传为台湾防务大臣，积极整训军队，修筑炮台，严防敌人进犯。其时台湾共有守军四十营，约二万人，力量相当雄厚。

七八月间，法国大队海军，侵入基隆港。刘铭传知道法军久已垂涎基隆煤矿，预先已将八斗煤矿机器拆运他处，并将煤矿房屋及存煤一万五千吨“一并烧毁，以绝敌人窥伺之心”[①]。守军拼力抵御，杀死杀伤敌人二百多名，把法军赶下海去。十月初，法国远东舰队司令利士比（Lespès）亲自率领舰队猛扑淡水，登陆法军七八百人，经我军孙开华、章高元部奋勇截杀，民军张李成所部配合作战，毙敌三百余人。侵略军抱头鼠窜，争先上船逃命，忙乱中又溺死七八十人。事后法海军将领孤拔（Courbet）懊丧万分，承认“这是一次最不合算的战役”[②]。经过这次惨败以后，法国侵略军从此再不敢犯淡水。第二年初，法军以基隆为基地，向台北进犯。民军林朝栋所部利用山险，击败敌人多次进攻。基隆人民在敌人占领下，继续进行英勇的斗争。基隆码头工人拒绝替法军运煤，少数法国兵到据点以外活动，随处遭到人民的袭击。敌人使用了毁灭整个村庄、集体屠杀等残暴手段，仍不能动摇当地人民的斗争意志。三月底法舰队猛攻澎湖，并一度将其占领，企图切断台湾和大陆的联系，同时作为长期侵台的据点。这个阴谋，后来也失败了。法军攻击台湾总

---

① 刘铭传：《刘壮肃公奏议》卷三，《请将曹志忠移扎山后并拆移煤矿机器片》。

② 甘乃隆：《孤拔传》（E. Ganneron: L'Amiral Courbet），308—309 页。

计将近一年，集中了几千军队，除一度占领基隆（中法议和以后，法军退出基隆），此外一无所获。至今基隆附近有一片墓地，埋葬了七百多具法国士兵的枯骨。他们是法国普通人民的儿子，外国侵略者为了自己阶级的利益，绝不吝惜本国人民的生命。

台湾人民在抗法战争中，参军、捐献十分踊跃。编在作战部队内的群众，在五千人以上，捐献总数达数十万元。战地附近的居民平时守卫海岸，战时参加战斗。广大的群众和台湾守军，都为保卫国土，立下了战功。

法军虽实行严密的海上封锁，仍不能截断大陆与台湾的联系。在战争中，大陆人民冒险运兵、运械、运饷到台湾去，支援台湾的斗争。当时从上海运到台湾去的军械和士兵最多，华北各省接济台湾毛瑟枪五千枝，克虏伯炮十六尊，现金二十多万元。广东支援台湾有士乃得枪五百支，前膛枪三千支，后膛枪三千支，现款二十余万元。除了清政府内少数的卖国贼，全国人民在抗法斗争中，表现了充分的团结一致。

坚决反抗外国侵略，是此时台湾人民活动的一个方面；另一个方面，便是继续开辟土地，提高社会生产力，进行各种新的社会建设。

鸦片战争之后，大陆上迁移到台湾的劳动人民照旧逐年增多，表示那里的生产开发方兴未艾。地方行政机构的增设，反映出开发的面积扩大。一八七五年在琅瑀地方设恒春县，属台湾府，又于北部设台北一府，淡水、新竹、宜兰（即噶玛兰旧治）三县。到中法战争时，许多大小城市已在各地建立起来，连开发较迟的东部山地，人口也逐渐密集。鸦片战争之后，英、美、日、法各国连续的武装侵略，推翻了清政府对台湾的“乱自内生，鲜有外至”的看法。特别是一八七四年以后，美国、日本和法国的军事进攻，使清政府明白认识了台湾在国防上的重要性，开始改变早先的消极保守政策，以防止侵略者强占台湾为治理台湾的目标。中法战争结束，福建巡抚刘铭传建议清政府加强台湾的防务。他认为“台湾为东南七省门户，各国无不垂涎，一有衅端，辄欲攘为根据。今大局虽云粗定，而前车可鉴，后患方殷，一切设防练兵……诸大端，均须次第筹办……”[①]。清政府于一八八五年十月决定建台湾为一省，以刘铭传为巡抚，在彰化境内设立省城。一八八七年台湾人口已达三百二十万人。到一八九四年中日战争前夕，台湾共有三府、一直隶州、六厅、十一县。

①《刘壮肃公奏议》卷一，《法兵已退请开抚缺专办台防折》。

建省前后，在国防、工业、文化建设方面的重要措施，有以下诸大端：

修筑炮台：一八七四年美、日侵台军撤退后，沈葆桢鉴于外国侵略军多次在台湾南部登陆，决定在安平、旗后、东港修建炮台。安平炮台用砖石巨材修成，设大炮五尊、小炮四尊，水师副将率炮兵三百驻守。东港炮台设大炮五尊，驻兵五百。旗后炮台结构宏壮，守军十一营参加修筑。中法战争时因有这些炮台，法军不敢进犯台南。台湾建省以后，澎湖、基隆、淡水、旗后各修新式炮台。清政府拨款六十四万余两向英国购买阿姆司脱郎后膛钢炮三十一尊。澎湖新建炮台四座，设炮十七尊。基隆、淡水各建两座，旗后新建一座。这些炮台工程浩大，费时两年完工。当时指定伏波、威利、万年青、海镜、海定等专轮运输物料，仅水泥一项支出，值二十万两以上。清政府为了加强澎湖防务，新设澎湖镇总兵（原为副将）驻军三四千人。可惜中日战争中清政府不战放弃台湾，使这些大力修建的炮台，没有起打击日寇、保卫国土的应有作用。

架设电线：一八七四年沈葆桢建议架设电线，畅通文报。一八七七年，台南至安平、台南至旗后电线架设完工，两线共长九十五里。一八八六年刘铭传在台北成立电报总局，筹设水线、陆线，陆线自基隆、淡水经台北到台南，于一八八八年完成。水线分两路，一自淡水至福州；一由澎湖到安平，于一八八七、八八年先后完工，新设水陆电报线一千四百多里。自此台湾水陆电线衔接，省内省外瞬息相通了。

修建军械机器局：中法战争时，台湾先后购买后膛枪万余支，各种子弹仰靠外来供给。刘铭传一面于一八八五年在台北兴工建造机器局，一面购买制造枪弹机器。一八八六年机器局建成后，又开工修建制造炮弹的大机器厂。另外在台北又设火药局，在基隆、淡水设水雷营。

开煤矿，用新法采煤：一八六三年台湾用土法开采的煤即达二万多吨。一八七五年沈葆桢建议购置机器，用新法开采基隆煤矿。当时全国风气未开，清政府只指定台湾和直隶磁州试办煤铁开采。一八七六年基隆煤矿有矿工一千人以上，输出的煤达四万六千吨。中法战争时，矿区遭到严重的破坏。一八八七年招商股六万两，合官股十二万两，重新添置机器，排除积水，恢复生产。第二年初，每日可产煤一百吨。一八九一年台湾煤输出量达到七万七千吨。

修筑铁路：台湾修铁路以前，当时全国只有唐山煤矿到胥各庄间的唐胥运煤铁路，全长十八里，于一八七九年修成通车。台湾建省以后，刘铭传竭力主张修建铁路，贯通台南台北之间。他论到修铁路的好处说：台湾“当此分省伊始，极宜讲求生聚，以广招徕。现在贸易未开，内山货物，难以出运，非造铁路不足以繁兴商务，鼓舞新机……若能就基隆开修车路，以达台南，不独全台商务繁兴，且于海防所裨甚大”①。台湾铁路总局于一八八七年成立，积极募集商股，两月内筹得股金七十万两。同年八月由台北向基隆开始筑路，几月后，又由台北向南修筑。一部分驻军参加修路工程。台北至基隆铁路全长六十里，凿山开道，工程艰难，于一八九一年完工通车。台北至新竹铁路长一百二十五里，于一八九三年通车。台湾铁路不但是中国最早的铁路之一，而且是中国自己集资修成的，工程师大部分是中国人。长达一千五百二十英尺、下通舟楫、随时可以启闭的淡水铁桥，即为粤籍工程师张家德所设计。中国人民在早期的祖国铁路建设中，表现了特出的才能。

开办新学堂：鸦片战争以前，台湾文化教育比内地落后，如一七六四年，在台湾应考秀才的文童只有八十多人。鸦片战争以后，台湾文化教育迅速发展。书院是当时的官办学校，一八四三年以后各府县新设书院十多处，除书院外，还添设了许多义塾和高山族社学。据一八五〇年左右的记载：“台郡（台南府）城内庠塾相望，昼夜时有书声……文童将近三千人。”②台湾建省以后，“各属应试文童，多至逾千，少亦数百……不少于内地大中等学”③。刘铭传并在台北开办新学堂。一八八七年设西学堂，教授算学、理化、史地、测绘等学科。一八九〇年又设电报学堂，专收西学堂及福建船政学生，培养电讯专门技术人才。又在台北设立培养高山族青年的学校。

此外，刘铭传还设立轮船公司，开辟上海、香港定期航路，又与西贡、新加坡通航；设邮政局，传递书信；办官医局、养病院等。

刘铭传在台湾的各种建设中，起了积极的作用，他所兴办的有些建设项目，在全国且属创举。

拿台湾与内地作一比较，可以看出它现在不仅在国防上是一个重要的省份，在经济、文化上也是一个先进的省份。

---

①《刘壮肃公奏议》卷五，《拟修铁路创办商务折》。

②《治台必告录》卷五，徐宗干《上彭咏莪学使书》。

③《刘壮肃公奏议》卷六，《增设府县请定学额折》。

## （二）一八九五年人民坚决抵抗日本的侵略

日本于一八六八年（同治七年）经过“明治维新”，走上资本主义道路。日本的资产阶级侵略者，从此努力挤进列强破坏中国主权，吮吸中国人民鲜血的行列。一八九四年日本发动侵华战争以后的数十年间，日本帝国主义侵略中国的活动日益疯狂，包括台湾在内的全国人民，英勇奋发，进行了抵抗日本侵略的坚决斗争。

日本在美国的支持下，蓄谋侵略朝鲜，向中国挑衅，在一八九四年发动了中日战争。清朝政府军事上接连溃败，战火从朝鲜很快蔓延到我国东北和山东半岛。一八九五年二月，北洋海军在威海卫全部覆灭，从此日本舰队横行海上，侵占台湾的野心一天比一天明显。

同年三月底，日舰队猛攻澎湖。当时澎湖守军力量相当充足，守将周镇邦贪生畏死，临阵脱逃，竟将全岛土地拱手送给敌人。岛上全部军火，包括海岸炮、野战炮等百余门，枪二千余支及大量子弹，也都落到敌人手中。

清政府在战争开始不久，因清军在平壤、黄海大败亏输，即决计向日本求和。日本取得了军事上的胜利，气焰嚣张，开列的媾和条件异常苛刻。经过几次接洽，急切要求投降的清政府最后派定卖国贼李鸿章为头等全权大臣，往日本商订和约。

一八九五年四月十七日是台湾历史上一个黑暗的日子。这一天，清政府被迫同日本缔结了屈辱的《马关条约》。《马关条约》中规定清政府割让“台湾全岛及所有附属各岛屿”，“并将该地方所有堡垒、军器、工厂及一切属公物件，永远让与日本”。日本侵略者此后便拿着这一纸条约，作为他们强占中国领土台湾的根据。

《马关条约》是《南京条约》以来，划一新的历史阶段的卖国条约。中国在走向殖民地的痛苦道路上从此又进了一大步。

日本侵略中国的甲午战争，是在美国大力支持下进行的。《马关条约》的签订，美国起了重要的帮凶作用。自一八九四年十月底以后，美驻华公使田贝（C. Denby）曾在“和事佬”的假面具下，一再怂恿清政府向日本侵略者屈膝求和。在马关议和期间，一方面有美国前国务卿科士达（J. W. Foster）

充任李鸿章的“顾问”从中策划，督促李鸿章向日本无条件投降；另方面田贝也在北京对清政府施加压力，使条约很快批准。

当时环绕着割台问题，人民大众和封建统治集团之间形成极尖锐的对立；在人民的压力下，统治集团内部也意见分歧。但唯一真正反对割台，坚决保卫祖国领土的力量，是亿万中国人民。

当割台凶耗传到台湾时，全台同胞仿佛午夜暴闻轰雷，奔走相告，哭声震天，表现了不可抑制的悲愤。正在北京会试的台湾举人，联合上书都察院力争。全台绅民直接打电报给清政府，坚决反对割地议和。清政府一概置之不理。人民曾发出檄文说：不论在车上船上，在街道上，在旅馆或衙门内，只要碰到卖国贼李鸿章，台湾人民一定把他杀死，以谢天地祖宗。台北且于《马关条约》签字的第二天“鸣锣罢市”，愤怒抗议清政府的卖国罪行。全台同胞人人抱定“桑梓之地，义与存亡”的决心。群众“愿投效杀贼者，日有千数百人”①，“一律预备与倭人决一死战，不愿将全台归与倭人，众志成城，有死无二”②。

和台湾同胞一样，大陆人民在获悉割台凶耗后，人人感到“痛心疾首，呼天无路”③，对清政府的卖国勾当恨入骨髓。一八九五年七月十五日的《申报》以《论台民义愤亦足以震慑远人》为题，直言“我君可欺，而我民不可欺；我官可玩，而我民不可玩！”明确地指出人民抵抗路线和统治集团投降路线的本质差别。广大人民的呼声，在当时进步知识分子的言论中也得到清楚的反映。康有为、梁启超等一千三百多人公车上书，反对割台，主张迁都抗战。谭嗣同痛斥清朝统治者竭台湾“二百余年之民力，一旦苟以自救，则举而赠之于人；其视华人之身家，曾弄具之不若”④。此外还有许多人用诗歌词章，发表反对割台的意见。⑤这些作品在当时数量相当多，流传相当广，确是起了口诛笔伐的作用。

清政府决心如期交割台湾。五月二十日，上谕台湾巡抚“唐景崧着即开

---

①《唐维卿中丞电奏稿》，载《中国近百年史资料续编》下册，311 页。

②1895 年 5 月 15 日《申报》。

③1895 年 5 月 26 日《申报》。

④《谭嗣同全集》，59 页。

⑤如黄遵宪的《台湾行》、杜德舆的《沪上感咏》、张秉铨的《哀台湾》、邹增佑的《和约定议感赋》等等。

缺，来京陛见。其台省大小文武各员，并着唐景崧饬令陆续内渡”[①]。一个反动政府当它把持统治权的时候；用各种方法教人相信官民是一体。谁要反对它的统治，谁就是乱民。等到一旦它为了保持少数统治者的利益，出卖领土主权时，便什么也不顾了，把国土人民送给外人宰制。反动统治阶级的利益和人民利益的根本对立，在这里暴露得最尖锐、最明显。

与饬令台省官吏内渡同时，清政府特派李鸿章的儿子李经方为割台大臣，前往台湾办理交割手续。李鸿章一面认为“我父子……无可推诿”，除了他们谁也不配担任这个举国唾骂的丑角；另方面又竭力诬蔑“台民如此凶横”，感到“事殊棘手”。[②]他竟无耻到电请日首相伊藤博文“遣派水陆各军，以资弹压”，又再三关照李经方“惟随倭船后，相机进止”。[③]六月一日，李经方带同科士达，在日舰“高千穗”号护送下到达基隆口外，次日会见日本台湾总督，呈上割台清单。这样，中国的领土台湾，就被清朝卖国政府葬送了。

还在李经方交出割台清单以前，日寇已于五月底在基隆东面三貂角强行登陆，开始了侵略战争。驻守当地的清政府守将率部逃回大陆。六月初基隆失陷，唐景崧逃走，台北愈加混乱。美国纽约《先驱报》记者戴维逊（J. Davidson）邀集英、德商人从台北潜赴基隆，供给日寇情报，并担任向导，导引日军进入台北。日皇后来曾将“旭日勋章”授予戴维逊等三人，借以酬报他们充当日本特务的一番辛劳。

台北沦陷，大批清朝文武官吏纷纷逃回大陆；台湾人民拥护台南守将刘永福领导抗日。永福是中法战争的名将，勇猛善战，廉洁自守，深得人民爱戴。《申报》上说永福“忠肝义胆，惟知以一身支危局……是以旧部桂越等处之兵，每战必舍命争先；义兵亦闻风鼓舞，痛扫边氛”[④]，确是可靠的记载。他团结台湾人民共同抗击日寇，达五个月之久。这一段英勇抗战的历史，大体上可以分为三个时期：

第一期（六月上旬至八月中旬，战事限于北部）：日寇占台北后，南下进攻新竹。吴汤兴、徐骧等率义民军奋力抵御，大小数十战，使敌军遭受沉重打击。六月下旬，新竹富家不肯助饷，义民军被迫退出城外，日寇占据新竹。

① 李鸿章：《李文忠公电稿》卷二〇，64 页。

② 同上，61 页。

③ 同上，65、67 页。

④1895 年 7 月 6 日《申报》。

七月中旬，汤兴联络各军大举反攻，在新竹城东同日寇展开激烈的战斗，消灭了大批敌人。我军终以缺乏弹药，被迫撤退，义民军领袖之一姜绍祖在这次战役中壮烈牺牲。

日寇虽侵占台北和新竹，但四乡民众配合义民军继续抵抗，经常四出破坏敌人的交通线，或集中力量消灭小股日寇，给予敌人以极大的威胁。群众在斗争中所表现出的高度的英勇顽强精神，令敌人也不得不照实承认。日本人竹越与三郎记载台北四乡农民的抗日情状时写道："不论何时，只要我军（指日寇）一被打败，附近村民便立刻变成我们的敌人。每个人，甚至年青妇女都拿起武器来，一面呼喊着，一面投入战斗。我们的对手非常顽强，丝毫也不怕死。他们隐藏在村舍里，当一所房子被炮火摧毁，他们就镇静地转移到另一所房子里去，永远等一有机会就发动进攻。不仅台北的情况是这样，而且整个新竹的四郊也是这样，新竹村民是以顽强和勇猛著称的。"①

新竹、台北的村民配合义民军抗击日寇，将日本侵略大军牵制在这一带共达两个多月。台北、新竹间的村庄，在作战中被残暴的日寇纵火焚烧，完全夷为废墟。

第二期（八月中旬至九月下旬，战事转移到中部一带）：八月十四日，日寇集中大军进攻苗栗，义民军为避免损失，作有计划的撤退，居民也随军迁出城外，日寇入城后空无所得。这时刘永福派吴彭年率黑旗军赶援，联合各军扼守大甲溪，多次击退敌军进攻。后来日军调大队前来猛扑，大甲溪被日寇占领。

大甲溪失守，刘永福再调七星队（永福亲军）增援，协同各军保卫彰化。各军驻守城外八卦山，敌军大队"以快枪快炮环垒而进"，我军奋起迎击，展开自日本近卫师团侵台以来规模最大的一次搏战。吴汤兴、吴彭年英勇战死，七星队几乎全部壮烈牺牲。

彰化陷落后，日寇复连陷云林等地，嘉义危急。刘永福亲至前线筹防，命王德标率军防守嘉义，杨泗洪、朱乃昌赴前线援攻，又招得黄荣邦、林义成、简成功、简精华等率义民军助战。不久，将云林一带完全收复。

---

① 竹越与三郎：《台湾统治志》，英译本（Yosaburo Takekoshi: Japanese Rule in Formosa），88页。

**一八九五年台湾义民军在彰化嘉义间抗击侵台日寇图（油画）**

（原件存历史博物馆）

抗日军用抬枪、土枪和长矛抗击新式装备的日寇，百战不屈，使敌人付出极惨重的代价，沉重地打击了侵略者的凶焰。他们无比英勇的抗日行动，令人至为感奋。

但随着时间的延长，抗日军饷械竭蹶的危机也愈益严重。清朝卖国政府决意断绝对台湾的一切援助，始则表示“台事无从过问，所有饷械，自不宜再解，致生枝节”①，做出一付卑鄙透顶的“局外中立”的样子；后来索性连人民之间私相援助，也要横加干涉，电令闽督谭钟麟“着海口官弁严行禁止”②。刘永福对张之洞抱着幻想，屡次电恳接济：“存有饷仅敷两月……求我公设法暗助饷械，以期恢复台湾”（闰五月初三日到）；“台北义勇甚得力，台南饷械极支绌……力求垂救”（闰五月十九日到）；“今饷械俱绝……痛哭流血，乞速设法救援”（七月初三日到）。但张之洞对这些呼吁充耳不闻，通知

①《清季外交史料》卷一一三，5页。

②同上，卷一一三，7页。

刘永福："敝处实无从设法，万勿指望。"又说："派轮解饷……必须与倭商明，方能办理。"[①] 这种无耻的口吻，十足表现出统治阶级对人民的极度残忍冷酷。永福又曾前后派文案罗绮章、吴桐林内渡求援，遍谒沿海督抚，也没有一人愿意帮助。

在饷源枯竭的情况下，台南外国洋行复指使大小商人拒用刘永福发行的官银票，纷纷索兑现银，市面大乱。前敌诸军连日饥饿，拼死作战，希望夺回彰化驻足。九月下旬，各军接连攻打彰化炮台，黄荣邦战死，林义成等多人重伤，损失惨重。日寇乘机大举反扑，云林等地又入敌手。

第三期（十月上旬至同月下旬，抗日军在南部进行最后抵抗）：十月上旬，敌近卫师团猛攻嘉义，抗日军沿路设雷，炸毙日寇数百人，敌近卫师团长能久亲王也受重伤，不久毙命。敌军冒死夺城，嘉义不守。

紧接着，日军在台南附近登陆，三面围攻台南。抗日军作战四个多月，大部阵亡，仅余一万二千人左右。在敌众我寡、饷械俱绝的情状下，失败已不可避免了。徐骧从蕃薯寮、打鹿埔一带招集高山族壮士数百人，配合各军扼守嘉义和台南之间的曾文溪。十月十九日，敌军马、步、炮齐攻。抗日军知道这是最后的战斗，作战非常勇敢，徐骧及总兵柏正才等奋战身死，王德标、简精华不知所终。余军饥溃不支，纷纷退入台南。刘永福见大势已去，登轮回到大陆。二十一日，台南英国教士福格逊（D. Ferguson）、巴克莱（T. Barclay）二人导引日寇入城，台南失陷。

日寇在侵台过程中，遭受了台湾人民的无情打击，毙伤总人数达到32,315人。[②] 以侵台的主力军近卫师团而论，被消灭在台湾的人将近半数。台湾同胞不怕流血牺牲，为保卫祖国的领土英勇作战五个月，这一段可歌可泣的抗日历史，全中国人民永远不会忘记。

---

① 张之洞：《张文襄公电稿》卷二三，8、15、24、23、25页。

② 参看戴维逊《台湾岛》（Davidson: The Island of Formosa），364页。

## （三）一八九五——九四五年日本帝国主义的殖民统治与人民反殖民统治的斗争

直到一九四五年抗日战争的胜利，日本帝国主义在我国的台湾省实行了五十年的殖民统治。英勇不屈的台湾中国人民在日本殖民者摧残、榨取、奴役之下，为反抗日本统治而进行了整整半世纪之久的顽强斗争。

甲、日本的殖民地统治。

五十年的日本殖民统治，其主要内容，归纳起来是两个方面，一个是暴虐的殖民地统治秩序，另一个是敲骨吸髓的殖民剥削。

日本统治台湾的殖民地秩序，大体上说，一九一九年以前，着重于赤裸裸的武力控制，一九一九年以后武力控制和思想奴化政策并重。一九三七年日本帝国主义发动侵华战争后，愈益加紧在台湾进行奴化政策，妄想割断台湾人民和大陆同胞之间在精神上和感情上的不可分离的联系，使台湾人民忘记自己的祖国，进一步驱迫他们充当侵略战争的炮灰。尽管前后的重点有所不同，殖民统治的实质，丝毫也没有改变。

台湾总督是日本在台湾的最高统治者，是代表日本帝国主义骑在中国人民头上作威作福的专制暴君。总督不仅独揽行政大权，按一八九六年颁布的文件规定，“台湾总督在其管辖区域内，得发出与法律同效的命令”[①]，他实际上又是台湾的最高立法者。

为了彻底镇压中国人民的反抗，日本帝国主义在侵占台湾初期就建立了严密的警察制度。警察制度是日本在台湾维持其殖民暴政的最有力的工具。笼罩全岛的警察网，把台湾变成一座暗无天日的大监狱。日本警察既是直接屠杀起义群众的刽子手，又是无恶不作，蹂躏和平居民的蟊贼。他们可以随意凭借“违警例”，对中国人民恣意勒索，施以“惩罚”。例如家畜跑出户外，户主可以因此被判处一年徒刑；袒背纳凉可以成为罚金五百元的根据；民间婚丧奏乐，日警可以随时勒令中止等等。

警察制度之外，日本从一八九八年起又推行保甲制度，利用保甲作为警察辅助机关。凡中国人都必须编入保甲，保甲中各户户主所担负的纳税、服役等“义务”多达一百种以上。保甲条例规定“保甲内之人民各负有连坐责

---

① 台湾新生报社编：《台湾年鉴》第7章，11页。

任”。这是套在中国人民的脖子上、令他们规规矩矩做日本奴隶的一条无形的锁链。台湾的中国人民在各方面都是被支配者，他们被剥夺了一切的基本人权和自由。

第一次世界大战和俄国十月革命以后，中国工人阶级登上政治舞台，中国共产党成立，领导全国人民展开了反对帝国主义、封建主义的坚决斗争。这股巨大的革命潮流给了居住在台湾的人民以极深刻的影响，他们在祖国革命高潮的激荡下，开始走上有组织的民族解放斗争的道路。为了对付新的形势，日本帝国主义力图麻痹中国人的革命意识。一九二〇年起，日人在台湾实行纯粹欺骗性的所谓“自治制度”，全台设立“总督府评议会”，各地陆续成立“协议会”。实际上那些“会”的组织，既不是“自治机关”，更不能代表中国人民自己的意志。它只是反映了殖民者对中国人民革命运动高涨的恐惧，不得不采用这一类手段去进行欺骗。

至一九一九年以后，日本殖民者又积极推行奴化教育，灌输“日台人共存共荣”等奴化思想，企图从思想上彻底奴役中国人。当地所有的学校分为两类，一类是专为中国人设立的、灌输奴隶思想的学校，另一类是专为日本人设立的、培养统治者的学校。两类学校的程度极不相同。“台湾人在学校毕业以后，无论踏出社会的哪一方面，或就哪一种专门职业，总不能同毕业同类学校的日本人站在同等地位”[①]。一九二〇年以后中学表面上实行日台“共学制”，实际上由于种种限制，中国人很少有入学的机会。中学是如此，高等学校更是限制得格外严格。

殖民统治者对高山族人所实行的奴化教育，比之对汉族人所实行的，其毒辣的程度有过之而无不及。专门教育高山族儿童的“山地教育所”由警务局主持，教员则由无恶不作的日本警察兼任，单从这一点便不难想见一斑。

另一方面，日人又采用一切办法，企图消灭中华民族所固有的精神生活和文化传统。一九三七年抗日战争爆发后，日本帝国主义提出使台湾进一步殖民地化的口号，在台湾严禁中国旧剧、音乐和武艺；废止中国寺庙祭典，破坏庙中神像；禁止中国人家庭奉祀家神，使改祀日本“天照皇大神”。一切机关学校禁止使用汉文，改用日文；强制中国人普遍学习日文日语，强制改用日本姓名，甚至将中国人的祖先神位也强改为日本式，神位中的年号改用日

---

① 山川均著，宋蕉农译：《台湾民众的悲哀》，60页。

本正朔。[1]日本帝国主义在台湾推行奴化教育、消灭中国文化生活，其最终目的，是要使居住在台湾的中国人民忘记自己的祖国，死心塌地接受亡国奴的命运。

不管日本帝国主义者怎样用尽了千方百计，台湾人民和大陆同胞在精神上、感情上的血肉联系，却是外国侵略者的屠刀所永远斩不断的。例如一九二五年四月，彰化市人民获悉中国革命的先行者孙中山逝世，他们不顾任何威胁，举行了群众性的追悼大会。这一简单事实，充分说明：在日本殖民者统治下的中国人民，无时无刻不在关怀祖国的命运，关怀大陆同胞争取自由幸福生活的斗争。台湾人民自始至终坚持抗日斗争的历史，有力地说明了他们是决不甘心接受外国侵略者的殖民统治的。

日本帝国主义侵占台湾后，又力图把台湾变为它的原料供给地、商品销售市场和资本输出的场所。它首先从掠夺土地着手，对台湾人民进行敲骨吸髓的剥削。

台湾总督府自一八九八年往后，不断地通过地籍调查，没收大量未经登记和所有权据说不能证明的耕地。一九二九年的资料，指明那时在台湾耕地总面积八十一万余甲中，已有将近四分之一属于日本政府所有。同时，日本帝国主义更通过一九一〇年至一九一四年的林野调查，掠夺了大片林野。总计台湾的973,736甲林野中，调查后被没收的有916,775甲，相当于全部林野面积百分之九十四以上[2]，一九〇四年日人废止台湾土地的“大租权”，扫除自由买卖土地（实际是自由掠夺土地）的障碍，再加上直接掠夺农民的土地，在台湾培植起一个新的日本大地主阶层。据一九二六年统计，仅日本各制糖公司所占有的土地即达78,601甲，取得佃耕权的土地有25,237甲，合计超过台湾耕地总面积八分之一。[3]

日本帝国主义榨取台湾人民膏脂的另一方式是垄断工商业。垄断的势力一八九八年前后开始形成，往后渐渐操纵了台湾全部经济生活。日本统治下的台湾工业，具有两方面的特征：第一，重工业极为贫弱，唯一可称发达的是制糖、制茶、罐头等轻工业部门。第二，日本资本在台湾工业中占绝对的

① 汤子炳：《台湾史纲》，171页。

② 翟明宙：《台湾租佃制度》，12页。

③ 君山：《日本帝国主义下的台湾农民》，载《新东方》杂志第1卷第12期，50页。

支配地位，本地的民族资产阶级受到极残酷的压迫。这两方面的特征，构成深刻的殖民地工业的性质。举台湾各工业部门中首屈一指的制糖工业为例，一九〇五年强制实行“砂糖原料采取区域制度”，日本各新式制糖公司垄断了全部台糖的生产。其中仅三井、三菱两系制糖公司的产量，占据台糖总产量一半以上。中国资本家在这种情况下要想在糖业方面立足，全不可能。总计在日本统治期间，中国资本家共只设立过两个新式制糖公司（“林本源”和“新兴”），先后都被日本资本并吞。台湾同胞世代经营的旧式糖廍，也为日本资本所排挤而逐渐趋于消灭。一九〇二年时，这种糖廍尚有1,117个，生产能力有11,170吨；一九二四年竟减至104个，生产能力减至1,040吨。①

在贸易方面，日本资本垄断的形势发展较晚，但是同样的显著。日本资本家依靠政治权力的保护，先驱逐外国商人的势力，再进一步对台商施以种种压迫，逐渐攫取贸易方面的垄断地位。砂糖、食米、茶叶、香蕉等，是台湾贸易品的大宗。日本占领了台湾数年或十数年之后，这些商品的贸易霸权先后为日人所掌握，中国商人纷纷破产歇业。其中专卖制度是日本资本的特殊垄断方式。自一八九七年起，台湾总督府先后将鸦片、食盐、樟脑、烟草和酒类定为专卖事业，其收入常占总督府岁入的百分之四十至六十。这种专卖制度所排斥的只是本地商人，日本资本家不但不受限制，反因此获得更大的利益。总督府常常用指定委托的方式，使日本资本家享受专卖利益。

作为日本帝国主义榨取对象的台湾劳动人民中，人数最多的是工人和农民。台湾的工人人数，据一九四三年统计，工厂、矿山及运输业三类总计有二十二万余人。②日本殖民者把这些中国工人当作比动力更贱的“动力”，比机器更贱的“机器”。在他们看来，对台湾工人任意敲剥，只不过是征服者对被征服者，优等民族对劣等民族应有的权利。台湾工人的劳动时间长达十小时至十四小时，星期日不准休息。拿日、台工人相比，他们虽然同是被压迫、被剥削的雇佣奴隶，但两者的待遇却有很大的差别。据一九二二年统计，台北市日人平均工资是2.85元，而中国人仅有1.25元。再拿一九二三年台北等七个主要城市的平均工资来看，日人是3.43元，中国人是1.76元。③这种差

①《台湾民众的悲哀》，21页。

②《台湾省五十一年来统计提要》，829—835页。

③《台湾民众的悲哀》，41—42页。

别待遇一方面说明了中国工人所受剥削的极端残酷性，另一方面更暴露了日本统治者阴谋分化日、台工人的团结的狠毒用心。

农民群众占台湾人口的百分之八十以上，因此他们成为日本帝国主义最主要的榨取对象。农民每年要向日本占领者缴纳数额很高的赋税。据一九〇四年统计，台湾每人平均负担的税额达4.454元，比较同年法占印度支那每人的负担大到两倍以上。①日本殖民政府和日本地主大量占有台湾土地以后，格外加重了对农民的封建剥削。通常水田每年每甲交谷租从二十石到四十石，旱田交钱租从二十元到八十元。这些地租大多是定额租，遇到灾害也不能请求减免，有“死租”“硬租”“铁板租”等名称。地租之外，佃农还要担负无酬的劳役。地主在租契上往往规定：佃农在农闲时不得从事其他作业，要随时供给力役。②到抗日战争时期，日本殖民者更变本加厉地增设各种新税目，加紧搜刮台湾人民的财富。这些苛捐杂税的绝大部分，都是落在农民身上的。

一九四二年出版的一个资料上，估计日本强占台湾在经济上具有的意义时说：“如果有人问这个殖民地是否有利，日本的统治阶级自己会知道。他们能够在台湾维持三十万日人过着比本土日人更高水准的生活，每年还榨取到十万万元以上的利润。”③对于日本在台湾进行残酷的殖民剥削的性质，这是说得很清楚的。

日本统治台湾五十年，除了上述两个方面，还有一个根本目的，就是把台湾作为侵略中国南部大陆以及向东南亚进行侵略活动的基地。在把台湾当作侵略中国南部大陆基地这方面，日本进行了许多阴谋活动。例如在经济上，台湾总督府自一九〇一年起，即在预算中正式列入“华南贸易扩张费”，扩大华南的日货倾销范围。一九〇〇年，厦门已有台湾银行的支店出现。以后它的分支店，逐渐分布到广州、福州、汕头以及长江流域的上海、九江、汉口等地，采用种种手段协助倾销日货。台湾银行直接对华投资，也达到很大的数目。在文化侵略上，一九〇六年台督儿玉源太郎宣布：“为谋统治本岛民（指台湾人民。——引者）而收全效，不应限于岛内之镇压……尤须注意对岸福建省特别是厦门之民心，默察其趋向，反射地以图岛民之安堵，而达统治之

---

①《台湾租佃制度》，18页注1。

②同上，27页。

③《大公报》小丛书第四辑《台湾经济生活》，82页。

目的。”[1] 为此，台湾总督府用不同的名义，先后在福州、厦门、汕头等地设立学校，出版报纸。这些都是日本帝国主义以台湾为基地，向华南进行文化侵略活动的机关。此外，日本帝国主义又利用台湾为对华南一带进行特务活动的巢穴。台湾总督府所派出的特务，其踪迹一直深入到我国西南各地。

抗日战争期间，日本帝国主义更利用台湾作为进行侵略战争的军事基地，搜刮战争物资，驱迫人民充当炮灰。进攻华南时，日本在台湾的军事力量起了很重要的作用。

乙、中国人民坚决反殖民统治的武装起义。

日本殖民者侵占台湾后，虽然用尽了各种最野蛮、最卑劣的手段来压迫、榨取和奴役台湾人民，但他们永远也没有使台湾英勇的中国人民屈服。相反的，在日本帝国主义统治台湾的五十年中，中国人民一贯坚持并发扬了他们争取自由解放、反对压迫和奴役的光荣革命传统，从未停止反抗日本殖民统治的斗争，发动了连续不断的武装起义。

一八九五年十一月，日本首任台湾总督桦山资纪宣布“全岛平定”，南部东港附近的人民便用武装反抗驳斥了日人的妄言。他们凭着陈旧的武器，和日本正规军队进行了一个多月的殊死斗争。此后十余年中，台湾各地人民一次又一次举行起义，武装抗日斗争几乎不曾有一天中断。

北部：一八九五年十二月底，刘永福旧部林大北、林李成等首先在北部举事，包围宜兰。接着陈秋菊、胡阿锦等率抗日民众纷起响应，夜袭日本总督府所在地台北，全台震动。一时深坑、沪尾、士林、枋桥、锡口等地，无一处不发生抗日暴动，转战月余，日军受到沉重的打击。一八九七年五月，陈秋菊再次大举袭击台北。同年十月，日寇在北部对起义人民进行疯狂屠杀，继又于次年采用诱降的诡计，但所有这些手段都丝毫不能动摇台湾人民的斗争意志。一八九九年，简大狮、卢锦春、徐禄等又一次在北部起义。后来简大狮于起义失败后逃回大陆，被媚敌的清朝地方官厅引渡给日方。清朝政府出卖人民的无耻罪行，遭到了中国人民严厉斥责。简大狮被捕后慷慨陈词：“我简大狮，系台湾清国之民。……日人虽目我为土匪，而清人则应目我为义民。况自台湾归日，大小官员内渡一空，无一人敢出首创义举，惟我一介小民，犹

---

① 徐子为、彭公昭合著：《今日的台湾》上册，176 页。

能聚众万余，血战百次，自谓无负于清。……”[①]简大狮所表现的中国人民的爱国精神，感人心弦。报纸上称他为“中国最有志气之人”[②]。一九〇四年五月，陈秋菊等在北部又一次举事，一度攻入台北城。

中部：一八九六年初，青年工人柯铁率领一部分抗日民众，在斗六东南的大坪顶山区建立了武装抗日根据地，连续歼灭进犯的日军，博得了“铁国山”的称号。中部各地人民在铁国山胜利形势的鼓舞下纷起响应，清台东守将刘德杓也深入云林山中继续抗日，和柯铁等相呼应。六月，林圯埔民众得柯铁援助，接连攻破斗六、刺桐巷和北斗街。七月间，清山溪庄民众攻占集集街，进逼埔里社，日军弃城而逃，中部除彰化等少数城市仍在日寇手中外，其余均被武装抗日民众占据。各地日本军警官商纷纷逃入彰化和台中城内躲避。鹿港的日军不敢在城内居住，纷纷移居他处。“官署屯所一空，辇载如飞”[③]。抗日民众采用“彼来我去，彼去我来”的游击战术，在装备恶劣的条件下，仍能使敌人疲于奔命，连获胜仗。柯铁等很注意根据地的巩固，“辟草莱，营商工，通山泽之货”[④]。在敌人的残酷扫荡下，长期地屹立不摇。从一八九六至一九〇〇年，先后坚持了四年多的英勇斗争。一九〇一年二月，罩兰地方的詹阿瑞等再次发动对台中日寇的大举进攻。在他们所编制的起义纲领中，有“救民脱苦，惟倭是征；定集人民，雪恨复清”十六个字，有力地表明了台湾同胞反抗日本统治的决心和缅怀祖国的热烈情绪。抗日民众和日本守备队激战后，退入深山中继续抵抗。詹阿瑞于一九〇三年底被捕遇害。

南部：自一八九五年底东港民众首倡义举后，复有郑吉生等于一八九六、九七两年连攻凤山。一八九八至一九〇二年，阮振等以嘉义、台南间的番仔山为根据地，揭起武装抗日的义旗，对日寇进行了长期斗争。一八九八年十月，高乞等占领横山，又与林添丁所部抗日民众联合，于十二月间袭击店仔口日本办务署。同一个时间内，有下淡水溪抗日民众联合高山族同胞七百余人攻入恒春，占领各日本机关达十余日；有林天幅、林少猫等率众大举进攻潮州庄办务署。一九〇一年十二月以后，日寇在南部进行“扫荡”，嘉义黄茂松等领导抗日民众，以放弄山为根据地，坚持作战十个多月。一九〇二年，黄国

① 阿英编：《中日战争文学集》，63页。

② 同上。

③ 洪弃父：《台湾战纪》卷下，12页。

④ 同上，19页。

镇等再起义于嘉义，誓死不屈。

自一八九五至一九〇四年的十年间，中国人民不顾日寇的血腥屠杀，前仆后继，进行着英勇的战斗。据日人估计，仅在一八九八至一九〇二年间，日寇就杀戮了抗日民众一万一千九百余人。[①]这许多烈士的鲜血并未白流，他们的死难更加坚定了后人反抗日本统治的决心，鼓舞了群众的斗争意志。

一九〇五年以后，台湾人民在祖国的资产阶级革命运动的影响下，展开了更勇敢的抗日斗争，而且逐渐和祖国的革命运动发生密切的联系，成为中国民族解放运动中重要的一环。

下面是辛亥革命前后台湾人民几次较大的起义：

北埔起义：新竹蔡清琳等痛恨日寇残暴，立志推翻日本统治。自一九〇四年起，清琳等秘密在台湾各地组织“复中兴会”，积极准备武装起义。一九〇七年十一月，清琳传檄各地人民奋起抗日，亲率一部分武装民众和大隘社高山族同胞进攻大坪，肃清当地日军，将北埔支厅层层包围。敌人调集大批军警猛烈反攻，起义民众大部分在激战中牺牲，余众退入深山。

林圯埔起义：南投人刘乾闻悉祖国辛亥革命胜利，秘密组织台湾革命党，筹款置械，准备起义。不慎泄露机密，日警发动搜捕。刘乾等于一九一二年三月仓促集合百余人，进袭林圯埔支厅，激战七日，后来失败。

土库起义：一九一二年六月，嘉义农民黄朝、黄老钳等号召乡民响应辛亥革命，驱逐日寇。事机不密，起义者惨遭杀害。

苗栗起义：一九一二年，同盟会员罗福星自大陆渡台，在苗栗设革命党机关，募集党员，发表宣言，策动起义。一时大甲张火炉、台南李阿齐、台东赖来等各地民众领袖纷起响应。因事机败露，一九一三年底日寇发动大检举，逮捕一千余人，罗福星等二百多人慷慨就义。这次起义是大陆同胞不怕流血牺牲，直接参加台湾抗日运动的崇高的爱国表现。

西来庵起义：一九一五年，台南人余清芳、江定、罗俊等密谋起义。利用西来庵的改建和祭事募集起义资金，用“大明慈悲国”名义檄告四方，号召人民驱逐“犬奴”（指日寇），势力发展极速。事为日探侦悉，大举搜捕，余清芳等于七月九日仓促举事，突袭甲仙埔支厅及附近各派出所，更进攻噍吧年市街，占据附近的虎头山高地，凭险筑寨，和日寇搏战七昼夜。日军受到很

---

① 杨开渠译：《日本帝国主义下之台湾》，220页。

大的打击。事后日人大施毒手，将噍吧年附近二十多村居民全体屠杀。“日军囚集此等居民三千二百余名于一山坡，另择一大平地为刑场，经临时检查局简单讯问后，以台人一百为一次屠杀集团，依次屠杀……不分少壮老幼，皆就缚俯卧，老者龙钟佝偻，幼者就乳襁褓，皆一一罹此人世亘古未有之浩劫，无一幸免……”[①]。估计在这次起义中被惨杀的共有数万人。[②]侵略者的凶恶残忍，胜过野兽。

一九一九年以后，祖国革命运动在十月革命的影响下，走上一个新的、更蓬勃的阶段。五四运动的爆发，中国共产党的诞生，中国工人运动的勃兴，这些事例给台湾同胞树立了光辉的榜样。一九一九至一九二〇年间，台湾一部分进步知识分子组织了启蒙会和新民会，并仿照北京的《新青年》杂志，出版《台湾青年》，鼓吹民主自由思想。一九二一年，进步的知识分子和开明绅士组织了台湾文化协会，把台湾人民的启蒙运动更向前推进了一步。

随着启蒙运动的兴起，台湾农民的觉悟有了显著提高。一九二五年，台湾成立蔗农联合会，与残酷压榨他们的日本制糖公司进行了勇敢的斗争。后来各地纷纷成立农民联合会，并进一步联合起来，成立了台湾农民联合会，成为一个统一的战斗组织。台湾的工人运动，也同时蓬勃发展起来。台北机器工会在一九二六年底成立，此为台湾近代产业工人组织的嚆矢。接着，全台各地先后成立了数十个大小工会，并在一九二七年掀起了全岛性的罢工风潮。其中如高雄士敏土公司、基隆码头、台北印刷厂、嘉义制材所的几次大罢工，震动了台湾的日本统治。

一九二八年四月，许多在大陆受教育的台湾籍中国共产党党员和一部分留学日本的共产主义者，于上海成立了台湾的党组织。台湾党的成立大会对过去的民众运动作了全面的估计和总结，规定了推翻日本帝国主义统治、没收日本在台湾的土地和财产、实行土地革命等正确的斗争纲领，并提出各种要求民主自由的政治口号。从此以后，台湾农民联合会、工会、文协等团体就在共产党的领导下，展开了政治、经济、文化各方面的剧烈斗争，造成了一九二八至一九三一年台湾革命运动的高涨时期。

在革命浪潮的激荡下，高山族同胞于一九三〇年十月发动了震动东方的

---

① 汤子炳：《台湾史纲》，183页。

② 汉人：《台湾革命史》，121页。

“雾社起义”。起义者消灭奴役高山族人民的日寇一百余名，将雾社全区占领三天，继又转入深山中继续战斗。日寇调集大军进攻并用飞机施放毒气，搏战一个多月，始终不能使高山族人民屈服。雾社高山族居民一千多人中，英勇牺牲的达二分之一以上。起义领袖摩那·罗达奥也被日寇惨害。日寇灭绝人道，残杀高山族人民的兽行，受到世界人民特别祖国人民的愤怒斥责。北京出版的《新东方》杂志发表评论说，日本统治者对高山族一向标榜“抚顺”“德化”，而这次竟几将雾社高山族居民斩尽杀绝，不知自命为“东亚文明国”的日本帝国主义将何以自解！

九一八事变前后，日本帝国主义积极准备侵华战争，在台湾愈加残暴地镇压革命运动。所有的进步团体如农民联合会、工会、文协等均被强制解散，共产党组织也接着遭受了几次严重的破坏，大部分党员被捕入狱，并失去一部分最优秀的干部，其中有中国共产党党员、台湾党的创始人之一翁泽生等。他们在酷刑的威逼下毫不动摇地坚持了革命的立场，为人民的事业贡献出生命。

尽管日本法西斯在台湾厉行白色恐怖，台湾人民并没有被征服，他们还是继续战斗。一九三四年的基隆爆炸事件、众友会起义、东港郡暗杀事件，一九三六年高山族的埔里社起义等，证明台湾人民的反日斗争，是不屈不挠的。

七七事变发生后，台湾人民积极进行抗日、反战斗争，用实际行动支援祖国的全面抗战。一九三七年十一月，七百余煤矿工人在宜兰起义，和日本军警展开搏斗。一九三八年十月，六甲、高雄等地先后发生反战暴动，牺牲达数百人。一九三九年三月，高雄一千多农民因不甘充当侵华战争的炮灰，突然起事，牺牲六百余人，同年在台北和基隆也发生同样的事件。一九四〇年，从中国战场押回台湾“惩治”的台籍士兵，在花莲港、屏东、新竹等地秘密组织反战团体，以“宁受军法制裁，不愿调华作战”为号召，进行了勇敢的反战斗争。

另一方面，抗日战争期间还有许多优秀的台籍青年秘密地回到祖国来，参加八路军、新四军直接对日作战，一直坚持到抗日战争的胜利结束。

## （四）一九四五年台湾归还中国

日本帝国主义侵占台湾五十年，其唯一的“法律根据”，是用强暴手段胁迫清朝政府承认的一纸《马关条约》。清政府中以李鸿章等为代表的一小撮卖国贼，对侵略者卑躬屈膝，割地求和，广大的中国人民却自始至终坚决反对这项劫夺中国领土、奴役中国人民的强盗条约。台湾同胞在五十年中不断的抗日斗争和全国人民的八年抗战，都有力地表明了中国人民坚决反对侵略、要求解放的意志。一九四一年十二月九日，当时的中国政府正式对日宣战，声明“所有一切条约、协定、合同有涉及中日间之关系者，一律废止”。这项声明，是中国人民进行了长期斗争，根本否认《马关条约》和一切中日不平等条约，坚决要求收复台湾等中国领土所产生的效果。它是中国人民的庄严昭告。

正是根据长期的、全部的历史事实，抗日战争期间的重要国际协定，重新肯定了台湾是中国领土不可分割的一部分。一九四三年十二月一日，中、英、美三国政府共同签署的《开罗宣言》中规定：“三国之宗旨在……使日本所窃取于中国之领土，例如满洲、台湾、澎湖列岛等，归还中国。”一九四五年七月二十六日，中、英、美三国共同签署、后来又有苏联参加的《波茨坦公告》中再次规定：“《开罗宣言》之条件必将实施，而日本之主权必将限于本州、北海道、九州、四国及吾人所决定之其他小岛之内。”

一九四五年八月八日苏联对日宣战。强大的苏联红军迅速歼灭日本关东军，解放了我国的东北。中国人民军队长期在敌后作战，积极进攻，此时解放了日寇所占领的广大乡村和城市。八月十五日日本宣布无条件投降，九月二日日本代表在投降书上签字，降书中第一条明文规定，日本接受“《波茨坦公告》中的各条款”。中国台湾地区的受降主官陈仪于同年十月二十五日在台北公会堂举行台湾省受降仪式，出席观礼的有美国总统杜鲁门的代表等数百人。陈仪于受降后即席发表广播演说：从今日起，台湾及澎湖列岛正式重入中国版图，所有土地、人民、政事皆已置于中国政府主权之下。此一极富有历史意义之事实，本人特向全国同胞及全世界报告周知。台湾现已光复，

吾人应感谢历来为光复台湾而牺牲之革命先烈，及此次抗战之将士……[1]

台湾人民艰苦斗争五十年，牺牲了数十万的生命，终于摆脱了日本帝国主义的奴役，重新回到祖国的怀抱中来，真是悲喜交集，欢跃欲狂。

早在《开罗宣言》和《波茨坦公告》发表后，台湾同胞得知台湾归还中国的消息，即奔走相告，日夜盼望这一天到来。八月十五日，日本宣布投降，在台湾中国人的心里，激起最热烈的欢欣。十月二十五日中国政府在台北举行接受台湾日寇投降的仪式时，全市三十万人民，无分男女老幼，一齐欢呼歌舞，三天三夜不断地举行火炬大游行。内地报纸上的台湾通讯说：抗战胜利，日本投降，惟有台湾的中国人称得起普天同庆。祖国一词，在台湾具有神秘的魔力。提到它，须发皆白的老人会流泪，年青人和少年人都会激动起来。祖国的一切，都成了被敬爱的对象。各地台胞遇见大陆去的人，如迎家人，其情况感人堕泪。这些记载，全都是十分真切的。

**一九四五年中国收复台湾后台北学生结队庆祝情形**

①1945年10月28日重庆《大公报》。

台湾归还中国后，中国即进行政治、军事上的管理，恢复了在台湾的主权。对日作战期间的同盟国政府，也在它们后来历次发表的声明中，明确承认了这个事实。一九五〇年一月五日，美总统杜鲁门在公开发表的关于台湾的声明中说，一九四三年十二月一日的《开罗宣言》的目的是："使日本所窃取于中国的领土如台湾归还中国。美国是一九四五年七月二十六日《波茨坦公告》的签字国。《波茨坦公告》称：《开罗宣言》条款应即执行。日本投降时，亦曾接受此宣言的规定。……过去四年来，美国及其他盟国亦承认中国对该岛行使主权。"[①]一九五〇年二月九日，美国国务院就台湾问题对美国众议院外交委员会的公开答复中说：自从驻在台湾的日军向中国投降以后，台湾就由中国管理。"它已包括在中国之内，成为一省。……参加对日战争的各盟国对这些步骤并未质疑。美国政府对这些步骤也未质疑。因为这些步骤，明显地符合于开罗所作的并在波茨坦重予确认的诺言。换句话说，包括美国在内的各盟国在过去四年中，已认为台湾是中国的一部分"[②]。一九四九年十一月二十一日，英国外交部次官梅休在英国下院说："是根据《开罗宣言》，中国当局在日本投降的时候，对该岛加以控制，并在此后一直行使着对该岛的控制。"[③]一九五四年八月二十五日，英国外交部发言人承认："《开罗宣言》说，台湾应归还中国政府，这一点已经做到了。"[④]

台湾归还了中国；中国恢复了对台湾的主权，台湾人民获得了反抗日本侵略者的彻底胜利。从一九四五年起，这个重要的历史事件，便大书而特书，载在近代中国人民反抗外国侵略的辉煌史册上。

*　　*　　*

抗日民族解放战争的胜利，本来是中国社会向前发展的一个重要关键。但是中国的地主阶级、官僚资产阶级和美国帝国主义勾结在一起，阻挡了中国人民继续前进的道路。日本投降以后，代表大地主和官僚资产阶级的国民党反革命集团继续其专制、腐朽、黑暗的罪恶统治。国民党反动集团为了侵占人民胜利的果实，甘心情愿投靠美国帝国主义，充当美国独占中国、变中国

---

①1950年1月5日合众社华盛顿电，参见1950年1月14日《人民日报》。

② 丹纳特、端奈合编《美国对外关系文件》〔P. Dennett and R. Turner (ed.): Documents on American Foreign Relations〕卷一二，497页。

③1949年12月30日英国新闻处伦敦电。

④1954年8月25日法新社伦敦电。

为美国的附庸国与殖民地的工具。因此，台湾人民在脱离日本帝国主义的殖民统治以后，并没有得到他们所梦寐向往的自由、幸福的生活环境。国民党反动集团又给他们套上了新的奴隶枷锁，他们被迫过着新的奴役生活。

美帝国主义一贯抱有侵占台湾的野心。第二次世界大战以后，美帝国主义到处展开夺取世界霸权的疯狂活动。日本投降不久，美国迅速通过其走狗国民党卖国政府把自己的势力从政治、军事、经济、文化等各方面，大规模地侵入中国。台湾是美国特别注意的地区之一。在很短的时间内，美国就控制了台湾的军事基地和经济命脉，实际上代替了日本在台湾的统治。一九四九年美国帝国主义及其走狗被中国人民从大陆上赶出去，美国进而力图阻止中国人民解放台湾，积极把这个岛屿变为帝国主义反革命反对中国人民革命的堡垒。一九五〇年六月，美国发动侵略朝鲜的战争，美总统杜鲁门发表武装干涉台湾的声明之后，美国更一直用武装保护它的走狗蒋介石卖国集团继续盘踞台湾。

现在台湾的社会是旧中国社会的一个残余部分。它是中国唯一尚待解放的区域。英勇不屈的台湾人民，经过了一个世纪之久的反对帝国主义、封建主义的艰苦曲折的斗争——其中有整整五十年是反对日本帝国主义的斗争，现在还要继续同美帝国主义及其走狗作最后的搏斗，他们所受的灾难是极其深重的。但是台湾人民反对美帝国主义及其走狗的斗争，在全国人民的共同努力下，是必定要获得胜利的，因为它是在崭新的历史条件之下进行的。一九四九年中华人民共和国的诞生，这一具有世界历史意义的事件，说明近代中国历史上两条路线的斗争，即中国人民反对帝国主义、封建主义，把中国变为一个独立、富强国家的路线同帝国主义、封建主义把中国变为殖民地的路线的生死斗争，胜负已经最后分晓。帝国主义、封建主义在中国的统治势力，中国的殖民地、半殖民地和半封建时代，从此一去不复返了。台湾是中国领土不可分割的一部分。已经走上了伟大的社会主义革命与社会主义建设道路的全国人民，绝对不会容许美帝国主义及其走狗在台湾的统治保存下去。

中国人民必定要完成统一自己祖国的领土的事业，台湾人民必定要回到祖国的怀抱中来，殖民地、半殖民地的制度在中国必定全部拔去，这是已往的历史事实已经完全证实了的，今后的历史发展将继续作同样的证实。

# 说　明

这是根据刘大年同志于一九六二年十二月十五、十七、十九、二十一、二十四日给一九六二年班讲课记录稿整理的，未经本人审阅，请勿外传。

历史教研室

一九六三年一月

# 第一讲 绪论

同志们！我在讲课以前先交代两件事。第一件事是关于讲的方法。过去在这里讲近代史，一无课本，二无讲稿，把旧民主主义革命时期的历史从头讲到尾，一共要一二十讲；现在我们那里编了一本书——《中国史稿》第四册，我参加了编书的工作，可以替郭老讲几句话。这本书叫作刘大年负责，就是负责替郭老接受批评嘛。书是编得不好，但总算有了个“本本”，今天再从头讲到尾，就没有必要了，所以，想给大家讲点问题。这些问题，可能大家知道知道有好处，但也可能大家并不需要知道它，或者也可以作为大家的参考。这些问题我并没有解决，也搞不清，现在就是把问题提到你们面前来，请你们这些作理论工作的同志们帮助解决。

第二件事，要交代一下讲的计划。教研室替我安排了六次，但我有个原则：可讲可不讲的不讲，可多讲也可以少讲的，少讲。听说大家读书时间很少，我非常同情，现在又轮到我来给你们制造“灾难”了，不如少讲一些，给大家腾出点时间去读读书。所以计划讲五次：一次绪论，讲讲为什么研究近代史和怎样研究近代史的问题；当中三次，讲三个革命高潮，一次着重讲太平天国，一次着重讲义和团运动，一次着重讲辛亥革命；最后一次结论，把前面讲的再明确一下。

现在讲讲为什么研究近代史，怎么研究近代史。这个问题不知大家是否感到需要，但作理论工作的应当研究研究这个问题。过去别人向我提出这个问题，我答复不了；现在我把这个问题提出来和大家一起研究。讲了这个问题，再来讲鸦片战争、太平天国，同志们就知道该从哪儿着眼了。

先来讲讲到底为什么研究近代史。在回答这个问题以前，先得搞清楚研究近代史的中心问题、根本问题是什么。

中国近代史，一般地讲（这里不来介绍各种各样关于近代史起迄年限的说法），包括从鸦片战争到中华人民共和国成立以前，即一八三九年——鸦片战争是一八三九年打起来的——到一九四九年，共一百一十年的历史。也就是说，包括前八十年的旧民主主义革命时期和后三十年的新民主主义革命时期，整个民主革命时期的历史，也就是中国半殖民地半封建时期的历史。那么，中华人民共和国的历史算什么史？我们说，叫作社会主义革命时期的历史或现代史都可以。

我们在这里要讲的，并不是全部近代史，而是这一百一十年民主革命时期当中的前八十年，即旧民主主义革命时期的历史。这段历史从鸦片战争到五四运动，只有八十年，在中国历史上占的时间很短，大概也不过只有古代史三国时代那么长，但对中国历史的发展，是一段非常重要的时期。这八十年间，社会生活发生了很大的变化。在这以前，中国社会里虽然已经有了资本主义萌芽，但还处在封建时期，在这一段时期以后，中国社会的性质虽然没有变化，还是半殖民地半封建社会，但革命力量发生了根本的变化。在五四运动以后，中国资产阶级民主革命的领导者，已经不是属于中国资产阶级，而是属于中国无产阶级了。这就是说：这八十年就是从封建社会转变为由工人阶级领导的革命运动的社会，这个转变很大。这个时期的重要，也就在这里。

研究这八十年的历史很重要，前面已经说过了。那么，研究这段历史的中心问题是什么呢？就是研究近代史这一时期的阶级斗争和阶级斗争的发展规律，研究阶级关系的变化发展及其规律。

有人说：研究历史本来就是研究阶级斗争，哪一国的历史不是以阶级斗争为中心？！马克思、恩格斯早在《共产党宣言》开头就讲过：有文字可考的全部历史，亦即私有制以来的全部历史都是阶级斗争的历史。难道研究古代史就不以阶级斗争为中心？我们说，是的，研究历史本来就是研究阶级斗争，但近代史上的阶级斗争还不同于古代，不同于鸦片战争以前。鸦片战争以前，就是古代社会、封建社会（这个古代不是马克思在政治经济学上讲的古代）。近代史上的阶级斗争和鸦片战争以前不同了，在中国社会里，一些新的阶级在这时出现，一些旧的阶级这时不是死亡，而是换了一副新的面貌；以新的面貌出现。鸦片战争以前，中国的社会阶级很简单，基本上就是地主和农民两大阶级。鸦片战争以后就不简单了。地主阶级和农民阶级并没有死亡，而表现出一副新的面貌。他们之间的关系，也表现为新的关系——这当然不是说，地主不是地主，农民不是农民了。这时，又出现了外国资产阶级，参加到中国的社会生活里面来，这就是帝国主义。帝国主义是来自外部的力量，不是中国社会内部的力量。从这时起，帝国主义侵入了中国，统治了中国，这个统治力量给中国的社会生活各个方面带来很坏的影响，造成了严重的破坏。这是鸦片战争以前所未有的。同时，在这八十年里，中国的资本主义成长起来了。不管它怎么微弱、幼小，但在中国社会里毕竟在这时出现了资本主义，这是鸦片战争以前所未有的。这毕竟是一种新的生产方式，新的社会经济，新的力量。随之也就出现了新的阶级：一个是资产阶级，一个是无产阶级。中国工人阶级是从帝国主义侵入中国办工业开始产生的。它的特点是比中国的资产阶级的年龄和资格更老些，因而它的社会力量和社会基础也更广大些。

这就可以看出，中国近代史上的阶级非常复杂，比鸦片战争以前复杂得多。帝国主义、工人阶级、资产阶级，这都是新的阶级，而旧的阶级却依旧保存下来了。阶级斗争非常复杂：一方面，帝国主义的侵略引起中国人民的反抗，另方面，国内农民与地主之间又有斗争，太平天国就是农民反对地主的斗争。资产阶级与地主之间也有斗争，戊戌变法、辛亥革命就是资产阶级对地主的斗争。在鸦片战争以前，中国社会生活当中，主要的就是农民反对地主、地主压制农民的斗争，现在有时是几个阶级联合起来向帝国主义作斗争。这时的资产阶级和工人、农民都是人民群众，他们起来反对帝国主义侵略，地主有时也参加一下。在国内，农民向地主作斗争，资产阶级也对地主有斗争，而资产阶级本身又是有两面性，它既反对农民，又利用农民。所以，这时期的阶级斗争就复杂得多了。我们研究近代史，就是研究这一时期的阶级关系和阶级斗争的规律。在斗争中，各个旧的阶级和新的阶级都充分表现出他们的本质，帝国主义的本质是侵略中国，地主阶级向帝国主义妥协，农民则是抵抗帝国主义侵略的力量，资产阶级有两面性，它是革命的参加者，又在革命中经常表现妥协和动摇。同时，在错综复杂的斗争中，阶级斗争的规律非常明显地暴露出来，使人们更加容易认识。这不是说以前不研究阶级斗争的规律，但这时的研究和以前完全不同，变得很复杂了，原因就是这时的社会比古代更进步了，阶级斗争规律看得更加明显了，因此，用科学观点来研究，就更富有意义。

这个八十年间的历史和古代还有不同的地方，就是它在时间上离我们最近，那时的社会和今天的社会生活还有比较密切的联系。当然，古代的历史也要研究，如孔子就应当研究。主席讲过：从孔夫子到孙中山，我们应当给以总结，承继这一份珍贵的遗产。但他离我们两千四百多年了，当然联系还是有的，他的一套哲学观点统治中国封建社会两千多年，到现在也还有某些影响，不过影响毕竟是很淡薄了。什么君君、臣臣、父父、子子，在社会主义教育里面早就不发生这些问题了，对我们已经很遥远了。比较起来，清朝的历史当然离我们近一点，经济生活和现在社会的差别不那么大，特别是版图。我们现在的版图疆域，基本上还是沿袭清朝的。现在中印边界上所谓的拉达克问题，就和清代的版图有关。拉达克原来是西藏的“藩属”，和锡金、尼泊尔、不丹的情况差不多。在血统、宗教、经济生活等方面，和西藏的联系很密切。鸦片战争稍后几年，英国占领了印度的西北部，拉达克地区被巴基斯坦的塞克族所占领，然后并入克什米尔。现在中印边界的争论实际不在拉达克，而在新疆的阿克赛钦地区，这也是近代史上的问题。当阿古柏到新疆制造叛乱时，英国出来支持他，因道路生疏，派出先遣队探测运送军火的道路。先遣队走到哪里，英国侵略者就把边界划到哪里，阿克赛钦也是这样，是在地图上被它划过去的。算作“未定界”，意思是还要继续前进。现在尼赫鲁硬说阿克赛钦是拉达克的一部分，应该归属印度，根据就是这些。这当然是胡说八道。阿古柏叛乱平定之后，新疆还是中国的地方嘛！

这些情况都说明，古代和我们现在的社会生活联系较少，清朝也只在边界问题等方面还有些联系。鸦片战争以后的历史，和现代的联系就多了。我们研究八十年间的阶级斗争及其规律，也正因为它在许多地方和中国的今天有联系，了解这八十年历史发展的规律，就是为了帮助我们认识当前社会的规律性，从而自觉地参与当前的社会生活，自觉地变革现实，起来革命。大家都知道，从必然到自由，就在于是否掌握了事物的发展规律。所以，研究阶级斗争的规律，不是为了好奇，为了探索什么奥秘，而是为了当前的斗争。这就是说，近代史的主要内容，近代史研究的中心，就是阶级关系和阶级斗争发展变化的过程及其规律。因为它和当前社会生活有直接的联系，那时的阶级，有一些现在还存在。地主阶级在大陆上虽然陆续消灭了，但在台湾还有灵牌，还在招魂。小资产阶级、农民都还存在，特别是剥削阶级还存在。他们的所有制和剥削手段已经被剥夺了，但仍有剥削，还拿定息，在政治上，它还有一定的势力。

总之，研究这个时期的阶级斗争规律，就因为这时期阶级关系复杂，阶级斗争的规律性特别明显，可以帮助我们提高认识。同时，这一时期和我们的社会生活的联系也特别密切，这是和研究古代史不同的地方。我们研究的目的，是掌握规律，改造世界。当然把孔子时代的规律掌握了，也有好处，但究竟离我们远了些。

这八十年间的阶级斗争，具体些说，和今天的社会生活究竟有些什么联系呢？可以从以下几个方面来讲讲这个问题。

问题的一个方面是，研究这八十年的阶级斗争的规律，可以帮助我们认识当前社会主义建设时期阶级斗争的形势。

我们现在是社会主义革命和社会主义建设时期，不是民主革命时期了。那么，当前还有没有阶级斗争的形势？这个问题还存在不存在？我们从事社会主义建设的人的头脑必需清醒，要肯定这个问题还存在，要认识当前阶级斗争的形势。在无产阶级革命和无产阶级专政的整个历史时期，从资本主义过渡到共产主义的整个历史时期，存在着无产阶级与资产阶级的斗争，存在着社会主义与资本主义两条道路的斗争。我们当前仍然需要认清阶级斗争的形势，因为被推翻的反动阶级不甘心灭亡，地主阶级、官僚资产阶级不甘心死亡，蒋介石不甘心死亡，资产阶级也不甘心被推翻，总是要求复辟。这方面的历史经验很多，革命胜利以后反动阶级的复辟斗争是长期的。法国、英国、西班牙、意大利……外国的例子很多，中国也不会例外。辛亥革命没有把反动阶级推翻，仅仅把封建专制政体改成民主共和，换了形式，但就在这个形式上斗争了多么长的时间？！袁世凯、张勋、徐世昌……不是都在拼命地搞复辟？！徐世昌当了大总统以后很长时间，都在打算复辟。复辟与反复辟的斗争是长期的。现在社会上还存在资产阶级影响和旧社会的习惯势力，资产阶级影响的力量很大，我们往往不知不觉地受到它的袭击，不能摆脱，农民小生产者自发的资本主义倾向也依然存在。所以，在这种情况下，阶级斗争是不可避免的。中央八届十中全会指出，这是马克思列宁主义早已阐明的历史规律，我们不要忘记。我在这里不更多地引经据典，毛主席在《关于正确处理人民内部矛盾的问题》中讲过："在我国，虽然社会主义改造，在所有制方面说来，已经基本完成，革命时期的大规模的急风暴雨式的群众阶级斗争已经基本结束，但是，被推翻的地主买办阶级的残余还是存在，资产阶级还是存在，小资产阶级刚刚在改造。阶级斗争并没有结束。无产阶级和资产阶级之间的阶级斗争，各派政治力量之间的阶级斗争，无产阶级和资产阶级之间在意识形态方面的阶级斗争，还是长时期的，曲折的，有时甚至是很激烈的。无产阶级要按照自己的世界观改造世界，资产阶级也要按照自己的世界观改造世界。在这一方面，社会主义和资本主义之间谁胜谁负的问题还没有真正解决。”我们不要忘记今天还有阶级斗争，大规模的急风暴雨的群众阶级斗争已成过去，但曲折复杂不断起伏的斗争，有时甚至还很剧烈，它存在的时间可能很长，甚至到几十年。我们党领导革命运动几十年来，人民群众在各个时期的阶级斗争当中，对于要赞成谁，反对谁，打倒谁，联合谁，都很清楚，这是什么原因呢？首先要归功于实际斗争的教育，其次就是长期的近代历史的教育。那时，参加革命的首先要接受两种教育：马克思列宁主义基本理论与近代革命历史的教育。大家对于联合谁、反对谁都很清楚，这就是近代革命历史的教育起了很大作用。现在也需要用历史上的阶级斗争规律的知识来武装人民群众，武装我们自己。看来，这八十年间经历过的阶级斗争现在并没有完全结束，当时阶级斗争的规律，现在不是完全不起作用了。急风暴雨的群众斗争过去了，复杂曲折的斗争还存在。当然也不能把那时的阶级斗争和现在完全等同起来，在国际上，反对帝国主义的斗争还是很剧烈的，国内的阶级斗争则情况不同了。反对帝国主义的斗争，本质上没有改变，因为帝国主义的侵略本质没有改变，又出了一个修正主义，要和帝国主义妥协，这就使得问题更复杂化了。

这就是这八十年间的阶级斗争和我们现代生活联系的一个方面。

联系的又一个方面是，了解当时的阶级斗争，帮助人们正确理解党在各个时期的方针、路线和政策。

在民主革命时期，从鸦片战争到五四运动，八十年来，经历了太平天国、义和团、辛亥革命几次革命高潮和其间的多次斗争，都遭到了失败；只有五四运动以后，在无产阶级领导下，中国革命才发生了根本变化。无产阶级领导都做了些什么呢？根据马克思列宁主义原理，深刻地分析了中国社会，确定了民主革命的路线、方针和一系列政策，反对帝国主义、封建主义、官僚资本主义，都是我们提出来的。这就是说，五四运动以后，之所以根本扭转了八十年间不断失败的局面，革命的路线、方针、政策有了根本的转变，原因就在于党的正确领导。党要确定把群众的斗争锋芒引向哪里，向谁斗争，联合谁，就得根据马克思主义原理和中国近代史上阶级斗争的规律，制定一系列的方针政策。我们要了解党的方针政策的正确性，了解党在制定和执行正确的方针政策的过程中发生过什么斗争，遇到了什么问题，为什么会发生“左”右倾机会主义，它们为什么是错误的，就需要研究这八十年阶级斗争的规律，从而清楚地了解党制订方针、路线、政策的依据，了解党的英明、光荣、伟大、正确。

研究这八十年的阶级斗争，可以帮助人们分析当时的历史背景，从而有助于了解党在当前的方针政策。在今天社会主义革命和社会主义建设时期，研究近代史上前八十年的历史对我们也是需要的。因为当前社会主义革命和社会主义建设中的阶级斗争，还是在过去的斗争基础上发展起来的。今天的阶级斗争是昨天的阶级斗争的继续。譬如：今天反对帝国主义的斗争，很明显地是过去斗争的继续；我们的社会主义建设总路线为什么这样规定而不是另外的规定？为什么我们的建设只能是目前的状况而不是另一种状况？对资产阶级为什么实行赎买而不实行另外的政策？这些都有它的历史根源。中国资产阶级有它自身的发展过程，它参加民主革命，又反对革命，都有它的社会历史根源和时代背景。我们的社会主义建设为什么搞大跃进而不是小跃进？也都是基于社会的实际条件。

总之，我们不要深刻地了解今天则已，如果要深刻了解今天，正确地选择前进的道路，就必须懂得过去，要从中国社会的历史发展来加以考察。研究近代史上前八十年的历史，可以帮助人们更好地理解民主革命的方针政策，对研究和领会当前党的方针政策也是重要的。

研究这八十年的历史，可以帮助我们很好地学习毛主席的著作。这对学习毛主席著作，掌握毛泽东思想，有很大的作用，和当前社会主义革命与社会主义建设的方针、路线、政策实际上是密切相关的。毛主席著作处处是从分析中国的历史和现状，从分析中国近代史出发的，也是从分析我们的国情出发的。他用马克思主义的立场、观点、方法分析了中国的历史实际，对历史的发展过程作出了新的概括。特别是已经出版的毛选四卷，实际是整个民主革命时期的总结。主席著作着重研究新民主主义革命时期，但处处涉及前八十年旧民主主义革命时期。没有这八十年的历史，又哪里有新民主主义革命时期？！我们要学习主席著作，要研究马列主义普遍真理和中国革命具体实践相结合的毛泽东思想，就要研究前八十年的历史，就要在这方面下功夫，做工作。

研究前八十年的历史，不仅仅为了了解主席思想的历史背景，了解主席怎么发展了马克思列宁主义，还为了更加明确地讲解毛主席思想，帮助人们更好地掌握主席思想，这对世界人民革命都有利。特别是因为：主席思想内容很丰富，包括的范围很广，对于外国同志，如果不说明主席思想产生的历史背景，不从历史上讲，就不大容易了解。因此，这一点是有世界意义的。

事实证明，在革命实践中坚持以主席思想为指导的，就得到胜利，违反主席思想的，就遭到挫折。民主革命时期“左”右倾机会主义背离主席思想的教训，很值得我们记取。为什么会出现这样两种不同的结果？其原因就是主席思想是最合乎中国的历史和国情的，违反主席思想，也就违反了中国的历史和国情，不能不遭到失败。所以，研究党史的同志，也必须了解中国近代史。学习中国近代史，能够帮助我们正确了解党的方针政策，深刻了解主席思想，了解党史。

第三个方面的联系是：掌握这八十年的阶级斗争的规律，对于武装今天世界上殖民地半殖民地的革命人民，很有作用。

中国的民主革命发生在半殖民地半封建社会，本身带有一定的典型意义。世界各国从封建社会到资本主义再到社会主义社会的历史发展过程，大概有两种类型，一种是西欧国家，资本主义宗主国，由封建社会到资本主义，经历的是独立发展的道路。其中有的是经过革命的，如英、法；更多的是走改良主义道路，如德、俄；美国的情况比较特殊，没有经历过封建社会阶段。第二种情况是本国遭受外国侵略破坏，丧失独立，由封建社会沦为殖民地或半殖民地，然后逐渐发展资本主义，产生自己的资产阶级。世界各国由封建社会到资本主义社会的历史，大体上不外这两种类型。按人口比例看，第一种类型——独立发展的是少数，其中最大的俄国，人口也有限；本国遭受外国侵略破坏的，像中国、印度以及亚非各国、拉丁美洲各国基本上都属这种类型，说明世界在从封建社会向前发展的历史行程中，占人口比例很大的地区沦为殖民地与半殖民地。中国革命就是在这种条件下发生的，因此，它具有典型意义、普遍意义。如果说英法资产阶级革命算一种类型，那末中国革命也应该算一种类型。马克思恩格斯讲资产阶级革命主要讲英国和法国，因为它们发生的年代早些，在当时，中国旧民主主义革命的发展过程还看不很清楚，现在已经看得很清楚了。过去光讲西欧革命道路，对中国民主革命的典型意义认识不足，实际上，按中国革命所代表的类型占世界人口比例来说，它是有普遍意义的，更何况中国本身是个大国，因此，应该承认中国民主革命在世界历史发展中具有典型意义和普遍意义。

目前世界上的殖民地半殖民地的民族独立运动，包括亚洲、非洲、拉丁美洲各国的人民革命在内，多半还处在民主革命阶段，还不是社会主义革命。从民主革命转入社会主义革命的，只有古巴，为数很少。在大多数国家里，资产阶级还是革命的发动者，无产阶级还没有取得领导地位。换句话说，这些地方的革命斗争，还处在中国的辛亥革命或义和团时代。像非洲某些国家差不多就是义和团时代。所谓辛亥革命时代，就是说那里的革命已经是资产阶级领导的革命了。说也奇怪，那里有些国家号称共产党的某些领导同志，却偏偏不是革命者。古巴共产党原来的领袖阿尼瓦耳 · 埃斯卡兰特就是个修正主义者。他在各种场合极力反对我们，在古巴革命问题上主张和平过渡，不要武装斗争。至于从资本主义和平过渡到社会主义的"理论"，更是自欺欺人，因为直到今天还没有看到哪个国家是和平过渡的。从近六七年的历史来看，凡是真正获得独立的国家，都是通过革命斗争站起来的。古巴的武装斗争是从七条步枪开始的，老挝、阿尔及利亚的独立，哪个不是经过流血斗争才获得的？！所以，那个修正主义的共产党领袖就领导不了古巴的革命；古巴的独立，是经过卡斯特罗领导的武装斗争才取得的。有些国家的共产党不革命，这是一种情况。与此相反的却是：革命斗争推动了人们前进，卡斯特罗以前不是共产党，现在却很有些马克思主义了。

总之，当前亚、非、拉美广大地区的革命斗争，还处在民主革命阶段。毛主席讲过：这种革命的殖民地半殖民地，是世界社会主义革命战线的同盟军，但革命的第一阶段的性质还不是社会主义革命。这些地区的人民从一二百年的殖民统治下觉醒起来，掀起反对殖民主义的革命斗争，为彻底的解放而斗争，这是当前时代的特点。从现在起，经过几十年乃至一百来年，世界上要经过天翻地覆的变化过程，这是世界大变化的时代。中国近代史上革命斗争的经验，对这些地区的人民是很有用的。因为他们正在反对帝国主义，反对封建统治势力，而我们的八十年就是反对帝国主义反对封建主义的民主革命时期。这些地区的革命人民，非常需要有关我们革命规律知识的武装。像苏加诺这些人，他们对孙中山都很感到亲切，很有兴趣，因为他们的阶级基础彼此相当。所以，我们要看到这个形势。不要以为八十年已成过去，没什么作用了。有人说，辛亥革命对我们的社会主义革命和建设有什么指导意义？能从那里吸取多少教训？如果说有教训，就是革命要彻底。当然，资产阶级革命，除了法国，都不彻底。但对今天的殖民地半殖民地的人民革命斗争来说，辛亥革命还有很大的意义，殖民地半殖民地的革命人民还可以从它那里找到武器。我们知道，辛亥革命是从法国的资产阶级革命、美国独立运动中寻找武器的。那时的刊物《民报》，大事介绍有关法国革命和美洲独立的材料。中国的改良派也是向外国的改良派那里寻求武器的，康有为编过《俄罗斯大彼得变政记》《日本明治变政考》。中国资产阶级也向外国资产阶级那里找武器。而我们现在要给予殖民地半殖民地人民的武器，却不仅是我们过去革命的朴素的经验教训，而且是在这一基础上，运用马克思主义加以总结、提高的民主革命的规律、经验。所以，我们八十年的经验对于殖民地半殖民地人民的革命具有很大的借鉴意义，它们已经不是原来孙中山或义和团的一套了。

中国近代史上的阶级斗争和我们当前生活联系的第四个方面就是：近代史是中国人民和帝国主义反动思想进行斗争的重要战场。因此，研究近代史对我们目前反对帝国主义反动思想的斗争也有重要意义。

帝国主义、外国资产阶级在近代史研究领域里散布了各式各样的荒谬思想，这是帝国主义进攻中国人民的武器。现代修正主义者就利用这些武器来反对我们，因此，我们必须在这一领域里彻底清除这些反动思想的影响。这些反动思想主要是认为中国近代史没有什么规律，他们反对历史学讲什么规律。所谓没有规律，第一就是没有阶级斗争，第二就是没有帝国主义侵略，资料我不详细介绍了。修正主义很早就讲中国革命是和平过渡，没有什么斗争。真是奇怪，难道一百一十年的斗争过程里，武装斗争、流血牺牲还少吗？如果没有一百一十年的斗争，特别没有共产党领导的二十几年的革命斗争，怎么能由民主革命转变到社会主义革命？！

以上讲了近代史上阶级斗争和当前社会生活联系的四个方面。

总起来说，为什么研究近代史？理由就是那么一条，因为这个时代的历史充满了复杂尖锐的阶级斗争，这一时期阶级斗争的规律的知识，对我们今天还很有用，和我们当前的社会生活还有联系。对于这个问题，我要讲的就是这些，讲不出更多的道理。从另一面来说，我们研究近代史，不是为了研究而研究，不是为了满足某种兴趣，为了欣赏，而是为了当前斗争的需要。

下面讲讲怎么研究近代史的问题。简单地说，研究近代史，就要根据当前斗争的需要来选择研究的问题，对具体事实进行具体分析，然后作出理论的概括，找出规律。这样就可以达到我们所要解决的目的：教育人民，武装殖民地半殖民地的革命同志，帮助他们与帝国主义作斗争；也帮助我们了解党在各个时期的方针政策，阐发毛泽东思想。

从这一目的出发，我们就有许多工作可作。譬如，对于帝国主义，要进行一番研究。毛主席讲：帝国主义及其走狗变中国为殖民地半殖民地的历史，和中国人民反抗帝国主义及其走狗的历史，就是中国近代史。可见，历史是两面的，帝国主义及其走狗对中国人民的统治压迫是一面，中国人民反抗帝国主义的斗争是另一面。因此，研究帝国主义，是研究中国近代史很重要的一面。应该从哪些地方来研究呢？这个工作，过去做得较少。资产阶级史学家还没有提到研究帝国主义的高度。比较进步点的，也不过写过一些“亡国痛史”“国耻史”之类的东西。我们马克思主义者过去对帝国主义的侵略进行了很多揭露，比资产阶级观点大大前进了。过去的高等学校里，有一门“外交史”，其实就是帝国主义侵略史，教员尽是蒋廷黻这些人，向学生灌输一些反动观点；我们把这些反动的资产阶级观点扫除了，对人民群众进行了教育，对帝国主义进行了揭露。现在谁要是说帝国主义不侵略我们，群众就通不过。这说明我们的工作有了很大成效。但是，现在仅仅讲帝国主义侵略，够不够呢？侵略当然要讲，但如果只停留在这一条，就不能说是真正适应了社会主义革命和社会主义建设的需要。那么，到底在研究帝国主义方面有些什么与当前建设有关的问题呢？我在下面举些例子。

从近代史上看，帝国主义的本质到底变不变？这是不是个问题？帝国主义侵略的花样很多，有武装斗争，有政治活动，有文化侵略，从历史上把它总结一下，是有现实意义的。现代修正主义就认为帝国主义变了，我们就反对他们这种论调，后来，他们不公开讲这种主张了，实质还是这么讲。他们把帝国主义分成两派，一派是“明智派”，即所谓头脑清醒的。据说，肯尼迪就属于这派，这一派已经变好了。另一派是头脑不清醒的，还要侵略。还有所谓新老殖民主义问题，认为老殖民主义就是武装占领别国地区，对那里的人民实行野蛮统治；新殖民主义则不然，征服一个地方，不建立殖民政权，不采取公开的占领的形式。按照修正主义的这个说法，中国就只有新殖民主义而没有老殖民主义，因为帝国主义虽然处心积虑地想瓜分中国，但始终没有明目张胆地公开瓜分。正如列宁所说的：“……它们在开始时不是公开瓜分的，而是像贼那样偷偷摸摸进行的。它们盗窃中国，就像盗窃死人的财物一样……”[①] 这么一来，似乎中国就只有新殖民主义而没有老殖民主义了，但实

---

①《中国的战争》，《列宁全集》第 4 卷，第 336 页。

质上，新老殖民主义究竟有什么区别呢？中国在八十年来只有香港、澳门、台湾和几个大城市的“租界”是被帝国主义公开侵占的，其他地区它若要侵占，也还是得挂上一个“租借”的幌子，但你能说这八十年间就没有被侵略？如果有谁硬要说新殖民主义比老殖民主义好些，我看就可以总结一下我们中国这八十年来遭受的帝国主义的侵略和奴役，这个问题有很大意义。

其次，帝国主义是怎样破坏中国革命的？现在帝国主义到处搞破坏活动，现代修正主义不承认这一点；革命人民和革命的资产阶级有时也看不清它的实质，往往表现为反对帝国主义的运动一时搞得很激烈，过一时又变了，还不能从本质上深刻地认识帝国主义。因此，就需要我们好好总结一下：帝国主义是怎样破坏太平天国革命的？搞了多少次？过去大家只讲地主阶级反对太平天国运动，对帝国主义则不大清楚，似乎它还搞什么中立。是的，它确实打起了中立的招牌，但在这块招牌底下玩了很多花样。帝国主义破坏义和团运动的手法又不一样，搞八国联军。它破坏辛亥革命，则又有一套手法，政治经济双管齐下，费了一番功夫把政权搞到它的走狗手里。揭露帝国主义破坏革命的反动本质及其手法，这对我们也有好处。可以帮助我们深刻地认识帝国主义的本质。不是有人提倡什么“三和一少”，认为我们对帝国主义、对反动派和对修正主义的斗争太多了，要求对帝国主义、对反动派、对修正主义“和”一些，斗争少一些吗？！揭露帝国主义的手法，对我们也是教育，这是有现实意义的。

还可以研究一下帝国主义怎样在中国培养它的代理人的问题。过去，它培养清政府，培养西太后、李鸿章，是一种办法：先把他们打服，变成儿皇帝，然后再加以扶植。对待袁世凯、段祺瑞，则又是一种办法：先把他们扶植起来，然后在内部制造分裂，使他们的统治不能巩固，不得不依赖帝国主义，从而死心塌地地充当帝国主义的代理人。现在，帝国主义到处培养代理人。尼赫鲁就是帝国主义在印度的代理人，他口头奉行所谓的“不结盟政策”，但据说过去与英美曾有密约。对现代修正主义，帝国主义也有一套办法：先打下去，迫使它屈服，蒙受社会主义国家从未有过的奇耻大辱，然后再加以保护，使它的内部矛盾缓和一点，使它的统治巩固一点。总之，帝国主义对殖民地半殖民地，对它的附属国，对日本、联邦德国……各有各的手法，大家看，是不是可以通过近代史的研究，在这个问题上找到一些经验？

帝国主义怎样对待和利用中国的资产阶级知识分子？这个问题对我们很

有意义。毛主席在评白皮书的几篇文章里都分析了这个问题。特别在《丢掉幻想，准备斗争》里面，有些话是针对那些对帝国主义，特别对美帝国主义还抱有幻想，没有长期斗争的决心的人们说的。“美国白皮书和艾奇逊信件的发表是值得庆祝的，因为它给了中国怀有旧民主主义思想亦即民主个人主义思想，而对人民民主主义，或民主集体主义，或民主集中主义，或集体英雄主义，或国际主义的爱国主义，不赞成，或不甚赞成，不满，或有某些不满，甚至抱有反感，但是还有爱国心，并非国民党反动派的人们，浇了一瓢冷水，丢了他们的脸。特别是对那些相信美国什么都好，希望中国学美国的人们，浇了一瓢冷水”[①]。毛主席讲的这种知识分子，过了十几年，情况已经有所改变。但现在是否就没有了对帝国主义抱幻想的知识分子？老的一代是不是已经变得那么彻底，新的一代是不是都那么清醒？特别对国外，像日本和一些殖民地半殖民地国家来说，这还是个现实问题。美国的“和平队”在这些国家里无非是办医院、搞教育事业、传教，这一套手段，在中国老早就行使过了，庚子赔款的一部分，不是办了学校、开了医院……？！这就是现今所谓“和平队”的手法，不过名目不同而已。这不是很现实吗？！赖肖尔现在在日本成立了个公司，就是由美国花一笔钱来收买日本的知识分子，搞搞研究，笼络他们，日本的左派就出来反对这个“赖肖尔公司”。在中国，他们搞马歇尔一面谈判一面进攻的手法，在日本，就搞“赖肖尔公司”来收买殖民地半殖民地的知识分子。

总之，对帝国主义，我们的资料是太多了，值得我们很好地下一番功夫，加以研究，从而揭穿帝国主义的狰狞面目，这是非常有教育意义的。

关于资产阶级，也有许多值得很好研究的问题。中国的资产阶级是半殖民地半封建的资产阶级，有两部分：买办资产阶级和民族资产阶级。我们要研究它怎么分成两部分，这两部分在历史上的地位和作用如何，仍然是有现实意义的。今天我们应该怎样看待殖民地半殖民地的资产阶级，是不是应该看作完全一样，毫无区别？当前，我们应该怎样看待尼赫鲁？尼赫鲁属于印度资产阶级的哪一部分？现代修正主义不是把他看得好得很吗？！再来看看新兴的民族独立国家里的资产阶级，如纳赛尔、苏加诺，到底本质怎样？他们是不是也有两部分？他们的当权派属于哪一部分？研究中国的资产阶级，对

---

①《毛泽东选集》卷四，1488 页。

了解这些国家的资产阶级很有好处。

资产阶级在斗争中怎样不断分化？他们的经济、政治地位都是不稳定的，随着对帝国主义关系的改变而不断变化。研究一下这个问题，对认识资产阶级也很有好处。在戊戌变法以前的康有为、梁启超，是起进步作用的，因为他们在一些问题上还反对清朝的统治，但在戊戌变法以后，他们又反过来维护清朝的统治。资产阶级革命派在辛亥革命以前处在黄金时代，虽然力量不大，但却担负着革命的领导任务，起着革命的作用。辛亥革命以后，不少人跑到统治集团里面去，成为一个地区、一个方面的当权势力。研究一下这些变化都是怎么发生的，革命不断前进，资产阶级是向着革命的方向，还是向着不革命、反革命的方向变化？这对于研究当前的资产阶级，也是有好处的。

资产阶级民主主义革命当中两条路线斗争的问题，也可以研究。资产阶级改良派和革命派斗争的历史已成过去，但对我们的影响却长时期存在着。中华人民共和国成立以后，这种影响依然保持下来。像《武训传》就是宣传改良主义的，批判《武训传》的斗争，就是发扬革命精神，反对改良主义的斗争。从这里也可以看出改良主义对人们思想的影响。亚、非、拉美国家里，改良主义的影响也很大。资产阶级的特点，就是害怕革命，资产阶级革命在不同程度上都有妥协性。马克思讲英国资产阶级革命有妥协性，但比中国的资产阶级革命还好一些。英国的克伦威尔还把国王查理一世送上了断头台，后来被掘墓鞭尸（世界上被掘墓鞭尸的有这么几个：头一个是伍子胥鞭楚平王之尸，第二个是克伦威尔，第三个就是斯大林）。总之，资产阶级革命总有妥协性，辛亥革命是值得很好研究的。

资产阶级怎样认识和对待帝国主义？这也是值得很好研究的一个问题。中国革命这么长的时期，只有共产党领导的新民主主义革命才第一次提出反帝反封的口号，原因在哪里？这并不是一句话、一个概念的问题，而是对帝国主义敢不敢进行尖锐斗争的问题。辛亥革命时期，革命派与改良派的分歧也就在这里。改良派说不能革命，革命就要引起帝国主义的干涉，革命派说不会，外国人会同情中国人的，他们讲民主，会用平等眼光来看待中国人。这完全是幻想。直到武昌起义以后，资产阶级提出的宣言，仍然不敢触犯帝国主义的利益。现在对国内来说，由于革命不是受资产阶级领导的，这个问题已经是历史问题了，但对于亚、非、拉美许多国家来说，仍然很有意义。

资产阶级怎样对待革命的人民群众？在义和团运动时期、戊戌变法时期，辛亥革命时期和辛亥革命以后，资产阶级对人民群众的态度各不相同。义和团运动以前，资产阶级反对革命群众；义和团运动以后，资产阶级开始接触革命群众；辛亥革命后资产阶级政权建立不几天，又反对革命群众。通过这些问题的研究，都可以认识阶级斗争的规律。

此外，地主与农民之间的斗争也可以研究。农民战争为什么不能取得胜利？道理何在？地主阶级的问题可以放在次要地位，因为它在国内已经消灭了。总起来说，从帝国主义、资产阶级、工人阶级、农民阶级当中，可以找到很多现实问题来研究。怎样研究？就是要和现实斗争联系起来，真正揭发阶级斗争的客观规律，及其在各个方面的表现。应该从这个角度出发来研究中国近代史，把这些问题分门别类加以研究，找出规律，作出理论的概括，这是很有意义的。而为要研究这些问题，也就必须研究当时社会的经济基础、上层建筑等等很多问题。

怎么研究中国近代史？总起来说，就是要从当前现实斗争的需要出发，对很多问题加以分析，作出理论的概括，找出阶级斗争的规律。

当然，这么一来，可能发生一些问题。第一个问题就是，如果不从当前斗争需要出发，是不是就不能研究中国近代史？在这个问题上，从来就有两种主张。一种认为：研究工作根本不要什么出发点，研究历史还要什么中心？譬如有那么两本书，一本黄皮的，一本黑皮的，两者有矛盾，就把两方面的道理讲讲就是了，这是资产阶级的研究工作的出发点，是没落资产阶级的观点。过去国民党中央研究院历史研究所所长傅斯年在一本刊物的发刊词上就说过：研究工作讲目的是不对的，如果说有目的，那就是找些穷书生，皓首穷经，花去毕生精力，来点缀我们国家的升平盛世——也就是蒋介石的“升平盛世”，表示它还有点“文化”吧。他还说这个目的很难达到，用两句诗来形容，什么“上穷碧落下黄泉……”，这就是没落资产阶级的观点。资产阶级比较进步的观点也还不是这样的。像梁启超就提出过史学革命的问题。他认为廿四史只是封建帝王将相的家谱，应该立即打倒，这些东西不能反映人民和社会进化的要求；章太炎也认为这些东西不行。可见，即使稍稍进步的资产阶级观点也都认为研究历史要有目的。反动的资产阶级史学家讲起来好像是超阶级的，实际无非是要反映他们的现实斗争的需要。认为历史研究不反映现实，是没落资产阶级的观点，实际上，这个观点本身也反映了现实：要求历史研究为蒋介石服务，不要去找什么规律，点缀点缀“升平盛世”就最好了。

那么，一般的研究，过去在民主革命时期，没有讲社会主义革命和建设，不是也研究了吗？那样当然是可以的。那时就是从民主革命斗争的需要出发；从反帝反封的要求出发，也是为当时的革命斗争服务，揭露帝国主义、封建主义和官僚资产阶级。总之，为当时革命斗争服务得最好的，还是与当时的革命斗争联系最密切的，也就是最有思想性、最有影响的。民主革命时期到现在最有影响的，恐怕还是陈伯达同志的《窃国大盗袁世凯》《近代中国地租概说》《四大家族》《人民公敌蒋介石》等等，这些著作也是和当时斗争形势结合得最好的。当然，由于著作的思想性不同，有的揭发得不错，但理论不高，还要作理论的概括。现在再重复那些内容就不行了，题目还是那么多，像蒋介石、袁世凯，当然还可以写，但写法不同了。将来又和今天的研究不一样。像太平天国、辛亥革命这些问题，到千百年以后还会有人研究，但一定要加上新的思想，新的解释，这些思想和解释是从那时的形势需要出发，从那时的马克思主义水平、认识水平出发的。在今天我们的研究和当前现实结合最密切，理论水平最高的，到千百年后也是有价值的。今天脱离现实的著作，那时有的根本不能发表，有的发表了也不会有什么影响。八十年的历史是不会再变了，但要结合当前需要来研究。如果这一点不成立，历史科学就不成其为科学了。孔子的时代已经过了两千多年，现在还在研究，但与过去朱熹、康有为专讲孔子就大大不同了。一千年以后，还要研究孔子，不过讲法不同了。历史科学要继续发展，就必须结合不同的时代、不同的要求提出问题。反之，就死气沉沉，不能成立。马克思说过："因为任何真正的哲学都是自己时代精神的精华，所以必然会出现这样的时代：那时哲学不仅从内部即就其内容来说、而且从外部即就其表现来说，都要和自己时代的现实世界接触并相互作用。"[①] 恩格斯在《反杜林论》旧序中也说过："每一时代的理论的思惟（我们这一时代的理论的思惟也是如此）都是一种历史的产物，在不同的时代具有非常不同的形式，并且具有非常不同的内容。因此，关于思惟的科学，正如其他的任何科学一样，是一种历史的科学，关于人的思惟的历史发展的科学。"[②]

---

① 马克思：《第179号〈科伦日报〉社论》，《马克思恩格斯全集》第1卷，第121页。

② 恩格斯：《自然辩证法》，人民出版社1955年版，第21页。

总而言之，我们研究近代史，不用马克思主义的观点则已，要用，就必须从当前实际存在的问题出发，才有战斗力。

还有一个问题：这么一来，什么都要从当前斗争出发，是不是会把政治和学术混为一谈？换句话说，是不是会变成不是研究学术，而是去搞政治？

过去有人很害怕这顶帽子，这也是个顾虑。从现实出发，是不是就不是历史研究、学术研究，就会把学术和政治混为一谈呢？应该认为，这是把政治和学术说成毫不相干的两件事，是资产阶级骗人的把戏。试问：究竟什么是学术（这里且不讲自然科学）？照我的理解，学术就是不同阶级对社会生活、社会历史的不同的解释。站在资产阶级立场上，用资产阶级世界观来解释，就是资产阶级社会历史学说。现代资产阶级社会学不承认什么剩余价值；古典的资产阶级历史学还讲过阶级斗争，现代资产阶级社会学历史学也一致否认；资产阶级哲学里面，没有辩证唯物论——这当然不是说，它就一点辩证法也没有，完全违反常识，但它的基本世界观是资产阶级世界观。这就是资产阶级学术。站在无产阶级立场上来解释社会生活，解释历史，就是马克思主义学术。世界上没有一种学术被资产阶级奉为神圣，而无产阶级也赞成的。马克思主义和资产阶级社会学从两种根本对立的立场出发，对社会生活、对历史的解释完全不同：只有一点相同，就是它们都直接间接地为本阶级的利益服务，从本阶级的要求出发，提出问题。不过各门学术之间有直接和间接为本阶级利益服务的区别，政治经济学最直接，历史也相当直接，哲学、美学则间接一点，但都是符合本阶级需要，为本阶级服务的。

无论过去或现在，学术都有两种，标尺也是两种。资产阶级学术观点，认为学术是“象牙之塔”里面的东西，是最清高、最独立的，合乎这种标准的，才称得起是学术，不合这种标准的就不叫学术。从事这种学术活动的才是专家，和这种标准相反的，就是搞政治，不清高，不独立。马克思主义、无产阶级的观点则恰恰相反。什么叫学术？按照马克思主义的观点，一定的文化是一定社会的政治、经济在观念、意识形态上的反映，社会上的阶级斗争，必然反映为理论、学术领域内的斗争。所谓学术或社会历史学说，都反映了一定的社会经济生活，都是一定阶级的意识形态的表现。马克思主义关于社会的经济基础与上层建筑的学说，就是建筑在这个观点之上的。那么，这两种互相对立的观点，到底哪个对呢？研究一下古今中外的学术著作，便可以证明马克思主义的观点是颠扑不破的真理，而资产阶级的观点是极端虚伪的。

谁都知道，《春秋》这部书，是了不起的学术著作，两千多年来很多学者对它作了种种解释。但它和政治的关系很密切，可以说《春秋》也是政治。“孔子作《春秋》而乱臣贼子惧”，他作《春秋》时，“寓褒贬，别善恶”，“一字之褒，荣于华衮；一字之贬，严如斧钺”。《资治通鉴》是学术著作，也是无人否认的。司马光在献书表上说：他这部书“专取关国家盛衰，系生民休戚，善可为法，恶可为戒者”，这还不是政治？！可见，古代这些大的学术著作都是政治。至于现在，我们搞的是无产阶级的社会科学；蒋廷黻也讲近代史，是政治，还是学术？胡适说中国根本没有什么主义，只有五鬼闹中华，这是不是政治？过去把“外交史”之类以及马士的书作为权威，好多地方歪曲历史，为帝国主义辩护，成为帝国主义侵略我们的根据，这是不是政治？！历史上每当一个王朝灭亡，下一个王朝兴起的时候，第一件事就是修史，也就是为自己的统治找根据，去掉过去历史上不利于自己的因素，从而取得合法统治的口实。所以，历史实际是一部政治教科书。我们不要用资产阶级观点来欺人自欺，而要承认这种无可辩驳的事实。

第三，从现实斗争的需要出发，是不是会把研究的范围搞得很狭窄，甚至成为一种禁地，挂上“近代史研究重地，闲人免进”或者“遵守清规者准进”，否则不准进来？

我想，这里应该有两个基本思想：第一，要有方向，有主流。任何一件事都有方向，难道近代史就没有？从现实斗争的需要出发，这就是方向；为学术而学术，是另一种方向。根据现实斗争的需要，我们可以作很多工作。一个是理论工作。理论的概括和分析越好，成绩就越大，越有意义，甚至可能成为不朽的著作。但是，要从理论上加以概括，就要研究很多问题，从而也就提供了很广泛的研究园地。像《史稿》第四册里，就有不少问题需要研究。关于鸦片战争过程的阐述上，清政府第三次派奕经出兵浙江，《史稿》写从绍兴分三路出兵，据说不是三路，而是两路从绍兴、另一路从乍浦出兵。又如鸦片战争中的“港脚”，是中国传统习用的名词。《史稿》上说“港脚”就是印度，其实也不确切。“港脚”是印度沿海的意思，不是地名，当时与印度沿海有来往的，主要是英国商人。而《史稿》上说“港脚商人”，好像和英国商人是两回事。这些问题虽然不大，但也应该改正，使读者得到正确的认识。像这些地方，大家发现了就可以提出来。当然在这本书里还有些更大的问题。如在经济方面，资本主义和资产阶级的发生发展，有些地方写的不够清楚，这些问题可以研究，也可以搞些资料。总之，研究的范围很广，不会束缚大家的手脚，使人视为禁脔。第二，烦琐主义要少些。这和前面一条也是联系着的。如果没有主流、没有方向，烦琐主义就势必多起来。当前研究工作中的问题主要是往往不能很明确地、很自觉地掌握方向，烦琐主义也有一些。譬如洪秀全到底有没有胡子，这些问题也可以研究，据说也有些意思。假如哪个博物馆要画他的像，如果不知道有没有胡子，当然也不行。但我说该研究的其他问题还多得很，可以先不在这些问题上多费精力。最近还有一篇很长的文章，专门论证康有为和谭嗣同见面是在光绪二十一年，还是二十二年。这个问题当然也有点意思，就是说：谭嗣同没有见到康有为时，思想比较杂乱，与康有为见面后，进一步接受了改良主义思想。但这样的问题毕竟有些烦琐，如果大家都去搞这些问题，就失去了主流。还有些争论是空洞而无目的的。当然目前历史方面的学术争论还是不够的，但某些争论确实没有多大意思。譬如太平天国的性质问题，有人说是单纯农民战争，有人说是资产阶级性的农民战争，等等。都是概念之争，搞不清这种争论的目的性在哪里。还有些人争论单纯农民战争到底能不能胜利，辛亥革命时期反帝、反封哪个是主要矛盾，这些争论也许很重要，但说不出它们有什么目的。

总之，研究工作要有方向，要少来些烦琐主义，但并没有限制的意思。范围宽广，天地广阔，大家都可以研究。

有人说：这么一来，好像搞得很神秘。谁知道现实究竟在哪里？从现实出发，谈何容易？！现实究竟到哪里去找？感到很困难。我说：首先是研究近代史的人，应该采取什么态度来对待现实，是逃避现实呢，还是接触现实？研究历史的人对现实是什么关系，可以脱离现实，还是必须熟悉现实？古人有两句话："知古而不知今，谓之陆沉；知今而不知古，是为盲瞽。"[①] 所谓"陆沉"，就是毁灭，脱离人世。我们研究近代史，可不能搞"陆沉"。"陆沉"了，还怎么研究近代史？这是态度问题。因此，研究近代史，首先需要熟悉中国和世界的阶级斗争形势。第二，需要熟悉党的政策，熟悉党的历史，不然怎么能解释党的政策？第三，需要熟悉近代史后三十年的历史，即新民主主义革命时期的历史，因为旧民主主义革命的许多规律越到后来越看得清楚，要把这段历史搞清，必须同后来的发展联系起来研究。第四，要熟悉当前国

① 王充：《论衡 · 谢短篇》。

内的思想斗争和反对帝国主义、反动派，反对现代修正主义的思想政治斗争。总之，不能避开现实，去搞“陆沉”，而是要熟悉现实。与现实密切结合，才能找到尖端的研究题目，你的研究才可能是马克思主义的。有人说，这样未免太困难了，研究古代，不了解人民公社也可以。我说是的，研究古代得有两个条件，一要熟悉马克思主义，二要熟悉历史知识。但也必须熟悉现状。否则，你的研究就不会有生气，就不能有很高的思想性，对当前斗争的作用就很小，为当前斗争服务就很差。再进一步讲，不只是研究近代史，任何研究也是一样，都得有不怕困难的精神。马克思讲过：“在科学上面是没有平坦的大路可走的，只有那在崎岖小路的攀登上不畏劳苦的人，有希望达到光辉的顶点。”[①] 又说：科学研究的门口，就是地狱的门口。要搞科学研究，就得有入地狱的勇气。因为我们是把研究工作当作革命事业，而不是为了消遣或游戏。既然要革命，不经受点困难还行？我们现在的物质条件还是很舒服的，但困难总是到处都会碰见的。像边防军在冰天雪地中保卫祖国的边疆，农民千辛万苦搞好生产，又是多么困难！不克服困难不能革命。所以，我们必须抱定这样的态度：从现实斗争的需要出发，对具体的历史事实进行具体的分析，作出理论的概括，从而发现斗争的规律，指导实践。到那时，在历史科学领域里面举起马克思主义的旗帜，就会成为有实际内容的生动事实，而不再是空洞的口头禅了。

---

① 马克思：《资本论》法文译本之序与跋。

# 第二讲　太平天国革命运动

今天讲太平天国。它的发生、发展和失败的过程都不讲，大家可以参看《中国史稿》。这里只准备讲讲这一历史时期的阶级关系、阶级面貌；讲一讲这个时期中各个阶级的本质、特点；讲一讲它们的相互关系以及它们之间的斗争是怎样发生和演变的。因此，关于太平天国我们准备谈一谈以下两个问题：

一、太平天国革命的性质问题。太平天国革命是不是农民战争？

二、太平天国革命运动时期的中国地主阶级和外国资产阶级以及他们之间的关系问题。

## 一、太平天国革命的性质问题。太平天国是不是农民战争？

现在先讲第一个问题。这个问题的中心就是：太平天国革命是一个什么样的革命？是不是农民战争？有人说它是市民运动，这种意见对不对？说它是这种性质或那种性质的革命，究竟有什么意义？

理解太平天国革命的性质和理解中国近代有很密切的关系。我们要了解近代中国即旧民主主义革命时期的中国的面貌，了解它的发展过程，就必须了解对中国近代历史进程具有重大影响的太平天国革命是什么性质的革命，革命究竟是在什么样的社会条件下发生的。

我认为太平天国革命是一次农民革命运动，是一场农民战争。它的根据可以从几个方面来考察。

首先要从当时的社会经济状况来考察，因为一定时期的阶级斗争总是在一定的社会经济基础上产生的。那么，太平天国革命时期的社会经济生活中的根本矛盾是什么呢？当时的社会经济状况又是怎样的呢？

从鸦片战争结束到太平天国革命开始酝酿，实际相隔只有一年，这就是一八四二年到一八四三年。可以说，太平天国革命是紧接着鸦片战争之后就开始的。这次革命是在中国资本主义产生以前的一次大规模的革命运动。在那时的中国社会经济中，还没有出现资本主义的生产方式，只存在着三种因素：

（一）广大农村中的自然经济在这一时期的社会经济生活中占统治地位。这是马克思讲过多次的，在《马克思恩格斯论中国》一书中，汇集了很多这方面的论述。西方传教士和商人在中国作了很多的调查，在他们的报告中也谈到了这一点。按照马克思的说法，就是农业与家庭手工业相结合的自然经济在这一时期的中国社会经济中占支配地位。

（二）在城市中，手工业生产和商品经济相当发展。

以上两种是旧式的中国社会固有的经济因素。

（三）外国资本主义的经济掠夺，这是新加入的、外来的因素。鸦片战争以后，五口通商，外国资本掠夺中国的原料，把中国作为他们推销商品的市场，对中国社会经济起了很大的破坏作用。

在这三种因素中，自给自足的自然经济占统治地位，封建土地所有制是基本的所有制。直到抗日战争时期，这种封建土地所有制还在农村中占着优势。

关于当时的土地占有状况，目前虽还没有完整的材料，但是可以看出一个轮廓。大致可分为三种状况：

1. 土地比较分散的地区，以甘肃为例，百分之六十至七十的人口多少占有一些土地；完全没有土地的人口约有百分之二十至三十。

2. 土地集中程度比较一般的地区，可以华中的湖南、湖北为代表。例如湖南，地主占有土地约百分之五十至六十，完全没有土地或只有很少土地的佃农约占人口的百分之六十左右。

3. 土地高度集中的地区，以江苏为代表。百分之十的人口占有土地的大部分；百分之八十至九十的人口失掉了土地，大地主占有土地几万亩甚至几十万亩。

以上的描述是根据零散材料凑起来的。时间是从乾隆到嘉庆、道光，即太平天国革命前几十年的状况。和我们土改时了解的情况对照起来，基本上差不多。当然，土改时的调查是经过了严格的阶级分析所得出的科学结论，而过去的材料只能大体说明土地占有的状况。解放后，占有十万亩土地的大地主已经不多了。有一个外国人曾经说琦善有二百万亩土地，据查对，并没有那么多，实际上琦善只有两万亩土地。

以上是封建土地所有制的基本状况。广西桂平金田起义地区周围的情况也是如此，地主占有土地相当多，每年收几十万斤或几百万斤租谷，这是很可观的了。这种情况确切地说明当时社会的主要矛盾是以土地问题为中心的封建经济内部矛盾，太平天国革命运动就是在这个矛盾的基础上产生的。社会生活中最激烈的阶级斗争总是反映了最普遍的矛盾，封建土地所有制及其所产生的一系列问题就是当时涉及人数最多的最普遍的矛盾。

有人拿当时的土地集中来证明当时中国资本主义的发展，说土地集中是资本主义发展的结果。这种说法的错误就在于没有分清两种不同性质的土地集中。

历史上有两种土地集中：一种是封建的土地集中，另一种是资本主义的土地集中。十八世纪英国圈地法颁布以后，村社土地集中在资本家手中，变为牧场，把分散的封建土地所有制变为资本主义土地所有制，那是由于毛纺织业的发展引起来的，是资本主义性质的土地集中。一八六一年俄国废除农奴制，把土地分为份地以后，农村中发生了阶级分化，很多人失去了土地，土地集中在另一些人的手里，这也是资本主义性质的土地集中。资本主义农业是大农业，土地是集中使用的。农民要摆脱封建的土地束缚有两条道路，不是组织到社会主义的大农业里面，便是被资本主义的大农业所兼并，不这样就不能使工业发展起来。资本主义大农业集中使用土地，生产的目的是向市场提供产品，而不是自给自足。资本主义土地集中带来的阶级分化，是农业企业主与农业工人的分化，也就是资产阶级与工人的分化。

中国在太平天国革命以前的土地集中和上述的情况完全相反，地主占有土地不是为了集中起来搞大农业，而是分散经营，土地所有权是集中的，土地的使用则分散给很多个体农民去经营；剥削形式不是生产商品，对工人进行剩余劳动的剥削，而是进行地租剥削。因此我们必须把土地集中的两种情况分清楚，笼统地认为土地集中就是资本主义的发展是错误的。有人从这种错误见解出发，把当时的社会经济的内部矛盾说成是封建所有制与资本主义所有制的矛盾，这种说法是毫无根据的。

其次，太平天国革命斗争是谁发起的？谁参加的？谁领导的？

在中国历史上，历来的农民战争的参加者主要是贫苦农民，小部分是手工业工人和城市贫民。因为在封建社会中，与农民联合的不可能是贵族、地主、官僚和商人，只有贫苦的手工业工人以及贫民，他们和贫苦农民一样，遭受着封建贵族、官僚、地主的剥削和压迫。

太平天国革命和历次农民革命一样，主要的参加者也是贫苦农民和手工业工人，虽然在进入城市以后发生了变化，但是在最初，正如《李秀成自述》中所说的：拜上帝会“从者俱是农夫之家，寒苦之家”，“自道光二十七八年上下，广西盗贼四起，扰乱城镇，各居户多有团练。团练与拜上帝之人两有分别。拜上帝人与拜上帝人一伙，团练与团练一伙，各自争气，各自逞强，因而逼起”。

在这里，李秀成把三种势力分开了：一种是盗贼，如后来降清的张国梁，中法战争中的老将冯子材，他们都是盗贼出身。他们单纯地抱着经济目的，打家劫舍，带有很大的破坏性，他们的阶级成分多是游民无产者，这些人在一定情况下，可以和统治阶级结合起来，所以后来多投靠了清朝。中法战争中的黑旗军刘永福也属于这一流人物。一种是团练，即地主武装，代表地主阶级势力。另一种就是拜上帝会，他们不是游民，也不是地主，而是贫苦农民，当然，其中也有比较富裕的，如石达开、韦昌辉等人。

后来，太平天国革命得到很大的发展，参加的群众也比较广泛了，其中有矿工、水手、小商贩，还有少数地主阶级分子也混进革命队伍中来了。革命斗争愈益蓬勃发展，参加的群众就愈加广泛，成分也就越来越复杂了。

有人说太平天国不是农民战争，而是市民运动，理由是有市民参加这个运动，这是出于一种误解。持这种意见的人对于太平天国革命参加者的阶级成分，特别是个别领导成员的阶级成分有误解，在理论上也有误解。他们说杨秀清是市民阶级，因为杨秀清是“种山烧炭为业”。实际上杨秀清、萧朝贵等人就是最贫苦的农民，他们没有土地，只好到紫荆山里开荒；但是紫荆山上的可耕地很少，土质很坏，仅靠种田维持不住生活，于是砍木柴烧炭，作为副业。把烧炭说成是工人的职业，说明他们对于农村的情况缺乏深入的了解。最早把杨秀清说成是烧炭工人的是简又文。据地主阶级的记载说，杨秀清参加过三元里平英团的斗争，这是钱江在吹牛，他说他能够招降太平天国，因为杨秀清是他在广东抗英时的部下，等等，并没有什么根据。从理论上讲，也不能把市民看得比农民还高，好像只有市民才能发动这么大规模的斗争，农民就不可能。这种说法势必引导到这样一个结论，就是说在农民阶级之后，资产阶级产生以前还有一个先进阶级，这就是市民阶级。实际上市民不成为一个阶级，而是一个广泛的集团，其中还包括了剥削阶级分子，关于这个问题可以参看恩格斯的《德国农民战争》。

如果说太平天国革命是农民战争，那么就会有人提出问题说：太平天国革命的参加者有很多不是农民，这又该怎样解释呢？

根据资料记载，在最初参加太平天国革命的二百多人中，能够查出本人出身的有五十人。其中不属于地主、富农的农村知识分子，包括秀才、塾师、医生等小知识分子，粗通文墨者，共十二人，其中包括洪秀全、冯云山等。会党活动分子（主要是三合会，可参看谢兴尧的《太平天国前后广西的反清运动》一书）与江湖术士共八人，中农、贫农、雇农共七人，推车、驾船、贩木材和卖绸缎、贩烟土的小商贩共七人，城市商店伙计、农村帮工、江湖艺人、理发师共六人，地主、富农四人，当铺老板四人，木匠、铁匠各一人。

从以上的五十人中来看，中农、贫农、雇农只有七人，约占百分之十四，少得很。从来历史上的农民战争就有这种特色。中国的农民战争向来不是首先由农民发起的。历代农民战争的领袖人物如刘邦（亭长）、张角、张保、张梁（会道门领袖）、李密（封建贵族）、窦建德（下级军官）、黄巢（私盐贩）、郭子兴（商人）、朱元璋（游方僧）、李自成（屠户）等人都不是农民出身，但是从来也没有人把他们所领导的农民战争当作市民运动。这个道理很简单，因为老实农民被束缚在小块土地上，眼界狭窄，一辈子不出三十里，连县城都没有到过的人多得很，只有那些当兵的、下级官吏、小商人等等，他们的见识广，有闯荡江湖、亡命敢死的勇气，才能把斗争领导起来。这些人领导斗争也不是自觉的，而是尖锐的阶级斗争摆在他们的面前，推动了他们。开始时他们是没有想到要搞出多大事业来的。就是曾国藩在最初成立湘军时，也没有消灭太平天国而把持清朝大权的"雄心"。他在晚年回忆最初办团练的动机时说，有一次因为绿营兵闹乱子，自己几乎被杀，这时他才认识到绿营兵是靠不住的，因而下定决心另搞一支军队。所以，很难说他有什么自觉的目的。有文化的地主阶级尚且如此，何况下层没有文化的广大贫苦群众呢？所以历来的农民战争为首的就是当兵的、下级军官……这些人，他们有胆有识，有号召力。应当把这一点看作中国历史上的农民战争的特色，而不能因为领导集团里农民占少数，就否认它是农民战争。

第三，从太平天国的土地纲领上来看。《天朝田亩制度》是伟大的农民革命的纲领，它的内容就是平均土地，具有彻底的废除封建土地制度的革命意义。农民渴望得到土地的要求在纲领中得到了鲜明、强烈的反映。但是，这只是一个农民的革命纲领，纲领规定了农民除耕种分到的土地以外，还可以从事养猪、养鸡、养蚕、缝衣等家庭副业和手工业。纲领中没有商业的地位，更没有独立手工业的地位。这反映了农民的经济要求，他们希望分到土地以后，过自给自足的原始公社式的生活，不需要商业和独立的手工业，有家庭手工业就能生活下去了。他们还希望摆脱商人、高利贷的剥削。这是农民的纲领，而不可能是资产阶级的。资本主义是建立在商品生产基础上的，没有商业，还搞什么资本主义？至于平分土地是农民最迫切的要求，这是列宁、斯大林和毛主席都讲过的，同志们都很熟悉，这里就不多谈了。

但太平天国的这个纲领并没有实现，因为社会经济不可能倒退几千年，回到没有商业的原始社会。所以太平军到南京以后虽然禁止商业，而南京城外则到处都是摊贩。

有人说，不管怎样，太平天国的纲领打击了封建制度，为资本主义的发展开辟了道路。这种说法也是不正确的。打击封建制度不一定就是为资本主义的发展开辟了道路。哪一次农民战争不打击封建制度呢？至于它是否为资本主义开辟道路，就要看当时的社会条件如何。当生产力没有发展到一定水平的时候，农民战争就不能为资本主义开辟道路，只能推动封建制度向前发展；必须具备一定的客观条件，才能为资本主义开辟道路。列宁说过，俄国一九〇五年革命“是资本主义在全世界达到很高的发展程度并在俄国达到相当高的发展程度的时期的农民资产阶级革命”[①]。可见，必须具有“相当高的发展程度”的资本主义，农民革命才能为资本主义的发展起着扫清道路的作用。

太平天国的革命纲领所发动的革命斗争严重地打击了封建制度。但是，它提出的平分土地在当时并没有实行。即使实行了，也不可能产生资本主义。在太平军所到之处，大概有三种情况：第一种情况是地主逃跑了，土地谁种归谁。第二种情况是地主不敢收租，农民少交一些，地主少要一些，地主的威风减少了。如范城《质言》中所说的：“去冬向佃户收租如乞丐状，善者给数斗，黠者不理或有全家避去者。”[②]就是这种情况。第三种情况是农民不给

①《列宁全集》第16卷，第322页。

②《近代史资料》1955年第3期，第78页。

地主交地租，而给太平天国交税，在武昌时就是这样。实际上，平分土地是不可能实现的，即使要实行也行不通，这是带有空想色彩的口号。但是太平天国打击了地主的威风，给农民以利益，这是现实的。退一步说，即使纲领都实现了，平分土地，家家有鸡有猪，但是没有商业和手工业，也不过是巩固农村公社而已，又怎能发展资本主义呢？

从这些问题可以看出，太平天国是农民革命。理由是：

1. 太平天国革命期间，封建经济占统治地位，社会生活中最普遍、最突出的矛盾是地主与农民的矛盾。

2. 参加太平天国革命的群众仍然是旧式农民战争的群众。手工业者和城市贫民向来是农民的同盟军，是农民战争的成员。并不是非要有资本主义萌芽和市民运动才有这些人参加。

3. 平分土地是农民的要求，而不是市民的要求。市民与土地的关系是间接的，没有直接的切身利害关系。

太平天国革命客观上有利于中国资本主义的发展，是由于它以广阔的群众运动，打击了封建统治和抵制了外国资本主义的侵略的结果，而不是实行纲领的结果。归结起来，正如马克思所说的：太平天国是停滞的社会生活之产物[①]，而不是资本主义发展的大变动时期的产物。

关于太平天国内部分裂的问题，有人提出：到底反映了什么阶级矛盾？是不是市民与农民的分裂（他们认为杨秀清是市民）？

让我们先来看看：太平天国内部的分裂意义是什么？反映了什么问题？

太平天国革命是和地主阶级相对立的。但是反对地主、和地主阶级对立并不是就能够完全摆脱封建主义的影响。农民战争是封建社会内部爆发起来的，它本身不可能不受封建主义的影响。我们和资产阶级作斗争，往往还受资产阶级的影响。马克思主义者尚且如此，农民就更差得多了。在太平军进入南京以后，太平天国的领导人物渐渐改变了原有的朴素作风，发展了脱离群众的作风。封建性很突出。从天王到各级官员及其子女亲属都规定了极其烦琐的礼节和等级称号。例如诸王的女儿称金，丞相女称玉，师帅女称雪等等。享受、排场更不用说了，东王出巡，有两千人的仪仗队，前面还有龙灯、旗鼓、提灯等等。其他人出巡，仪仗队又有不同规定。各王的王府门上，也

① 《马克思恩格斯论中国》，人民出版社 1961 年版，第 140 页。

画有龙、凤、虎、豹等不同的画像，封建性很浓厚。早期的朴素平等思想，逐渐被封建等级观念所代替。一些领导人的腐化享乐、铺张豪华的生活和广大士兵以及人民群众在战争时期的艰苦生活相对比，表明他们已经严重地脱离群众。不少地主、富商、剥削阶级分子也被卷入革命队伍中来，地主阶级中的高级知识分子，有些还是很有名望的，如包世臣、梅曾亮等人也跑进来了，甚至魏源也来过。还有奸细、投降的清朝的官吏、脚踏两只船的投机分子、野心家、阶级异己分子，他们都力图用剥削阶级的思想作风来腐蚀太平军，或故意制造矛盾，伺机破坏革命。这些正反映了地主和农民之间的阶级斗争在太平天国内部日益尖锐化。

这时太平天国内部并没有什么新的力量加入，进入城市后，也没有什么新的同盟军。这时还没有资产阶级，也没有无产阶级。虽然有一部分手工业者和农民参加，但是他们不能改变太平天国的状况。另方面，有些游民无产者参加了太平军，反而起了败坏纪律的作用。也有些清军战败后投降，参加了太平军。太平军的领导人只是每周对他们讲“道理”，进行宗教宣传，而不是进行阶级教育，启发他们的阶级觉悟。

少数地主阶级知识分子抱着投机的心理参加了太平军，很快又走了。例如汪士铎在太平军攻克南京后，留居城内九个月，在太平天国中还不到一年，他的女儿在杨秀清手下当了秘书，但是他并没有给太平天国出什么主意，后来跑到曾国藩幕中，大为曾国藩所赏识，说他“胸有千秋”。又如容闳、王韬，他们不算地主阶级分子，但封建性也不小，容闳到太平军境内收买蚕丝，太平军给他官职，他不干，只是到处做买卖，王韬给太平天国上过条陈，他们都对太平天国无所帮助，又都先后叛离了太平军。

农民本身是个体生产者，他们的生产是以个人为中心的，在太平军内部，一切活动又是以个人为中心的，这样就产生了以个别英雄人物为中心的个人崇拜。在太平天国领导集团里，本来就有韦昌辉这样不是劳动人民出身的人物，再加上个人崇拜和封建阶级的影响，领导人物思想方式和生活方式的变化，特别是农民和地主阶级的剧烈斗争反映到太平军内部来，必然引起领导集团内部争权夺利的斗争。杨秀清权力增长，和洪秀全发生了矛盾，太平天国中有了两个“万岁”，这样当然是不行的，终于爆发了“杨韦事变”。

这就是太平天国内部分裂的阶级根源和阶级基础。太平天国内部的分裂，也是农民与地主的阶级斗争在太平天国内部的反映。

我们说太平天国是农民战争，这是什么意思呢？我们的目的不在于争论它的性质问题，而在于说明它的历史意义。它的意义大致有这样两点：

第一，说明半殖民地半封建社会的中国农民不仅是反封建的主力军，而且也是反帝的主力军。在半殖民地半封建社会里，反帝不依靠农民就没有力量。从鸦片战争开始，中国人民和统治阶级在对待外国资本主义侵略上存在着两条不同的路线，到太平天国革命时期，这两条路线就更加发展了。太平军英勇地直接抗击了侵略者，它的灭亡又是本国地主阶级和外国侵略者联合起来绞杀的。当然，由于农民对帝国主义没有清楚的认识，缺乏经验，因而太平军曾受过外国资本主义的欺骗，但是他们的反帝立场是鲜明的。

第二，太平天国革命是单纯农民战争，它不可能阻止中国陷入半殖民地半封建社会。所谓单纯的农民战争就是说没有新的阶级领导的农民革命斗争。所谓单纯，是指阶级关系而言。要使中国不陷入半殖民地而变成独立富强的国家，就必须要有先进的阶级来领导。

以上是一种说法，一人之鸣。是否正确，有待于同志们的批评和指正。

## 二、太平天国革命运动时期的中国地主阶级和外国资产阶级，以及他们之间的关系问题

前面讲了一个农民阶级，但是它的对立面还有本国地主阶级和外国资产阶级。现在先讲本国地主阶级的状况。

太平天国兴起时，地主阶级内部支持清政府的当权派势力已经十分腐朽，当权派的人物已经无力支持这个危险局面。咸丰在这时下了一道诏书，为林则徐恢复名誉，但是没有说林在鸦片战争中是功是罪，只命他前去镇压太平军，后来林则徐走到中途病死。清廷又将穆彰阿撤职，目的就在于团结地主阶级内部共同对付农民军。但是这些措施都没有用处。统治集团一筹莫展，十分狼狈。一八五一年到一八五二年太平军很快地出了广西，经过湖南，一八五三年到了南京，“一路滔滔，攻无不克，战无不胜”，所向无敌。清军统帅赛尚阿、陆建瀛、李星沅等人，打死的打死，撤职的撤职，杀头的杀头，军队土崩瓦解，地方政权也靠不住，都崩溃了，说明了当权势力无力抵抗农民革命武装。太平军兴起后，清廷为了镇压革命军，需要筹饷几十万两，指定十八名大官

僚地主出钱，其中包括琦善、穆彰阿等人，限三天交齐，作为军饷，这也是太平军对大地主官僚的间接打击。这些当权势力不行了，一部分满洲贵族为了保持自己的最高统治地位，主张把更多的权力交给汉族地主阶级，和汉族地主进一步结合起来，共同镇压革命军。于是咸丰皇帝极力支持汉族地主在地方上办团练，并先后委任广西、湖南等地在籍地主官僚为团练大臣。这时曾国藩正在家乡湖南，就在办团练的基础上，经过改编、发展，把湘军组织起来，结果成为地主武装中一支最凶恶的力量。他首先区别了团和练，团是“保卫”本地方的，练是训练脱离生产的乡兵，可以随时出乡镇压革命力量。曾国藩就是办“练”起家的。他在开始办团练时遇到很多困难，清政府始终不给他正式名义，他的职位只是侍郎（相当副部长），朝廷的命令要经“廷寄”（即经过地方官再交给他），才能收到。但是他的反革命立场非常坚定，还是不动摇地办了下去。

除曾国藩以外，在长江下游各省的豪绅地主也纷纷办团练。李鸿章的淮军也是这时在办团练的基础上组织起来的。

从这时起，地主阶级中出现了一种新的势力，主要是由汉族地主（多是中小地主），即新兴地主和各地区的实力派组成的。他们的代表人物是：长江中游的曾国藩、左宗棠、胡林翼、彭玉麟、杨岳斌等人；长江下游则以李鸿章为中心组织了一批地方实力派。他们和满族大地主一样，本身的利益直接受到太平军的严重威胁。太平军所到之处，捉住办团练的头子要杀头，家产要没收。情况表明，整个地主阶级为了抵抗农民革命必须联合起来。过去满人对汉人极为歧视，这里可以举个例子：曾国藩打下南京后，到北京去朝见皇帝时，那拉氏在帘内先问他到北京来带了多少人马，当时曾国藩吓昏了，半天说不出话来，从此垂头丧气，很不积极，后来打捻军，他又败了，一八七〇年办天津教案，又挨了骂。他在做两江总督时，自己说只求早死，不想再给清朝服务了。这话不是轻易讲出来的，当时提倡的是忠臣孝子嘛。从这里可以看出他和清廷的矛盾和猜忌是相当严重的。在太平天国运动以前和以后，地主阶级的内部矛盾都很大，但是，这时主要的问题，乃是如何联合起来对付农民的问题，因而地主阶级内部的矛盾也就退居次要地位。

地主阶级当权派如穆彰阿等人，掌握政权的时间很长了，他们只想保持自己的既得利益，顾虑重重，眼光狭窄。而这批中小新兴地主则顾虑较少，对于清朝统治的腐败情况看得较多，要求借机夺取功名富贵，爬上更高的地位，因此，他们对付农民军的办法比当权派高明些，劲头也足些。曾国藩几次兵败，跳水自杀，被救起来以后，还是拼命干。过去清政府对汉族地主势力施以重重限制，现在也不得不改弦易辙，给他们以更多的权力了。例如让他们办团练，掌握地方军权，从而把热衷于功名富贵的人都收拢起来，使他们感到有了目标，有了奔头。这一派势力的出现使清政府的统治在地主阶级内部得到更多的支持，清政府有了这一批新的支柱，就能够和太平天国相持下去。一八五三年到一八五四年太平军北伐，很快过了黄河，逼近天津，北京戒严，青龙桥附近的响马都活动起来了，足见清政府实在是没有力量抵抗了，现在却能在地主阶级一致支持的基础上渡过了危局，和太平军对峙了。

有的外国人曾经怀疑过：曾国藩当时势力很大，他为什么不夺取摇摇欲坠的清政权而代之，还要保护清廷呢？他们根本没有作阶级分析，所以无法理解这个问题。这时，清政府所代表的是整个地主阶级的利益，保护清朝，就是保护整个地主阶级的利益。如果推翻清朝，重新建立王朝，那就要冒很大的风险，地主阶级内部又要分裂，力量就要削弱；远不如拥护现有的地主阶级政权，有利于集中力量对付农民，保护地主阶级的利益。所以，他们保护清政府的目的实际上是保护整个地主阶级的利益。

这时的外国侵略者的情况又是怎样的呢？

太平天国革命势力的发展使外国侵略者大为震惊。太平军占领南京后，英、美、法先后宣布“中立”，表示对清政府和太平军两不干涉，承认他们是两个对等的交战团体。这时，如果外国严守中立，对革命是有利的，因为清政府这时没有外国的帮助就不能取得胜利。但是外国侵略者只是打着“中立”的旗号，实际上是袒护清政府，帮助清政府镇压人民起义。他们在上海、广州等地的行径就可以证明他们的“中立”是虚伪的。问题的另一方面是：外国侵略者对太平天国不很了解，所谓“中立”的另一目的，是利用时机，观望形势，向清政府要求更多的权利。这时的太平天国对外国侵略者是缺乏警惕的，不仅不能识破他们的阴谋，反而认为宗教相同，对他们有些幻想。例如允许外国人在太平天国境内自由巡视，把他们称为“洋兄弟”等。但是，太平天国对外国运入鸦片、用洋船帮助清政府则是坚决反对的，没有软弱的表示。有很多外国人来太平天国进行试探，太平天国都没有理会。直到太平天国失败后，有些人还没有认识外国侵略者的阴谋。在赖文光的自述中就说什么李秀成“妄攻上海，不惟攻之不克，且失外国和约之大义，败国亡家，皆由此举”。把太平天国的失败归因于没有和外国人联合，可见他们对于外国侵略者是缺乏警惕的。

而外国侵略者在“中立”期间，经过种种观察、试探，却发现太平军表面上信仰外国传来的宗教，但对侵略者的态度是强硬的。太平军比他们一向想象的更为可怕。他们并且认为太平天国不会赞成外国和中国订立不平等条约。他们经过观望、分析、判断，终于把太平天国看成他们侵略中国的一个障碍。对于中国封建统治者，他们也看出了它表面上虽然妄自尊大，但对外国侵略者则远不如对待革命人民那样顽强。对待人民，清政府是不妥协的，对外国侵略者则是异常软弱的。因此，外国侵略者就把取得更多权利的希望寄托在清政府身上。

一八五六年，英、法利用中国内战的机会，企图扩大鸦片战争中取得的权利。他们在克里米亚战争中对俄取得胜利以后，看中了中国的形势，于是集中力量发动了第二次鸦片战争。这时正是清政府和太平军相持不下的时候，英、法一面仍然维持对中国内战的“中立”政策，一面却发动了对清朝的战争，清政府被迫应战。从表面看来，事情好像有些矛盾，但实质并不矛盾。在清政府这一方面，决不是坚决对待外国侵略者，它在这时的形势正如汪精卫所自夸的“夹攻中的奋斗”一样，对革命农民，它是无法妥协的，妥协了就是宣告自己的死亡，非全力抗拒太平军不可，这是确定不移的。因此，为了反抗农民军，对外国侵略者可以让步，这也是确定了的。但这种让步远不能使外国侵略者满足，相反地，鼓励和提高了他们的侵略愿望。外国侵略者的胃口总是愈来愈大，得寸进尺，就像肯尼迪在苏联撤退在古巴的导弹以后所表现的一样，既然清政府让了步，为什么还要打呢？原因就是外国侵略者的要求没有满足，而绝不是它放弃了“中立”，同情太平军，帮助它打清政府。恰恰相反，他们已经不满意于太平天国，情愿照旧和清政府打交道，用兵打仗是为了使它更驯服些。他们的希望与利益所在，是在清政府方面而不是在太平军方面。因此，整个第二次鸦片战争的显著特点是双方刚刚接触就成立和议。攻下广州后，叶名琛被俘，广州成立了汉奸政权，替外国人镇压人民。侵略军到了北京、天津，又成立了和议，清政府是一打就屈服，只有僧格林沁打了一个胜仗，这是一次战役性的胜利。在帝国主义侵略中国的几次战争中，除了僧格林沁这一仗外，中法战争中镇南关之役还打过一次胜仗，中国方面只有战役性的胜利，没有过战略的胜利。

第二次鸦片战争的结局是：一八六〇年英法联军进北京烧了圆明园，咸丰逃往热河。一八五八年订立《天津条约》，一八六〇年订立《北京条约》。中国丧失了更多的主权，外国资本主义对中国的侵略又深入了一步。

这时清政府要全力抗拒农民革命，但对英法侵略者还是进行了某种抵抗。英法联军到了北京附近，清政府还宣了战，并一度指令曾国藩或胡林翼当中的一个人北上勤王。这都是被迫的，因为当时形势非常危险。首都被困，王朝一推就垮台了。过去封建社会没有什么流亡政府，顶多建立一个偏安政权。在当时有三种力量可以推翻清政府：一是农民革命，一是外国侵略者，另一个是以曾国藩为首的湘军。清政府在这时对英法宣战并指令曾国藩带兵北上是被迫的，也说明对外国侵略者还不是甘心屈服，为了保护自己的利益，还想作斗争。到义和团运动时就不同了。大家知道，道光虽是有名的昏君，但是据说在《南京条约》签订前夕，他在宫廷中不断徘徊，一夜未睡，第二天一早就亲自写了朱笔谕旨让太监不等天亮就送给穆彰阿让他执行和议，并且说不要让汉族军机大臣祁寯藻知道。可见清廷当时还是不甘屈服的。但曾国藩这些人更厉害。接到诏书，居然拒绝北上勤王，他认为大敌当前，主要敌人是太平军，不是外国侵略者。可见他的镇压农民革命的反动立场更为坚定。

人民群众在这时的态度怎样呢？在第二次鸦片战争中，人民群众继续坚持坚决抵抗侵略者的路线。侵略军所到之处，不管是南方或北方，都遭受到人民群众的反击。在镇江，中国军队“总共只有一千五百人，但却殊死奋战，直到最后一人”[①]。在广州，中国水手杀死英国商人。在香港，还发生了所谓“毒面包案”，被包令所雇用的中国面包师在面包里放了砒霜，包令等人因而中毒。[②]这些都表明，中国人民抵抗外国侵略者的决心，和统治者的屈辱投降，恰成鲜明的对比。

这时存在着两种战争：一种是以太平军为中心的广大人民反对封建统治者的国内战争，一种是反对外国侵略者的战争。地主阶级和农民都要抵抗外国侵略，都作过斗争，这是因为外国发动的武装侵略所引起的民族矛盾非常尖锐。正如毛主席在《矛盾论》中所分析的中国近代史上主次矛盾转化的情况一样。但是，在第二次鸦片战争中，地主阶级和广大群众在对外战争中却

---

① 恩格斯：《英人对华的新远征》，《马克思恩格斯全集》第 12 卷，第 190 页。

② 马克思：《毒面包案》，《马克思恩格斯论中国》，人民出版社 1961 年版，第 69 页。

各自为政，互不相联。英法联军两次进出天津，最后占领北京，都没有引起太平军的重大反应。从现有的材料来看，仅仅多少提到了一点；也没有利用时机展开攻势。这就说明了当时农民与地主的矛盾更为突出，他们之间是不可能妥协的。当然，这也证明了太平军对外国侵略者没有存在着幻想，并不把希望寄托在外国的援助上。

在这个斗争过程中，有一种从外国势力侵入中国后逐渐形成的新的社会力量，开始在城市生活中表现出它的影响，这就是地主统治阶级内部主张与外国妥协的社会力量，在这时，他们更加倾向于向外国侵略者妥协投降。

早在一八五八年英法与清政府的战争正在进行时，上海就有一些清朝官僚主张借用外国船只给清政府运粮，以后又主张借外国军队保卫上海。这边打仗，那边合作。《北京条约》签订后，清政府中先有一部分人主张借外国军队镇压起义农民，后来，外国侵略者主动表示愿意帮助清政府消灭太平军。于是，原来主张借外兵的势力更加活跃起来。

这是一种什么社会力量呢？大致可以看出是这样几种人：（1）外国洋行买办或从事过买办活动，与外国资本家有过直接联系的地方官吏，如吴健彰、吴煦、杨坊。杨坊还将女儿嫁给了美国人华尔。（2）江浙一带被太平军赶出家乡，集合在上海的大地主。如《湖南农民运动考察报告》所说的，土豪劣绅们头等的跑到上海，二等的跑到汉口，三等的跑到长沙……　他们就属于这头等、二等、三等地主中的大地主。像冯桂芬、殷兆镛等，就属于这一类，他们正如解放前反动地主组织还乡团一样，对人民极端仇视。（3）江浙一带的富商大贾，如胡光墉等。他们有的依靠外国商人发财致富；有的要指靠外国武装来保障他们的既得利益。总之，这几种人就是中国最早的买办势力。当时在上海有一个中外会防局联合办事处，就是由这些人组成的。这是受外国控制的一个机构。当时江浙地方官如何桂清、薛焕等都受到太平军的威胁，想借洋兵帮助镇压太平军，李鸿章就以借外国势力镇压农民作为自己的政治资本，最后成为买办势力的政治代表。

在北方，这种势力比上海要弱一点，但也显示了它的作用。如天津大盐商张锦文，当侵略军从良乡到北京时，为外国军队办理后勤，在谈判中来回牵线，据说当太平军打到天津附近时他也给办过这类事情，此人是目不识丁。这些事令人想起在第一次鸦片战争中，英军打到扬州时，大盐商严成礼“头顶血牒”到英军军前乞情。可以说是前后媲美。北京也有这种人物，第二次鸦片战争中，英法联军打到通州，北京有很多商人以同仁堂的老板（今北京市副市长乐松生的祖父）为首，赶了牛羊千头到英军军前犒师请和。英人批回商人的禀文说：你们准备了牛羊前来送礼，但本国向来不收礼物，若要贸易，可叫本国兵弁照市价公平买卖，至于议和，叫你们恭亲王来谈。其实牛羊等物，都被英人抢去，并未给价。这些商人都很有钱，可能在他们的后面还有大绅士、大买办指使。

经过第二次鸦片战争，中外反动势力联合镇压中国人民革命事业的时机就成熟了。太平天国就是在中外反革命力量联合镇压下遭到失败的。欧美资产阶级在东方和腐朽的封建统治势力结成了反革命的同盟，一开始就是以进步人民革命事业的绞杀者而出场的。

英法联军战败了清政府，订立了《北京条约》和《天津条约》。从此时起，外国侵略者得到了他们在当时所要求的东西，清政府也心甘情愿地承认这些要求。如有关通商、海关及税率的各种规定，允许外国传教士到中国各地传教，鸦片贸易的合法化，准许华工出洋等等。

从此以后，中外反动势力的新关系确立了。在清政府方面，对外国侵略者抱定了坚定的妥协态度。曾国藩在一八七〇年天津教案时，总结了这条经验说：从鸦片战争到《天津条约》《北京条约》，中外关系经常不稳定，原因就在于中国屡和屡战，又想投降，又想抵抗，举棋不定；近十年来则坚守和约，“始终不渝”（也就是投降到底），所以没有出问题。这就是说，清政府已经明确了，要想保全自己的统治，只有坚定地对外妥协，对人民群众则坚决镇压，再不动摇了。

在外国侵略者方面，则继续培养他们驯服的代理人，使清政府更加驯服，目的是通过清政府扩大侵略，攫取中国人民的权利。在这个问题上，外国侵略者过去有一个时期抱着观望态度，从此对保护清政府这一方针也再不动摇了。中外反动势力的新关系，从此确定了。

从鸦片战争到太平天国革命失败，可以看出清政府与外国侵略者的从对抗到相互结合，这是一个过程；农民革命运动由高潮走向低落，这是又一个过程。这两个明显的过程都在这时告一段落，几个阶级的地位、作用和它们的发展变化也在这时表现了明显的阶段性，这就在中国近代史上构成了以太平天国革命为中心的第一个时期。

# 第三讲 义和团运动

我的意图是想在第二讲中，通过对太平天国革命的阐述，反映出一八四〇——一八六四年的阶级斗争的形势；在第四讲中，通过对辛亥革命的阐述，反映出一九〇一——一九一九年的阶级斗争的形势。在这一讲中，我也想通过对义和团运动本身的阐述，反映出一八六四——一九〇一年的阶级斗争的整个形势。但能不能做到这一点，却没有把握，先试试看。

这一讲分两个问题来讲：

一、义和团运动的背景（即义和团运动以前的经济形势和政治形势）。

二、义和团运动中的各阶级。

## 一、义和团运动的背景

中国由封建社会转变为半殖民地半封建社会是从鸦片战争开始的。这涉及一个理论问题，即半殖民地半封建社会开始的标志是什么？是从经济上看，还是从政治上看？这个问题可以研究。我看，以鸦片战争作为半殖民地半封建社会的开始，主要不是从经济上说的，而是从政治上说的。因为通过一次鸦片战争并不能立即改变中国的经济状况。鸦片战争以后的几年中，外国商品的输入量是下降的而不是上升的，但是外国资产阶级逐步控制中国的政权，使其丧失独立性，却是从这时开始的。从鸦片战争到太平天国革命失败（一八四〇——一八六四年）的二十多年中，中国社会阶级关系方面的变化大于经济上的变化。这一时期在阶级斗争方面完成了两个过程：一个是农民战争由高潮到低潮的过程；另一个是中国地主阶级和外国资产阶级由对抗到互相结合，共同镇压人民革命运动的过程。这些都说明半殖民地半封建社会的开始是以政治上的变化作为标志的。

从太平天国革命失败到义和团运动（一八六四——一九〇一年）的三十

多年中，情况便有些不同了。这一时期，中国社会在逐步半殖民地半封建化，它的特征表现在各个方面，不仅政治上继续向半殖民地转变，外国资本主义对中国政治的控制越来越强，而且经济上的半殖民地化也比较清楚了。这个时期的极为复杂的阶级斗争，就是在社会经济变化的新的背景之下展开的。

下面，分成经济、政治两个方面来叙述：

（一）社会经济的变化。从太平天国革命失败到义和团运动的三十多年中，社会经济的变化主要表现在两件事上。半殖民地的社会经济制度的确立，即半殖民地半封建社会的形成。半殖民地半封建社会形态的各个方面，在这一时期都逐渐具备了，这是一个中心；另一个中心是中国资本主义的出现和初步成长。这两个问题是中国近代史上社会经济生活当中最根本的问题。

半殖民地半封建社会形成的标志是什么？到目前为止，研究中国近代经济史的同志还没有确切地回答这个问题。我看标志是有的，就是毛主席在《中国革命和中国共产党》里面讲的中国半殖民地半封建社会的一系列特点。[①] 当然这些特点是主席在新民主主义革命时期针对当时情况总结出来的，在我们所讲的这一时期里，主席所说的几个标志是不是已经出现了呢？我看在各个方面大体上都已经出现了，但不一定那么完备，发展得还不够充分。像主席讲的那样完备的程度，是后来逐渐发展的。

这一时期，帝国主义已经在中国社会经济生活中开始确立了控制地位。表现在：

（1）帝国主义在中国开始形成一个倾销商品的商业网，商埠分布很广。我们知道，鸦片战争以前，外国在中国只是一口通商（十七世纪末是四口通商，乾隆时改为一口通商，一直保持到鸦片战争爆发），鸦片战争后是五口通商，而到了我们所讲的这一时期，外国资本主义经济势力则已经深入到中国广大地区，通商口岸共三十多处，连西藏、台湾都有了。

（2）外国侵略者已取得在中国沿海和内河航行权，控制了中国的海关和交通运输业。除第一次鸦片战争后开放的五口外，第二次鸦片战争以后，又增开天津、镇江、南京、汉口等地区为商埠，外国侵略者不仅取得在中国的沿海航行权，而且进一步夺得了内河航行的特权，控制了中国的交通事业和海关。中国的出口事业都掌握在外国侵略者的手里，一直到国民党覆灭前夕，

---

① 《毛泽东选集》卷二，628—630页。

连长江航行的船只都是外国侵略者（如英国太古洋行等）所有的。

（3）中国的对外贸易掌握在外国侵略者手里，他们向中国倾销商品，收购原料，进行不等价交换。

（4）外国侵略者在中国增加了工业投资，在中国开办企业。外国在中国的工业投资在比较早的时期就开始了。在鸦片战争以后有一些，以后日益增加，到《马关条约》订立后，外国人在中国设厂取得合法地位。外国侵略者向中国进行资本输出，这是中国半殖民地化的特征之一。

（5）外国侵略者开始在财政金融上控制了中国，主要表现在两件事上：一是外国侵略者在中国设立银行，最早在中国设银行的是英国，以后其他侵略者也来开设，外国银行的资本日益增加；一是帝国主义给中国以政治贷款。银行是金融控制的中心，通过政治贷款，则使中国在财政上依赖帝国主义。

这些表现在三十多年当中是比较明显的。帝国主义在中国的控制地位，就是在这三十多年中逐渐建立起来的。当然，当时的控制还是有限度的，比起蒋介石统治时期帝国主义在中国的投资还少得多。

大体说来，外国侵略者此时已在中国社会经济生活中起了支配作用，从数量上来说，帝国主义经济并不占绝对优势，但它是集中的，而中国都是以个体经济为主体的。个体经济虽然广泛，从数量上说比帝国主义经济要大得多，但是很分散，中国的资本主义又很幼小，以分散的个体经济和幼小的民族资本主义经济来对抗帝国主义的集中的经济，相形之下，帝国主义经济侵略的力量就大得多了。当然，这里并不是说帝国主义的经济力量已经大得不得了，否则，很多问题就无法解释。如果说帝国主义一下子把中国广大的国内市场都控制了，那么，中国的家庭手工业为什么还长期存在呢？中国的经济生活并不完全依赖于帝国主义，但主要商品的价格却是操纵在帝国主义手里，像茶叶、棉花的价格就是这样。近代交通运输业也为帝国主义所操纵，帝国主义掌握了轮船、铁路，内河的小船及其他简单的交通工具当然无法抗衡。在金融上，我国的旧式钱庄也无力抵抗外国银行，何况还有帝国主义武力作后盾的政治贷款？！

以上说明了从这时起，帝国主义在中国社会经济生活中的控制地位已经开始确立。另方面，这一时期，中国资本主义也已开始出现并初步成长起来。毛主席在《中国革命和中国共产党》中说："外国资本主义的侵入……一方面，破坏了中国自给自足的自然经济的基础，破坏了城市的手工业和农民的家庭手工业；又一方面，则促进了中国城乡商品经济的发展。这些情形，不仅对中国封建经济的基础起了解体的作用，同时又给中国资本主义生产的发展造成了某些客观的条件和可能。”①

中国的资本主义，是在十九世纪六十年代末和七十年代初，即太平天国革命失败以后开始出现的。中国资本主义的产生有两种情况：一种情况是一部分地主、官僚、买办投资于近代工业，主要是洋务派创办的工业。其中一部分是军事工业，这是非资本主义性质的工业，资金来源是官府拨款，制造出来的产品不是拿到市场上出卖，而是由政府直接分配。但是，除了军事工业外，洋务派也办了些民用工业。民用工业有官股，也招私人商股。当时有资格向这些企业投资的，当然主要是那些大官僚、地主和买办商人（买办商人往往与官僚有联系）。对这些企业到底应该怎样评价，还搞不清楚，大家可以找些资料，研究研究。另一种情况是一部分中小商人、工场手工业主创办的新式工业。这一问题尚有争论。有的人说：这一时期，这种类型的工业还没有出现；有的人说已出现了。我同意后一种说法。当然材料很少，这一时期大的企业有人记载，小的企业没有人记载，从记载上看就要晚得多，到八九十年代才有一部分中小手工业者和中小商人创办的企业出现。但是，我认为这一时期已经出现了这种小企业，我们不能设想，资本主义只有大规模的企业而无小规模的企业；也不可能设想，只有有很多钱的大富商才追求利润，而小业主、小商人就不追逐它。资本主义生产是唯利是图的，其基本法则就是追求利润，既然官僚、地主办大企业追求利润，那么中小商人、手工业主当然也会办小企业来追求利润，问题只是清政府在这时曾严禁民间使用机器，给小企业以重重限制；只有在政治上有势力的大官僚、大地主才能办新式企业，没势力的就不行。总之，大体上可以肯定地说，十九世纪六七十年代，中国资本主义已开始出现，一部分官僚、地主投资兴办近代新式工业；一部分中小商人、中小作坊主也雇佣工人，运用简单的机器进行资本主义生产。

《中国史稿》第四册第八十三页写道：在这时“原来在中国封建社会内部孕育着的资本主义萌芽，远没有发展到直接向近代工业过渡的阶段”。这是说，它还没有摆脱萌芽的状态，还没有成长到资本主义的阶段。那么，中国

①《毛泽东选集》卷二，626 页。

资本主义究竟是从原来的资本主义的萌芽的基础上成长起来的，还是在外国资本主义入侵以后，引起中国经济变化才产生的呢？我认为中国资本主义并不是在原来资本主义萌芽的基础上成长起来的，因为帝国主义的入侵，摧残了中国资本主义的萌芽。所谓资本主义萌芽是有工场手工业的形式和资本主义性质的雇佣劳动的关系。马克思说："较多数劳动者在同时，在同地（或在同一工作场所），在同一资本家的命令下，生产同种商品，在历史上，和在概念上，都是资本主义生产的出发点。"[①]中国的资本主义萌芽出现于明朝和清朝之际，帝国主义入侵以后是不是把中国的资本主义萌芽全部摧毁了呢？有的人是这种看法，我看不一定如此。鸦片战争以后，中国资本主义萌芽工场手工业被破坏了一些，保留了一些，也发展了一些。被破坏的是与广大人民生活直接有关的行业，如纺织业，由于洋布大量倾销，中国人改穿洋布，洋纱也因价格低廉而有逐渐代替土纱的趋势，因而使纺织业的手工作坊衰落。在制铁业方面，中国有二千多年的历史，只是在帝国主义入侵后洋铁排挤了土铁，中国的手工制铁业被破坏了，但是它在广大农村还继续保留下来。生产丝、茶的手工作坊被保留下来了，因为这是外国侵略者所需要的，这种作坊在很久以后还继续存在，可能还有发展。还有比较高级的消费品、有中国古老传统的艺术品如丝绸、湘绣、景德瓷器、织锦、杭纺等，这些都是为全世界所喜爱的，当然，它们也不是什么机器工业，不一定有资本主义的生产方式。总之，与广大人民生活直接有关的行业被破坏了，因为这是与帝国主义争夺的焦点。

总的说来，中国资本主义当时的发展水平还很低，是在外国资本主义入侵以后，在外国资本主义生产方式的影响下产生的。毛主席说："中国封建社会内的商品经济的发展，已经孕育着资本主义的萌芽，如果没有外国资本主义的影响，中国也将缓慢地发展到资本主义社会。"[②]这说明外国资本主义入侵后破坏了中国的资本主义萌芽。主席又说："外国资本主义的侵入……又给中国资本主义生产的发展造成了某些客观的条件和可能。"[③]可见中国资本主义是在外国资本主义入侵以后产生的。

---

① 马克思：《资本论》第 1 卷，第 384 页。

②《中国革命和中国共产党》，《毛泽东选集》卷二，626 页。

③ 同上。

十九世纪六七十年代中国资本主义产生，到义和团运动前便有了初步发展，特别在中日战争时有一部分人把发展资本主义工业当作挽救民族危亡的手段，纷纷投资于新式企业，于是中国便出现了兴办工业的第一个小小的浪潮。以后，在一九〇四年和第一次世界大战开始到一九二〇年，又分别兴起两次兴办工业的浪潮。一九二〇年是中国资本主义发展最高和最快的时期，以后便衰落下来了。

随着中国资本主义在帝国主义和封建势力重重阻难之下的初步发展和成长，中国民族资产阶级也在这时作为阶级力量而出现了。大家知道，中国的资产阶级分为两个部分，即买办资产阶级和民族资产阶级，买办资产阶级是反动的，民族资产阶级具有两面性。民族资产阶级当中，在这时期比较有力量的是刚从官僚、地主、商人转化过来的那一部分，也就是民族资产阶级的上层，他们是后来资产阶级改良运动的社会基础；另一部分是由中小作坊主、中小商人发展而来的，他们是后来资产阶级革命运动的社会基础，而这一部分的力量在这时还比较弱小，其后随着资本主义的不断发展，他们的力量也逐渐增长了。

以上讲的是社会经济的变化，这是义和团运动的社会背景的一个方面。

（二）在以上所讲的社会条件之下，展开了激烈的阶级斗争。这时的阶级斗争可以从两个方面来讲：

（1）帝国主义的侵略。帝国主义在太平天国革命失败以后的三十多年中，发动了一系列的侵略战争，规模大的如中法战争、中日战争，规模较小的如日本侵略台湾的战争。通过这一系列的侵略战争，帝国主义蚕食中国边疆，并使中国丧失了所有的"藩属"国，朝鲜、越南、琉球、缅甸都在这一时期被帝国主义夺去了。这里顺便提一下，关于中国的边界问题，在《中国史稿》第四册里有些问题强调得不够，如拉达克本来是中国的，这问题我们原来不去强调它，现在为了彻底揭穿印度反动派的侵略面目，应该把这个地区和中国在历史上的关系讲一讲。在"藩属"问题上，也有些问题，如朝、越原来是中国的"藩属"，在《中国史稿》一书中写道："清朝统治者与这些国家的统治者之间存在着一种特殊的历史关系，这些国家的国王接受清朝皇帝的'册封'，定期派人到北京向清朝皇帝'朝贡'。"[①] 这种特殊关系如果不交代清

① 郭沫若主编：《中国史稿》，第90页。

楚，下面的文章就不好作，例如中日战争时，中日两国都出兵朝鲜，若不提中朝之间的这种特殊关系，那么中日战争岂不就变成了中日两国争夺朝鲜的侵略战争？正因为中国与朝、越有这样一种特殊关系，中国才出兵和他们共同抵抗侵略者，越南的问题也是同样的情况。

帝国主义先是蚕食我国边疆，挑起侵略战争，再进一步就是在中国划分势力范围：东北成为俄国的势力范围，山东成为德国的势力范围，长江流域各省成为英国的势力范围，福建成为日本的势力范围，广东、广西、云南成为英、法两国的势力范围。外国侵略者的入侵，说明民族矛盾在这时最为突出，最为尖锐，它曾迫使清政府两次参加对外战争——中法战争和中日战争。

为什么说中国半殖民地半封建社会制度在这时形成？帝国主义把我们周围的国家都变成为殖民地，从而加紧了中国半殖民地化的过程，这也是说明中国半殖民地半封建社会制度形成的一个方面。外国资本主义强占我国领土，我们讲了英国、法国，还有俄国，都在我国边疆地区进行侵略，这些我们讲不讲都是人所共知的，马克思、恩格斯已经讲过了。现代修正主义者和印度反动派说我们是扩张主义，大家可以看看，比起清朝的领土来，我们究竟是扩张了还是缩小了？！

（2）国内的阶级斗争。贯串在这一历史时期的阶级斗争有几条线索、有几个阶级在活动。

1. 洋务派的活动。什么叫作洋务派？洋务派就是地主阶级中的一部分人在打太平天国的时候，他们与外国侵略者合作，并在这一基础上创办了新式企业。这一部分人最早的代表是曾国藩，后来是李鸿章，李鸿章是洋务派的主要代表人物。洋务派有几个特点：第一是掌握近代大工业和军事工业，如上海洋炮局、轮船招商局、织布局、机器局等；第二是掌握武装，主持军事，曾国藩有湘军，李鸿章有淮军；第三在政治上是大官僚，如李鸿章自镇压太平天国革命起家后，历任两江总督、直隶总督兼北洋大臣，当权三十多年；第四是掌握外交权，中法战争、中日战争直到义和团运动失败后的《辛丑和约》，都是李鸿章经手订立条约的。总之，洋务派掌握了军事、经济、内政、外交，集大权于一身，他们的活动从六十年代开始，到中日战争中北洋海军覆没，洋务派的军事资本搞光了。洋务活动有什么作用呢？它开始时是地主阶级的自救运动，最初还有反抗外国、向侵略势力作斗争的因素，有两面，但不久以后，买办势力就发展了，洋务派是地主阶级与买办相结合的势力，一开始就阻碍了中国资本主义的发展。这时的清朝统治集团，分成洋务派、顽固派两个派别，随着帝国主义侵略的加强和深入，清朝政权的性质也开始起了变化，它原来是地主阶级镇压人民的工具，这时开始变为地主阶级和买办阶级联合镇压人民的工具（即地主阶级和帝国主义共同镇压人民的工具），洋务派就是买办势力在政治上的代表，洋务活动是买办资产阶级的反动的政治活动，这是贯串在三十年当中的阶级斗争的一条线。

2. 第二条线是改良主义的思想运动、政治运动。改良主义思想运动于六七十年代出现，最早反映这种思想的是薛福成，他是洋务派幕僚，在一八七七年提出变法口号。最初改良派与洋务派的界限还不大清楚，到一八九八年就发生了资产阶级改良主义的政治运动，即所谓戊戌维新。从早期的资本主义变法思想发展为维新派的改良运动，经过了二十多年的长期酝酿。资产阶级改良派和维新派是一回事，维新就是改良主义的政治口号、政治标志（改良主义一直发展到后来都是存在的）。维新派是中国早期的资产阶级改良派，它于一八九八年出现，说明此时中国资产阶级已开始走上了政治舞台，成为一种政治势力，但它不是革命的力量而是改良的力量。资产阶级改良运动针对当时社会生活情况，提出了要求挽救民族危亡和发展资本主义两个问题，这两个问题反映了半殖民地半封建社会的资产阶级发展的要求，但是它没有找到解决这两个问题的办法，它不知道依靠什么力量，这说明当时资本主义还很幼小、还不成熟。改良运动和维新派的出现也说明单纯由农民推动历史前进的时代已经过去了；但是事实证明，不论反对封建主义或是反对帝国主义的巨大力量，还是在农民群众中间，他们还是反帝反封建的主力，资产阶级一旦离开了农民群众便一事无成。这一时期的农民是什么情况？农民的斗争很活跃，开始提出了反对帝国主义侵略的口号，表示农民群众已有新的觉醒。我们知道，太平天国运动主要是反对封建势力，到义和团运动时期，中国农民斗争的主要锋芒已指向帝国主义。但维新派不敢正视农民群众的力量，维新派的活动不但与农民的斗争分道扬镳，而且直接与农民的斗争相对立，他们把改良运动看作是抵制农民革命、缓和国内阶级矛盾的手段，这一点康有为讲得很清楚。反之，维新派对封建势力、帝国主义却只讲妥协、不要革命。资产阶级改良运动是爱国运动，这是可以肯定的；但他们的爱国并没有发展为反帝的思想，照他们的观点来看，问题不在于外国的侵略，而在于中国不自强，不争气，他们主观上不敢把自己的改良运动看作反帝运动，不仅如此，他们甚至还幻想依靠某些帝国主义（如英国、日本）的支持来完成改革事业。

改良主义路线是敌视农民、向帝国主义寻求支持，当然也就得不到农民的支持，所以反动势力一旦发动了反击，他们便失败了。这里表现了一条重要的历史规律：当帝国主义侵略势力在中国已经占据了支配地位的时候，中国国内的任何政治运动，如果不依靠最广大的人民的力量，不敢向人民群众寻求支持，就必然要向帝国主义方面去找支持的力量，因而也就不可能有什么成就。这是一条历史规律。戊戌变法运动正是在这一点上成为后来一切失败了的资产阶级、小资产阶级的改良运动的先导。我们看到包括辛亥革命在内的资产阶级革命都不敢依靠人民的力量，而对帝国主义又抱幻想。但不愿革命就必然走向反革命，现代修正主义的所作所为，也证明了这一条客观真理，它不愿人民起来革命，便不得不倒向帝国主义。有一个英国资产阶级人士说：南斯拉夫从社会主义阵营分裂出来以后，就转而依靠西方，但它的纲领是标榜着共产主义的。因此，它必须制造一套理论，说现在时代不同了，不一定到处都搞无产阶级革命和无产阶级专政，在资本主义制度里面，一种有组织的、全民的因素可以过渡到社会主义，这样，就找到了为它自己的立场解说的根据，后来，现代修正主义就提出了他们关于和平过渡的说法。我国的资产阶级改良派也是这样，他们不能依靠群众，找不到革命力量，就把西方作为依靠的对象，并制造了一套理论，说什么帝国主义对中国有好处，中国灭亡了，帝国主义的生意就做不成了，因而帝国主义是不愿意中国灭亡的等等，为他们的立场辩解，他们和修正主义都是不依靠人民的，因而也都是没有前途的。

戊戌变法的失败宣告了改良主义路线的破产，这一条线也是从七十年代到一八九八年，有二十多年的时间，它同洋务活动一样，是贯串在这一历史时期的一条主要线索。以后，挽救民族危亡的担子，便不能不由义和团运动担当起来。

3. 人民群众的反洋教斗争。反洋教斗争从六十年代兴起，七十年代发展为强大的势力，到义和团运动（一八九九年）发展到高峰。义和团运动就是反洋教斗争的高峰，这是贯串在这一历史时期的阶级斗争的第三条线索。

反洋教斗争实质上是以农民为主体的人民群众直接反抗外国侵略者的行动。开始时，参加运动的成分比较复杂，有些地方官、地主、绅士都参加了。

一八七〇年天津教案是由会党领导的，也还有绅士参加。开始领导运动的多是地方士绅，他们是读书人，接受不了洋教那一套。传教士霸占房屋，老百姓告到衙门，衙门判案，教士都要出来干涉，甚至有的传教士自称巡抚，无法无天，无所不为，官怕洋人怕得厉害，这些情况大家可以看看《官场现形记》《二十年目睹之怪现状》，里面写得非常生动。传教士这样为非作歹，洋教势力这样大，不仅人民反对，读书人、地主、地方官也接受不了。运动初期，他们都反对洋教，他们各自的阶级利益则不很鲜明；一八七〇年天津教案以后，清政府大肆镇压，外国人也要出兵，地主、士绅、官吏就退出了运动，运动的领导成分变为会党和江湖艺人。农民始终是斗争的主力，农民斗争的锋芒由指向封建主义转而指向帝国主义，这是一个很大的变化，反映了这一时期半殖民地半封建社会制度形成，中外矛盾突出，人民的觉悟也有了变化。在太平天国时期，农民主要反对地主阶级，这时农民斗争主要是反对以洋教为代表的外国侵略势力，当然，农民反对地主阶级的斗争也还在继续进行。

总的来说，反洋教斗争是经过几个浪潮的。它从六十年代开始，在七十年代经过了一个浪潮；中法战争期间，人民反对洋教的斗争达到一个高峰；从中日战争到义和团运动又达到新的高峰，义和团运动是人民反帝洪流的总汇合，从而，形成了中国近代史上第二个革命高潮。

义和团运动以前的社会经济状况和阶级状况，大致就是这样。

## 二、义和团运动中的各阶级

这个问题分两部分来讲：

第一部分是义和团运动的性质。

第二部分是义和团运动中的农民和地主、资产阶级之间的关系。

义和团运动的性质问题主要是说明：这一运动由谁发起，其主要打击方向是什么。

义和团运动是由农民群众发起的，是继太平天国革命之后的又一次农民革命。参加这一革命运动的基本群众首先是广大的农民，这在原始资料中有详细记载。参加这次运动的人，有的直到现在还活着，在河北、山东地区为数不少；农村的妇女也是运动的重要力量。我们知道，当每一次大的革命运动到来时，妇女总要被动员起来，太平天国革命当中，妇女干得很出色，广西妇女也比较解放，没有缠足，义和团运动时期，农村妇女也都被动员起来参加运动。此外还有手工业者、城市贫民、水陆运输工人、散兵游勇。义和团运动的主要领导者是教门首领（朱红灯）、游方和尚（本明和尚）、下级军官（李来中）、船夫（张德成）、散兵游勇（曹福田）、江湖艺人（黄莲圣母，据调查是船家女出身）。参加的成员和领导成分都体现了旧式农民战争的特色，中国的农民战争，历来都是由这些人出头领导的。我们拿义和团运动的主要成员、领导成分和资产阶级的政治团体对照一下，义和团运动所体现的农民战争的色彩就很突出了。资产阶级的改良运动是由康有为、梁启超等士大夫、文人学者领导的；资产阶级革命派的领袖百分之九十是留学生、知识分子。再拿义和团与太平天国革命对照一下，也可以看出，主要成员和领导成分并没有什么大的区别，就是那些人物。这样，它究竟是不是农民战争，这个问题就很清楚了。还有神秘主义与浓厚的宗教色彩，也是农民战争的特色。恩格斯说过：农民战争总是与宗教相联系着，因为农民是个体生产者，很分散，需要通过宗教把他们组织起来。当然，这并不是说农民战争非得利用宗教的形式不可。义和团分三部分：一部分过去叫义和拳，就是民间练拳，设拳厂，一个师傅教许多徒弟。练拳是中国民间的一种传统，并没有神秘色彩，这些人是农村里最有组织的群众，比一般老百姓胆大些。师傅一般都有点威望，对一般群众有号召力，如山东的拳民领袖赵三多斗争最坚决，传教士强奸妇女，无法无天，群众非常痛恨，他就带头起来反对，向官府作斗争，在当地人民中很有号召力。第二部分是会道门组织，按八卦分为坎字团、离字团、兑字团等，自称不怕刀枪。第三部分是普通的农民，这一部分原来也是没有宗教色彩的，但当斗争激烈的时候，只通过练拳已不能很好地组织群众了，这时，宗教就起了组织作用，一些宗教仪式和下神的歌谣，农民也容易接受，于是宗教迷信的色彩也越来越浓厚了。

义和团运动的打击方向很清楚，直接针对帝国主义，提出“扶清灭洋”的口号。这个口号是什么时候提出来的，究竟原来就有呢，还是一八九九年以后才有？是什么人提出来的？这个问题曾引起史学界的争论。一种意见认为这一口号在一八九九年以前没有，运动起来以后才提出来的；另一种意见认为是假义和团的口号，是一部分混入团内的反动势力与官府勾结起来，提出来的；还有一种意见说它是由赵三多的小舅子提出的：意见纷纭，莫衷一是。我看，可以肯定义和团在南北各地都有这个口号，早在一八九八年以前，四川哥老会于一八九七年就提出了“顺清灭洋”“保清灭洋”的口号，这一口号反映了当时的民族矛盾尖锐化，人民群众把主要的斗争锋芒直接指向了帝国主义，而与清政府暂时休战。有人说“扶清灭洋”只是策略性的口号，我以为不论怎么说，这个口号还是应该肯定的。

现在讲第二部分，义和团运动时期农民斗争与地主、资产阶级的关系问题。

义和团运动时期农民群众与地主阶级的关系怎样呢？一些外国资产阶级学者看到清政府曾经一度对外宣战和承认义和团合法，便把义和团运动说成是清政府企图转移反抗目标而引导它进行排外活动的；国内的资产阶级学者也指责清政府不该利用义和团来反对外国人。他们把事情说成好像是清政府与义和团联合起来反对外国侵略，这些看法都是对义和团运动的曲解。

我们认为，以农民为主体的义和团和代表地主阶级的清政府之间始终是在对立和斗争当中，从来没有妥协过，他们之间的阶级界线一直是很清楚的。义和团从开始便把自己看作是“反清复明”的力量，认为自己的前身是清初秘密结社的一种，活动方式是秘密的、非法的，有“打到北京去”等口号，其锋芒是指向清政府的；清政府的阶级立场更鲜明，它一开始便把义和团当作与拜上帝会、五斗米教类似的组织，骂它是盗贼、邪教，对它实行坚决的镇压。后来清政府为什么要利用义和团呢？这是由于农民斗争的声势浩大，发展很快，压倒了清政府，先在山东，迫使毓贤转“剿”为“抚”，在袁世凯的疯狂屠杀下，它越战越强，反而挺进直隶，最后发展到天津、北京，严重威胁清政府的统治，迫使清政府不得不暂时承认义和团的合法。

义和团的取得合法地位，容易给人们造成一种错觉，以为它受到清政府的支持，甚至得到清政府的保护，好像清政府是跟农民联合起来反对帝国主义了；另方面，义和团毅然举起“扶清灭洋”的旗帜，似乎农民运动也跟地主阶级实行合作了，在支持清政府。如果事情真是这样，那么义和团这一自发的农民运动就背叛了太平天国革命的传统，变为拥护封建专制统治的力量；而清政府也就不再是帝国主义的代理人，反而变为与人民站在一起，向帝国主义作战，变得革命起来了。但是事实完全不是这样。

义和团举起“灭洋”的旗帜，比单纯的反封建斗争要复杂得多，它吸引了农民和他们以外的很多其他阶层的分子，使他们敢于转到这个行列中来，如反对一切新事物的守旧绅士，他们因为害怕修铁路而反对洋人，与教会有矛盾的中小地主，由于教会损害了他们的财产、房屋而反对教会。这些人在群众中竭力煽动排外心理，淹没斗争的反封建性质，他们一开始就是农民运动的异己力量，他们不能体现运动的本质，体现运动本质的是农民群众。清政府之所以承认义和团的合法地位，就是因为义和团的势力压倒了清政府，有一个时期，练神拳的遍及紫禁城，连太监都练起拳来，神坛成了最高的权威，北京成了义和团的天下。在这种形势面前，如果清政府继续反对义和团，它就很可能被推翻，因之，清政府只有采取先承认义和团，然后再绞杀义和团的办法。事后西太后曾对一个人讲事件发生的经过始末，她的谈话证明了当时就是由于义和团的压力，使清政府不得不表面上对帝国主义表示强硬。我们知道，清统治集团与帝国主义是有矛盾的，帝国主义曾因干涉清廷内政引起西太后的不满，西太后在戊戌变法后，想废掉光绪帝，另外找了一个人当预备皇帝——大阿哥，帝国主义进行干涉，一时矛盾很尖锐。后来，拥护大阿哥的人制造了一个假消息，说帝国主义要用武力干涉清廷皇帝的废立问题，西太后着了急，才发出对帝国主义宣战的命令。当然这只是一种因素，起决定性作用的还是阶级斗争，这种因素只是在当时的阶级斗争形势下方能起作用，假若当时没有极端紧迫的阶级斗争形势，我想即使有一百个外国干涉立大阿哥的事件也不会引起清政府对外宣战的。总之，清政府与帝国主义之间虽有矛盾，它与农民群众为敌、投靠帝国主义的阶级本质是不可能改变的。事实上清政府曾杀了几批拥护义和团的人，表明当时地主阶级与农民的阶级斗争很是尖锐。

在义和团运动的强大压力下，北京的清政府向帝国主义宣战了，而东南的张之洞、刘坤一、袁世凯等地方实力派却与帝国主义联合签约，即所谓“东南互保”，直接反对清政府。他们和清政府表面分裂，实际上又是完全一致的，西太后在事后称赞南方做得对，这就证明了他们和清政府在反对农民、投靠帝国主义上并无区别。所不同的只是：北京的统治者为了躲避群众运动打击的锋芒，采取了欺骗群众的办法；南方实力派由于没有受到义和团运动的直接威胁，得以始终抵制义和团，与帝国主义站在一起，以博得帝国主义的欢心。

所以，总的说来，农民在斗争中没有拥护封建专制统治，代表地主阶级的清政府没有、也不可能站在农民一边反对帝国主义。义和团运动的目标很清楚，它是反帝反封建的、以农民为主体的革命运动，主要锋芒指向帝国主义。外国军队出面镇压群众运动，封建势力站在帝国主义一边反对人民群众。

我们的结论应该是：反对帝国主义的义和团，实质上是和封建统治相对立的，有明确的反封建的立场；封建统治者并没有支持中国人民的爱国斗争，而是恶毒地欺骗人民，最后与帝国主义一道绞杀了人民的爱国运动。这就是义和团运动时期地主与农民阶级关系的实质。这个问题是比较复杂的，我只是讲讲当时的基本形势。《清宫秘史》电影里把戊戌变法描写得很进步，而帝国主义是支持光绪、支持戊戌变法的；又把义和团描写成乱糟糟的乌合之众，这种农民运动为光绪帝所反对，而得到西太后的支持。这就是说，帝国主义支持进步势力，最反动的势力支持农民，革命与反革命的界限没有了，这样的东西应该受到批判。梁启超把改良派写成是这时最积极的力量，把义和团写成是最坏的，在他的书里，前进的、倒退的和改良的力量被弄得颠倒混乱，根本没有阶级界限，这种观点同样是极端错误和有害的。

资产阶级对义和团运动的态度又怎样呢？

资产阶级在义和团运动中包括孙中山的革命派、唐才常的自立军、康有为的保皇党都是反对义和团的。这时，资产阶级革命派是革命的，保皇党已经从改良派堕落为反动势力，自立军是介乎二者之间的势力，它的纲领上就说不革命不行，革命也不行。这三派在这个问题上的立场完全相同，就是他们都坚决反对义和团运动，骂义和团是贼，非剿不可。资产阶级虽然发起过一次政治运动，而在这时，却没有一个流派参加义和团的反帝斗争。

最后，对于这个时期，我简单地谈两点作为结束语：

（1）义和团运动时期，农民已不是唯一的推动历史前进的力量。这一时期比在太平天国革命时期进了一步，多了一个资产阶级改良派。

（2）这一时期，资产阶级并没有领导农民的革命运动，他们和农民分道扬镳，各自单干。资产阶级革命派的领袖孙中山早在中日战争之后就开始了他的政治活动，但在这时却起来反对义和团运动。资产阶级革命就是要领导农民。而在这时它却没有领导农民，这说明资产阶级既害怕帝国主义、又害怕人民群众的软弱性，也说明了资产阶级革命的主观条件还不够成熟。

# 第四讲　辛亥革命

在这一讲里面，有关辛亥革命的过程及具体情况一概不谈，只想着重地讲以下三个问题。

## 一、为什么说辛亥革命是资产阶级性的民主革命？

我们知道，从义和团运动失败，到五四运动的十九年中，是资产阶级发动革命并使革命走向高潮以至最后失败的时期。毛主席讲中国的资产阶级民主革命是从辛亥革命开始的。他说，辛亥革命“是在比较更完全的意义上开始了这个革命”[①]。这个革命是一九一一年发生的，但革命形势在十年前已经开始存在了。义和团运动失败和《辛丑和约》的签订，在中国社会内部引起了一系列的变化。这个变化的最主要之点就是资产阶级转向了革命。一九〇五年同盟会的成立，表现了资产阶级民主革命走向高潮，辛亥革命则是资产阶级民主革命的高峰。

我们说辛亥革命是资产阶级民主革命，首先是因为这个革命是在中国进入半殖民地半封建社会的六十年以后，即中国的资本主义初步成长起来的条件下产生的。十九世纪六七十年代，中国开始有了资本主义。十九世纪末，资本主义有了初步发展，这是辛亥革命的社会基础和社会条件。这时的中国资产阶级，作为一个阶级来讲，还是很幼小的——我指的是民族资产阶级，这个阶级始终是很弱小，不够成熟与强大的，但在这时，它已成为足以发起革命运动的力量。

其次，发动革命的主要成员与单纯的农民战争的领袖人物大不相同。胡绳同志的《中国近代史提纲》里，有一个统计，是根据冯自由《革命逸史》作

① 毛泽东：《新民主主义论》，《毛泽东选集》卷二，667 页。

的。① 孙中山组织的兴中会会员，在可以查考的 279 人中，其社会成分是：

| | | |
|---|---|---|
| 商业和农业资产者 | 133人 | 占全体中的48% |
| 学生和各种小资产者 | 58人 | 21% |
| 工人 | 54人 | 19% |
| 会党活动分子 | 34人 | 12% |

同盟会的情况稍有不同，但缺乏具体的统计材料。同盟会于一九〇五年在日本成立，主要是由兴中会、光复会（江、浙一带的知识分子）、华兴会（两湖知识分子的组织）等小团体的成员联合成立的。在这三部分中，兴中会是左派，华兴会是中间派，光复会是右派，包括地主阶级里的反满派、资产阶级自由派和资产阶级的上层，像国民党的王宠惠、地主反满派的章炳麟都是光复会里的有名人物。关于章炳麟的阶级地位，学术界现在有争论。当然一个人是发展变化的，章炳麟尽管参加了革命，但整个看来，他的封建性很大，不过已掺了资产阶级色彩，不是原来的封建主义了。和孙中山矛盾最大的是光复会。华兴会与兴中会有矛盾，但几次主要的斗争它都参加了。黄兴是辛亥革命领导人之一，二次革命时他虽不很积极，但仍参加了斗争。光复会这时却已退出了。兴中会是比较接近下层的，同盟会成员里面，小资产阶级知识分子、资产阶级化了的地主阶级知识分子的比重都有增加。解放后，我们对同盟会成员作了一个调查，按一九〇五年到一九〇九年会员名单，请现在仍健在的会员填了个表，调查结果，百分之九十以上的成员是留学生，一部分是中小学教员。家庭成分复杂：有地主、富农、贫农、商人、小贩、官僚等，贫农很少。这就可以说明，他们大多是资产阶级小资产阶级的知识分子，或多或少接受了欧美资产阶级的民主思想。这个情况当然和太平天国革命的成分大有不同。洪秀全是个农村知识分子，虽然信基督教，也很难说是资产阶级知识分子。与义和团的情况也大不相同。这些人代表资产阶级的哪一部分呢？资产阶级可分为买办资产阶级、民族资产阶级；民族资产阶级又分上、中、下层。毛主席讲大资产阶级的两派讲得很清楚，民族资产阶级与买办资产阶级也分得很清楚。民族资产阶级中有没有上、中、下层，主席没讲过，

① 胡绳：《中国近代史提纲》第 46 页。

但我们讲的与主席著作的精神也不冲突。这些人属于民族资产阶级中的中小生产者富有革命要求的那部分，辛亥革命的成员，特别是这个革命团体的领导骨干，主要是这一部分人。总之，资产阶级革命派不代表资产阶级中从地主官僚转化的，与地主阶级联系密切的那一部分，那是戊戌变法的社会基础。辛亥革命明显地是代表中小生产者的资产阶级、小资产阶级知识分子领导的。与封建联系密切的那部分资产阶级上层，只要求实行君主立宪，以便在政权中取得一席地位，这些人就是君主立宪派或资产阶级立宪派。一九〇五年同盟会成立后和改良派论战内容之一就是立宪问题。

第三，辛亥革命的领导者提出了明确的资产阶级民主革命纲领。这个纲领简单地说就是“驱逐鞑虏，恢复中华，创立民国，平均地权”。这个纲领包括平均地权，建立民主共和国的内容，都不像单纯农民战争那样带有浓厚的空想色彩，而是有很大的现实性。但是这两项根本没有实行。“平均地权”是孙中山从美国人那里抄来的，建立民主共和国的纲领更现实些。这个纲领确是为发展资本主义开辟道路。这时是在资本主义已有一些发展的条件下提出建立民主共和国，也就是要求建立资产阶级专政，保障资产阶级的地位。相反，太平天国的《天朝田亩制度》就很不现实，它要彻底平分土地，不要商业与独立的手工业，这是要从封建经济倒退到原始共产主义社会中去，这是不可能实行的。资本主义经济的特点是私有制的高度发展，而《天朝田亩制度》却是基本上废除私有制，这怎么能为资本主义开辟道路？！当然，客观上太平天国运动还是有利于资本主义发展的，这也是不可否认的事实。

第四，我们再进一步从阶级关系来看，农民在这时无疑是参加革命的，他们多多少少是在资产阶级发动下展开活动的。这时的农民斗争，有些是资产阶级领导的，有些斗争起初不是资产阶级发动的，但资产阶级后来也参加斗争并从中进行领导。资产阶级发动农民的方法，一种是同盟会通过会党分子来搞的，如一九〇六年十月在湖南的浏阳、醴陵，江西的萍乡所发动的起义。这是比较广泛采用的一种形式。同盟会为了吸收会党分子，专门成立一个组织，叫“共进会”，由于会党首领有浓厚的封建性，有的本身就是大地主，是封建阶级的人物，为了便于吸收这些人参加，免得刺激他们，同盟会便把与封建阶级抵触的“平均地权”改为“平均人权”。共进会在武昌起义中起了很大的作用，吴玉章同志的哥哥就是四川会党里的人物。四川叫“袍哥”，陕西叫“刀客”，有点骑士侠客的味道，杨虎城就是陕西的“刀客”。会党群众不一定具有封建性，问题主要是看谁领导。由革命农民掌握起来就能起革命作用；受地主操纵也能反革命。抗战时，日本鬼子在沦陷区就操纵会党，成立红枪会、大刀会等，为虎作伥，鱼肉人民，可见，它被帝国主义反动派操纵了，就成为反革命的工具。参加会党的群众成分很复杂，多是由农民、码头工人、散兵游勇等形形色色的人组成的。同盟会通过会党发动了不少的群众。另一种方法是当着各地农民群众斗争起来以后，同盟会派人去掌握。一九〇七—一九〇八年间，孙中山在镇南关（现在改为睦南关）[①]等地直接领导了六次武装起义，清政府鞭长莫及，那时东北的胡子（响马）活动地区，同盟会也派人去联系；有些斗争完全是自发的，如长沙等地饥民抢粮，同盟会也赶快插足进去。总之，这时农民的反抗斗争多多少少是在资产阶级发动下进行的。以前单纯的农民起义，完全是自发的，没有新的阶级参加，农民群众是作为独立的成分出现的，而现在却是在资产阶级的影响下参加斗争的。所以说，这个时期是资产阶级民主革命的时期。

这个时期工人阶级出现了，但还没有作为觉悟了的独立的阶级力量登上政治舞台，还只是作为资产阶级、小资产阶级革命的追随者而参加斗争，这时它是殿军，论人数它也没有农民多，不是革命的主力。这种情况到了五四运动时，才有了根本的改变。

根据以上情况来看，辛亥革命时资产阶级成了革命的领导者。推动历史前进的力量，集中在资产阶级手里，高举革命旗帜的是资产阶级而不是其他阶级，这就是辛亥革命所以是资产阶级民主革命的原因。

## 二、辛亥革命中的农民阶级，资产阶级的两派——君主立宪派和革命派

辛亥革命是资产阶级发动的一场阶级斗争。在这个斗争中，帝国主义和封建势力的代表人物，站在反革命的一面，广大的劳动人民站在革命的一面，反对帝国主义和封建势力，这两个阵营一开始就是非常明显的。太平天国运动中，外国侵略者曾经宣告中立；义和团运动中也有一段时间封建统治者似

① 镇南关，在广西凭祥之中越边境，1953 年改名睦南关，1965 年再改为友谊关。——编者注

乎还赞成农民的行动，即向外国宣战，双方阵营从表面上不容易划得很清楚。而辛亥革命期间，阵线却是很清楚的。虽然在武昌起义时，帝国主义者也宣布“中立”，但那是欺骗，很容易看清楚。南京政府成立后，一再要求外国承认，但从成立直到取消，两三个月的过程中，没有一个国家承认，帝国主义反而派军舰来威胁；在外交财政上帝国主义都支持袁世凯，不支持革命政权。及至南京政府撤销，袁世凯接受委任、组织政府时，帝国主义马上承认，而且是美帝国主义首先承认的（这里帝国主义是怎样破坏革命政权，帮助反革命上台的，它的手段，大可研究）。这就可以看得很清楚，帝国主义所谓“中立”，不过是帮助中国统治者反对革命的一种办法，并没有在革命与反革命中间采取真正的中立立场。当然，封建统治者中间（主要是袁世凯和清统治者）也有争夺统治权的矛盾，但他们在反对革命上立场却是完全一致的。戊戌变法是袁世凯断送的，他尽管写文章洗刷，也洗刷不掉这个罪名，“暴秘”这一点，他也只好承认。西太后死后，他的靠山倒了，拥护光绪的人认为可以借此打击袁世凯了，溥仪的回忆录曾说西太后死前，载沣去看过光绪，光绪写了“袁世凯必斩”几个字给他看，溥仪据此分析说，如果西太后早死一天，拥护光绪的人就要对袁世凯下手了，这并不是两个人，而是两派之间的大斗争。最近溥仪重写这本书时却把这件事去掉了，据说这件事不是事实，根据满洲风俗，当了皇帝的哥哥和他的兄弟，每年只能见一次面，大概是在春节的时候，碰碰杯，敬敬酒，如此而已，再见面就不合法了，所以载沣在那时不可能见到光绪。但不管怎样，袁世凯在慈禧死后受到载沣的排挤，这是事实，袁世凯于是告老还乡。辛亥革命时，清廷每战必败，不得已，只好请袁世凯出山。这时南方的压力很大，袁世凯要保护清政权，他的部下段祺瑞等人立即通电，誓死反对共和；及至南方局势已定，清政府内部的“宗社党”却反对袁世凯继位，他的部下又马上通电，誓死反对专政，迫使清政府只好让位给袁世凯。

（一）辛亥革命中的农民阶级。农民阶级是辛亥革命的主力。辛亥革命所以能取得推翻清政府的胜利，是由于以农民为主力的广大群众参加革命斗争的结果。这次革命从一九〇一年算起，只有十年，从一九〇五年算起，不过五六年，发展很快，原因主要就在于此。当时的群众，包括农民、工人、手工业者、城市贫民和会党群众都参加了斗争，很多地方不断爆发农民自发的反封建斗争。江苏常熟、无锡、江阴等地（三县交界地区）爆发了佃农起义，扬州发生了手工业工人和会党的起义。湖南衡州、嘉禾等十个州县农民和会党先后起义。广东的顺德、南海、番禺农民也举行暴动。陕西自咸阳直到凤翔、陇州数百里内到处发生会党、“刀客”和农民的暴动，四川的“袍哥”，力量也相当大。同盟会里“刀客”不少，据说参加同盟会的如没有刀客凭证，在陕西就走不通。其余如江西、安徽、广西、山东、福建、贵州、云南等省无不发生规模大小不等的群众起义。这时不仅南方，北方也起来了，就是离北京较近，清廷控制较严的山西，它在近代史上群众斗争规模较小，太平天国只从那里过了一下，现在也发动起来了，阎锡山就是同盟会的骨干之一。河北也起来了。同盟会本来意图就是在中心城市搞武装暴动，只想在几个地方取得胜利，就会“传檄而定天下”，因此虽然也做了些组织工作，却并没有做多少群众工作。这样广阔的群众运动蓬蓬勃勃地发展起来，却不是他们所能设想的。在这个意义上说，武昌起义也可以叫作单纯的军事冒险，清政府那样紧张，并不是仅仅由于武昌起义的威胁，更重要的是全国各地群众斗争声势浩大。在这种完全成熟的革命形势下，各地的群众斗争汇合成为近代史上又一次革命高潮。正如列宁所说的，“如果没有群众革命情绪的蓬勃高涨，中国民主派不可能推翻中国的旧制度；不可能争得共和制度”[①]。因此，辛亥革命是以农民为主体的革命。这种以农民为主体的群众革命高潮，是资产阶级推翻清政府取得胜利的根本原因，同盟会只起了发动的作用，光靠它是不行的。

（二）资产阶级君主立宪派和资产阶级革命派在斗争中的立场和态度。君主立宪派是民族资产阶级的上层和封建势力联系密切的部分。戊戌变法时，他们主张改良，曾起过一些进步作用，但在变法失败后，他们就堕落为保皇党，起来反对革命；革命派势力越成长，他们反对革命也就越坚定；现在武昌起义发动了，全国出现了自发的革命高涨，在这革命势力不断高涨的压力下，他们改变了斗争方法，把自己打扮成共和制度的拥护者，宣称自己赞成推翻清政府的统治。他们利用在各省民意机关咨议局的地位，钻到革命内部来夺取权力，控制局势的发展。他们与清政府也有矛盾，革命形势越是发展，它们之间的矛盾也就越表面化，他们要求清政府做些让步来缓和矛盾。清政府搞铁路国有，立宪派要求铁路商办，为此，他们在全国范围内组织了请愿。

① 列宁：《中国的民主主义和民粹主义》，《列宁全集》第18卷，第15页。

他们的做法，很像俄国一九〇五年革命前的请愿运动。他们抱着光绪皇帝的牌位请愿，结果遭到了清政府的大屠杀。立宪派的目的本来是要维持清朝的统治，而不是要推翻清政府，清政府这时为着稳定自己的统治地位，也确想拉拢收买资产阶级上层来对付革命势力，只是它的办法不符合立宪派的要求。张謇等就是清政府的最高顾问。但立宪派还要求掌握更多的权力，他们在辛亥革命后就利用咨议局这一民意机关的地位参政，把持了各地的领导权，特别在一些立宪派势力大的省份更是如此。武昌起义是由湖北新军发动的，由于清政府施行镇压，指挥者在起义前夕跑掉了。士兵仓猝起义，他们没有经验，想找有威望的人来领导，那时有威望的无非是旧官僚罢了。第一个找到的就是黎元洪，他坚决不干，大家勉强把他拉出来，不干就要杀，他才干了，可是他三天也不说一句话。他出来了，湖北立宪派首领汤化龙，认为是个机会，也出来了。这一来，就树立了一个规格，一种形式，此后各地革命派一起来，立宪派就插进去，把革命派挤掉，湖南、江苏、四川等省都是如此。在四川，两派斗争很激烈，立宪派一方面利用时机，钻进来夺取权力，另方面却始终没有忘记他们和革命派在政治上的分歧，他们全力拉拢清政府内有势力的旧官僚、旧军阀，结成反革命的联盟，竭力排斥革命派，这些就是他们的社会基础。在湖北，由于革命势力较大，黄兴等都在这里，没有被他们打下去；湖南就不行，湖南的起义本是由焦达峰等发起的，但湖南咨议局议长谭延闿却收买清政府的旧官僚、军官，搞军事政变，杀死了焦达峰，夺取了政权。革命派对立宪派的阴谋完全缺乏警惕，反而因立宪派表面赞成革命和共和，模糊了政治界限，便利了立宪派夺取政权。孙中山当了大总统以后，立宪派又大肆破坏，搞得孙中山也没有一点办法。

立宪派钻进了革命内部，进一步表现出资产阶级改良派不是反帝反封建的革命力量，而是破坏革命、排挤革命势力并和封建势力相妥协的反革命力量。后来袁世凯上台，立宪派又帮了大忙，连清帝退位的诏书都是张謇起草的，这就更加明显地表现出他们的反动性。如果说在戊戌变法时他们还起过一点进步作用，那么在辛亥革命中就完全起着破坏的作用了；他们插足革命不是改变反革命的立场，而只是想躲开革命的打击并使革命尽可能地带有温和的色彩。这个与封建统治势力密切联系的社会阶层，在革命大风暴的袭击下，在地主阶级统治的存亡关头，表现了他们特有的投机取巧的本领。武昌起义后，立宪派参加某些省的独立运动，这在加速清政府的孤立和灭亡上起了作用（当然不是主观上想起作用）；但他们混进了革命阵营，又加速了革命的失败，这是更重要的。关于资产阶级改良派的问题，值得我们很好研究，它的灵魂始终不灭，到解放战争后期又表现为所谓中间路线，认为革命差不多了，不要再打下去了。这种改良主义势力是从维新变法以来一脉相传下来的。

资产阶级革命派很软弱，它的行动比它的纲领表现得更为软弱。这表现在：

第一，没有发动反对帝国主义的斗争，而是对帝国主义存在幻想。辛亥革命的领导者和革命群众已经看出了清政府是一个卖国政府，例如陈天华就明白地指出：清政府已名存实亡，现在中国的朝廷实际上已经是外国的朝廷，中国的政治操纵在外国人的手里。朝廷不能反，难道外国人也不能反么？因此他们主张非打倒清政府不可。可是对外国帝国主义，他们却不认识，以为只要打倒了清政府，帝国主义失去依靠，它的势力也就清除了。武昌起义后，帝国主义表面上"中立"，更使得革命派心满意足，幻想帝国主义会真心援助中国革命；在武昌军政府的文告里，全部承认帝国主义在中国的特权。因此帝国主义者一面赞美清政府，一面又赞美革命领袖，说你们都是维持中国对外信用的。资产阶级没有提出反帝的纲领口号，它实际行动上也没有反对帝国主义。这样，辛亥革命没有而且也不可能解决反对帝国主义以使中国获得独立的问题。

第二，没有依靠群众摧毁封建统治的基础，即封建的土地所有制。所谓土地国有只是一纸具文，虽然这个口号也起过一些积极作用，农民群众也响应了这个口号，有些农民自己提出的口号比它还鲜明、具体。辛亥革命后，就没有人再提这个口号了。平均地权的诺言也完全为资产阶级所抛弃。同盟会内部早就对这个纲领有争论。一九〇五年孙中山在欧洲找人参加同盟会，当时找到的有大资产阶级分子魏宸组等，他们看到纲领里有"平均地权"一条，就坚决不肯宣誓，经过再三说服，宣了誓，马上又后悔，有一天，有些人乘孙中山不在，就用刀子割开他的皮包，把名单偷出来销毁了。后来在这一条上争论很多。在日本时，胡汉民、汪精卫就坚决反对这条，争得面红耳赤，慷慨激昂，搞得"榻榻米"（日本房子里的床铺）都垮下去了，孙中山还说这是清政府倒台的象征。武昌起义，南京政府成立以后，再也没提这口号，同盟会成员中多数不同意这一条，也没有力量去实现它。孙中山提这一条的根据，不过是采取了一个美国人亨利・乔治关于地价上涨部分应该归公的说法，实际也不可能实行。辛亥革命后，许多人非难这个口号，说理想过高，不适合中国国情。孙中山后来认识到辛亥革命所以失败就是因为没有实行土地纲领，认为这是个历史教训。现在看来，问题还不止此。南京政府不仅没有实行土地纲领，而且转而镇压群众的反封建斗争，借口革命不应过激，收编了群众的武装，缴了人民的械，和群众对立。他们根本没有认识到取得革命胜利，必须依靠广泛的群众运动，反而起来镇压群众，生怕群众斗争触动封建统治的基础；不但不敢让群众打烂这个基础，反而亲自出马，保护地主土地所有制，向封建势力求妥协。南京政府在成立时就准备垮台，它是大革命的产物，但实际上却成了向袁世凯讲价钱的工具。南京政府成立时，革命已经在走下坡路了。他们曾经提出了各种各样的主张来挽救革命，但没有一条是依靠群众，所有的办法都是搞妥协的，他们当中几乎没有人敢于主张依靠群众扫荡封建势力，把革命坚持下去（据说孙中山有这样的主张，但为大家所反对），在革命的紧急关头，资产阶级宁使革命失败，也不敢触动封建势力，向农民求救。他们根本不相信自己，也不相信人民。这样，辛亥革命也就没有解决反封建的问题。

第三，革命者在理论上能够严格区分民主革命和君主立宪，通过一九〇五年的大论战，他们和改良派划清了界限，理论上讲得很清楚。经过双方的论战，也确实大大地扩大了革命派的影响，缩小了改良派的势力。这次论战中心在日本，在国内是秘密传播的。当时，很多知识分子要求新知识，首先接受的往往是改良派的思想影响。戊戌变法以后，改良派影响很大。康有为、梁启超的名气很大。科举制度在变法失败后一度恢复，不久又废除了，变法的其他措施都取消了，只有办学校、作策论保持下来了，于是八股文章吃不开了，需要一种长于说理的文体。而梁启超的改良主义文章切合这一需要，在当时很有煽动性。一些知识分子看文章，从中就接受了改良派的理论，有些人更进而要求革命的道理。当时两派矛盾确实很尖锐，通过这场论战，理论上划清了界线，革命势力增强了，削弱了改良派的影响。可是资产阶级革命派在实际行动上不但和改良派没有什么严格的区别，而且还有意识地取得改良派的支持，这是他们力量软弱的表现。最富有代表性的是南京政府里的“三三制”，革命派、改良派和旧官僚各占三分之一。革命派掌握外交、武装、教育，当时总统是孙中山，陆军是黄兴，外交是王宠惠，教育是蔡元培，其他职务分别由改良派和旧官僚来掌握。改良派掌握内政、实业，内政是程德全，实业是张謇（张謇是大地主大实业家，是江浙立宪公会总会尹）。张謇很坏，开始答应当实业部长，几天后借口反对孙中山把汉冶萍公司抵押给外国，辞职不干。革命政府财政没有来源，他们不依靠群众，只能向帝国主义抵押财产。张謇是江浙大资本家，在实业界很有信用，他不支持革命政府，就表示银行资本家不支持革命。这时孙中山、黄兴给他的信写得很可怜，几乎是向他哀求，但他坚持不干。立宪派原来是迫不得已，才宣布脱离清政府参加革命的，他们本身就带有很大的封建性，既不敢反对帝国主义，也不愿反对封建主义，像张謇就是大资本家大地主，后来和冯国璋合作，办了个几十万公顷的大农场。湖南的谭延闿也是地主，与封建势力联系非常密切，这样的人当然就不会反对封建。

革命派对帝国主义侵略和封建统治的基础没有足够的认识，它的立场本来就很软弱，而立宪派混进了革命阵营更加强了革命派和封建势力妥协的基础。在反对帝国主义反对封建主义，革命还是改良这几个问题上，彻底暴露了资产阶级革命派的弱点，所以，只能有失败的结局。

## 三、辛亥革命后的阶级斗争形势

（一）资产阶级领导的辛亥革命推翻了君主专制制度，但没有改变帝国主义、封建主义统治的社会基础，特别是丝毫没有触及封建土地所有制。辛亥革命以后，社会经济状况没有大的变化，多少有些变化的是资本主义有所发展。在第一次世界大战时，帝国主义无暇东顾，中国的资本主义发展的浪潮也比较高，但专制主义的统治基础并没有被触动。毛主席在《湖南农民运动考察报告》中说："国民革命需要一个大的农村变动。辛亥革命没有这个变动，所以失败了。"[①] 这时，地主依旧保持了特权，和过去一样，而不是像太平天国那样，打击封建统治，对封建势力来一番大扫荡。帝国主义与封建势力通过军阀控制了国家机器，继续保持自己的统治地位。各派军阀，从先上台的袁世凯到后上台的段祺瑞，都是帝国主义的代理人。东交民巷是真正的决策中枢，帝国主义是太上皇，这些都一如既往，无所改变。军阀统治与清政府不

①《毛泽东选集》卷一，16 页。

同之处是：无论哪一派军阀统治，都非常不稳定。袁世凯有那么大的军事机器，只搞了五六年；段祺瑞没作过国家元首，当了袁的陆军总长，后来当了执政，不断上来下去。北方政府的所谓议会和总统频繁更替，总统是袁世凯→黎元洪→冯国璋→徐世昌→黎元洪→曹锟，议会时而这派得势，时而那派得势，南方各省对北方政府时而独立，时而取消独立，如两广、湖南、云南等省都是这样。国内战争在不断地进行，孙中山打倒了一个清政权却出了好多反动政权。所以，反动学者胡适就认为辛亥革命革坏了，失去了中心，社会乱了。他说的中心，不是指革命的中心，而是说没有了反革命的中心，这对革命有什么不好呢？无论哪派军阀都没有力量巩固自己的地位，却又想吞并对方。段祺瑞从日本借了那么多钱，日本帝国主义那么大力支持，也还是巩固不下来。袁世凯的部下分为直系、皖系，这两系又各有分支，这些北洋军阀头子分别依靠英、美、德、日等帝国主义，更番地爬上权力的极峰，又从极峰跌了下来，结束了自己。中国的军阀纷争，一直延续了几十年，谁也没有力量建立统一政权。蒋介石在抗战时才开始进入四川，毒死刘湘，但他也没有力量统一中国，直到中华人民共和国成立，中国才实现了真正的统一。反革命失去中心，军阀连年混战，谁也统一不了中国，这是帝国主义在中国竞争更加激烈，特别是反动势力遭到人民坚决打击而削弱的结果。帝国主义是在军阀混战的幕后牵线的人，他们各搞各的，没有一个反动政府能够统一地代表帝国主义利益。袁世凯表面强大，实力很薄弱，一个护国运动——云南起义（这是脱离人民的一次运动，只有反袁一点反映人民要求）就把他搞垮了。可见没有统一的反动政权，对革命是有利的。这时各派军阀的统治，比清政府更加买办化。许多军阀集兵权于一身，他们拥有大量土地，又是新式企业——银行、工厂、矿山的投资人，他们更加典型地买办化了。以前清政府中是贵族拥有大量土地，有权有势，但与资本主义企业无关，只有一部分人才兼买办、军阀、官僚、地主于一身，如李鸿章等，而现在的北洋军阀都是如此，几无例外。许多人在外国存款却不用自己的名字，有的人还与日本人合办企业，如黎元洪就是用他儿子的名字出面的。在几次“阁潮”中揭露出很多丑闻，内阁总理们多和日本人合办企业，他们的上台和下台，都和日本有关系。谁不能满足日本人的要求，日本人就在工厂里搞鬼，把他搞下台。北洋军阀的统治不仅在政治上、军事上依靠外国，在经济上也在依靠外国，这是中国殖民地化加深的结果。

总之，这次革命不免引起风暴，使封建势力有所削弱；但是人民群众和帝国主义、封建势力的矛盾仍然是社会生活的根本矛盾，这种矛盾并没有解决，也没有改变。所以人民继续要革命。

（二）资产阶级方面：从一九一二——一九一九年这几年发生的重要事件，仍然是围绕着辛亥革命时提出的问题在进行斗争，计有：一九一三年的二次革命，是袁世凯为了压倒国民党，杀死宋教仁以后发生的。这次革命是孙中山领导的，黄兴也参加，但光复会退出了。一九一五——一九一六年的护国运动，反对袁世凯称帝，这是资产阶级改良派发起，革命派一部分人参加的运动。护国运动的旗帜在梁启超手里，原因是形势不对了，大资产阶级为了保护自己的利益，必须利用人民的反袁情绪。一九一七年讨伐张勋复辟的斗争，这本来是人民群众的要求，军阀们却借机展开了斗争，段祺瑞利用了人民的情绪把张勋打了下去，达到自己卑鄙的目的。一九一七年的护法运动，是孙中山发起的，所谓护法，是护一九一二年三月南京政府公布的《临时约法》。

二次革命和护法运动是在孙中山领导下发起的，护国运动是资产阶级改良派发起的，同盟会一部分力量参加。这些斗争除了张勋复辟和段祺瑞讨张外，在某种程度上仍然是资产阶级要求取得政权反对旧统治势力的斗争，但和辛亥革命相比，表现了更大的软弱性。脱离群众，对群众没有吸引力。这时的政党斗争大体也是反映了资产阶级两部分力量，即革命派与改良派的斗争，这一时期政党多得不得了，但变来变去，基本性质还是这两种力量的斗争，不过这时改良派已经变成了帝国主义与军阀势力的走狗，再往后，资产阶级已经不能发动斗争了。这也就充分说明资产阶级不能解决革命问题。

（三）农民斗争形势：农民斗争在辛亥革命后处于低潮，但仍是一个重要力量。在袁世凯军阀政府的统治下，人民负担有增无减，各地不断爆发武装斗争。一九一三——一九一五年湖北、湖南、山东、山西、河北等地都有抗租抗税的斗争。一九一二年在河南爆发了大规模的流民骚动，这就是著名的白朗起义，有几十万人参加，规模浩大。关于白朗起义的性质问题，有着不同的看法。有人说白朗起义是土匪起事。但什么叫人民起义？什么叫土匪起事？二者的标志是什么？如果都叫起义，还有没有土匪？这都还没有搞清。《中国史稿》上没有说是起义，但是反正是反压迫的斗争。不管领导成分如何，运动吸收了许多受压迫的下层群众参加，这是事实。听说现在河南年纪大些的农民骂白朗骂得不得了，如果书上歌颂，那岂不是对不上口径？但这总归是人民受压迫剥削，社会生活动荡不安的结果。这个时期农民斗争的特点是多半产生于直接的经济要求。白朗的斗争口号开始是“劫富济贫”，后来有反袁的国民党人参加进去，搞了许多政治口号，后为袁世凯所消灭。“劫富济贫”和抗租抗税一样，都代表了农民的经济要求，这个时期的农民斗争很少有明确的政治目标，规模一般也较小。从农民斗争的要求、规模及其分散性来看，这时期的农民斗争处于低潮，原因是旧式的单纯的农民战争已经过去，资产阶级鼓动农民参加的斗争又遭到失败，并且实际上是资产阶级出卖了农民，农民没有在斗争中得到任何利益，对资产阶级的领导失望了。资产阶级的信用已经破产，对农民丧失了号召力，而农村的矛盾仍然是旧的矛盾，即封建土地所有制内部的矛盾。没有一个新的阶级的领导，旧的矛盾就不可能爆发为新的斗争。帝国主义、封建主义的统治不管在农村还是在城市，在辛亥革命以后，只是改变了形式，它的实质却丝毫没有改变，而革命迫切需要一个新的阶级来领导。

（四）工人阶级：随着资本主义的新发展，工人阶级力量壮大起来，人数多了，罢工次数也增多了，工人阶级和资产阶级的斗争越来越尖锐了。过去工人阶级参加的政治的斗争主要是反对帝国主义，有时资产阶级在一定程度上还支持工人，至少是不反对。随着资本主义经济的发展，工人阶级和资产阶级之间的斗争就越来越尖锐了。现在，既然旧的矛盾没有解决，资产阶级由于自己的软弱无力已经不能够领导革命；农民对资产阶级已经丧失信心，自己单独发动革命的力量又不够；在工人阶级力量成长的状况下，领导的任务自然就落在工人阶级的肩上了。

从辛亥革命到五四运动的阶级斗争形势是资产阶级发动革命遭到失败，工人阶级壮大成长并开始领导革命的时期。五四运动的爆发和中国共产党的成立，除了俄国的十月社会主义革命和马克思主义的传播作为外部条件外，其内部条件就是由上述国内阶级斗争的形势的要求所决定的。经过五四运动和十月革命的影响，中国革命从旧民主主义革命过渡到新民主主义革命的条件就完全成熟了。

# 第五讲　结束语

今天把前面讲的结束一下。我想讲这样两个问题：

一、中国近代史上阶级斗争发展的简单过程。

二、人民群众是阶级斗争中决定历史命运的力量。

## 一、中国近代史上阶级斗争发展的简单过程

这也是按照我们在开始的时候提出来的问题来结束的。开始我们提出的问题是，研究近代史的目的是什么？就是研究近代史中各个阶级的阶级斗争以及阶级斗争的规律。前面讲了几个问题，就是讲的近代史的整个时期有哪些主要阶级、有哪些主要的阶级斗争，在这些斗争中，各个阶级怎样表现它的面貌，它们各处于什么地位，起什么作用。比如，讲太平天国就是讲它是什么阶级发动的斗争，在这个斗争中，各个阶级处于什么地位，讲义和团运动是这样，讲辛亥革命也是这样。从前面几讲里面，我们可以看清楚，这八十年里，阶级斗争可以分为三个段落：鸦片战争到一八六四年是第一个段落，一八六四—一九〇一年义和团运动是第二个段落，第三个段落是一九〇一——一九一九年五四运动。这里有一个问题，要说明一下，就是写历史的也好，讲历史的也好，总是要划分时期，要分章分节。我们用马克思主义的观点来研究历史，划分时期，是什么意思呢？不是为了把历史分成若干段而分成若干段，不是为了讲起来方便，也不是为了写起来方便，这样来分段是没有意义的，而且也不是我们的根本目的。现在我们讨论分期问题，大家也很关心这个问题。其实，一段历史要分几期，各在哪一年断限，这个问题本身并没有什么意义，我们如果把注意力集中在这里，就离开了研究历史分期的真正目的。分段的意思，无非要说明阶级斗争经历了什么样的过程，阶级斗争在不同的时期里有什么特点，目的是要从这里看出阶级斗争发展的规律性，如果离开了阶级斗争的

规律性来讲分段，就没有意义了。历史都是分段的，“二十四史”“二十五史”无非是一个朝代一个朝代的历史，资产阶级的历史也是分成若干时期讲下来的，不过在划分时期上各有各的标准罢了。中国封建社会朝代的划分是有标准的，它的标准就是不同朝代的兴衰更替，表面上是按朝代划分，实际上是反映了阶级斗争发展的形势。大体上，中国封建社会的农民斗争经过了一个高潮，也就是农民和地主阶级的矛盾经过了一个大爆发，推翻了旧的王朝，斗争的高潮低落下去了，新的地主阶级统治集团建立了新的封建王朝，重新巩固了它的统治，中国古代史按封建王朝体系分段就是反映了这个矛盾的，不过，这个矛盾在历史上从表面看来是周而复始、多次反复的，新的王朝并没有根本解决封建所有制的矛盾，农民和地主的斗争到一定时期又达到高潮，经过了激烈的斗争，又有新的地主阶级统治集团起来代替旧的王朝，农民斗争低落了，过了一个时候，农民斗争又兴起了。就是通过这样多次的反复，农民斗争规模越来越大，封建制度的腐朽没落，也越来越明显。这样，我们就可以看出封建社会阶级斗争发展变化的特点。我们现在讨论近代史的分期问题，也无非是要说明这个时候阶级斗争发展变化的规律和特点。

那么，近代史究竟应该怎样分期呢？我看，我们可以把近代史分为三段、五段、七段都没有什么不可以，现在我们是按照三个时期来讲的，这就是说，这三个时期阶级斗争的形式、内容是不同的。

（1）一八四〇——一八六四年，从鸦片战争到太平天国革命失败。这个时期包括了二十六年的历史。这二十六年的特点是，中国进入半殖民地半封建社会的初期。从社会经济基础来讲，封建经济开始破坏了，外国侵入了，但资本主义还没有产生。阶级斗争的形势是两条线，两个过程。一个是中国封建势力和外国资本主义从对抗到结合的过程；一个是农民战争从高潮到低潮的过程。这两个过程是同时并行的。这就是第一个时期社会经济的特点和阶级斗争的基本形势。这一个时期的阶级斗争内容用一句简单的话来说，是中国近代史上农民战争的时期，主要的阶级斗争是农民与地主的斗争，加上外国侵略者侵入，矛盾很复杂，但是推动历史前进的主要力量是农民群众，所以，这个时期阶级斗争的特点是农民战争。

（2）第二个时期是一八六四——一九〇一年，有三十多年。这三十多年里面，社会经济有一些新的特点，阶级力量也有一些新的变化。这个时期，外国资本主义开始变成了帝国主义（十九世纪末期），加紧了对中国的侵略；中国开始出现了资本主义，有了早期的资产阶级和工人阶级；半殖民地半封建社会是在这个阶段形成的。这个时期阶级斗争形势是，贯串在这三十多年里面的，有两个阶级发动的两次较大的斗争。一次是资产阶级改良主义运动——戊戌变法，它是从资产阶级改良主义思想运动发展起来的，是一次带有资产阶级性的政治运动。这个斗争贯串在这个时期里面，资产阶级改良主义思想运动是在七十年代发生的，到一八九八年以失败而告终。再一次是农民运动，这个农民运动是从反洋教开始的，从六十年代兴起，七十年代发展起来，到义和团运动达到一个高峰。除此以外，还有地主阶级内部的矛盾及其发展变化。主要的斗争和前一个时期不同了，前一个时期是农民战争时期，这个时期有了资产阶级改良主义政治运动，还有农民运动。所以，简单地说，这个时期阶级斗争的形势是农民战争和资产阶级改良运动并行的时期，这是第二个时期社会经济状况和阶级斗争的形势。

（3）一九〇一——一九一九年五四运动的爆发，是近代史的第三个时期。这个时期的特点，在经济上是资本主义得到逐步发展。一九一四——一九一八年第一次世界大战的时候，资本主义有了比较大的发展。这个时期阶级斗争的形势是，资产阶级发动的革命走向高潮到最后失败。简单地说，就是资产阶级革命及其失败的时期。这个阶段斗争形势和第一、第二阶段不同，第一阶段是农民战争，第二阶段是资产阶级改良运动和农民战争，这个时期是资产阶级革命及其失败。

所以，这几个时期阶级斗争的发展变化看来是很清楚的。总起来说，近代中国的八十年里面，阶级斗争经历了一个什么过程呢？简单的回答就是：经历了如下的三个时期：（1）农民战争时期；（2）农民战争与资产阶级改良运动并行的时期；（3）资产阶级革命及其失败时期。这就是中国近代史上阶级斗争的简单过程。

那么，在这个过程里面看出什么问题呢？从这里面可以看出：农民战争是失败的（太平天国、义和团），资产阶级改良运动是失败的（戊戌变法），资产阶级革命运动也是失败的（辛亥革命）。马克思在《一八四八年至一八五〇年的法兰西阶级斗争》一书中一开始就这样说："……一八四八——一八四九年的革命编年史中每一较为重要的篇章，都题名为：革命的失败！"[①]中国近

①《马克思恩格斯全集》第7卷，第11页。

代史也是这样的。也就是说，农民阶级、资产阶级改良派、资产阶级革命派都进行了斗争，但是都没有能够阻止中国陷入半殖民地半封建的地位。这就是这八十年里面历史发展的基本趋势。

这个趋势在什么时候开始改变呢？到了五四运动以后，有了工人阶级领导的革命，这个趋势才开始有了根本的改变。在五四运动以后的三十年里面，中国革命经过了很多曲折，很多困难，但是，革命力量是逐步上升的，一直到中华人民共和国成立，标志着中国革命推翻了帝国主义、封建主义的统治，中国社会从此摆脱了半殖民地半封建的地位，走上独立发展的道路。这里有一条最根本的规律，这就是：半殖民地半封建的革命，只有在工人阶级的领导下，才能取得胜利。前八十年的经验证明：没有工人阶级的领导，取得胜利是不可能的；后三十年的经验证明：有了工人阶级的领导，才能取得胜利。这个真理的光辉，是永久不会泯灭的。这一百多年的时间虽然已成过去，但在社会主义革命、社会主义建设时期，我们要自觉地从事社会主义革命、社会主义建设，就必须懂得这个真理。近代史上阶级斗争的基本规律就是这样。

简单地说，我们从开始讲近代史，就是要说清楚这个时期的阶级斗争和阶级斗争发展的规律。我讲了几个革命高潮，无非是讲了各个时期的阶级斗争以及它的发展过程、各阶级的面目和他们的地位、作用，通过这样的过程，可以看出一个基本规律：半殖民地半封建社会，没有工人阶级领导不能取得胜利，有了工人阶级的领导，方能取得胜利。这是最根本的规律。当然，这里还有很多很复杂的问题，如果说，研究近代史就是这一条规律，就未免太简单了，但是，这是最根本的一条规律。

## 二、人民群众是阶级斗争中决定历史命运的力量

上面我们讲过，中国近代史上人民群众的每一次革命都失败了，那么，失败以后，阶级斗争怎样推动历史前进呢？推动历史前进的，究竟是什么力量呢？我们说，人民群众的革命斗争遭到了失败，但是，并不能从这里得出结论：人民群众的革命斗争是没有作用的，支配历史进程的不是人民群众，而是反动统治阶级。虽然人民群众在斗争中失败了，还是人民群众推动了历史前进，并且，只有人民群众才能推动历史前进。不说明这个道理，就看不清

在历史上起决定作用的是什么力量，对历史的前途也就看不清楚，对这八十年就找不到它的本质的东西，很多问题也就无法解答。比如为什么帝国主义、封建势力终归会被推翻，这个问题就找不到解答。所以，对这一时期的阶级斗争要找到一条基本线索，就是人民群众是决定历史命运的。我们讲了八十年的历史，最后要讲清这个道理，如果看不到这一点，这八十年的历史就是一团漆黑。我现在对这个问题是不是能讲清楚，这是另外一个问题；不过，我相信人民群众是历史命运的决定者。在这里，原来设想讲几个方面的问题，但准备不出来，只能讲一个方面的问题。讲讲中国近代史上，人民群众怎样推动历史前进。

在没有讲这个问题以前，先应该说清楚中国近代史上的人民群众指的是谁。因为历史条件不同，人民群众这个概念所指的对象也不一样，不同的时代有不同的人民群众，封建社会的人民群众和社会主义社会的人民群众不一样。我们现在讲的是半殖民地半封建社会的人民群众，从鸦片战争到五四运动这八十年间的人民群众。这个时期的人民群众是农民阶级、资产阶级、小资产阶级和工人阶级（这里的资产阶级指的是民族资产阶级）；和人民群众对立的是帝国主义、封建势力和买办资产阶级（即后来的官僚资产阶级）。近代史舞台上的阶级是很复杂的，这时的人民群众和历史上的人民群众不一样，和封建社会的人民群众不一样，人民群众的内容很多，他们之间的关系也不是很单纯的。

首先谈谈民族资产阶级。中国的民族资产阶级是一个在半殖民地半封建社会成长起来的具有两面性的阶级。正如毛主席再三讲的，民族资产阶级的经济力量始终很小，首先是比帝国主义在中国的经济力量小，其次比封建经济的力量也小。在国民经济总产值的比重上来说，资本主义经济在国民经济生活里面只占很小的地位，当然它有很大的重要性，控制了某些工业部门；可是人民生活中最根本的东西无非是穿衣、吃饭，在这两个方面，中国农村里面还是依靠广大的手工业，民族资本主义并没有把手工业市场都占领了，手工业还是一个汪洋大海。所以，从这几个方面都可以说明，民族资产阶级在经济上力量很弱小。政治上怎样呢？民族资产阶级政治上也很软弱，不敢革命，不能解决反对帝国主义的问题。辛亥革命时，它仅仅提出了平均地权的口号，但不能真正解决反封建主义的问题。它不敢真正依靠人民群众，首先是不敢依靠农民群众，而当它取得一点权力的时候，就反对农民。对帝国主义、封建主义不敢进行坚决的斗争，没有反帝、反封的气魄，在人民内部不敢相信劳动人民的力量，因此它是软弱的。从它起作用的时代来说，鸦片战争以后，过了四五十年，资产阶级才逐渐成为一种社会力量；资产阶级在历史上起作用的时间很短，它很快发动了一次革命，很快就低落衰退了，它在中国历史舞台上活动的时间非常短，恐怕在世界资产阶级的历史上也是少有的，欧洲资产阶级有二三百年的历史，中国只有短短几十年的历史，印度资产阶级的历史比中国资产阶级的历史还要长一些。中国有一些资本主义近代工业，是在七十年代以后，七十年代以前没有资产阶级，只有资本主义萌芽，到了近代史的第二个时期，资产阶级还不是一个革命力量，搞的是改良运动。这个时期只能称为资产阶级的摇篮时代。由此可见，资产阶级在中国近代史舞台上活动的时间很短促。但是，我们并不能从这里得出结论说中国民族资产阶级没有重要性。因为民族资产阶级和资本主义生产方式是同呼吸共命运的。它是和先进的生产方式相联系的。为什么说资本主义是先进的生产方式呢？就是说，摆脱半殖民地半封建的地位，独立发展资本主义，这是中国的出路所在，中国的出路就是要发展资本主义。因此，民族资产阶级虽然人数不多，但它是一个重要的政治力量，在政治上是有影响的。戊戌变法是资产阶级中的一派发动的，辛亥革命是资产阶级革命派领导的，它在短短的时期里搞了这样一些斗争；还有一条，小资产阶级常常和资产阶级站在一起，以至成为它的一翼，这也就增加了资产阶级的重要性。小资产阶级有两个前途，一个是破产，这是小资产阶级竭力要避免的道路，再一个是上升为资产阶级，这是小资产阶级竭力追求的前途，所以，它是和资产阶级站在一起的。你看到资产阶级的动向，也就可以看出小资产阶级的动向。

实际力量远远在资产阶级之上的有农民阶级。农民人数最多，占全国人口的百分之八十五以上。农民的生活最差，在中国历史上长期遭受封建的剥削、压迫，在近代，侵略势力，外国资产阶级，本国贵族、地主、官僚、商人，都站在农民的头上，它遭受的剥削压迫最深，所以它有强烈的革命要求。农民不仅与本国封建势力是坚决对立的，和外国侵略者也是一开始就对立的。农民单独发起了太平天国运动，也单独发起了义和团运动，农民又是辛亥革命的主要参加者，所以它在历史上的地位是很重要的。在近代史上农民是基本的人民群众。

在人民群众里面，可以分为基本群众与非基本群众。前面说过，人民群众有四个阶级，农民群众在这里面是基本的人民群众。马克思在讲西班牙革命时说："革命市民在这样的离开基本的人民群众之后，就迫不得已去依靠军队和其领导人，来进行其反对大贵族，反对农村僧侣，反对修道僧尼，反对代表所有这些已过时的社会分子的国王的斗争。单是军队在革命阵营中因此所篡夺的地位本身和这种军队脱离群众的情形，就把军队转变为可以祸及利用它的那些人的一种危险工具，而这种工具对于它原来所要打击的敌人，却毫无损害。"[①] 我们从中国近代史上，也可以看到这种由于脱离基本群众而使斗争毫无力量的情况。

但是，另外还有一方面，农民是与个体生产相联系的，他们分散在广大地区，很难或者没有办法组成一个统一的社会运动，太平天国那么大的规模，也没有使全国分散的农民运动成为一个统一的运动。洪秀全领导的太平天国，无非是全国农民战争高潮里面的一个中心。在当时，形成全国农民革命高潮的，不仅是太平天国，而且有全国各个地区的农民革命。

工人阶级和农民一样，是人民里面的劳动群众。资产阶级就不是劳动群众，它算是人民群众，是因为它在近代史上反帝反封建，但不是劳动群众。工人阶级这时还不是一个独立的政治力量，还是作为资产阶级、小资产阶级的追随者参加革命的。所以，在这八十年里面，工人是人民群众革命里面的一员殿军，后来就变化了，变为领导者、指挥员。

我们简单地说了一下中国近代史上的人民群众，是资产阶级、农民、小资产阶级、工人阶级，而对人民群众内部这些阶级加以分析，可以看出两点：

（1）农民阶级和民族资产阶级是人民群众中的主力军。农民是主力军已经讲了。为什么资产阶级是主力军？从鸦片战争到五四运动，一幕一幕的历史剧，一幕一幕的斗争，都是由这两个阶级担任主要角色。戊戌维新运动、辛亥革命，资产阶级是主角，太平天国、义和团运动是农民担任主角。农民阶级和资产阶级带动工人阶级、小资产阶级参加了斗争，当然，他们也得到小资产阶级和工人的支持和鼓舞。

（2）各个阶级的地位和作用是不同的。农民、工人是劳动群众，资产阶级是剥削者；农民是基本群众，资产阶级是非基本群众；没有农民就没有反帝反封建斗争的支柱，资产阶级离开了农民就一事无成。戊戌变法失败了，是

---

① 《马克思恩格斯论西班牙革命》，人民出版社 1959 年 10 月版，第 192 页。

因为它反对农民；辛亥革命能够搞出一些名堂来，就是发动农民参加的结果；但是，这个斗争很快垮了台，原因还是没有依靠农民，可见离开农民就一事无成。近代史上历次斗争的进程和结局，一部分是革命的敌人的影响，而最主要的是受这些革命阶级本身的特点和它们之间的关系所支配的。毛主席讲，辛亥革命的失败有两条，一条是革命敌人的强大，一条是革命本身力量的弱小。太平天国的失败，一方面是敌人的影响，另一方面是农民本身的弱点。后来帝国主义还是帝国主义，封建势力还是封建势力，但是他们对工人阶级就没有办法。太平天国不能战胜帝国主义，辛亥革命不能战胜封建主义，除担当革命主力的阶级本身的特点起了决定作用之外，参加革命各阶级相互之间的关系也起着重要的作用。辛亥革命中的资产阶级不敢相信农民，反对农民，戊戌变法时的资产阶级也是不依靠人民群众，这就注定了斗争的结局必然失败。

人民群众是怎样推动历史前进的呢?

毛主席讲过："帝国主义和中国封建主义相结合，把中国变为半殖民地和殖民地的过程，也就是中国人民反抗帝国主义及其走狗的过程。"[①]这就是说，中国近代历史有两个方面、两个基本线索、两个过程：帝国主义、封建主义的统治和人民群众反对帝国主义、封建主义的斗争。如果只有一面，即只有帝国主义、封建主义的统治，没有人民群众的斗争，中国历史就不是这样；反过来，只有人民的斗争，没有帝国主义、封建主义的统治，斗争就没有对象。现在我们要问：这两个对立面里，哪一面是在历史演变的过程中间最后起作用的？资产阶级唯心主义和马克思主义在这个问题上有两种完全相反的答案。

从鸦片战争到五四运动以前，中国是处在清朝封建统治的后期到北洋军阀统治时期，换句话说，这个时期的中国是处在道光、咸丰、那拉氏、袁世凯、段祺瑞的统治之下。从一八四〇年到一八五〇年，是道光年间；一八五一到一八六〇年，是咸丰统治；那拉氏从二十三四岁开始取得政权，一直到七十多岁，统治了四十七八年，起了很恶毒的作用。后来是袁世凯、段祺瑞的统治。帝国主义在这个时期里疯狂进攻，有增无已，越来越在中国发展它的势力。这是反动的一面。

---

①《毛泽东选集》卷二，632 页。

从人民斗争这一面来看，就是前面所说的，这八十年里，每一次重要的斗争都是失败的。太平天国、义和团运动、辛亥革命都是失败的，戊戌变法是改良运动，也遭到了清统治者的屠杀。对外战争方面：两次鸦片战争、中法战争、中日战争，每一次都以中国的失败而告终。中法战争，严格来说，中国没有打败仗，是打胜仗，但是结局是失败了，中国签订了屈辱的条约。

根据上面所说的情况，中国是处在清王朝和北洋军阀的统治之下，帝国主义势力一天天增长起来，革命的一面每一次都遭到失败，能不能说，这个时候的历史是由帝国主义、封建主义支配的呢？中国与外国的资产阶级历史学者，就是这样来说明中国近代整个历史过程的，他们都把中国历史说成完全是外国帝国主义任意支配的历史。在这里可以举一些比较突出的例子。作为买办资产阶级代言人的历史学者胡适、蒋廷黻，他们的观点归根结柢有这样几条：

（1）把清朝反动统治者看成是历史的决定力量、社会的领袖，而且是了不起的领袖，这是一个根本点。蒋廷黻所谓“五大领袖”，就是恭亲王奕䜣、文祥、曾国藩、李鸿章、左宗棠。胡适和他的观点一样。胡适说辛亥革命以后，中国社会失去了重心，所以中国社会就乱了。他们把反动统治者看成是支配历史、决定历史命运的。

（2）人民不仅不是进步力量，而且是反对进步的力量。蒋廷黻发表了许多谬论，他说士大夫都很保守，民众实际上是与士大夫一鼻孔出气的，民众的迷信落后是我们近代接受西洋文化的大障碍之一，照他看来，中国之所以不能前进，就是因为民众落后。实际上，说民众是阻碍中国半殖民地化的力量之一还差不多。他第一是把曾国藩看成社会栋梁，第二是把人民群众说成阻碍进步的力量。他讲到第二次鸦片战争英法联军的时候说，民众不但不抵抗，而且帮助英国人把藩台衙门的库银扛到英国船上去。这是荒谬之至的，英国人强迫中国人给他扛银子这种情况是可能的，但是，怎么能抓住这一点就把人民群众说成不是进步的力量，而是反动的力量呢！

（3）根据前面两条作出结论，认为民心民气一般是靠不住的，特别批判林则徐，甚至于批判西太后的失败也是相信民心民气的结果。这是胡说八道。他们说，顽固分子认为利用民众的士气可以抵抗外国，这是从林则徐、徐广缙、叶名琛（他竟把坚决抗敌的林则徐和“不战、不和、不守；不死、不降、不走”的叶名琛一样看待！）一直到西太后、载漪的传统法宝。他们认为这些人之所以失败，就是相信民心民气所致。

这类谬说甚多，上面只是最突出的。按照资产阶级的观点，统治者是社会的栋梁，人民群众不但不是进步的力量，而且是反动的力量；不但不是推动历史前进的力量，而且是阻碍历史前进的力量。因此，应该反对人民群众，这就是资产阶级的答案。

资产阶级这种论点，实际上没有讲出任何东西来。为什么呢？我们知道，全部私有制的历史，从奴隶制到资本主义的历史，本来就是少数剥削者统治绝大多数人民群众的历史，这是马克思主义阐明的一条真理，资产阶级也不能不承认这是事实。而近代中国，本来是处在帝国主义、封建主义的统治下。因此，资产阶级把他们说成是社会的栋梁等等，并没有说明历史上的任何问题。问题在于：为什么帝国主义、封建主义总是不能长期统治下去？帝国主义被打出去了，清朝政府被推翻了，袁世凯、段祺瑞一个一个被打下去了，西太后统治的四十八年变化多得很，这些统治者既然是“社会栋梁”，却为什么不能长期保持他们的统治地位呢？为什么历史不是按照统治者的意志去变化呢？西太后总是不希望把清朝推翻，袁世凯也不希望把帝制取消，但历史不按照他们的意愿发展，反而是朝着与统治者的愿望根本相反的方面发展。马克思主义的历史观点和资产阶级的答案相反，这就是说，历史行进方向，最后不是取决于统治者，而是最后取决于人民群众的力量和人民群众的革命斗争。这就是我们的答案。

下面让我们来讨论一下，让历史事实来证明，究竟是资产阶级的答案正确，还是马克思主义的答案正确。为此，我们就必须论证一下，人民群众在历史上怎样推动历史前进。从统治者势力的变化和人民群众力量的发展变化这两个方面来看人民群众是怎样推动历史前进的。先讲几次革命高潮，从太平天国讲起。

太平天国和过去很多农民战争一样，遭到了悲惨的失败，但是，太平天国比过去许多农民战争都具有更深远的影响。先从统治者这一面来看。

（1）在封建制度内部危机深刻化的情况下，太平天国把广大的分散的反抗斗争集中起来（在鸦片战争的时候，这种危机就表现出来了。过去的白莲教起义，早已表现统治者内部危机的严重），猛烈地破坏了封建秩序，向封建秩序进行了一次大扫荡，促进了封建社会的崩溃。太平天国起的作用不仅是促进清王朝的灭亡，而且促进封建制度的崩溃。太平天国对封建宗法社会全部的传统制度作了一番无情的扫荡。封建政权被扫荡了，它所到的地方，把原来的统治权力打倒，另外建立一套政权。《天朝田亩制度》虽然没有实行，可是剥夺了一些统治者的财产。一直扫荡到神权，把封建统治者全都看作“阎罗妖”，另外信仰与统治者的神完全不同的上帝。太平天国是不是把毛主席在《湖南农民运动考察报告》里说的那几种权力，全部都扫荡完了？恐怕是不能那么说，但无疑的是做了一番大扫荡，这是事实，不论在农村，或是在城市，这种扫荡使封建统治的旧秩序再也无法恢复原来的样子。这种旧秩序的破坏，最集中的表现是整个统治机器的削弱。清政府整个统治机器削弱了，统治阶级内部，从武装力量到地方政权的实际权力从此发生了转移，汉族军阀建立的湘军、淮军，代替了八旗军与绿营军，武装力量的实际指挥权由满族贵族手里转移到汉族地主手里，这是非常明显的。此后清军中掌握指挥权的，先是曾国藩，后来是李鸿章，特别在李鸿章手里保持了很长时期。湘系、淮系的势力差不多一直保持到义和团运动的时候。淮军的武装势力在中日战争的时候完全垮台了，湘军没有抵抗也就垮了。但是这些湘系、淮系的人物一直到义和团运动的时候还存在。以后的北洋军阀就是从淮系演变来的，北洋军阀最早是李鸿章，后来是袁世凯，可见清朝的军事力量不是掌握在满族贵族手里，而是掌握在汉族地主手里。袁世凯为什么能够要挟清政府，夺取政权，他的本钱就是依靠武装力量。湘军、淮军转战全国，打太平天国和以后的捻军，全国大部分地区，湘军都到了。李鸿章是直隶总督，湘军、淮军所到之处，很多地方的军政长官是由军事将领充任的。湘军、淮军的将领，很多都是地方的巡抚、总督。有一个外国人写的文章说，曾国藩只要他愿意做皇帝，是可以做皇帝的，当时中国的总督、巡抚等地方长官都是曾国藩手下培养出来的。清朝有八大生员，就是八个秀才，指的是曾国藩、左宗棠、彭玉麟、曾国荃等，其中只有曾国藩是进士出身。左宗棠是举人，据说有一次他领兵外出，要回来考进士，清政府就给了他一个进士；剩下的就不是进士了，彭玉麟、曾国荃都是秀才出身，后来彭做到了兵部尚书，曾国荃做到了总督。这一批人从他们的出身看，是没有什么大功名的，都是后来靠军功起家的。清朝有一个规定，凡进士出身的大官死后，他的“谥号”就加一个“文”字，如曾国藩是曾文正公，李鸿章是李文忠公，左宗棠是左文襄公。这一批人获得很大权势，军队打到哪里，就在哪里充任军政长官，这样，军阀势力就控制了地方，中央政府渐渐减弱了它对地方的控制力量，中央政府要调动地方官都很费劲。

热衷举办洋务、受外国侵略者信任的洋务派，是清政府里面真正的当权派。洋务派之所以能在清政府里面掌握大权，就是因为外国人信任。这一派人有势力，国家大局、和战大计，都是他们决定的。中法战争、中日战争时期主要外交都是李鸿章一手包办的。中日战争时，李鸿章在全国人民的压力下不得不战，后来议和，日本非要李鸿章出面不可。义和团运动，也是外国人指定非李鸿章出来求和不可。他们拥有武装力量，又受外国人信任，能办外交，又有企业，集军政财权于一身。他们的湘军、淮军是地主阶级反对农民的工具，同时又是汉族地主从清廷手里夺取政权的工具。他们的权力越来越大，清政府的势力越来越小。洋务派全力支持清政府的反革命统治，同时又挖这个统治者的墙角。原来的封建统治的基础越来越薄弱了，官僚买办的基础却越来越发展了，整个统治机构削弱了，权力发生了一系列的变化。统治阶级镇压了太平天国，但是它原来的统治力量并没有完全恢复起来，这是太平天国运动冲击扫荡的结果。这时外国资本主义已经渗入中国的社会生活，而封建统治又遭到了太平天国的扫荡破坏，这就为中国资本主义的发展创造了条件。这不是说太平天国的纲领里有哪一条要发展资本主义，而是它斗争的结果扫荡了封建势力，为资本主义的发展创造了条件。

中国资本主义不是从其他时候起，而恰恰是在太平天国失败以后的六七十年代，从两条道路上发展起来，一条道路是洋务派办民用工业，另一条是中小商人、中小地主、手工业者开设工厂，这决不是偶然的。这就是外国资本主义侵入，太平天国扫荡破坏封建统治的结果。洋务派创办的企业，不利于资本主义的发展，但它使近代工业技术输入中国，把外国的机器、经营管理办法、生产技术以及某些制度搬到中国来。这时统治者为了迎合历史的潮流，被迫改变一些传统的政策来应付眼前的危机，资本主义经营多少可以得到允许了。戊戌变法以后，民间可以自设工厂。这是很大的变化。在这以前，统治者是不允许这样做的，祖宗成规被认为是一成不变的。鸦片战争以前，有白莲教暴动，斗争很剧烈，但白莲教暴动没有做到这一点。就是鸦片战争以后外国资本主义渗入中国的社会生活，中国社会生活发生了一些变化，也还没有做到这一点。而太平天国革命扫荡了封建势力，促进了封建社会的崩溃，加速了资本主义到来的过程。

这是在太平天国运动中人民群众怎样推动历史前进的第一点。

（2）在西方资本主义猖狂向东方扩张，到处占领殖民地的时候，太平天国英勇地抵抗了外国的侵略。这时正是西方资本主义猖狂向东方扩张的时候，中国附近的一些国家，除了印度早变成殖民地以外，像阿富汗、尼泊尔、缅甸、泰国都在这个时候先后遭受侵略或变成了殖民地；西方也向日本侵略，日本经过了变法，没有变成殖民地。恰好在这个时候，太平天国起来抵抗外国的侵略。如果说在鸦片战争时，人民还是通过自发地分散进行的斗争，表现出自己是不与外国侵略者相妥协的力量，太平天国则与外国侵略者展开了大规模的武装斗争，显示了人民群众巨大的革命力量。太平天国阻碍了外国资本主义迅速把中国殖民地化的企图。革命群众控制了南方广大的富庶地区，长江中下游都为太平天国所控制，外国侵略者从清政府手里取得的权益，大部分没有能够实现，就是因为太平天国在那里活动，鸦片贸易在华市场的扩张或是受到阻碍，或是被迫停顿。太平天国是反对鸦片贸易的，所以，在它统治的地区，鸦片贸易不能流行。太平天国与外国是有贸易的，主要是丝、茶，它统治的江苏、浙江、湖南、湖北地区都是产丝的，中国最早的留学生容闳，就是替外国人收买蚕丝，甚至收到洞庭湖边上一个小县去了。太平天国向外国要军火，外国人是两面做军火生意，一面给太平天国军火，一面也给清政府军火。但太平天国根绝鸦片贸易，外国要求在中国打开市场，输入鸦片，这两条是受到阻止的。外国资产阶级想用一些消费品来换中国的原料，而太平天国不需要别的，只需要军火，军火不是一种正式的商品，因此在中国不能扩大市场。为什么第二次鸦片战争一结束，外国侵略者就迫不及待地公开对太平天国进行武装干涉？根本原因就在于，太平天国抵抗外国侵略，使外国不能扩大市场，不能输入鸦片，不能实现从清政府取得的种种权益。一句话，太平天国破坏了外国侵略者把中国殖民地化的企图。所以，第二次鸦片战争一结束，外国侵略者马上与清政府站在一边，武装干涉太平天国，这就是为什么外国侵略者反对太平天国的原因。太平天国使中国殖民地化的过程延缓了一下，同时使中国资本主义的出现所受的外国资本主义的压力减少了一些，从而，为中国资本主义的出现带来了有利的条件。在这两方面太平天国都起了作用。

这是在破坏封建统治、抵抗殖民地化方面，太平天国所起的作用。

（3）从对人民群众革命的作用这一方面来观察，太平天国运动由于爆发在近代中国这样一个特定的历史环境里面，它在思想上、组织上都比过去的农民战争发展得更高一些。从组织上，拜上帝会是相当严密的组织；从思想上，《天朝田亩制度》的颁布，对后来人民群众斗争的影响是很明显的。清朝在中国广大的版图上，建立起这样稳定的封建专制统一国家，这是超越前代的。元朝的版图相当大，西边到了欧洲的基辅、匈牙利，南边到了印度，几次东征日本，但是失败了。它在欧洲另外建立了几个汗国，它不是统一的政权，是四分五裂的，而且时间也很短。清朝的统一是比较稳定的，时间相当长。清政府在历史上经历过多次的反抗斗争，包括白莲教起义在内，这些斗争都没有使清政府动摇，或者说没有发生严重的动摇，它的统治相当有力。太平天国第一次挫败了清政府反动势力，戳穿了这个纸老虎，使它的统治基础真正动摇起来，差一点垮了台。当时清廷有可能败在太平天国手里，有可能被曾国藩这个汉族地主搞掉，有可能被外国侵略者搞掉。经过太平天国运动以后，清政府的腐朽无力完全暴露出来了，从此人民更有信心打倒清政府的反动统治。容闳在当时就作过这样的判断：太平天国没有办什么好事，只做了一件好事，就是打破了中国统治者的顽固守旧，使中国从梦中清醒过来，要求改革。他举了一系列的事实：一八九四年、一八九五年、一八九八年、一九〇四年、一九〇五年所有的事变，说明守旧过不下去了。实际上，正是太平天国打击了封建统治，使人民觉醒起来，敢于同封建统治斗争，敢于革命。所以，太平天国革命的种子，流传到资产阶级革命派的活动中，也传播到无产阶级革命斗争里面。在资产阶级革命中看得很清楚，孙中山就是以太平天国革命的继承者自居的。

这就是太平天国运动所起的作用，一方面打击了封建统治，延缓了帝国主义的侵略，有利于资本主义的出现；一方面启发人民进行斗争。因此它在中国历史上有很大的功绩，对中国的历史发展起了很大的推进作用。

义和团运动，这是在帝国主义侵略最激烈、中国面临被瓜分的严重威胁的时候发生的，它所起的作用，也可以从两方面来看。

先看它在破坏统治势力方面所起的作用。

（1）首先是它打破了帝国主义瓜分中国的迷梦。中国瓜分不了，这是肯定的，但是在义和团运动以前，西方资本主义确实有这种梦想，要把中国像对非洲那样，你一块他一块地分掉，在义和团运动以前，这个危机很严重。义和团运动使帝国主义的梦想破灭了，帝国主义在这以后开始认识中国人民，它被迫改变公开瓜分的办法，转而采取一些比较隐蔽的方式来进行，同清廷签订了《辛丑条约》，扶持清政府，原因当然并不是它爱惜清政府，而是另外换一个办法来维持它在中国的统治，不然，它在中国的特权是不能实现并保持下去的。在这个问题上，当时曾有很多议论，像瓦德西、赫德这样的“中国通”，都得出结论说：中国最后被瓜分的命运是不能避免的，但现在还不能瓜分。当然，这并不是说他们已经放弃了瓜分中国的念头，他们的办法，是扶持清政权来镇压中国人民的抵抗，替它做看门狗。义和团运动以后，帝国主义对中国就是采取了这种办法。正像列宁所说的，他们就像贼偷死尸身上的东西一样，偷偷摸摸地瓜分，不敢公开地瓜分。义和团运动在阻止帝国主义瓜分中国方面的作用是很明显的。

（2）义和团运动使封建势力再一次遭受到沉重的打击，清王朝的地位进一步削弱了。和太平天国运动比较一下就可以看出来。太平天国运动以后，统治阶级里面还有一部分人谈论所谓中兴。在太平天国以后，一八六一年咸丰死掉了，同治继位，同治以后是西太后。同治搞了十三年，太平天国运动以及西南、西北少数民族的反抗斗争都是在这个时候镇压下去的，这时清朝的统治处于灭亡的边缘，它所谓的“同治中兴”不过是自欺欺人，实际上是投靠外国。义和团运动以后，统治阶级被人民群众吓破了胆，就像修正主义被帝国主义吓破了胆一样，只剩下一片惊慌和叹息，清政府衰弱到这样的程度，甚至公开宣布要“量中华之物力，结与国之欢心”。这是那拉氏从西安回到北京以前所下诏书里面的“警句”，意思就是用全中国的财力、物力来博得外国人的欢心，实际上是甘当外国的儿皇帝，一点体面也不要了。这是公开宣布卖国，不但卖国，而且全国的一切都可以卖，以取得外国的支持和保护，说明它的腐朽、丑恶已经达到极点。这是一方面。再一方面是清政府在义和团运动以后采取恢复戊戌政变后所废除的某些新政的办法来寻求与资产阶级的妥协。在这以前是坚决反对资产阶级的改良，现在自动宣布恢复废除了的东西谋求资产阶级的支持，因为不这样它就统治不下去了。对外不当儿皇帝就不能维持，对内不和资产阶级妥协就不能统治。同是一个那拉氏，前后的变化却这样大，为什么？就是由于它的统治经过了人民群众的打击，在群众中已经完全孤立了。

再从人民群众这一面来看，义和团运动开辟了一个新的局面。这个问题是很值得研究的。它开辟了一个什么新的局面呢？

（1）促进资产阶级向革命转化。资产阶级与农民由分道扬镳走到某种联合。过去资产阶级和农民是单干的，各干各的，现在转向某种联合，义和团是促成这种转变的关键。资产阶级在这以前只要求清政府作一些改良，并不反对这个政府，那个时候地主阶级不答应，用流血斗争来回答资产阶级，有所谓戊戌六君子的死难，即谭嗣同等被杀。在这以后，经过了义和团运动，地主阶级对资产阶级愿意拉拢，恢复新政，还加上了很多东西，给一些人官做，而资产阶级怎么样呢？它却用上公开发展起来的爱国活动、革命活动来回答清政府（清政府是把爱国也看作危险的东西的），要求根本推翻清政府，这个变化是很大的。资产阶级和小资产阶级组织的革命团体如华兴会、光复会就是这时出现的，反满宣传是这时出现的，资产阶级右翼逐渐丧失了影响（戊戌变法就是由于它的影响）。这是资产阶级对清政府的态度，这是一个变化。

资产阶级对农民群众的态度也起了变化。在这以前，资产阶级和农民是正面对立的。改良运动时期，资产阶级把它的运动看成抵制农民革命的法宝；义和团运动时期，资产阶级一直是骂义和团的。资产阶级害怕革命。无论是资产阶级保皇党或是兴中会都是反对农民的。义和团运动以后，资产阶级知识分子里面开始有人对义和团表示称赞，章太炎就承认它是进步的，他在《驳康有为政见书》中说，过去义和团只知道扶清灭洋，现在提出扫清灭洋。《黄帝魂》一书中，有一篇《义和团有助于中国说》，举出很多理由称赞义和团，说义和团抵抗了外国的瓜分，承认它是勇敢的，承认它振奋了民族精神，这是很了不起的。为什么有这样的变化？因为义和团斗争的结果，清政府的反动、腐朽、对外屈服彻底暴露出来了，资产阶级对清政府的幻想破灭了。另一方面，农民群众的斗争使他们再一次看清楚，只要敢于起来斗争，帝国主义的气焰是可以制止的。资产阶级对清政府失望了，在义和团运动中找到了一点教训：它要发展资本主义，使得自己的阶级能够存在下去，前途是什么？一个是寄托于封建势力，这一点完全破灭了；而反过来人民群众的斗争给它一线光明，形势逼人，使资产阶级认识到革命是唯一的出路。义和团运动完成了资产阶级改良运动无法完成的任务，它抵制了外国帝国主义瓜分中国，同时又促进了资产阶级左翼走向革命的道路。我们看一看，在当时哪一个阶级能够发挥这样的作用？只有农民群众的斗争才能发挥这么大的作用。资产阶级从此以后与农民的联合，大体上是两种途径，一种是发动会党，一种是参加各个地方自发的群众反抗斗争的队伍。资产阶级和农民开始有一些联系，哪怕是很少的联系。只有这样，才有辛亥革命巨大的高涨，这就是义和团农民运动对以后革命的影响。

（2）由于资产阶级的参加，革命开始成为自觉的、有理论指导的行动，群众的思想觉悟程度提高了。从资产阶级知识分子的思想觉悟状况来说，在甲午战争以前，最激进的人也只是主张学习西方的科学技术，顶多只是要求中国有西方的国会之类的东西。在维新运动中，资产阶级改良派和地主阶级代言人进行斗争的主题是要不要改变专制制度的问题，要不要设议会，实行君主立宪的问题，要不要废除八股科举制度，提倡新学、西学的问题。这还是资产阶级改良主义范围内的问题。而在义和团运动以后，资产阶级革命派和改良派争论的中心就改变了，变成是要不要革命，要不要实行民主政治，要不要废除封建土地制度的问题。和单纯的农民战争相比，太平天国只能设想一个没有剥削、没有压迫的原始共产主义社会，义和团只能提出灭洋的口号。义和团运动以后，革命的领导者提出了一个明确的资产阶级民主共和国的理想，这和义和团的斗争多少为后来的革命提供了教训有关。因此，革命运动迅速发展起来，一次革命运动一失败，新的革命高涨很快就出现了。历史前进的时间缩短了。太平天国到义和团运动是三十多年，义和团到辛亥革命只有十几年。辛亥革命的潮流是义和团刚刚结束时就出现了，一九〇五年出现了革命高潮，辛亥革命时达到最高峰。这个革命的潮流发展得这么快，当然是从鸦片战争以来人民斗争的结果，但是最主要最直接的原因是由于义和团运动的结果。

辛亥革命也是这样。辛亥革命没有触动封建统治的基础，从这方面来说，是一场失败的资产阶级革命；但是，谁都可以看出，革命具有重要的意义。这是从两方面来观察。从它对反动统治者的打击这方面来看：

（1）过去每一封建王朝灭亡以后，照例由另一个封建王朝来代替，朝代的名称有个改变，但封建专制制度没有改变。辛亥革命推翻了统治中国二百多年的清朝政权（一六四四—一九一一年），同时也打倒了二千多年来被视为神圣不可侵犯的封建专制制度，民主共和国的理想从此深入人心，那些独夫民贼要违反这种观念，一意孤行，立刻为人民所唾弃。事实很多，袁世凯那样的搞法，也不过是八十三天，张勋复辟只有十三天，而且只是在紫禁城里面，后来据说徐世昌也要复辟，没有实现。

（2）上层建筑的变动也多少引起了社会经济生活方面的变动。上层建筑是二百多年的封建王朝、二千多年的专制制度被推翻，不能不在经济生活里面引起影响。应该肯定，这种影响有大有小，但总是有影响的。辛亥革命以后，孙中山说，中国产业革命是其时矣，认为这是发展资本主义的好机会；但是中国没有实现产业革命。辛亥革命以后，近代工业在中国有很显著的增长，原因一个是欧美帝国主义忙于世界大战，对中国的控制放松了一些。但是也应当从中国封建统治制度演变方面来看，封建统治力量分散了、放松了，也给资产阶级的发展带来了某些便利。北洋政府也颁布过立法，给资产阶级一点便利。太平天国加速了封建社会的崩溃，为资本主义的出现创造了条件，而辛亥革命，则促进了资本主义的成长。

（3）辛亥革命是革帝国主义的命。人民说要革清政府的命，是因为它是帝国主义的走狗，打倒清政府的统治，也就是挫败了清政府背后的帝国主义。辛亥革命以后，帝国主义再难以找到像清政府那样能够有效地统治人民的工具，从袁世凯以下所有的帝国主义走狗，都不能使它自己的统治多少稳定一点，那就是说，帝国主义统治中国更加困难了。

从辛亥革命对人民革命的作用这一面来看，辛亥革命对以后人民群众的影响无疑是巨大的。经过这一次革命，以前人民不敢提出的问题，不敢接受的思想，现在有可能提出，有可能接受了。因为经过了一次这么大的斗争，二千多年的封建专制制度推翻了，对人民的思想不能不是一个大解放。但是在辛亥革命的斗争过后出现的现实生活与人民设想的完全相反。人民希望有一个新的局面，而辛亥革命以后，接着是袁世凯、段祺瑞的统治，出现了一个新的反动统治的局面，这和原来的设想完全相反。这是孙中山当时讲的。资产阶级在政治上的斗争非常没有力量，差不多完全丧失了它的活动力。比如一九一三年二次革命失败了；一九一五年护国运动打倒了袁世凯，接着是袁世凯的化身段祺瑞上了台；一九一七年的护法运动并没有在群众中引起反响。所有这一切都归结为一点：旧的资产阶级民主革命已经在中国行不通了，它对人民再也没有什么吸引力，资产阶级再也没有力量领导群众把革命继续下去。在这个事实面前，人民必然要对过去深信不疑的资产阶级民主共和国的理想发生了动摇、怀疑，重新提出了问题：中国的出路在哪里？辛亥革命成为一种力量，鼓舞人民寻求新的革命理论、革命途径，过去不敢提的问题现在敢提了，过去不敢设想的现在敢设想了，过去不敢接受的现在敢接受了。中国工人阶级随着资本主义的发展，这时已经壮大了，俄国十月革命的炮声送来了马列主义，中国的先进分子在这里看到民族解放的新希望，这样，五四运动就成了不可避免的了，中国的民主主义革命转为新民主主义革命也就“水到渠成”了。辛亥革命启发人民寻找新的出路，从而把工人阶级和十月革命联结起来，使中国革命由旧民主主义革命到新民主主义革命的转变成为可能。没有辛亥革命的思想解放，没有辛亥革命的旧民主主义的破产，不能把人民的旧思想打倒，新的东西就不能接受。辛亥革命的失败，使旧民主主义破产了，然后方能接受新的东西。辛亥革命对人民的影响这方面看来是这样。当然，对于国外还发生了影响，这一方面我们就不讲了。

本来下面还应该讲一讲对外战争——鸦片战争、中法战争、中日战争中人民怎样推动历史前进，然后从国内国外加以归结：人民群众到底是怎样推动历史前进的，但时间已经不允许我们再继续讲这些方面的问题了。现在可以从三个革命高潮归结一下人民群众是怎样推动历史前进的。

（1）经过人民群众的斗争，统治者被迫改变了旧的统治办法，改变了进攻人民的手法；旧的统治势力遭到了削弱，统治秩序遭到了破坏，这就是一个前进。这正如古语所说的：不塞不流，不止不行。不破坏旧的也不能建设新的。马克思说过：群众运动就有破坏的使命。

（2）人民群众在斗争中，不断地提高觉悟，受到了锻炼，使自己的力量发展起来，最后战胜了反动统治者。人民群众一次一次地接受教训，一次一次地提高觉悟，一次一次地把力量组织起来，发展起来，最后战胜反动统治者。由此可见，近代历史的主人，不是美国、法国、俄国、英国、德国、日本那些侵略者，也不是道光、咸丰、那拉氏、曾国藩、李鸿章、袁世凯、段祺瑞那些反动统治人物。我们说人民群众是历史的主体，历史是人民群众推动前进的，就是在这个意义上说的。把人民革命斗争看作是中国近代史的基本内容，就可以清楚看出近代史上，各个阶级所处的地位和他们所起的作用，也可以清楚看出历史发展的规律。

但是，讲到这里，这个问题并没有完全解决，还有一个方面的问题：人民群众和英雄人物的关系问题没有讲。上面我们讲了人民群众和封建统治者的关系，到底谁是动力，下面还应该讲一讲英雄人物和人民群众的关系问题、领袖的作用问题，才能把这个问题讲清楚。但由于时间关系，只能先讲到这里。